4차 산업혁명 시대의

국제마케팅

8th Edition

INTERNATIONAL MARKETING

이장로, 문희철, 이춘수 지음

한빛아카데미
Hanbit Academy, Inc.

지은이 이장로

- 고려대학교 상과대학 및 경영대학원 졸업
- 미국 New York University 경영학박사
- 경희대학교 정경대학 전임강사
- 고려대학교 경영대학 조교수, 부교수
- 고려대학교 기업경영연구원 원장
- 고려대학교 경영대학장, 경영대학원장
- 한국국제경영학회 회장
- 한국무역학회 부회장
- 한국경영학회 부회장
- 기독경영연구원 원장
- 현, 고려대학교 경영대학 명예교수
- 한국리더십학교 교장

지은이 문희철

- 서강대학교 경상대학 무역학과 졸업
- 서강대학교 대학원 무역학과 졸업
- 고려대학교 대학원 무역학과 졸업(경영학박사)
- 서강대학교, 고려대학교, 연세대학교 강사
- 일본 나고야대학 객원연구원
- 미국 오하이오주립대학 객원교수
- 미국 산호세주립대학 객원교수
- 한국인터넷전자상거래학회 회장 역임
- 한국통상정보학회 회장 역임
- 한국경영경제학회 회장 역임
- 충남대학교 경영경제연구소 소장 역임
- 대한상사중재원 중재인
- 충남대학교 경영대학 학장
- 한국무역학회 회장

지은이 이춘수

- 고려대학교 일반대학원 국제경영전공 경영학박사
- 고려대학교 BK21 연구교수
- 부경대학교 경영대학 부학장, 학부장, 국제경영전공주임 역임
- 현) 부경대학교 국제통상학부 국제경영전공 교수
- 강의과목: 국제경영론, 국제마케팅, 국제기업과경영환경, 글로벌경쟁론
- 한국무역학회, Journal of Korea Trade 편집위원 역임 및 부회장
- 한국경영학회, Korea Business Review 편집위원 역임
- 한국통상정보학회, 통상정보연구, 편집위원
- Youtube 이춘수교수TV를 통해 국제경영 관련 강의정보 제공 중
- 무역개론(공저, 한빛아카데미)

4차 산업혁명 시대의 국제마케팅 8판

초판발행 1991년 8월 15일
8판 2쇄 2024년 7월 12일

지은이 이장로, 문희철, 이춘수 / **펴낸이** 전태호
펴낸곳 한빛아카데미(주) / **주소** 서울시 서대문구 연희로2길 62 한빛아카데미(주) 2층
전화 02-336-7112 / **팩스** 02-336-7199
등록 2013년 1월 14일 제2017-000063호 / **ISBN** 979-11-5664-613-6 93320

총괄 김현용 / **책임편집** 김현용 / **기획 · 편집** 권오상 / **진행** 권오상
디자인 표지 이아란 / **전산편집** 인투 / **제작** 박성우, 김정우
영업 김태진, 김성삼, 이정훈, 임현기, 이성훈, 김주성 / **마케팅** 김호철, 심지연

이 책에 대한 의견이나 오탈자 및 잘못된 내용에 대한 수정 정보는 아래 이메일로 알려주십시오.
잘못된 책은 구입하신 서점에서 교환해 드립니다. 책값은 뒤표지에 표시되어 있습니다.

홈페이지 www.hanbit.co.kr / 이메일 question@hanbit.co.kr

제8판 머리말

이 책은 1991년 초판 발행 이후 30년을 맞이하였다. 초판에서부터 국제마케팅을 국내서 최초로 학문적으로 체계화하고 최신 국제마케팅 사례들을 발굴하고 소개하는 역할을 하였다. 그동안의 변화와 혁신을 지속적으로 반영하면서 개정작업을 이어 왔다. 그러면서 자연스럽게 역사와 전통을 가진 국제마케팅 교재로 성장하면서 자리매김하였다.

국제마케팅분야는 유형의 자산에 속한 하드 파워와 무형의 소프트 파워인 신뢰와 신용이 상호 복잡하게 연결되어 있다. 또한 그 확장가능성이 4차 산업과 함께 폭발적으로 늘어났다. 특히 세계 경제는 블랙 스완 같은 이전에 경험하지 못한 상황이 펼쳐지면서 더욱 혼란과 혼돈을 야기하고 있다. 그러나 이러한 위기와 위험은 한편으로는 기업과 소비자들에게 새로운 국제마케팅 기회와 가능성을 만들어 준다. 특히 글로벌 트렌드를 선도하고 이끄는 트렌드 세터와 메이저 기업들은 이러한 블랙 스완적 불확실성과 위험을 적극적으로 대처하여 유형자산과 무형자산으로 특화할 수 있다.

이번 8판 개정판은 4차 산업의 혁신적 이슈와 더불어 국제마켓 4.0 관점에서 사례수정과 본문 내용 개정작업을 진행하였다. 개정된 주요 내용은 다음과 같다. 첫째, 국제마케팅 사례에 관련하여, 장마다 있는 도입사례(case study)들의 내용을 최신 자료로 대폭 업그레이드하였다. 또한 장마다 있는 기사 사례 내용을 최신 흐름에 맞는 내용으로 교체하였다. 둘째, 본문 내용상에 있어서, 3장 해외시장분석의 제1절 국별 투자환경의 평가와 제2절 상품시장기회의 평가 부분을 최신 자료로 대폭 업데이트하였다. 특히 아세안시장의 중요성과 베트남 국가의 중요성 부각에 따른 자세한 설명을 추가하였다. 또한 우리나라의 경쟁력 있는 상품으로 떠오른 김 산업을 중심으로 김 제품에 대한 분석내용을 추가하였다. 4장 해외고객 행동분석에서는 원산지효과에 관한 내용을 이론적 · 실무적으로 업데이트하였다. 셋째, 국제마케팅의 미래에 대한 13장을 새로이 추가하여, 4차 산업에 관한 국제마케팅 혁신 이슈와 소비자 차별화와 국제마케팅의 미래에 관하여 설명하였다.

이 책이 나오기까지 많은 도움과 격려를 해주신 한빛아카데미 관계자분께 심심한 감사를 전한다. 또한 퇴고를 기꺼이 도와준 고성주 박사, 정용기 박사에게도 고마움을 전한다. 그리고 8판이 출간되기까지 그동안 국제마케팅을 사랑해 주신 독자와 가족들의 지지와 도움에 감사함을 표한다. 마지막으로 계속해서 책이 개정될 수 있도록 하늘에서 항상 도와주시는 하나님께 진심으로 감사드린다.

2022년 8월 1일

저자 씀

머리말

최근 우리나라 기업의 국제화가 급속도로 진전되고 있다. 공산권을 포함한 전 세계 시장에 한국의 각종 상품이 수출될 뿐만 아니라 많은 국가에 직접투자가 이루어져 현지에서 상품을 제조 · 판매하는가 하면 라이선싱을 통하여 현지기업에게 우리의 기술을 제공하는 단계에까지 이르고 있다.

국내외 시장환경도 급변하고 있다. 굳게 닫혔던 소련, 중국, 동구제국의 시장이 열리고 있으며, 전세계시장이 하나의 시장으로 되어가고, 국제기업의 경쟁도 범세계적인 경쟁의 양상을 나타내고 있다. 또한 선진국의 신보호무역주의, EC로 대표되는 지역주의의 심화, 그리고 중국 및 아세안제국들의 추격 등 여러 가지 외부환경은 우리나라 기업의 수출을 위협하고 있다. 뿐만 아니라 국내시장의 개방으로 국내기업의 내수기반은 흔들리고 임금상승 등으로 수출품의 가격경쟁력도 약화되고 있다.

이와 같은 국내외 환경변화에 한국기업이 국제화를 성공적으로 추진하고 해외시장을 지속적으로 확대하기 위해서는 기업의 국제경쟁력을 강화시키는 수밖에 없다. 구체적으로 기업의 국제마케팅능력의 제고가 필요한 시점이라 생각된다. 해외고객중심의 마케팅 개념을 전사적으로 확산시키고 국제마케팅조사를 강화하여 이를 기반으로 국제마케팅전략을 수립하고 관리하는 능력을 배양하여야 한다.

이 책은 위와 같은 생각에서 기업의 국제화와 관련된 마케팅의 제반 과제를 전략적 관점에서 다루고 있다. 특히 국제마케팅의 환경분석과 전략적 관리에 초점을 맞추고 있다. 쉽고 간결하면서도 체계적으로 서술함으로써 대학의 교과서로는 물론이고 마케팅관리자의 전략수립 안내서로서 활용될 수 있도록 노력하였다. 그러나 저자 스스로 많은 부족함을 느끼며 앞으로 독자들의 고견을 널리 청취하여 독자들이 사랑하는 독자의 책으로 만들어 갈 것을 다짐한다.

이 책을 출판하면서 먼저 부족한 저자를 항상 지도하여 주시고 격려를 아끼지 아니하시는 高麗大學校 經營大學 교수님들께 감사를 드린다. 그리고 이 책의 초안에서부터 교정까지 함께 일한 忠南大學校 文熙哲 교수와 全州大學校 朴光緖 교수, 高麗大學校 대학원의 尹東鎭, 朴商德, 朴商琇, 黃修喆, 全鎔兌 군에게 깊은 감사의 뜻을 전한다. 또한 이 책이 출판되기까지 오래 기다리며 격려해 주신 貿易經營社의 李瑞耆 사장님, 김재휘 부장님과 채규호 부장님을 비롯한 전 편집인에게 감사를 드린다. 끝으로 나를 위하여 항상 기도하시는 어머님과 사랑하는 나의 가족에게도 감사를 드린다.

1991년 7월 20일

저자 씀

PART 01 서론

PART 02 국제마케팅 환경분석

4차 산업혁명 시대의

국제마케팅

PART 01 서론

Chapter 01 국제마케팅의 개념 및 성격

Chapter 01

국제마케팅의 개념 및 성격

CASE STUDY 파이로드를 통한 오리온 초코파이의 세계시장 석권

Section 01 | 국제마케팅의 개념

Section 02 | 국제마케팅의 성격

연습문제

Chapter

01

국제마케팅의 개념 및 성격

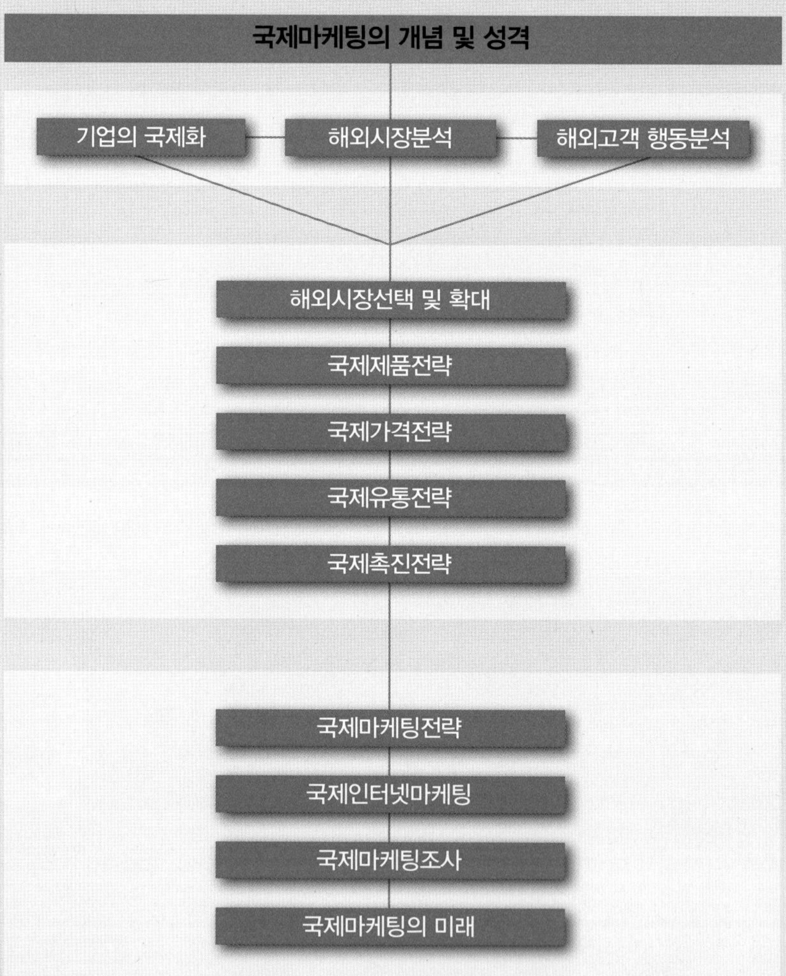

CASE STUDY 파이로드를 통한 오리온 초코파이의 세계시장 석권

오리온 초코파이의 시작

1970년대 초 동양제과의 한 연구원이 해외연수 중에 호텔 식당에서 우유와 함께 나온 초콜릿을 코팅한 과자에서 영감을 받은 것에서 오리온 초코파이 역사가 시작된다. 약 2년여에 걸친 실험과 개발을 통해 다양한 시제품을 만들며 실패에 실패를 거듭하다, 1974년 4월 드디어 현재와 같은 초코파이 제품이 출시되었다. 2002년 이후 초코파이는 글로벌 로드맵을 구축하고, 중국의 랑팡 · 상해, 러시아, 베트남 등에 전략적 생산기지를 확장해 나가고 있다. 오리온 '초코파이情'은 제품의 글로벌화를 토대로 중국, 베트남, 러시아에서 현지 문화에 융화될 수 있는 브랜드 컨셉을 구축하였다.

해외시장 현지화 공략

오리온은 효율과 수익 중심의 경영과 철저한 현지화 전략으로 해외시장을 공략하고 있다. 현재 중국, 러시아, 베트남 등 해외에서만 총 10개 이상의 공장을 운영 중이다. 준공을 마친 인도 공장이 올해 상반기 중 첫 생산을 가동하면 13억 명의 인도 시장까지 확보하게 된다(https://magazine.hankyung.com/business/article/202102014545b).

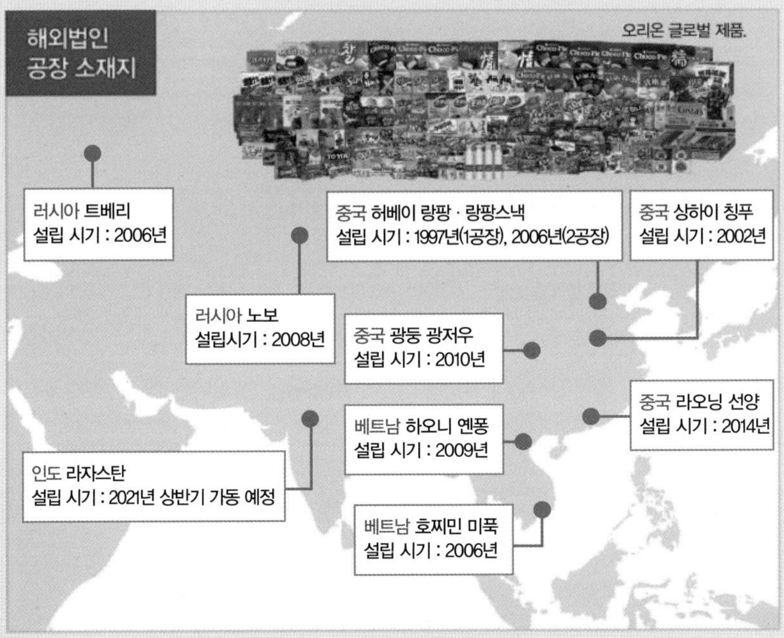

출처: https://magazine.hankyung.com/business/article/202102014545b

중국 시장 진출에서의 예를 들자면, 오리온의 국제화 성공전략은 크게 프리미엄 제품으로 승부, 철저한 현지화 전략, 끊임없는 신제품 개발을 통한 차별화와 효과적인 라인업 확대의 세 가지로 나누어 볼 수 있다.

오리온은 프리미엄 제품이라는 타이틀을 위해 최고급 원료만을 사용하고, 기후 변화와 거리에 따른 비타협적인 품질 관리를 하였다. 철저한 현지화를 위해 한국 본사 간섭을 배제한 중국 자체의 독립 채산제로 운영했으며, 포장지 색을 푸른색에서 중국인이 좋아하는 붉은색으로 바꾸는 등 중국 현지에 맞는 브랜딩 전략을 수행했다. 이와 더불어 중국 자존심을 살리고 중국 대중과 호흡하는 여러 프로모션을 진행했다. 또한, 철저한 현지화를 위해 중국 현지 공장을 설립하여 현지를 공략했다. 중국 현지에 맞는 제품을 개발하였으며, 새로운 타입의 신제품으로 새로운 수요를 창출하고, 세밀한 조사를 통해 신규 제품 라인업을 도입했다(https://happist.com/545088).

해외 고성장 비결

ORION

1 철저한 시장분석과 현지화 전략

2 국가별 트렌드를 반영한 제품 개발

3 10여 개가 넘는 현지 생산 공장

4 중국에서 매출 1,000억 원 넘는 메가 브랜드 다수 탄생

글로벌 마케팅전략

초코파이는 지방이 전혀 없는 마시멜로와 건강에 좋은 콜라겐과 올리고당을 함유시켜 소비자의 건강과 고급감에 대한 소비자의 요구를 충족시키고 있다. 35년간 변함없는 국민의 관심과 사랑을 넘어 세계인의 입맛을 사로잡은 오리온 '초코파이情'은 맛과 이미지의 차별화를 통한 브랜드 차별화로 카테고리의 대표성을 확립하고 있다. 글로벌시장 확대 Project 및 Action Plan에 따라 오리온 파이로드를 제작하여 글로벌 마케팅전략을 활용하고 있다.

오리온 관계자는 "신종 코로나바이러스 감염증(코로나19)이라는 어려운 상황에서도 공격적인 신제품 출시, 신규 카테고리 개척 및 효율과 수익 중심의 경영을 통해 전체 글로벌 법인의 매출과 영업이익이 크게 늘었다."라며 "시장을 선도할 수 있는 신제품을 지속 선보이며 성장세를 견인하는 것은 물론 간편 대용식과 음료, 바이오 등 3대 신규 사업을 적극적으로 추진해 글로벌 식품 · 헬스케

어 기업으로 제2의 도약을 이뤄 나갈 것"이라고 말했다(https://magazine.hankyung.com/business/article/202102014545b).

토의과제

01 오리온 초코파이의 해외시장 마케팅 성공 요인에 대하여 토의하시오.

02 오리온 초코파이의 미래 성장을 위한 해외 마케팅전략에 대하여 토의하시오.

참고자료

- 한경BUSINESS, "한국은 몰라도 초코파이는 안다"…철저한 현지화로 해외에서 질주, 2021.02.03(https://magazine.hankyung.com/business/article/202102014545b)
- 오리온 중국 진출 전략 포인트 세 가지 – 프리미엄 포지셔닝, 현지화, 차별화 라인업, Updated on 2021-04-08 by happist(https://happist.com/545088)
- 이장로, 문희철, 이춘수, 국제마케팅 7판(무역경영사)
- 부경대학교, 국제마케팅수업 과제 및 자료, 황지성, 고지희 참고

Section 01

국제마케팅의 개념

'경영은 곧 마케팅'이라는 말처럼 마케팅은 경영의 핵심이라 할 수 있다. 그렇다면 마케팅이란 무엇인가? 본 절에서는 마케팅의 정의를 살펴보고 이를 기초로 국제마케팅의 개념을 설명하려고 한다.

1. 국제마케팅의 정의

마케팅이란 무엇일까? 1985년에 미국마케팅학회(American Marketing Association)에 따르면 마케팅을 다음과 같이 정의하고 있다.

"마케팅이란 개인이나 조직의 목표를 만족시키는 교환을 창출해 내기 위해 아이디어, 재화, 서비스의 개념설정, 가격책정, 촉진 및 유통활동을 계획하고 집행하는 과정이다."

이러한 기본적인 마케팅의 정의에 대해 다양한 학자들의 주장이 제기되어 왔다. 1996년에 코틀러(Philip Kotler)와 게리 암스트롱(Gary Armstrong)은 "마케팅이란 다른 사람들과 함께 재화와 가치를 창조하고 교환함으로써 개인과 집단이 요구하고 필요로 하는 것을 얻을 수 있도록 하는 사회적 및 관리적 과정이다."로 보다 광범위하게 정의하였으며, 1999년에 코틀러(Philip Kotler)는 다시 "마케팅은 기회를 찾아내고 개발하며 그 기회를 통해 수익을 올리는 기술이다."라고 재정의하였다.

또한 The Chartered Institute of Marketing(CIM)에서 "마케팅은 고객의 니즈를 파악하고 예측하며 만족시키는 관리 과정이다."라고 정의하고 있다. CIM의 정의는 단기적으로 고객의 니즈를 파악하는 것, 그러한 니즈를 만족시키는 것을 마케팅의 정의로 보았을 뿐만 아니라 장기적으로 고객의 니즈를 예측하는 것으로 정의하였다.

마케팅의 정의를 경제적 · 사회적 측면으로 본 학자도 있다. 바틀즈(Bartles)의 연구에 따르면 "마케팅이란 경제적 · 사회적인 제약하에서 참여자들이 속해 있는 유통시스템으로 소비자의 필요(needs)에 맞는 제품을 제공하고 거래를 창조하며 교환을 이루어지게 하는 과정이다."라고 보았다.

이렇듯 다양한 정의를 통하여 마케팅은 사회구성원의 협력에 의한 활동, 즉 생산활동과 교환활동을 포함하고 있으며, 고객의 필요를 채워주는 것을 목적으로 하고, 기업의 관리 과정일 뿐만 아니라 사회적 과정임을 나타내고 있다. 다시 말하면, 사람들의 필요를 채워주기 위한 서비스정신과 가치창조가 마케팅에서 중요함을 알 수 있다.

국제마케팅은 그 주체와 대상에 따라 여러 가지 관점에서 다양하게 정의될 수 있지만, 이 책에서는 미국마케팅학회의 마케팅에 대한 정의를 확장하는 한편 기업의 해외시장개입에 초점을 맞추어 국제마케팅을 다음과 같이 정의한다. 즉, "국제마케팅이란 개인 및 조직의 필요와 욕구를 충족시키는 교환을 위하여 기업이 해외시장에 개입하고 아이디어, 재화, 용역의 개념, 가격, 판매촉진 및 유통을 다국적으로 계획하고 수행하는 과정"을 말한다.

위 정의에 제약점이 있음에도 불구하고 이 정의는 국제마케팅의 본질적인 특징을 나타내고 있다.

첫째, 기업의 해외시장 개입과 관련한 마케팅 과정을 나타낸다. 기업이 국내시장의 한계성을 벗어나 해외시장에 개입하는 모든 형태의 국제사업, 즉 무역, 해외직접투자 그리고 라이선싱, 프랜차이징 등의 국제제휴와 관련한 마케팅 과정에 관하여 다룬다. 그러므로 직접이든 간접이든 해외시장과 관련이 없는 마케팅 과정은 포함되지 아니한다.

둘째, 이 정의는 생산자 중심이 아닌 고객 중심의 마케팅을 강조한다. 제품을 만들어 놓고 고객을 찾는 것보다 제품을 제조하기 전에 고객의 필요와 욕구를 충족시키기 위한 해외시장조사 등의 노력을 중요시한다.

셋째, 교환되는 것이 유형의 제품뿐만 아니라 아이디어나 용역 역시 포함된다는 사실을 분명히 해 준다. 예를 들어, 기업의 기술지도 혹은 회계자문 같은 용역을 해외에 촉진하는 행위도 국제마케팅으로 본다.

넷째, 유통은 단지 국제마케팅 믹스의 한 부분일 뿐이며 마케팅믹스의 다른 부분들도 동일한 중요성을 가진다는 것을 나타낸다. 종래 수출 위주의 해외시장 개입 아래서는 해외유통업체를 통한 판매가 중요한 위치를 차지했었다. 그러나 효과적인 국제마케팅을 위해서는 제품, 가격, 유통 및 프로모션 등의 모든 마케팅믹스가 통합되고 조정되어야 한다.

다섯째, 여기서 '다국적'이란 기업의 마케팅 과정이 여러 국가에서 수행되고 조정되어야 함을 의미한다. 한 국가에서의 활동이 다른 국가시장에 영향을 미치므로, 기업의 해외시장이 다변화되고 개입 방법도 점차 고도화될수록 여러 국가에서의 마케팅활동이 전사적인 관점에서 통합 · 조정되어야 한다는 것을 나타낸다.

한편, 이 책에서는 국제마케팅활동의 주체를 영리기업으로 한정하여 국제마케팅을 논술하고 있지만, 이 책의 개념 및 원칙은 비영리기업에도 적용될 수 있음은 두말할 필요가 없다. 예를 들어, 정부의 해외투자 유치활동 및 종교기관의 범세계적인 선교활동도 국제마케팅의 개념 및 원칙이 적용될 수 있다.

2. 국제마케팅활동

국제기업은 전 세계 고객의 필요를 충족시키기 위해 다음과 같은 여러 가지 마케팅활동을 세계 여러 나라에서 수행한다.

첫째, 국제마케팅 조사활동을 수행한다. 예를 들어, 시장수요, 고객행동, 경쟁기업의 사업과 활동, 산업현황, 경제하부구조, 정부의 정책 등과 관련하여 각종 자료를 수집하고 분석하며 이를 체계적으로 정리하여 정보시스템을 구축함으로써 마케팅 의사결정을 지원한다.

둘째, 국제마케팅 전략계획활동을 수행한다. 예를 들어, 어느 국가시장에 진입할 것인가, 가장 적합한 진입시기와 순서는 무엇인가, 어떤 방법으로 진입하는 것이 효과적인가, 일단 진입한 후에는 그 시장을 어떻게 확대할 것인가 그리고 세계시장에서의 환경 차이에 어떻게 대응할 것인가 등 많은 전략적 문제를 다룬다.

셋째, 국제제품활동을 수행한다. 예를 들면, 어떤 상품과 서비스를 어느 나라에서 개발 · 생산할 것인가? 시장 및 고객에 따라 어느 정도 상품을 변경할 것인가? 상표와 포장은 어떻게 할 것인가? 무엇을, 언제, 어느 시장에 공급할 것인지 결정하고 이를 수행한다.

넷째, 국제유통활동을 수행한다. 예를 들면, 생산자에서 최종소비자까지 상품 및 서비스가 이르는 유통 과정에서 여러 종류의 상인 및 상점을 파악하고, 그것이 나라에 따라 어떻게 차이가 나는지 이해한다. 그리고 어떤 경로를 통하여 목표하는 국가시장의 최종소비자에까지 상품을 효과적으로 전달할 것인가에 대하여 효율적인 전략을 수립하고 이를 실행하고 통제한다.

다섯째, 국제촉진활동을 수행한다. 회사와 상품 및 서비스에 관하여 전 세계 고객에게 알려 호감을 느끼게 하고 구매하도록 설득하는 일종의 커뮤니케이션활동이라 할 수 있다. 예를 들면, 광고, 판매촉진, 인적판매, 홍보 및 공중관계 등과 관련된 활동을 환경이 다양한 세계시장에서 수행하는 것이다.

여섯째, 국제가격활동을 수행한다. 예를 들면, 기업이 상품을 수출할 때 수출가격을 책정하는 일, 시장 상황에 따라 가격을 변경하는 일 그리고 국가별 · 고객별로 가격을 조정하는 일 등을 말한다. 또한 기업이 해외공장에서 상품을 생산해서 현지시장에 판매할 때 혹은 그 상품을 본국시장이나 다른 국가시장에 판매할 때에도 가격을 책정하는 일을 수행한다.

일곱째, 국제서비스활동을 수행한다. 예를 들면, 국제기업이 자사의 상품 혹은 서비스를 통하여 전 세계 고객에게 어느 정도 만족을 주었는지 평가하고, 불만족스러운 부분에 대하여 사후서비스를 행하고 이것을 시정함으로써 보다 향상된 상품과 고객만족을 가져오기 위한 활동들을 말한다.

기업이 위와 같은 활동을 효과적으로 수행하기 위해서는 그 기업의 자원과 활동을 세계 여러 나라에 효율적으로 배치하는 일과 아울러 이것을 전사적 관점에서 통합하는 일이 필요하다.

3. 국제마케팅의 명칭 차이

국제마케팅에 대한 명칭도 학자에 따라 수출마케팅, 해외마케팅, 다국적마케팅, 범세계적 마케팅 등과 같이 다양하게 사용된다. 이러한 명칭의 차이는 기업의 해외시장 개입수준과 밀접하게 관련되어 있다.

기업의 해외시장 진입 방식에 따라 국제마케팅활동의 범위와 강조점이 달라진다. 예를 들면, 수출의 경우에는 유통활동이 강조되는 데 비하여 해외직접투자의 경우에는 현지시장환경과 소비자행동을 중시하여 마케팅활동의 현지화를 추구하게 된다. 이에 관해서는 아래에서 설명하려고 한다.

1 수출마케팅

수출마케팅(export marketing)은 수출기업의 마케팅활동에 초점을 맞추고 본국시장에서부터 해외시장에 이르기 전까지의 활동을 주 대상으로 한다. 기업은 적극적으로 기존제품의 해외판매를 추구하는 한편 해외판매자의 요구에 따라 제품 및 마케팅절차들을 수동적으로 조정한다.

2 해외마케팅

해외마케팅(foreign marketing)은 기업의 외국에서의 마케팅 활동에 초점을 맞추고 특히 해외자회사의 현지마케팅을 주로 다룬다. 마케팅 기능은 국내에서 수행할 때와 같으나 마케팅 환경은 매우 다르다. 국제마케팅 관리자가 직면하는 문제는 현지의 마케팅 환경을 면밀히 분석하고 이에 적합한 마케팅전략을 수립하여 집행하는 것이다. 특히 현지시장의 특성과 고객행동을 고려하여 현지에서 제품을 생산하고 판매한다. 이러한 의미에서 해외마케팅은 비로소 현지고객중심적으로 된다고 볼 수 있다.

3 다국적마케팅

다국적마케팅(multinational marketing)은 다국적기업이 복수의 해외 현지시장을 대상으로 수행하는 마케팅활동을 강조한다. 여기서 다국적기업이란 여러 국가에 제조자회사를 가지고 있는 기업을 의미한다. 다국적기업은 각각의 해외자회사가 단순히 개별 해외시장에서 훌륭한 마케팅활동을 수행하는 것만으로 만족할 수 없다. 다국적기업의 경영자는 현지 소비자의 만족과 더불어 복수의 여러 현지시장에서 빠른 대응을 위한 권한 위임과 책임소재를 명확히 해야 된다.

4 범세계적 마케팅

범세계적 마케팅(global marketing)은 해외시장 개입의 수준이 매우 높은 범세계적 기업의 마케팅활동에 초점을 맞추고 있다. 범세계적 기업은 본국시장과 외국시장의 구분 없이 전세계시장을 하나의 동질적인 시장으로 간주하고 표준화된 제품을 통한 규모의 경제를 강조한다. 세계 각국의 소비자의 수요가 동질화 추세에 있으며 그렇지 않다고 하더라도 최소한 동질적인 세분시장이 전 세계적으로 존재한다고 전제하고 마케팅활동을 수행한다.

일반적으로 국제마케팅은 위의 네 가지 명칭을 모두 포함하는 개념으로 이해되고 있다. 명칭의 차이는 기업의 국제화 단계에 대한 관점의 차이를 반영하며, 마케팅활동에 대한 강조점이 달라지는 것을 의미하는 것이다. 기업의 국제화에 관해서는 제2장에서 상술한다.

Section 02

국제마케팅의 성격

국제마케팅이 국내마케팅과 구별되는 독특한 성격과 이에 따른 연구과제 및 체계에 대하여 살펴본다.

1. 국제마케팅의 특성

제품수명주기와 같은 기본적인 마케팅의 개념이나 시장세분화와 같은 전통적인 마케팅 기법들은 세계의 어느 시장에서나 적용할 수 있다. 그렇다면 국제마케팅이 국내마케팅과 다른 점은 어디에 있는가? 국제마케팅을 국내마케팅과 차별화할 수 있는 독특한 성격은 세 가지 차원에서 살펴볼 수 있다.

1 외국환경

국제마케팅을 국내마케팅과 구별 짓는 첫 번째의 차원은 외국환경이다. 국제마케팅은 기업의 자원을 환경 및 기회에 집중시키는 과정을 다룬다고 할 수 있다. 기업은 이 과정에서 특히 고객, 경쟁자 및 정부에 초점을 맞추고 제품, 가격, 유통, 촉진 및 마케팅조사 등의 마케팅 활동을 통하여 기업의 목표를 달성한다.

국제마케팅은 이 과정에서 기업이 통제불가능한 여러 개별국가의 환경이라는 차원을 추가한다. [그림 1-1]은 해외시장의 환경요소를 보여 주고 있다. 해외시장의 환경은 기업이 그동안 익숙해 있는 국내환경과는 매우 다르기 때문에 기업은 새로운 해외시장에 대한 정보와 경험이 부족하기 쉽다. 따라서 국제마케팅은 국내마케팅에 비하여 위험이 크다고 할 수 있다. 이런 위험을 줄이려면 해외시장에 대한 지식과 경험을 축적해야 하는데 이를 위해서는 많은 시간과 비용이 소요된다.

또한 기업의 활동은 환경에 영향을 받기 마련이므로 국제마케팅활동을 효과적으로 수행하기 위해서는 외국환경에 적응하는 것이 필요하다. 예를 들면, 소득수준이 낮은 국가에서는 포장의 크기를 작게 변경하는 것은 흔히 있는 일이다. 그러나 해외시장마다 마케팅 활동에 적응하는 것은 비용을 증가시키므로 기업으로서는 다양한 외국환경에 어느 정도 적응할 것인지 결정해야 한다.

그림 1-1 **해외시장의 환경요소**

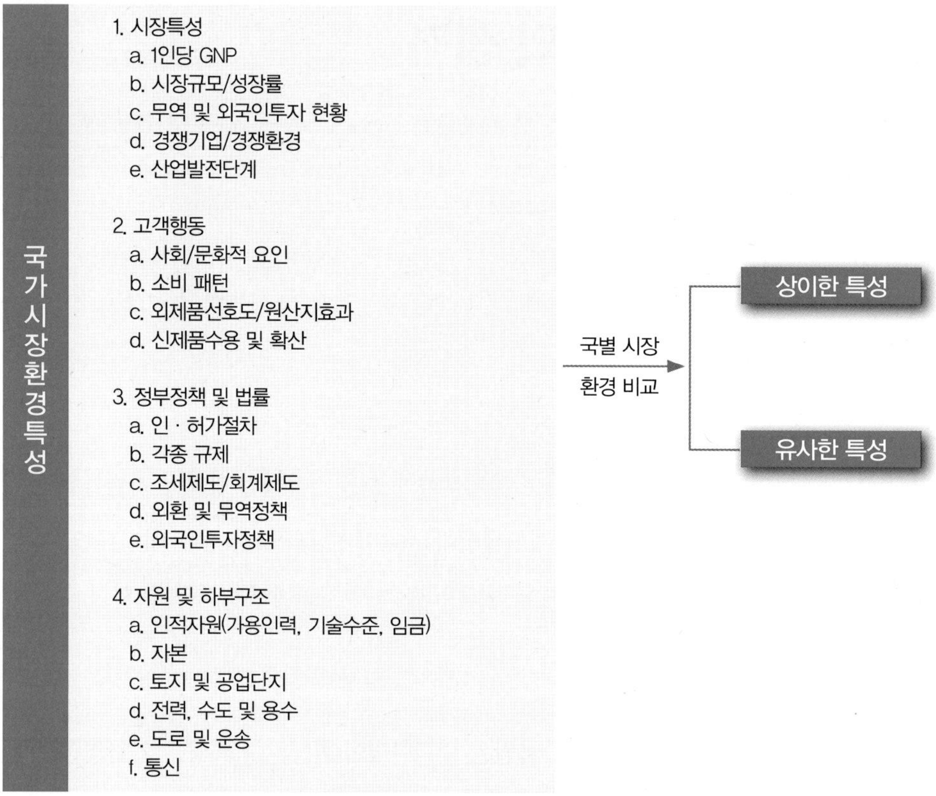

자료: Warren J. Keegan, Global Marketing Management, 7th ed.(Prentice-Hall, 2001), p.31.

2 국제이전

국제마케팅을 국내마케팅과 구별 짓는 두 번째의 차원은 기업의 자원과 마케팅활동의 국제이전 과정이다. 국제마케팅은 재화 및 용역, 자본 · 기술 · 인력 등의 생산요소, 마케팅전략 및 프로그램 그리고 마케팅기법과 시스템의 국제이전 과정을 포함한다.

이와 같은 국제이전 과정에서 각국의 정부는 자국의 이익을 위해서 여러 종류의 규제 및 유인정책을 채택하고 있다. 또한 기업이 진입하려는 해외시장은 각기 독특한 환경을 가지고 있다. 국제마케팅 담당자는 이런 환경을 정확히 이해하고 가장 효과적인 해외시장 진입 방법을 결정해야 한다. 예를 들면, 국내 생산품의 수출, 해외직접투자에 의한 해외생산 및 판매, 기술제휴에 의한 해외생산 및 판매 중에서 기업과 시장상황에 가장 적합한 방법을 선택하는 것이다.

3 다수국가시장

국제마케팅을 국내마케팅과 구별 짓는 세 번째의 차원은 다수국가시장에서의 마케팅이라는 점이다. 다수국가시장이 시사하는 것은 기업이 다양한 국가환경 속에서 마케팅활동을 수행한다는 것이다. 또한 한 국가시장에서의 마케팅활동은 다른 국가의 고객, 경쟁자, 정부에 영향을 미치고 기업의 전체 경영 성과를 좌우한다는 것이다. 그러므로 국제기업은 세계의 여러 시장에서 수행하는 마케팅활동을 각국의 시장환경에 맞게 현지화하는 한편 전사적인 관점에서 국제마케팅활동을 서로 연계하고 통합하는 것이 필요하다.

사례 1-1 베트남 외식 소비자 특성으로 알아보는 현지 한식당 성공 전략

베트남 외식 소비자 특성 ① 편안하고 자유로운 분위기의 열린공간 선호

현지인들에게 인기를 끌며 성공리에 운영하는 몇몇 한식당들은 대부분 폐쇄된 공간이 아닌 열린 공간이고, 식당 내 폐쇄된 공간이 존재하여도 대부분의 손님이 열린 공간에 앉아 식사하는 광경을 볼 수 있다. 다낭에 있는 한국 바비큐 전문점 S식당 역시 가게 앞 거리에 테이블을 배치하며 현지인들에게 큰 인기를 끌고 있다. 관광객과 교민뿐만 아니라 현지인들에게도 인기를 끌며 다양한 고객층을 확보한 S식당은 코로나19로 어려운 와중에서도 성황리에 운영되고 있다.

베트남 외식 소비자 특성 ② 저렴한 가격에 많은 음식을 먹을 수 있는 가성비 중시

최근 다낭에 2호점을 오픈하며 베트남에 총 51개의 매장을 보유하게 된 두끼 떡볶이는 베트남인들이 가장 좋아하는 한식 중 하나인 떡볶이에 재료와 소스를 직접 담아와 만들어 먹을 수 있는 체험을 가미했고, 다양하게 제공되는 한식(치킨, 비빔밥, 라면 등), 성인 1인당 13만 9,000동(한화 약 6,700원)이라는 합리적인 가격 등 여러 복합적인 요인으로 성공을 거두었다. 고객이 직접 맛을 DIY하면서 재미있는 경험을 제공함과 동시에 맛에 대한 고객 불만이라는 리스크를 줄일 수 있었으며, 무엇보다 가성비가 높다는 점에서 모든 연령층에서 인기를 끌고 있는 대표 한식 프랜차이즈로 자리 잡을 수 있었다.

또한 다음과 같은 성공전략 세 가지를 제시할 수 있다.
베트남 현지 한식당 성공전략 ① 타깃 시장과 고객에 맞춘 적절한 포지셔닝
베트남 현지 한식당 성공전략 ② 한식에 대한 즐거운 경험과 적절한 현지화
베트남 현지 한식당 성공전략 ③ Facebook, 가격 프로모션 등 현지 상황에 부합한 홍보전략

출처: Euromonitor, Vietnam News, VN Express 등 현지 언론 및 KOTRA 다낭 무역관 종합, 베트남 다낭무역관 최준환 2021-01-04에서 요약 발췌

2. 국제마케팅의 연구과제

마케팅의 모든 분야가 국제마케팅의 연구과제가 될 수 있으나 여기서는 앞에서 살펴본 국제마케팅의 독특한 성격에 부합되는 연구과제를 국제마케팅관리의 관점에서 설명한다.

1 국제마케팅의 목적 설정

기업은 해외시장에 개입하기 전에 그 목적을 명확히 설정하는 것이 중요하다. 일반적으로 기업은 생산기지 확보, 판매시장 확보, 자원개발, R&D, 경쟁자 견제 등의 전략적 목적을 가지고 해외시장에 진출하게 된다. 이 중에서 특별히 강조하고자 하는 목적이 무엇인지를 명확히 하여야 한다. 뿐만 아니라 기업이 해외자회사를 설립할 때 현지국에 어떻게 기여할 것인지 고려하지 않는다면 그 회사는 장기적으로 성공할 수 없을 것이다.

2 기업의 국제화

기업의 국제화는 기업활동의 해외이전 과정을 나타내며, 해외시장의 숫자와 비중, 국제사업의 종류, 해외시장 진입 방식 그리고 해외에서의 경영활동 등을 포괄한다. 국제마케팅은 기업의 자원 및 전략에 따라 수행되므로 기업의 국제화수준과 전략방향은 국제마케팅활동에 영향을 미치게 된다. 그러므로 국제마케팅 관리자는 자기 기업과 경쟁사들의 현재 국제화 수준과 전략방향을 이해하는 것이 필요하다.

3 국제마케팅 환경분석

국제마케팅 관리자는 기업의 내부환경과 외부환경을 분석하여 그 기업의 강점(strength)과 약점(weakness) 그리고 기회(opportunity)와 위협(threat)을 평가해야 한다.

❶ 해외시장기회

기업은 개별 국가시장의 투자환경 및 상품시장 기회를 파악하고 해외시장 사이의 유사점과 상이점을 비교 · 분석하여야 한다. 특히 외국기업의 투자와 관련한 정부의 정책, 외국기업의 진출현황, 해당 산업의 발전 정도, 상품시장의 수요, 마케팅 하부구조를 국가별 · 지역별로 평가하여 자사의 국제마케팅을 위한 기회와 위협요인을 찾아내는 것이 중요하다.

그리고 경쟁환경 및 경쟁자분석 또한 중요하다. 경쟁환경은 한 기업의 해외시장 개입의 여부, 수준 및 성과를 결정하는 가장 중요한 요인이라 할 수 있으며, 이를 평가하기 위해서는 국가경쟁우위분석, 산업의 경쟁구도분석, 시장점유율을 분석하는 것이 필요하다. 경쟁 기업분석은 우선 경쟁기업의 특성을 파악하고 경쟁사별 매출액이나 시장점유율, 경쟁 포지셔닝분석을 통한 현황파악, 경쟁사의 포지셔닝 전략, 경쟁우위분석, 경쟁기업의 성과를 분석함으로써 경쟁자를 면밀히 파악하는 것이 중요하다.

❷ 고객행동

고객을 이해하는 것은 마케팅에서 가장 중요하다. 해외고객의 구매행동에 영향을 미치는 요인들을 파악하고 구매 과정을 분석하는 것이 필요하다. 해외고객이 무엇을, 왜, 어디서, 어떻게, 언제 구매하는지 정확히 알아야 그들의 필요를 충족시킬 수 있다. 그리고 그들을 어떻게 만족시킬 수 있으며 또한 그들의 불평을 어떻게 관리할 수 있는지 아는 것이 중요하다.

4 국제마케팅 전략수립

기업의 자원 및 활동의 국제이전이라는 국제마케팅의 특성이 시사하는 바와 같이 국제마케팅 관리자는 해외시장에 자사의 자원을 어느 정도 투입하고 어떻게 배치할 것인지 결정해야 한다. 기업이 자원 및 활동을 세계시장에 효율적으로 배치하기 위해서는 다음과 같은 전략들을 개발하는 것이 필요하다.

❶ 해외시장 선택과 확대

수많은 세계시장 중에서 목표시장을 어떻게 선정하고 이를 기초로 해외시장을 어떻게 확대해 나갈 것인지 결정하는 문제이다. 해외시장에 대한 평가 방법, 목표시장의 선택기법을 이해하는 것이 필요하다. 또한 마케팅의 기본 개념들인 시장세분화(market segmentation), 포지셔닝(positioning)을 국제마케팅에 적용할 필요가 있다. 그리고 해외시장의 확대 속도, 순서 및 시기를 결정하는 것도 매우 중요한 과제라 할 수 있다.

❷ 국제마케팅 믹스전략

국제마케팅 관리자는 시장환경이 상이한 여러 해외시장에서의 제품전략, 가격전략, 촉진전략 및 유통전략을 혼합하여 수립하는 믹스전략이 필요하다. 한 국가시장에서 사용한 마케팅 프로그램을 다른 시장에 어떻게 이전시킬 수 있을 것인지 결정해야 한다. 또한 기업은 현지시장 확대를 위해서 현지시장에 적합한 마케팅믹스전략의 개발이 필요하다. 동시에 기업은 복수의 국가시장을 고려한 마케팅믹스전략의 개발이 필요하다.

5 국제마케팅전략의 실행 및 조정과 통제

기업이 세계 여러 나라에서 마케팅활동을 수행하게 되면 전사적인 관점에서 마케팅활동을 조정하고 통합할 필요성을 느끼게 된다. 이는 기업이 국제마케팅 목적을 효과적으로 달성하기 위해서 세계시장에 흩어져 있는 자사의 자원과 활동들을 서로 연계시킴으로써 규모의 경제, 범위의 경제 및 경험효과를 제고하려는 것이다. 다음과 같은 문제들이 이에 해당한다.

❶ 글로벌배치, 소싱 및 제휴전략

기업이 한정된 자원을 가지고 해외시장, 해외사업, 진입 방식 등의 측면에서 어떻게 최적 배치할 것인가에 관한 문제를 다루는 것이 필요하다. 또한 기업은 국제마케팅활동을 수행하는 과정에서 해외의 타기업들과 경쟁하는 것만이 전부가 아니므로 세계시장에서 타기업들과 상호 협력하는 방법들을 이해할 필요가 있다. 국제소싱전략, 전략적 제휴 및 네트워크 구축은 국제마케팅 협력을 위한 주요 수단이라 할 수 있다.

❷ 국제마케팅전략의 표준화와 적응화

국제마케팅전략들을 전 세계적으로 동일하게 할 것인가(globalization) 또는 현지시장에 맞게 적응화할 것인가(localization)를 결정하는 문제이다. 실제로는 표준화 또는 적응화의 정도와 방법을 결정하는 것이라 할 수 있다.

❸ 글로벌 경쟁전략

기업은 마케팅활동을 전세계시장을 대상으로 할 것인가 아니면 특정 국가시장 혹은 고객층만을 대상으로 할 것인가의 범위를 결정해야 한다. 또한 상품 및 산업의 범위도 결정해야 한다. 그리고 자사의 경쟁우위가 어디에 있는지 파악하여 이를 활용하는 것이 중요하다. 국제마케팅 관리자는 경쟁의 범위, 경쟁우위의 원천 그리고 전략적 목표들에 따라 국제경쟁전략의 대안들을 수립해야 한다.

❹ 국제마케팅조사

국제마케팅에 관한 모든 의사결정을 합리적으로 하기 위해서는 국제마케팅정보가 필수적이라 할 것이다. 국제마케팅조사의 과정과 국제정보시스템의 활용에 대한 이해가 중요하다.

❺ 국제인터넷 마케팅

인터넷혁명에 따라 국제마케팅활동 및 무역관리에 획기적인 변화가 일어나고 있으므로, 고객행동분석, 마케팅전략수립 그리고 전자무역실무를 이해하는 것이 필요하다.

사례 1-2 **오리온 '초코파이情' 현지화 전략으로 중국 · 베트남 · 러시아 입맛 잡았다**

오리온은 출시 46주년을 맞은 초코파이가 러시아, 중국, 베트남 등 해외 소비자의 입맛을 사로잡으며 글로벌 제2의 도약에 나서고 있다.

2019년 말 한국에서 선보인 '찰 초코파이'가 큰 인기를 얻고 있는 가운데, 러시아에서도 '라즈베리', '체리', '블랙커런트' 등 과일 맛을 담은 초코파이를 잇달아 내놓으며 호평받고 있다고 오리온은 설명했다.

한국에서는 2019년 11월 초코파이에 전통 디저트인 인절미와 흑임자 등 떡을 접목한 '찰 초코파이'를 선보였다. 맛 변화를 넘어서 식감까지 획기적으로 바꾼 것. 이러한 파격 변신이 소비자의 높은 관심을 끌어내면서 출시 두 달 만에 누적 판매량 1,000만 개를 돌파했다. 일부 매장에서는 매진되기도 하면서 현재 생산 즉시 전량 출고되고 있다.

러시아에서도 현지 소비자에게 친숙한 베리 맛 초코파이를 출시해 호평받고 있다. 러시아인들에게는 '다차'(텃밭이 딸린 시골별장)에서 농사지은 베리류를 잼으로 만들어 먹는 것이 익숙하다고 전해진다.

이 같은 다차 문화에 착안해 지난해 하반기 '라즈베리', '체리' 맛 초코파이를 내놓은 데 이어 올해 1월 '블랙커런트' 맛을 선보이며 라인업을 확대했다. 오리지널 맛 중심에서 벗어나 '초코파이 다크', '초코칩 초코파이' 등과 함께 베리 맛 제품들이 추가되면서 초코파이 매출이 전년 대비 23% 넘게 성장, 제2의 전성기를 맞고 있다.

중국과 베트남에서도 현지인들의 취향에 맞는 제품들이 안착하며 초코파이 브랜드파워를 강화하고 있다. 중국에서는 차를 즐겨 마시는 중국 소비자의 입맛에 맞춘 '초코파이 마차'를 2016년에 출시했고, 베트남에서는 진한 초콜릿 맛을 선호하는 현지 소비자 성향에 맞춰 빵 속에 카카오를 듬뿍 담은 '초코파이 다크'를 2017년에 내놓은 바 있다. 두 제품 모두 브랜드 전체 매출에서 10% 이상의 비중을 차지하며 매출과 시장점유율 제고에 한몫하고 있다.

출처: 에너지경제신문, 2020.02.25., https://www.ekn.kr/web/view.php?key=483594에서 활용

3. 국제마케팅의 연구체계

국제마케팅은 마케팅을 비롯한 무역학 및 국제경영학과 같은 인접 학문과 밀접하게 관련되어 있다. 그러므로 국제마케팅의 연구체계도 학자의 강조점에 따라 달라질 수 있다. 이 책의 강조점은 다음과 같다.

첫째로 이 책은 마케팅의 학문적 체계 안에서 국제마케팅에 접근하고 있다는 점이다. 가능한 한 마케팅에서 통용되는 개념들을 그대로 사용하고 있다.

둘째로 이 책은 국제마케팅이 기업의 해외시장 개입과 불가분의 관계에 있다는 전제하에서 국제마케팅의 특수성을 부각하려고 한다는 점이다. 이런 이유에서 국제경영학 분야의 연구가 이 책에 많이 활용되고 있다.

셋째로 이 책은 전략적 관리과정을 중시하고 있다. 즉, 목적설정, 환경분석, 전략수립, 전략실행, 조정 및 통제 그리고 평가(피드백)라는 흐름에 따라 이 책은 서술되어 있다. 이를 그림으로 표시하면 [그림 1-2]와 같다. 총 4개의 Part로 구성되어 있다. Part 1에서는 서론으로 국제마케팅의 개념 및 성격, Part 2에서는 기업의 국제화, 해외시장분석, 해외고객 행동분석에 관한 환경을 다루고 있다. Part 3에서는 해외시장선택 및 확대, 국제4P전략을 중심으로 전략의 수립을 다루고 있다. Part 4에서는 국제마케팅전략, 국제인터넷마케팅, 국제마케팅조사, 국제마케팅의 미래를 중심으로 국제마케팅전략의 실행 및 조정과 통제를 다루고 있다.

그림 1-2 **국제마케팅의 연구체계**

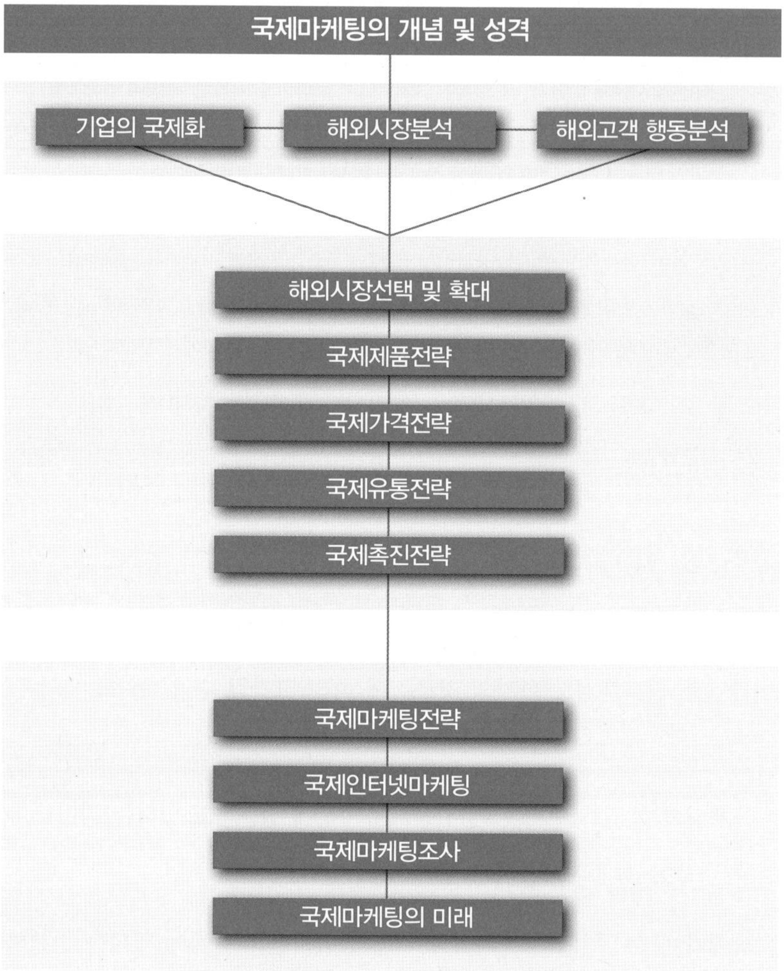

국제마케팅 연구에서 이 책의 특징을 몇 가지 강조하려고 한다. 제2장 기업의 국제화는 국제마케팅의 학문적 독특성을 가져오는 기초이다. 왜냐하면 기업의 해외시장 개입과 세계시장과의 관련성이라는 차원을 고려하지 않으면 국제마케팅이 마케팅과 다를 바가 없기 때문이다.

그리고 이 책은 기존 국제마케팅 교과서에서 비중 있게 다루는 국제마케팅환경에 관한 체계와는 크게 다르다. 이것은 이 책이 전략연구 문헌에서 중시하는 SWOT 분석의 체계를 활용하는 동시에 마케팅에서 소비자행동에 대한 이해의 중요성을 반영하고 있기 때문이다.

또한 이 책은 국제마케팅전략 측면을 강조하고 있다. 기업의 국제화, 해외시장 선택, 국제제품전략, 국제가격전략, 국제촉진전략, 국제유통전략, 국제마케팅전략 외 조정과 통제 등 이 책의 많은 부분이 전략을 다루고 있기 때문이다. 마지막으로, 4차 산업기술혁신과 다가오는 증강현실, 가상현실 및 메타버스 상황에서 국제마케팅의 미래전략에 대한 시사점도 함께 이해하려고 하였다.

주요 용어

마케팅	해외마케팅	국제이전
국제마케팅	다국적마케팅	국제마케팅 환경분석
국제마케팅활동	범세계적 마케팅	국제마케팅 전략수립
수출마케팅	국제마케팅의 특성	국제마케팅 믹스전략

연습문제

01 '마케팅은 영리기업을 위한 학문이다'라는 주장에 대하여 논하시오.

02 국제마케팅을 정의하고 그 의미를 설명하시오.

03 기업의 해외시장 개입을 설명하시오.

04 국제마케팅활동을 설명하시오.

05 국제마케팅에 대한 여러 가지 명칭상의 차이에 대하여 논하시오.

06 국제마케팅과 마케팅의 차이점을 논하시오.

07 국제마케팅의 주요 연구영역에 대하여 설명하시오.

08 우리나라 주요 대기업 중에서 서로 다른 업종의 두 회사를 택하여 국제마케팅 담당자를 면담하고, 그 회사들이 다루고 있는 국제마케팅의 업무영역을 조사하시오(그룹과제).

PART

02 국제마케팅 환경분석

기업의 국제화

CASE STUDY LG전자의 국제화 과정

Chapter

02

Chapter

02

기업의 국제화

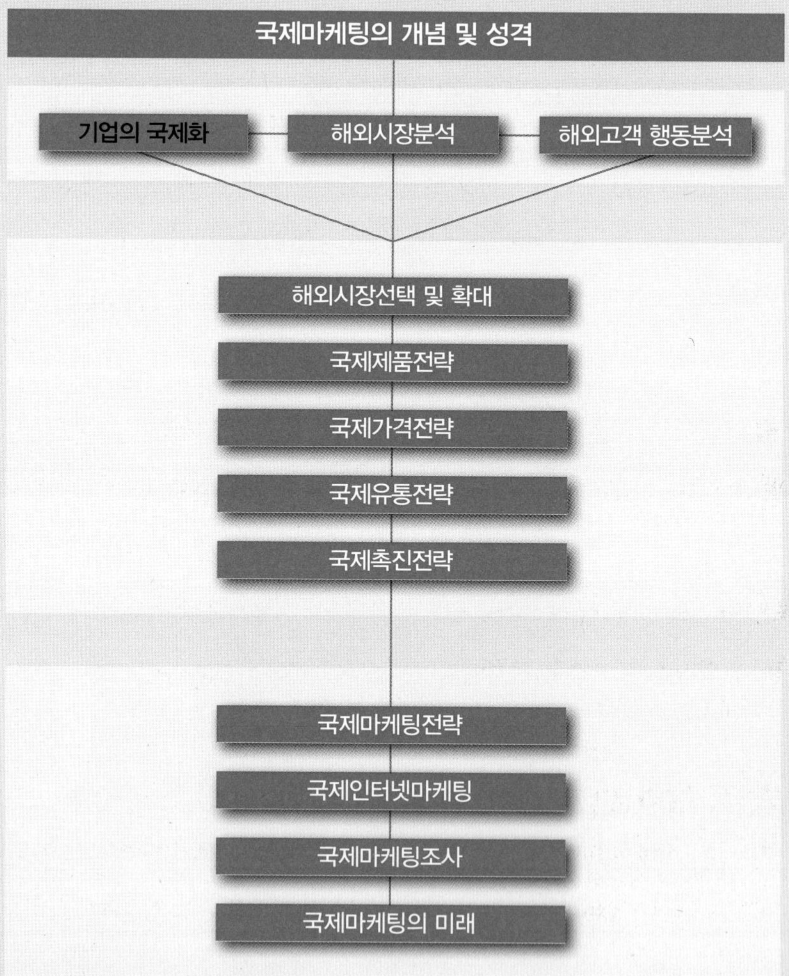

CASE STUDY LG전자의 국제화 과정

LG전자 실적

코로나19로 인한 '집콕'과 '펜트업(억눌린 소비 심리 폭발)' 효과로 LG전자가 역대 최고 2분기 실적을 기록했다. 매출은 역대 2분기 중 최대를 기록했고, 영업이익은 사상 처음으로 2분기 연속으로 1조원을 넘었다.

LG전자는 2021년 2분기 매출 17조 1,139억 원, 영업이익 1조 1,127억 원을 기록했다고 29일 공시했다. 각각 지난해 같은 기간보다 48.4%, 65.5% 늘어난 수치다. 2021년 상반기 매출과 영업이익은 각각 34조 9,263억 원, 2조 8,800억 원으로 역대 반기 기준 최대 실적을 기록했다(2021년 4분기 매출액은 74조 7,216억 원 영업이익은 3조 8,638억 원, 서울경제, 2022.01.28.).

실적의 '일등공신'은 역시 가전(H&A)사업본부였다. H&A사업본부는 매출액 6조 8,149억 원, 영업이익 6,536억 원을 달성했다. 이는 역대 분기 매출 최대 실적으로 해외 전 지역에서 고루 성장하며 전년 동기 대비 32.1% 늘었다. 영업이익 역시 2020년 동기 대비 6.8% 개선됐다.

LG전자 관계자는 "공간 인테리어 가전인 'LG 오브제 컬렉션'이 인기를 끌면서 H&A사업본부의 실적을 이끌었다."라며 "집에서 머무르는 시간이 늘어나면서 생활의 편리함을 더하는 건조기, 식기세척기, 무선청소기 등도 실적 호조에 기여했다."라고 말했다. 업계에 따르면 집콕과 펜트업 수요로 3개 이상의 가전제품을 동시에 사는 '패키지 구매'가 크게 느는 추세다.

LG전자의 2021년도 2분기 실적

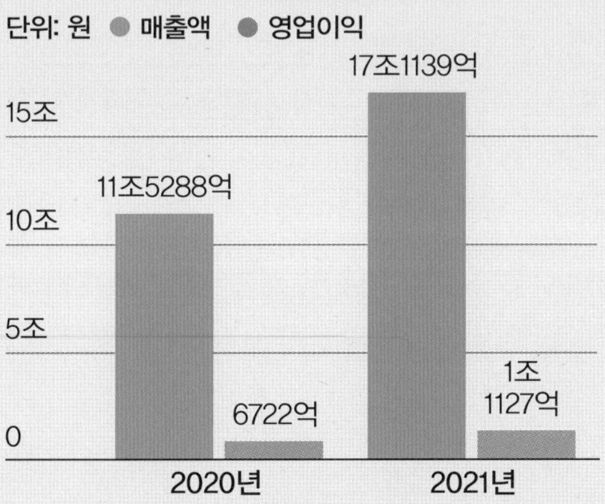

자료: LG전자

LG전자는 매출에서 가전 라이벌인 미국 월풀보다 2021년도 1분기 7,000억 원에 이어, 2분기에도 8,000억 원 가량으로 앞섰다. 2021년 처음으로 가전에서 세계 1위를 달성할 가능성이 높아진 것이다(중앙일보, 2021.07.29.).

LG전자 국제화 과정

1. 수입대체화단계

LG전자는 1958년 창업 이래 독일과 일본에서 차관과 기술을 도입하여 성숙 · 표준화된 전자제품을 생산하여 수입품을 대체하기 시작하였다. 1970년 기업을 공개하고 전국적인 유통망을 갖추고 국내 시장을 선도하는 기업으로 성장하였다. 예를 들면, 1978년 전국적으로 480개의 대리점을 확보하였으며, 당시의 주력제품인 흑백TV, 냉장고, 세탁기 등의 내수 시장점유율이 각각 34.2%, 36.6%, 42.7%로써 국내 제일의 가전업체로 성장하였다.

2. 선진국 수출단계

LG전자는 정부의 수출 드라이브 정책하에서 구미, 구로, 창원 등에 대규모의 국제적인 양산체제를 갖추고 1970년대 후반부터 본격적으로 해외시장을 개척하기 시작하였다. 그 결과 수출액은 1975년 1,400만 달러에서 1986년 9억 5천만 달러로 크게 증대되었다. 정부의 각종 수출지원정책을 바탕으로 수출생산능력과 제품을 다각화하면서 시장규모가 크고 대규모 수출물량을 처리해 줄 수 있는 미국과 서유럽 등의 선진국 시장을 주로 개척하였다. 1979년과 1986년의 지역별 수출비중을 보면 선진국에 대한 수출비중이 각각 75.5%와 89.1%로 매우 높았다.

3. 선진국 생산단계

LG전자는 1980년대부터 신보호무역주의가 강화되면서 주력 수출시장이었던 미국과 유럽국가 등 선진국들의 반덤핑제소와 최저 수출가격제에 따른 수입규제로 인해 더 이상 선진국 수출시장을 유지 및 확대하기가 불가능하게 되었다. 이에 수출규제품목은 선진국에 조립공장을 설립 및 운영하여 기존시장을 유지하는 한편 새로운 수출제품을 발굴하면서 진입방법을 고도화하고 수출품목을 다변화하게 되었다. 1981년 미국 앨라배마주 헌츠빌 컬러TV 공장설립, 1986년 독일 브롬스 컬러TV와 VCR 공장설립, 1988년 영국 재로우 전자렌지 공장설립 등을 통해 선진국의 무역규제를 회피하고자 노력하였다.

4. 개도국 생산단계

LG전자는 1988년 이후 원화 평가절상과 임금상승, 선진국의 무역규제 강화와 시장침체 등의 요인으로 대선진국 수출증가율이 감소하자, 이에 대처하기 위하여 개도국시장을 본격적으로 개척하기 시작하였다. 즉, 현지의 저임 노동력을 활용하고 선진국의 수입 장벽을 회피하기 위하여 태국과 인도네시아 등에 컬러TV와 냉장고 등을 현지 생산하기 시작하였다. 또한 개도국 지역에 해외지사와 현지 판매법인을 대거 설립하는 한편 본사 수출조직도 지역별 사업부 조직으로 대폭 개편하였다. 그 결과 총수출에서 개도국 수출이 차지하는 비중이 1985년 21.4%에서 1990년 51.6%로 크게 제고되었으며, 개도국에서의 현지생산이 본격화되었다.

5. 글로벌 생산 및 판매단계

LG전자는 러시아의 페레스트로이카 개방정책으로 사회주의 국가들의 시장개방이 본격화되자 1990년대 중반 이후 사회주의 경제권과 중남미지역으로 생산 및 판매기지를 확대하여 글로벌 경쟁체제를 갖추기 시작하였다. 1990년대 들어 글로벌 전략을 본격적으로 추진하기 시작한 LG전자는 1993년 초부터 중국, CIS, 인도 등의 주요 잠재시장에 대한 진입전략을 수립 및 추진하였다. 또한 1997년부터는 GOLD STAR 브랜드를 LG 브랜드로 전환하고, 국제스포츠 대회 스폰서십 마케팅을 바탕으로 플래트론 TV와 모니터 등의 선도제품을 널리 알리고 재 포지셔닝을 하면서 세계적인 브랜드 제품으로 발돋움하고 있다. 이에 따라 일부 선진국을 제외하고는 LG 브랜드로 모든 제품을 생산·판매하고 있으며, 호주, 프랑스, 스페인, 인도, 중국, 브라질, 인도네시아, 남아공 등의 주요 시장에서 시장점유율 1위를 차지하는 제품들을 다수 보유하게 되었다.

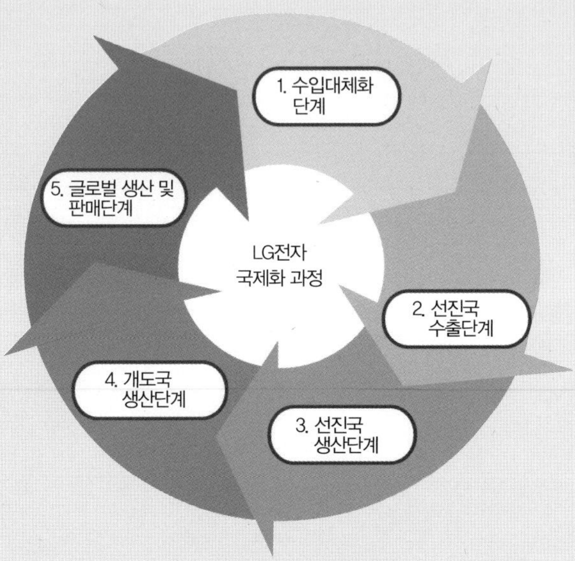

토의과제

01 LG전자의 국제화 과정에 대하여 토의하시오. 또한 각 단계별로 취한 전략의 핵심과 아울러 왜 그러한 전략을 추구했는지 토의하시오.

02 LG전자가 진출한 핵심 현지 시장이 시간의 흐름에 따라 변화되었는데, 이러한 핵심 시장변화의 이유에 대하여 토의하시오.

03 LG전자의 국제화 성공 요인에 대하여 토의하시오.

참고자료

- "'집콕' 수요에 날개 달았다" LG전자 2분기 실적 '역대 최고', 중앙일보, 2021.07.29(https://www.joongang.co.kr/article/24117042#home)
- 이장로, 문희철, 이춘수, 국제마케팅 7판(무역경영사)
- 부경대학교, 국제마케팅수업 과제 및 자료

Section 01

기업국제화의 개념

국제화란 말은 그 주체와 대상이 무엇이냐에 따라 매우 다양한 의미로 쓰여질 수 있다. 또한 기업의 국제화는 환경에 영향을 받기 마련이다. 본 절에서는 국제화의 의미와 환경요인을 설명하려고 한다.

1. 기업국제화의 의미

기업의 국제화는 대상으로서의 기업활동과 주체로서의 기업이라는 두 가지 측면에서 이해하는 것이 필요하다. 이러한 관점에서 기업의 국제화란 기업활동이 세계의 여러 나라로 확대되어 가는 과정을 의미하는 동시에 기업이 국제경쟁력을 향상시킴으로써 세계일류수준으로 변화되어 가는 과정이라고 정의할 수 있다.

기업활동의 국제화 과정은 이를 뒷받침할 수 있는 기업의 국제경쟁력을 전제로 한다고 볼 수 있지만, 또한 기업의 국제경쟁력은 기업활동의 세계적 확대 과정을 통하여 향상될 수 있다.

여기서, 기업활동은 기업이 국가사회에서 필요로 하는 유형과 무형의 가치를 공급하기 위하여 수행하는 일체의 활동을 의미한다. 예를 들면, 사업을 선택하고 회사를 설립하는 일, 필요한 자원을 확보하고 관리하는 일, 가치를 생산하고 교환하는 일, 이윤을 창조하고 재투자하는 일 등 매우 다양하다고 할 수 있다.

기업활동이 국제적으로 확대된다는 것은 여러 가지 의미를 내포한다.

첫째, 기업활동의 지리적 범위(geographic scope)가 한 국가에서 세계 여러 나라로 넓어진다는 것을 의미한다. 보통 국내시장에서 소수의 해외시장으로 침투한 후 이를 발판으로 전세계시장으로 확대하게 된다.

둘째, 세계에서 여러 가지 사업을 동시에 수행할 수 있을 정도로 사업범위(business scope)가 넓어지게 된다는 것을 의미한다. 즉, 국제사업다각화를 가리킨다.

셋째, 기업이 경영기능을 세계 어느 곳이든지 가장 효율적인 국가에서 수행할 수 있도록 기능범위

(functional scope)가 넓어진다는 것을 의미한다. 예를 들어, 생산, 원자재조달, 연구개발, 재무, 인사 등의 경영기능도 세계 여러 나라에서 수행하게 된다는 것이다.

넷째, 기업이 새로운 국가, 사업 및 기능활동에 참여하는 방식이 수출, 해외직접투자, 국제제휴 형태 등으로 다양해지는 것을 의미한다. 예를 들면, 기업이 국제활동에 참여할 때 자원 투입 및 위험이 낮은 수출 방식에서 점차 높은 해외직접투자 방식으로 변화되어 가는 것이다.

이상의 네 가지 의미는 독립적이라기보다는 서로 영향을 미친다고 보는 것이 타당하다. [그림 2-1]은 국제화의 개념을 기업활동의 국제적 확대 과정이라는 측면에서 보여 주고 있다.

국제화 초기단계에서 기업은 국제화의 네 가지 측면을 개별적 차원에서 고려하게 된다. 그러나 점차 국제화가 진전되어 경험을 축적해 나감에 따라 기업은 네 가지 측면을 통합적으로 조정하게 된다. 예를 들어, [그림 2-1]에서 A기업의 경우, 특정 지역시장을 중심으로 다양한 사업을 전개하는 국제사업의 다각화에 중점을 두는 반면, B기업의 경우 주요 단일사업을 중심으로 시장, 참여 방식 및 경영기능 범위를 확대해 가는 특징을 보여 주고 있다.

그림 2-1 **기업활동의 세계 확대 과정**

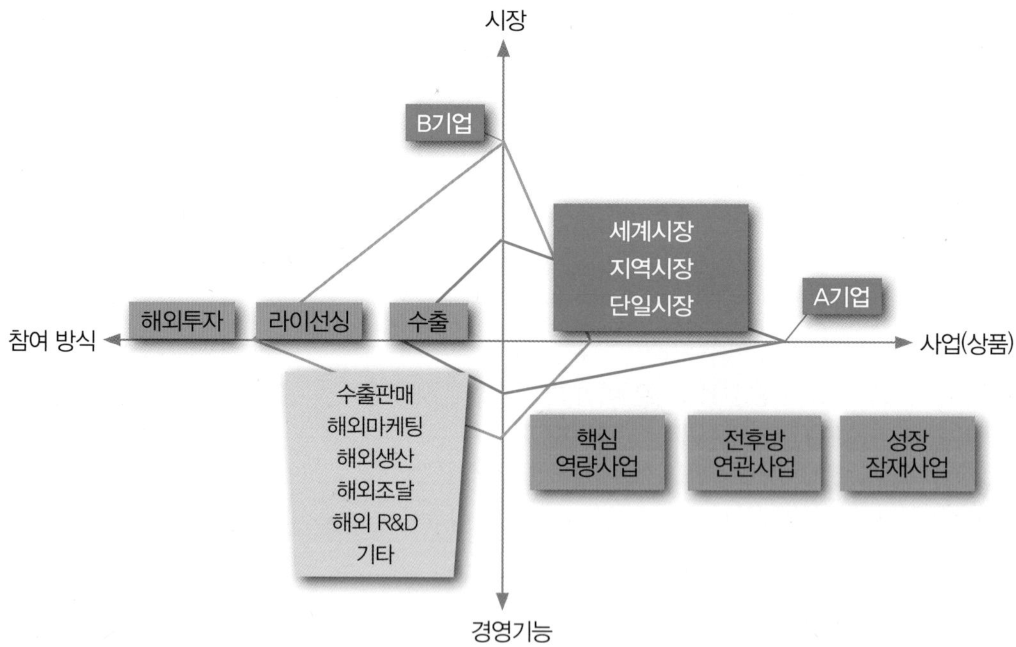

2. 기업국제화의 환경요인

기업의 국제화를 가져오는 환경요인을 살펴보면 [그림 2-2]와 같다.

그림 2-2 **기업국제화의 환경요인**

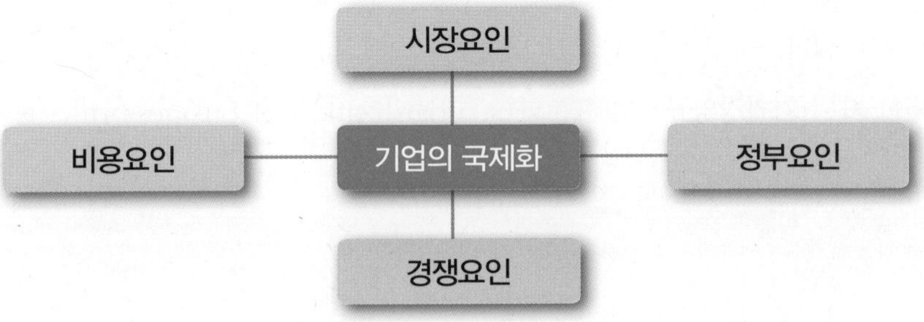

1 시장요인

전 세계가 소비자행동, 유통채널구조, 마케팅 등의 특성에 따라 점진적으로 하나의 시장으로 변해감으로써 국제화를 촉진하고 있다는 것이다. 다시 말하면 시장의 세계화(globalization of markets)가 진행되고 있다는 것이다. 각국 소비자의 생활 패턴과 소비자기호가 동질화되는 경향을 보이고 있으며, 경제발전으로 세계 어느 곳에나 상품의 소비자가 존재하게 되었다. 이는 국제여행의 증가와 인터넷에 의한 커뮤니케이션체제 구축으로 상품 및 시장정보가 세계 곳곳으로 신속하게 전파되어 세계의 소비자를 하나로 만들어가고 있기 때문이다. 또한 세계적 유통망의 증가와 세계적인 광고회사들의 활약, 세계상표의 등장은 세계가 하나의 동질적인 시장이라는 생각을 강하게 심어주게 되었고, 시장 및 소비환경의 차별성보다는 동질성을 중시하게 했다.

2 비용요인

기업경쟁력을 강화하기 위한 방안으로서 비용절감이 중요시되고 있다. 비용절감을 위한 방안으로 규모의 경제를 위한 생산 방식의 변화(예를 들어, 유연생산 방식 도입)나, 해외직접투자를 통한 생산량 증가를 위해 노력하고 있다. 또한 가속화되는 기술혁신과 제품수명주기의 단축에 비해 급증하는 제품개발비용은 단일시장보다는 전세계시장을 하나의 시장으로 고려하여 제품을 개발하게 하는 유인이 되고 있다. 그리고 생산능력과 저임 노동력을 보유한 신흥공업국의 출현은 전세계시장에서의 경쟁을 가져오는 요인이 되고 있다.

3 정부요인

정부측 요인은 세계시장을 하나로 연결하는 방향으로 각국간 정책방향이 결정되도록 하는 데 있다. 대표적인 것으로는 WTO의 출범에 따른 무국경세계(borderless world)의 도래로서 더이상 국경이 장애가 되지 않는 시대가 다가오고 있다. 그리고 각국 정부의 관세 및 비관세 장벽의 축소로 인한 자유무역의 확대가 국제화에 기여하고 있다. 이 밖의 환경요인으로는 각국마다 차이가 나던 기업경영의 규칙들이 세계적으로 표준화되어 가는 기업경영규칙의 표준화(standardization of business rules)를 들 수 있다.

4 경쟁요인

범세계적 경쟁(global competition)은 국제화를 촉진하고 있다. 각국의 보호장벽이 걷히고 시장들이 전면 개방되어 세계시장은 기업의 경쟁터로 변하고 있다. 기존 국내시장을 잃지 않으려는 기업의 노력과 새로이 개방되는 시장을 차지하려는 외국기업 간의 사업영토 확대전이 벌어지고 있다. 세계시장점유율은 곧 그 기업의 영토이며 기업이 속한 국가의 국제영토라 할 수 있고, 영토를 많이 차지할수록 규모의 경제, 상호지원 및 상승효과, 세계적 이미지 제고 등 여러 면에서 이점을 누리게 되기 때문이다. 또한 신흥공업국들, ASEAN제국, 중국의 추격 등에서 보는 바와 같이 많은 국가들이 새로운 경쟁자로 나타나고 있으며, 어느 기업도 홀로 세계의 모든 기업을 경쟁자로 두기에는 역부족일 수밖에 없다. 기업은 경쟁과 협력을 동시에 추구하게 되었다. 기업은 사업 또는 시장에 따라 경쟁과 협력의 상대자 및 분야가 파악되고 이것에 따라서 고도의 전략적 제휴를 맺지 않으면 생존이 위태로운 시대에 직면하고 있다.

Section 02 기업국제화의 과정

기업국제화는 앞에서와 같이 여러 가지 각도에서 설명할 수 있는 복합적인 개념이라고 할 수 있다. 기업활동의 세계적 확대 과정이라는 관점에서 기업국제화를 말할 때에도 시장, 진입 방식, 상품 및 사업, 경영기능 등 다양한 측면을 내포하고 있다.

본 절에서는 시장과 진입 방식 두 가지 측면에 초점을 맞추어서 기업의 활동이 시간이 경과함에 따라서 어떤 단계를 밟아 세계적으로 확대되어 가는지 살펴보려고 한다. 즉, 기업의 세계시장 확대 과정과 해외시장 진입 방식의 고도화를 설명한다.

1. 세계시장 확대 과정

기업이 세계시장을 확대해 가는 과정을 동태적으로 설명하면 국제시장 진입전단계, 최초의 국제시장 진입단계, 현지시장 확대단계, 범세계적 통합단계로 구분할 수 있다. 이러한 기업의 세계시장 확대 과정을 개괄적으로 표시하면 [그림 2-3]과 같다.

그림 2-3 **기업의 해외시장 확대 과정**

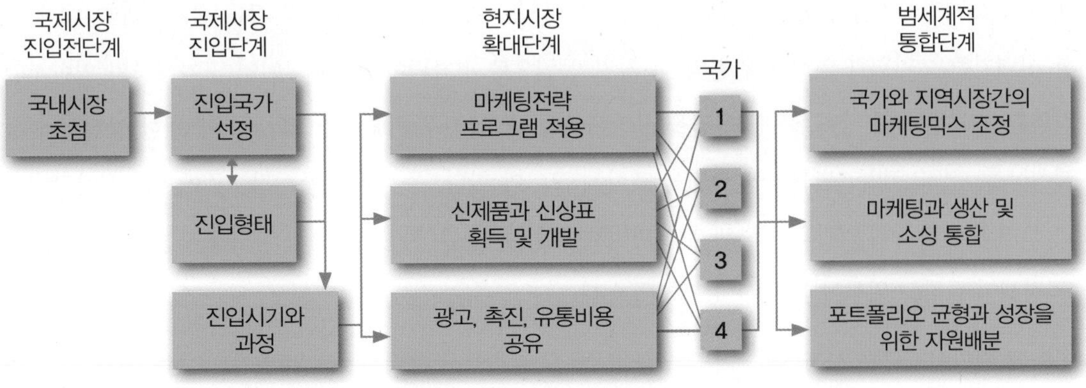

자료: Susan, P.Douglas and C. S. Craig, Global Marketing Strategy(McGraw-Hill, 1995), p.32.

1 국제시장 진입전단계

국제시장에 진입하기 이전 단계의 기업은 국내시장이 초점이 되며 영업활동영역도 국내에 한정된다. 이러한 단계에서의 기업의 전략은 국내시장에서의 소비자의 욕구와 관심, 산업추세, 경제, 사회, 문화, 기술적인 추세를 기초로 하여 만들어진다. 동시에 국내경쟁자들을 기업의 주요 위협 대상으로 간주한다.

대부분의 경우 이러한 기업은 범세계적 시장에서 일어나고 있는 신생활양식, 새로운 고객의 욕구, 새로운 경쟁자의 출현, 전 세계적 판매망 형성 등과 같은 변화에 관심을 두지 않는다.

그러나 이런 기업은 양질의 제품, 우수한 고객서비스, 저가격전략을 가진 외국의 경쟁기업 및 신기술 출현으로 결국 어려움에 봉착하게 된다. 따라서 국제시장 진입전단계에 있는 기업은 국내시장이 포화하고, 국내고객의 수요가 외국제품으로 이동하게 되고, 해외시장에서의 조달 및 구매기회가 확대됨에 따라서 점진적으로 해외시장에 관심을 가지고 진입하게 된다.

2 최초의 국제시장 진입단계

기업의 자원을 국제시장에 투입하는 것은 기업의 성장과 확대를 위한 새로운 기회를 열어 놓는 일이다. 그러나 동시에 국제시장 여건에 대한 경험이 적고 친숙도가 낮아 국제시장에서 효율적인 영업활동을 하기 위한 기업의 자원배분에 상당한 어려움을 겪게 된다. 따라서 국제시장에서의 환경적인 조건, 시장수요, 경쟁정도 등과 관련된 정보를 수집하는 일은 자기 기업에 가장 적합한 전략을 개발하고 가장 매력적인 국가시장을 선택하는 데 필요하다. 이러한 국제시장 진입단계에서 고려해야 할 기본적인 세 가지 과제를 설명하면 다음과 같다.

첫째, 해외시장국가를 선정하는 일이다. 즉, 어느 시장국가에 들어가야 할지 선택하는 문제로, 이에 대한 선택기준은 기회와 인식된 위험의 두 가지 차원으로 평가되어야 한다. 진입 국가시장의 일반적인 경영환경과 제품 및 서비스시장 여건을 고려해야 한다. 국가수준에서의 해외투자에 대한 안정성과 경제성장률, 정치, 재무, 법률적인 여건을 조사해 보아야 한다. 동시에 제품시장수준에서의 시장잠재력의 크기와 위험과 수익과의 상충관계를 파악해야 한다. 높은 시장잠재력과 대규모시장이라고 하더라도 경쟁이 심하고 위험이 높을 수 있기 때문이다.

이외에 진입시장국가 선정 시 고려해야 할 또 다른 요소로서 해외시장에 대한 친숙도와 지식 및 국내시장과의 유사성 등은 국가 선정에 영향을 미치는 중요한 요소가 된다. 언어, 문화, 교육, 상관습, 산업발달 면에서 유사성이 많은 국가는 심리적 거리(psychic distance)가 있는 국가에 비해 진입하는 데 호의적인 여건이 조성된다. 예를 들면, 스웨덴 기업들은 브라질, 아르헨티나, 오스트레일리아 같은 거리상 멀리 떨어져 있는 국가보다 이웃 국가인 덴마크, 노르웨이, 핀란드에 우선 진입하는 것이 유리할 것이다. 해외시장선택에 관해서는 제5장에서 상술한다.

둘째, 해외시장의 진입시기의 문제이다. 해외시장 최초진입 시 또 하나 고려해야 할 중요한 사항은 여러 국가시장에 동시에 진입할지, 한 국가시장에 먼저 들어가서 경험을 쌓은 후 점차적으로 다른 국가시장으로 진입해야 할지를 결정해야 한다. 이때 국제시장에 진입하는 데 필요로 하는 자원이 많이 소요된다면 점진적으로 국가시장을 넓혀 나가는 것이 유리할 것이다.

반면에 여러 국가시장의 동시 진입은 주요 시장에서 교두보를 확보하게 되어 경쟁자보다 앞서 시장을 점유할 수 있고, 후발 진출기업의 모방기회를 줄일 수 있는 이점이 있다. 아울러 규모의 경제와 경험효과로 단위비용을 보다 더 빠르게 낮출 수 있다. 해외시장 진입시기 및 순서에 관해서는 제5장에서 상술한다.

셋째, 진입 방식에 관한 문제이다. 기업이 해외시장에 진입하는 방식에는 크게 수출, 해외 직접투자 그리고 국제제휴 방식이 있다는 것을 설명한 바 있다. 해외시장 진입 방식의 결정은 국제시장에서의 자원 참여 정도뿐만 아니라 해외시장 여건의 변동에 적응할 수 있는 기업능력과 통제 정도에 영향을 받게 된다.

3 현지시장 확대단계

기업의 국제화 과정의 두 번째 단계인 현지시장 확대단계는 해외 경영활동의 기초가 이미 확립된 현지시장 국가에서의 새로운 성장과 확대전략을 모색하는 단계이다.

대부분 이러한 현지시장 확대에 대한 욕구는 현지관리자에 의해 처음 제기되고 아울러 한 시장에서 성공한 전략을 다른 시장에 이전하고 싶어 하는 최고경영자의 욕구와 합쳐 일어난다.

기업이 많은 국가시장에 진입한 후에는 그 시장들에서 매출액과 시장점유율을 높여 나가는 것에 관심을 갖는 것은 당연하다. 이를 위해서는 현지시장에서 새로운 고객층과 제품을 개발하고 경쟁에 효과적으로 대응하기 위한 전략들을 수립하는 것이 필요하다. 그러므로 이 단계에서 기업은 현지시장 중심적이 된다. 다시 말하면 본국의 마케팅 경험이나 전략들을 해외시장에 단순히 이전시키는 것에서부터 현지시장 여건에 적합한 마케팅전략을 개발하는 것으로 마케팅활동의 강조점이 이동하게 된다.

이러한 전략의 개발에는 제품의 적응화, 개량화, 제품계열확대, 신제품개발을 포함하고 있다. 이러한 결정에 있어 주요 기준은 현지시장개발 가능성과 규모의 경제 실현 여부이다. 제품적응화와 개량화는 잠재적인 시장기반을 확대하는 데 도움을 줄 수 있다. 예를 들어, 개발도상국에 진출한 기계공구 제조기업은 현지국의 덜 까다로운 소비자에 적합하도록 제품을 단순화시킬 수 있다. 또한 기업은 제품계열을 확대하거나 현지소비자의 기호에 적합한 신제품을 특별히 개발할 수 있다.

그리고 이 단계에서 현지 자회사들은 기존의 생산 및 유통설비 그리고 제품라인과 사업을 연장해서 마케팅비용을 분담할 수 있는 새로운 상품 및 사업기회를 모색하게 된다. 이렇게 함으로써 기업은 범위의 경제를 달성하고 핵심적인 경쟁우위를 보다 더 활용하려는 것이다. 예를 들어, 코카콜라의 경우 코카콜라 진입 시에 습득한 일본시장과 유통체계에 관한 지식을 활용해서 일본인들의 입맛에 맞는 새로운 냉커피 캔음료 Georgia와 스포츠음료인 Aquarius를 개발한 바 있다.

4 범세계적 통합단계

기업국제화의 최종단계인 범세계적 통합단계는 전략개발과 적용의 목표가 범세계적인 특징을 보인다. 현지시장국에 적합한 마케팅전략을 유지하면서 범세계적 효율성을 개발하는 데 관심을 기울이는 단계이다.

이러한 단계는 다수 현지국 간의 새로운 아이디어, 경험, 기술의 이전과 국가 간의 영업활동의 조정력을 증대시키는 데 관심을 가진다. 즉, 다수의 현지국가들 위주의 전략개발보다는 마케팅활동이 범세계적으로 통합되고 연계되도록 하는 데 중점을 둔다. 기업경영활동의 범세계적 통합단계로의 이동은 기업이 범세계적 규모의 영업활동에서 생성되는 잠재적 시너지를 자본화하고 다국적기업의 특성을 최대한으로 이용하는 데 있다.

[그림 2-4]는 이러한 시너지효과를 보여 주고 있다. 국가 간의 단위를 기초로 하기보다 오히려 범세계적 관점의 이익을 극대화하기 위하여 국가, 제품계열, 시장세분화, 경영기능 간의 최적배분에 관심을 가진다. 범세계적 시장확대와 성장을 위한 기회의 추구와 함께 마케팅활동의 효율성을 범세계적으로 증대시키고자 노력한다. 그런데 효율성은 제품개발, 광고, 유통 및 가격 등과 같은 마케팅활동의 통합과 조정에 따라 증진될 수 있다.

예를 들면, 제품계열의 세계적 표준화는 제품의 조정과 범세계적 소싱 및 생산과 로지스틱 시스템의 설치가 가능하게 되어 보다 더 큰 원가의 효율성을 가져올 수 있어 범세계적 시장확대 전략수립의 핵심적인 가이드가 될 수 있다. 다시 말하면 표준화전략은 한 국가에서 획득되고 개발된 제품, 상표, 성공적인 마케팅 아이디어, 특유의 기술과 지식 등을 여타 국가시장으로 전환할 수 있는 이점을 가질 수 있다. 표준화에 관해서는 제10장에서 상술한다.

그림 2-4 **국제시장에서의 범세계적 시너지효과**

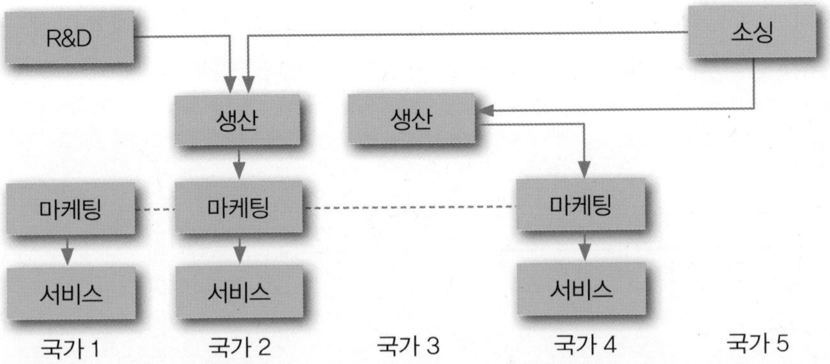

자료: Susan, P.Douglas and C. S. Craig, Global Marketing Strategy(McGraw-Hill, 1995), p.45.

2. 해외시장 진입 방식의 변화

기업국제화는 일반적으로 점진적 학습 과정(incremental learning process)을 따른다. 이는 해외영업에 따르는 높은 불확실성과 해외시장지식 또는 사전경험의 부족으로 국제화에는 일정한 학습 과정이 필요하기 때문이다. 기업은 해외시장에 개입한 이후 시간이 지나고 해외시장에 대한 경험과 지식이 축적되면 높은 수준의 위험이 수반되는 진입 방식도 채택할 수 있게 된다. 일반적으로 한 기업은 위험도가 가장 낮은 간접수출에서 시작해서 직접수출을 거쳐 해외판매자회사 설립, 합작투자 생산자회사 설립, 단독투자 생산자회사 설립의 순서로 해외시장 진입 방식을 고도화시켜 가는 것으로 알려져 있다. [그림 2-5]는 위험도와 기업의 해외활동 통제 정도에 따른 해외시장 진입 방식의 변화를 보여 주고 있다.

카부스길(Cavusgil)은 기업의 수출개입활동을 토대로 국제화 과정을 3단계, 즉 실험적 개입단계, 적극적 개입단계, 완전개입단계로 구분하였다.

첫 번째 단계인 실험적 개입단계란 기업이 해외시장을 개척하는 데 거의 노력하지 않으며 우연한 수출주문에 수동적으로 반응하는 것을 의미한다. 또한 심리적으로 가까운 시장에 국내마케팅전략을 적응하며, 수출활동을 위해 기업의 재무적 자원 및 관리자원들을 배분하는 데 어느 정도 거부감을 가지고 있다.

두 번째 단계인 적극적 개입단계는 기업경영자들이 기꺼이 해외시장에 침투하거나 그 해외시장의 특정 욕구에 마케팅믹스를 적용하며, 수출활동을 간헐적으로 수행하는 것이 아니라 정규적으로 수행하는 것을 의미한다.

마지막 단계인 완전개입단계는 특정 기업이 기업활동들을 수출이나 해외영업의 다른 수단(예를 들어, 해외판매자회사나 생산자회사)을 통해 범세계적으로 수행할 때 발생한다. 이러한 유형의 개입은 장기적인 목적이 단기적인 목적에 우선한다는 것을 의미한다.

그림 2-5 **해외시장 진입 방식 변화**

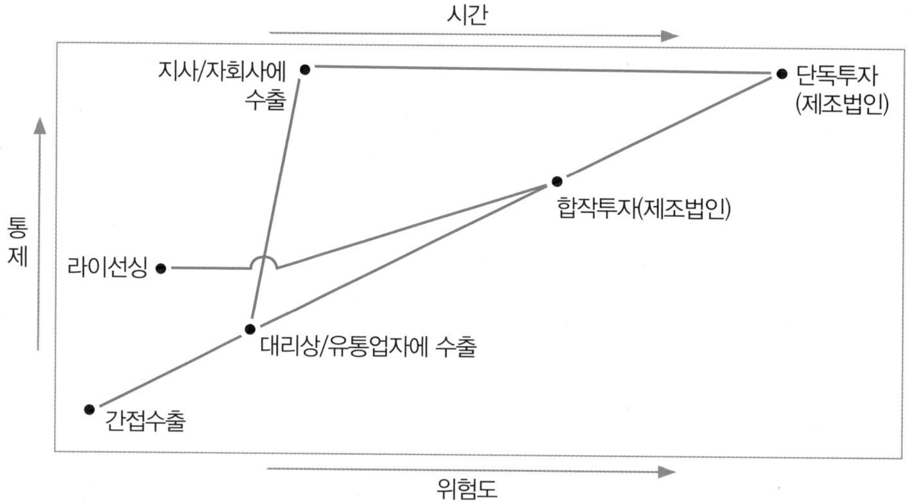

자료: F. R. Root, Entry Strategies for Information Markets(New York : Lexington Books, 1994), p.18.

특정 산업의 예로서, 자동차산업의 경우 기업의 국제화단계는 ① 완성차 수출단계, ② 해외 조립단계, ③ 현지생산단계, ④ 범세계적 제휴 및 조달단계로 점차 고도화된다고 볼 수 있다. 일본 자동차기업의 예를 들면, 완성차를 수출하다가 완성차에 대한 무역규제 등의 환경변화로 해외에 조립공장을 설치하고 일본에서 KD set를 수입하여 완성차를 조립하는 단계로 이행하게 되었다. 이렇게 되면 부품수출의 증대를 가져오게 되고, 현지 부품업체들의 반발 및 현지정부의 부품산업육성책 등으로 인해 KD set에 대한 수입규제, 예를 들면 현지화 의무비율의 적용이 이루어져 부품업체의 동반진출 등으로 부품의 현지생산 및 완성차 제조단계로 이행된다. 이와 같은 부품생산, 완성차 조립 및 생산활동의 해외이전뿐만 아니라 일본기업은 타국의 자동차기업과의 다각적 제휴를 통하여 기업활동을 가장 효율적으로 수행할 수 있는 곳이면 세계 어디에나 배치함으로써 전 세계적 관점에서 경영 성과를 극대화하고자 하는 범세계적 제휴 및 조달단계로 나아가고 있다.

사례 2-1 '동숲'에서 LG전자 가전 체험하고, 기부도 하고

LG전자가 인기 게임 '모여봐요 동물의 숲', '포트나이트' 등의 메타버스(증강현실과 가상현실 기술을 기반으로 한 가상 세계) 플랫폼을 이용해 MZ세대(밀레니얼 세대와 Z세대, 1980~2004년생)와 소통하고, 기부에도 나선다.

고객은 게임 속에서 다양한 콘텐츠를 즐기면서 기부에 동참할 수 있다. LG전자는 지난해부터 글로벌 기부 캠페인 'LG 컴 홈 챌린지(LG Come Home Challenge)'를 진행하고 있다. 이번에는 고객 참여형으로 진행한다.

LG전자는 이벤트에 참여한 고객과 함께 비영리 단체인 한국해비타트(Habitat for Humanity Korea)에 약 21만 달러(2억 5,000만 원)를 기부한다. 이 기부금은 케냐, 인도, 베트남 등의 주택 및 학교 · 도서관 건설, 공동식수 및 화장실 등 위생환경 개선 등을 위해 쓰일 예정이다.

LG전자 H&A마케팅커뮤니케이션담당 노숙희 상무는 "MZ세대를 비롯해 보다 많은 고객에게 LG전자 생활가전의 차별화된 가치를 알리는 한편 미래 세대가 더 나은 삶을 누릴 수 있도록 기업의 사회적 책임을 다할 것"이라고 말했다.

동물의 숲 게임에는 가상 섬 'LG 홈 아일랜드(LG Home Island)'가 마련됐다.

LG 홈 아일랜드는 3가지 콘셉트의 테마존으로 구성된다.

▲ 미로탐험을 즐기며 LG 트롬 세탁기 · 건조기 · 스타일러를 살펴볼 수 있는 '의류관리가전 존'

▲ 과일과 물고기를 채집하며 LG 냉장고 · 오븐 · 전자레인지를 체험할 수 있는 '주방가전 존'

▲ LG 에어컨과 공기청정기와 함께 편안하게 휴식할 수 있는 '에어솔루션 존' 등이다.

게임에 접속해 방문 코드(꿈번지)를 입력하면 가상 섬으로 이동이 가능하다. 섬을 투어한 뒤 게임 속 해비타트존에서 촬영한 인증샷을 해시태그 '#LGHome, #LGHomeInAnimalCrossing'과 함께 본인의 인스타그램, 페이스북, 트위터에 게시하면 공동 기부에 참여한다.

포트나이트도 게임 속 'LG 헬씨 홈(LG Healthy Home)' 맵을 마련했다.

에어컨 · 세탁기 · 건조기 등 LG가전들을 모두 활성화해 미션을 수행하고 해시태그 '#LGHome #LGHealthyHomeIn Fortnite'와 함께 SNS에 공유하면 기부에 참여한다.

한편 LG전자는 글로벌 생활가전 선도기업으로서 미래 세대가 더 나은 삶을 누릴 수 있도록 다양한 활동에 적극 동참하는 등 ESG(환경 · 사회 · 지배구조) 경영을 강화하고 있다.

LG전자는 지난해에도 '집이 자신에게 주는 특별한 이유'를 주제로 한 동영상 공유 캠페인을 진행했다. LG전자는 참여 고객과 함께 한국해비타트에 기부해 케냐, 인도, 베트남의 주거환경 개선 활동을 지원하고 200여 개 가전제품을 기증했다.

출처: 뉴시스, '동숲'에서 LG전자 가전 체험하고, 기부도 하고, 2021.09.27.(https://newsis.com/view/?id=NISX20210927_0001593760&cID=13001&pID=13000)

Section 03

기업국제화의 동기

기업은 왜 해외시장에 진입하고 그 활동을 세계적으로 확대하는가? 기업이 국제화하는 동기 및 목적이 분명해야 해외시장의 진입 여부를 결정할 수 있고, 진입 후에도 마케팅활동을 효과적으로 수행할 수 있다.

본 절에서는 기업의 수출 동기와 해외직접투자 동기에 관하여 살펴보려고 한다.

1. 기업의 수출 동기

1 유휴시설활용

기업은 장기적인 관점에서 경제적인 생산규모를 추구하게 되는데, 이 생산시설은 다른 제품들의 생산으로 쉽게 전환될 수 없고 그 제품의 생산에만 사용되는 경우가 대부분이다. 이때 국내시장의 규모가 한국처럼 작다면, 특히 경제규모가 거대한 장치산업의 경우 유휴 시설 문제가 발생하게 되며 이를 해결하기 위해서 수출시장은 필수적이라 할 수 있다. 한국의 자동차, 조선, 철강산업이 적절한 예이다.

2 원가절감

기업은 수출을 통하여 생산량을 증대시킬 수 있다. 생산량의 증대는 규모의 경제효과, 경험의 축적에 따른 경험곡선효과 그리고 원자재의 대량구매나 대량수송 등으로 인하여 어느 정도의 원가절감을 가져올 수 있고, 이는 가격경쟁력과 시장점유율을 제고시키는 원천이 되기도 한다. 일본기업이 국제화 초기단계에서 미국시장 진출에 성공하고 이를 교두보로 세계시장을 석권하게 된 많은 산업의 경우 수출에 의한 규모의 경제 및 경험곡선효과가 중요한 역할을 하였다.

3 제품수명주기의 연장

제품은 생명체와 같이 수명을 가진다. 신제품으로 어느 국가시장에서 태어나 성장기를 지나 시장이 포화상태에 이르는 성숙기를 거쳐 다른 신제품에 의해 수요가 대체되고 마침내 시장에서 사라지는 쇠퇴기의 과정을 제품수명주기라 한다. 이와 같은 제품수명주기는 제품과 국가에 따라 다르다. 예를 들면,

미국에서 신제품이 개발될 경우 그 제품이 일본이나 기타 선진국시장으로 비교적 빨리 이전되지만, 개도국에는 상당한 기간이 지나야 도입된다. 다시 말하면, 한국시장에서는 수요가 줄어드는 성숙기 후반에 있는 제품이라고 할지라도 아시아의 다른 국가에서는 도입기에 있을 수 있다. 이때 기업은 아시아의 다른 국가에 수출 혹은 직접투자를 통하여 판매시장을 지속적으로 유지함으로써 제품의 수명주기를 연장하고 투자된 설비를 오랫동안 활용할 수 있다.

4 위험분산

기업이 다수의 국가시장에서 여러 가지 사업을 하는 경우 위험을 분산시킬 수 있다. 국가 및 산업에 따라 경제발전단계가 다르고 경기상황이 다를 수 있기 때문이다. 예를 들어, 최근 중국의 경제개발에 따른 철강수요의 증가와 수출기회의 증대는 경기침체기에 있는 선진국과 한국의 기업에 국내수요의 감퇴에서 오는 위험을 어느 정도 완화할 수 있었다. 또한, 수출시장이 다변화되어 있을 경우 경쟁상황의 변화나 수요 패턴의 급격한 변화에서 오는 판매량감소를 극소화할 수 있다. 선진국시장에 수출하는 상품의 고급화가 진전되는 동안 아시아의 개도국은 중저가상품의 수출시장으로 큰 몫을 할 것이기 때문이다.

2. 기업의 해외직접투자 동기

기업이 해외에 직접투자하는 동기는 여러 각도에서 분류할 수 있으나, 여기서는 기업활동 측면에서 구분하여 살펴보려고 한다. 즉, 해외의 현지법인이 그곳에서 수행하려는 주요 활동이 무엇이냐에 따라 직접투자의 동기를 현지마케팅, 해외조달, 생산분업 및 다각화, 기술 개발과 제휴 그리고 경쟁전략적 동기로 나누어 약술한다.

1 현지마케팅 강화

국내에서 생산하여 해외시장에 수출하던 기업이 수입국의 무역규제가 강화되거나 현지시장에서의 수입대체로 경쟁이 심화되면 수출시장을 상실할 가능성이 높아진다. 이 경우 기업이 그 수출시장을 유지하기 위해서는 직접투자를 하여 현지에서 고객만족을 위한 마케팅활동을 강화하고 가능하면 고객에 적합한 제품을 현지에서 생산하는 것이 필요하게 된다. 또한 기업은 새로운 수출시장을 개척하기 위하여 투자대상국의 내수시장이나 인접국의 시장기회가 많을 경우 수출보다 직접투자를 택하기도 한다. 이러한 시장추구형 해외투자는 현지에서의 마케팅활동을 강화하기 위하여 마케팅자회사를 설립하거나 혹은 현지에서 제품을 생산하여 현지시장을 보다 효과적으로 공략하기 위한 제조자회사를 설립하는 형태를 취하게 된다.

2 해외조달

기업이 해외에 직접투자하여 제조자회사 혹은 마케팅자회사를 설립하는 것은 마케팅 측면에서 뿐만 아니라 생산 및 조달활동의 측면에서도 매우 중요하다. 해외에서 생산하여 필요한 세계시장에 공급하는 해외조달(international sourcing)활동은 다국적기업의 특징이라 할 수 있는데, 이는 해외의 노동력이나 천연자원을 활용하려는 것이다. 우선, 해외노동력 활용의 측면에서 보면 국제제품수명주기론이 시사하는 바와 같이 생산 방식이 표준화되는 성숙기에는 기업은 가격경쟁력을 확보하기 위하여 해외의 저임금국가에 직접투자하여 제조자회사를 설립하고 완제품 혹은 부품을 생산한다. 이렇게 해외에서 생산된 제품은 그대로 기존의 수출시장에 공급되거나 혹은 국내에 수입되어 가공한 후에 재수출된다. 또한 기업은 해외의 천연자원을 개발하여 이용하기 위하여 해외에 직접투자하기도 한다. 주로 석유산업, 광업, 임업 등의 산업에서 많이 행해지며, 일본이나 우리나라와 같이 천연자원이 부족한 국가들의 경우 필요하다.

3 국제다각화

기업은 수직적 및 수평적 국제분업을 위하여 해외에 직접투자하거나 때로는 전혀 관련이 없는 업종에도 진출함으로써 사업을 국제적으로 다각화한다. 수직적 다각화란 생산공정상 전후 관계에 있는 제품에 새로이 진출하는 것을 의미하며, 수평적 다각화란 동종 업종 내에서 신규사업을 수행하는 것을 말한다. 국가마다 각기 비교우위 부문이 상이하므로 무역을 통한 국제분업은 참여당사자 모두에게 이익을 준다는 것은 주지의 사실이다. 오늘날의 국제분업은 다국적기업의 생산 및 무역활동으로 더욱 활발하게 진행되고 있으며, 특히 중간재시장과 기술시장 및 자본시장의 불완전성을 활용하여 독점적 우위를 누리려는 다국적기업의 국제다각화 투자가 많이 일어나고 있다.

4 기술협력

기업은 선진국의 첨단기술이나 경영기법을 습득하기 위하여 해외에 직접투자하기도 하는데, 유럽의 전자기업들이 미국의 실리콘밸리에 많은 현지법인을 설립한 것이 좋은 예라 할 수 있다. 또한 기업은 축적된 우수한 기술을 활용하여 해외에 합작사업을 수행할 수도 있다. 아시아지역의 많은 국가들이 한국 기업의 기술이전을 기대하고 합작제의를 해오고 있는 것이 최근의 실정이다.

5 경쟁기업에 대한 견제

경쟁기업을 견제하기 위해 국제화를 추진할 수 있다. 예를 들어, 어느 기업이 해외에 진출할 때는 함께 따라 나가는 선도기업추종형(follow the leader)의 직접투자가 있다. 즉, 추종자는 먼저 진출한 경쟁자가 그 진출에서 이익을 얻게 되면 그 이익을 나누어 갖고 손해를 보게 되면 경쟁자보다는 적게 손해 볼 수 있다는 생각에서 투자를 행한다. 국내 전자 2사는 어느 기업이 특정 지역에 먼저 진출하면 다른 기업이 곧이어 진출하는 선도기업추종형 현상이 두드러진다. 과점적 시장구조하에서 경쟁상대에 대한 반응이 즉각적으로 나타남을 알 수 있다.

또한 선점적 지위를 누리기 위해 어느 국가에 다른 기업이 진입하기 전에 우선적으로 진출하는 방법을 택할 수 있다. 국내 많은 기업의 베트남, 미얀마 등 잠재적 시장으로의 진출은 선점전략의 일환이라 할 수 있다. 부품업체가 제조업체의 필요를 채워주기 위해 동반 진출을 하거나 혹은 금융, 보험, 운송업 등 서비스업에서 자국기업에 서비스를 제공하기 위하여 자국기업이 많이 진출해 있는 국가에 투자를 행하는 경우가 있다. 이런 경우의 해외직접투자를 고객추종형(follow the customer) 직접투자라고 부른다. 이를 통하여 기업은 또한 직접효과를 얻을 수 있다. 직접효과란 어떤 지역에서 산업이나 인구가 집중하면 서로가 분업화를 하거나 노동력 및 소비의 시장이 형성되면서 인프라도 마련되고 투자효율성이 극대화되는 것을 말한다.

기업의 해외시장 진출의 목적은 또한 기업의 국제화단계에 따라 다르다. 예를 들어, 수출 위주의 기업과 세계의 수많은 국가에 생산, 판매 및 연구기지를 가지고 세계경영을 수행하는 초국적기업의 특정 해외시장에서의 사업목적은 다를 것이다. 기업의 국제사업의 목적은 정태적이고 고정된 것이라기보다는 동태적으로 변하는 것이기에 장기 전략적 관점에서 볼 때 여러 가지가 복합되어 있다고 할 것이다. 기업의 국제화 동기를 일반화시키는 것이 어려운 이유가 여기에 있다.

주요 용어

기업활동	국제화 과정	국제다각화
기업국제화	점진적 학습 과정	해외조달
해외시장 진입 방식	수출 동기	선도기업추종형 투자
시장의 세계화	해외직접투자 동기	고객추종형 투자

연습문제

01 기업의 국제화와 국제마케팅에 관하여 논술하시오.

02 기업의 국제화를 기업활동의 세계적 확대라는 측면에서 설명하시오.

03 기업의 국제화를 기업의 변화와 경영의 국제화라는 측면에서 설명하시오.

04 기업국제화의 환경적 요인에 대하여 설명하시오.

05 기업국제화의 과정을 세계시장확대 과정의 측면에서 설명하시오.

06 기업국제화의 과정을 해외시장 진입 방식의 변화 측면에서 설명하시오.

07 기업의 수출 동기를 설명하시오.

08 기업의 해외직접투자 동기를 설명하시오.

09 한국기업의 해외직접투자 현황에 대하여 설명하시오.

해외시장분석

CASE STUDY 락앤락의 해외시장 분석 및 공략기

Section 01 | 국별 투자환경의 평가

Section 02 | 상품시장기회의 평가

Section 03 | 국제경쟁환경

Section 04 | 경쟁기업분석

연습문제

Chapter

03

Chapter

03

해외시장분석

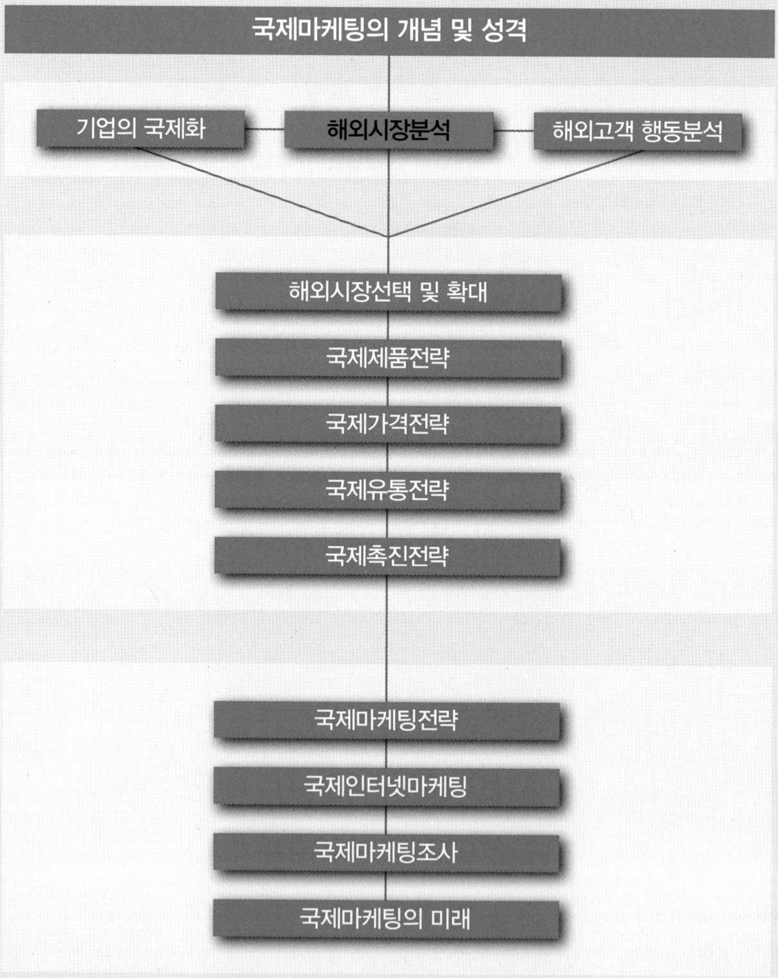

CASE STUDY 락앤락의 해외시장 분석 및 공략기

'락앤락'은 1997년 출시 이후 소비자에게 꾸준한 사랑을 받으며 수년째 국내 밀폐용기 브랜드 1위를 기록하고 있다. 1985년 설립돼 주방, 욕실, 어린이용품 등 생활용품을 생산하던 락앤락은 1997년부터 브랜드를 '락앤락'으로 통합하였다. 또한 미국 · 유럽, 중국, 동남아시아 등 많은 국가에 진출하여 제품개발을 활발히 하고 소비자브랜드 인지도를 높이고 있다.

락앤락의 미국 · 유럽 시장 분석

락앤락은 미국 시장과 독일 및 영국 등 유럽 시장에도 생활용품 브랜드로서 위상을 높이고 있다. '인포머셜 마케팅(Infomercial Marketing)', 즉 제품에 대한 정보를 제공함으로 소비자가 구매에 유인되도록 하는 방법을 통해 2001년, 미국 최대 규모의 홈쇼핑 채널을 통해 5,000세트 매진이라는 기록을 세우며 미국 시장에 성공적으로 데뷔했다. 이후 2017년 초 미국 법인을 설립하고 온라인 쇼핑몰 아마존닷컴에 락앤락 브랜드 전용 페이지를 오픈하는 등 본격적인 미주 온라인시장 공략에 나섰다. 이 외에도 2017년 9월 QVC의 '오늘의 특별한 상품(TSV)' 방송에서 락앤락 클래식 30만 세트 판매를 기록했다. 또한 2019년 미국 최대 쿡웨어 유통기업인 마이어 유에스(Meyer US)와 밀폐용기 독점 공급 계약을 체결하는 등 미국 시장 저변 확대에 앞장서고 있다.

지난 2010년 독일에 영업법인을 설립한 락앤락은 품목을 다양화하는 것은 물론 현지 시장의 수요에 맞춘 제품까지 출시했다. 최근 들어 유럽시장 내 공세를 부쩍 강화하고 있다. 앞서 지난 5월 독일 최대 홈쇼핑 채널인 QVC에 텀블러 12만 개를 수주한 락앤락은 지난달 방송에서는 하루 만에 모든 물량을 완판했다. 그동안 밀폐용기 위주였던 유럽에서 처음으로 텀블러 판매에 성공하면서 유럽시장에서 통하는 제품 카테고리를 확장했다는 내부 평가가 나온다. 최근에는 영국의 3대 대형 마트 중 하나인 세인스버리(Sainsbury's) 마트에 에코 밀폐용기를 입점하는 데에도 성공했다. 지난해 5월 영국에서 처음 선보인 에코 밀폐용기는 버려지던 양질의 폐플라스틱을 활용한 제품으로, 유럽 내에서 빠르게 퍼진 일회용 플라스틱 규제 이슈에 힘입어 고객 호응을 이끌어냈다. 김형석 락앤락 유럽팀 팀장은 "올 3 · 4분기까지 유럽 내 매출은 전년 동기 대비 34% 성장했다."라며 "유럽에 진출해 브랜드를 인정받은 대표적인 국내 주방용품 기업인만큼 앞으로는 밀폐용기를 넘어 텀블러와 쿡웨어, 소형가전 등 유럽 전역에서 다양한 제품군으로 영역을 넓히며 종합생활용품 기업으로 확고히 자리 잡겠다."라고 강조했다(서울경제, 2019.11.10.).

락앤락의 중국 시장 분석

중국은 1978년 이후 시장유통구조로 변화하면서 약 20여 년간 연평균 9%의 고도성장을 지속하였고, 세계은행이 발표한 GDP는 세계 2위 수준이다. 소득수준이 향상되면서 주방 생활용품에 대한 관심에도 영향을 미쳤다. 또한, 중국은 외국인투자유치를 위한 우대정책을 시행하고 있어, 락앤락이 진출하기에는 더없이 좋은 경제적, 정치적 환경이 만들어져 있었다(박경희 외, 2017).

락앤락은 2020년 '중국 브랜드파워지수(C-BPI)'에서 밀폐용기 부문 9년, 보온병 부문 8년 연속으로 1위를 차지했다고 밝혔다. 인지도, 구매 가능성, 유통 채널 등 종합적 평가를 통해 각 분야에서 락앤락이 중국 최고의 브랜드 파워를 인정받은 셈이다. 특히나 구체적인 점수도 모두 지난해보다 더 많이 획득해 2위의 추격을 떨치며 성장세를 보였다. 밀폐용기 부문에서는 2위 미국의 타파웨어, 3위 중국의 라파우에 앞섰다. 보온병 부문에서도 2위 일본의 타이거, 3위 중국의 푸광에 앞섰다.

락앤락은 중국 진출에서 2가지의 마케팅 전략을 세웠는데, 첫째는 생산과 내수시장을 동시에 공략하자는 것이었다. 해외의 다른 기업은 하지 않았던 내수시장 공략을 위해 락앤락은 2004년부터 총 15개의 생산법인을 설립하고 내수시장을 공략했다.

두 번째로, 철저한 현지화를 통해 중국 소비자의 마음을 사로잡았다. 락앤락은 차를 즐겨 마시는 중국인들의 라이프스타일을 고려해 스테인리스 차망을 장착하고, 중국의 1인 가구 증가로 도시락 문화가 확산되는 것을 보고 '디바이더 글라스'를 착안하는 등 현지 소비자의 생활습관과 문화를 바탕으로 밀폐용기를 현지화시켜 선전할 수 있는 튼튼한 발판을 마련하였다(서울경제, 2020.05.15.).

출처: https://www.locknlockmall.com/

락앤락의 동남아시아 시장 분석

2008년 호치민 시에 첫 직영점 오픈, 이후 하노이 영업법인 설립으로 베트남에 본격 진출했다. 프리미엄 브랜드 전략을 바탕으로 고급 쇼핑몰에 성공적으로 입점했다. 또한 로컬 유통기업과도 돈독한 유대관계를 유지하며 오프라인 판매 채널 강화에 힘썼다. '동남아의 아마존'으로 불리는 베트남 빅3 이커머스 채널을 중심으로 베트남 온라인 채널도 선제적으로 공략하고 있다. 2020년에는 9년 연속 '소비자가 신뢰하는 100대 브랜드'에 선정됐으며, 한국 기업으로는 유일하게 5년 연속 '10대 브랜드'에 이름을 올릴 만큼 베트남 국민들에게 사랑을 받고 있다. 이러한 베트남에서의 성공 경험을 발판으로 동남아시아 시장을 적극 공략하고 있다. 2003년 태국 시장에 진입해 직영점을 시작으로 할인점, 백화점 등으로 유통망을 확대하고 있으며, 태국법인을 기반으로 말레이시아, 필리핀, 미얀마, 캄보디아 등 아세안 지역시장 선점에 주력하고 있다. 인도네시아에서는 프리미엄 주방용품 브랜드로 성장해 나가고 있으며, 최근에는 현지 대형할인점 등을 통한 다양한 소비자 프로모션을 비롯해 자카르타, 수라바야, 메탄 등 대도시에서 직영점을 운영하며 시장점유율 확장하고 있다(부경대학교, 국제마케팅 수업과제, 이상준).

토의과제

01 락앤락의 지속적인 경쟁우위 원천에 대하여 토의하시오.

02 락앤락의 해외 지역별 시장 전략의 차이에 대하여 토의하시오.

참고자료

- 서울경제, 2019.11.10., '샌드위치' 주방용품 기업, 유럽 공략 가속(https://www.sedaily.com/NewsVIew/1VQQTTUKP1)
- 서울경제, 2020.05.15., '15억 중국인 생활 파고든 락앤락... 8년째 브랜드 1위'(https://www.sedaily.com/NewsVIew/1Z2RDF0PHG)
- 박경희, 박정지, 변진호, 신정순, LOCK&LOCK은 중국에서 어떻게 성공할 수 있었는가, 유라시아연구, 14(1), 2017
- 이장로, 문희철, 이춘수, 국제마케팅 7판(무역경영사)
- 부경대학교, 국제마케팅수업 과제 및 자료, 이상준

Section 01

국별 투자환경의 평가

국가별 투자환경에 대한 평가는 아세안을 중심으로 기술하고 특히 한국과 경제 관계가 폭넓게 확대되고 있는 베트남을 중심으로 추가 설명한다.

1. 아세안 경제 현황

아세안회원국은 태국, 말레이시아, 싱가포르, 필리핀, 인도네시아의 동남아 다섯 개국의 외교장관들이 1967년 8월에 아세안 창립선언인 방콕선언과 함께 시작되었다. 이후 브루나이(1984), 베트남(1995), 미얀마(1997), 라오스(1997), 캄보디아(1999)가 합류하여 10개국으로 확대되었다(출처: 2020 ASEAN & KOREA in Figures, ASEAN-KOREA CENTRE). 특히, 아세안 국가들은 지리적으로 동남아에 위치해 있다는 사실을 제외하면 정치, 사회, 경제, 문화면에서 동질성을 발견하기 어려운 지역들이다(중소기업청, 2016). 현재 코로나19로 인하여 국가마다 처한 상황과 현실이 달라서 중소기업에 필요한 맞춤형 방안이 절실히 필요한 상황이다.

한-아세안센터의 2020 한-아세안 자료를 보면 아세안은 회원국 간 GDP 규모, 소득수준 등 여러 측면에서 차이가 크게 났다. 그러므로 각 아세안 국가별로 발전단계 및 개발격차 등의 고려를 통한 차별화된 진출 전략이 필요한 상황에서 코로나19의 강타는 더욱 현저한 국가별 차이를 보여 줄 것이다. 이에 따라 중소기업의 진출전략 또한 기존의 방법과는 상이한 전략이 필요하다(출처: 이춘수, 4차 산업혁명 시대 한국중소기업의 아세안 진출 전략, 산학협동재단 보고서, 2020).

아세안 국가 전반에 관한 4차 산업혁명의 활용 핵심사례와 성공가능성 그리고 한국중소기업의 전략에 대하여 대응 방안을 강구하고 각 국가별 특성을 중점적으로 자료조사를 할 필요가 있다.

그림 3-1 **아세안 회원국 GDP**

국가/지역	국재총생산(십억 달러, 전 세계 비중 %)								
	2000	2005	2010	2015	2017	2018	2019	2020(Estimate)	
World	33,895.9	47,607.2	66,140.5	74,829.4	80,716.2	85,690.0	87,552.4	83,845.0	100.0
ASEAN	637.4	972.1	1,979.4	2,523.2	2,850.9	3,054.7	3,234.8	3,106.2	3.69
Brunei	6.7	10.6	13.7	12.9	12.1	13.6	13.5	10.6	0.02
Cambodia	3.7	6.3	11.2	18.1	22.1	24.4	26.7*	26.3	0.03
Indonesia	179.5	310.8	755.3	860.7	1,015.4	1,042.7	1,120.1	1,088.8	1.28
Lao PDR	1.7	3.0	7.5	14.4	17.0	18.1	19.1*	18.7	0.02
Malaysia	102.1	150.4	258.6	301.4	319.1	358.7	364.7	336.3	0.42
Myanmar	9.1	13.2	39.8	63.2	61.3	66.7	68.6	70.9	0.08
Philippines	81.0	103.1	199.6	306.4	328.5	346.8	376.8	367.4	0.43
Singapore	96.1	127.8	239.8	308.0	341.9	373.2	372.1	337.5	0.43
Thailand	126.4	189.3	341.1	401.3	456.4	506.4	543.6*	509.2	0.62
Viet Nam	31.2	57.6	112.8	236.8	277.1	304.0	329.5	340.6	0.38
Korea	576.2	934.9	1,144.1	1,465.8	1,623.9	1,724.8	1,646.7	1,586.8	1.88
China	1,214.9	2,308.8	6,066.4	4,389.5	12,265.3	13,841.9	14,401.7	14,860.8	16.45
Japan	4,887.5	4,755.4	5,700.1	11,226.2	4,688.9	4,952.3	5,079.9	4,910.6	5.80

출처: World Economic Outlook Database, October 2020(IMF)

Note: Figures with * and figures for 2020 are estimates.

그림 3-2 **유니콘 클럽에 등재된 아세안 기업**

기업명	기업 가치(십억 달러)	국가	분야	주요 투자자
Grab	14.3	Singapore (3)	Auto & transportation	GGV Capital, Vertex, Venture Holdings, Softbank Group
HyalRoute	3.5		Mobile & telecommunications	Kuang-Chi
Trax	1.3		Artificial intelligence	Hopu Investment Management, Boyu Capital, DC Thomson Ventures
Gojek	10.0	Indonesia (5)	Supply chain, logistics, & delivery	Formation Group, Sequoia Capital India, Warburg Pincus
Tokopedia	7.0		E-commerce & direct-to-consumer	Softbank Group, Alibaba Group, Sequoia Capital India
Bukalapak	3.5		E-commerce & direct-to-consumer	500 Startups, Batavia Incubator, Emtek Group
Traveloka	3.0		Travel	Global Founders Capital, East Bentures, Expedia Inc.
OVO	2.9		Fintech	Grab, Tokopedia, Tokyo Century corporation
Revolution Precrafted	1.0	Philippines (1)	Other	K2 Global, 500 Startups

출처: CB Insights(2021년 1월 기준)

Note: 유니콘 기업이란 십억 달러 이상의 시장가치를 지닌 비상장 스타트업 기업을 의미함

[그림 3-2] 유니콘 클럽에 등재된 아세안 기업에서는 인도네시아와 싱가포르, 필리핀의 다양한 다국적기업이 유니콘 기업에 투자하여 급성장하고 있는 것을 보여 주고 있다. 서플라이체인, 물류, 배달, 전자상거래, 여행, 핀테크 등의 분야에서 고젝, 부칼라파크 등 다양한 유니콘 기업이 성장하고 있는 것을 알 수 있다.

2. 한국과 아세안간 경제교류 현황

한국수출입은행의 해외투자 통계자료를 보면 아세안 지역에 대한 2015년부터 2020년까지 아세안 내 한국법인의 수는 매년 1,000여 개 이상 꾸준히 증가하고 있다.

그림 3-3 **아세안 내 한국법인 수(개)**

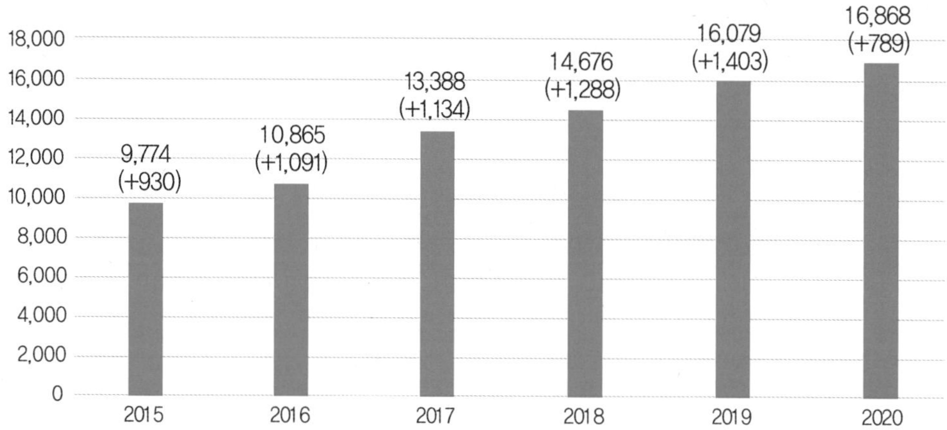

아세안 내 누적 한국 법인 수 (전년 대비 증가 수)

출처: 한국수출입은행 『해외투자통계』

또한 한국수출입은행의 해외투자 통계자료에서 한국의 대아세안 회원국별 투자현황을 보면 베트남, 싱가포르, 인도네시아, 캄보디아, 미얀마, 말레이시아, 필리핀, 태국 순으로 투자 금액이 높다.

그림 3-4 **한국의 대아세안 회원국별 투자현황(단위, 백만 달러)**

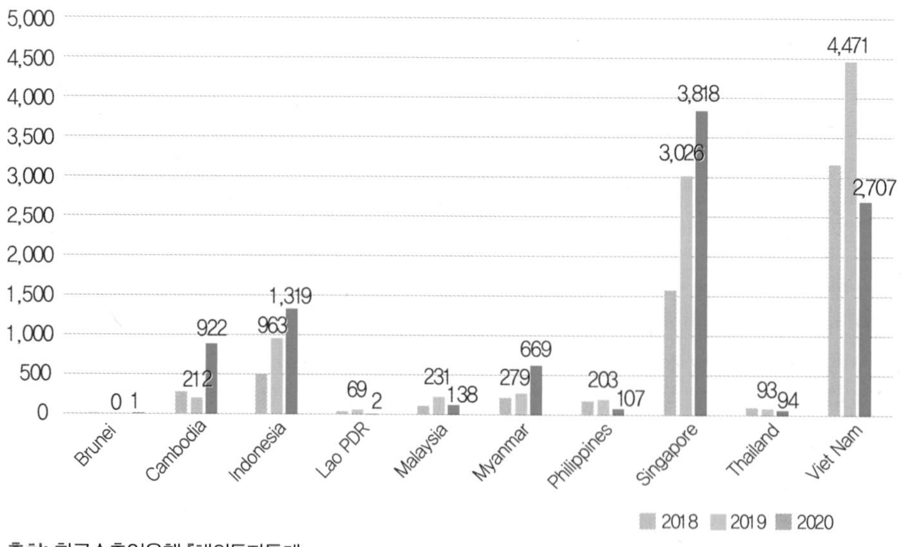

출처: 한국수출입은행 『해외투자통계』

한국수출입은행의 해외투자 통계자료에서 2020년 한국과 아세안회원국 무역량은 총 1,440억 달러로 집계가 되었으며, 전체 48%가 베트남이고, 싱가포르, 말레이시아, 인도네시아, 태국, 필리핀 순으로 높았으며, 캄보디아, 라오스, 미얀마, 브루나이는 아직 투자 금액이 매우 낮은 수준이다.

그림 3-5 **2020년 한국과 아세안회원국 무역(단위, 백만 달러, %)**

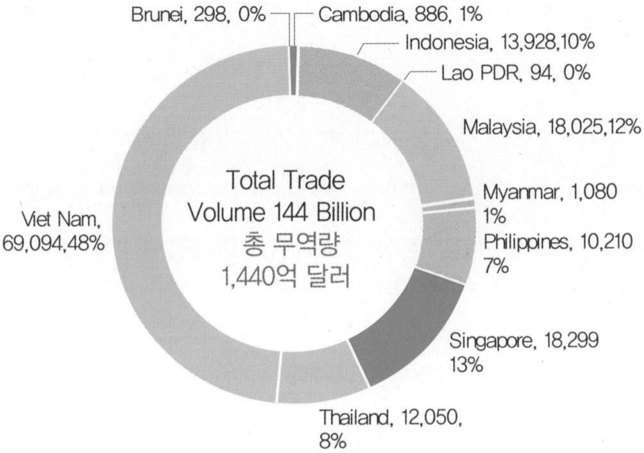

출처: IMF『무역통계연감』

기존의 '저임금 생산기지'에서 아세안이 거대 소비시장으로 부상(연평균 15% 성장)하고 있으며, 고소득층에 이어 주요 소비층인 중산층이 2030년까지 아세안 지역에서 5배 증가[9천만 명(2018) → 5억 명(2030)]할 것으로 예측된다. 아세안은 인구 약 6억 명, GDP 2조 9,000억 달러, 교역 2조 8,828억 달러(세계 7.3%), 외국인투자 1,486억 달러(세계 11.5%), 성장률 연평균 5% 성장을 하고 있으며, 유니콘 기업 수 9개, 기업가치 396억 달러에 이른다(출처: https://www.aseankorea.org/kor/ASEAN/overview.asp). 베인앤컴퍼니는 "아세안 지역의 경우 2024년까지 유니콘 기업이 현재의 2배까지 늘어나고 700억 달러에 이를 것으로 전망"하고 있다(아주경제, 2019.01.07.). 아세안 6.4억 명 등 신남방지역의 인구는 20억 명에 달한다. 평균 연령은 30세로 어느 지역보다 젊고 발전가능성이 높은 지역이다. 총생산(GDP) 규모가 아세안 2조 9,228억 달러에 달하는 새로운 성장거점이다. 5세대(5G) 이동통신, 정보기술(IT), 지능형 도시(스마트시티) 등 4차 산업혁명 공동 대응을 위한 글로벌 개방형 혁신 기반(플랫폼) 구축을 위한 유망시장이다(출처: https://www.korea.kr/special/policyCurationView.do?newsId=148853887).

3. 코로나19 환경과 아세안 4차 산업

코로나19의 팬데믹 상황하에서 아세안 핵심 시장의 개척 및 4차 산업 환경 변화에 대한 대응이 필요하다. 아세안 FTA에 따른 5G, 인공지능(AI), 가상현실, 증강현실, 사물인터넷, 자율주행, 3D, 공유경제, 구독경제, 로봇산업, 바이오의료산업, 빅데이터 등 전반에 걸친 한국 중소기업의 핵심 변화전략이 필요하다. 특히, 팬데믹으로 인하여 언택트 및 온택트 상황에서 ICT, 빅데이터, AI, IoT(사물인터넷) 분야의 첨단산업이 부각되고 있다.

한-아세안센터의 2020 한-아세안 자료를 보면, ICT 한국기업에 시사하는 바가 크다. 휴대전화 이용률, 인터넷 이용률, 소셜미디어 사용률, 모바일 상거래 비율, 모바일 금융 비율, 코로나19 이후의 온라인 소비 패턴 변화에 대한 통계 수치는 한국 중소기업의 아세안 진출을 위한 기본 정보로 사용될 수 있다.

아세안 휴대전화 이용률에 대한 연도별 추세를 나타내는 그림에서 아세안 국가들은 2019년도에 휴대전화 이용률이 과거에 비해서 급격히 늘어났고 특히 태국이 높게 나왔다.

그림 3-6 **휴대전화 이용률(100명 당)**

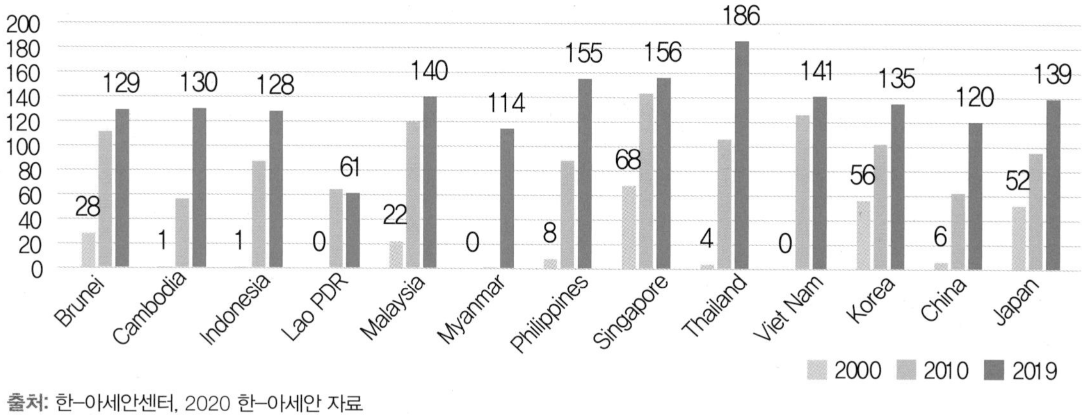

출처: 한-아세안센터, 2020 한-아세안 자료

아세안 인터넷 이용률은 한국의 경우 2019년에 인구 대비 이용률이 96%였으며, 브루나이, 싱가포르, 일본, 말레이시아 등도 이용률이 높은 것으로 나타났다.

그림 3-7 **아세안 인터넷 이용률(인구 대비 %)**

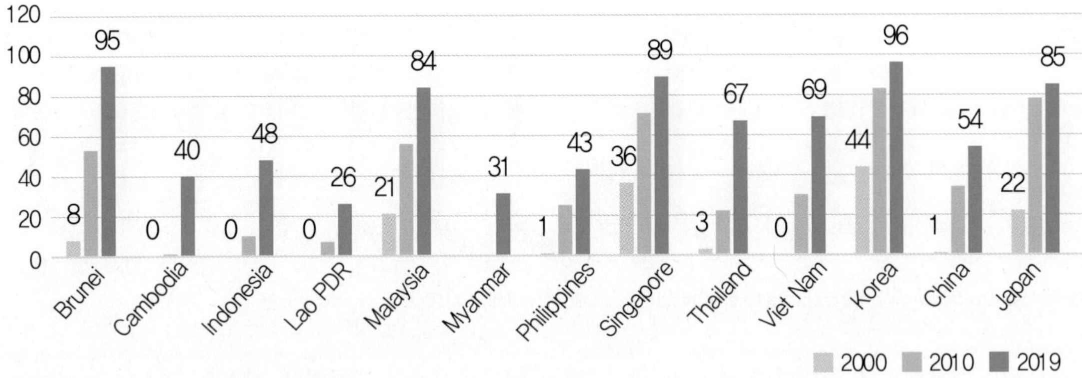

출처: 한-아세안센터, 2020 한-아세안 자료

아세안 인구대비 소셜미디어(SNS) 사용률은 한국이 89%이고 브루나이가 99%로 매우 높게 나타났다. 또한, 말레이시아, 싱가포르, 필리핀, 태국이 비교적 높게 나타났다.

그림 3-8 **아세안 소셜미디어 사용률(인구 대비 %)**

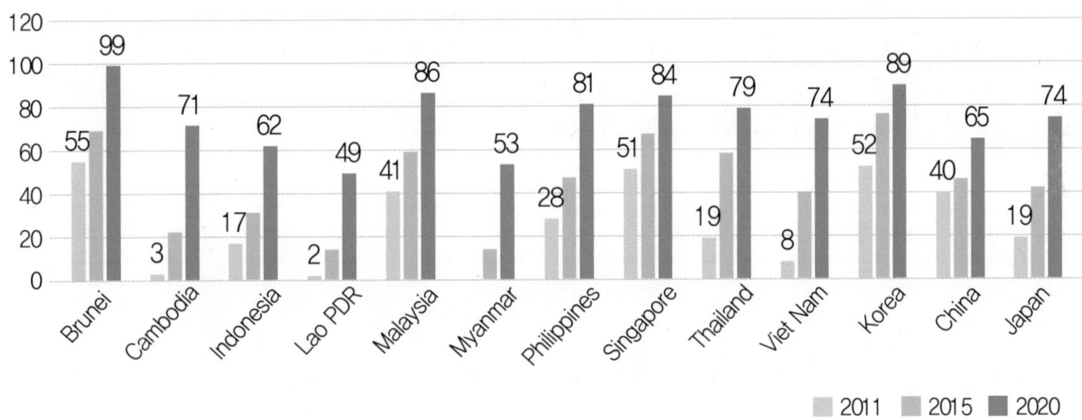

출처: 한-아세안센터, 2020 한-아세안 자료

아세안지역의 높은 소셜미디어 사용률의 증가를 볼 때 앞으로 한국의 강점인 ICT산업의 미디어들을 통한 SNS 인플루언서의 활동과 관련 산업기술의 활용에 용이한 점을 활용할 필요가 있다. 특히 한류 등의 K-Culture의 활용이 기대된다.

모바일 상거래 비율은 인도네시아, 태국, 필리핀, 말레이시아가 비교적 높게 나타나고 있다.

그림 3-9 **아세안 모바일 상거래 비율(%)**

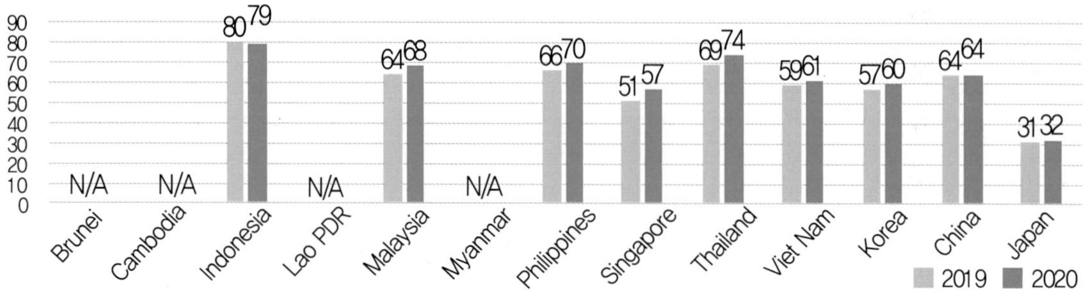

출처: We Are Social 『디지털연감 2021』 한-아세안센터, 2020 한-아세안 자료

코로나19 대유행으로 비대면 거래가 보편화되면서 인도네시아의 전자화폐 시장은 급속도로 성장하고 있으며, 조코위 2기 정부는 재임기간(2019~2024년)동안 디지털 경제를 발전시키기 위한 기반을 구축해 나갈 예정이다. 도시 기획 및 산업현장 전반에 활용될 수 있는 IoT 기술이 도입되기 시작했다. 핀테크의 경우 수요는 증가하지만 관련 분야 개발 기반이 부족한 실정이므로, 조코위 2기 정권에서는 IoT 산업개발에 주력할 것으로 전망한다(코트라, 2021).

코로나19 이후의 온라인 소비 패턴 변화에서 보면, 여행, 교통, 가전 분야는 감소세를 보여 주고 있다. 그러나 음식배달, 식료품, 교육, 비디오 및 음악 스트리밍, 미용, 의류 분야는 증가세를 보여 주고 있다.

그림 3-10 **코로나19 이후의 온라인 소비 패턴 변화**

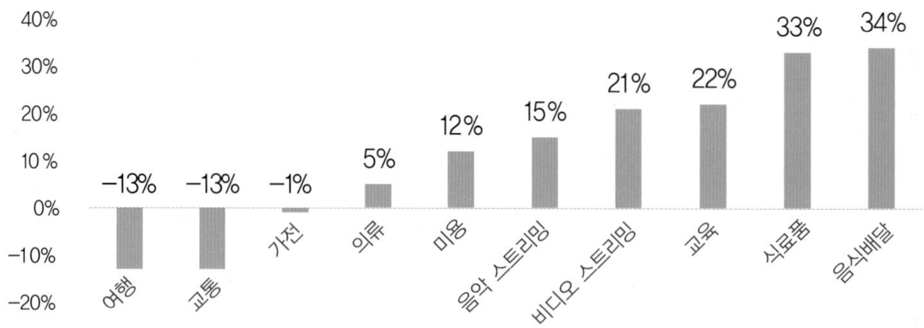

출처: 구글, 테마섹, 베인 앤 컴퍼니 『e-Conomy SEA 2020』

4. 베트남 시장분석

1 베트남 수출입 동향 및 베트남 지역 SWOT 분석

지난 5개년 개발계획 기간(2011~2015년) 동안 베트남의 대외 교역액은 연평균 12.6%(수출액 13.7%, 수입액 11.6%)의 속도로 증가했으며, 2019년 베트남의 수출액은 2,642억 달러, 수입액은 2,531억 달러를 달성하였다. 2019년 수출 및 수입액은 전년 대비 각각 8.4%, 6.8% 성장률을 기록했으며, 무역수지는 111억 1,845만 달러 흑자로, 역대 최대 연간 무역수지 흑자를 기록하였다. 2020년 6월 누적 기준 수출액 1,227억 달러, 수입액 1,173억 달러를 달성하였다. 수출 및 수입액은 전년 동기 대비 각각 0.2% 증가, 2.9% 감소했으며, 무역수지는 54억 달러 흑자로 전년 동기 대비 3배 이상을 기록하였다. 6월 당월 교역액은 432억 달러로 전월 대비 15.8% 증가했으며, 수출은 17.6%, 수입은 14% 증가하여 점차적인 회복세에 돌입하였다.

그림 3-11 **베트남의 수출입 추이(단위: US$ 백만, %)**

구분	2015년	2016년	2017년	2018년	2019년	2020년 1분기	2020년 2분기
수출	162,017 (7.9)	176,581 (9.0)	214,019 (21.2)	243,483 (13.2)	264,289 (8.4)	63,234 (7.5)	122,788 (0.2)
수입	165,570 (12.0)	174,804 (5.6)	211,104 (20.8)	236,688 (11.1)	253,071 (6.8)	59,494 (3.7)	117,326 (-2.9)
무역수지	-3,554	1,777	2,916	6,795	11,118	3,740	5,461

출처: KOTRA, 2021 국가별진출전략: 베트남, KOTRA자료 21-069

KOTRA는 베트남 시장 지역에 대한 강점 및 약점 그리고 기회 및 위협요인에 대하여 다음의 그림과 같이 요약하여 제시하고 있다.

그림 3-12 **베트남 지역 SWOT 분석**

강점(Strength)
- 정치적 안정성과 과감한 코로나19 방역 정책
- 적극적인 FDI 유치 정책
- 평균 소득 및 중산층 증가에 따른 탄탄한 내수시장

약점(Weakness)
- 경제성장률을 따라가지 못하는 제반 인프라 수준
- 높은 대외교역 의존도
- 고급 기술인력의 부족
- 지원산업(Supporting Industries) 취약

S W O T

기회(Opportunity)
- China +1, +2 전략으로 글로벌 기업들의 베트남 이전 관심 증가
- 글로벌 통상저변 확대
- 정부 주도의 디지털 경제 구축 노력
- 민관협력프로젝트 수요의 증가
- 경기부양을 위한 공공투자 증가

위협(Threat)
- 코로나19로 인한 내수경기 악화
- 투자 과밀에 따른 투자진출 비용 상승
- 경쟁국의 베트남 진출로 수입품 경쟁 과다
- 재정적자 누적으로 인한 인프라 개발 여건 악화

출처: KOTRA, 국별진출전략 베트남, KOTRA자료21-069, 202

2 베트남 소비시장 특징

우리 기업의 대(對)베트남 투자 진출 가속화에 따라 양국 간 상생 협력관계가 강화되었다. 따라서 주재 한국기업의 베트남 무역협정 활용도를 높이고, 베트남 정부 수요에 기반한 산업(ICT, 4차 산업혁명, 부품소재, PPP(민관합작투자법) 인프라 구축 등) 진출에 주목할 필요가 있다. 미-중 무역분쟁 장기화, 코로나19발(發) GVC(글로벌 밸류체인) 변동에 따른 글로벌 기업의 베트남 내 한국 진출기업 인프라를 활용한 협력 또한 기대된다. 베트남은 양자 · 다자 간 FTA를 통한 통상 저변 확대 등으로 동남아시아 교역의 거점으로서 공고한 입지를 다져 나가는 중이다. 2020년 상반기에는 코로나19의 여파로 대부분의 국가들이 마이너스 성장을 하는 가운데 1.81%의 플러스 성장을 유지하며 경기 성장 기조를 유지해 나가고자 노력하고 있다. 미-중 무역분쟁이 장기화와 코로나19발 차이나 리스크로 인해 글로벌 기업의 베트남으로의 이전에 대한 관심도가 높아지고 있으나, 베트남의 선별적 투자유치 전략, 각종 투자 관련 규제, 투자 과밀화에 따른 투자비용 상승 등은 지속적 주목이 필요한 장애요인이다.

젊은 소비시장을 가진 베트남은 9,600만여 명의 세계 15위 인구 국가이다. 아세안 회원국 가운데서는 인도네시아(2억 7천만 명, 세계 4위), 필리핀(약 1억 800만 명, 세계 13위) 다음으로 가장 많은 인구를 보유하고 있다. 기대수명 상승과 높은 출산율의 영향으로 2023년경 1억 명 돌파, 2030년경 1억 500만 명에 달할 것으로 전망된다.

2020년 기준, 만 19세 이하의 베트남 인구는 약 29.9%, 20~39세 인구는 32.5%로 상당히 두터운 젊은 인구층을 보유하고 있다. 청소년기 및 결혼 · 육아기에 해당되는 연령으로, 이들의 주요 소비품목인 IT · 생활가전제품, 유아용품 시장이 빠르게 성장하고 있다.

그림 3-13 **베트남 연령대별 인구 비중 추이**

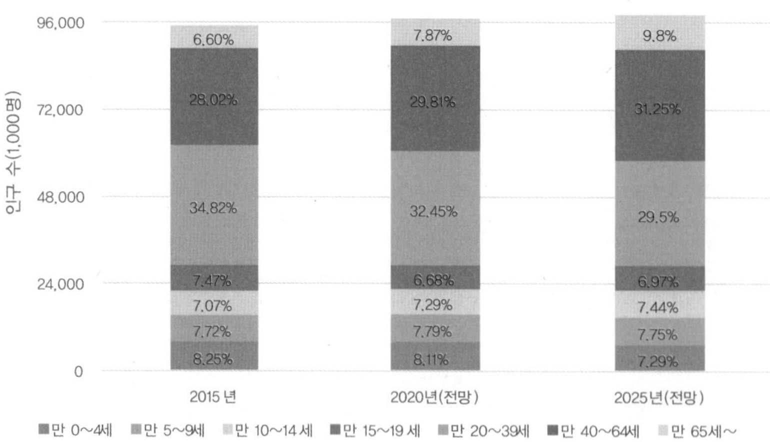

자료: BMI Research, 호치민무역관 종합

도시 유입 인구 증가 및 소득수준 증대로 상품 수요의 다양화 · 고급화와 함께 현대적 유통망이 급속도로 발달하고 있으며, 프랜차이즈 진출도 활성화 추세이다. 최근에는 현지 소비자의 소비패턴에 적합한 상품 및 서비스 제공, 높은 접근성을 겸비한 미니마트와 편의점이 급속히 성장하고 있다. 또한 1억에 가까운 인구 성장 및 현지 소비자의 경제력 제고 덕분에 베트남은 노동 시장의 강점이 우선 부각된 과거와 비교해 소매유통 시장 투자가 꾸준히 확대되는 추세이다. 실제로 일부 지역(특히 호치민시와 하노이 같은 5대 중앙정부직할시)의 소득 수준은 국가 평균 대비 2~3배 가량 높다. 다만, 베트남인의 평균 소득 수준이 연간 3,000달러 전후이며, 베트남의 지역별 소비자의 경제력에 큰 편차가 있는 점도 함께 고려해야 한다.

소비자신뢰지수(Consumer Confidence Index: CCI)는 코로나19로 인한 경기 불황 속에서도 2020년 2분기 기준, 117점으로 세계 2위이다. 베트남은 2020년 코로나19로 인한 글로벌 불경기 속에서도 경기 선행지수인 소비자신뢰지수에서 세계 2위를 기록하며, 상대적으로 긍정적인 소비심리를 유지해 나간 것으로 분석된다. 2019년 4분기 소비자신뢰지수 조사에서도 베트남은 인도, 필리핀에 이어 아세안 국가 3위를 차지한 바 있다(2019년 4분기 아세안 국가 소비자신뢰지수 순위: 1위 인도(138점), 2위 필리핀(133점), 3위 베트남(125점), 4위 인도네시아(123점), 5위 말레이시아(107점)).

그림 3-14 **2018년 4분기~2019년 4분기 아세안 국가 소비자신뢰지수 동향**

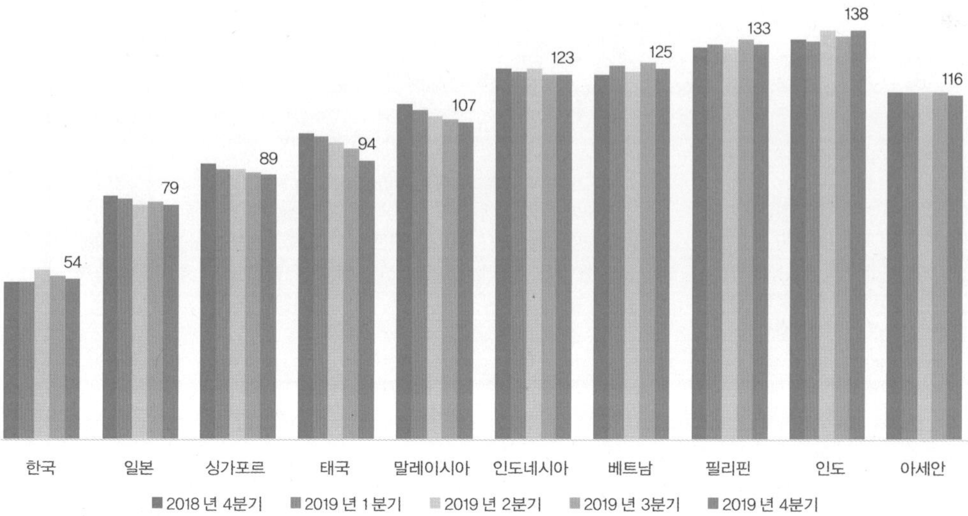

자료: The Conference Board

베트남의 소비자신뢰지수는 지난 3개년간 꾸준히 상승하여 베트남의 경제발전에 따라 소비자의 소비심리가 팽창하고 있으며, 아세안의 대표 시장으로서 성장하고 있음을 보여 주고 있다.

사례 3-1 김 제품의 독일시장진출 전략

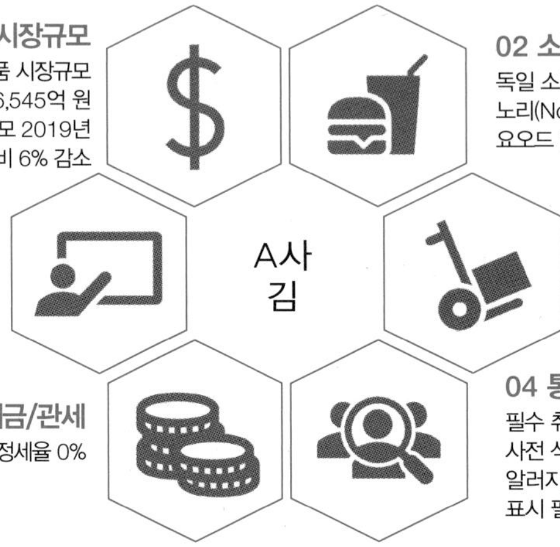

01 시장규모
상온 채소 가공식품 시장규모 6,545억 원
독일 김 수입규모 2019년 전년 대비 6% 감소

02 소비특징
독일 소비자, 김을 슈퍼푸드로 인식
노리(Nori), 스시(Sushi) 키워드 빈출
요오드 함유량에 대한 관심 多

03 유통채널
할인점 45.7%
하이퍼마켓/슈퍼마켓 35.5%
개인 및 기타 식료품점 6.5%

04 통관 검역
필수 취득 인증 無
사전 식품 분류 신청 가능
알러지 유발 성분에 대한 강조 표시 필수

05 세금/관세
한-EU FTA 협정세율 0%

06 전문가인터뷰
영양성분이 주요 구매 요인
아시아인과 채식주의자가 주요 소비자
주요 유통채널은 하이퍼마켓/슈퍼마켓, 아시안 마트, 일식 레스토랑

독일 해조류 對한국 수입액
조미 해조류 83억 원
건조 해조류 16억 원
- 독일 내 일식 레스토랑 118개
- 독일 채식주의자 비율 유럽에서 가장 높아

독일 조미 해조류(HS CODE 2008.99)와 건조 해조류(HS CODE 1212.21)의 수입규모는 모두 지난 5년 간 꾸준히 증가했으며, 특히 對한국 수입액은 두 자릿수 이상의 큰 성장률을 보임. 주요 B2B 채널로 예상되는 일식 레스토랑은 독일 내 118개로 확인되며, B2C 소비자로 예상되는 독일 채식주의자는 610만 명으로 추정됨

독일 김 소비특징
김의 요오드 함유량에 대한 주의 필요
- 독일 소비자들은 김을 동양의 슈퍼푸드로 인식
- 요오드 과다 섭취 부작용에 대한 의견도 확인

독일 김 키워드 분석 결과, 김의 영양성분에 대한 긍정적인 의견이 다수 발견됨. 독일 주요 언론매체는 김을 동아시아의 슈퍼푸드로 소개하였으며 친환경적인 요소에 주목함. 또한, 노리(Nori), 스시(Sushi) 키워드가 빈출하여 일식과 연계하여 인식하는 경우가 많음. 주목할 점은 김의 요오드 함유량에 대한 관심이 많았다는 점임. 요오드는 갑상선 기능에 좋은 성분으로 알려져 있으나, 과다 섭취 시 갑상선 호르몬 부작용을 유발할 수 있다는 의견이 확인되어 요오드 함유량 · 섭취량 표기에 대한 주의가 필요함

김 유통채널
할인점과 하이퍼마켓/슈퍼마켓 점유율 높아
- 이외에 일식 레스토랑의 김 수요 높아
- 아시안 마트, 케이터링도 주요 유통채널

독일 김 유통채널별 점유율은 할인점 45.7%, 하이퍼마켓/슈퍼마켓 35.5%, 개인 및 기타 식료품점과 온라인 6.5% 순인 것으로 확인됨. 전문가 인터뷰 결과 주로 일식 메뉴에 김이 쓰이는 만큼, 일식 레스토랑에서 김을 대량으로 구매하는 경우가 많으며 이 외에 아시안 마트와 케이터링 업체도 주요 유통채널로 확인됨

출처: 2020해외시장 맞춤조사, 한국농수산식품유통공사, 202007-29.

Section 02

상품시장기회의 평가

1. 산업현황분석

상품시장기회의 평가는 새로운 시장기회가 많고 고부가가치 산업으로 성장하고 있는 한국의 김 산업을 대상으로 설명한다.

1 식품산업과 김

식품산업은 전후방 산업과 연관이 높고 파급효과가 큰 산업이다. 또한 국가의 기반을 이루는 산업이다. 우리나라의 대부분의 농수축산물 산지가 지방에 있기 때문에 지역경제 활성화 및 고용창출효과 등이 높은 산업이다. 수출에 따른 기여도도 크고, 탄소배출량이 다른 사업에 비해 적어서 친환경산업이라고 할 수 있다. 또한 세계인구의 증가와 건강 등을 고려할 때 식품시장은 더욱 성장할 매력을 가지고 있다.

해외의 김 시장도 다변화하고 있다. 최근엔 중국에서 아동을 겨냥한 '키즈 식품' 시장에서 김 제품 수요가 크다. 한국 기업들이 '마른 김 품질등급제'를 바탕으로 어린이 맞춤형 제품을 현지에서 내놓고 있다. 대상은 '할랄(무슬림이 먹고 쓸 수 있는 제품) 시장' 진출에도 속도를 내고 있다. 대상은 조미김, 시즈닝김 등 총 5개 품목의 인도네시아의 할랄 인증을 받아 동남아 국가에 수출을 확대하고 있다. 대상 김 사업팀장은 "김 품질등급제의 확대를 통해 한국 김의 우수성을 전 세계에 널리 알리고 제대로 된 평가를 받는 데 주력하겠다."라고 밝혔다(조선일보, 2020.10.16.).

특히, '식품산업의 반도체'로 떠오르는 김은 수산물 수출품목 중 1위를 기록하였으며, 2017년부터 부동의 1위였던 참치수출을 앞섰다(주간경향, 2017.10.31.). 농식품수출정보(KATI)에 따르면 2021년 김 수출액은 약 6.9억 달러로 매년 증가세를 보이고 있다.

그림 3-15 **우리나라 김 수출입액 추이(2020~2022년)**

최근 5개년수출입(단위: 톤, 천 달러)

년도	수출		수입	
	중량	금액	중량	금액
2022	19,046	423,733	58	1,202
2021	29,545	692,915	86	1,897
2020	24,960	600,421	38	864
2019	26,951	579,220	32	896
2018	22,099	525,558	40	945

수출 TOP5(단위: 톤, 천 달러)

2020년			2021년			2022년		
국가	중량	금액	국가	중량	금액	국가	중량	금액
미국	4,928	138,005	미국	5,048	155,502	미국	3,471	110,862
일본	5,350	132,911	중국	6,318	139,378	일본	3,476	78,627
중국	3,892	100,868	일본	5,003	114,140	중국	3,984	63,858
태국	2,724	42,235	러시아	2,276	46,978	태국	1,634	23,681
러시아	1,520	31,246	태국	2,950	43,418	러시아	1,006	20,723

※**기준:** 2022.07월 (년도 데이터는 다음해 2월말쯤 확정되므로 변동이 있을 수 있습니다.)

출처: 농식품수출정보(KATI; https://www.kati.net/product/basisInfo.do?lcdCode=MD178), 2022.03.05.

2 인도네시아 김 제품 경쟁력분석

한국농수산식품유통공사에서 인도네시아 자카르타에 위치한 하이퍼마켓 그랜드 럭키(Grand Lucky), 슈퍼마켓 무궁화(Mugungwha)와 파파야(Papaya), 편의점 인도마렛(Indomaret)을 방문하여 조미김 경쟁제품을 조사한 자료를 중심으로 설명한다. 그랜드 럭키는 창고형 하이퍼마켓으로 다양한 식료품, 생활소비재들을 자체적으로 수입, 유통하고 있다. 무궁화는 자카르타에서 가장 오래된 한인마트 브랜드로, 다양한 한국 식료품, 생활용품 등을 현지에 수입하여 판매한다. 파파야는 일본 제품을 주로 판매하는 아시안마트로 현지인과 외국인이 많은 매장이다. 인도마렛은 인도네시아 편의점 점유율 1위 브랜드로, 편의점 기준 저렴한 가격으로 제품을 판매하여 인기가 많은 편이다.

그림 3-16 **경쟁제품분석**

인도네시아(Indonesia)

조미김 경쟁제품 선정 및 포지셔닝

경쟁제품 선정 기준

- 온라인/오프라인 인기제품

경쟁제품 포지셔닝 기준

- X축: 제품 종류
- Y축: 10g당 가격(루피아)

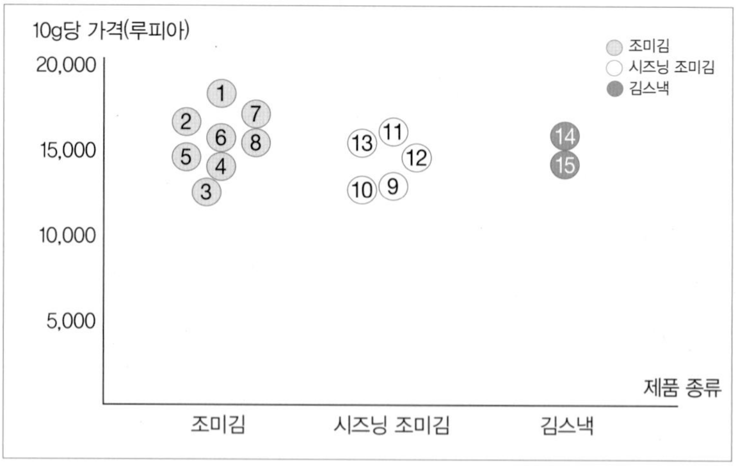

조미김 경쟁제품 분석

제품 종류[1]	경쟁제품 (제조사)	소비자가격[2]	10g당 가격	총 중량 (개별 중량)	포장 형태		맛	인증	원산지
					외부	내부			
조미김	① 조미김(D사)	33,500루피아 (2,640원)	18,207루피아 (1,435원)	18.4g (2.3g * 8봉)	플라스틱 파우치	플라스틱 통	오리지널 맛	HACCP, HALAL	한국
	② 햇바삭 김(B사)	66,000루피아 (5,201원)	16,500루피아 (1,300원)	40.0g (5.0g * 8봉)	플라스틱 파우치	플라스틱 통	오리지널 맛	HALAL	한국
	③ 오리지널 맛 김(E사)	51,000루피아 (4,019원)	12,593루피아 (992원)	40.5g (4.5g * 9봉)	플라스틱 파우치	플라스틱 통	오리지널 맛	HALAL	한국
	④ 참기름 김(C사)	84,500루피아 (6,659원)	14,083루피아 (1,110원)	60.0g (5.0g * 12봉)	플라스틱 파우치	플라스틱 통	오리지널 맛	HALAL	한국
	⑤ 마마수카 룸풋 라웃 팡강 (아네카 보가 누산타라)	13,100루피아 (1,032원)	14,556루피아 (1,147원)	9.0g (4.5g * 2봉)	플라스틱 파우치	플라스틱 통	오리지널 맛	HALAL	인도네시아
	⑥ 청정바다 김(F사)	23,500루피아 (1,852원)	15,667루피아 (1,235원)	15.0g (5.0g * 3봉)	플라스틱 파우치	플라스틱 통	오리지널 맛	HALAL	한국
	⑦ 프리미엄 오리지널 옥수수유 김(E사)	25,400루피아 (2,002원)	16,933루피아 (1,334원)	15.0g (5.0g * 3봉)	플라스틱 파우치	플라스틱 통	오리지널 맛	HALAL	한국
	⑧ 재래김 오리지널(G사)	23,100루피아 (1,820원)	15,400루피아 (1,214원)	15.0g (5.0g * 3봉)	플라스틱 파우치	플라스틱 통	오리지널 맛	HALAL	한국
시즈닝 조미김	⑨ 와사비 맛 김(E사)	51,900루피아 (4,090원)	12,815루피아 (1,010원)	40.5g (4.5g * 9봉)	플라스틱 파우치	플라스틱 통	매운 맛 (와사비)	(-)	한국
	⑩ 하바네로 맛 김(E사)	51,000루피아 (4,019원)	12,593루피아 (992원)	40.5g (4.5g * 9봉)	플라스틱 파우치	플라스틱 통	매운 맛 (하바네로)	HALAL	한국
	⑪ 달콤한 간장 맛 김(E사)	21,500루피아 (1,694원)	15,926루피아 (1,255원)	13.5g (4.5g * 3봉)	플라스틱 파우치	플라스틱 통	짠 맛(간장)	HALAL	한국
	⑫ 마마수카 룸풋 라웃 케링 팡강 뚤루르 아신(아네카 보가 누산타라)	13,100루피아 (1,032원)	14,556루피아 (1,147원)	9.0g (4.5g * 2봉)	플라스틱 파우치	플라스틱 통	짠 맛 (뚤루르 아신)	HALAL	인도네시아
	⑬ 김치 맛 김(G사)	23,100루피아 (1,820원)	15,400루피아 (1,214원)	15.0g (5.0g * 3봉)	플라스틱 파우치	플라스틱 통	매운 맛(김치)	HALAL	한국
김스낵	⑭ 아몬드 스낵 김(H사)	31,500루피아 (2,482원)	15,750루피아 (1,241원)	20.0g	(-)	플라스틱 파우치	견과류/씨앗 (아몬드)	HACCP, HALAL	한국
	⑮ 버디칩 참깨 맛(H사)	35,500루피아 (2,797원)	14,200루피아 (1,119원)	25.0g	(-)	플라스틱 파우치	견과류/씨앗 (참깨)	(-)	한국

(*) 현지 판매 조미김 경쟁제품 15개 분석

1) 조미김(도시락김)과 시즈닝 조미김(도시락김)은 이후 편의를 위해 각각 조미김과 시즈닝 조미김과 혼용하여 기재

2) 100루피아 = 7.88원 (2020.10.01. KEB 하나은행 매매기준율 적용)

출처: 2020 해외 시장 맞춤조사, 한국농수산식품유통공사, 202007-58

가격과 총 중량 측면에서의 포지셔닝전략을 통한 제품경쟁력에 대하여 설명하면 다음과 같다.

❶ 포지셔닝전략: 가격

제품 종류별 평균 10g당 가격은 조미김 제품이 가장 비싸고 시즈닝 조미김 제품이 가장 저렴하다. 인도네시아 오프라인 매장에서 조사된 조미김 경쟁제품 15개 제품은 그 종류에 따라 조미김 제품 8개, 시즈닝 조미김 제품 5개, 김스낵 제품 2개로 확인된다. 경쟁제품의 종류별 평균 10g당 가격을 비교한 결과, 조미김 제품이 15,492루피아(약 1,221원)로 가장 비싸며, 시즈닝 조미김 제품이 14,258루피아(약 1,124원)로 가장 저렴한 것으로 확인된다. 이 외 김스낵 제품의 10g당 가격은 14,975루피

아(약 1,180원)로 조사되었다. A사 제품 10g당 가격, 경쟁제품 평균 대비 저렴한 편이다. A사 제품의 10g당 가격은 8,450루피아(약 667원)로 경쟁제품 15개의 평균 10g당 가격 15,012루피아(약 1,183원) 대비 약 56% 수준으로 저렴하다. A사 제품과 같은 종류인 조미김 제품의 평균 10g당 가격은 15,492루피아(약 1,221원)로 A사 제품 대비 약 1.83배 비싸다. 그 외 제품 종류별 평균 10g당 가격은 시즈닝 조미김 제품이 14,258루피아(약 1,124원)로 A사 제품보다 약 1.69배, 김스낵 제품이 14,975루피아(약 1,180원)로 A사 제품보다 약 1.77배 비싼 것으로 확인된다. 따라서 A사 제품은 조사한 경쟁제품 15개의 제품 종류에 상관없이 저렴한 것으로 조사되었다.

❷ 포지셔닝전략: 총 중량

A사 제품의 총 중량은 15.0g으로 15개 경쟁제품 평균 총 중량 25.1g 대비 약 60%에 그친다.

그림 3-17 **김 제품 경쟁력**

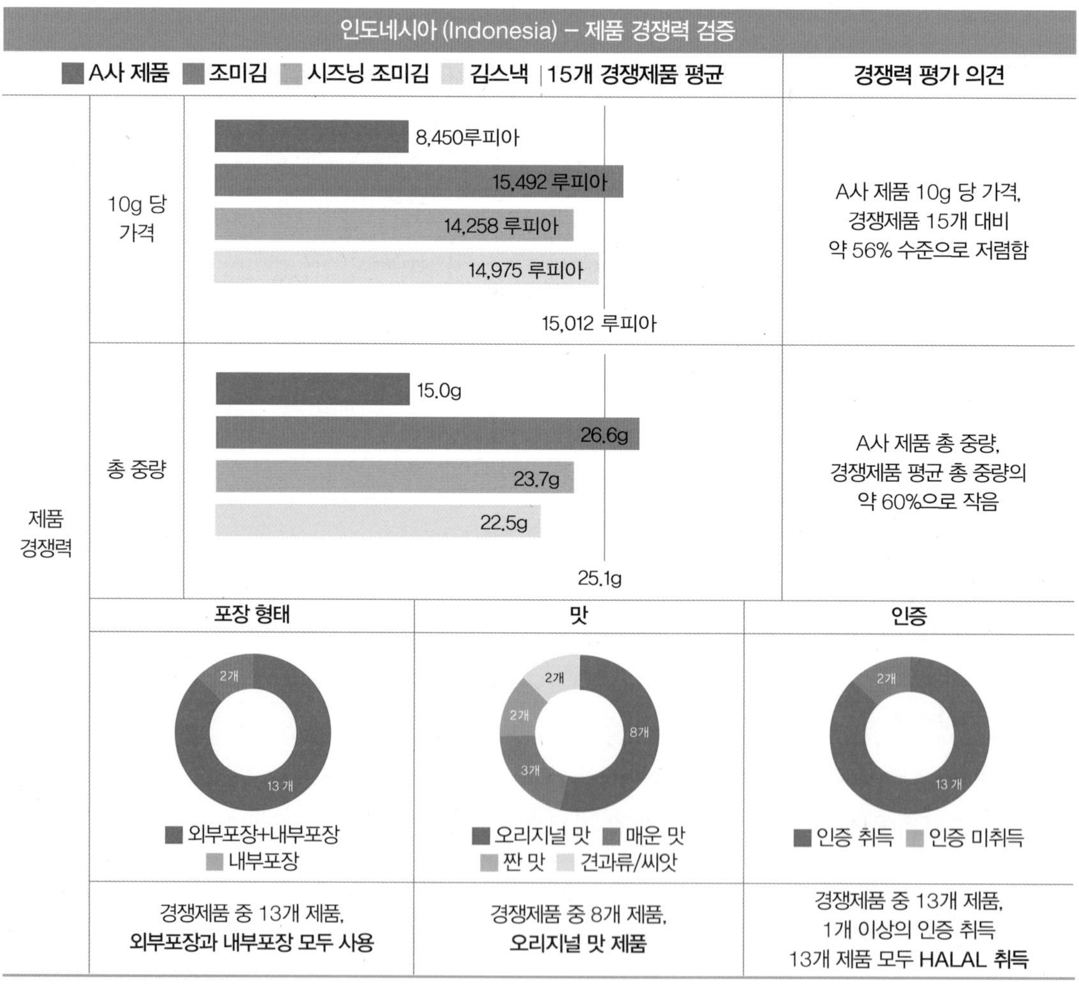

제품 종류별 평균 총 중량은 A사 제품과 같은 종류인 조미김 제품의 평균 총 중량은 26.6g으로 A사 제품보다 약 1.77배 크다. 그 외 시즈닝 조미김 제품이 23.7g으로 A사 제품보다 약 1.58배, 김스낵 제품이 22.5g으로 약 1.5배 큰 것으로 확인된다. 경쟁제품 15개 중 13개, A사 제품과 동일한 포장 형태 사용 인도네시아에서 판매되고 있는 조미김 경쟁제품 15개의 포장 형태를 조사한 결과 김스낵 제품 2개 제품을 제외한 13개 제품이 외부포장과 내부포장을 모두 사용하는 것으로 조사되었다. 13개 제품 모두 A사 제품과 같이 플라스틱 통에 제품을 담은 뒤 플라스틱 파우치로 한 번 더 외부포장된다. 그 외 김스낵 제품 2개는 별도 외부포장 없이 플라스틱 파우치로만 포장된다.

3 한국 김 산업 SWOT/AHP 요인

한국 김 산업의 글로벌 경쟁력 강화를 위해서는 기회와 위협 그리고 강점과 약점을 잘 파악하여 중요한 우선순위를 중심으로 전략수립 매트릭스를 활용하여 한국 김 산업의 글로벌 경쟁력을 높일 필요가 있다. 다음의 표는 한국 김 산업의 글로벌 경쟁력 강화를 위한 이론적 근거와 관련 변수요인들에 대한 제시이다.

표 3-1 **한국 김 산업 SWOT/AHP 요인**

최상위 목표	1계층 요인	2계층 요인	이론적 근거
한국 김 산업의 글로벌 경쟁력 강화	강점개발 (S)	청정 고품질 원료(S1)	네오파트너즈, 매일경제TV(2018); Kim, et al.(2016); Park, et al.(2018)
		풍부한 영양과 뛰어난 식감(S2)	
		한류이미지 투영(S3)	
		유통 물류 및 간편식 개발 유리(S4)	
	약점극복 (W)	브랜드 파워 및 신제품개발능력(W1)	이춘수(2108); 네오파트너즈, 매일경제TV(2018); Kim, et al.(2016); ; Park, et al.(2018); Ock(2010)
		시장 마케팅 능력제고(W2)	
		글로벌 대표 식품회사 개발(W3)	
		정부의 규제 및 정책지원 (W4)	
	기회개발 (O)	한류 K-FOOD 열풍(O1)	네오파트너즈, 매일경제TV(2018)
		일본 식품산업의 쇠퇴(O2)	
		경제성장에 따른 고급식자재 수요증대(O3)	
		글로벌화에 따른 소비자의 기호식품 섭취인구증가(O4)	
	위협극복 (T)	다국적 식품회사의 진출(T1)	이춘수(2108); 네오파트너즈, 매일경제TV(2018); Park(2006)
		글로벌 경쟁심화(T2)	
		해양오염과 지구온난화(T3)	
		코로나19에 따른 경제침체 및 수요 감소(T4)	

사례 3-2 **농수산식품 수출 ZOOM IN 95호**

'22.2.28까지 농수산식품 수출 전년 동기 대비 20.6% 증가한 18.6억 달러

부류별

신선	가공	수산
6.6%, 224.4백만 달러	16.6%, 1,139.2백만 달러	52.7%, 496.1백만 달러
+ 유자, 배, 고추	+ 면류, 과자류, 음료, 소스류	+ 김, 참치, 명태, 고등어, 대구, 연어
— 김치, 인삼류, 딸기, 파프리카	— 인스탄트면, 생우유, 두부	— 미역, 전갱이, 어란, 톳

국가별

* 전년 동기 대비 증감률

	국가	동향	품목
	미국 296.5백만 달러 (23.4%↑)	K-Food에 대한 수요는 여전하나, 지속되는 물류난으로 수출 증가폭 둔화	∧ 배(111.1%), 유자(29.1%), 라면(24.6%), 음료(34.0%) ∨ 김치(△2.9%), 인삼류(△2.7%), 참치(△15.6%)
	중국 300.7백만 달러 (29.0%↑)	해외생산기업 등록 지연 등으로 감소세 지속되나 인삼, 유자 등 신선식품 회복세	∧ 명태(17,136.0%), 유자(41.0%), 음료(14.4%) ∨ 인삼류(△48.8%), 라면(△6.4%)
	신남방 **(아세안+인도)** 403.1백만 달러 (14.0%↑)	베트남 통관 정상화로 증가세로 전환, 가공식품은 음료, 라면 등 고른 증가세 유지	∧ 참치(2.2%), 음료(9.0%), 라면(30.5%), 포도(5.1%) ∨ 딸기(4.3%), 인삼류(9.3%)
	일본 280.1백만 달러 (3.2%↑)	소비침체 및 연초류의 감소세 지속에도 불구, 식초, 소스류 등 가공식품 소비 증가세	∧ 식초(123.0%), 인삼류(34.0%), 소스류(38.8%) ∨ 김치(△39.5%), 라면(△3.5%), 참치(△15.3%)
	EU+영국 142.2백만 달러 (68.4%↑)	라면 감소 지속되고 있으나, 봉쇄 완화에 따른 소비 회복으로 음료, 김치, 과실류 등 호조	∧ 음료(65.2%), 김치(30.4%), 과실류(83.7%) ∨ 라면(△12.3%), 대구(△44.9%)

: 15% 이상 / : 5~15% / : 0~5% / : 0~△5% / : △5~△15% / : △15% 이하

출처: https://www.kati.net/board/overseasMarketCustomizedRptList.do?menu_dept3=51

그림 3-18 **김 제품경쟁력 매트릭스**

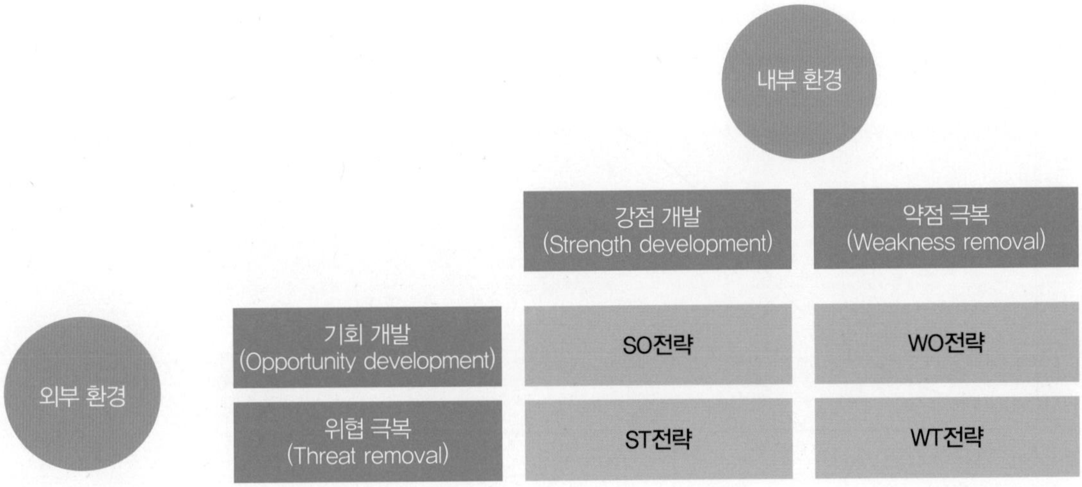

SWOT/AHP 요인들을 바탕으로 한국 김 제품경쟁력 매트릭스와 같은 4가지 대응방안 전략들을 제시해 볼 수 있다.

첫째, SO전략으로 고품질 원료를 통한 한류 K-Food 열풍을 이용한 강점과 기회 활용전략이다. 둘째, WO전략으로 브랜드파워구축을 통한 글로벌화에 따른 소비자기호 확산기회 활용전략이다. 셋째, ST전략으로 물류 및 유통 강점을 활용한 글로벌 경쟁 심화 극복 전략이다. 넷째, WT전략으로 글로벌 대표식품업체 육성을 통한 다국적 식품회사에 대한 경쟁 전략을 제시해 볼 수 있다.

2. 제품수명주기

1 제품수명주기의 개념

제품도 인간과 마찬가지로 활동무대인 시장에 처음 진출해서 사라질 때까지 일정한 수명을 갖고 있다. 제품수명주기(Product Life Cycle)란 하나의 제품이 신제품으로 개발되어 처음 시장에 알려져 판매되기 시작한 후 시간이 경과함에 따라 매출액 및 변화침투율이 변화되어 가는 과정을 나타낸 시장성장 과정이라고 할 수 있다.

제품수명주기는 제품이 시장에 처음 소개되는 도입기(introduction), 판매량이 급속히 증대되는 성장기(growth), 매출액증대가 정체되는 성숙기(maturity), 대체상품의 출현 등으로 시장수요가 감퇴되는 쇠퇴기(decline) 등 네 단계로 구분하는 것이 일반적이다. 제품수명주기는 정확하게 예측하기 어렵지만, 대개는 [그림 3-19]와 같이 S자형의 모양을 나타낸다.

그림 3-19 **제품수명주기**

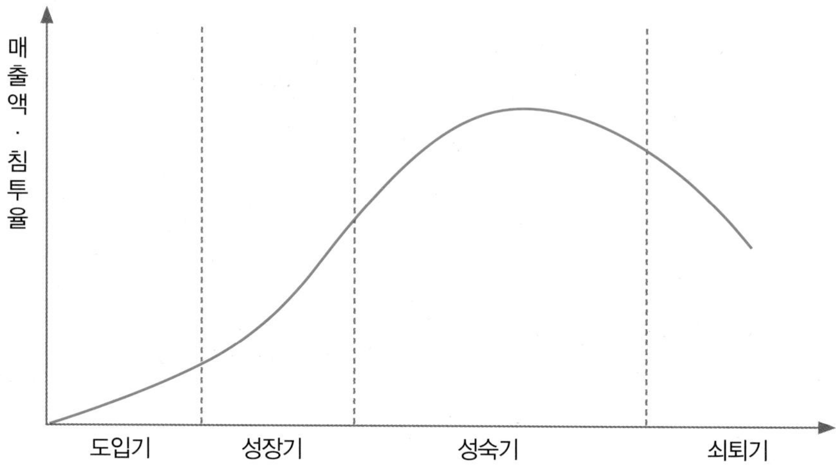

각 수명주기단계별 특성을 간략하게 살펴보면 다음과 같다.

- **도입기**

  제품이 처음으로 시장에 진출하는 단계로서, 매출액증가율이 저조하며 제품실패의 확률이 높다. 이 단계에서는 소비자가 제품에 대한 정확한 정보를 입수하기 어려운데다가, 유통망도 정비되지 않은 상태이므로 이익은 기대하기 어렵다. 따라서 도입기에는 경쟁이 전무 혹은 미미한 상태를 유지한다.

- **성장기**

  기존고객의 반복구매와 새로운 고객의 구매활동으로 인한 급속한 매출증대로 이익이 늘어나는 단계이다. 그러나 성장기 후반에는 많은 경쟁기업들이 시장에 참여함으로써 경쟁적인 가격인하와 촉진비용의 증가로 이익이 점차 감소된다.

- **성숙기**

  대부분의 잠재고객이 제품을 구매하여 매출액증가율이 정체되는 단계이다. 또 이 단계에서는 자사의 제품을 치열한 경쟁에서 보호하기 위한 마케팅비용이 늘어나기 때문에 이익은 정체되거나 하락한다.

- **쇠퇴기**

  매출액과 이익이 급속하게 감소하는 단계로서, 제품을 시장에서 철수시키려는 기업의 수가 늘어난다.

제품수명주기는 판매예측수단으로서 제품의 성장전망을 검토할 수 있는 도구로 활용할 수 있을 뿐만 아니라 마케팅전략을 수립하는 데 매우 유용한 개념이다. 그러나 급속한 기술 발전속도는 이러한 수명주기 개념에 수정을 요구하기도 한다. 예를 들면, 한때 쇠퇴기에 접어든 제품으로 인식된 피아노산업은 전자기술을 접합시킨 디지털피아노의 탄생으로 새로운 성장기를 구가하고 있다.

2 국제제품수명주기이론

제품수명주기의 개념을 국제적인 차원으로 확대한 국제제품수명주기이론은 각국의 기술 및 소득수준의 차이와 제품의 시장국별 도입시기의 차이에 근거하여 특정 제품의 국제무역 패턴과 해외생산입지의 변화 과정을 설명하고 있다.

버논(Vernon, R.)에 따르면 신제품이 최초로 개발되어 시장에 도입되고 판매되는 나라는 소득수준이 높고 연구개발요소가 풍부한 미국과 같은 선진국이 될 가능성이 높다. 그 이유는 소득수준이 높은 시장은 시장잠재력이 클 뿐만 아니라, 제품수명주기의 초기단계에서는 제품의 디자인이나 성능을 고객에 적합하도록 신속하고 완벽하게 수정 · 적응시키기 위해서 생산설비를 시장에 가까운 곳에 입지시키는 것이 유리하기 때문이다. 따라서 모든 제품들은 당해 제품이 판매되는 시장에서 가장 먼저 생산되는 것이 보통이다. 그리고 이러한 신제품은 점차 다른 나라에도 알려짐으로써 수출이 이루어지게 된다.

그러나 제품이 성장기에 접어들어 기술이 확산되면 비교적 소득수준이 높은 기타 선진국의 기업은 수입을 대체할 제품생산의 가능성을 모색하게 되고, 나아가서는 관세 및 비관세 장벽을 강화하여 자체생산을 시작하게 된다. 이러한 시점에 이르게 되면 최초의 제품개발국 기업은 국내시장에서의 치열한 경쟁을 피하고 기존의 수출시장을 방어하기 위한 해외 생산에 나서게 된다.

그리고 성숙기에 들어서면 기술은 완전히 표준화되어 기술상의 우위는 없어지고, 풍부한 노동력을 갖고 있는 저임금국으로 제품생산의 비교우위가 이전되어 기타 선진국 또는 후진국에서 최초개발국으로 역수출된다. 이와 같이 제품의 표준화단계에 이르게 되면 한때의 독점적 우위는 거의 사라져 버리고, 본국시장에서마저 치열한 경쟁에 직면하게 된 선진국의 기업은 앞다투어 임금이 낮은 후진국으로 생산시설을 이전하게 된다.

이러한 국제제품수명주기의 각 단계에서 도입기에는 신기술 및 신제품이 경쟁력의 척도가 된다. 또한 성장기에는 규모의 경제, 공정기술의 개선 및 경영능력의 제고가 기업의 사활을 좌우하는 중요한 요인이 되며, 성숙기 제품의 경우에는 경쟁의 초점이 누가 조금이라도 더 싸게 생산할 수 있는가 혹은 어떻게 자사 제품을 차별화할 수 있는가로 집중된다.

그림 3-20 **국제 제품수명주기**

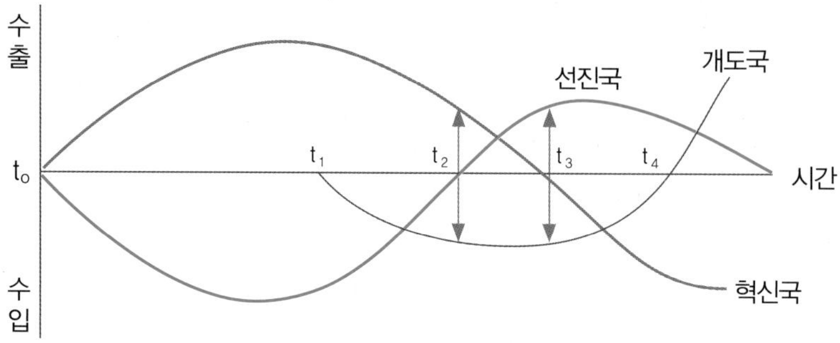

주 t_0: 선진국 수입
t_1: 개도국 수입
t_2: 선진국 수출개시
t_3: 신제품 개발국 수입개시
t_4: 개도국 수출개시

3 국제제품수명주기의 전략적 유용성과 한계

국제마케팅 담당자에게 국제제품수명주기는 다음과 같은 점에서 특히 유용하게 활용될 수 있다.

- **새로운 시장기회의 포착**

  아무리 동일한 제품이라도 모든 국가에서 제품수명주기는 같지 않기 때문에, 그러한 점을 이용하여 제품수명주기의 단계가 앞선 국가에서 처진 국가로 특정 제품을 이전시키는 것이 가능하므로 새로운 시장기회를 포착하는 데 유용하다.

- **시장세분화의 기준**

  특정 제품의 수명주기단계가 유사한 국가들을 하나의 세분시장으로 묶어 표준화된 마케팅전략을 수행할 수 있다.

- **신제품개발시기 포착**

  특정 제품의 세계시장국별 수명주기를 파악하여 기존제품의 시장철수시기와 신제품개발의 적정시기를 결정할 수 있다.

그러나 국제제품수명주기에 따른 국제무역 및 해외투자 패턴은 해외시장수요의 증가율, 제품의 특성, 기술의 전파속도, 특허의 유효기간, 규모의 경제 및 경험효과 등 여러 가지 요인에 따라 다양한 형태를 지니기 때문에 제품수명주기를 국제마케팅전략에 적용하는 데에는 상당한 주의가 요구된다.

실제로 범세계적인 관점에서 연구개발, 생산, 마케팅활동을 수행하는 다국적기업은 제품 수명주기를 크게 단축시키거나 아주 무의미하게 만들 수도 있다. 또한 커뮤니케이션 혁명 등에서 비롯된 근래의 세계시장에서 벌어지고 있는 일련의 변화는 국제제품수명주기의 적용가능성에 명백한 한계를 노출시키고 있다. 즉, 특정 제품이 국내시장에서 포화단계에 이르는 시기와 여타의 수출시장에서 포화단계에 이르는 시기와의 차이가 점점 좁아지고 있으며, 전반적인 제품수명주기도 갈수록 짧아지고 있다.

Section 03

국제경쟁환경

국가의 수준에서 경쟁우위의 원천을 상세히 분석함으로써 경쟁국과 비교하여 자국의 강점과 약점이 구체적으로 어디에서 비롯되는지 찾아낼 수 있다.

1. 국가경쟁우위

국가경쟁력의 원천에 관해서는 국제무역론에서 주로 다루어져 왔는데, 헥셔(Heckscher, E. P.)와 오린(Ohlin, B.)은 요소부존량의 상대적 차이를, 레온티에프(Leontief, W.)는 생산요소의 질적 차이를, 린더(Linder, S. B.)는 국내수요조건을 비교우위의 결정요인으로 파악하였다. 이 밖에 비교우위의 결정요인으로 정부의 역할, 연관산업의 발달 정도, 지리적 및 심리적 거리, 국가의 크기 등이 중요시되어 왔다.

그림 3-21 **국가경쟁우위 결정요인 체계**

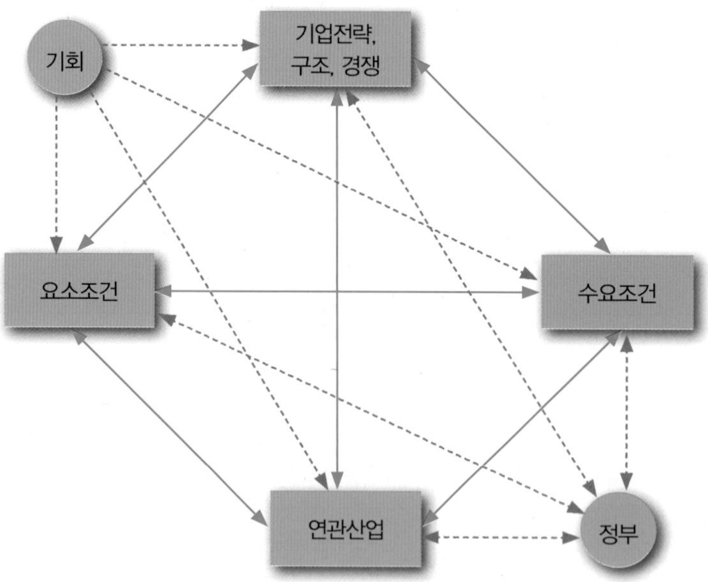

포터(Porter, M. E.) 교수는 [그림 3-21]에서 보는 바와 같이 국가의 경쟁우위 결정요인으로서 요소

조건, 수요조건, 관련산업과 보조산업, 기업전략 · 구조 · 경쟁관계 등 네 가지의 기본 요소와 이러한 요소를 효과적으로 활용하기 위한 변화주체로서 정부의 역할과 기회의 역할을 들고 있다. 다음에서는 국가의 경쟁우위를 결정하는 이들 요인들을 간략히 살펴보기로 한다.

1 요소조건

포터(Porter, M. E.)는 Heckscher-Ohlin 모형에서의 자원부존도 개념을 보다 확장하여 기본적인 생산요소와 후천적인 생산요소로 구분하였다. 기본적인 요소는 천연자원, 기후, 위치 등 역사적으로 주어진 여건으로 이해하였다. 반면, 후천적인 요소는 통신시설, 숙련노동시설, 연구시설, 기술적인 노하우 등의 사회간접자본 변수 등으로 설명하면서 국가경쟁력에는 이러한 후천적 요인이 더욱 중요하다고 강조하였다.

2 수요조건

포터(Porter, M. E.)는 국내수요조건이 경쟁우위를 결정하는 중요한 요인으로 파악하였다. 만일 국내 소비자가 까다롭고 품질에 대한 기대수준이 높을수록 기업은 기술혁신을 가속화하게 되는 결과를 가져온다고 주장하였다. 예를 들어, 까다로운 일본과 북유럽 3국의 소비자가 캐논, 니콘같이 경쟁력 있는 세계적인 카메라회사와 노키아, 에릭슨 같은 휴대폰 제조 회사를 탄생시켰다고 볼 수 있다. 그리고 최근에는 새로운 기능을 끊임없이 추구하는 한국의 소비자가 한국의 휴대폰 제조회사의 기술경쟁력에 크게 기여하고 있다.

3 연관산업

국가경쟁우위의 세 번째 결정요인은 국제적으로 경쟁력 있는 연관산업이 국내에 존재하는 것이다. 국내의 관련산업이나 보조산업들이 긴밀히 관계를 가지며 생산할 때 공급자와 최종소비자가 서로 가까이 위치함으로써 의사전달이 쉽고 정보가 빨리 흐르게 되며 아이디어와 혁신이 항상 교환될 수 있다는 이점을 갖게 된다.

실제로 많은 경우 관련 및 보조산업의 경쟁력 여부가 특정 산업의 경쟁력을 결정짓는다. 예를 들어, 이태리의 의류산업의 발전은 디자인과 염색산업에서의 기반이 큰 역할을 하였고, 일본의 전자산업의 발전도 일본 반도체산업의 뒷받침이 큰 힘이 되었다. 한국에서도 조선이나 자동차산업의 발전에 철강산업이 기여한 바가 크다. 마찬가지로 한국의 게임산업 경쟁력이 크게 증가된 것은 높은 인터넷 네트워크 보급률이 기여하였다.

4 기업의 전략 · 구조 · 경쟁

기업요인도 경쟁력의 주요 결정요인이다. 기업의 전략 및 조직은 국가에 따라 매우 다양하지만, 이것 자체가 국가경쟁력의 원천이라기보다는 오히려 기업의 전략과 조직이 국가특성에 적합할 때 국가경쟁력의 원천이 된다고 볼 수 있다.

한편 본국시장에서의 경쟁구조는 기업의 기술혁신 과정과 해외시장에서의 궁극적인 성공에 매우 중요한 역할을 담당한다. 국내시장에서의 치열한 경쟁은 기업으로 하여금 원가절감, 제품과 공정의 혁신, 품질 및 서비스개선 그리고 해외시장개척 등 기업의 경쟁력 혁신을 촉진하는 결과를 가져온다.

5 정부의 역할

국가경쟁우위에서 정부의 역할은 앞에서 살펴본 네 가지 결정요인에 영향을 미친다. 정부는 각각의 결정요인에 긍정적 혹은 부정적으로 영향을 주거나 이들 요인에 따라 영향을 받기도 한다. 예를 들어, 요소조건은 정부보조금, 금융 및 교육정책 등에 영향을 받으며, 수요조건은 정부가 여러 가지 방식, 예를 들어 광고매체의 통제 혹은 보조서비스의 규제 등으로 관련 및 보조산업의 환경에도 영향을 미친다. 또한 정부는 자본시장규제, 조세 정책, 독점금지법 등을 통하여 기업의 전략 · 구조 · 경쟁관계에 영향을 미치기도 한다.

6 기회의 역할

마지막으로 고려할 수 있는 요인은 순수기회이다. 이는 성격상 단속적이며 예측 불가능한 변수이다. 예를 들면, 발명활동, 기술적 혁신, 석유파동, 환율변동, 수요폭발, 외국정부의 정책 변화, 전쟁 등 특정국의 기업이나 정부가 통제할 수 없는 것들이다. 그러므로 앞의 여러 요인들과 동등하게 그 역할에 대하여 언급할 수는 없으나, 특정 국가의 내외에서 발생한 우연적 기회가 경쟁력 강화에 큰 역할을 해온 것은 많은 사례를 통해 알 수 있다.

이상에서 살펴본 국가경쟁력의 결정요인들은 상호의존적이며 각각의 요인들은 개별적으로 혹은 몇 개의 요인들이 연합하여 국가경쟁우위의 원천으로서 작용하므로 이들 요인들 간의 상호작용을 포함한 전체 시스템을 이해하는 것이 국가경쟁력의 결정요인을 분석하는 데 더욱 중요하다 할 것이다.

사례 3-3 중국산에 침식되는 한국산 제품 지속 확대

한때 중국시장에서 인기가 높았던 삼성의 스마트폰과 현대의 자동차 등 한국 제품의 인기는 최근 지속해서 추락하고 있다. 그 배경에 고고도미사일방어시스템 '사드(THAAD)' 구축을 둘러싼 양국 간 대립의 영향이라는 견해가 강하지만, 자세히 들여다보면 중국산에 침식된 한국산 제품이 점점 늘고 있다는 사실을 통해 인기 하락의 원인을 찾을 수 있다. 중국 언론 진러터우타오는 최근 2017년 한해를 결산하며 "한국 제품이 중국 제품에 침식되고 있다."라는 제목의 기사를 통해 중국시장에서 고전하고 있는 한국 제품이 한국경제의 문제점을 통해 야기됐다고 주장했다. 기사는, 지금까지 한국 제조업의 호조세는 가장 큰 시장인 중국에서의 호조에 따른 것이라고 할 수 있다고 소개했다. 또한 2017년 양국 간 무역은 2016년에 비해 규모 면에서 여전히 증가했지만, 한국 제품이 중국에서 '냉대' 받게 된 것만은 틀림없는 사실이라고 전했다.

이어 올해 접어들어 스마트폰과 자동차 분야에서 한국 제품은 중국 업체에 압도적으로 밀렸으며, 그 밖에도 반도체, 디스플레이, 해운, 조선 등의 분야에서도 중국 업체에 따라잡히고 있다. 심지어 제너럴모터스 등 일부 자동차 제조사들은 한국산 대신 중국에서 제조된 전지를 선택하기도 했다는 사실을 예로 들어 그 원인을 꼬집었다. 사실 그동안 한국 브랜드가 중국시장에서 성공할 수 있었던 이유는 다른 합작 브랜드보다 '코스트 퍼포먼스(cost performance)'의 수준이 높았고, 디자인이 매력적이었기 때문이다. 그러나 지난 2년 동안 한국 브랜드의 디자인이나 성능에 대한 진전은 거의 없었다. 특히 중국 로컬 브랜드와 견주어서는 언급할 가치도 없을 정도다. 또한 사드 문제는 한국 제품 판매량이 격감하는 '계기'가 되었을 뿐 궁극적인 원인은 아니라는 사실을 은폐한 채, 중국정부의 제재에 대한 출혈임을 당연하게 여기는 안일한 태도가 한국 제품의 몰락을 이끌었다고 할 수 있다. 변명보다는 중국시장을 올바르게 바라볼 수 있는 혜안이 필요한 때다. 최근 한-중 관계 개선의 움직임이 일면서, 경제면에 좋은 영향이 될 것을 기대하는 한국인도 적지 않지만, 자신의 탓을 외부의 탓으로 치부하지 않고 내실을 다지는 것만이 궁극적인 해결 과제라는 사실을 직시해야 한다. 한국 제품 자체의 경쟁력 외에 중국 소비시장의 변화를 예측하고, 위안화 무역 결제를 통해 한국 제품에 대한 접근성을 높일 필요가 있다.

출처: 글로벌 이코노믹, 2017. 12. 29.

2. 산업의 경쟁구조

기업의 장기적인 수익률은 산업구조, 즉 산업 내 경쟁구조에 따라서 결정되기 때문에 국가수준 혹은 세계수준에서 특정 산업의 경쟁구조를 파악하는 것이 필요하다.

포터(Porter, M. E.)는 [그림 3-22]와 같은 산업구조분석의 틀에서 산업의 경쟁강도와 수익성을 결정짓는 요인으로 새로운 진출기업의 위협, 대체상품의 위협, 구매자들의 교섭력, 공급자들의 교섭력, 기존기업들 간의 경쟁 등 다섯 개의 경쟁요인을 들고 있다.

다섯 개 경쟁요인의 총체적인 힘은 산업구조에 기인하기 때문에 산업마다 다르며, 그 결과 산업에 따라 경쟁상태를 형성하는 주도적 요인들이 서로 다르게 나타난다. 경쟁요인을 심층적으로 분석하여 경쟁근원을 파악하게 되면 그 기업의 치명적인 강점과 약점을 명백하게 알 수 있고, 전략적 전환을 통해 최대의 성과를 거둘 수 있는 분야를 명확하게 찾아낼 수 있다.

이하에서는 다섯 개 경쟁요인들을 더 자세하게 살펴보기로 한다.

그림 3-22 **산업의 수익률을 결정하는 5개의 경쟁요인들**

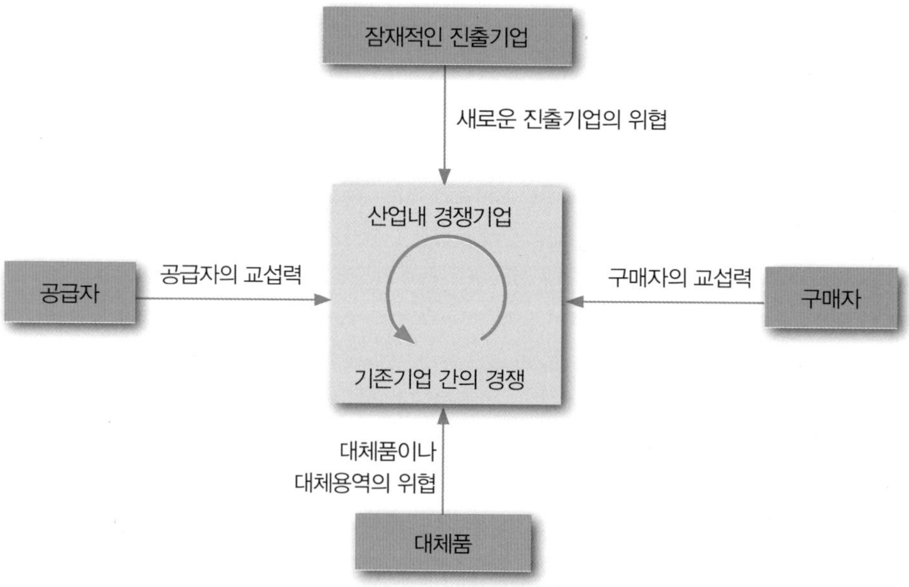

자료: M. E. Porter, Competitive Strategy: Techniques for Analyzing Industries and Competitors(The Free Press, 1998). p.4.

1 새로운 진출에 따른 위협

어느 산업에 신규기업이 진출할 때 이들은 상당한 자원을 갖고 새로운 시장을 확보하고자 하는데, 이때 해당산업에 내포된 진입장벽과 기존기업의 대응에 따라 새로운 진출에 따른 위협의 폭이 결정된다. 즉, 진입장벽이 높고 신규진출기업을 향한 기존기업의 보복적 대응이 강할 때는 신규진출로 인한 위협요인은 미약할 것이다. 진입장벽은 규모의 경제, 제품차별화, 소요자본, 교체비용, 유통경로에의 접근, 경험곡선, 정부의 인·허가제도, 독점적 생산기술(특허) 등이 있으며 이들이 클수록 신규진입이 억제된다.

한편 아래의 경우 신규진출기업을 향한 기존기업의 보복적 대응이 강력할 것으로 예상된다.

① 과거 진출기업에 혹독하게 보복을 가했을 경우

② 기존기업이 자원동원능력 및 공급자나 고객에 대한 영향력이 막강하고 잉여생산능력이 풍부한 경우

③ 기존기업이 해당 산업에 전력투구하기 위해 막대한 고정자산을 투입했을 경우

④ 진출대상산업의 성장속도가 완만한 경우 등이다.

2 기존경쟁기업들 간의 경쟁강도

기존경쟁자들 간의 경쟁은 흔히 유리한 위치를 차지하려는 입장에서 가격, 광고, 신제품 소개, 대고객 서비스 및 하자보증 등 여러 면에서 다양한 형태로 전개되고 있다. 경쟁기업의 수, 산업성장률, 고정비 규모, 제품차별화 정도, 경쟁전략의 상이성, 전략적 이해관계의 크기, 철수장벽 등의 요인에 따라 그 경쟁의 강도가 결정되고 있다. 예를 들면, 경쟁능력이 비슷한 기업이 많을수록, 산업의 성장률이 완만할수록, 고정비와 재고비가 클수록, 제품의 차별성이 희박하고 교체비용이 작을수록, 해당 산업에 대한 전략적 이해관계가 클수록, 철수장벽이 높을수록 경쟁은 보다 치열해진다.

3 대체상품의 압력

특정 산업에서 활동하고 있는 기업은 대체품을 생산하는 기업들과 넓은 의미에서 경쟁을 벌이고 있는 셈이다. 이는 대체품이 특정 산업의 수익을 잠재적으로 제한하기 때문이다. 따라서 자사 제품의 가격 및 효능 면에서 대체성이 계속 증가하거나 대체품 산업의 이윤이 높다면 반드시 대체품에 관심을 기울여야 한다. 예를 들면, 설탕제조업자는 옥수수시럽과, 섬유유리단열재 생산업자는 스티로폼과, 경비용역산업은 전자경보장치와 경쟁이 치열하기 때문에 수익률증가에 제약을 받는다. 실제로 유리병제조업체들은 그들 시장의 많은 부분을 종이팩업체에 내줘야만 했다.

4 구매자의 교섭력

구매자들은 가격인하, 품질향상 및 서비스 증대를 요구하거나 또는 경쟁기업들을 서로 대립시켜 이득을 보는 행위 등으로 구매대상기업과 경쟁을 하고 그 산업의 수익성을 감소시키는 결과를 가져오기 때문에 구매자의 교섭력은 주요한 경쟁요인이 되고 있다.

일반적으로 구매량의 규모, 제품차별화 정도와 교체비용의 크기, 후방통합의 가능성, 구매정보량 등의 요인에 따라서 구매자의 교섭력은 결정되고 있다. 구매자들이 아래와 같은 여건을 갖추고 있다면 그 교섭력은 강력하다고 할 수 있다.

① 집중적인 구매를 하거나 또는 매도자의 판매량 중에서 상당량을 차지한다.

② 구매제품이 구매자의 코스트나 구매비의 상당 부분을 차지한다.

③ 구매제품이 규격화되어 있거나 차별화가 거의 되어 있지 않다.

④ 교체비용이 거의 들지 않는다.

⑤ 구매자의 이윤율이 낮다.

⑥ 구매자가 후방통합을 위협수단으로 이용한다.

⑦ 구매제품이 구매자들의 제품이나 서비스의 품질에 별다른 영향을 미치지 못한다.

⑧ 구매자들이 자세한 구매 관련 정보를 갖고 있다.

5 공급자의 교섭력

공급자는 특정 산업에서 활동하는 기업에 공급중단, 가격인상 또는 공급제품의 품질저하 등의 위협을 통해 교섭력을 활용할 수 있기 때문에 주요한 경쟁요인이 된다. 공급자의 교섭력이 강력해지는 경우는 구매자의 교섭력이 강력해지는 상황과 대체로 유사하다. 즉, 공급과점 정도, 대체품 여부, 공급품의 중요성, 차별화 정도, 전방통합 가능성 등의 요인에 따라서 공급자 교섭력이 결정된다.

Section 04

경쟁기업분석

1. 경쟁회사분석

독점기업이 아닌 이상 시장에 진출하고자 하는 기업은 항상 경쟁상대가 있기 마련이다. 따라서 기업이 시장의 사업기회를 평가할 때 경쟁상대의 특성을 분석하는 것은 필수적인 과정이다. 경쟁자에 대한 분석은 주로 다음과 같은 면에서 집중적으로 이루어진다.

1 경쟁기업특성

경쟁자의 분석은 통계적인 방법보다는 시장 내에서 그들의 행동과 태도를 파악하여 본질적인 특성을 이해하는 것이 중요하다.

❶ 회사연혁

기업은 경쟁자를 분석할 때 기본적으로 경쟁기업의 회사연혁에 대한 정밀한 분석이 필요하다. 왜냐하면 회사연혁을 통해서 좁게는 경쟁기업의 국적, 즉 경쟁기업이 다양한 국가에서 사업을 영위하는 다국적기업인지 아니면 현지시장에서만 활동하는 현지기업인지를 판단할 수 있다.

또한 사업 확장영역을 관찰함으로써 그들이 핵심 역량이 무엇인지 알 수 있으며, 그들이 특정 사업활동 및 지역에만 주력하는지 혹은 다각화를 통해 다양한 사업을 영위하는지를 파악할 수 있다. 그리고 넓게는 회사연혁을 통해 경쟁기업의 사업활동지역과 사업영역의 관련성을 파악하여 그들의 향후 진출지역이나 사업전략의 방향성을 예견하여 이에 대응하는 전략을 구사할 수 있다.

❷ 생산 및 판매 규모

신규진출기업에 대한 경쟁기업들의 대응능력은 그들의 규모에 따라 달라진다. 따라서 신규진출기업은 경쟁기업의 생산 및 판매의 규모를 파악해야 한다.

생산 및 판매 규모의 파악은 그들이 현지시장에서의 위치를 가늠할 수 있으며, 고객이 경쟁기업을 얼마나 선호하는지, 그들이 얼마나 시장을 점유하고 있는지를 간접적으로 판단할 수 있다. 또한 경쟁기업들의 생산 및 판매에 대한 과거에서 현재까지의 추이를 비교 · 분석함으로써 해당 시장에서의 잠재 능력을 보유한 기업과 쇠퇴하는 기업이 누구인지를 파악할 수 있다.

❸ 수출입현황

경쟁기업이 다국적기업인 경우 그들의 수출입현황을 분석해야 한다. 수출의 지역적 현황 분석을 통해서 경쟁기업이 어떠한 특정 지역에서 사업을 주력하는지, 즉 경쟁기업의 목표 시장을 파악할 수 있다.

또한 수출품목별로 수출현황의 추이를 조사함으로써 경쟁기업들이 현재 주력하는 사업 영역은 무엇인지, 혹은 그들의 사업의 방향성은 무엇인지를 간접적으로 파악할 수 있다.

❹ 산업설비가동률

설비가동률은 생산시설의 유휴상태를 나타내준다. 설비가동률이 낮은 산업에 신규기업이 진출할 경우 기존경쟁기업들은 생존의 차원에서 담합이나 가격경쟁 등으로 적극 대응할 가능성이 높다. 반면, 설비가동률이 높은 산업의 경우 신규진출기업에 대한 기존경쟁자들의 대응 정도는 상대적으로 약한 편이다. 그런데 대부분의 산업에서는 과잉설비로 인해 설비가동률이 낮은 것이 일반적이므로 해외시장에 진출하고자 하는 기업은 경쟁자들의 반발을 예상해야 한다.

다국적기업은 기업규모가 크기 때문에 경제를 통한 경쟁우위원천이 강하며, 다양한 자원들에 대한 접근능력이 뛰어나고 특정 국가에서의 경험이나 축적된 기술을 다른 국가에도 활용할 수 있다. 반면, 현지기업은 다국적기업에 비해 현지 정부의 차별적인 우대조치 및 세분화된 니치시장에서의 수요 변화에 탄력적으로 대응할 수 있다는 장점을 가지고 있다.

2 경쟁자의 전략

범세계적인 경쟁산업에서는 경쟁기업들이 여러 시장에서 자주 직면하게 된다. 그러므로 국제기업의 경영진은 새로운 시장에서 자주 경쟁하는 다른 국제기업이 또다시 경쟁상대로 등장할 경우 그들의 일반적인 특성과 능력을 쉽게 탐지할 수 있다. 예를 들면, 한 시장에서 특정한 기술능력을 보유한 기업은 아마 다른 시장에서도 같은 기술적 능력을 경쟁우위요소로 내세우려고 할 것이다. 따라서 해외시장에 진출하고자 하는 기업은 경쟁상대가 다른 시장에서 어떠한 전략을 수행했는지 혹은 그들 기업의 경영목표는 무엇인지 등을 분석하는 것이 바람직하다.

그림 3-23 **3개 경쟁자의 범세계적 전략 사용 정도**

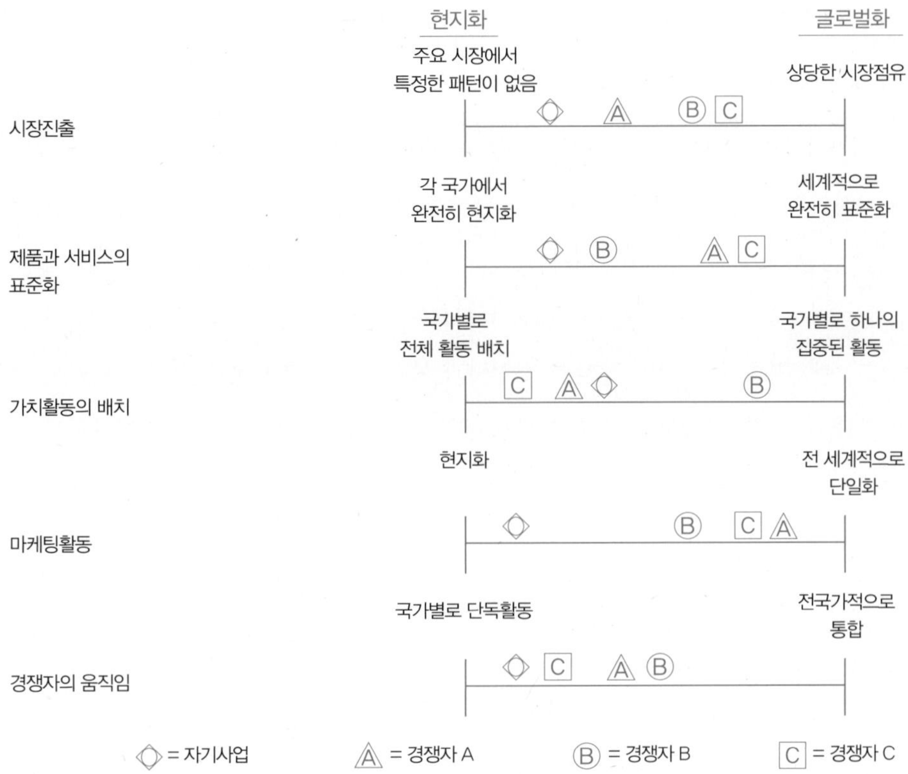

자료: G. Yip, Total Global Strategy II (Prentice-Hall, 2006).

[그림 3-23]은 시장진출과 제품과 서비스의 표준화, 가치활동의 배치, 마케팅활동, 경쟁자의 움직임의 5가지 범세계적 전략수단의 사용을 현지화전략에 따라 3개 주요 경쟁자들을 포지셔닝해 놓은 것이다. 여기서 현지화전략(localization)이란 해외현지시장의 특성에 맞게 전략을 적응시키는 것을 말하고, 글로벌전략(globalization)이란 전 세계적으로 전략을 표준화시키는 것을 의미한다.

3 경쟁기업의 성과

경쟁자의 성과분석은 신규진출기업에 대한 그들의 성공적인 대응능력과 경쟁력을 이해하는 데 중요하다. 경쟁자의 성과를 측정하기 위해 널리 이용되는 지표는 다음의 세 가지를 들 수 있다.

❶ 시장점유율

시장점유율분석을 통해 특정 산업에서의 주도기업을 확인하고, 시간이 지남에 따라 주도기업의 변화를 추적할 수 있다. 해외시장의 진출을 원하는 기업은 특히 현지시장에서의 기존 외국기업의 시장점유율 분석을 통해 현지시장에서의 외국기업의 위치와 역할 변화를 평가할 수 있는 자료로 활용할 수 있다.

❷ 매출액증가율

매출액증가율분석은 기존경쟁기업의 절대적인 시장성과와 전략행태를 파악하는 것이 중요한데 주로 매출액의 안정성, 매출특화도, 지역집중도 등의 세 가지 측면에서 경쟁기업 간의 차이에 중점을 둔다.

매출액의 안정성이란 시간의 경과에 따른 기업의 매출액 변화 정도를 말하는 것으로, 동일한 시장의 산업에서도 특정 기업이 다른 경쟁기업들보다 안정적인 매출 패턴을 보이는 경우가 있다. 이러한 기존 경쟁기업 간의 매출 패턴 차이는 기술, 제품디자인 등의 전략변수에 관한 중요한 특성을 제공해 주므로 신규진출기업에는 매우 의미 있는 자료이다. 매출 특화도는 기업이 대상시장의 특정 하위시장에 특화하는 경향을 뜻하는데, 기존경쟁기업들의 내부적 전략과 목표에 관한 자료를 입수하기 어려운 신규진출기업은 이 지표를 통해 기존경쟁기업의 주요 목표 제품–시장을 유추할 수 있다. 지역특화도란 기업의 특정 지역에의 매출의존도를 말하는 것으로 신규진출기업은 이 지표를 통해 경쟁기업들이 중요시하는 지역을 확인할 수 있다.

❸ 수익성

경쟁기업의 수익성분석은 산업의 매력과 신규진출기업에 대한 기존경쟁기업의 대응능력 평가에 활용된다. 국제경영활동에서는 각국 시장 간에 물가수준, 금리, 감가상각에 관한 회계처리 방식 등의 차이가 있기 때문에 수익을 추정하는 데 어려움이 따르므로 절대적인 수익성의 비교는 바람직하지 못하다.

4 성공요인분석

동일산업 내에서 특정 기업이 다른 경쟁기업보다 운영 성과가 좋은 이유를 분석하는 것도 중요하다. 그런데 성공의 요소는 아무리 동일산업이라고 할지라도 모든 기업에서 같지 않으며, 기업의 규모에 따라 혹은 각국 시장에 따라 그리고 시간이 지남에 따라 달라진다. 예를 들어, 단지 두세 사람의 대규모 구매자들에게 지속적으로 제품의 대부분을 판매하고 있는 산업재 생산업자들의 경우 성공요인은 안정적인 대규모 고객확보라고 할 수 있다. 이외에도 기업의 성공요인은 약속된 시간에 제품인도가 이루어질 수 있는 유통채널의 확립, 24시간 이용할 수 있는 수리체계, 정부규제를 충족시킬 수 있는 능력 등 다양하다. 그러므로 새로운 시장의 경영환경을 평가할 때 기존경쟁기업들의 과거 경영성공을 근거로 하여, 그 시장에서의 성공과 관련 있는 요인들에 대한 분석이 면밀하게 이루어져야 한다. 또한 새로운 시장에 진출하고자 하는 국제기업은 목표시장에서 다른 기업보다 경영 성과가 높은 기업이 환경 변화에 어떻게 대응해 나가는가에 대한 분석을 시도함으로써 그들의 전략수립에 반영해야 한다.

2. 경쟁우위분석

1 원가우위분석

❶ 원가구조분석: 가치사슬의 활용

• 가치사슬의 개념

가치사슬(value chain)이란 가치를 창출하는 기업 내 모든 가치창출활동이 연결된 체계를 의미하는데, 가치사슬의 구성요소는 [그림 3-24]와 같이 나타낼 수 있다.

본원적 활동(primary activity)은 상품의 물리적 변화에 직접 관련된 기능을 수행하는 활동으로서 내부로지스틱스, 생산활동, 외부로지스틱스, 마케팅 및 판매, 서비스의 5개 활동으로 구분된다.

한편 보조활동(support activity)은 본원적 활동을 보조하는 활동으로서 기업하부구조, 인적자원관리, 기술개발, 조달의 4개 활동으로 구분된다. 이들 보조활동은 [그림 3-24]에서 볼 수 있듯이 본원적 활동의 각 단계에 걸쳐 영향을 미친다.

• 가치사슬과 원가구조분석

이와 같은 가치사슬은 경쟁우위분석을 위한 도구로 활용될 수 있다. 구체적으로 생산 과정의 각 부문에서 얼마만큼의 부가가치가 발생하는지 파악하고 타기업에 비하여 특히 높은 부가가치를 창출하는 핵심 부문을 찾아 낼 수 있다. 뿐만 아니라 부가가치 활동별로 주요 경쟁자의 원가를 비교 · 분석함으로써 가격경쟁력의 원천이 어느 부문에 있는지 알 수 있다.

그림 3-24 **가치사슬**

자료: M. E. Porter, Competitive Advantage (The Free Press, 1985). p.37.

❷ 원가동향분석: 경험곡선의 활용

경험곡선(experience curve)이란 기업의 경험이 증대함에 따라 단위비용이 감소하는 현상을 그림으로 표시한 것이다. 경험은 보통 누적생산량이나 시간으로 측정하여 X축으로 놓고 단위비용을 Y축으로 놓으면 경험곡선은 우하향하는 곡선의 모양을 가진다.

경험의 증대로 인한 원가절감효과를 경험효과라 하는데, 경험곡선의 기울기가 가파를수록 경험효과가 크다고 할 수 있다. 보통 기존에 1단위당 생산비용을 100%라고 할 경우 누적생산량이 두 배가 될 때 1단위당 생산비용이 X퍼센트 수준으로 감소되었다면 이러한 경험곡선을 X퍼센트인 경험곡선이라 한다.

[그림 3-25]는 기울기가 다른 네 개의 경험곡선을 보여 주고 있다. 영국의 산업용 플라스틱제품의 경우 75% 경험곡선을 나타내고 있는데 이것은 누적생산량이 2배가 될 때 단위당 생산비용이 25% 절감된다는 것을 의미한다. [그림 3-25]의 네 개의 경험곡선 중에서는 미국전자부품의 경험효과가 30%로 가장 크다는 것을 알 수 있다.

그림 3-25 **경험곡선의 예**

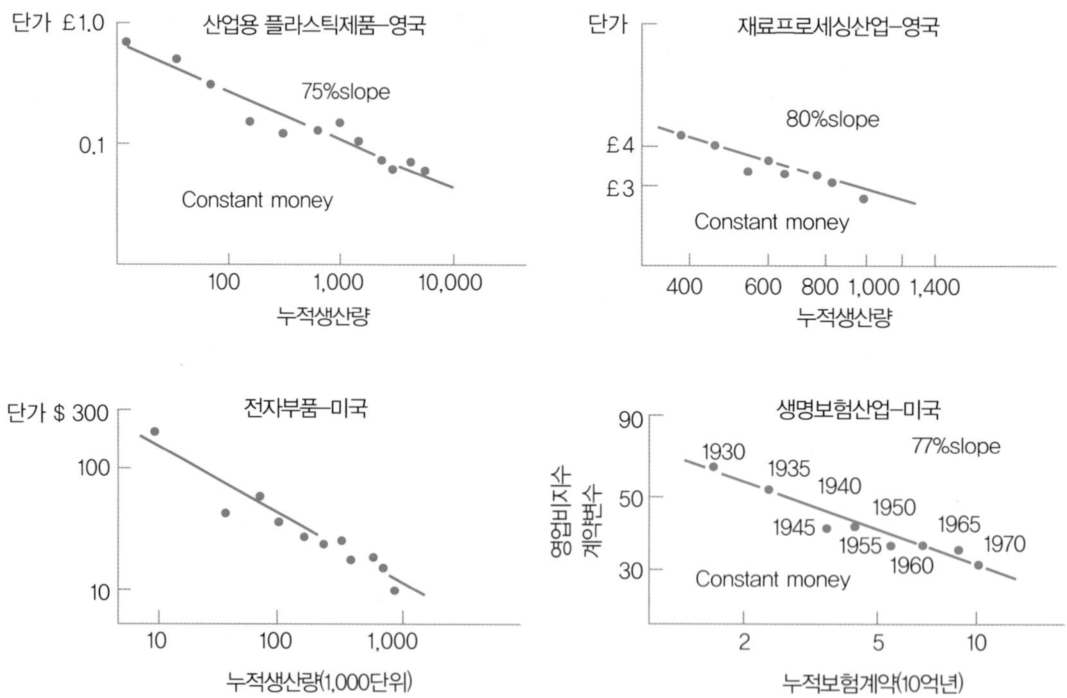

자료: M. E. Porter, Competitive Advantage(The Free Press, 1985).

경험효과는 학습, 전문화, 기술진보, 규모의 경제효과, 공장합리화, 조직의 개선 등에 따라 발생된다. 이러한 경험효과의 원천은 산업 및 국가에 따라 다를 수 있으므로 경험효과의 크기 역시 산업별 · 국별 · 기업별로 달라질 수 있다는 점에 유의해야 한다.

경험곡선이 시사하는 바는, 첫째 기업은 경쟁자보다 경험을 많이 쌓을수록 원가우위를 유지할 수 있다는 것이다. 둘째, 경쟁자보다 빨리 경험을 축적하기 위하여 시장점유율 확대가 매우 중요하다는 사실이다. 셋째, 경험곡선은 원가에 활용될 수 있다는 점이다. 이러한 예측치는 원가절감운동의 목표설정 및 전략수행에 도움을 줄 뿐만 아니라 현재원가보다는 미래원가에 기초한 가격책정을 가능하도록 하여 준다.

따라서 기업 및 경쟁자의 원가분석은 반드시 경험곡선을 고려한 동태적 · 장기적 분석이어야 한다는 것을 알 수 있다.

2 차별적 우위의 분석 : 핵심 성공요인분석

경쟁우위의 분석은 특정 시장 또는 산업에서의 핵심 성공요인과 함께 각각의 핵심 성공요인에서 경쟁기업 대비 차별적 강점과 약점을 동시에 고려하는 것이 중요하다.

여기에서 핵심 성공요인이라고 할 수 있는 핵심 역량이란 시장에서의 경쟁우위요소를 의미하기 때문에 최대경쟁사 대비 자사의 상대적인 내부역량이 어느 정도인지 파악하는 것이 매우 중요하다. 따라서 기업은 먼저 핵심 역량이 과연 어디에 있는지 확인하기 위해서 자사 비즈니스 시스템의 각 요소에 대한 심층적인 분석이 필요하다.

[그림 3-26]에서 보는 바와 같이 기업의 내부역량을 구성하고 있는 많은 요소들을 몇 가지의 핵심 역량으로 분류해 낼 수 있다. 즉, 기술력 또는 R&D능력, 생산력, 유통능력, 마케팅능력, 원가경쟁력, 기업 또는 브랜드 이미지 등의 핵심 역량은 기업전략의 기초를 제공할 수 있다.

그림 3-26 **주요 핵심 역량의 원천과 핵심 역량 유형**

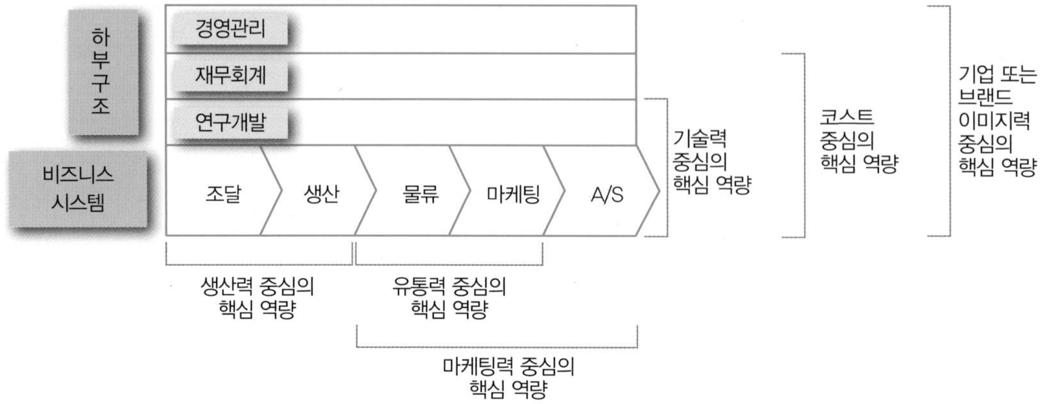

주요 용어

국별 투자환경평가	수요조건	브랜드 파워
상품시장기회평가	관련산업	경쟁우위분석
제품수명주기	보조산업	가치사슬
국제제품수명주기이론	경쟁구조	원가동향분석
국제경쟁환경	독점적 자산	차별우위분석
국가경쟁우위	고객평가	
요소조건	경쟁기업분석	

연습문제

01 국별 투자환경 평가의 필요성을 논하시오.

02 국제경쟁력을 체계적으로 분석하기 위한 개념적 틀을 제시하고 이를 구성하고 있는 요소들에 대하여 설명하시오.

03 기업경쟁우위의 원천에 대하여 논하시오.

04 가치사슬의 개념을 설명하고 이를 원가경쟁력분석에 어떻게 활용할 수 있는가에 대하여 논하시오.

05 경쟁구조분석의 틀을 제시하고 한국의 한 산업을 선택하고 이를 적용하여 산업구조를 분석하시오(그룹과제).

해외고객 행동분석

CASE STUDY 중국자동차 소비자분석

Chapter

04

Chapter

04

해외고객 행동분석

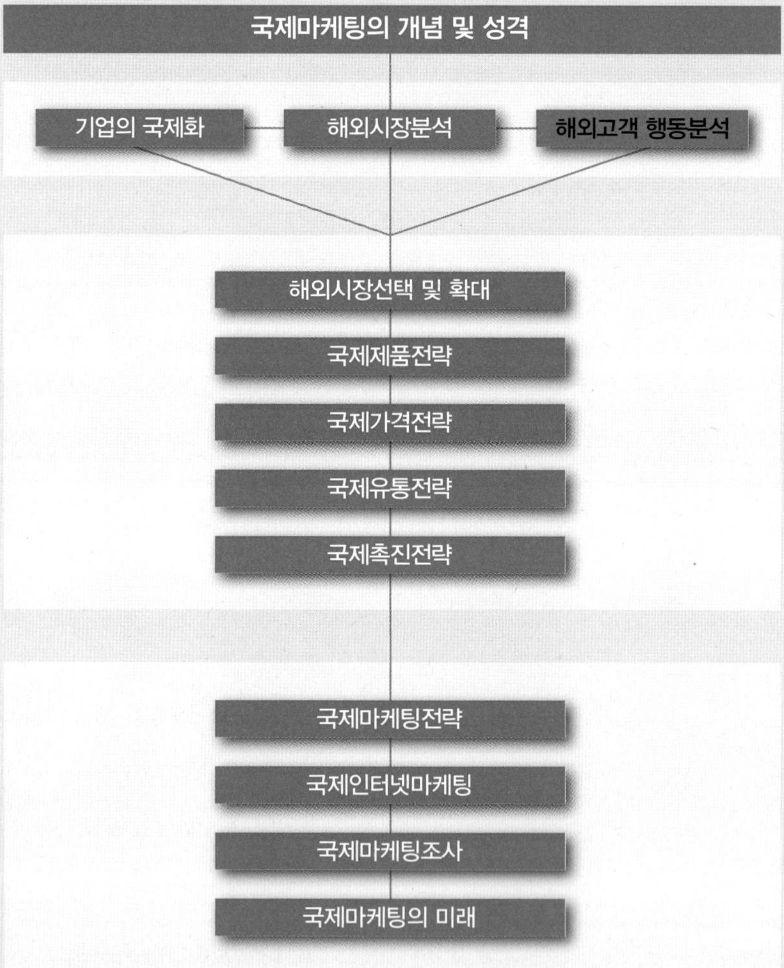

CASE STUDY 중국자동차 소비자분석

중국의 자동차 소비자

중국 소비자는 어떠한 특성을 가지고 있을까? 우선 중국 소비자에겐 아직 자동차 관련 경험이 적다. 이에 따라 자동차에 대한 인식수준이 〈그림 1〉에서 보는 바와 같이 아직 낮은 편이라고 할 수 있다. 그러나 정보통신의 발달과 글로벌화 그리고 중국시장 자체 내에서의 Motorization이 진행됨에 따라 이는 빠르게 발달할 것으로 판단된다.

그림 1 국가별 Motorization 정도 및 소비자의 특징

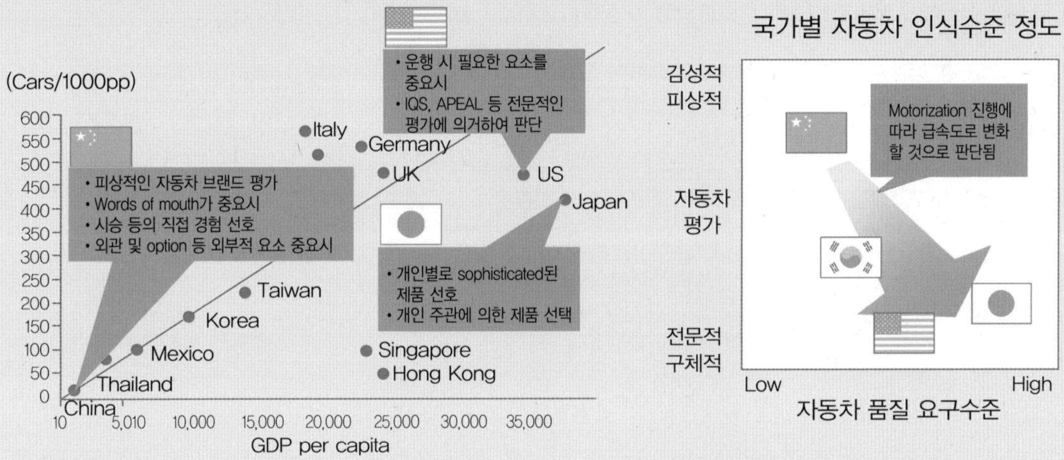

자료: China Statistic, Yearbook.

중국 소비자의 특징을 더욱 자세히 살펴보면 〈그림 1〉에서 보이듯 메이커에 대한 평가가 피상적으로 이루어지고 인지도가 높은 브랜드는 모든 속성이 좋다고 판단하는 경향이 있다. 그뿐만 아니라 중국 소비자는 구전(Words of Mouth)의 영향을 많이 받기 때문에 주변에 자동차에 대한 지식이 있다고 판단되는 사람들에게 조언을 요청한다. 판단의 근거가 될 수 있는 객관적 · 공식적인 지표가 없어 본인이 판단할 수 없는 부분에 대해 조언을 요청하고 외관은 본인이 판단하되 성능 및 품질에 대해서는 경험자의 의견을 경청한다. 그러므로 중국 소비자에게는 브랜드 인지도를 높이고 좋은 이미지로 자리매김하는 것이 매우 중요한 요소로 작용한다.

또한 브랜드를 자동차 메이커보다 원산지(country of origin)의 이미지로 파악하고 있다. 중국시장 진입 당시 한국 브랜드는 일본의 기술을 모방하였으나 품질이 떨어지고, A/S가 약한 것으로 인식되고 있어 이것이 장애물로 작용할 수 있다.

〈그림 2〉에서 보는 바와 같이 중국 소비자의 일반적 소비행태는 금융시스템의 미성숙 및 경제사회의 불확실성으로 인하여 신용구매가 거의 없고 저축성향이 매우 높은 보수적이고 신중한 소비행태를 보인다는 것이다. 또한 평등지향적인 사회체제 및 체면을 중시하는 오랜 성향으로 인하여 타인의 소비를 따라 하면서도 먼저 과시하려는 행태를 보인다.

또한 위에서 밝혔듯이 사회에 만연한 불공정거래 행위로 인하여 중국 소비자는 지인들의 소비 경험이나 추천에 의존하는 경향이 강하다.

그림 2 중국 소비자의 일반적 소비행태

소비행태	keyword
1) 극단적 위험회피 성향 → 저축성향 大(금융시스템 부족) → 매우 꼼꼼하게 따져보는 소비행태. 고가의 내구재의 경우에는 여러 가족 구성원의 협력으로 구매해야 하기에 더욱 신중	현금, 신중
2) 평균주의(사회주의체제 잔재) 문화와 경쟁적 소비 → 빈부 격차에 대한 불만, 강한 경쟁 심리 3) 체면중시와 현시(show-off) 소비	과시적 수렴
4) 불신문화와 탐문소비 → 신망의 사람들의 추천 · 확인 : 워낙 저질 · 모조품 등이 성행하여 믿을 만한 지인들의 소비경험이나 추천을 매우 중시함. 특히 고가의 내구재의 경우에는 더욱 중시함	불신

자료: 중국시장마케팅(김익수), 박영사.

"버스정류장까지 걷고, 오래 기다리고, 붐비는 사람들 틈에서 고생하고, 몇 번이고 갈아타는 게 싫어요"

"자가용이 있으면 시간이 절약되어서 다른 일을 할 시간이 늘어나요."

"바람 불고 비 많이 오는 날에는 자가용이 편합니다."

"자가용이 있으면 어디든 가고 싶은 곳으로 여행을 갈 수 있어요."

"저에게 소중한 가족과 보다 즐거운 시간을 보낼 수 있어요."

"자가용을 타면 도둑이나 전염병(사스) 걱정을 안 해도 됩니다."

"자가용을 타고 다니면 밤늦게 다닐 수 있어서 좋아요."

"자동차는 경제적인 능력을 보여 주는 수단이에요."

"주변에 친구나 동료들이 다들 차를 사는데 체면이 안 서요."

"고객이 찾아왔는데, 차가 없으면 능력 없어 보일 겁니다."

– 중국소비자 정성조사 중에서 –

위의 정성조사를 보면 중국인들이 왜 자동차를 사는지에 대한 전반적인 이유를 알 수 있게 된다. 중국인이 자가용을 구매하는 동기는 크게 '이동수단'과 '독립공간의 확보'라는 2가지 필요(needs)에서 출발하여 각각의 가치구조를 형성한다. 이동 · 수송수단으로서의 가치는 시간, 비용상의 효율성 및 편리성이라는 기능적 가치와 연결되고, 이는 다시 자유로움과 안락함이라는 감성적 가치와 연결되며, 상류계층 · 성공이라는 상징적 가치로 이어지게 된다(〈그림 3〉). 독립공간으로서의 가치는 청결, 안전 등의 감성적 · 기능적 가치를 거쳐 상류계층 · 성공이라는 상징가치에 연결된다. 현재까지는 이동 · 수송에서 비롯된 가치구조가 지배적이며 상징가치로 상류 계층 · 성공의 가치도 가지게 된다. 이는 차를 보유한다는 사실만으로도 상류계층을 표시하는 초기시장(emerging market)의 특징을 나타낸다.

그림 3 중국 소비자의 자동차 구매 동기

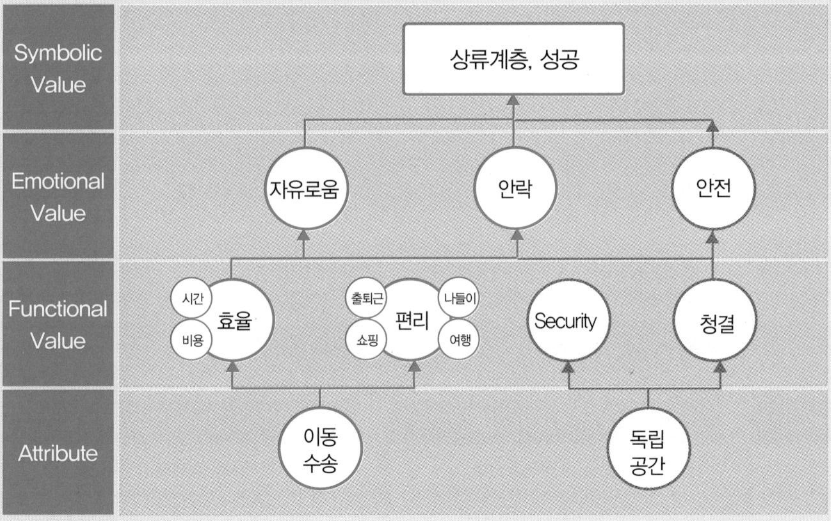

자료: 북경현대 내부자료

중국 소비자의 구매준거 대로라면 평균적으로 가격, 안전성, 내구성, A/S, 배기량 · 엔진파워 등이 중요한 요소가 된다. 중국 소비자가 자동차를 선택할 때 이러한 요소들이 큰 영향을 준다는 것이다. 이 중 A/S에 대한 관심은 아직 시장 내 A/S 관련 인프라가 부족한 것에서 기인한 것이며, 배기량 · 엔진파워에 대한 관심은 유류가 인상 및 적정 주행성능에 대한 욕구를 반영하는 것을 볼 수 있다(〈그림 4〉 참조).

그림 4 중국 소비자의 구매준거

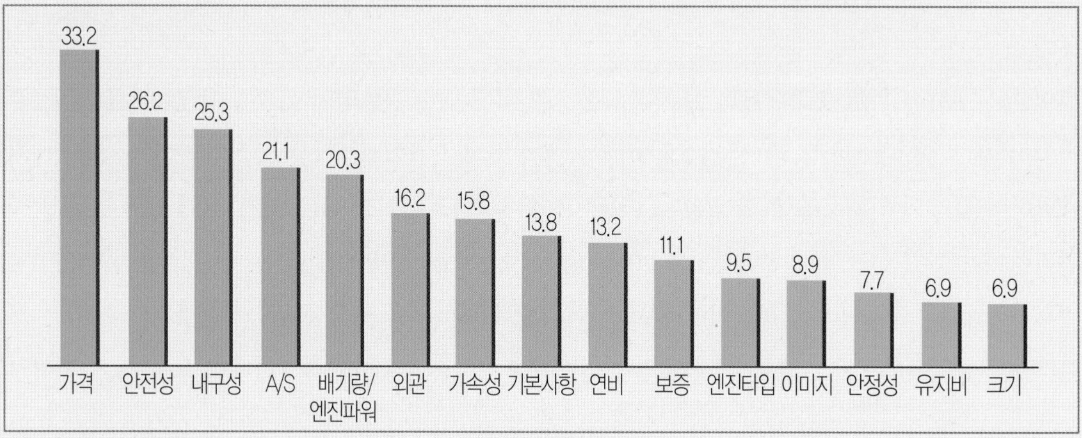

자료: 북경현대 내부자료

〈그림 5〉는 중국 소비자의 자동차 구매 프로세스를 설명하고 있다. 위에서도 보이듯이 중국 소비자는 자동차 구매 시에도 직접 관찰 및 비교, 시승 등 직접 경험의 욕구가 크고, 자기과시를 위한 자동차 구매 니즈가 존재하여 크고 화려한 외관 및 full option 등을 선호한다. 앞으로 중국시장에 진출하게 될 많은 한국 기업은 중국 소비자만의 특징을 잘 파악하여 이에 맞게 전략을 세우는 것이 매우 중요한 요소로 작용할 것이다.

그림 5 중국 소비자의 자동차 구매 프로세스

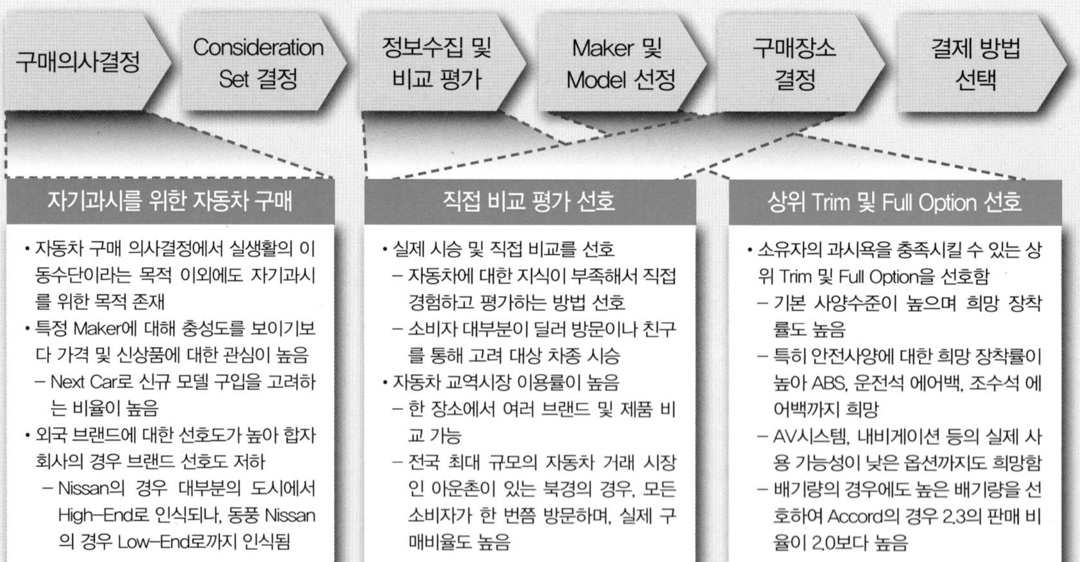

자료: 북경현대 내부자료

중국시장은 지역적으로 매우 넓은 시장이다. 그래서 지역별로 그 시장의 특징이 가시적으로 드러난다(〈그림 6〉). 중국시장은 경제 · 문화적으로 7개 지역으로 크게 나누어 볼 수 있으며, 각 지역별로 Motorization 정도의 차이 및 소비자 특성의 차이를 보여 차별화된 접근이 필요하다. 화북, 화남, 화동지역 등 주요 도시 이외에도 전반적인 경제 발달로 인해 지역 전반으로 확산이 가능한 반면 다른 지역의 경우 각 성의 성도 정도만 자동차 구매가 가능한 수준이므로 지역 확장의 우선순위결정 및 지역확산전략의 차별화가 이루어져야 한다. 지역별로 소비자의 브랜드별 인지 정도가 다르고 자동차 할부 이용 정도에 차이가 있을 정도로 중국시장은 지역별로 분화가 이루어져 있다.

그림 6 중국 자동차시장의 지역적 구분

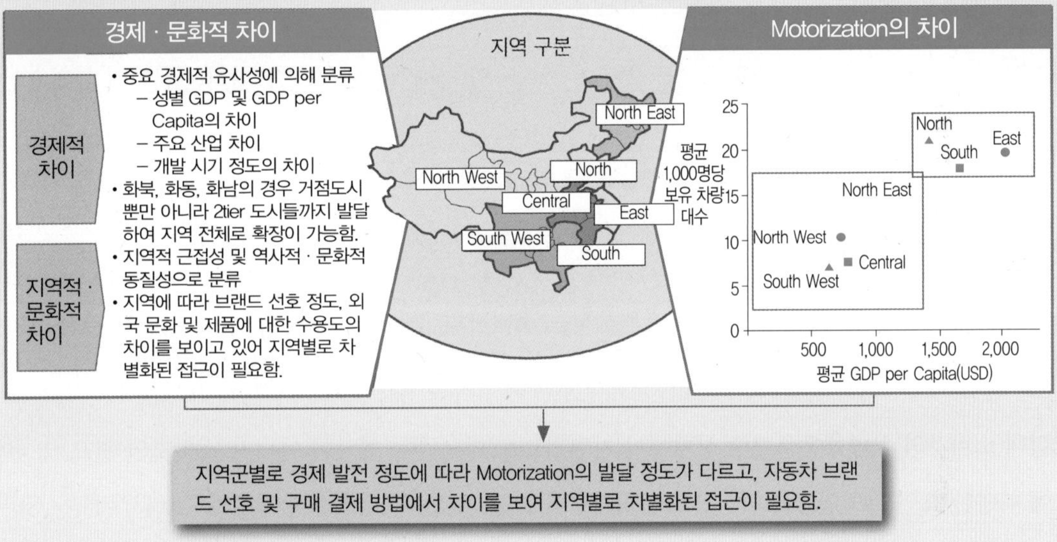

자료: 이장로 외, 중국 마케팅 사례, 무역경영사, 2007.

토의과제

01 중국 자동차시장에서 중국 소비자행동을 분석해야 하는 중요성에 대해 토의하시오.

02 중국 소비자의 자동차 구매행동 패턴에 대해 토의하시오.

03 중국 자동차산업에서 중국 소비자의 행동분석을 바탕으로 한국 자동차기업이 어떠한 전략을 수행해야 할지를 토의하시오.

참고자료

- China Statistic, Yearbook
- 김익수, 중국시장 마케팅, 박영사
- 북경현대 내부자료
- 이장로 외, 현대 · 기아자동차 중국 마케팅 사례, 무역경영사, 2007.

Section 01

소비자의 구매행동 이해

해외고객의 행동을 분석하는 것은 고객중심적 마케팅을 지향하기 위한 출발점이 된다. 만약 국제마케팅 관리자가 해외고객의 욕구와 행동을 제대로 파악하지 못한다면 효과적인 마케팅프로그램을 개발할 수 없고 국제경쟁에서 승리할 수 없을 것이다.

여기서는 조직체보다는 소비자에 초점을 맞추어 소비자의 구매행동에 영향을 미치는 문화적 환경요인과 개인의 심리적 요인을 살펴보려고 한다.

1. 소비자 구매행동

기업이 효과적인 마케팅활동을 수행하기 위해서는 소비자의 구체적인 구매행동, 즉 어떠한 과정을 거쳐 소비자가 특정 제품에 대한 구매 의사결정이 이루어지는지 명확하게 이해하는 것이 필요하다.

그런데 소비자의 구매행동은 진공상태에서 자연적으로 발생하는 현상이 아니라 소비자의 필요 및 욕구에 다양한 요인들이 영향을 끼침으로써 나타난다고 볼 수 있다. 이러한 관점에서 [그림 4-1]은 소비자의 구매행동을 단순하게 정형화한 것이다.

그림 4-1 **소비자 구매행동**

[그림 4-1]을 간단히 살펴보면 소비자의 구매행동은 기업의 마케팅믹스 프로그램과 소비자가 직면하는 다양한 환경요인에 따라 영향을 받으며 최종적인 구매의사결정 및 평가가 이루어진다. 그러므로 마케팅관리자의 기본적인 과제는 소비자의 구매행동 프로세스에 영향을 미치는 특정 요인, 예를 들어 기업의 TV광고가 소비자에게 노출되었을 경우 그들은 어떠한 의사결정과정을 거쳐 구체적으로 어떻게 반응하는가에 관한 자극요인과 소비자반응 간의 관계를 명확히 파악하는 것이라 할 수 있다. 특히 기업의 마케팅믹스 자극요인과 소비자의 반응은 마케팅이론의 핵심과제로서 일반적으로 적용 가능한 원리들을 밝혀내기 위하여 활발한 연구가 진행되고 있다.

그러나 이러한 원리들은 대부분 특정국 소비자를 대상으로 한 연구결과이므로 다양한 환경요인, 즉 문화 · 심리 · 사회 · 경제적 환경요인이 상이한 여러 해외시장에 그대로 적용 가능한 것인지 불명확하다. 다시 말해 국제마케팅의 경우 기업이 국내시장 혹은 기존시장에서 밝혀낸, 마케팅믹스 요인과 소비자 반응에 관련된 원리가 환경이 다른 해외시장에도 적용될 것인가에 대하여 세밀한 조사가 필요하다. 따라서 국제마케팅의 경우 해외시장별로 소비자 구매행동에 영향을 미치는 다양한 요인들을 파악하고 이들이 소비자의 의사결정과정 및 반응에 어떻게 영향을 미치는지 파악해야 효과적인 국제마케팅관리를 수행할 수 있다.

소비자의 구매행동 프로세스에 영향을 미치는 요인은 위에서 살펴본 바와 같이 기업의 마케팅믹스 요인 및 환경요인 이외에도 무수히 많고, 이들의 대부분이 기업이 통제할 수 없는 요소임에도 불구하고 국제마케팅에서는 반드시 고려되어야 한다. 여기서는 환경이 상이한 소비자를 대상으로 하는 국제마케팅활동의 관점에서 해외 소비자의 구매행동에 가장 큰 영향을 미칠 것으로 보이는 문화적 요인과 심리적 요인을 살펴보기로 한다. 문화적 요인은 소비자행동에 가장 폭넓고 깊게 영향을 미치는 것으로 비교문화론적 관점에서 살펴볼 수 있으며, 이러한 문화적 요인을 전제로 한 상황에서 소비자 개인의 심리적 특성요인을 제시하고자 한다.

2. 문화적 요인

기업은 진출하고자 하는 시장에서 성공적인 경영활동을 달성하기 위해서는 시장의 거시적인 문화환경이 구체적으로 사회구성원들의 행동 패턴에 어떤 영향을 미치는지 철저히 분석하고, 이에 따른 마케팅활동을 전개해야만 한다.

문화적 요인은 매우 포괄적이기 때문에 구성요소도 다양하다. 머덕(Murdock, G.)과 같은 사람은 70

개 이상의 문화적 요소를 열거하였다. 물론 이렇게 많은 문화요소를 일일이 파악하는 것은 현실적으로 극히 어렵다.

따라서 여기서는 마케팅활동에 큰 영향을 미칠 수 있는 요소들인 물질문명, 종교, 윤리와 관습, 미적 감각, 긍지와 선입견, 언어, 사회제도를 중심으로 설명하고자 한다.

1 물질문명

물질문명이란 인간이 재화와 서비스를 창출하는 데 이용하는 도구, 지식, 기술, 방법 및 전반적인 과정을 의미한다. 물질문명은 사회 · 경제적 측면인 경제발전 정도와 조직구성원의 생활수준을 잘 반영한다고 볼 수 있기 때문에 국제마케팅 관리자에게는 마케팅기회를 포착하는 데 중요한 판단지표로 활용된다.

그러므로 국제기업은 대상시장의 물질문명수준을 파악함으로써 마케팅기회를 포착할 수 있을 뿐만 아니라 대상시장의 물질문명수준에 따라 제품의 기능, 형태와 질, 생산 방법, 가격 및 유통 방법 등을 조정하기도 한다.

2 종교

종교는 사회구성원의 인생관이나 생활관에 큰 영향을 미치며, 이는 종국적으로 소비생활에서도 중요한 요인으로 작용한다.

일반적으로 종교는 물질생활, 즉 재화와 서비스를 소유하는 태도에 영향을 미친다. 예를 들면, 회교에서는 물질적인 부를 부정하는 반면에 기독교에서는 근로의 신성함을 강조하기 때문에 물질적인 부를 근로의 성과로 받아들인다.

종교는 특정 재화나 서비스의 사용을 금하기도 한다. 힌두교에서는 쇠고기, 회교에서는 돼지고기 그리고 불교에서는 육식 자체를 금하고 있다. 따라서 이러한 제품을 취급하는 기업은 마케팅에 제약을 받게 된다.

또한 종교는 결혼과 장례와 같은 사회적인 제도와 관습뿐만 아니라 남성과 여성의 책임에도 영향을 미친다. 예를 들어, 회교는 엄격한 부계사회로서 여성의 사회활동을 금지시키고 여성은 주부로서의 역할만을 충실히 수행하도록 강조한다. 따라서 이러한 지역에서는 의사결정이 남성에 의해 이루어지므로 여성용 제품을 마케팅하는 기업은 상당한 어려움에 직면하게 된다. 이러한 경우 국제기업은 구매의사결정 권한을 남성이 행한다는 인식을 바탕으로 마케팅전략을 수립해야 한다.

3 윤리와 관습

무엇이 옳고 그른가 하는 것은 그 사회의 문화적 기준에 따라 판단된다. 예를 들면, 미국에서는 상대방의 감정과 신분에 해가 될지라도 정직을 매우 중시한다. 워터게이트사건 때문에 닉슨 대통령이 사임한 것도 사건에 관련되었다는 이유와 더불어 관련 여부를 계속해서 부인했었다는 것이 미국 국민들에게는 도덕적으로 납득될 수 없었기 때문이다. 반면에 남미국가에서는 아무리 바른말이라도 다른 사람들을 당혹하게 만들 수 있는 직설적인 언어는 되도록 피한다.

이러한 윤리와 관습의 차이에 따라 마케팅전략도 수정되어야 한다. 예를 들어, 유럽지역에서 판매원 방문전략은 큰 성공을 거두지 못하는데, 이는 유럽의 여성들이 가정방문을 프라이버시의 침해로 간주하기 때문이다.

4 미적 감각

미술, 연극, 건축, 무용 및 민속 등 전반적인 예술 분야에서 중시되는 미적 감각은 마케팅 분야 중에서도 특히 제품의 디자인이나 색상, 포장 그리고 광고에 큰 영향을 미친다.

그런데 이러한 미적 감각의 표현과 이해는 국가에 따라 다르다. 예를 들어, 똑같은 색상이라도 국가에 따라 다른 의미를 지닌다. 장례식을 서양에서는 검은색으로 표시하나 한국이나 일본에서는 흰색으로 표시한다.

또 시리아에서는 노란색이 죽음을 상징하므로 싫어하는 반면 말레이시아에서 노란색은 회교군주의 황제색이므로 황색복장을 착용하지 않는다. 네덜란드에서는 청색이 여성적인 느낌을 주는 데 비해 스웨덴에서는 남성적인 느낌을 준다. 이러한 예들이 미적 감각에 대한 국가간 문화적 차이를 단적으로 보여 준다고 할 수 있다.

이 밖에도 디자인, 음악, 상표의 의미가 국가마다 상이할 수 있으므로 기업은 적어도 진출하고자 하는 시장의 미적 감각을 기본적으로 파악하여 광고나 제품전략에 반영해야 할 것이다.

예를 들어, 남미국가들의 원색선호 경향을 간과하고 대우가 남미 현지(페루, 콜롬비아)에서 국내에서 인기 있는 감청색 승용차를 선보였다가 재고부담만 안았던 것이 좋은 사례가 될 것이다.

5 긍지와 선입견

어느 국가의 국민이든 자신들의 역사에 제 나름의 자부심을 느끼게 되고 어떤 대상에 대해서는 편견을 지니게 된다. 이러한 자부심은 꼭 그 국가의 경제수준과 비례하지는 않는다. 이집트는 경제적으로 궁

폅하지만 그들의 문화유산에 대해서는 대단한 긍지를 갖고 있다. 반면 경제부국인 미국은 짧은 역사로 인해 문화환경에 대해서는 자부심이 결핍되어 있다.

이와 같은 문화적 긍지는 많은 국가들이 외국제품을 쉽게 받아들이도록 할 수도 있지만 때로는 거부하도록 작용할 수 있다. 예를 들어, 일본인들은 그들의 문화와 경제수준에 대해 매우 자부심이 강해 외제품보다는 일본제품을 선호한다. 이러한 경우 국제기업이 일본시장에서 마케팅기회를 찾기가 매우 어려워진다.

6 언어

언어는 문화권에 따라 그 차이가 심하다. 따라서 언어가 다르면 문화권이 상이한 것으로 이해해도 별 무리가 없을 것이다.

현재 세계는 크게 영어 사용국, 불어 사용국, 스페인어 사용국, 독어 사용국이 상당수를 차지하고 있지만, 한국어, 일본어 등과 같이 독자적으로 사용되는 언어 그리고 동일언어권이라도 사투리까지 포함하면 언어유형은 약 10,000가지가 넘는 것으로 추정된다. 하물며 음성언어 이외의 손짓, 발짓, 몸짓 등 의사전달이 가능한 표현 방법까지 고려하면 그 유형은 엄청나다고 할 수 있다.

이와 같이 다양하고 복잡한 언어구조는 상이한 언어권에 의사를 전달해야 하는 국제기업의 마케팅활동을 어렵게 만드는데, 특히 전반적인 광고전략과 제품의 상표결정에 큰 영향을 미친다. 따라서 국제기업은 진출국 언어의 난해한 의미까지도 이해할 수 있는 전문인을 양성해야 원만한 의사소통을 통한 성공적인 마케팅활동을 기대할 수 있다.

7 사회제도

사람이 다른 사람과 어떤 방법으로 관계를 맺는가 하는 방법은 사회에 따라 다르다. 사회제도란 바로 조직구성원 사이에 연관성을 맺는 여러 가지 방법을 말하는데, 여기에는 사회집단, 교육환경, 정치구조 등이 포함된다.

사회집단은 혈연, 지역, 직업, 신앙, 연령, 성별 등을 기준으로 구분할 수 있는데, 이러한 사회집단의 구성내용뿐만 아니라 사회의 동질성, 사회단체의 영향력에 따라 기업의 마케팅 전략이 달라진다. 특히 이 중에서도 핵가족화되어가고 있는 가족제도의 급속한 변화가 기업의 마케팅활동에 큰 영향요인으로 작용하고 있다.

교육이란 통상적으로 정규교육기관 또는 산업훈련 전문기관에서 지식이나 기술, 기타 정보를 전달받는 것을 말하는데, 한 사회의 교육환경은 전반적인 교육제도, 문맹률, 학생의 수, 여성에 대한 교육 여부 등을 포함한다. 이러한 교육여건은 제품의 기능과 사용 방법 그리고 광고전략 등에 큰 영향을 미치게 된다.

정치구조는 경제활동에 대한 정부의 역할과 개입 방법, 경제 및 정치이념, 기업활동에 대한 정부의 개입 여부, 국제정치질서에의 순응 여부 등을 말하는데, 기업의 시장진출 전략수립 등에 영향을 미친다.

3. 심리적 요인

인간의 행동은 가치, 태도, 경험, 욕구 그리고 기타 심리적 현상에 따라 영향을 받는다. 따라서 소비자의 구매행동 역시 제품에 대한 소비자의 심리적 요인이 크게 작용한다. 소비자 행동과 밀접한 영향을 미치는 요인으로는 동기, 지각, 학습, 개성, 태도 등을 들 수 있다.

1 동기

사람은 다양한 욕구를 갖고 있다. 그러나 이들 욕구의 대부분은 사람의 행동을 유발할 만큼 강하지는 않다. 만약 욕구가 강하게 일어나면 비로소 동기(motivation)가 된다. 따라서 소비자도 구매동기가 있어야만 구매행동에 나설 것이다. 그런데 국제마케팅 관리자들은 이러한 소비자의 구매동기가 같은 제품이나 서비스라 할지라도 국가마다 차이가 날 수 있다는 점에 주시해야 한다. 예를 들어, 탄산수(mineral water)의 경우 프랑스 여성들은 날씬한 몸매를 유지하기 위해서 마시는 데 비해 독일 소비자는 내장의 건강을 돕는 민간치료제로서 구입한다.

2 지각

동기가 유발된 사람은 구체적인 행동에 들어가게 된다. 동기가 유발된 사람의 구체적인 행동은 그 사람이 직면한 상황에 대한 지각(perception)에 따라서 영향을 받는다. 같은 동기와 상황에 처해 있다고 하더라도 사람들마다 상황을 서로 달리 지각하기 때문에 행동도 다양하게 이루어질 수 있다.

특히 사람들이 속한 문화는 사람들의 지각과 행동에 중대한 영향을 미친다. 예를 들어, 미국인들은 수프는 잘 조리되어 즉석에서 먹을 수 있는 것이어야 한다고 생각하는 반면, 유럽인들은 수프는 주부가 조리하여 주식과 함께 내어 놓는 것으로 생각한다.

결국 이러한 지각의 차이 때문에 미국에서는 통조림수프가 일반화된 반면 유럽에서는 분말수프가 일반화되었다. 또한 소비자가 그 제품 혹은 제품의 생산국을 어떻게 지각하고 있는지도 매우 중요하게 작용한다. 예를 들어, 미국인들은 캐나다라고 하면 "푸른 하늘, 눈덮인 산, 울창한 숲과 깨끗한 물"이라는 이미지를 연상하여 긍정적인 지각이 이루어진다. 이러한 미국인들의 캐나다에 대한 긍정적인 지각은 미국시장에 진출하는 캐나다회사에 자산이 될 수 있다. 또 후진국일수록 소비자가 외국제품, 특히 선진국들의 제품을 호의적으로 지각하는 경우가 있다. 한편 아무리 같은 제품이라도 각국 소비자 사이에는 우선적으로 중시하는 요소에 대한 지각의 차이가 있다. 그러므로 국제마케팅 담당자들은 해외시장 소비자가 제품의 원산지와 제품 자체를 어떻게 지각하고 있는지를 파악하는 것이 중요하다.

3 학습

인간은 행동하면서 배운다. 학습(learning)이란 경험에서 비롯되는 개인행동의 변화를 말한다. 예를 들어, 제2차세계대전 이전에 영국인들은 커피가 아닌 차(tea)를 마시는 것에 익숙하였다. 그러나 전쟁발발 후 커피를 선호하는 미군들이 유럽에 진주함에 따라 이들의 영향을 받은 영국인들도 오래지 않아 커피를 애용하게 되었다. 따라서 동기, 문화적 규범 그리고 소비습관 등은 모두 학습되기 때문에 마케팅담당자들은 소비자의 학습 과정을 이해해야만 한다. 소비자의 학습 과정을 해석하고 예측하는 것은 인간의 구매행동을 이해하는 데 매우 중요하다.

4 개성

개성(personality)이란 각 개인이 자신의 환경에 대해서 상대적으로 지속적인 반응을 보이도록 이끌어주는 독특한 심리적 특성으로서 구매행동에 큰 영향을 미친다.

개성은 급격한 변화가 없지만 개인마다 상이하다. 만약 사람들의 개성유형이 분류될 수 있고, 개성 유형과 상표선택 간에 상관관계가 있다면 개성이란 변수는 소비자의 행동 패턴을 분석하는 데 유용하게 이용될 수 있을 것이다.

동일한 국가 내에서도 사람들의 개성 차이는 나타나게 마련이므로, 하물며 상이한 국가의 소비자 간의 개성차이는 필연적인 것이다. 예를 들어, 공통된 언어사용이 가능하고 지리적으로 근접해 있는데도 불구하고 미국인과 캐나다인들 사이에는 개성의 차이가 존재한다. 즉, 미국인들은 캐나다인들에 비해 충동적이고 모험심이 강하며 또한 새로운 것을 추구하려는 특성이 있기 때문에 신제품을 쉽게 수용하려 한다. 반면에 캐나다인들은 보수적이고 신중하면서도 현실적이기에 무리한 구매행동을 취하지 않으려 한다. 따라서, 미국에서는 경품제공이 효율적인 판촉수단이 될 수 있으나 캐나다에서는 통하지 않는다.

그러므로 국제마케팅 관리자들은 마케팅전략을 수립할 때 개인뿐만 아니라 각국 소비자의 개성차이를 고려해야만 한다.

5 태도

태도(attitude)란 어떤 대상이나 생각에 대해 한 개인이 지속적으로 갖고 있는 호의적 또는 비호의적인 반응을 말한다. 태도는 다음과 같이 크게 세 가지의 특성이 있다.

첫째, 대상에 대한 개인의 태도는 중립적이 아닌 호의적 혹은 비호의적으로 뚜렷하게 나타난다. 예를 들어, 대부분의 사람들은 자신들의 지위를 과시하는 상징으로서 롤스로이스, 벤츠, BMW와 같은 고급 승용차에 호의적인 태도를 보인다. 반면에, 근검을 미덕으로 여기는 유교권 국가들에서는 사치스럽다는 이유로 대형승용차에 별로 호의적인 태도를 갖고 있지 않다. 소비자는 일단 태도를 갖게 되면 좋아하거나 싫어하는 것과 같은 뚜렷한 사고가 형성되어 대상이 되는 제품에 접근하기도 하고 떨어지기도 한다.

둘째, 태도는 일시적이 아니고 비교적 지속적이며 일관성을 유지한다. 사람들은 모든 것에 대해 새롭게 해석하고 이에 따라 굳이 반응할 필요가 없는데, 특히 나이 든 사람일수록 태도는 견고하다. 이러한 태도의 특성 때문에 변화를 도입하려는 마케팅 담당자들은 커다란 어려움을 겪게 된다. 여기서 주의할 점은 사회 · 문화적 환경 변화에 따라 시간을 두고 동일한 제품에 대해서도 다른 태도가 형성될 수 있다는 것이다. 예를 들어, 대형승용차라는 동일 제품에 대한 중장년층과 청년층의 태도는 다를 것이다.

셋째, 태도는 선천적이 아니며 학습된다. 대상에 대한 사람의 태도는 대상에 대해 사람이 직 · 간접적으로 겪은 경험을 바탕으로 형성된다.

이러한 태도의 특성 때문에 국제마케팅 담당자는 해외시장에 진출할 때 자기 제품에 대한 해외시장의 소비자 태도를 호의적으로 바꾸기 위해서 노력하기보다는 자기 제품을 현지 소비자 태도에 일치되도록 변화시키는 것이 바람직하다.

Section 02

해외고객의 제품평가

일반적으로 제품에 대한 소비자의 선택 · 구매는 가격과 품질에 따라 결정된다. 그러나, 실제로 고객이 제품에 대해 인식하는 품질 개념은 제품의 개별속성에 대한 이해를 바탕으로 한다기보다는 제품에 대해 가지는 전반적인 태도, 즉 인지된 주관적 품질로 나타나는 것이 일반적이다. 특히, 해외고객의 경우 상표명, 원산지표시(marking of origin) 등 외부적 단서에 의해 품질에 대한 지각이 영향을 받게 된다.

본 절에서는 원산지표시가 품질지각에 어떻게 반영되는지 살펴보고, 제품평가 시 사용되는 외부정보가 국제기업에 어떠한 시사점을 줄 수 있는지 국제 제품포지셔닝을 통해 살펴보고자 한다.

1. 원산지효과[1)]

'어떤 상품이 어느 나라의 제품인가 하는 사실이 그 상품의 품질평가나 선호도에 어떠한 영향을 미치는가'라는 주제는 원산지효과(country-of-origin-effect) 명칭으로 연구되어 왔다.

원산지효과는 고객이 특정 국가의 제품에 대해 지닌 이미지를 뜻한다. 이러한 이미지는 제조국에 대한 경제, 문화, 정치, 사회제도에 대한 이미지와 제조국의 국민에 대한 이미지 및 타국가 간의 협력 정도 등에 따라 해외시장국에서 호의적으로 혹은 불리하게 작용한다.

1 원산지효과의 개념 이해

특정 제품이 각국 소비자에 의해 얼마나 선호되는가는 제품의 품질에 대한 소비자의 인지와 깊은 관계가 있으며, 이러한 소비자의 인지는 특정 제품이 실제로 생산 또는 공급된 원산지국의 이미지에 따라 큰 영향을 받는다.

---

1) 조은선, 이진명, 나종연, 동남아시아 소비자의 한국 국가이미지가 한국제품 평가 및 구매의도에 미치는 영향: 베트남, 인도네시아, 말레이시아를 중심으로, Family and Environment Research, 55(2), 2017; 한충민, 한국의 대외이미지와 경제적 파급효과(한양대 경제연구소, 1993. 12); KOTRA, 국가이미지 현황 및 시사점, 2005. 09.

이 같은 이유는 소비자가 구매하는 경우에 제품의 원산지에 따라서 지각하는 위험수준이 차이가 있기 때문에 비교적 국가이미지가 좋은 원산지의 경우일수록 높은 가격을 지불하고서라도 제품을 구입하려는 성향을 보이기 때문이다.

원산지효과는 해외시장에서 좋은 이미지를 가지고 있는 선진국에서보다는 세계시장에 진출하여 선진국의 제품과 대등한 경쟁을 벌이기를 원하는 개발도상국에서 더욱 절실한 문제가 되어 왔다. 예를 들어, 개도국 제품이 아무리 품질이 뛰어나더라도 선진국의 소비자는 개도국 자체의 이미지가 호의적이지 않기 때문에 긍정적인 제품평가 대신 싸고 품질이 낮은 제품이라는 부정적으로 평가하는 경향이 있다. 그러나 원산지효과에 대한 개념적 접근은 생산 위치가 상품평가에 영향을 미치는 정도에서부터 신규시장 진입 시 수입제품에 대한 소비자 편견의 형태와 같은 무형의 장벽까지 그 내용이 매우 다양하다. 또한 어떤 제품의 원산지를 규정하는 것은 더욱 어려운데, 그 이유는 글로벌 소싱 및 생산이 이중 또는 그 이상의 다국적 태생을 갖는 많은 상품이 존재하기 때문이다. 예를 들어, 폭스바겐 자동차는 멕시코에서 조립될 수 있지만 일본, 멕시코, 미국산 부품을 포함할 수 있다. 동시에 폭스바겐이라는 상표명은 독일 태생과 관련되어 있다. 원산지효과를 "제품이 만들어진 장소에 관한 정보"라고 정의할 수도 있다. 원산지는 일반적으로 "메이드 인(Made in)" 및 국가명으로 소비자에게 전달된다.

원산지효과 하나만 상품평가에 영향을 미칠 때 단일단서 원산지효과라 한다. 반면에 원산지와 브랜드, 가격, 품질, 성능 등 여러 단서의 정보가 상품평가에 다발적으로 영향을 미칠 때 복수단서 원산지효과라 한다. 원산지효과는 모든 제품 유형(실용제품, 쾌락제품, 서비스제품), 문화적 성향, 소비자의 전문지식, 소비자관여도, 자민족 중심주의 등에 따라 영향을 받는다.

원산지효과를 설명하는 대표적 이론으로는 후광효과(halo effect)와 요약구성효과(summary construct effect)가 있다. 후광은 특정 대상에 대한 일반적인 견해가 그 대상의 구체적 특성 평가에 영향을 미치는 것을 의미한다. 즉, 사람들이 어떤 대상에 대한 호의적, 부정적 태도를 형성하고 그 대상의 구체적인 행위들을 태도에 근거하여 평가하는 경향을 지칭한다. 후광효과 모델의 기본 가정으로 한 국가의 제품에 대한 경험이나 정보가 부족할 때는 제품의 원산지 국가에 대한 이미지에서 제품의 품질에 대한 인지적인 추론을 한다. 즉, 이를 바탕으로 제품 속성에 대한 평가를 하게 된다는 것이다.

반면, 요약구성효과는 제품의 원산지 국가에 대한 경험들이 축적되어 해당 국가의 제품 속성에 대해 다양한 신념을 형성한다. 그리고 이러한 신념들이 하나의 비합리적 덩어리의 형태로 뭉쳐져 소비자의 제품평가에 요약된 정보로 활용된다는 원리이다. 요약구성효과는 원산지 국가이미지가 단일단서로 제품평가에 영향을 미친다는 가정하에서는 후광효과와 동일하다. 그러나 제품정보에 대한 신념이 원산지 국가이미지로 축약되고, 원산지 국가이미지가 소비자의 태도에 직접적인 영향을 미친다는 점에서 차이를 보인다. 일반적으로 후광효과는 선진국의 국가이미지 효과를 설명하는 데 주로 적용되며, 요약구성효과는 지리적, 문화적 거리가 커서 해당 국가에 대해 알려진 바가 많지 않을 때 주로 나타난다(조은선, 이진명, 나종연, 2017).

2 국가 이미지와 제품 품질지각

원산지효과는 특정 제품을 '문화적으로 공유하면서 인지적 · 정서적 · 규범적 함의를 지닌' 국가 고정관념(country stereotype)과 연결된다. 따라서 위와 같은 선행요인들을 중심으로 원산지효과에 영향을 미치는 요인을 그림으로 도식화하면 [그림 4-2]와 같다.

국가 고정관념은 특정 국가에 대한 인지된 역량과 그 국가에 대한 우호적 인식에 따라서 형성된다. 또한 앞의 제품 유형, 문화, 소비자의 전문지식, 관여도, 자민족중심주의 등이 총체적으로 원산지효과 평가에 영향을 미친다.

그림 4-2 **국가 고정관념과 원산지효과 영향요인**

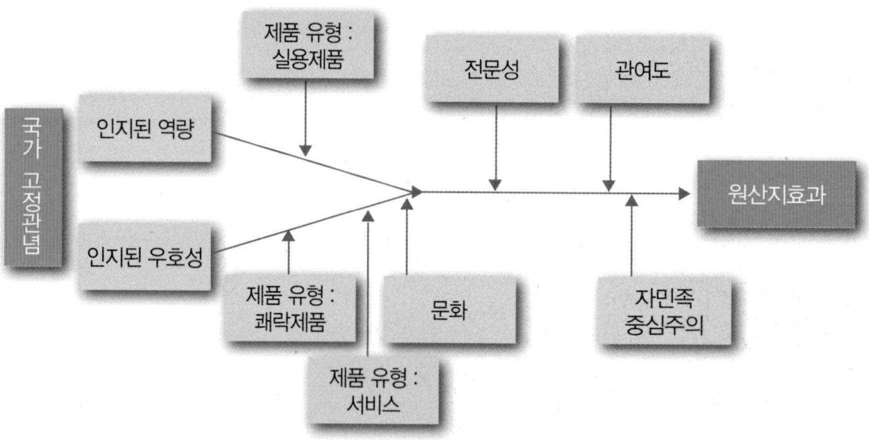

출처: M. Chattalas, T. Kramer, and H. Takada(2008), "The impact of national stereotypes on the country of origin effect", International Marketing Review, Vol. 25 No. 1, p.60

국가브랜드위원회와 산업통상자원부가 공동으로 지원하고 KOTRA가 실시한, 우리나라의 주요 교역 대상 28개국 대상 '문화한류를 통한 국가브랜드 맵' 조사에서, 한국문화 경험자들은 한국의 국가 이미지는 물론 제품 · 서비스 평가도 매우 호의적인 것으로 파악되었다.

국가 이미지는 인지적인 측면(국민적 이미지, 문화적 이미지, 기술적 이미지)과 정서적인 측면(정서적 이미지) 등으로 측정한 결과, 한국은 기술적>국민적>문화적>정서적 이미지 순으로 높게 나타났다. 한국문화를 경험한 응답자들의 한국의 국가 이미지 평가를 보면, 문화경험이 국가 이미지 개선에 상당한 영향을 미치고 있음을 보여 준다. 가정용 전자제품, 휴대폰, 자동차, 화장품 등 한국산 제품 및 서비스에 대한 선호도를 조사한 결과, 선호도가 높은 산업은 휴대폰, 개인용 전자제품, 가정용 전자제품, 자동차, 관광, 기계류 순으로 조사되었다. 한국산 제품의 인지가격으로 평가한 이미지수준은 주요 선진국(일본, 독일, 미국)에 비해서 약간 개선된 수준인 것으로 조사되었다.

사례 4-1 'K-콘텐츠의 위력' 해외바이어 70% '메이드 인 코리아' 보고 제품 산다.

해외 바이어 중 70%는 한국이란 국가 브랜드가 제품 구매에 긍정적인 영향을 줬다고 답했다. K-콘텐츠 확산이 긍정적인 이미지 형성에 큰 역할을 했다는 분석이다. 한국무역협회 국제무역통상연구원의 한국 국가브랜드 및 제품에 대한 인식 조사에 따르면 해외 바이어(213명 설문)의 72.9%가 '한국'이라는 국가 브랜드가 제품 구매에 긍정적으로 작용했다고 답했다.

한국제품의 이미지

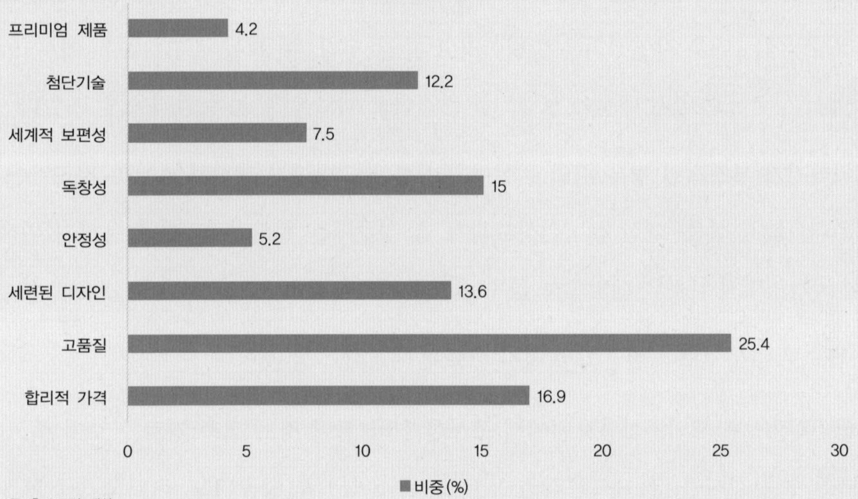

주: 총 213 명 대상

연구원은 K-콘텐츠 확산이 해외 바이어 인식에 긍정적인 영향을 끼쳤다고 설명했다. 해외 바이어는 한국 제품 이미지에 대해 고품질(25.4%)이란 답변을 우선순위로 내놨다. 이어 합리적 가격(16.9%)과 독창성(15%)이란 답이 이어졌다. 반면 약점으로 가격(33%) 사후관리 미흡(15%) 파트너 신뢰도(13%)가 지목됐다. 가격 경쟁력 약화는 품질의 고급화에 따른 결과이다.

해외 바이어는 추가적인 한국 국가 브랜드 강화를 위해 '다양한 K-콘텐츠 개발 및 확산(27.2%)'이 필요하다고 답했다. 우수 기업의 제품 홍보(24.9%)와 국가 차원의 국제활동 강화(23%)란 답변도 나왔다.

김문선 무역협회 수석연구원은 "강하고 긍정적인 국가브랜드는 우리 기업 수출에 영향을 미치고 있다."라며 "민관협력을 통해 국가브랜드 홍보에 힘써야 한다."라고 말했다.

출처: 뉴스1, 2022.03.24., 'K콘텐츠의 위력' 해외바이어 70% '메이드 인 코리아' 보고 제품 산다, https://news.naver.com/main/read.naver?oid=421&aid=0005985991에서 발췌

3 원산지효과와 국제마케팅전략

자사 상품을 어느 국가에서 생산할 것인지 결정할 때는 원산지효과를 고려하여야 한다. 생산국의 이미지가 기업의 마케팅에 긍정적으로 작용할 수도 있고 반대로 부정적으로 작용할 수도 있기 때문이다. 생산국의 이미지가 해외소비자에게 긍정적으로 작용할 때 기업은 적극적으로 원산지 표시를 하고 이에 따른 고가격전략도 가능할 것이다. 한국의 이미지가 비교적 긍정적으로 작용하고 있는 개도국시장에서는 한국 기업은 자사 상품에 'Made in Korea'라고 표시하고 시장진입 초기부터 고가격을 책정할 수 있을 것이다. 반면에 생산국의 이미지가 해외소비자에게 부정적으로 작용할 때 기업은 자사 상품의 품질에 비해서 저가격을 책정하고 있다. 예를 들면, 선진국시장에서는 한국의 이미지가 상대적으로 좋지 않기 때문에 한국산 상품은 어쩔 수 없이 일본산 상품에 비해 저가격으로 책정하고 있는 것이 현실이다. 이렇게 생산국의 이미지가 부정적일 경우 기업의 대응방안은 무엇일까? 첫째로 기업은 원산지를 가급적 드러내지 않고 오히려 브랜드 마케팅에 주력하는 방법을 사용한다. 이것은 일류 브랜드를 가지고 있는 다국적기업에는 매우 자연스러운 방법이라고 할 수 있다. 예를 들어, BMW는 멕시코, 동유럽 등 여러 국가에서 생산하고 있기 때문에 브랜드를 강조하고 이로 인해 높은 가격을 받고 있다.

둘째로 생산국의 이미지가 부정적일 경우 기업은 이미지가 좋은 국가에서 생산하는 보다 적극적인 방법을 선택하기도 한다. 특히 상품–생산국의 연상효과가 클 경우에는 원산지효과를 활용하기 위해서 해외생산을 부정적 국가이미지 극복의 대안으로 볼 수 있다.

셋째, 적극적인 방법으로서 무엇보다 한국의 이미지 제고에 매진해야 할 것이다.

[그림 4–3]은 문화체육관광부 해외문화홍보원에서 조사한 한국 관련 정보 접촉 경로를 보여 주고 있다. 한국 관련 정보를 주로 접하는 경로는 '온라인(인터넷, SNS 등)'과 '방송(TV, 라디오 등)' 매체이다. 연령이 낮아질수록 '온라인', '지인들'을 통한 정보 접촉 비중이 높지만, 연령이 높아질수록 '방송'과 '신문/잡지'를 통한 정보 접촉 비중이 높아지는 경향이 있다.

또한 한국에 대한 분야별 인지도는 '현대문화' 〉 '문화유산' 〉 '안보' 〉 '경제' 순으로 나타났다. 평소 한국에 대해 접할 수 있는 분야로 K–POP, 영화, 드라마 등 '현대문화'가 가장 많다. 가장 관심이 가는 한국 문화 콘텐츠로는 한식이 61.5%로 가장 높았고, 그다음으로 영화(50.1%) 〉 현대음악(45.4%) 〉 드라마(39.6%) 〉 스포츠(35.2%) 〉 K–뷰티(33.7%) 순으로 나타났다.

그림 4-3 **한국 관련 정보 접촉 경로(단위: %, 복수응답)**

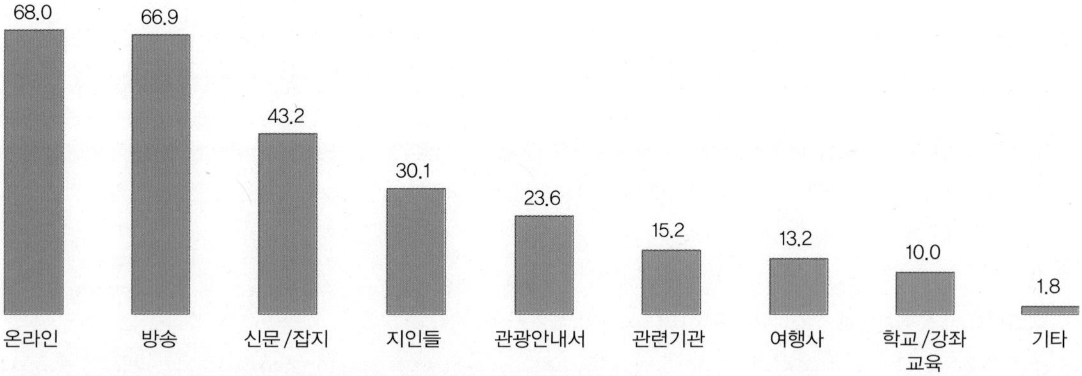

출처: 문화체육관광부 해외문화홍보원, 2020년 국가이미지 조사보고서, 2020.12.

사례 4-2 **국가브랜드진흥원 "한국, 국가브랜드 파워 6위"**

국가브랜드진흥원이 진행한 '2021 국가 브랜드 가치 평가 조사'에서 한국의 국가 브랜드 파워가 조사 대상 39개국 중 6위로 나타났다.

2021년 국가 브랜드 파워, 수익, 가치평가 결과

브랜드 파워 순위	국가	국가 브랜다 파워 (1점 만점)	국가 브랜드 수익 (Million USD)	국가 브랜드 가치 (Million USD)
1	미국	0.6467	23,074,165	14,921,167
2	독일	0.5833	17,701,765	10,325,997
3	영국	0.5662	8,109,535	4,591,959
4	캐나다	0.4858	5,131,430	2,492,741
5	프랑스	0.4653	8,022,605	3,733,086
6	한국	0.434	6,298,407	2,733,622
7	호주	0.4209	3,171,025	1,334,736
8	스위스	0.4194	4,379,473	1,836,583
9	일본	0.4119	8,562,730	3,527,267
10	스웨덴	0.3931	2,304,863	906,120
11	핀란드	0.3367	1,016,917	342,361
12	네덜란드	0.3346	9,218,485	3,084,119
13	뉴질랜드	0.3178	536,910	170,628
14	덴마크	0.3165	1,877,127	594,190
15	벨기에	0.3012	5,535,472	1,667,334

자료: 국가브랜드진흥원

국가브랜드진흥원은 21일 온라인으로 진행된 '2021 국가브랜드컨퍼런스'에서 이 같은 조사 결과를 발표했다. 국가브랜드진흥원은 "세계 50개국 1,600여 명의 오피니언 리더들을 대상으로 이번 조사를 진행했다."라며 "심리적 친근도, 국가 브랜드 활동주체 평가 결과, 국가경쟁력지수, 각 국가의 제품 및 서비스 수출액 등을 반영해 최종 순위를 산출했다."라고 밝혔다.

한국의 국가 브랜드 파워는 전체 39개국 중 6위였으며, 국가 브랜드 파워에 브랜드 수익액을 곱해 산출하는 국가 브랜드 가치는 2조 7,000억 달러로, 8위를 기록했다. 1위는 미국(약 14조 9,000억 달러), 2위는 독일(10조 3,000억 달러), 3위는 영국(4조 6,000억 달러)이었다.
또 한국의 심리적 친근도는 14위로 평가됐고, 국가 브랜드 전략 주체인 정부, 기업, 민간단체, 국민 중에서는 국민이 3위로 가장 높은 평가를 받았다. 기업의 역할 또한 4위를 차지해 한국 국민과 기업이 해외에서 높게 평가받고 있는 것으로 나타났다.

출처: 서울경제, 2021.10.21., 국가브랜드진흥원 "한국, 국가브랜드 파워 6위"(https://www.sedaily.com/NewsView/22STTTDGEX)에서 발췌

2. 제품포지셔닝

1 제품포지셔닝의 개념

기업은 자사제품에 대한 소비자의 선택 · 구매를 증가시키기 위하여 경쟁제품보다 뛰어난 특성의 제품을 개발하고, 소비자가 수용할 수 있는 수준의 가격에서 손쉽게 구입할 수 있도록 하는 마케팅노력을 투입하려고 한다.

소비자의 마음속에 특정 상표가 경쟁상표와 비교하여 인식되어 있는 상태 또는 상대적으로 어떤 위치를 차지하도록 하는 마케팅노력을 제품포지셔닝(product positioning)이라고 한다. 기업은 자사상표에 대한 최대의 경쟁우위를 제공할 수 있는 위치를 구축하기 위해서 소비자가 각 경쟁상표를 어떻게 지각하고 있으며, 각 상표에 대한 선호도는 어떠한지에 대해 조사해야 한다. 예를 들어, 이랜드는 중저가 상위품질의 의류제품으로서, 사조참치는 저지방 고단백질로, 그리고 Excel은 미국시장으로의 초기 진출 시 저가격을 강조하여 포지셔닝하였다.

2 제품포지셔닝도

제품포지셔닝도(product positioning map)란 고객의 마음속에 자리 잡고 있는 자사상표와 경쟁상표의 위치를 그림으로 표시한 것이다. 제품포지셔닝도를 파악하려면, 먼저 자사 및 경쟁사 제품의 속성(가격, 기능, 품질, 스타일, 디자인 등)에 대해 소비자가 어떻게 평가하고 있는지를 조사하고 이 결과를 이차 평면이나 그 이상의 공간에 표시하여야 한다.

이렇게 표시된 각각의 위치는 소비자에 의해 구별된 자사제품의 특성을 나타내므로, 제품 포지셔닝도는 기업의 차별적 우위의 평가에 사용할 수 있다. 여기서 한 가지 주의할 점은 포지셔닝도란 주어진 경

쟁제품들만을 대상으로 얻어진 자료를 바탕으로 하기 때문에 이 과정에서 중요한 경쟁제품이 누락되면 그 의미가 없게 된다. 따라서 사전에 포함될 경쟁제품에 대한 규명이 신중히 고려되어야 한다.

그림 4-4 **외제차의 포지셔닝도**

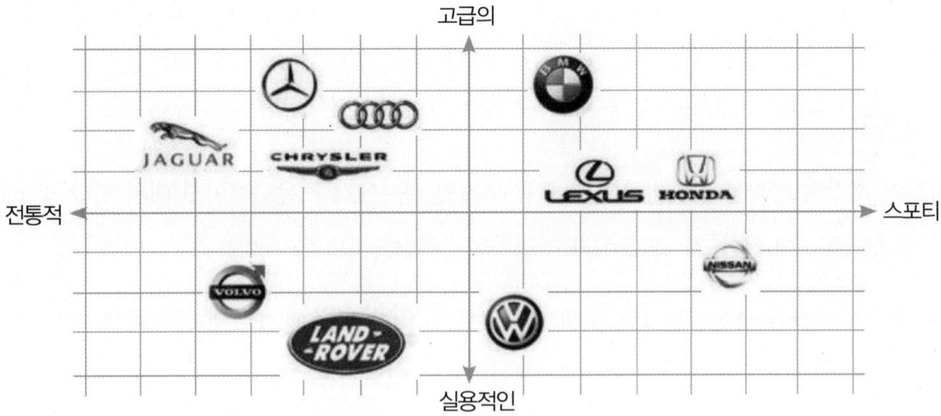

출처: http://blog.naver.com/PostView.nhn?blogId=jesus1up&logNo=220877925297&beginTime =0&jumpingVid=&from=search&redirect=Log&widgetTypeCall=true

[그림 4-4]는 외국자동차들의 포지셔닝을 알 수 있다. 세로축은 고급 또는 실용적임을 나타내고, 가로축은 전통적 또는 스포티함을 나타낸다. 포지셔닝도상에 벤츠의 경우 고급스러우면서 전통적인 측면이 있고 BMW의 경우 고급스러우면서 스포티함을 강조한 포지셔닝을 하고 있음을 알 수 있다. 즉, 상품을 기능 · 속성에 따른 포지셔닝을 분석하는 것은 자사제품의 어떠한 기능을 강화함으로써 소비자에게 보다 접근할 수 있는가 하는 지침을 얻을 수 있다. 그리고 해외시장에서 어느 회사의 제품이 자사제품과 특성이 비슷하여 잠재적 경쟁상품이 될 것인지 알 수 있다.

또한 틈새시장, 즉 현존하는 상품에 의해서는 그 필요를 채울 수 없는 고객층을 발견해 낼 수도 있게 된다.

Section 03

해외상품의 수용 및 확산

1. 확산의 개념

확산이란 혁신이 시간이 경과함에 따라 사회시스템 구성원 사이에서 커뮤니케이션 내지 시장 및 하부 구조의 특정 경로를 통하여 전파되는 과정이라고 정의할 수 있다.

위의 정의에 따르면 확산을 구성하는 요소로서 혁신, 시간 또는 과정, 커뮤니케이션 매체 또는 경로, 사회시스템 등의 네 가지 요소를 들 수 있다. 즉, 혁신의 확산이란 이들 네 가지 요소들이 시간의 경과와 함께 상호작용함으로써 나타나는 동태적인 현상으로 이해할 수 있다.

확산 과정의 일반적인 형태를 그림으로 나타내면 [그림 4-5]와 같다.

혁신이란 절대적이든 상대적이든 항상 새롭고 다른 그 무엇을 뜻한다. 만약 제품이 세계 어느 시장에나 소개되어 있다면 절대적 의미에서 볼 때 이를 혁신이라고 간주하기 어렵지만, 어떤 시장에 이미 도입된 제품이라도 이 제품이 다른 시장에 처음 소개될 경우 그 제품의 위치는 새롭고 전혀 별개이기 때문에 혁신으로 볼 수도 있다.

그림 4-5 **확산 과정의 일반적 형태**

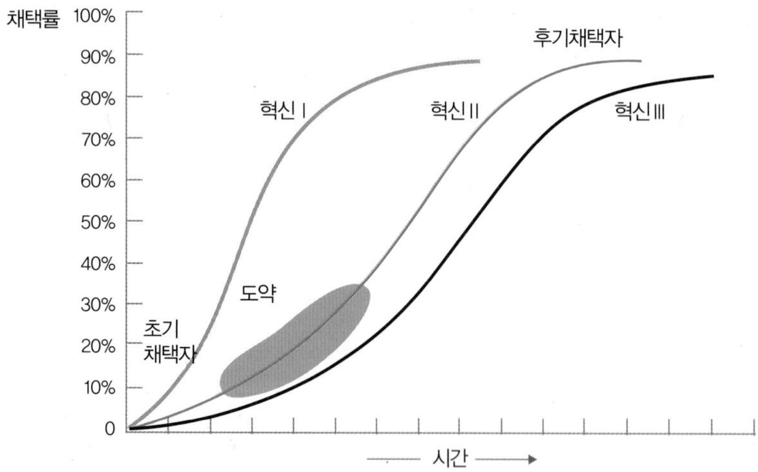

자료: E. M. Rogers, op.cit.

이러한 측면에서 볼 때 혁신의 확산은 한 신제품이 최초 도입시장에서 전세계시장으로 확산되어 가는 과정뿐만 아니라 신제품의 특정 해외시장 안에서의 확산 과정의 두 가지 측면에서 이해할 수 있으며, 이는 새로운 시장에 진출하고자 하는 국제마케팅 담당자에게 중요한 전략적 의미를 시사해 준다.

2. 채택 과정

혁신의 확산 과정에서 기본적인 요소 중의 하나는 채택 과정(adoption process)인데, 이는 소비자가 제품의 혁신에 대한 지식을 습득할 때부터 실제로 구매하고 혁신을 수용할 때까지의 의사결정과정이라 할 수 있다. 로저스(Rogers, E. M.)는 기존의 여러 연구를 보완하여 단계적 의사결정과정 모델을 제시하였다. 이 과정은 [그림 4-6]과 같이 지식단계, 설득단계, 결정단계, 실행단계, 확인단계의 다섯 가지 순차적인 단계로 진행되는데 단계별 특징을 간략하게 살펴보면 다음과 같다.

그림 4-6 **로저스의 단계적 의사결정 과정**

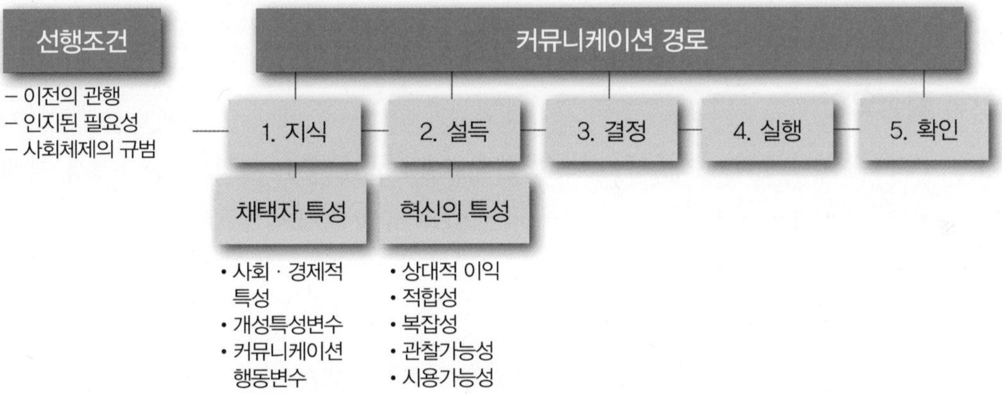

자료: E. M. Rogers, op.cit., p.163.에서 적의 수정

- **지식단계**(knowledge)

  혁신의 존재를 알게 되고 그 기능을 이해하는 단계로서 채택자의 개성이나 가치관이 채택에 많은 영향을 준다.

- **설득단계**(persuasion)

  혁신에 대한 소비자의 태도가 형성되는 단계로서 커뮤니케이션의 역할이 중요시되며 사회규범이나 개인의 특성 등이 소비자의 행동에 영향을 주게 된다.

• **결정단계**(decision)

개인이 혁신에 대한 채택을 결정하게 되는 단계로서 앞의 지식단계나 설득단계를 거치는 과정 자체가 연속적인 채택의 과정이지만, 이 단계에서 실질적인 채택이냐 거부냐의 의사를 결정하게 된다.

• **실행단계**(implementation)

이 단계는 소비자가 혁신을 사용하는 때에 시작되는데, 실행 이전까지를 정신적인 과정의 단계라 한다면 실행 이후의 단계는 실제로 행동의 변화가 요구되는 단계라 할 수 있다.

• **확인단계**(confirmation)

이 단계에서 소비자는 혁신의 채택에 대한 결정을 뒷받침해 줄 수 있는 근거를 찾으려 하고 심리적인 부조화를 피하려고 한다.

이러한 혁신의 단계적 의사결정과정에 영향을 주는 요인으로는 선행조건, 커뮤니케이션 경로, 채택자 특성, 혁신의 특성 등이 있는데 이하에서 설명하고자 한다.

3. 확산의 결정요인

확산 과정은 주로 확산경로에 따라 직접적으로 영향을 받으며, 이러한 확산경로는 혁신의 특성, 채택자 특성, 공급자 특성 및 전략 그리고 사회시스템에 따라 결정된다고 볼 수 있다.

1 확산경로

확산경로는 크게 커뮤니케이션 경로와 유통경로로 나눌 수 있다. 커뮤니케이션 경로의 주기능은 정보교환으로서 채택자들이 혁신에 수반되는 불확실성에 대처하여 정보를 수집하는 과정에서 정보의 교환이 이루어지게 되고, 나아가서 사회시스템의 구성원 간에는 모방(imitation)이나 모형화(modeling)가 이루어지게 된다. 따라서 이러한 접근 방법에서는 정보교환, 커뮤니케이션 경로, 모방 또는 모형화 등이 혁신의 확산을 설명해 주는 핵심적 요인으로 강조된다.

이에 비해 유통경로의 주기능은 제품의 교환인데 확산경로에 있어서 확산에이전시 또는 통로의 확립, 즉 유통경로의 중요성을 강조하고 있다. 예를 들면, 외국제품이 국내시장에서 상당히 빠른 속도로 확산되고 있는 데는 백화점, 수입대리점, 수입전문품점 등의 외국제품을 취급하는 유통구조 내지는 잠재적 확산에이전시의 역할이 매우 중요하다.

2 혁신의 특성

로저스(Rogers, E. M.)는 채택 및 확산에 영향을 미치는 다섯 가지의 혁신의 속성을 들고 있다.

❶ 상대적 이익

상대적 이익(relative advantage)이란 새로운 아이디어나 제품이 기존의 아이디어나 제품에 비하여 더 좋다고 인지되는 정도를 말한다. 이는 경제적 의미에서 가정되기도 하고 사회적 우위요소들, 편리도, 만족도 등도 중요 요소로 측정되기도 한다.

❷ 적합성

적합성(compatibility)이란 채택자의 측면에서 혁신의 필요성, 사회 · 문화적 가치기준, 과거의 경험 등에 부합하는 정도를 말한다.

❸ 복잡성

복잡성(complexity)은 채택자의 측면에서 혁신을 이해하거나 사용하기에 어려운 정도를 말한다. 소비자에게 인지된 혁신제품의 복잡성이 클수록 채택에 부정적인 영향을 미친다.

❹ 관찰가능성

관찰가능성(observability)은 혁신의 결과가 타인에게 보이는 정도를 말한다. 결과가 쉽게 눈에 띄는 혁신은 그렇지 않은 혁신보다 더 광범위하게 채택되고, 유명상품이 무명상품보다 소비자에게 쉽게 채택된다.

❺ 시용가능성

시용가능성(trialability)이란 혁신을 시험해 볼 수 있는 정도를 말한다. 일반적으로 조금씩 시험해 보면서 채택할 수 있는 혁신은 그렇지 않은 혁신보다 더욱 빠르게 채택된다.

일반적으로 혁신의 확산 속도는 상대적 이익, 적합성, 관찰가능성, 시용가능성이 높을수록 빨라지며, 복잡성이 증대될수록 늦어진다고 볼 수 있다.

3 채택자 특성

사회 · 경제적 특성, 개성특성, 커뮤니케이션 행동특성을 들 수 있다.

❶ 사회 · 경제적 특성

일반적으로 교육수준, 사회적 지위, 경제적 이익의 추구정도, 신용거래, 전문화된 직업, 문맹률 등이 혁신의 채택과 중요한 관계가 있으며, 이러한 혁신의 채택 정도는 제품별로 다르다고 볼 수 있다.

❷ 소비자 개성특성

감정이입, 합리성, 지능 정도, 변화에 대한 태도, 불확실성 하에서의 대응능력, 교육열, 성취동기, 독단성, 숙명적 태도 등이 혁신의 채택과 중요한 관계가 있다.

❸ 커뮤니케이션 행동특성

채택자들의 커뮤니케이션의 행동적 측면 역시 혁신의 채택에 많은 영향을 주는데, 주요 특성으로는 사회참여도, 사회체제와의 상호적응 정도, 대외적 성향, 변화 주체와의 접촉, 매스미디어 및 대인 커뮤니케이션 경로에의 노출 정도, 정보탐색의 적극성 등이 있다.

4 공급자 특성 및 전략

혁신의 채택 및 확산을 보다 명확하게 이해하기 위해서는 수요 측면과 함께 외국제품을 공급하는 개인 혹은 기업의 특성 및 전략 등 공급 측면도 동시에 고려하여야 한다.

특정 외국제품을 국내시장에 마케팅하고 있는 기업의 국적, 자원, 조직 및 문화와 함께 특히 가격, 제품, 유통, 촉진전략 등의 마케팅전략은 국내소비자의 채택 및 확산 과정에 직간접으로 영향을 미칠 것은 자명하다고 하겠다. 예를 들어, 외국제품을 마케팅하고 있는 기업이 국내기업인지 외국기업인지에 따라 해당 제품의 확산 과정은 달라질 것이다.

5 사회시스템

혁신의 확산은 사회시스템 영역 내에서 이루어지는 만큼 특정 사회시스템의 특성은 혁신의 채택행위나 확산 과정에 직간접적으로 영향을 미치며, 나아가서 사회시스템 성격 역시 시간을 두고 확산 과정이 진행됨에 따라서 변하게 된다. 주요 요인으로는 특정 사회의 경제 발전수준, 정부정책, 사회규범 및 가치관, 라이프스타일, 산업구조 등을 들 수 있다.

4. 소비자의 혁신성 정도

한 시장에서의 모든 소비자가 혁신을 동시에 채택하지는 않는다. 처음에는 단지 소수의 소비자만이 혁신을 채택하게 된다. 그러나 곧 보다 많은 소비자가 혁신을 채택하게 되고 시간이 지날수록 혁신을 채택하지 않은 소비자의 수는 감소하게 된다.

이러한 확산 과정에서 혁신제품에 대한 채택 시기에는 소비자마다 현저한 차이가 있는데, 이러한 소비자의 범주를 [그림 4-7]과 같이 혁신층, 조기채택층, 조기다수층, 후기다수층, 느림보층 등의 다섯 가지로 나눌 수 있다.

그림 4-7 **확산 과정의 일반적 형태**

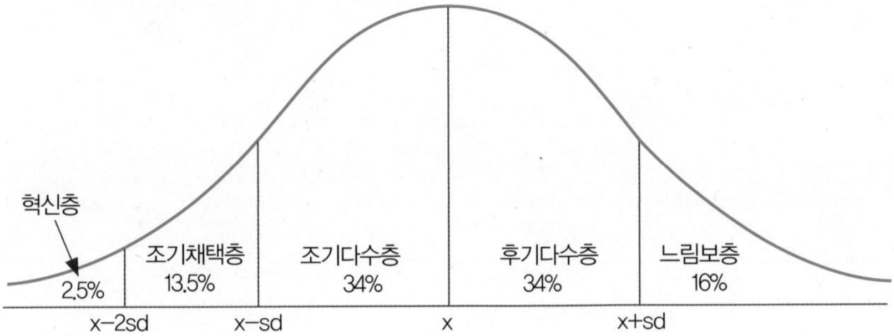

자료: E. M. Rogers, op.cit., p.262.

- **혁신층**(innovators)

  이들은 최초로 혁신제품을 받아들이는 소비자층을 말하는데, 모험심이 강해서 새로운 사고에 대하여 위험을 감수하며 수용하려고 한다.

- **조기채택층**(early adoptors)

  이들은 사회에서 지도층의 위치에 있으며, 일찍 그러나 신중하게 새로운 사고를 수용한다. 이들은 대중매체에 대해 즉각적이면서도 직접적인 반응을 보이기 때문에 마케팅활동의 주요 목표가 된다.

- **조기다수층**(early majority)

  이들은 일반 사람들보다는 비교적 일찍 새로운 사고를 수용하나, 사회의 지도적인 위치에 있다고는 할 수 없는 계층이다.

- **후기다수층**(late majority)

  이들은 주로 회의론적인 사고를 가지며, 다수의 사람들이 혁신제품을 시험해 본 후에야 구입하는 성향을 가지고 있다.

- **느림보층**(laggards)

  이들은 보수적인 성향을 지닌 계층으로서 변화와 다른 사람의 사고를 받아들이기를 꺼려한다. 그들은 변화 자체를 의심하고 전통에 얽매이기 때문에, 단지 혁신이 하나의 전통으로 정착될 경우에만 혁신을 수용하려 한다.

그런데 혁신제품을 수용한 혁신자나 조기채택자들이 일반적으로 아직 혁신제품을 수용하지 않거나 수용하기를 꺼려하는 사람들에게 혁신제품을 구입하도록 영향을 미치게 된다. 따라서 혁신제품의 시장진입에의 성공 여부는 혁신자 및 조기채택자들의 호의적 태도 및 구전효과(word-of-mouth effect)를 제고시키는 데 있다고 볼 수 있다. 그러므로 국제마케팅 관리자들은 우선적으로 진출하고자 하는 해외시장의 혁신자나 조기수용자를 파악하고 그들을 접촉하고 특별히 관리하는 일에 많은 노력과 투자가 필요하다.

Section 04

소비자만족 및 불평행동

1. 소비자만족

소비자만족(consumer satisfaction)은 마케팅과 소비자 연구 분야에서 매우 중요한 개념으로 인식되어 왔다. 일반적으로 고객만족 및 불만족에 관한 기본 가정은 제품이나 서비스, 브랜드에 만족하는 소비자는 향후 해당 제품, 서비스 및 브랜드의 재구매의 가능성이 높은 반면, 불만족을 느낀 소비자는 제품, 서비스 그리고 브랜드의 이전(switch)과 동시에 해당 제조업자나 소매업자 혹은 다른 잠재소비자에게 불평을 취하게 될 확률이 높다는 것을 내포한다.

소비자만족의 개념은 학자나 기관에 따라 정의를 달리하고 있다. 그 예로 Tse & Wilton(1988)은 '제품에 대한 구매 이전의 기대와 구매 후 실제 성과와의 인지 차이 평가에 따른 소비자의 반응'이라고 정의하였으며, Churchill & Suprenant(1982)는 고객만족을 개념적 · 실천적 의미로 정의하였는데, 개념적 의미는 고객이 구매나 사용경험의 결과로 기대하였던 결과에 관하여 구매비용과 보상에 대한 구매자의 비교에서 나온다고 하였으며, 실천적 의미로는 제품이나 서비스의 다양한 속성에 대한 만족의 합으로 평가될 수 있다고 하였다. 이 외에 다양한 만족의 정의는 [표 4-1]에서 정리하였다.

표 4-1 **소비자만족 정의**

출처	정의
Haward & Sheth(1996)	소비자가 구매상황에서 부여한 그의 희생이 적절히 보상되어 있는 상태
Oliver(1981)	소비자의 기대 성과와 지각된 성과 간의 차이의 반응
Westbrook & Reilly(1983)	제품 · 서비스, 소매점, 고객의 활동에 대한 평가에서 생기는 유쾌한 감정상태
Westbrook(1980)	제품에 대한 고객의 평가라는 측면에서 고객만족을 고객이 사용 · 소비하는 과정에서 자신의 경험에 의해 내린 좋고 나쁜 정도의 평가
일본능률협회	고객의 필요, 욕구, 기대에 부응하거나 그 이상의 것을 제공하여 그 결과로서 상품, 서비스의 재구매가 실시되며 이것이 반복되어 고객의 충성도가 계속되는 상태

그림 4-8 **기대-불일치론**

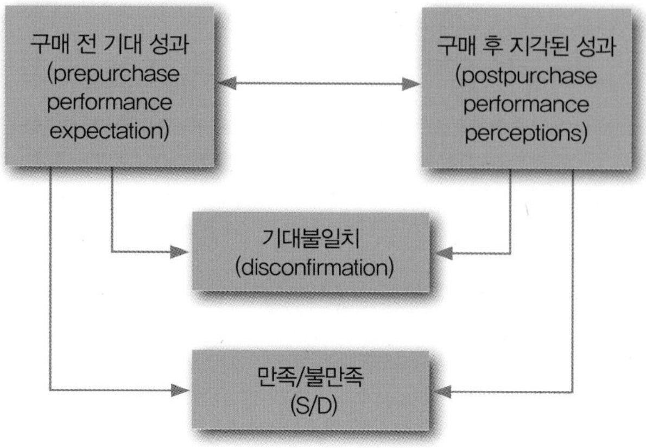

자료: Peter & Olson, Consumer Behavior & Marketing Strategy. 2005, p.404. 재정리

이처럼 마케팅전략에서 중요한 개념으로 인식되어온 소비자만족은 학계나 실무 분야에서 꾸준히 연구되어 왔으며 그 접근법 또한 매우 폭넓다. 그러나 본 절에서는 소비자만족의 대표적인 이론인 Oliver(1980)의 기대-불일치이론(expectancy disconfirmation theory)으로 설명하고자 한다.

기대-불일치이론이란 [그림 4-8]에서 보는 바와 같이 소비자의 만족 · 불만족(consumer satisfaction/dissatisfaction: CS/D)에 관한 중심 이론으로서, 소비자만족을 예측되는 제품 성과에 대한 구매 전 신념인 기대와 제품 성과가 기대와 일치하는 정도에 대한 구매 후 신념인 불일치의 정(+)의 함수(positive function)로 제안하는 이론이다.

대부분의 소비자는 특정 제품을 구매하기 위해 먼저 정보를 탐색하게 되며, 그 제품이 갖는 다양한 속성에 대한 사전기대(prior expectation)를 갖게 된다. 이때 기대는 과거의 경험과 현재 상황에 비추어 어떠한 대상이나 현상, 사건 등이 일어날 것을 기다리고 있는 행동의 준비상태이며, 보통 정서적인 긴장상태를 수반한다. 이러한 행동에 따라 소비자는 최종적으로 제품을 구매하게 되고, 이후 실제적인 품질(actual product performance)에 대해 다시 평가하게 된다. 이때 소비자의 만족 평가가 제품의 구매후 지각된 성과와 기대의 비교를 통하여 이루어지기 때문에 만일 제품 성과가 기대보다 큰 경우 긍정적인 불일치가 발생하여 만족도는 증가하지만, 제품 성과가 기대에 못 미치면 부정적인 불일치가 발생하여 불만족이 발생하게 된다.

2. 소비자 불평행동

지난 수십 년 동안 기업과 고객 간의 효과적인 관계는 마케팅 실무자들뿐 아니라 많은 학자에 의해 중요한 이슈로 다루어져 왔다. 그 핵심은 기존고객을 장기적으로 유지하는 능력이 가능할 때 기업의 성공은 보장받을 수 있다는 것이다. 이에 따라 기업은 고객을 유지하는 전략의 일환으로 그들의 불만족, 불평행동 그리고 이탈을 이해하고 효과적으로 반응하기 위해 소비자에게 점차 귀를 기울이게 되었다. 특히 기업의 성과는 그들이 제공하는 제품 및 서비스에 만족하는 소비자에 의해 결정된다는 마케팅 원리가 중요시되면서 점차 기업은 소비자의 불평행동에 귀를 기울이게 되었다. 왜냐하면 기업은 소비자의 불만에 따른 불평행동을 통해서 구매 후 불만족의 원인을 파악하고 이를 개선할 수 있으며, 향후 그들의 구매행동을 유도할 수 있기 때문이다.

그러나 아쉽게도 현재와 같은 완전경쟁시장(perfect competitive market)에서는 불만을 느끼는 소비자가 자신의 불만을 기업에 대한 불평행동으로 표출하기보다는 부정적인 구전이나 구매거부(혹은 이탈)와 같은 기업의 생존에 치명적인 수단에 의존하는 경향이 높다. 그 결과 기업은 불만족을 초래하는 원인을 파악하기 어렵고 이를 개선할 수 있는 기회조차 얻기 힘들다. 이러한 관점에서 본 절을 통해 소비자 불평행동의 개념, 유형에 대해 살펴본다.

1 불평행동의 개념

소비자의 불평행동은 제품 또는 서비스에 대한 불만족 경험 이후에 나타나는 반응으로, 소비자가 처한 상황에 따라 다양하고 복합적으로 나타나며, 학자와 연구자에 따라서 다양하게 정의 또는 개념화되어 왔다. 그러나 이것이 '제품 및 서비스 구매 이후 소비자의 기대와 실제 성과 간의 차이에서 발생되는 불만족한 경험에 따라 유발되는 반응'이라는 점에서는 모두 의견의 일치를 보인다.

아래 [표 4-2]는 소비자 불평행동(consumer complaining behavior: CCB)에 대한 학자들의 정의를 나타내고 있다.

표 4-2 **소비자 불평행동 개념**

출처	정의
Alicke 등(1992)	불만, 불만족, 항의, 불쾌감, 또는 유감의 표현
Formell & Westbrook(1979)	불공정한 판매관행에 직면했을 때, 제품에 실망했을 때 그리고 기업의 행동에 대한 불만이 있을 때 그런 사람의 감정을 알 수 있게 하는 수단
Landon(1980)	소비자의 이익에 책임이 있는 당사자에 대한 불만족의 표현
Mowen(1990)	소비자의 제품이나 서비스에 대한 불만족에 의해 야기된 행동
Resnik & Harman(1983)	불만족의 공개적인 표현
Singh(1988)	구매 에피소드에서 지각한 불만족으로 인하여 발생한 다수의 반응

Jacoby & Jaccard(1981)	제품이나 서비스를 제조한 기업이나 마케팅회사의 제품이나 서비스에 대한 부정적인 의사소통 또는 소비자보호단체와 같은 제3의 단체를 통하여 불만족한 사항의 시정을 요구하는 것을 포함하는 개인적인 행동
Singh & Howell(1985)	구매 에피소드에 대한 부정적인 의사소통을 포함하고, 그 에피소드에서 지각한 불만족으로 야기된 모든 행동 및 비행동적 반응

2 불평행동의 유형

불평행동에 대한 이슈는 유형의 분류에서 시작되었다. 불평행동 유형분류는 소비자가 불만족스러운 구매경험에 대해 취할 수 있는 다양한 반응들을 개념적 차원으로 분류하는 것으로, 유사한 행동 유형들을 하나의 차원으로 분류하여 서로 다른 차원 간에는 행동 유형들이 차이가 나게 함으로써 전체 불평행동의 개념적 차원을 파악하려는 것이다. 불평행동의 유형은 연구목적이나 연구자의 견해에 따라 불평행동을 하나의 유형으로 분류하거나 둘, 셋 혹은 그 이상의 유형으로 구분하고 있다.

그림 4-9 Singh(1988)의 소비자 불평행동 유형

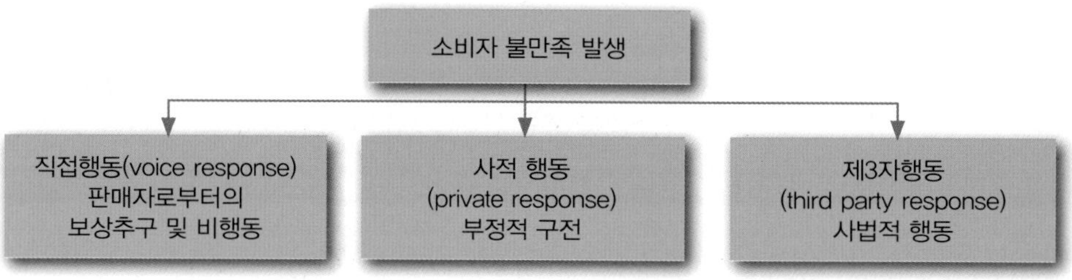

표 4-3 Singh(1988)의 소비자 불평행동 방법

불평행동 방법	불평행동 유형
1. 사건을 잊어버리고 아무런 행동도 취하지 않았다. 2. 다음번에 그 점포를 이용할 때 항의하였다. 3. 다시는 그 점포나 상표를 이용하지 않았다. 4. 구입한 점포로 즉시 가거나 연락하여 문제를 알렸다.	직접행동(voice response)
5. 친구나 친지에게 불유쾌했던 구매경험을 말하였다. 6. 친구나 친지에게 그 상점을 이용하지 말라고 이야기하였다.	사적 행동(private response)
7. 문제를 해결하기 위해 소비자단체에 고발하여 영향력을 행사하도록 했다. 8. 신문이나 잡지에 불유쾌했던 구매경험을 기고하였다. 9. 다른 소비자에게 알리도록 소비자단체에 보고하였다. 10. 구매점포나 제조업자에 대하여 법적인 행동(변호인, 소송)을 취하였다.	제3자행동(third party response)

불평행동의 대표적인 유형은 [표 4-3]에서 보는 바와 같이 불평행동의 지향하는 대상으로 기초로 직접행동, 사적 행동 그리고 제3자행동의 세 범주로 분류된다.

직접행동이란 소비자가 제품 및 서비스 구매 후 불만족하였을 경우 해당 거래와 직접적으로 관련되는 대상인 소매상이나 제조업체에 직접 불평을 항의하는 것으로, 이때 아무런 행동도 취하지 않는 소비자 반응도 이 범주에 포함되는데, 그 이유는 아무런 행동도 취하지 않는 것 또한 판매업자에 대한 감정, 태도를 반영하는 것이라고 보기 때문이다.

다음으로, 사적 행동은 직접적으로 불만족 경험과 관련되지 않은 대상들을 친구나 친지들에 대한 불평행동으로 불만족한 제품에 대한 부정적 구전(word-of-mouth)이나 제품 및 그 점포의 이용중단을 충고하는 방법이다.

마지막으로, 제3자행동은 직접행동처럼 외적인 행동이지만, 그 대상이 불만족한 거래와 관련되는 기업이나 소매상에 대한 직접적인 불평행동이 아니라 신문기고, 사법적 대응이나 소비자보호원과 같은 단체에 불평행동을 취하는 것으로 이는 기업이나 브랜드 인지도에 가장 치명적인 위협을 끼치는 결과를 초래하는 유형이다.

점차 시장상황이 치열해지면서 소비자 대상으로 공격적인 마케팅을 보다 방어적 마케팅 관점에서, 기존고객을 대상으로 한 마케팅활동 및 불평행동관리가 중요한 요소가 되어가고 있다.

이처럼 기업이 소비자의 불평행동을 회피하기보다 적극적이고 효과적으로 처리함으로써 다음과 같은 장점을 얻을 수 있다.

① 고객유지율에 대한 영향력을 가진다.

② 손해를 끼치는 구전의 확산을 방지한다.

③ 좀 더 긍정적인 구전을 촉진한다.

④ 품질에 대한 소비자의 인지도를 증가시킨다.

⑤ 실질적인 성과를 향상시킨다.

⑥ 마케팅정보를 향상시킨다.

⑦ 긍정적인 회사 이미지를 촉진한다.

⑧ 법적인 소송을 축소시킨다.

사례 4-3 '죽음의 다카타 에어백' 장착 GM · 벤츠 18만 대 한국 거리 여전히 활보

이른바 '죽음의 에어백'으로 불리는 다카타 에어백을 탑재한 한국GM · 메르세데스벤츠 차량 18만여 대가 제작사들의 책임회피로 국내 도로를 여전히 활보하고 있다. GM은 한국정부의 지속적인 리콜 권고를 무시한 채 최근 중국에서는 리콜을 실시하겠다고 밝혀 논란이 예상된다. 벤츠 역시 전체 문제의 차종 중 소수의 차종만 리콜하는 등 소비자의 생명과 직결된 안전 문제를 등한시하고 있다는 지적이 나온다.

국토교통부에 따르면 국내에서 유통된 '다카타 에어백' 탑재 차량은 한국GM의 2009~2012년식 라세티 프리미어, 크루즈 등 4개 차종 16만 2,292대, 벤츠의 2008~2012년식 C클래스, 2010~2012년식 E클래스 등 9개 차종 1만 8,724대다. 다카타 에어백은 장착된 후 5년이 지나면 사고 위험이 높아져 올해 말이면 문제의 차량은 더 늘어난다. 다카타 에어백은 사고 발생 시 에어백을 터뜨리는 역할의 부품에 문제가 생겨 미국 · 말레이시아 · 호주 등에서 최근까지 최소 18명이 사망하고 180여 명이 부상했다. 지난 2015년 제조사인 일본의 다카타도 구조적 결함을 인정했고 급기야 회사가 파산하기도 했다. 업계는 에어백 결함은 탑승자의 생명과 직결되기 때문에 자발적으로 각국 정부와 협조해 리콜을 실시하고 있지만, 유독 GM과 벤츠만 유보적이다. GM과 벤츠는 올해 말까지 자체 조사를 진행해 리콜 여부를 최종 확정하겠다는 입장만 되풀이하고 있다. 국토부의 한 관계자는 "자체 조사 결과가 나오기 전이라도 소비자의 안전을 위해 자진해서 리콜을 하도록 지속적으로 권고하고 있지만, GM과 벤츠는 협조가 되지 않고 있다."라며 "올해 말까지 자체 조사 결과를 내놓지 않거나 조사가 미흡하다고 판단하면 직접 조사에 나서 리콜하도록 할 것"이라고 말했다.

또한 GM은 중국 국가질검총국(AQSIQ)의 명령에 따라 2017년 10월 29일부터 총 250만 대 차량에 대한 리콜을 실시하겠다고 밝혀 한국 소비자를 차별하는 것 아니냐는 비판이 나온다. 벤츠는 문제가 되는 1만 8,724대 중 M클래스 등 일부 차종 284대만 올해 2월부터 회수해 자체 조사를 진행하고 있다. 구조적 결함이 발견된 차량의 일부만 리콜 조치하는 것은 상당히 이례적인 일이다.

출처: 서울신문, 2017.9.24일자에서 발췌정리

주요 용어

소비자의 구매행동	브랜드 파워	소비자의 혁신성
소비자의 반응	제품포지셔닝	구전효과
구매동기	확산	소비자만족
소비자의 태도	채택 과정	소비자 불평행동
원산지효과	혁신의 특성	불평행동 유형

연습문제

01 해외 소비자의 구매행동을 분석하기 위한 간단한 모형을 제시하고 이를 설명하시오.

02 소비자의 구매행동에 영향을 미치는 문화적 환경요소에 관하여 논술하시오.

03 소비자의 구매행동에 영향을 미치는 심리적 요인들에 관하여 논술하시오.

04 해외고객의 제품평가에서 원산지표시가 미치는 효과에 관하여 논술하시오.

05 해외시장에서 제품포지셔닝 분석의 개념과 그 유용성을 논술하시오.

06 혁신제품의 채택 과정을 설명하시오.

07 해외시장에서 외국상품의 확산속도에 영향을 미치는 요인들에 관하여 설명하시오.

08 소비자를 혁신성에 따라 몇 개의 그룹으로 구분하고 이것의 마케팅전략적 유용성을 논하시오.

09 소비자 불평행동 유형을 설명하고, 이에 대응하기 위한 기업의 전략 방안에 대해 논하시오.

PART 03 국제마케팅 전략수립

해외시장선택 및 확대

CASE STUDY 북경현대 '쏘나타' 브랜드의 중국시장 STP전략

Section 01 | 세계시장세분화

Section 02 | 해외목표시장선택

Section 03 | 해외시장 포지셔닝

Section 04 | 해외시장확대전략

연습문제

Chapter

05

Chapter

05

해외시장선택 및 확대

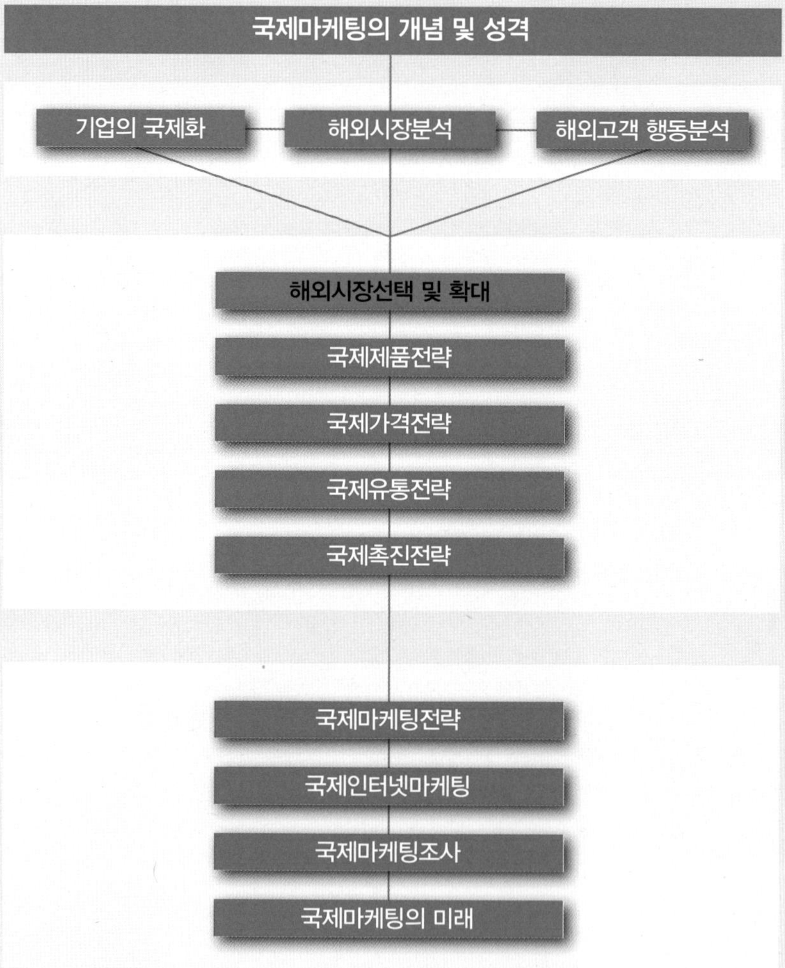

CASE STUDY 북경현대 '쏘나타' 브랜드의 중국시장 STP전략

북경현대는 중국 진출 2년 만에 최초로 월간판매 2만 대를 뛰어넘었으며, 중국 자동차산업 역사상 최단기간이라는 기록을 세울 만큼 중국시장에서 성공을 거두었다고 할 수 있다. 이는 최근 중국 내 북경현대의 품질을 고객이 인정하고 있다는 증거로써, 그동안 북경현대가 지속적으로 추진한 품질경영과 고객만족 향상에 노력한 결과라고 할 수 있을 것이다.

북경현대는 2002년 쏘나타라는 차를 시작으로 중국시장에 처음으로 뛰어들었다. 중국 자동차시장에는 이미 폭스바겐이나 도요타와 같은 세계적인 자동차회사가 모두 진입하여 경쟁이 매우 치열한 시장이었다. 이러한 시장환경에서 보다 늦게 진입한 북경현대가 처음으로 그들의 확고한 시장점유율을 차지하기 위해서 도입한 STP(Segmentation, Targeting, Positioning) 전략에 대해 자세히 살펴보고자 한다.

쏘나타의 시장세분화(segmentation)

시장세분화란 하나의 시장을 서로 다른 제품이나 마케팅믹스를 원하리라고 생각되는 여러 구매자집단으로 분류하는 것이라고 할 수 있다. 이를 통해 지역별 · 도시별 · 제품별 · 성별 · 연령별로 구획화하고 시장별로 전략상품을 설정하여 기업의 마케팅역량을 집중하는 것이 바람직하다. 일례로 지리적으로는 수도인 북경과 천진, 광주, 대련, 심천 등 인구가 100만 이상의 동부 연해 대도시와 무한, 남경, 상해 양자강 연안의 대도시는 비교적 구매력수준이 높고 소비습관이 빠른 속도로 선진화되고 있음에 따라 선진적인 제품의 출시와 마케팅 노력이 필요할 것이다.

북경현대는 자동차 이용과 관련된 소비자의 라이프스타일을 기준으로 자동차시장을 세분화하였다. 이는 자동차 이용과 관련된 소비자의 라이프스타일에 따라 각각 요구하는 자동차도 다르므로, 이것이 소비자의 욕구를 파악하기에 매우 중요한 기준으로 사용될 수 있기 때문이다.

시장세분화 과정은 크게 3단계로 나누어 볼 수 있다. 우선 중국 자동차시장을 Car Lifestyle을 이용하여 소비자를 세분화한다. 그런 후에 두 번째 단계는 기존의 Life-stage와 자동차 구매력지수를 합성하여 6개의 New life-stage를 생성하고, 마지막으로 자동차관에 의한 세분시장과 New life-stage에 의한 세분화 기준을 이용하여 중국 자동차시장을 18개로 세분화하여 세분시장구조 및 세분시장별 특성을 파악하고 목표시장을 설정하는 과정을 거치게 된다.

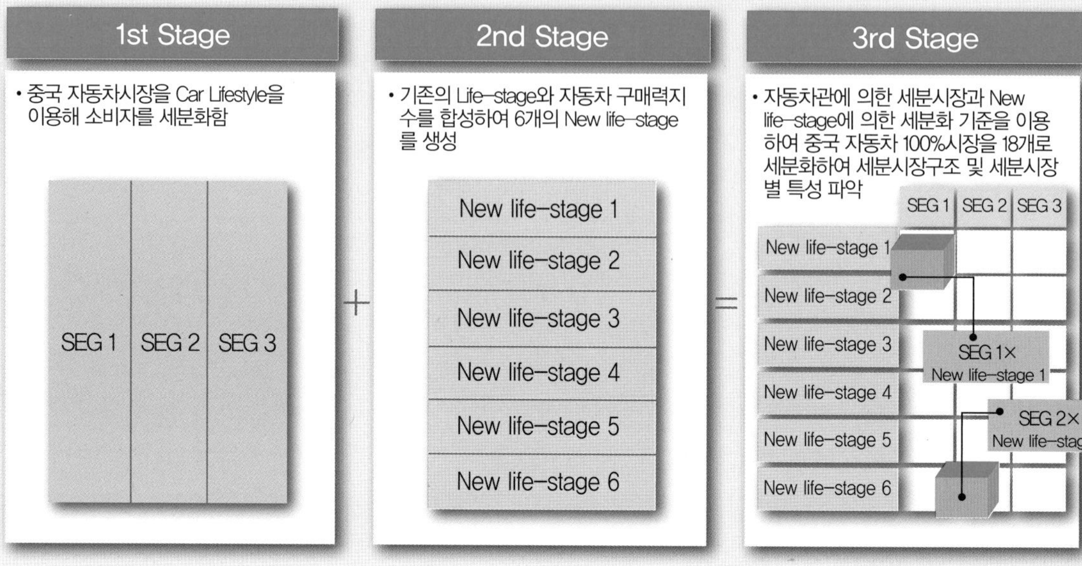

자료: 현대자동차 본사내부자료.

시장세분화의 1단계 과정

1단계 시장세분화 과정은 우선 요인분석(factor analysis)을 이용해 Car Lifestyle에서 5개의 요인을 추출하고, 그 후 군집분석(cluster analysis)을 통해 5개의 요인으로 3개의 세분시장을 도출했다. 우선 자동차 구매 선택에 영향을 줄 수 있는 다섯 가지 요소인 안전, 성능, 스타일, 브랜드, 가격에 따라 어떠한 구매 행태를 취하는지를 파악하고 세 개의 특징 있는 집단으로 시장을 구분하였다.

각 세분시장의 특징은 다음과 같다. Low concern 시장은 중간 정도의 소득을 가진 30세 이하의 남성으로 구성된 시장으로, 안락감, 내구성, 보증기간 등을 중시하는 특징이 있다. 반면 고소득의 남성으로 구성된 High owner 시장은 자동차의 외관이나 스타일을 중시하고, 제조국이나 제품품질, 엔진성능 등에 따라 구매하는 집단을 말한다. 마지막으로, Conservative 시장은 저소득의 고연령대의 시장으로서 안전성이나 가격 등에 따라 자동차를 구매하는 집단으로 구분할 수 있었다.

시장세분화의 2단계 과정

2단계 시장세분화 과정은 더욱 객관적인 기준으로서 성별, 연령, 결혼, 자녀와 같은 기존의 1차원적인 변수들을 사용하여 Life-stage 변수를 생성하고 승용차시장에 적합하고 설명력이 높은 Life-stage를 도출하기 위해 '차량구매력지수'를 산출하여 기존의 Life-stage와 차량구매력을 결합하여 'New life-stage' 변수를 생성했다. 이러한 과정을 거치게 되면 6개의 세분시장으로 또한 분류가 가능한데 ① 구매력 높은 미혼/40대 이하 기혼 남성, ② 구매력 낮은 미혼/40대 이하 기혼 남성, ③ 구매력 중간의 기혼 남성, ④ 구매력 높은 40대 이상의 기혼 남성, ⑤ 구매력 낮은 여성, ⑥ 구매력 높은 여성 이렇게 나눌 수 있었다.

가장 높은 비중을 차지한 세분시장은 구매력 중간수준의 기혼 남성으로 이루어진 집단이었는데, 이 시장의 특징은 자영업, 다국적기업, 공공기관에 종사하는 기혼 남성들로, 월평균 가구소득이 8,000~9,999 RMB인 중간 정도의 소득층을 가지고 있었다.

시장세분화의 3단계 과정

1단계와 2단계의 과정을 통하여 중국 자동차시장을 Car Lifestyle과 New life-stage를 이용하여 18개의 시장으로 세분화하였다. 가장 큰 시장은 구매력이 높은 미혼 또는 40대 이하 기혼 남성으로 나타났다. 시장의 규모와 쏘나타의 상품특성을 고려하여 목표시장을 선정하게 된다.

중국 자동차의 18개 세그먼트

New Life-stage \ Car Lifestyle	Low concern	High owner	Conservative	Total
구매력 高, 미혼/40대 이하 기혼 남성	3.7%	10.1%	3.7%	17.6%
구매력 低(中), 미혼/40대 이하 기혼 남성	5.9%	3.9%	9.1%	18.9%
구매력 中(低), 기혼 남성	10.0%	13.7%	15.5%	39.1%
구매력 上, 40대 이상 기혼 남성	1.5%	5.4%	0.7%	7.6%
구매력 低(中), 여성	2.5%	1.5%	3.7%	7.7%
구매력 上(中), 여성	2.5%	3.9%	2.6%	9.0%
Total	26.1%	38.5%	35.4%	100.0%

자료: 현대자동차 본사내부자료

쏘나타의 목표시장선택(targeting)

중국시장에서 북경현대는 생소한 브랜드였기 때문에 브랜드 애호도 측면이나 호감도에서도 소비자에 대한 긍정적인 측면을 기대하기는 힘들었다. 그래서 쏘나타에 대한 기본적인 목표시장집단은 대도시의 젊고 세련되고 유행에 민감한 25~44세 정도까지의 어느 정도 보장된 고소득을 유지할 수 있는 집단으로 국내와 비슷하게 선정해야 한다고 보았다. 왜냐하면 국가적 성향이 차이를 나타낼 수는 있지만 자동차라는 상품의 특성상 가격을 무시할 수 없기 때문이다.

이러한 기본적인 방향하에 쏘나타는 두 개의 목표시장을 설정한다. 우선 Target I은 시장점유율이 높으며 쏘나타에 대한 구매력이 높을 것으로 예상되는 시장이고, Target II는 매우 높은 시장점유율을 형성하고 있으면서 High owner들로 구성된 집단으로 향후 쏘나타의 판매량 증대에 매우 좋은 여건을 가진 시장이었다.

Target I은 쏘나타에 대해 호감을 느낀 소비자로 구성되어 있으며, 쉽게 판매량을 높일 수 있는 집단이었다. 쏘나타에 대해서 높은 구매 의향을 가지고 있었고, 북경현대나 쏘나타에 대해 비교적 많은 정보를 가진 집단이었다. 뿐만 아니라 시장에서 차지하는 비중 또한 컸으며, 가격이 중요한 요소로 작용하는 목표시장이었다. 이 시장을 목표시장으로 잡은 것은 쏘나타의 판매량을 높이기 위한 단기적인 대응전략으로 볼 수 있다.

이에 반하여 Target II는 향후 쏘나타 판매량을 높이기에 좋은 조건들을 가진 소비자로 구성되었다. 시장점유율이 가장 높았으며, 이 시장 또한 북경현대와 쏘나타에 대한 많은 정보를 가지고 있었고, 기존의 Accord나 Passat가 점유한 시장이었다. 또한 매우 복잡한 시장이기도 하였다. 이 시장을 쏘나타의 목표시장으로 잡은 것은 향후 쏘나타 판매량 증대를 위해 전략적인 관리가 필요한 집단으로 장기적인 대응전략이 요구되었기 때문이었다.

쏘나타 목표시장

<table>
<tr><th>Car Lifestyle
New Life-stage</th><th>Low concern</th><th>High owner</th><th>Conservative</th></tr>
<tr><td>구매력 高,
미혼/40대 이하 기혼 남성</td><td></td><td rowspan="3">Target Ⅱ
(27.7%)</td><td></td></tr>
<tr><td>구매력 低(中),
미혼/40대 이하 기혼 남성</td><td rowspan="3">Target Ⅰ
(17.4%)</td><td></td></tr>
<tr><td>구매력 中(低), 기혼 남성</td><td></td></tr>
<tr><td>구매력 上,
40대 이상 기혼 남성</td><td></td><td></td></tr>
<tr><td>구매력 低(中), 여성</td><td></td><td></td><td></td></tr>
<tr><td>구매력 上(中), 여성</td><td></td><td></td><td></td></tr>
</table>

자료: 북경현대 내부자료

이러한 쏘나타 목표시장의 특징을 살펴보면 Target I은 가격을 중시하며, 외관 스타일, 안락감, 모델/브랜드 평판, 내구성, A/S 등을 중요하게 생각하는 시장이며, Target II는 외관 스타일을 가장 중시하며 가격, 안락감, 안전성, Handling, 제조국 등을 중요하게 생각하는 집단이다. 이 두 개의 목표시장은 쏘나타가 가진 외형적인 분위기인 Elegance, Modern, Unique함이 중요한 요소로 작용하였고, 각각의 시장은 Target I은 운전에 편안한 분위기를, Target II는 합리적인 가격에 좋은 품질을 제공하는 것에 더욱 강조하는 시장이었다.

또한 Target I에서는 앞서 설명한 바와 같이 생활하는 데 편리하고 편안하게 사용할 수 있다는 부분에 소구를, Target II는 쏘나타에 대한 구매결정은 합리적인 선택이라는 부분을 소구해야만 하였다.

쏘나타의 포지셔닝(positioning)전략

한국에서 쏘나타는 전문직 30~50대 여성과 자영업을 하는 남성을 목표시장으로 하여 목표 시장에 쏘나타가 효과적으로 침투하기 위하여 현대적이고 개방적이며 개성적이라는 점을 부각하면서 포지셔닝하였다.

이와 비슷하게 중국시장에서도 쏘나타는 단기적으론 Target I 시장에 Life-Friendly를 강조하여 폭스바겐 Santana 2000의 주 수요층이며, 쏘나타에 대한 구매력이 높아 판매량을 쉽게 높일 수 있는 Target I을 공략할 포지셔닝전략을 세웠다. 장기적인 측면에서 시장점유율이 가장 크고, Accord, Passat가 주요 모델인 Target II를 합리적인 선택을 강조하여 공략하고자 하였다.

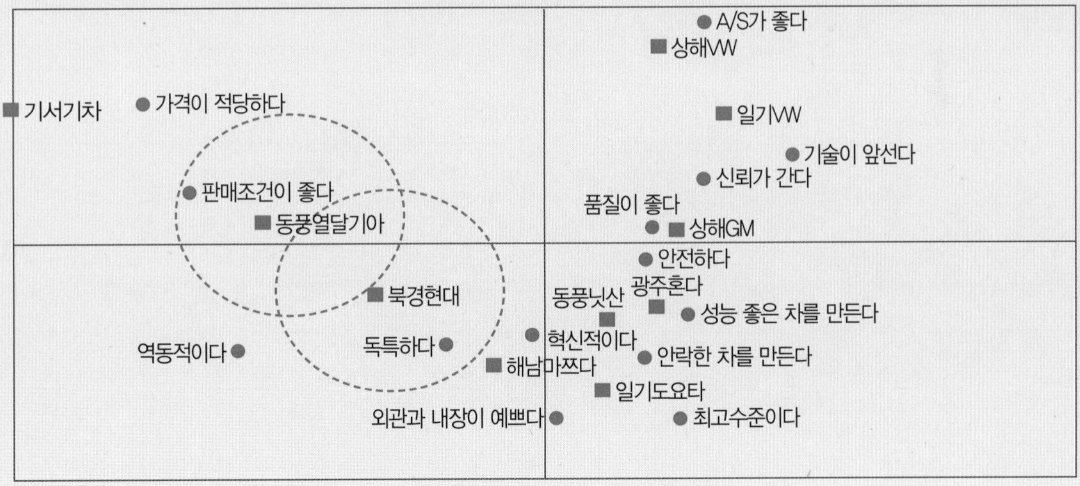

자료: 북경현대 내부자료

자료: 이장로 외, 현대 · 기아자동차 중국 마케팅 사례, 2007, 요약발췌함

토의과제

01 쏘나타의 segmentation 과정을 설명하시오.

02 쏘나타의 목표시장을 왜 target Ⅰ, Ⅱ로 선정하였는지를 논의하시오.

03 쏘나타라는 제품의 특징과 목표시장의 특징을 비교해 보시오.

참고자료

- 북경현대 내부자료
- 이장로 외, 현대 · 기아자동차 중국 마케팅 사례, 무역경영사, 2007.

Section 01

세계시장세분화

기업이 상이한 특성을 지닌 소비자에게 똑같은 마케팅전략을 수행하는 것은 바람직하지 않다. 그러므로 마케팅관리자는 소비습관, 행동, 경제적 특성 등이 유사한 소비자 혹은 시장을 집단화시킴으로써 한정된 자원을 효율적으로 이용하고 시장에서 경쟁력을 확보할 수 있다.

1. 시장세분화의 개념

시장세분화(market segmentation)는 근래들어 마케팅믹스와 더불어 마케팅전략의 핵심적인 분야로 간주하고 있으나, 현재까지도 세분화의 대상인 시장에 대한 마케팅관점에서의 정의가 명확하게 정립되지 못한 관계로 시장세분화의 개념 정의도 보는 관점에 따라 애매모호하게 이루어지고 있다.

그러나 시장세분화의 여러 정의를 집약해 볼 때 시장세분화란 하나의 시장을 서로 다른 제품이나 마케팅믹스를 원하리라고 생각되는 여러 구매자집단으로 분류하는 것이라고 할 수 있다. 다시 말해 시장세분화는 시장을 기업의 마케팅활동에 대해 유사한 반응을 보일 것으로 예측되는 세분시장들로 구분하는 것을 말한다.

세계시장세분화의 개념은 세계시장을 보는 관점에 따라 크게 두 가지로 나누어 생각할 수 있다. 즉, 개별국가시장을 하나의 시장으로 보고 동질적인 반응을 보이는 국가시장끼리 집단화하는 국제시장세분화(international market segmentation)와 개별국가시장을 여러 개의 세분시장으로 보고 전 세계 국가에 걸쳐 동질적인 특정 세분시장끼리 집단화하는 시장 간 세분화(inter-market segmentation)의 개념이다.

세계시장을 세분화하기 위해서는 먼저 기업의 표준화된 마케팅전략에 대한 여러 시장의 반응을 면밀히 조사해야 한다. 물론 국가, 시장 그리고 소비자가 각각 독특한 특성이 있는 것은 사실이지만, 세계시장세분화의 본질적 목표는 각국 시장의 특성을 찾아내는 것이 아니라, 표준화된 마케팅전략을 실행하는 것이기 때문이다.

또한 마케팅관리자는 여러 시장 중에서도 고객욕구를 효과적으로 만족시킬 수 있는 부분(segment)을 선정하는 것이 바람직하다. 기업은 시장세분화를 통해 다음과 같은 이익을 얻을 수 있다.

첫째, 마케팅기회를 효과적으로 포착할 수 있다. 기업은 시장세분화를 통해 경쟁기업의 마케팅전략에 대한 세분시장의 만족도와 욕구를 파악할 수 있다. 기존제품에 대해 만족을 느끼지 않는 세분시장은 기업에는 새로운 마케팅대상이 된다. 결국 시장세분화는 기업이 새로운 시장진입을 위한 계획을 수립하는 데 상당한 도움을 준다.

둘째, 자원의 효율적 배분을 도모할 수 있다. 국제기업이 한정된 자원을 가지고 모든 시장을 대상으로 마케팅활동을 전개하는 것은 무리이며 자원의 낭비라고 할 수 있다. 그러므로 국제기업은 마케팅노력에 대해 세분시장이 보이는 반응의 차이에 따라 예산이나 인적자원을 합리적으로 배분할 수 있다.

셋째, 국제마케팅전략을 조정할 수 있다. 상이한 욕구를 지닌 구매자들에 대해 동일한 마케팅전략을 수행하는 것은 위험하다. 시장세분화가 이루어지면 욕구가 다른 세분시장에 적합한 마케팅전략을 수립하여 실행할 수 있게 된다.

넷째, 기업은 세분화를 통해 목표시장을 확실하게 설정할 수 있게 된다. 즉, 국제마케팅 관리자는 기업의 경쟁적 강점과 약점을 고려하여 유리한 세분시장을 선택할 수 있게 된다.

사례 5-1 한국 대표 'K-레깅스' 인기

- 운동수준 등 타깃층 세분화
- 여성용 레깅스 라인업 보유
- 美 · 대만 등 20여 개국 수출
- 블프 · 광군절 등 맞춤형 마케팅

BRANDX.
BrandX Corperation®

미디어커머스업체 브랜드엑스코퍼레이션은 대표 브랜드인 젝시믹스를 앞세워 해외시장 공략에 나서고 있다. 국내에서 트위터나 페이스북, 인스타그램 등 SNS를 통해 패션 · 생활용품을 기획 · 판매해 온 노하우를 기반으로 해외에서도 빠른 성장세를 보일 것으로 자신하고 있다.

세분화한 레깅스 라인업

스포츠웨어 브랜드 젝시믹스는 여성들이 즐겨 입는 레깅스가 주력 제품이다. 2015년 출시한 '뱃살 지우개 레깅스'가 SNS에서 큰 인기를 끌었다. 젝시믹스는 이 회사 전체 매출의 80% 이상을 차지한다. 작년 하반기부터는 일본을 시작으로 해외에도 소개됐다. 한국을 대표하는 일명 'K레깅스'로 키우겠다는 것이 회사 측 설명이다.

젝시믹스는 운동 입문자, 중급자, 숙련자, 전문가 등 사용자의 운동 수준과 타깃 소비층에 따라 세분화된 레깅스 라인업을 보유하고 있다. 기존 레깅스 제품보다 착용감이 편안하고, 아시아 여성들의 체형을 고려해 입체 패턴 디자인을 적용했다.

프리미엄 제품군은 해외에서 더 인기를 얻고 있다고 설명했다. 상 · 하의 세트로 구성된 '블랙라벨 하이플렉시' 세트는 젝시믹스 레깅스 중 가장 고가 라인이다. 해외 매출 중 17%를 차지한다.

20여 개국서 마케팅

젝시믹스는 현재 20여 개 나라에 수출하고 있다. 미국, 홍콩, 싱가포르, 대만, 캐나다 등 20개국에선 소비자에게 직접 판매한다. 홍콩, 일본, 대만, 우크라이나 등 7개국에선 B2B(기업 간) 거래로 유통된다.

브랜드엑스 해외사업부 관계자는 "국내 레깅스 시장에 국한하지 않고 운동을 생활화하는 주변 다른 국가로 눈을 돌릴 필요가 있었다."라며 "젝시믹스 레깅스를 구입하려는 외국인들의 수요가 꾸준히 증가해 작년 하반기부터 성장 잠재력이 있는 아시아 국가를 중심으로 수출을 본격화했다."라고 설명했다.

출처: 한경, 2020.03.12, 브랜드엑스코퍼레이션, '젝시믹스' 현지화 전략으로 해외시장 뚫는다(https://www.hankyung.com/economy/article/202003100664i)에서 요약 발췌

2. 시장세분화 방법

국제기업이 주로 택하는 단계적 시장세분화 방법과 제품수명주기를 이용한 시장세분화 방법을 설명한다.

1 시장세분화의 기준

국제마케팅 관리자는 시장세분화의 기준을 설정하고 이에 따라 모든 국가를 동질적인 몇 개의 세분시장으로 나눈다. 이때 많이 사용되는 기준으로는 지리적 지표, 경제발전지표, 정치적 지표, 사회문화적 지표 등이 있다.

마케팅관리자는 일반적으로 지리적 지표에 따라 세계시장을 세분화하는 경향이 있다. 예를 들면, 아시아시장, 북미시장, 남미시장, 유럽시장, 중동시장 등으로 국가를 나누는 방법이다. 그러나 지리적으로 인접해 있다고 해서 경제발전지표 또는 사회문화적 지표들이 유사하지는 않다. 호주의 경우 필리핀이 캐나다보다 지리적으로 가깝지만 시장특성은 오히려 캐나다와 유사하다.

특히 경제발전 정도는 시장행위에 상당한 영향을 미치기 때문에 마케팅관리자는 1인당 국민소득, 철강소비량, 자동차대수 등 그 밖의 경제발전지표를 이용하여 세계시장을 세분화한다. 서유럽시장의 경우에 지리적 인접성보다는 EU와 EFTA 등의 경제통합이나 유사한 경제발전 단계를 기준으로 시장을 분류한다.

또한 국제기업은 정치적 지표에 따라 세계시장을 분류할 수도 있다. 예를 들면, 정치적 위험도 혹은 국

가위험도 그리고 정치체제 등을 고려하여 세계시장을 세분화하는 것이다. 취급제품에 따라 국가를 금융시장 또는 유통시장 개방화 정도를 고려하여 세분화하는 것도 한 방법이다.

국제기업은 사회문화지표를 사용하여 세계시장을 세분화하기도 한다. 제품에 따라서는 성별, 연령, 인종, 언어 및 종교에 따라 세계시장을 분류하는 것이 효과적이기 때문이다. 의류, 화장품, 영화, 음악 등 문화상품, 식품 등을 생각해 보면 쉽게 이해할 수 있을 것이다.

이외에도 기후, 수질, 토양 등에 따라서 세계시장을 세분화할 수도 있다. 마케팅 대상 품목의 특성에 맞게 위에서 설명한 여러 가지 지표들을 동시에 고려할수록 더욱 효과적인 시장세분화가 가능할 것이다.

2 단계적 시장세분화

[그림 5-1]에서 보는 바와 같이 국제마케팅 관리자는 여러 가지 시장세분화기준들을 고려하여 표준화된 마케팅전략을 전개하기에 적합한 동질적인 세분시장들로 분류하는 1단계 시장세분화를 하게 된다.

2단계로 이들 세부시장별로 기업판매잠재력(company sales potential)이 가장 높은 국가를 찾아내고, 그 국가에서 마케팅에 성공하기 위해서 필수적으로 중요하다고 판단한 핵심 성공요인(key success factor)을 분석한 다음 참조국가(reference country)와 유사점을 비교하는 절차를 수행한다. 참조국가는 국제기업이 가장 높은 판매잠재력을 가진 제품을 이미 마케팅하고 있는 기존 해외시장이 되는 것이 보통이다. 이 단계에서 국제기업은 기업판매 잠재력이 가장 높고, 마케팅 성공가능성이 높고, 참조국가와 유사한 특성을 가진 국가를 선택한다.

3단계 이후에서는 각 세분시장별로 제외된 국가들을 대상으로 이런 과정을 반복하여 목표시장의 범위를 추가하고 나머지 국가들은 제외한다.

그런데 모든 국가를 세분화시켜 2차적인 목표시장으로 분류하는 과정은 마케팅관리자가 마케팅전략을 각국 시장에 어떠한 방법으로 적용할 것인가에 큰 영향을 받는다. 즉, 극단적인 경우 국제마케팅 관리자는 단 두 개의 국가라 할지라도 동일한 마케팅전략을 선택하는 것은 무리라는 의사결정을 내릴 수 있는가 하면 모든 국가에 같은 전략을 수행하도록 결정할 수도 있다.

이와 같은 단계적 시장세분화 방법은 체계적이고 경제적으로 국가를 세분화시켜 줄 뿐만 아니라, 기업제품에 대해 잠재력을 지닌 참조국가를 활용함으로써 공동의 마케팅전략을 계획할 수 있다.

그러나 마케팅관리자는 목표집단에 대한 마케팅노력에 영향을 미치는 모든 요소를 세분화과정에 반영하기가 어렵기 때문에, 제약된 시간과 정보하에서 가능한 세분화 방법을 모색해야만 한다. 더욱이 마케팅활동을 전개하면서 여건 변화에 맞게 세분화결정을 언제든지 수정할 자세를 갖고 있어야 한다.

그림 5-1 **국제시장에서의 범세계적 시너지효과**

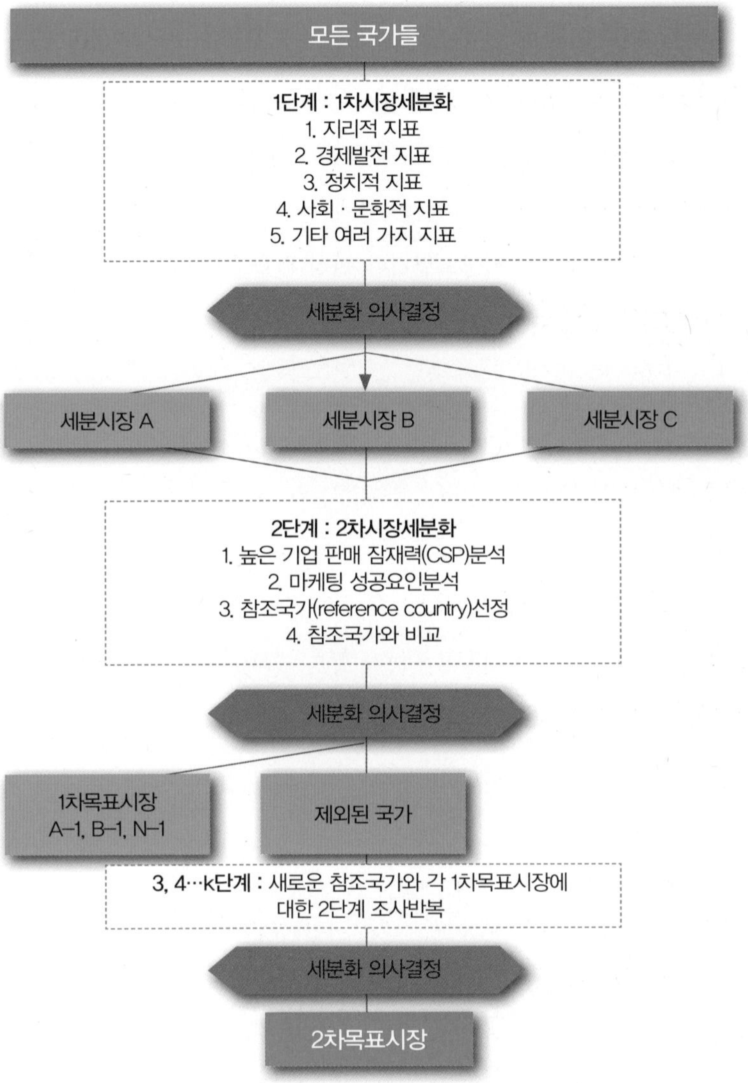

자료: F. R. Root, Foreign Market Entry Strategies (New York : AMACOM, 1982), p.248.

③ 제품수명주기(product life cycle : PLC)를 이용한 시장세분화

국제기업은 마케팅전략을 수립할 때 국제적인 추세나 패턴의 변화를 중시해야 하는데, 그중에서도 특히 시장세분화전략은 세계시장의 동태적 특성을 반드시 반영해야 한다.

동태적인 시장특성을 고려하여 시장을 세분화하는 방법으로는 제품수명주기를 국제시장에 적용하는 방법이 많이 활용된다. 제품수명주기는 일반적으로 특정한 한 시장에서 시간 경과에 따른 특정 제품의 변화추세를 분석하는 데 사용되지만, 국제마케팅에서는 일정 시점 혹은 일정 기간 여러 국가시장에서 제품수명주기상의 상대적 위치를 파악하는 방법으로 활용된다.

모든 제품은 시장에서 수명주기가 있기 마련으로, 그것의 지속기간과 형태는 제품과 국가에 따라 달라진다. 예를 들면, 미국에서 개발된 신제품이 일본이나 기타 선진국시장으로 비교적 빨리 이전되지만, 개도국에는 상당한 기간이 지나야 도입된다. 그러므로 일정 시점에 있어서 동일한 제품이라도 국가마다 제품수명주기는 다를 수밖에 없다. 이에 따라 자국시장에서는 판매가 줄어들어 성숙기 후반 또는 쇠퇴기에 있는 제품이라고 할지라도 어떤 국가에서는 시장도입기나 전혀 진출조차 하지 않았을 수도 있다. 이는 [그림 5-2]를 보면 쉽게 이해할 수 있다.

그림 5-2 **제품수명주기를 이용한 국가별 시장세분화**

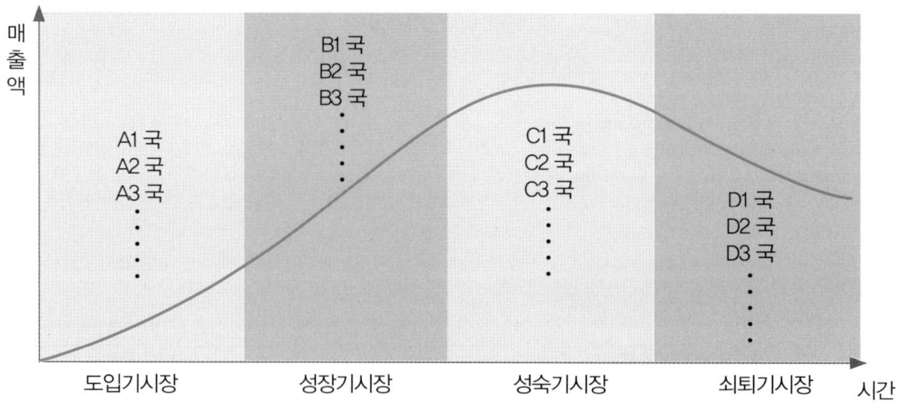

국제기업은 이러한 국가별 수명주기단계의 차이를 이용하여 동일한 단계의 국가들을 기준으로 시장을 세분화할 경우 효율적인 전략을 실행할 수 있는데, 제품수명주기를 통한 시장세분화의 유용성은 다음과 같다. 첫째, 한 국가에서 얻어진 경험을 비슷한 제품수명주기단계에 있는 다른 국가에 사용하여 경쟁력을 확보하는 데 이용할 수 있다. 둘째, 기업은 성숙기 후반 또는 쇠퇴기시장에 있는 제품을 마케팅 기회가 존재하는 수명주기단계가 다른 시장으로 이전시킴으로써 계속적으로 해외시장을 확보하는 동시에 자원의 효율적인 사용을 기할 수 있다. 셋째, 기존제품을 시장에서 철수하고 새로운 제품을 시장에 도입시킬 수 있는 적절한 시기를 정하는 데 도움을 준다.

그러나 제품수명주기 자체의 특성, 즉 주기의 형태와 지속기간조차 정확히 알아내기가 어렵기 때문에 국가별 제품수명주기단계를 분석하는 것은 매우 힘들다. 더욱이 정보통신, 매스미디어, 국제운송 등의 발달로 인하여 시간이 지남에 따라 수명주기가 전반적으로 짧아지는 경향이 있어 이를 고려하여 세분화전략을 적용하는 것은 한층 어렵다.

Section 02

해외목표시장선택

1. 시장선택의 의미

해외시장선택은 인적자원이나 기술, 자본 등의 제한된 자원을 가진 기업이 자신들이 보유한 제품을 가지고 어떤 시장에 참여할 것인지 결정하는 것이다. 이는 구체적으로 다음과 같은 의미를 내포한다.

1 판매시장 및 생산기지의 선택

기업활동 및 자원의 국제적 배치, 자사의 판매시장 및 생산지역의 선택문제이다. 즉, 주된 판매시장을 어디로 할 것이며 판매제품의 생산지역을 어디에다 선택할 것인가의 문제이다. 이들 생산 및 판매지역의 결정은 별개의 문제가 아니라 상호연계성을 지니고 있다. 예를 들어, 정부의 무역규제나 운송비 부담 등의 문제는 생산 및 판매지역의 동일화를 가져오게 한다. 그리고 특정 지역에서의 생산시설 과잉은 새로운 판매시장을 선택하게 하며, 생산시설건립에 필요한 자본규모가 지나치게 크다면 그 지역에서의 판매가능성을 포기하게 하는 결과를 가져올 수 있다. 따라서 기업으로서는 생산 및 판매지역을 선정할 때 독립적인 의사결정이 아닌 상호연계성을 가지고 있다는 인식을 갖는 것이 중요하다.

2 경쟁자와 경쟁범위의 결정

해당 참여시장의 선택은 기업 스스로가 자사와의 경쟁기업을 선택하는 것과 동일하다. 즉, 자사가 특정 지역으로 진입하는 것 자체가 그 지역에서 이미 활동 중인 기업들과의 경쟁을 선포하는 것과 같은 의미이기 때문이다. 따라서 기업이 특정 시장을 선택할 때는 그 시장의 잠재력뿐만 아니라 그 시장의 경쟁구조와 현재 및 미래의 경쟁기업과 자사의 경쟁우위까지 고려해야 한다. 그리고 자사의 시장선택에 따르는 경쟁기업의 반응 등 다양한 요인들을 고려한 신중한 시장선택 과정이 요구된다.

3 글로벌 시장확대전략의 수립

시장선택에 있어서 또 하나의 중요한 사항은 자사의 범세계적 네트워크와 국제시장의 동태적 변화과정을 고려하는 것이다. 즉, 해당 지역에서의 잠재적인 판매가능성만을 고려하는 것이 아니라 자사의 전 세계적 네트워크를 고려하여 생산 및 판매지역을 선정하는 것이 필요하다. 또한 시장선택에 있어서는 현재의 시장 상황이 아니라 미래의 시장 간의 상호연계성의 진전 및 통합 정도와 시장 내 다양화를 고려한 동태적인 시장선택 과정을 도입하는 것이 기업의 성공 여부에 결정적인 동인이 된다고 할 수 있다.

그리고 투자지역의 결정에 있어서 중요한 것은 환경조건과 위협 및 기회요인들의 변화를 항상 염두에 두어야 하며, 이러한 환경변화에 대응하기 위한 동태적인 시장선택기준의 도입이 필요하다는 것이다. 즉, 해당 지역에서의 생산조건 변화나 수요의 감퇴에 따른 생산지역 및 판매지역의 전략적 조정이 항상 가능하다는 탄력적인 사고를 유지하는 것이 중요하다.

2. 시장선택에 영향을 미치는 변수들

기업이 시장을 선택할 때 많은 요인들이 영향을 미치게 된다. 현지국의 시장잠재력과 기업이 보유한 자원의 유용성, 현지국에서의 경쟁환경과 현지사업의 용이성 및 적합성, 전략시장으로의 가능성 등이 있다.

1 시장잠재력

시장선택에 영향을 미치는 변수 중 가장 중요한 변수로는 해당국가의 시장규모와 시장성장률 정도이다. 즉, 이것들을 고려하여 시장잠재력을 측정하기 위해서는 GNP나 1인당 국민소득, 성장률, 중산층의 규모, 산업화지수 등의 각종 2차자료를 이용할 수 있다. 시장잠재력을 평가하는 데 있어서 기업이 고려하여야 할 것은 현재의 잠재력뿐만 아니라 미래의 잠재력을 고려하여 투자지역을 선정하는 것이 요구된다.

시장잠재력의 평가에 있어서 해당 제품의 소비에 대한 사회전체의 분위기를 간과하는 경우가 많은데 이들 요인들 역시 고려하여야만 한다. 예를 들어, 일회용 기저귀의 경우 신생아 출산율과 환경운동에 대한 관심사항 등을 고려하여야 하며, 모피코트회사의 경우는 현지국의 기후와 동물보호운동분위기, 사치성 소비재에 대한 세율, 모피코트의 착복에 대한 태도 등이 영향을 미치게 되기 때문이다.

2 사업의 용이성과 적합성

기업은 사업환경과 문화가 상이한 외국시장으로 진출할 때 위협과 불안감을 느끼게 된다. 따라서 해외시장으로의 진출을 꾀하는 기업으로서는 자국과 가까이에 있는 국가나 언어가 비슷한 국가, 1인당 국민소득과 인구가 많은 국가의 시장에 먼저 진입하게 된다. 지리적으로 근접한 국가일수록 해외자회사에 대한 통제의 용이성 및 기업관리가 편리할 것이며, 같은 언어를 사용할수록 기업운영에 있어서 편리성을 기할 수 있다는 장점이 있기 때문이다. 그리고 소비자의 관심사항이나 구매특징들이 비슷한 국가에 우선적으로 진출할 수 있는데, 이는 상이한 국가이지만 동일한 소비자그룹을 형성할 수 있게 함으로써 같은 전략을 활용할 수 있기 때문이다.

이 밖에도 유통체제나 제품 및 광고에 대한 규제정책 등의 마케팅 하부구조의 유사성 역시 마치 하나의 국가와 같은 특성을 보이게 되며, 이는 기업이 동일한 마케팅전략을 활용할 수 있게 함으로써 쉽게 진출할 수 있다.

3 전략시장 여부

범세계적 시각에서 다음과 같은 특징을 지닌 전략 국가시장으로의 진출도 중요한 요인이 된다. 우선 전략적으로 고려해야 할 것이 매출과 이익 면에서 중요한 시장으로 진출하는 것이다. 특정 지역 내에서 가장 규모가 큰 국가시장으로 진출함으로써 수익성의 증대 및 규모의 경제 가능성을 높일 수 있다는 장점이 있다. 또한 전 세계적으로 사업활동을 영위하는 고객에게 효과적인 서비스를 제공하려는 방편으로 이들 고객의 모국에 진출하거나 글로벌 경쟁기업의 주력시장에 진출하여 이들의 동향파악과 후방교란작전을 통한 기업목적 달성에 이바지할 수 있다.

이와는 달리 글로벌 경쟁기업의 모국시장에 진출함으로써 이들 경쟁기업에 대한 기술이나 경영기법 및 신제품 정보를 수집할 수 있으며, 현지시장에 대한 성공적인 공략을 통하여 경쟁사의 경쟁력을 약화시킬 수 있는 장점도 있다. 이러한 전략의 예로는 IBM이 일본시장에 진출함으로써 일본기업의 부상을 다소 지연시킨 효과를 가져올 수 있었다는 것이다.

4 기업의 목적

기업의 입장에서는 비용최소화의 원칙보다는 기업의 목적에 따라서 시장을 선택할 수 있다. 예를 들어, BMW의 경우 멕시코지역이 가장 생산비가 싼 지역인데도 불구하고 소비자가 가질 국가 이미지를 고려하여 미국에서 생산지역을 선정한 경우나 일본의 Sharp사가 유럽지역에 대한 원활한 수출유통망을 형성하기 위하여 말레이시아에서 미국으로 마이크로웨이브 조립공장을 이전한 경우이다.

그리고 회사의 전략적 동기, 즉 판매시장이 목적인가 혹은 수출품 생산이 목적이냐에 따라 시장선택은 달라진다.

5 비용

시장선택에 있어서 또 하나의 변수는 생산원가를 최소화할 수 있는 지역을 선택하는 것이다. 생산에 필요한 자원인 노동력과 투입원자재, 기술 등의 비용뿐만 아니라 자원 이동에 따르는 비용과 세금 등을 고려하여 최소의 비용으로 생산할 수 있는 시장을 선택하는 것이 필요하다.

6 위험과 불확실성

대부분의 기업이 투자에 따르는 불확실성과 위험을 줄이려고 노력하며 위험이 증가할수록 투자수익률은 높아야 한다고 생각하게 된다. 따라서 투자 대상지역의 선정에 있어서는 현지 소비자와 경쟁대상기업 그리고 정부의 규제나 입법활동 등에 대한 정확한 평가를 통해 불확실성과 위험을 줄이려는 노력이 요구된다. 그리고 환경요인들의 변화가능성이 높은 지역에 진출하기 위해서는 위험의 증가에 따른 수익성이 높지 않으면 그 국가에 진출하는 것을 꺼리게 된다.

7 경쟁환경

진입지역의 선정에 있어서 영향을 미치는 또 하나의 요인은 산업구조와 경쟁자의 전략이다.

첫째, 산업구조는 자사 상품의 특성이 소수의 기업이 지배하고 있는 범세계적 산업이라면 이 산업에서의 주된 경쟁자들의 반응을 예상하여 진입지역을 선정하여야 한다. 그리고 해당 산업의 경쟁정도가 국가별로 제한되어 있으며, 다수의 중소기업이 경쟁하고 있는 산업이라면 해당 국가에서의 기업의 전략적 요인들이 많은 영향을 미친다는 것이다. 둘째, 경쟁자들의 전략적 반응 정도이다. 진입지역의 선정에 있어서 주된 경쟁기업의 확장 전략을 고려하여야 하며, 자사의 전입 결정이 있을 경우 이에 대한 경쟁자의 전략적 반응을 고려한 동태적인 진입시장의 선택이 요구된다. 예를 들어, 대만의 컴퓨터 업체인 Acer사가 유럽지역에서 컴퓨터를 저가로 판매하기 시작하자 2년 후 거대 다국적기업인 IBM과 Compaq이 이 지역에 초저가로 판매를 시작함으로써 경쟁이 과열된 경우를 들 수 있다. 따라서 기업의 입장에서는 투자지역의 선정에 있어서 투자 대상 산업의 산업구조 및 경쟁자의 전략적 반응정도를 예상한 투자지역의 선택이 필요하다.

이상의 영향변수들을 고려한 진입시장 및 국가의 선택 과정을 도표로 나타내면 [그림 5-3]과 같다.

그림 5-3 진입시장 및 국가의 선택 과정

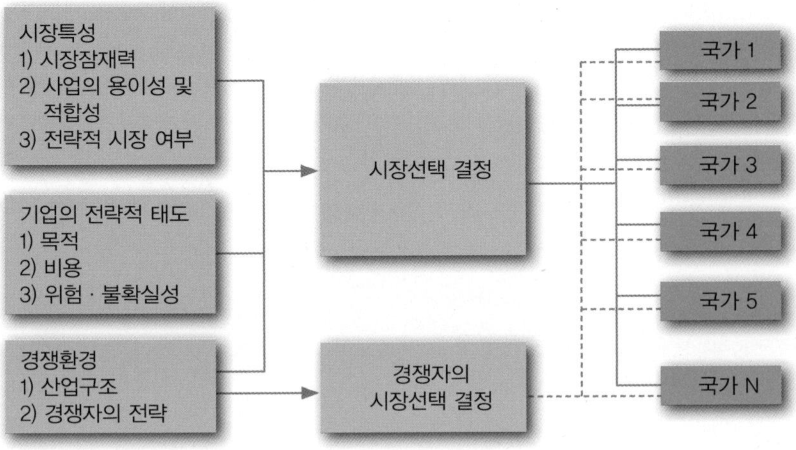

3. 해외시장평가기법

1 그리드(Grid) 방법

그리드 방법은 해외시장선정에 필요한 몇 가지 중요한 요인을 먼저 선정한 다음 이들 요인에 대한 종합점수를 계산하고 이들 조건에 충족되는 국가시장에 우선적으로 진출하는 방법이다. 이러한 Grid 기법에 있어서 중요한 것은 수많은 국가 중에서 일차적으로 탈락될 수 있는 국가들을 구별하기 위한 조건들을 먼저 선정하여 예상국가들을 줄여나가는 작업이 필요하다. 그다음에는 나머지 국가들에 대하여 평가자가 중요하다고 생각하는 요인에 대한 점수를 합계한 다음 가장 좋은 평가 점수를 받은 국가에 우선적으로 진입하는 방법이다. 국가시장 선정에 영향을 미치는 요인에 대한 평가 방법과 그 예를 살펴보면 [표 5-1]과 같다.

잠재예상국의 선정에 있어서 우선적으로 고려하여야 할 것이 해당 국가에 대한 진입 가능 여부의 판단이다. [표 5-1]에 따르면 국가 1은 단독투자를 인정하지 않기 때문에 일차적으로 진입 불가능한 국가이다. 그다음으로 진입 가능한 국가 2, 3, 4, 5에 대하여 이들 국가들을 대상으로 수익성요인과 위험요인에 대한 가중치와 평균을 고려하여 최종 국가를 선정하게 된다. 한편, 국가 2는 수익성요인은 높으며 위험은 낮은 것으로 조사되어 가장 가능성이 높은 국가로 평가되었다. 이 기법은 변수가 많아지면 많아질수록 평가가 복잡해진다는 단점은 있으나 해당 제품과 기업의 목적 및 상황에 따라 변수를 달리 함으로써 사전 타당성조사를 하는 데 유용하게 이용할 수 있다는 장점이 있다.

표 5-1 Grid 평가기법

영향요인 \ 예상 국가들	가중치	진입예상국가들				
		1	2	3	4	5
1. 진입 가능(A), 진입 불가능(U)						
ⓐ 100% 소유권 인정 여부	–	U	A	A	A	A
ⓑ 라이선싱이나 다수 소유권 인정 여부	–	A	A	A	A	A
2. 수익성 요소(숫자가 높을수록 선호)						
ⓐ 필요한 투자규모	0–5		4	3	3	3
ⓑ 직접비용	0–3		3	1	2	2
ⓒ 조세율	0–2		2	1	2	2
ⓓ 현재 시장규모	0–4		3	2	4	1
ⓔ 3~10년 후 시장규모	0–3		2	1	3	1
ⓕ 현재 및 2년 후의 시장점유율	0–2		2	1	2	1
ⓖ 3~10년 후 시장점유율	0–2		2	1	2	0
총계			18	10	18	10
3. 위험요소(숫자가 낮을수록 선호)						
ⓐ 3~10년 후 시정점유율 감소예상비율	0–4		2	1	3	2
ⓑ 환율문제	0–3		0	0	3	3
ⓒ 정치적 불안정 가능성	0–3		0	1	2	3
ⓓ 현재의 경영 관련 법률	0–4		1	0	4	3
ⓔ 3~10년 후 경영 관련 법률	0–2		0	1	2	2
총계			3	3	14	13

자료: J. D. Daniels and L. H. Radebaugh, International Business : Environments and Operations, 11th ed. (Pearson Education Co., 2007), p.407.

사례 5-2 "아이러브 메로나" 해외서도 '빙그레'

2021년 매출 첫 1조 원을 돌파한 빙그레가 해외 시장에서 순항하고 있다. 주력 제품 중 하나인 메로나 아이스크림과 바나나맛 우유가 각각 미국과 중국 소비자의 입맛을 사로잡으며 매출 효자로 거듭나고 있다. 베트남에서도 붕어싸만코 등의 제품 수요가 이어지며 코로나19 여파로 침체된 실적이 지난해부터 개선되고 있다.

빙그레에 따르면 회사의 지난해 중국 바나나맛 우유의 순매출은 260억 원으로 전년 대비 13% 증가했다. 바나나맛우유는 2004년 미국 수출을 시작으로 중국 · 대만 · 홍콩 · 베트남 등 10여 개 국가에서 판매되고 있다. 특히 중국 시장의 경우 과거 K-콘텐츠 등 한류 열풍의 확산이 제품 수요를 겨냥한 것으로 분석된다. 일부에서는 당시 빙그레 바나나맛 우유 출시가 중국 현지 가공류 시장의 활성화를 이끌었다는 평가도 나온다.

빙그레 관계자는 "중국에 바나나맛 우유를 수출한 지는 10~15년 정도 됐는데 그때가 한류 붐이 일어난 때"라며 "중국에서 방영된 드라마에 바나나맛 우유가 나오기도 했다."라고 말했다. 이어 "당시 중국 시장은 사실상 가공류가 활성화되지 않았던 상태로 현지인들이 흰우유만 섭취하던 때였다."라며 "바나나맛 우유 출시로 제품이 누적되고 점점 인기를 얻으면서 현재에 이르게 됐다."라고 설명했다.

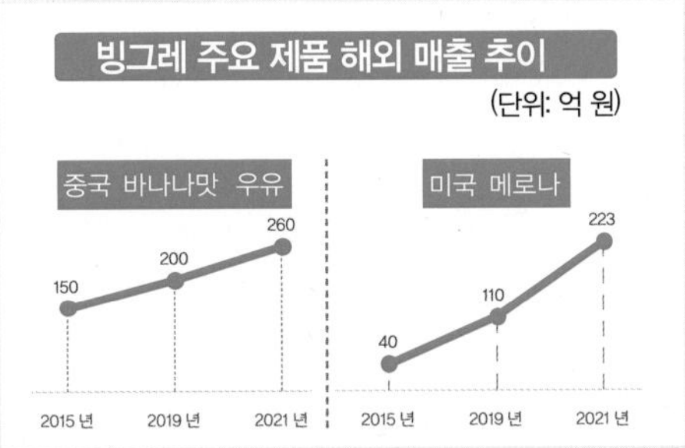

미국 시장에서는 메로나 아이스크림이 톡톡한 효자 역할을 하고 있다. 빙그레의 미국 메로나 매출은 2021년 223억 원으로 전년 대비 39% 가까이 늘어났다. 농수산식품유통공사에 따르면 현재 미국으로 수출되는 국내 아이스크림의 약 70%가 빙그레 제품이다. 빙그레는 미국에서 연간 1,800만 개 이상의 메로나를 판매하고 있으며, 교민 및 아시아 마켓 내 판매를 기반으로 현지인 시장으로 판매 확대를 추진하고 있다.

베트남에서도 수출 품목 중 매출 상위 제품에는 붕어싸만코류, 바나나맛우유류, 메로나류가 있다. 빙그레의 베트남 수출 실적은 2021년 약 57억 원으로 전년 대비 42.5% 증가했다.

업계는 빙그레의 해외 사업 순항에 전창원 대표이사의 적극적인 해외 시장 마케팅이 뒷받침됐다는 시각이다. 미국 메로나 매출은 2014년부터 두자릿수에 그치며 2018년에는 70억 원을 기록했으나 전 대표 취임 후인 2019년 110억 원, 2020년 160억 원을 기록하며 세자릿수로 껑충 뛰어올랐다.

2021년 첫 매출 1조 클럽 가입을 달성한 빙그레는 올해도 해외 현지 시장을 겨냥한 제품군을 확대해 나간다는 구상이다. 빙그레 관계자는 "해외 주요 유통 채널에 입점해 판매 경로를 넓히고 현지인의 입맛에 맞는 제품들을 만들어 나갈 계획"이라며 "메로나도 타로맛과 같은 국내에 출시되지 않은 향료를 활용한 제품들을 현지인의 입맛에 맞게 다양화해 수출해 나갈 것"이라고 전했다.

출처: 아시아투데이, 2022. 03. 22., "아이러브 메로나" 해외서도 '빙그레', https://www.asiatoday.co.kr/view.php?key=20220321010011760에서 발췌.

2 기회-위험매트릭스

기회-위험매트릭스는 진입 예상국가에 대한 기회요인을 수평축에 놓고 위험요인을 수직축에 위치시킨다. 그런 다음 이들 요인에 대한 평가지수를 선정하여 이들 지표에 대한 점수의 합계를 구한 다음 이들 사각형에 각 국가의 해당 점수를 도표화하는 방법이다. 이들 지표에 대한 평가에 있어서 여러 가지 요인이 포함될 수 있으며, 평가자에 따라 각각의 요인에 대하여 상이한 가중치를 부여함으로써 평가의 정확성을 높일 수도 있다. 그리고 이들 지표들의 평가에 있어서 또 하나의 고려요인은 현재의 위치뿐만 아니라 미래의 위치를 같이 평가함으로써 시장의 선정과 이동에 대한 동태적인 평가가 가능하다는 장점이 있다.

이와 같이 위험 및 기회요인에 대한 중요 요인을 선정한 다음 각각의 요인에 대한 가중치를 곱하여 점수를 산정한 다음 [그림 5-4]와 같이 위치를 선정하였다고 하자.

그림 5-4 **국가선정 및 평가 방법**

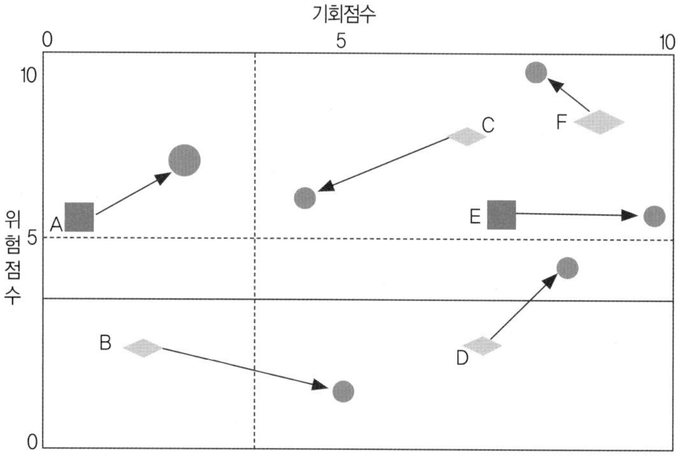

마름모꼴은 현재 운영 중인 국가(크기는 기업운영규모)를 표시

원형은 미래의 위치 변화를 표시 직사각형은 지금 운영 중이지 않은 국가를 표시

------ 현재의 전 세계 평균기회 및 위험점수 —— 미래의 전 세계 평균기회 및 위험점수

위험점수는 점수가 높을수록 위험이 낮은 것을 의미하고, 기회점수는 점수가 높을수록 기회가 높은 것을 의미한다.

자료: J. D. Daniels and L. H. Radebaugh, International Business: Environments and Operations, 11th ed. (Pearson Education, 2007), p.208.

이 그림에 따르면 국가 A 및 E는 현재는 참가하고 있지 않은 시장이다. 이 중 A국가는 낮은 위험과 낮은 기회요인을 갖고 있으며, E국가는 낮은 위험과 높은 기회요인을 가진 것으로 평가되었다. 이러한 평가하에서 새로운 진입국가를 찾는다면 바람직한 국가는 E국가라 할 수 있다. 현재의 시점에서는 F국가에서 가장 높은 활동을 보이며, C 및 D국가에서는 중간 정도의 활동을, 그리고 B국가에서는 가장 낮은 활동 정도를 보인다. 미래의 상황을 고려한다면(원형의 위치) F국가가 낮은 위험요인과 높은 기회요인을 보임으로써 가장 바람직한 국가라고 평가할 수 있다. 그리고 C국가는 기회요인은 줄어든 반면 위험요인은 늘어나 가장 악화된 경우로서 철수를 고려하여야 할 상황일 수도 있다.

3 시장포트폴리오 방법

❶ 시장포트폴리오의 개념

마케팅에 있어서 시장포트폴리오 기법은 본래 경험곡선 개념의 바탕 위에 시장성장률과 시장점유율을 기준 삼아 기업이 생산판매하는 각 제품이 국내시장에서 어느 정도 위치를 차지하는지 파악 · 평가함으로써 특정 제품에 대한 투자 여부를 결정하는 데 활용되어 왔다.

그러나 기업이 점차 국제화되면서 국내시장과는 상이한 여러 해외시장에 진입하게 되고, 그 결과 국내 시장에서 각 개별제품에 대한 투자 여부를 결정하기 위한 제품포트폴리오보다는 특정 제품의 국별 시장에 대한 투자 여부를 결정하기 위한 시장포트폴리오의 중요성이 점차 증대되어 왔다.

❷ 시장포트폴리오의 기법

시장포트폴리오 기법은 [그림 5-5]에서 보는 바와 같이 국가매력도와 경쟁력을 기준으로 각 개별국가의 전략적 위치를 파악 · 평가하여 이를 바탕으로 특정 국가 시장별로 마케팅, 재무, 연구개발투자를 어떻게 시행할 것인지 결정하기 위해 사용되는 기법이다.

국가매력도는 일반적으로 시장규모, 시장성장률, 정부규제, 정치 및 경제의 안정성 등을 조사하고 이들을 수량적 지표로 변환시킴으로써 측정한다. 이와 마찬가지로 자사의 경쟁력은 시장점유율, 제품적합성, 이익률, 현지 마케팅능력 및 지원 등을 평가하고 이들을 수량화하여 측정한다.

측정된 국가매력도와 경쟁력지표에 국제기업의 특성에 맞게 가중치를 부여하고 이들을 지수화함으로써 개별국가들이 시장포트폴리오상 투자 · 성장전략, 지배 · 철수전략, 선택전략, 수확 · 철수전략 중 어디에 속하게 되는지 파악 · 평가할 수 있게 된다.

이렇게 하여 개별국가에 대해 특정 전략을 적용하고 동 전략에 맞는 마케팅 · 재무 및 연구개발투자를 계획하게 되는 것이다. 국제기업의 입장에서는 이와 같이 시장포트폴리오 기법을 이용해 전 세계 개별시장들을 평가하고 이에 따라 보다 효과적으로 해외시장을 선택할 수 있다.

그림 5-5 **시장포트폴리오**

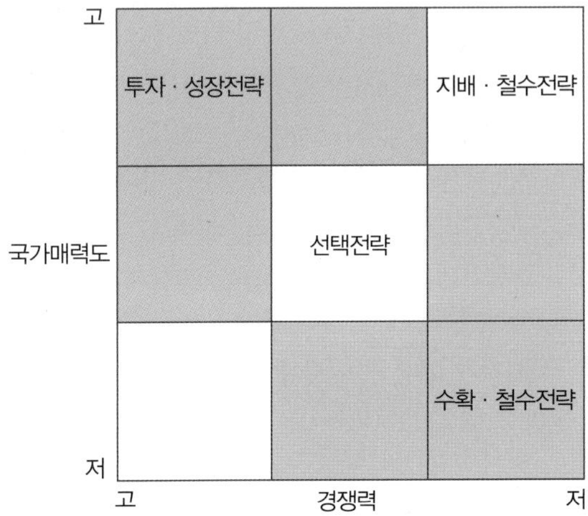

자료: G. D. Harrel and R. O. Kiefer, "Multinational Strategic Market Portfolios", MSU Business Topics(Winter 1981).

Section 03

해외시장 포지셔닝

포지셔닝(positioning)이란 기업이 경쟁사와는 다른 차별적인 특징을 표적시장 고객에게 인식시키는 한편 그 기업의 전략적 위치를 정하는 것을 말한다. 이와 같은 포지셔닝전략은 해외시장 진입 시점(timing)에 따른 경쟁포지셔닝, 시장범위에 따른 포지셔닝 그리고 제품에 따른 포지셔닝 등 여러 관점에서 생각할 수 있다.

1. 진입 시점에 따른 경쟁포지셔닝

기업은 해외시장에서의 경쟁기업과 자사의 경쟁력을 비교하여 진입 시점을 결정하게 된다. 해외시장에의 진입 시점에 따라 선점전략, 대응전략, 적소전략으로 나눌 수 있다.

1 선점전략

선점전략(preemptive strategy)은 선도자우위(first-entrant advantages)를 획득하기 위하여 경쟁이 발생하기 전에 시장에 진입함으로써 지배적 위치를 선점하는 것을 목표로 한다.

국내 많은 기업의 베트남, 미얀마, 인도 등 잠재시장으로의 빠른 행보는 선점전략의 일환이라 할 것이다. 즉, 이러한 시장에서 한국기업이 갖는 의미는 시장을 선점하는 데 있다. 특히 이러한 시장은 미국, 일본 등 선진국의 노하우가 아니라 한국수준의 노하우가 오히려 필요하고 활용될 수 있는 시장이다.

지배적 위치란 시장점유율뿐 아니라 고객인지도 및 유통채널 등의 구축을 포함하는 의미이다. 지배적 위치를 선점한 기업은 그들의 위치를 고수하고자 하는데, 그렇게 하기 위해서는 세 가지 측면의 활동이 필요하다.

첫째, 총시장규모를 증대시킬 방안을 강구해야 한다. 지배적 기업은 총시장이 확대됨에 따라 일반적으로 가장 큰 이익을 얻게 된다.

둘째, 좋은 공격과 방어조치를 통해 현재의 시장점유율을 지켜야 한다. 전체 시장규모를 확대하는 한편, 지배적 기업은 경쟁자의 공격 속에서 현재의 사업을 계속해서 지켜나가야 한다.

셋째, 기업은 시장규모가 일정하더라도 시장점유율을 더 확대하도록 노력해야 한다. 선점전략은 대량 소비재와 같이 유통채널의 확보가 시장침투의 관건이 되는 산업에서 특히 유용하다. 또한 제품이나 서비스가 경쟁자와 크게 차별화된 혁신제품일 경우 선점전략은 바람직한 시장진입전략이 될 수 있다. 그러나 선점전략이 모든 산업에서 가능한 것은 아니다. 현재의 가전, 자동차, 컴퓨터산업과 같이 통합된 시장에서의 세계적 경쟁이 존재하는 산업에서 선점전략의 기회는 상당부분 제한될 수밖에 없다.

선점전략의 이점으로는 현지국 소비자에게 첫 번째로 소개되는 외국브랜드이기 때문에 브랜드인지도를 높이기 쉽고, 때로는 소비자가 제품과 브랜드를 동일하게 기억하기도 한다는 것이다. 예를 들면, 해열진통제의 대명사로서 바이엘 아스피린을 연상하는 것이다.

이는 새로이 진입하려는 기업에 진입장벽으로 작용하게 된다. 또한 선점한 기업은 현지국 정부와 협상하여 외국기업의 투자를 제한하거나 수입관세율을 높이는 등 보다 적극적으로 진입장벽을 만들기도 한다. 그리고 선점전략으로 시장선점에 성공하면 그 기업은 브랜드 인지도와 시장지식을 바탕으로 다른 사업으로의 진출기회가 증대함으로써 사업다각화에 유리한 위치에 설 수 있게 된다는 이점이 있다.

2 대응전략

대응전략(confrontation strategy)은 주요 경쟁자가 이미 진출해 있는 시장에 진출할 때 현지에서의 시장지배력 확보를 위해 적극적으로 선도기업을 공격하는 것을 목표로 한다. 특히, 이러한 대응전략은 기업 글로벌전략의 일환으로 세계적 시장지배력의 구축을 위해 대규모시장, 경쟁기업의 모국, 기술혁신이 발생하는 시장 등 전략시장으로의 진출을 위해 이용된다. 즉, 특정 진입시장에서의 위치확보라는 차원에서라기보다는 세계적 시장지배력 및 지역적 시장균형 등이 글로벌전략의 목표가 되므로 진입시장에서 적극적으로 선도기업을 공격하게 되는 것이다.

진입시장을 이미 선점하고 있는 경쟁자를 공격할 때는 진입시장에 대해 독립된 계획을 수립하는 것보다 기업 전체 차원에서 글로벌계획을 개발해야 한다. 여러 국가에서 동시에 공격하는 것이 경쟁자를 압도할 가능성이 높기 때문이다. 이때 제품라인, 국가별 공격 시점 등이 중요한 결정사항이 된다. 이러한 공격은 주로 저가전략(penetration pricing strategy)을 통해 수행된다.

최근 국내 대기업의 가전, 자동차 분야에서의 활발한 해외생산기지구축은 선도기업의 모국시장 및 전략시장으로의 진출을 통한 대응전략으로 볼 수 있다.

글로벌전략의 일환으로서의 전략뿐 아니라 경쟁기업에 대한 반응으로 발생하는 진입추종(follow the

leader)도 대응전략의 일종으로 볼 수 있다. 국내 가전업체들에 있어서 한 기업이 특정 지역에 먼저 진출하면 다른 기업이 곧이어 진출하는 선도기업추종형(follow the leader) 현상이 두드러진다. 이는 국내시장에서의 과점적 경쟁유지를 위한 진출로 결국 과점적 경쟁에 따른 대응조치를 취한 것이라고 할 수 있다.

3 적소전략

적소전략(niche strategy)은 경쟁이 치열하지 않은 시장에 먼저 진출함으로써 경쟁을 회피하면서 장기적으로는 주요 경쟁자에 대응하기 위한 경험을 쌓는 것을 목적으로 한다.

적소전략은 다음과 같은 시장에서 가장 유용한 수단일 수 있다.

첫째, 규모의 경제성이 제한된 시장, 이러한 시장에서 세계적 경쟁자들의 진입은 크게 제한되므로 경쟁자의 대응위험을 피할 수 있다.

둘째, 시장 특성이 명확하게 존재하는 시장, 경제발전 정도가 미비한 시장 또는 제반 규제가 심한 시장 등에서 제품적응화의 필요성은 증가하며, 이러한 시장에서 시장선도자들이 경쟁하기에는 경제적인 유인이 존재하지 않는다.

적소시장의 표적화는 소규모기업에 특히 적합한데, 이는 소규모기업의 경우 투자재원이 제한되어 있기 때문이다. 적소시장을 찾고 개발하는 데 있어 풍부한 투자재원보다는 신축성(flexibility)이라는 요소가 보다 절실히 요구되는 점이다. 즉, 중요한 점은 전체 시장에서 시장점유율이 작은 기업도 적소전략의 신축적 운용을 통해 적소시장을 발굴, 개발함으로써 수익성을 높일 수 있다는 데 있다.

2. 시장범위에 따른 포지셔닝

다국적기업은 아래와 같은 집중세분시장 포지셔닝 또는 광범위시장 포지셔닝전략을 선택할 수 있을 것이다.

1 집중세분시장 포지셔닝

자사가 목표로 하는 집중세분시장의 특징이나 해당 시장내 소비자의 기호 등에 관한 광범위한 정보 및 정확한 평가가 전제되어야만 한다. 그리고 전 세계적으로 유사한 특정 소비자계층을 분리할 수 있으며, 이들이 자사 제품에 대한 동일한 욕구와 반응 형태가 비슷하다는 가정하에서 이들 소비자그룹을 대상으로 기업 및 제품 이미지를 형성하도록 노력하는 전략이다. 집중세분시장 포지셔닝전략은 다음의 두 가지 전략으로 구분할 수 있다.

첫째, 제품에 대한 사용용도나 편익이 비슷한 소비자층을 대상으로 일관된 포지셔닝전략을 실행하는 것이다. 예를 들어, 고소득층을 대상으로 하는 롤렉스의 포지셔닝전략이나 롤스로이스나 고급승용차에 대한 소수계층만을 대상으로 자동차를 포지셔닝시키는 전략이다.

둘째, 제품의 사용조건이나 제품 사용에 따른 편익이 다를 경우 지역별 혹은 국가별로 다소 차이를 두는 포지셔닝전략이다. 예를 들어, 영국의 사륜구동차인 Range Rover는 영국시장에서는 사파리용이나 Cross-country용의 실용적인 자동차로 포지셔닝되어 있으나, 미국이나 다른 국제시장에서는 여왕이나 다른 영국귀족들이 사용하고 있으며 비포장도로를 주행하기 위한 사륜구동차를 이용할 수 있다는 이미지로 포지셔닝되고 있다. 이와는 달리 독일의 벤츠사는 독일 내에서는 family car용으로 벤츠를 포지셔닝하고 있으나, 다른 나라에서는 부와 지위의 상징인 고급승용차로 포지셔닝하는 경우 등이다.

2 광범위시장 포지셔닝

규모의 경제 달성가능성이 높은 재화, 소비자의 사용조건이나 편익조건이 비슷한 제품 혹은 시장세분화를 하기 어려운 경우에 전세계시장을 대상으로 동일한 포지셔닝전략을 실행하는 것이다. 이러한 전략은 많은 자본과 충분한 자원을 보유한 기업이 주로 활용할 수 있는 전략이며, 전 세계적인 이미지를 형성하기 위해서는 자사 제품에 대한 엄격한 가격통제 및 촉진전략과 유통채널의 선정 등의 작업이 수반되어야만 한다.

첫째, Kodak이 좋은 사진을 찍기 위해서는 좋은 필름을 사용하여야 한다는 통일된 광고 메시지를 이용하는거나 Nike처럼 활력적인 일상생활을 강조하기 위하여 유명스포츠 스타들을 이용한 mega brand를 강조하는 전략이다. 이러한 전략은 특정 일개 국가에서 통일된 이미지를 획득할 수 있다면 다른 나라에서도 이러한 이미지의 효과를 마치 지렛대(leverage effect)처럼 활용할 수 있다는 장점이 있다.

둘째, 소비자기호 및 관심의 차이와 경쟁구조의 양상, 제품시장의 성숙성 여부 혹은 소비자 구매력의 차이 등에 따라서 포지셔닝전략을 다소 수정하는 것이다. 프랑스가 르노 5를 출시하면서 유럽 각 지역 소비자의 특성과 자동차에 대한 평가기준의 차이를 고려하여 광고메시지의 차이를 달리한 예이다.

3. 제품에 따른 포지셔닝

제품 포지셔닝전략을 위해서는 우선 자사 상품군과 유사한 특성을 보이면서 경쟁가능성이 높은 동일한 상품군을 명확히 이해하는 것이 필수적이다. 상품영역의 결정에 있어서는 제품의 형태보다는 제품의 사용용도나 기능에 따른 결정이 요구된다. 그리고 해외시장에 진출하려는 기업에서는 자사상품의 범위를 광범위하게 평가하는 것이 중요하다. 왜냐하면 기업 스스로가 포괄적인 상품영역을 선택함으로써 자사의 경쟁상품과 대체상품에 대한 명확한 이해를 할 수 있게 하며, 적절한 포지셔닝 전략수립에도 도움이 되기 때문이다. 또한 국가에 따라 상품영역에 차이가 있다는 것을 고려할 때 상품영역의 제한된 인식보다는 기업으로 하여금 대응전략의 구상 등에 실질적인 도움이 될 수 있기 때문이다. 예를 들어, 맥주의 경우 어느 국가에서는 청량음료(soft drink)로 인식되지만, 다른 국가에서는 주류로 인식되는 경우이다. 이와 같이 상품영역의 인식 차이는 기업의 마케팅전략과 포지셔닝전략에 있어서 차이를 가져오게 되므로, 상품영역에 대한 명확한 인식이 필수적이라 할 수 있다. 그리고 기업은 제품 차별화 및 상표차별화가 어느 정도 필요할 것인지 파악해야 한다. 일반적으로 시장 간 그리고 국가 간에는 소비자의 상품에 대한 사용조건과 상표에 대한 태도 등이 차이가 있기 마련이다. 기업은 이와 같은 차이점을 고려하여 자사 상품의 수정을 통한 차별화를 강조하거나 통일된 상표 이미지를 형성하기 위한 노력이 필요하다.

1 가격 · 품질 포지셔닝

기업은 해외시장에서 자사 제품의 가격과 품질수준을 소비자에게 어떻게 포지셔닝할 것인지 결정해야 된다. 이때 기업은 포지셔닝 지도(positioning map)를 통해 해외시장상황을 확인한 후 어떻게 포지셔닝해야 할지에 관한 전략을 모색할 수 있다. [그림 5-6]에서 Y축은 제품의 품질을, X축은 제품의 가격을 나타내고 있다. 그리고 사각형의 넓이는 매출액의 상대적 크기 또는 시장점유율을 나타내고 있다. 예를 들어, A기업은 고가격 · 고품질의 포지셔닝전략을 취하고 있는 데 비해 E기업은 저가격 · 저품질 포지셔닝전략을 취함으로써 시장에서 소비자에게 접근하고 있다. 한편 가장 높은 시장점유율을 차지하고 있는 D기업은 중간수준의 가격과 품질로 포지셔닝하고 있음을 보여 준다.

이와 같이 포지셔닝 지도 분석을 통하여 첫째, 경쟁사의 포지셔닝 상황을 파악할 수 있으며, 둘째 기업 간의 경쟁상황을 분석할 수 있으며, 셋째 틈새시장(niche market)을 파악할 수 있다. 이런 분석을 기초로 기업은 진입하려는 해외시장에서의 가격 · 품질 포지셔닝을 결정한다.

그림 5-6 **가격 · 품질 포지셔닝 지도**

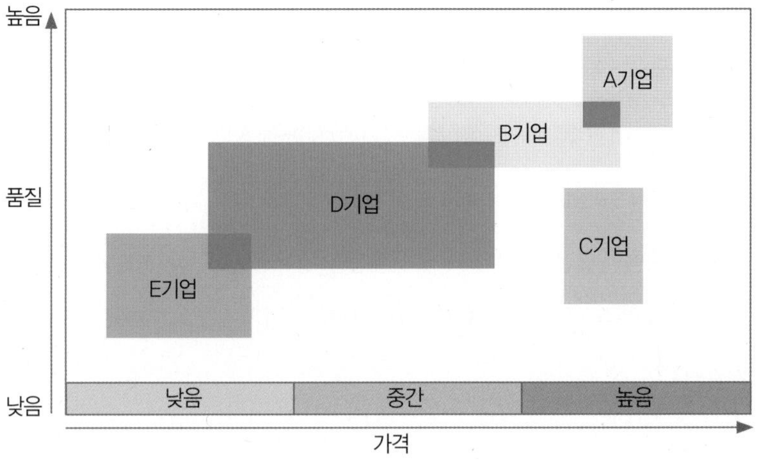

자료: J. C. Leontiades, Multinational Corporate Strategy (Rowman & Littlefield Pub. Inc., 2007).

2 하이테크 대 하이터치 포지셔닝

국제기업은 제품의 성격에 따라서 포지셔닝전략을 달리하기도 한다. 예를 들어, 하이테크(High Tech) 제품과 하이터치(High Touch) 제품계열로 구분하여 포지셔닝하는 것이다.

❶ 하이테크(High Tech) 포지셔닝

소비자는 하이테크 제품의 경우 품질의 견고성에 비중을 두고 보다 많은 정보획득을 원하며, 제품정보에 민감하게 반응하는 경향이 있다. 하이테크 제품계열은 크게 고기술 제품과 특별관심 제품으로 구분할 수 있다. 첫째, 고기술 제품들에는 컴퓨터, 화학제품, 타이어, 금융서비스들이 포함된다. 따라서 소비자는 특별히 더 많은 정보를 원하며, 그들만의 공유된 언어를 활용하고 있다. 그러므로 이러한 하이테크 제품에는 정보제공과 제품특징을 강조하는 포지셔닝이 중요하다. 둘째, 특별관심 제품은 고기술 제품에 비해 약간 기술적인 측면은 떨어지지만, 고객의 공유된 경험에 바탕을 둔 레저나 오락 등에 관련된 제품이 여기에 속한다. 이러한 제품들은 공유된 언어와 상징에 영향을 많이 받는 제품들이다. 후지 자전거와 아디다스 스포츠 장비, 캐논 카메라 등이 대표적인 예이다.

❷ 하이터치(High Touch) 포지셔닝

하이터치 제품에 대한 포지셔닝은 제품의 이미지를 더욱 강조하는 포지셔닝이다. 따라서 소비자는 부, 물질주의, 낭만들과 관련된 테마에 관심을 두고 일상언어와 상징을 공유하는 제품을 선호한다. 이러한 제품군들은 크게 일상용품, 지구촌 제품, 인류보편 개념의 제품으로 구분할 수 있다. 첫째, 일상용품이란 소비자가 일상적으로 매일 사용하는 제품으로 그 효용이 전 세계적으로 통용되는 제품군이다. 둘째, 지구촌 제품이란 세계적으로 높은 품질과 지명도를 바탕으로 글로벌 포지셔닝을 추구하는 제품들로써 예를 들면 향수, 디자이너의 의상, 미네랄워터, 피자 등을 말한다. 셋째, 인류보편의 개념을 사용하는 제품군들은 물질주의, 영웅주의, 레저 및 오락, 출산과 관련된 제품을 포함하고 있다.

글로벌제품의 포지셔닝은 꼭 하이테크 대 하이터치 제품으로 확연히 구분되는 것만은 아니다. BMW 자동차와 같이 기술적이고 견고한 제품계열은 하이테크 포지셔닝을 강조하기도 하나 BMW사는 이미지와 상징적 특징인 하이터치 측면을 부각하기 위해 BMW 소유자에게 정기적으로 라이프스타일 등의 정보를 제공하는 잡지를 발송한다.

Section 04

해외시장확대전략

해외시장 진출을 전제로 하는 국제마케팅에 있어서 해외시장확대전략은 가장 기본적인 의사결정 분야 중의 하나이다. 즉, 국제영업활동을 확대하려고 노력하는 기업은 특정 사업 기간 동안 침투하고자 하는 진출대상국 및 세분시장의 범위와 수를 결정하여야 한다. 따라서 이러한 시장확대전략의 수립에 있어서는 잠재시장들에 대한 진출속도와 함께 진출 우선순위를 결정하는 일이 핵심적인 과제로 대두된다.

1. 해외시장확대속도의 조정

1 시장다변화와 시장집중화전략

주어진 마케팅예산으로 목표를 달성하기 위해서 국제마케팅 관리자는 상이한 시장들 간에 마케팅노력을 효율적으로 배분하여야 한다. 이러한 맥락에서 시장확대전략은 크게 다음과 같은 두 가지 상반된 전략으로 구분할 수 있다.

하나는 시장다변화전략이다. 이는 다수의 시장에 신속하게 침투하는 것을 목표로 이러한 시장국들에 마케팅노력을 적절히 배분하는 전략이다. 다른 하나는 시장집중화전략이다. 이는 초기에는 기업의 자원과 마케팅노력을 소수의 시장에 집중하다가 새로운 시장영역으로 점진적으로 확대해 나가는 전략이다. 따라서 해외시장 진출 초기에는 시장집중화전략을 취하는 기업이 시장다변화전략을 추구하는 기업보다 시장의 수요가 적은 것이 보통이다.

그러나 어떠한 전략을 택하더라도 장기적인 관점에서의 최적시장의 수는 서로 비슷해질 것이다. 이는 시장다변화전략을 추구하는 회사도 수익성이 나쁜 시장에서는 결국 철수하게 되고, 반대로 시장집중화전략을 채택한 회사도 단계적으로 시장의 수요를 늘려 나가게 되기 때문이다. [그림 5-7]은 시간의 흐름에 따라 최적시장의 수로 접근하는 과정을 보여 주고 있다.

그림 5-7 **시장확대전략의 대안과 해외시장의 수**

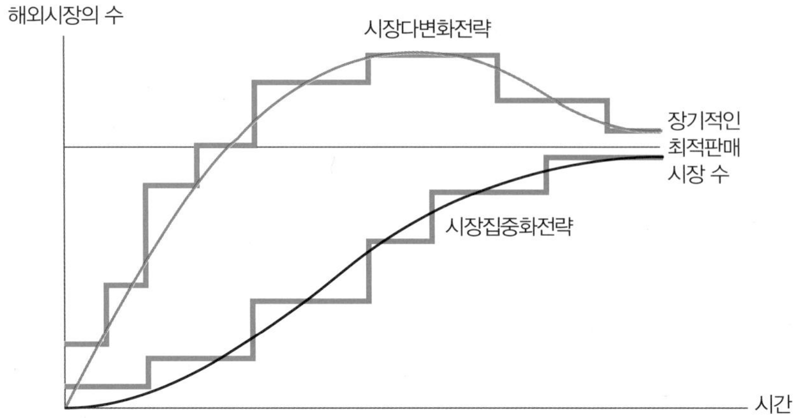

자료: I. Ayal and J. Zif, "Market Expansion Strategies in Multinational Marketing", Journal of Marketing(Spring 1979), p.86.

2 시장확대전략 결정 시 고려요인

시장확대전략의 선택은 제품 및 시장의 특성 그리고 기업의 의사결정기준에 의하여 좌우된다. 그중에서도 특히 중요하다고 생각되는 요인을 몇 가지 살펴보면 다음과 같다.

❶ 판매신장 형태

기존 연구에 따르면 기업의 마케팅노력에 따른 특정 시장에서의 판매 성과는 오목형과 S형의 두 가지로 대별할 수 있다. 오목형의 판매신장 형태는 마케팅 초기단계에 성과가 제일 좋고 마케팅노력이 투입될수록 단위당 판매 성과는 오히려 줄어드는 경우이다. 이는 연구 · 개발에 많은 투자를 한 혁신품이나 마케팅 방법이 독특한 제품의 판매 시에 나타나기 쉬운 반응이다. 이러한 경우 마케팅노력을 추가함에 따라 시장점유율이 늘어나기는 하지만, 더욱 회의적인 고객과 경쟁업체의 반격으로 갈수록 강력한 저항에 직면하게 된다. 따라서 이러한 경우에는 여러 시장에 마케팅노력을 적절히 배분하는 시장다변화전략이 바람직하다.

이와는 달리 상당한 마케팅노력을 투입해야만 시장지분과 수익성의 증대가 가능한 S형의 판매신장 형태를 보이는 시장의 경우에는 시장집중화전략이 바람직하다. 이러한 S형의 판매신장 형태는 뚜렷한 우위가 없는 제품의 경우에 쉽게 찾아볼 수 있는 현상임을 감안한다면, 역으로 대부분의 우리나라 기업이 해외시장의 다변화를 추구하면서 얼마나 많은 애로를 겪고 있는지 짐작할 수 있다.

❷ 개별시장국의 시장성장률

각 시장에서의 산업성장률이 낮으면 기업은 시장다변화를 통해 빠른 성장을 구가할 수 있다. 반면에

시장성장률이 높은 경우에는 소수시장에 대한 집중화전략으로도 성장목표를 충분히 달성할 수 있다. 그러나 시장성장률이 높은 경우라 하더라도 판매대리점계약의 체결이나 라이선싱을 통하여 여타의 시장에도 제한된 자원이나 할애함으로써 더 높은 성장을 기대할 수 있다. 그러나 이러한 경우에는 추후에 이러한 대리점이나 기술도입업체(licensee)가 경쟁자로 등장할 위험을 감수하든가 아니면 미리 이에 대처해야 한다.

③ 판매의 안정성

개발시장국에서의 수요가 불안정한 경우에는 기업은 신중한 다변화전략을 통해 위험을 분산시킬 수 있다. 즉, 각 시장국의 수요가 어느 정도의 독립성을 유지하는 한 시장의 수요가 늘어날수록 판매안정도를 제고할 수 있다. 반면에 수요가 안정적이면 낮은 위험으로 시장집중화전략을 추구할 수 있다.

④ 경쟁기업의 반응

혁신제품의 출하로 인한 경쟁적 우위를 장기간 유지할 수 있거나 별다른 차별적 우위가 존재하지 않을 때는 특정 시장에 신속히 침투하여야 할 필요성이 그다지 높지 않으며, 따라서 시장집중화전략이 유효하다.

이와는 반대로 혁신제품으로 특정 시장에 신속히 침투하는 것이 주요한 경쟁적 우위로 작용하고 경쟁기업이 짧은 시간 내에 추적할 수 있는 경우에는 시장다변화전략이 유효하다.

⑤ 파급효과

한 시장에서의 마케팅노력이 지리적 · 문화적으로 가깝거나 상업적 유대 관계를 지닌 다른 시장으로 쉽게 파급될 수 있는 경우에는 시장다변화 노력이 바람직하다. 좋은 예로 버드와이저 상표의 맥주 제조업체인 앤호이저-부쉬(Anheuser-Brush)사는 미국에서의 TV광고가 캐나다지역의 소비자에게까지 퍼져나감으로써 추가적인 마케팅노력을 투입하지 않고도 캐나다시장에서의 시장점유율을 유례없는 속도로 증가시킬 수 있었다.

⑥ 제품 및 의사소통

경험곡선효과가 작용하는 경우에는 누적생산량의 증대에 따라 일정 비율로 단위당 원가를 절감할 수 있다. 따라서 여러 시장에 같은 제품을 내다 팔 수 있거나 표준화된 촉진 노력이 충분한 효력을 발휘하는 경우에는 시장다변화전략을 통해 새로운 이익기회의 추구뿐만 아니라 현재 참여하고 있는 시장에서의 이윤폭도 늘릴 수 있다. 그러나 새로운 시장국의 특성에 맞게 제품 및 의사소통을 적응시키지 않고는 판매 증대가 어려운 경우에는 시장집중화전략이 바람직하다.

⑦ 유통상의 규모의 경제

유통비용이 전체 원가에서 상당한 비중을 차지하고 시장점유율의 증대에 따른 규모의 경제가 작용하는 경우에는 다변화전략이 요구된다. 이는 다변화전략을 통해 많은 새로운 시장으로 급속히 진출하기 위해서는 전체적으로 운송거리가 길어짐에 따라 유통비용도 증대되기 마련이기 때문이다.

⑧ 본사의 통제필요성

주문품이나 기술적으로 복잡한 제품을 생산 및 판매하는 경우에는 본사의 생산, 연구개발, 마케팅부서와 고객 간에 긴밀하고 빈번한 의사소통이 요구된다. 이러한 경우 시장이 늘어날수록 의사소통에 따른 문제로 다변화전략은 실패하기 쉽다.

⑨ 제약조건

해외시장에서 경영활동을 수행하는 데는 기업 내 · 외부적으로 여러 가지 제약조건이 따르기 마련이다. 즉, 외부적인 제약으로는 진출대상국 정부의 수입 및 외환장벽 등이 있고 때로는 적절한 판매 및 유통조직조차 찾아보기 어려운 경우도 있다. 또한 내부적 제약으로는 국제경영인력의 부족, 투자재원의 부족, 원료 조달상의 애로 등이 수반될 수 있다.

이와 같이 극복하기 어려운 제약조건이 많을수록 시장다변화전략을 시행하는 데는 무리가 따르게 된다.

결론적으로 시장확대전략의 수립에 영향을 미치는 요소들과 이에 따른 대안적 전략방향을 요약하면 [표 5-2]와 같다.

표 5-2 **시장확대전략에 영향을 미치는 요소와 대안적 전략**

제품 · 시장요인	다변화전략	집중화전략
판매신장 형태	오목형	S형
시장성장률	낮음	높음
판매의 안정성	낮음	높음
경쟁기업의 반응	단기	장기
파급효과	높음	낮음
제품 · 의사소통 적응의 필요성	낮음	높음
유통상 규모의 경제	낮음	높음
통제의 필요성	낮음	높음
제약조건	낮음	높음

자료: I. Ayal and J. Zif, op.cit., pp.84~94.

2. 해외시장 확대순서 결정

기업이 해외시장을 확대하는 경우 그 순서에 따라 비용과 성과가 달라진다. 효과적인 확대순서를 결정하기 위해서는 기업목적과 전략적 중요성, 성공가능성, 기존시장과의 유사성, 비용과 위험을 분석하는 것이 중요하다.

1 기업목적과 전략적 중요성

기업의 해외진출 목적, 즉 내수판매인가, 현지에서 생산하여 수출하는 것이 목적인가, 혹은 부품조달이 목적인가에 따라 시장확대순서는 달라진다. 그리고 전략적으로 중요한 해외시장으로 기업은 진출하게 된다. 기업은 규모가 큰 국가시장으로 진출하면 수익성의 증대 및 규모의 경제가능성을 높일 수 있다는 장점이 있다. 또한 전 세계적으로 사업활동을 영위하는 고객에게 효과적인 서비스를 제공하는 것이 전략적으로 중요한 경우에는 이들 고객의 모국에 진출하여 시장을 확대한다. 글로벌 경쟁기업의 모국시장 또는 주력시장이 전략적으로 중요한데, 이는 경쟁기업에 대한 기술이나 경영기법 및 신제품 정보를 수집할 수 있으며, 현지시장에 대한 성공적인 공략을 통하여 경쟁사의 경쟁력을 약화시킬 수 있기 때문이다.

2 성공가능성

시장확대에서 중요한 것은 성공경험을 바탕으로 기업의 자원과 능력에 맞는 시장에 진입하는 것이 위험을 줄이고 성공에 근접할 가능성을 더 높여 준다. 그러나 기업이 현지국의 시장규모와 성장률 등의 시장잠재력기준으로만 시장을 확대하는 것은 실패할 경우 기업에 이미지의 실추와 더불어 경제적 · 정신적 피해를 줄 수 있다. 그러므로 자사의 자원과 경쟁력 정도를 정확히 파악하여 성공가능성이 높은 순서로 해외시장을 확대하는 것이 바람직하다. 특히 본국 또는 제1의 해외진출 표적시장에서의 성공경험은 기업에 자신감과 노하우 및 경쟁력을 향상시켜서 다른 해외시장에서도 성공할 수 있는 발판을 제공한다. 예를 들어, 유럽의 특정 국가에서 성공경험을 바탕으로 유럽대륙의 인접 국가에 진출하는 것이 다른 상이한 대륙으로 진출하는 것보다 성공할 가능성이 높다. 현대자동차의 캐나다 진출 성공경험과 노하우는 인근 미국시장에서 성공하는 데 결정적인 공헌을 하였다는 것이 좋은 예이다.

3 기존시장과의 유사성

사업환경과 문화가 상이한 외국시장으로 확대할 때 기업은 위협과 불안감을 많이 느끼게 된다. 따라서 해외시장 확대를 하려는 기업의 입장에서는 자국과 가까이에 있는 국가나 언어 또는 문화가 비슷한 국가, 소득수준 및 경제발전단계가 유사한 시장에 우선적으로 진입하는 것이 바람직하다. 린더의 수요선호유사이론에서 주장된 바와 같이 기업은 기존시장과 수요패턴이 유사한 국가에 우선적으로 진입하는 것이 유리하다.

왜냐하면 소비자의 기호가 동질적이며, 상품을 크게 변경할 필요 없이 현지에 적용할 수 있고, 마케팅 프로그램, 기술, 자원의 국제이전이 용이하기 때문이다. 그리고 소비자가 쉽게 제품을 채택하여 빠른 시간 내에 시장확대가 가능한 장점이 있기 때문이다.

4 비용과 위험

기업이 새로운 해외시장으로 부가가치활동을 배치하기 위해서는 각종 비용 등이 추가로 발생하고 위험이 수반된다. 여러 해외시장 중에서 어느 시장으로 먼저 확대할 것인지 결정할 때 기업은 당연히 비용과 위험을 최소화하려고 할 것이다. 지리적으로 근접한 국가일수록 각종 이전비용, 운송 · 물류비용을 줄일 수 있을 것이다. 또한 규모의 경제효과와 경험 효과를 높일 수 있는 해외시장일수록 그만큼 높은 비용을 절감할 수 있을 것이다. 그리고 선도기업추종전략(follow the leader)에서 볼 수 있듯이 해외시장에 우선적으로 진출하는 것도 위험을 최소화하는 방법이기도 하다. 이 밖에도 유통체계나 제품 및 광고에 대한 규제정책 등의 마케팅 하부구조의 유사성 역시 마치 하나의 국가와 같은 특성을 보이게 되며 이는 기업으로 하여금 비용과 위험을 감소시킬 것이다.

따라서 해외시장에서 필요한 자원인 노동력과 투입원자재, 기술 등의 비용뿐만 아니라 이들 자원들의 이동에 따르는 비용과 세금 등을 고려하여 최소비용을 통하여 확대 가능한 시장을 선택하는 것이 중요하다.

[그림 5-8]과 같이 기업의 해외시장 확대순서 결정은 본국에서 각국으로 진출할 때 A, C, B경로로 직접 진출할 수도 있으며, Y국을 경유하여 H국으로 진출할 수도 있다. 앞에서 설명한 바와 같이 기업은 먼저 유사한 시장에 진출하여 경험을 축적한 다음에 지리적으로 멀고 유사하지 않은 H국과 같은 시장으로 확대 진출하는 것이 위험과 불확실성을 줄이고 성공가능성을 높이는 방법이 될 수 있다.

그림 5-8 **해외시장 확대순서**

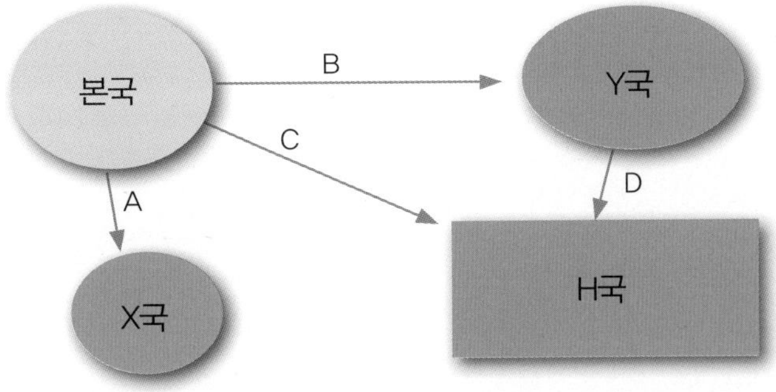

• 화살표의 길이: 시장근접성
• 사각형: 본국과 상이한 시장
• 원: 본국과 유사한 시장
• 원과 사각형의 면적: 시장규모

주요 용어

목표시장선택	그리드 방법	하이테크/하이터치 포지셔닝
시장잠재력	기회-위험매트릭스	해외시장확대전략
전략시장	시장포트폴리오 방법	시장다변화
경쟁환경	세계시장세분화	시장집중화
해외시장평가 기법	가격 · 품질 포지셔닝	해외시장 확대순서

연습문제

01 목표시장선택에 있어 제품수명주기를 선택하는 방법에 대해 설명하시오.

02 해외시장선택 및 평가 방법에 대해 설명하시오.

03 시장선택 영향변수에 대해 간략히 설명하시오.

04 포지셔닝전략 중에서 가격 · 품질포지셔닝에 대하여 설명하시오.

05 신시장 진입에 있어서 포지셔닝전략을 설명하시오.

06 시장집중화전략에 대해 설명하시오.

07 시장확대전략 결정 시 고려요인에 대해 설명하시오.

08 해외시장 확대순서에 대해 간략하게 설명하시오.

Chapter 06

국제제품전략

Chapter

06

국제제품전략

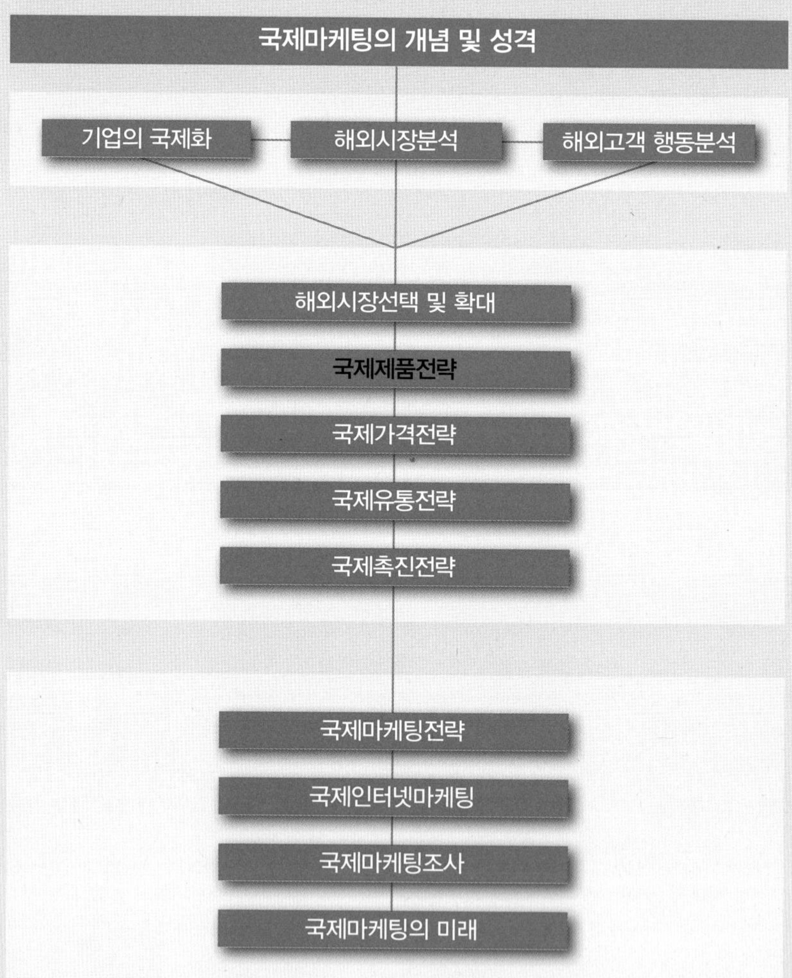

CASE STUDY 삼성전자의 글로벌 스마트폰 제품전략

글로벌 실적

삼성전자가 2021년 세계 스마트폰 시장에서 판매량 기준 1위 사업자 지위를 지켰다. 2020년과 비교해 비슷한 판매량을 기록하며 얻은 성과다. 애플은 2위 사업자이지만 전년 동기보다 35.1% 늘어난 판매량을 기록했다. 창사 이래 가장 많은 판매량이다. 시장조사업체 카운터포인트리서치는 2021년 세계 스마트폰 시장에서 삼성전자가 소매 판매량 기준 18.9%의 점유율로 1위를 차지했다고 20일 밝혔다. 2위는 17.2% 점유율을 기록한 애플이다. 샤오미(13.5%), 오포(11.4%), 비보(9.6%) 등 중국 제조사가 뒤를 이었다. 또한 삼성전자가 2020년과 비교해 0.9% 늘어난 판매량을 기록하며 1위 사업자를 기록했다. 애플은 창사 이래 가장 많은 판매량을 기록해 전년 동기 대비 판매량이 25.5% 늘었다. 샤오미는 같은 기준 35.1% 증가한 판매량을 기록해 처음으로 연간 판매량 기준 3위 사업자에 올랐다(IT조선, 2022.01.20.).

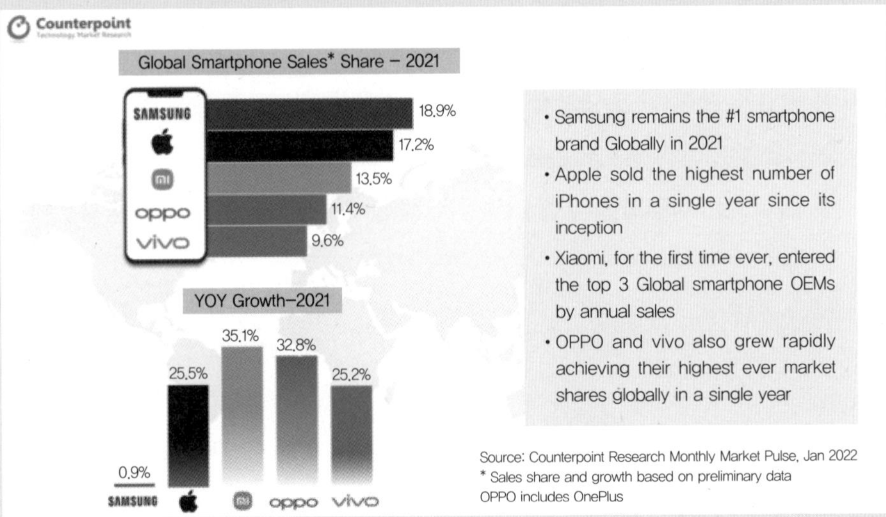

출처: http://it.chosun.com/site/data/html_dir/2022/01/20/2022012001983.html

삼성전자는 2021년 3분기 전체 매출이 연결기준 73조 원, 영업이익 15조 8,000억 원으로 잠정 집계됐다고 공시했다. 전 분기 대비 매출 14.65%, 영업 이익은 25.7% 증가했다. 2020년 동기와 비교해서는 매출과 영업 이익이 각각 9.02%, 27.95% 증가했다.

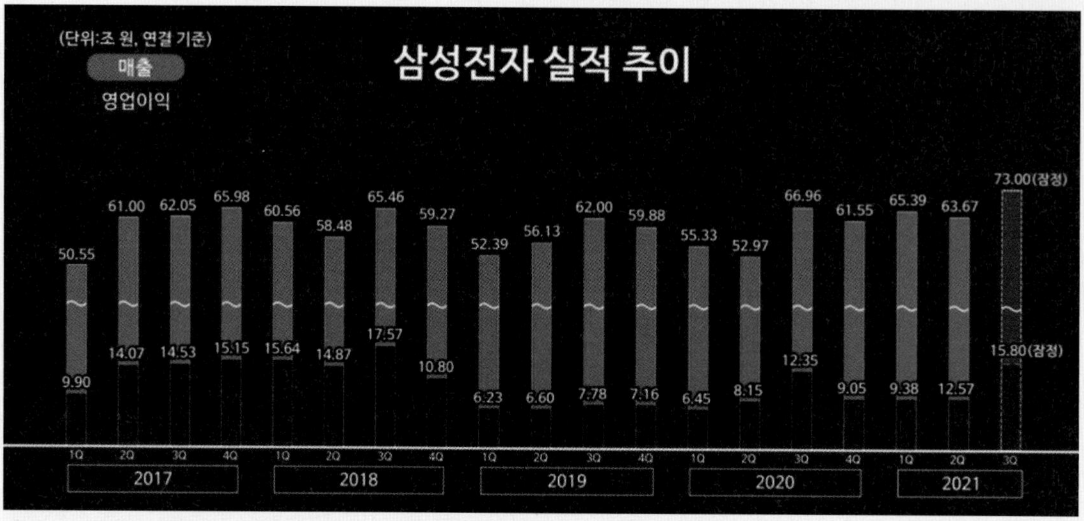

출처: http://res.heraldm.com/content/image/2021/10/08/20211008000247_0.gif

글로벌 시장 흥행까지 완벽히 이끈 삼성전자 폴더블폰3 제품전략

삼성전자는 중저가 시장에선 중국에 뒤쳐지고, 고가 시장에서는 애플에 뒤쳐진다는 평가를 받았지만 삼성전자 3세대 폴더블폰을 내세우면서 부정적인 분위기를 완전히 바꾸었다. 점유율을 다시 한번 높이며 삼성전자의 위엄을 다시 한번 내보일 수 있었던 것은 국내시장뿐만 아니라 해외시장까지 스마트폰의 새로운 모습에 이끌려 폴더블폰을 찾는 소비자가 늘어나는 동시에 주요 스마트폰 브랜드 중 상업성을 갖춘 폴더블폰 라인업을 갖춘 기업은 삼성전자밖에 없다는 점이 시장경쟁에서 통했다.

그렇다면 소비자가 선호하게 만드는 삼성전자 3세대 폴더블폰 갤럭시Z폴드3와 갤럭시Z플립3의 제품전략은 무엇인가?

❶ 화면을 접었다 펴는 것만으로도 이전에 접하지 못한 새로운 모바일 경험이 가능해짐

❷ 갤럭시 Z 폴드3의 강점인 대화면을 사용: 삼성전자는 소비자 조사를 통해 '갤럭시 Z 폴드2'를 구매한 이유와 사용하면서 만족한 이유 1위가 바로 대화면임을 확인하고 차기작에서도 강점인 대화면에 집중하는 전략을 세움

❸ 몰입감 있는 멀티미디어 경험을 돕기 위해 언더 디스플레이 카메라(UDC)를 갤럭시 스마

갤럭시Z폴드3(왼쪽)와 갤럭시Z플립3. 삼성전자 제공.

트폰 최초로 적용해 메인 디스플레이의 카메라 홀 부분이 거의 보이지 않게 함

❹ S펜도 최초로 적용: 폴더블폰에서 사용하는 'S펜 폴드 에디션'은 기본적인 손글씨를 쓴다거나 에어 커맨드 호출 등의 기능을 제공하고 커버에 탈착할 수 있는 모델로 'S펜 프로'는 한층 더 고급스럽다. 또한 배터리를 탑재하여 BLE(Bluetooth Low Energy)를 지원해 '에어액션'(원거리 작동)까지 가능함

❺ 영상을 보면서 필요한 정보를 기록할 수 있게 해달라는 소비자층의 요구에 맞게 유튜브를 볼 때 위쪽에는 동영상이 플레이되고 아래쪽에서 S펜 버튼을 누른 상태로 더블 탭을 하면 메모(삼성 노트)가 뜨게 함(출처: 한경, 2021.10.11, 삼성 '폴더블폰 승부' 통했다…역대급 판매량)

국내 매출은 물론 해외 매출까지 보장하는 삼성 3세대 폴더블폰

삼성전자 3세대 폴더블폰 '갤럭시Z 시리즈'가 출시 이후 전 세계에서 200만 대 이상 판매된 것으로 나타났다.

삼성전자가 2021년 8월 27일 갤Z폴드3와 갤Z플립3를 공식 출시한 지 한 달여 만에 글로벌 시장조사기관 카운터포인트리서치는 삼성의 갤럭시Z폴드3와 갤럭시Z플립3의 글로벌 판매량이 지난 9월 말 기준 200만 대를 넘어섰다고 8일 밝혔다.

미국에서 갤럭시Z폴드3와 갤럭시Z플립3 출시 초기 3주간 판매량은 지난해 같은 기간 갤럭시노트 20시리즈 판매량의 87% 수준이다.

지금까지 폴더블폰은 품질 문제와 높은 가격으로 틈새시장 제품으로 평가받았다.

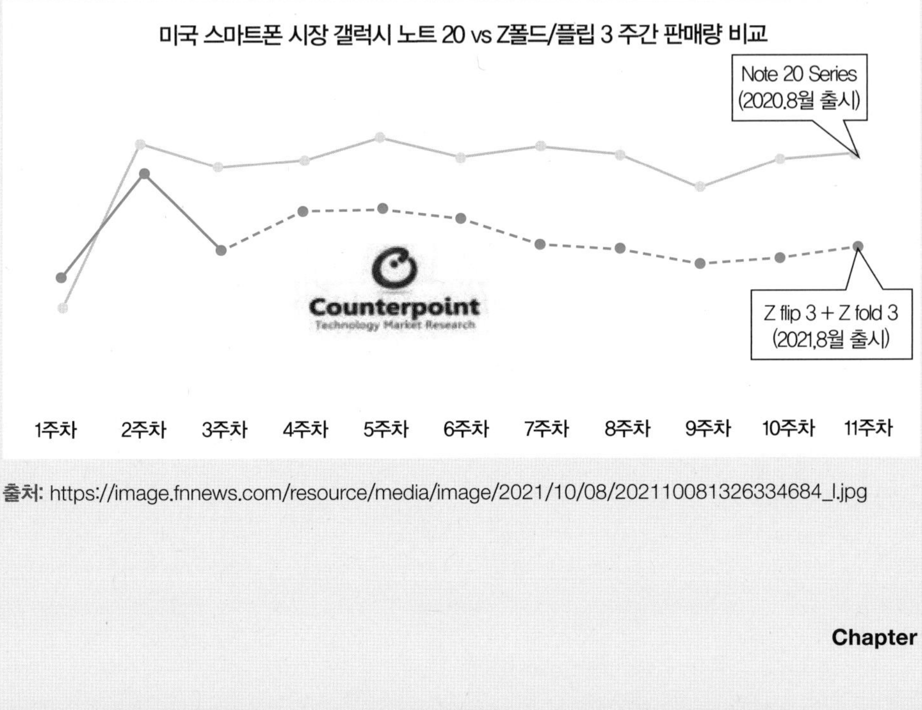

출처: https://image.fnnews.com/resource/media/image/2021/10/08/202110081326334684_l.jpg

하지만 이번 갤Z폴드3 · 갤Z플립3의 흥행으로 폴더블폰 대중화를 성큼 앞당겼다는 분석이다. 카운터포인트리서치는 "폴더블폰의 경우 입소문을 통해 판매가 확대되는 경향이 있어 후속 모델의 판매량이 점차 늘어날 것으로 기대된다."라고 전했다.

카운터포인트리서치는 "폴더블만의 차별화된 사용성 및 가격 인하 노력이 폴더블 시리즈가 대중적인 제품으로 자리매김하는 데 필수적인 요소가 될 것"이라고 강조했다.

또한 카운터포인트리서치 연구원은 "기존 갤럭시 노트 시리즈는 애플 신제품 출시 시기와 겹쳐 애플 신제품 출시 이후 판매량이 크게 감소하는 경향을 보여줬지만, 폴더블 시리즈는 아이폰 대비 명확한 폼팩터(기기형태) 차별화 요소가 있어 이러한 영향이 상대적으로 적을 것으로 보인다."라고 전망했다.

토의과제

01 삼성전자가 세계 스마트폰 점유율 1위를 유지할 수 있는 지속 가능한 방안에 대하여 토의하시오.

02 삼성전자와 애플의 제품전략의 차별성에 대하여 토의하시오.

참고자료

- IT조선, 2022.01.20, 2021년 세계 스마트폰 시장서 삼성전자 1위 · 애플 2위(http://it.chosun.com/site/data/html_dir/2022/01/20/2022012001983.html)
- 한경, 2021.10.11, 삼성 '폴더블폰 승부' 통했다…역대급 판매량(https://www.hankyung.com/economy/article/2021101083461)
- 파이낸셜뉴스, 2021.10.08, 갤Z폴드 · 플립3 해외도 통했다…200만 판매 돌파(https://www.fnnews.com/news/202110081325569082)
- http://res.heraldm.com/content/image/2021/10/08/20211008000247_0.gif
- https://image.fnnews.com/resource/media/image/2021/10/08/202110081326334684_l.jpg
- 이장로, 문희철, 이춘수, 국제마케팅 7판(무역경영사)
- 부경대학교, 국제마케팅수업 과제 및 자료, 이나영.

Section 01

국제제품의 개발

기업은 해외시장에 국내의 기존제품을 판매할 수도 있고 때로는 국내시장에 소개되지 않은 신제품을 개발하여 판매할 수도 있다. 또한 국내에서 개발 · 생산할 수도 있고 해외의 자회사를 통하여 개발 · 생산할 수도 있다.

본 절에서는 먼저 제품의 개념을 이해한 후에 기업의 해외시장에 판매할 수 있는 국제제품의 유형과 개발 방식 그리고 신제품개발 과정에 관하여 살펴보기로 한다.

1. 제품의 개념

제품이란 기본적 욕구나 필요성을 충족시킬 수 있는 것으로 시장에 출시되어 소비자의 관심이나 취득, 사용 또는 소비의 대상이 될 수 있는 것을 의미한다. 제품에는 유형재화는 물론 서비스, 사람, 장소, 조직, 아이디어 등이 모두 포함된다.

1 제품의 유형

제품은 여러 가지 기준에 따라 다양하게 구분될 수 있다.

❶ 제품사용자

소비재(consumer goods)와 산업재(industrial goods)

❷ 구매 형태

편의품(convenience goods), 선매품(shopping goods), 전문품(specialty goods)

❸ 제품의 사용연한

내구재(durable goods)와 비내구재 또는 소모품(nondurable goods)

❹ 가시성

유형재화와 무형재화(서비스)

이와 같은 제품의 구분은 비단 국내마케팅뿐만 아니라 국제마케팅에도 똑같이 적용된다.

2 제품의 구성요소

기업은 제품전략을 수립하기 위해서 제품의 구성요소를 세 가지로 나누어 검토할 필요가 있다. [그림 6-1]은 이를 보여 주고 있다.

❶ 핵심요소

고객이 진정으로 구매하고자 하는 핵심적인 혜택으로서, 물리적 제품, 제품의 기능적 특징, 디자인, 스타일 등을 말한다.

❷ 포장요소

핵심제품의 가치나 효용증대에 결정적 역할을 하는 상표명, 등록상표, 포장, 표찰 등을 의미한다.

❸ 보조 서비스요소

기업에서 추가로 제공하는 서비스나 혜택을 뜻하는데, 이에는 설치, 배달, 신용판매, 보증, 애프터서비스 등이 포함된다.

국제기업은 제품의 각 구성요소에 대하여 시장별로 해외고객의 기호가 어떻게 다르며 구매할 때 어떤 요소를 상대적으로 중요시하는지 파악하여 이를 제품전략에 반영하여야 한다.

그림 6-1 **제품의 구성요소**

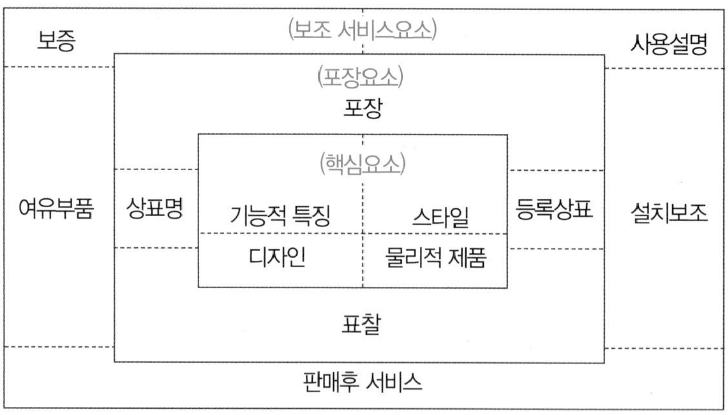

자료: G. Albaum, Strandskov, J., Duerr, E., and L. Dowd, International Marketing and Export Management, 3rd. (Addison-Wesley Publishing Co., 1998), p.313.

2. 국제제품의 유형

기업이 해외시장에 판매할 수 있는 제품은 혁신 정도에 따라 다음 네 가지 유형으로 나눌 수 있다.

1 기존제품

기존제품(existing product)이란 특정 기업에 의해서 이미 세계시장에 소개되어 판매되고 있는 제품을 말하며, 이에는 자사 및 타사의 국내제품과 외국제품이 모두 포함된다.

기업이 자사의 국내제품을 수정하거나 개량하지 않고 그대로 해외시장에 판매하는 것은 가장 손쉽고 비용이 적게 드는 방법이라 할 수 있다.

한국, 대만, 싱가포르, 홍콩차이나 등 아시아 신흥공업국의 기업은 성숙기의 외국제품을 모방하여 이를 그대로 해외시장에 저가로 판매함으로써 수출기업으로 성장해 온 경우가 많다.

2 수정제품

수정제품(modified product)이란 국내 혹은 해외에서 개발되어 판매되는 자사 및 타사의 기존제품을 특정 해외시장에 알맞게 변경한 제품을 의미한다.

기존제품을 그대로 해외시장에 판매하는 것은 비용을 절감할 수 있지만, 해외시장의 소득 수준, 소비자기호, 사용조건, 법적 규제 등으로 판매증대에 어려움이 따른다. 따라서 기업은 기존제품의 물리적 특성, 포장요소 혹은 서비스요소 등을 변경함으로써 현지의 고객 및 환경에 적응하려 한다. 제품의 수정 및 적응에 관해서는 다음 절에서 상세히 기술하고자 한다.

3 개량제품

개량제품(improved product)이란 기존제품의 성능, 용량, 품질, 스타일, 서비스 등을 개선한 제품을 말한다.

기업은 소비자에게서 기존제품의 약점, 개선방향, 제품수정에 대한 반응 등을 청취하거나 경쟁기업의 기존제품을 면밀히 분석함으로써 제품개량에 관한 아이디어를 얻을 수 있다.

일본의 Toyota 자동차회사는 해외제품의 개발에 앞서 미국 내의 독일제 Volkswagen 소유주들을 상대로 자동차 제품의 구성요소에 대하여 선호도를 조사하였고, 이를 토대로 Volkswagen의 장점은 모두 갖추고 단점을 개량한 Toyota 자동차를 개발하여 미국시장에 진출함으로써 수년 내에 미국의 소형승용차시장을 석권하게 되었다.

제품의 개량은 일본기업의 국제경쟁력의 주요한 원천이라 할 수 있다. 일본기업은 해외 선발기업의 기존제품을 모방하는 데 그치지 않고 마케팅조사와 연구개발에의 막대한 투자로 끊임없이 개량제품을 해외시장에 내어놓고 있다. 이렇게 함으로써 신제품개발 기업의 경쟁우위를 가능한 짧은 기간 내에 약화하고 개발도상국 후발기업의 추격을 뿌리치고 있다.

4 신제품

여기서 신제품(new product)이란 세계시장에 처음으로 소개되는 발명이나 혁신을 의미한다. 제조상의 기술진보뿐만 아니라 제품이 소비자에게 전혀 새로운 것으로 인식될 때 이를 신제품이라 할 수 있다.

기업이 신제품을 국내판매에 앞서 해외시장에 먼저 판매하는 것은 드문 일이지만, 해외시장을 목표로 신제품을 개발하여 수출하거나 혹은 해외자회사를 통하여 신제품을 현지에서 제조 · 판매할 수 있다.

신제품을 해외시장, 특히 새로운 해외시장에 판매하는 것은 위험이 높은 제품전략이라 할 수 있다. 따라서 아이디어 창출단계에서 상업화에 이르기까지의 신제품개발 과정에 대한 철저한 이해가 필요하다.

3. 국제제품의 개발 방식

앞에서 설명한 국제제품의 유형과 함께 제품의 생산지를 고려할 때 국제기업이 택할 수 있는 제품개발 방식을 다음의 네 가지로 나눌 수 있다.

1 국내개발

국내개발(domestic development)은 국제기업이 가장 널리 사용하는 마케팅전략으로 본국시장에서 개발한 상품을 그대로 해외시장에 적용하는 것이다. 이 전략의 최대 장점은 대체로 규모의 경제와 R&D 비용의 절감을 통한 비용절감효과에 있다.

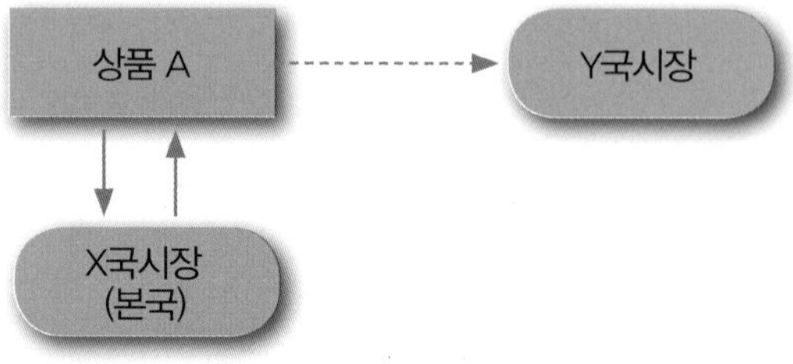

2 순차적 개발

순차적 개발(sequential development)이란 제품의 기능이나 사용조건 등이 본국과 유사한 국가의 경우, 제품을 그 지역의 사용조건에 맞도록 일부 수정을 가하는 방법을 말한다.

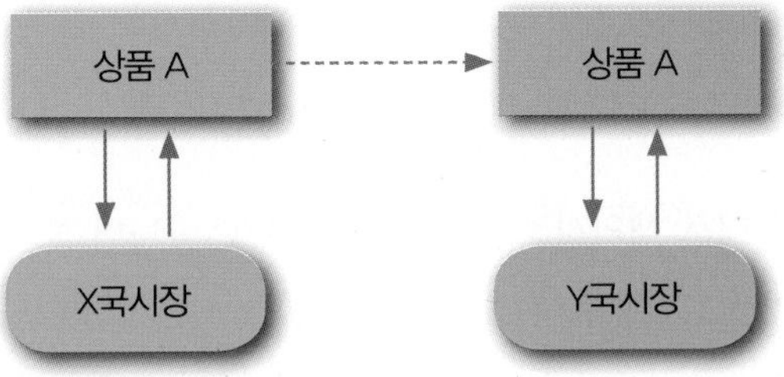

3 다국적개발

다국적개발(multinational development)은 각국 시장에서 제품의 사용조건이나 기능 면에서 큰 차이가 존재할 때, 각국별로 각기 다른 상품을 개발하여 각 현지국 환경에 가장 적합한 제품을 개발하는 유형이다.

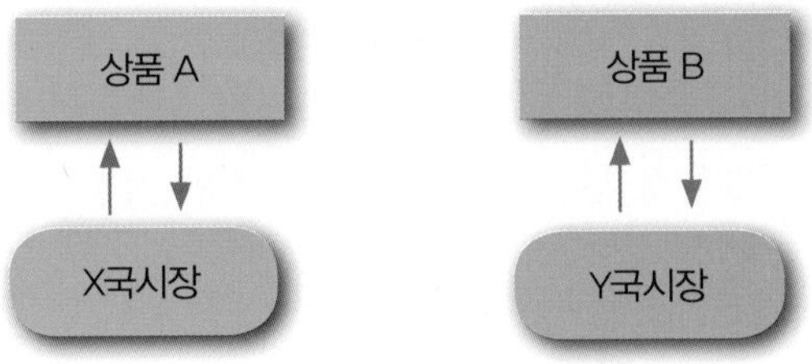

4 글로벌 개발

글로벌 개발(global development)은 개발 초기부터 다수의 국가를 대상으로 시장환경에 적합한 상품을 개발하는 유형으로서, 다수국에 대해서 제품을 표준화하는 것을 말한다. 국내 개발과 글로벌 개발은 제품의 표준화전략에 따라 기업의 조직체계를 제품 중심적으로 정비하며, 기업의 전략은 제품별로 수립된다. 이에 비해 국별 개발과 순차적 개발은 제품 중심적이라기보다는 시장지향적인 것으로 각국 시장의 환경이나 사용조건에 초점을 두며, 기업의 전략은 각국 시장별로 수립된다. 따라서 이들은 제품적응화 전략에 기초한 제품설계로 볼 수 있다.

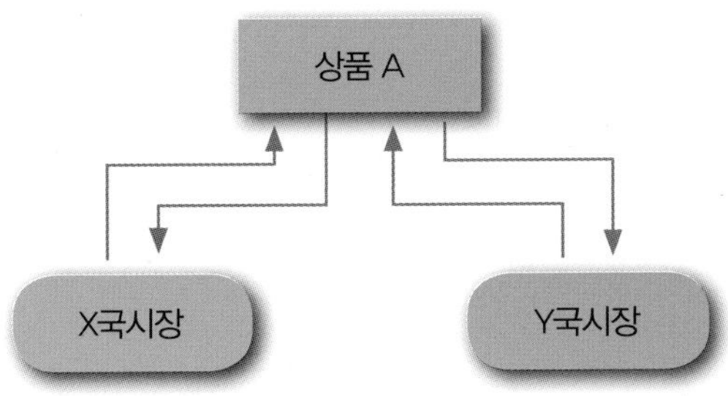

Section 02

제품의 현지적응

기업이 국내에서 판매하고 있는 제품 내지 제품계열을 그대로 해외시장에 내놓을 것인가, 아니면 보다 현지 여건에 맞게 적응시킬 것인가의 문제는 제품 관련 의사결정에 있어서 기본적인 과제라고 할 수 있다.

1. 적응화의 필요성

제품의 적응이란 해외시장의 고객기호, 제품사용조건, 소득수준, 기타 환경에 알맞게 국내 제품을 수정하는 것을 말한다. 해외생산의 경우에 기존시장에서의 제품과 다르게 만드는 것도 넓은 의미에서 적응화전략에 포함된다고 볼 수 있는데, 이 경우에는 차별화(differentiation)와 같은 의미로 해석된다.

국제기업이 제품의 표준화로 인한 여러 가지 이점이 있음에도 불구하고 제품을 해외시장에 적응하는 것은 다음과 같은 환경요인 때문이다.

1 사용조건의 차이

특정 제품이 여러 나라에서 유사한 기능적 필요를 충족시킬 수 있도록 만들어졌다고 하더라도, 그 제품이 사용되는 조건은 각국마다 다를 수도 있다. 예를 들어, 온도와 습도에 민감한 제품을 기후가 다른 열대지역에서 판매하려면 이를 적당히 개량해야 하며, 같은 비료라 하더라도 토양의 차이 때문에 각국 시장마다 성분이 약간씩 달라져야 한다.

이러한 자연환경의 차이뿐 아니라 기술수준의 격차 때문에 제품의 사용조건이 달라질 수도 있다. 예를 들어, 산업재인 기계설비의 경우 기술수준이 낮은 나라의 기술자가 고도의 조작능력이 필요한 기계를 다루기는 힘들다. 이러한 경우에는 좀더 조작이 용이하도록 기술수준을 낮추어 제품을 설계하는 것이 바람직하다.

사례 6-1 브랜드엑스코퍼레이션, '젝시믹스' 현지화 전략으로 해외시장 뚫는다

젝시믹스는 국가별 현지 차별화 전략 및 현지화전략을 활용하였다. 우크라이나에선 현지화 전략을 세웠다. SNS상 영향력이 큰 인플루언서를 활용한다. 우크라이나는 한류의 영향으로 한국 패션과 뷰티 제품에 대중의 관심이 높다. 이에 따라 현지 유명 영화배우 등에 제품을 협찬하고 인기리에 방영된 모델 경연 서바이벌 TV프로그램에 PPL(간접광고) 형태로 제품을 제공했다. 후보자에게 직접 젝시믹스 제품을 착용하도록 해 시청자들의 관심을 끌기도 했다. 유동인구가 많은 우크라이나 수도 키이우의 지하철 환승역 옥외 광고판에는 젝시믹스 동영상 광고가 상영된다. 현지 소비자에게 브랜드를 알릴 수 있는 다양한 영역에서 공격적인 마케팅 활동을 펼치는 것이다.

이 외에도 미국, 중국, 홍콩 등 국가별로 마케팅 전략을 현지화했다. 블랙프라이데이, 광군절, 연말세일 등 국가별로 열리는 월별 행사에 맞춰 소비자 혜택을 제공한다. 작년 11월 말 블랙프라이데이 행사에선 1주일간 판매가 월별 매출의 38%를 차지할 정도로 효과를 봤다.

강민준 브랜드엑스코퍼레이션 대표는 "일본과 같은 신시장에 적극적으로 진출하는 한편 글로벌 e커머스 업체에 입점하거나 오프라인 쇼룸을 여는 등 다양한 방식으로 세계 시장을 공략할 계획"이라며 "젝시믹스가 안정적으로 해외 판로를 확보하면 이를 바탕으로 휘아 등 회사 내 다른 브랜드도 함께 진출할 것"이라고 말했다.

출처: 한경, 2020.03.12, 브랜드엑스코퍼레이션, '젝시믹스' 현지화 전략으로 해외시장 뚫는다(https://www.hankyung.com/economy/article/202003100664i)에서 요약 발췌

❷ 시장여건의 차이

각국마다 1인당 국민소득에는 많은 차이가 있다. 이러한 소득수준의 차이는 내구성 소비재나 포장제품의 규격과 특성에까지 영향을 미치게 된다. 예를 들어, 선진국의 소비자는 제품구입에 따른 번거로움 때문에 대형 포장제품을 구매하는 경우가 보통이다. 그러나 같은 제품이라 하더라도 후진국에서는 구매력의 차이로 인해 상대적으로 포장규격이 작은 제품이 선호된다.

또한 각국 소비자의 기호 내지 취향은 상당한 차이가 있다. 심지어는 인접국인 경우에도 다양한 소비패턴을 띠는 경우도 있다. 예를 들어, 자동차의 경우 프랑스인들은 디자인과 스타일을 중요시하는 데 비해, 독일인들은 기능을 더 중요시하는 것으로 알려져 있다.

❸ 정부의 영향

각국 법률의 차이로 어떤 나라는 특정 제품의 수입을 금지하고 현지생산만을 허가하거나 혹은 의무적으로 일정 비율 이상의 국산부품을 사용하도록 요구하기도 한다. 이러한 경우 제품적응이 불가피하게 된다.

또한 자동차의 경우에는 배기량으로 대변되는 엔진의 크기를 배기량으로 산정하여 세금의 부과율이 달라지는 나라가 많다. 이러한 나라들에서는 소형차의 생산에 주력하는 것이 유리하다.

식품이나 의약품의 경우에는 제품의 성분, 포장, 상표, 효능, 안전, 위생 등에 대한 현지 정부의 강력한 규제로 표준제품이 그대로 판매되기가 불가능한 경우가 많다. 우리나라 S사의 라면제품이 미국, 일본에 수출되었다가 스프의 당분 함유량이 문제가 된 것이 좋은 예이다. 이러한 정부규제는 선진국일수록 특히 까다로우므로 세심한 주의가 요망된다.

각국별로 상이한 정부규격은 소비재는 물론 산업재에도 심각한 영향을 미친다. 특히 여러 나라가 서로 다른 정부규격을 제정하여 이를 따르도록 강요하고 있는 중요한 이유 중의 하나는 외국기업으로부터 자국시장을 보호하기 위한 것이다. 이를 감안할 때 기술적 장벽을 극복하기 위한 제품적응의 필요성은 쉽게 감소하지 않을 것으로 보인다.

4 기업의 역사와 국제경영경험

오래전부터 여러 나라에 생산시설을 갖추고 생산 및 마케팅활동을 전개해 온 국제기업은 국내공장에서의 수출에만 의존하는 기업보다는 훨씬 제품적응이 용이하다. 특히 현지자회사가 별도의 이익중심점(profit center)으로서 활동하고 있는 경우, 이들은 현지시장에 가장 적합한 제품의 판매를 통해 이익증대를 꾀하게 되므로 제품적응에 노력을 기울이게 된다.

2. 제품표준화/적응화 결정 차원과 영향요소

제품표준화를 함으로써 기업은 마케팅비용을 최대한 줄일 수 있다. 기업은 비용의 효율성에 따라 표준화를 해야 하며, 그리하여 글로벌시장에서 저비용의 경쟁적 포지션을 가질 수 있다. 그뿐만 아닌, 표준화를 통해 비용을 최소화함으로써 규모의 경제를 실현할 수 있다. 제품적응화 정도는 기업 차원, 제품/산업 차원 그리고 수출시장 차원의 성격에 따라 달라진다(Cavusgil et al., 1993). [그림 6-2]는 제품표준화/적응화와 관련된 차원을 보여 주고 있다.

마케팅의 제품표준화와 적응화에 대한 많은 연구가 이루어졌다. 그러나 시장에 완전히 표준화를 해야 하는지, 또는 완전히 적응화를 해야 하는지에 대해 명확한 가이드라인을 제시하기는 사실상 어렵다. 오히려 표준화를 어느 정도 할 것이고 이에 따라 적응화는 어느 정도 할 것인지 결정하는 것이 보다 현실적이다. 이 경우, 적응화 정도가 높으면 당연히 표준화 정도가 낮아지는 것으로 판단할 수 있다. 또한 적응화 또는 표준화를 결정할 때는 다음과 같은 상황을 고려해야 된다. 첫째, 제품을 단일시장에 출시할지, 다양한 시장에 동시에 출시할지에 대한 의사결정을 고려해야 한다. 둘째, 해외시장에 진입할 때와 진입한 후를 고려해야 한다. 따라서 상황적 관점(contingency perspective)을 통하여 표준화 정도에 영향을 미치는 요소들이 무엇인지 그리고 어떠한 때 표준화/적응화가 바람직한지를 판단해야 한다.

그림 6-2 **제품표준화/적응화 차원**

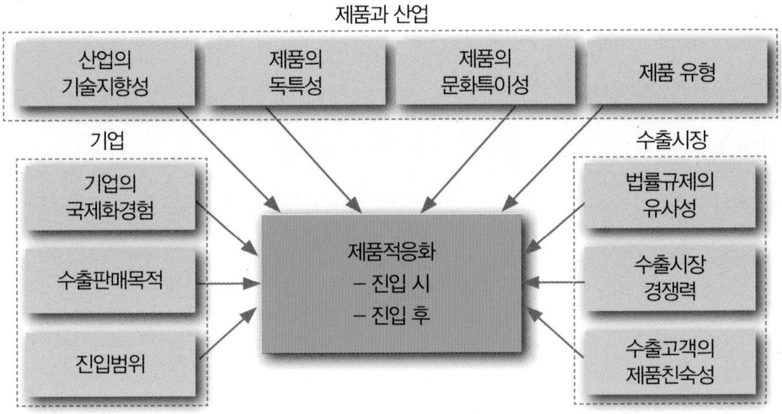

자료: S. T. Cavusgil, S. Zou, and G. M. Naidu(1993)," Product and Promotion Adaptation in Export Ventures: An Empirical Investigation", Journal of International Business, 24(3): 479–506

1 기업 차원

기업의 국제적 경험이 높을수록 제품적응화 정도는 증가한다. 즉, 기업의 국제경험이 증가하면 시장의 조건에 대한 충분한 이해와 소비자에 대한 반응을 잘 반영하고 자회사를 잘 활용함으로써 제품적응화 정도가 증가한다.

수출사업의 판매목표가 높을수록 제품적응화 정도는 증가한다. 즉, 기업의 해외시장확대에 대한 야망으로 인하여, 기업은 시장침투를 깊게 하려고 소비자의 요구사항과 독특한 필요를 제품적응화를 통하여 더욱 관찰하고자 노력한다.

제품적응화의 정도는 단일시장에 수출할 때보다, 복수시장에 동시에 수출할 때 낮아질 것이다. 즉, 초기투자비용과 셋업비용의 증가로 인하여 복수의 시장에 동시에 수출할 때 기업은 단일시장보다는 비용이 증가함으로 적응화 정도를 낮추는 경향이 있다.

2 제품/산업 차원

산업의 기술지향성은 산업의 기술집약도 수준을 말한다. 기술지향성이 높거나 기술집약도가 높으면 제품적응화의 수준이나 요구가 낮아진다. 즉, 컴퓨터, 항공, 의료기기 및 첨단장비 등은 전통산업인 의류, 식품, 가전제품보다는 적응화 정도가 낮다.

제품특이성은 독특한 목적으로 사용되는 디자인 또는 제작을 의미하는 것으로써, 제품의 특이성이 증가할수록 제품적응화 정도는 증가한다. 만약 제품이 특정 소비자의 특수한 요구를 충족시키고자 한다면, 제품에 대한 적응화는 최대의 수준을 유지할 것이다.

제품의 문화적 요소가 증가할수록 제품적응화 정도는 증가한다. 즉, 신시장의 성장기회를 포착하는 동시에 새로운 시장에서의 문화적 차이를 줄여주는 제품을 제공하기 위해서 기업은 적응화를 많이 한다. 마지막으로, 소비재 제품이 산업재 제품보다 제품적응화가 많이 이루어지고 있다. 즉, 산업재 제품의 경우 동질적인 제품을 시장에 출시하는 경우가 많으며, 소비재 제품의 경우 문화와 경제적 조건을 고려해야 하므로 적응화가 많이 이루어진다.

3 수출시장 차원

본국과 수출시장의 법률규제가 유사할수록 제품적응화 정도는 감소한다. 즉, 법률규제가 유사하다면 기업이 제품을 수정하고 변경해야 할 압력이 줄어든다고 할 수 있다.

시장의 경쟁정도가 높아지면, 제품적응화 정도는 증가한다. 즉, 경쟁압력이 증가할수록 경쟁사에 대하여 경쟁우위를 점유하기 위해 현지 조건에 더욱 정교하게 부합되도록 적응화를 한다. 마지막으로, 제품과 수출시장의 고객과의 친숙도가 높아지면, 제품적응화 정도는 감소한다. 제품친숙도는 소비자에게 호의적인 태도를 형성하여 제품을 보다 더 많이 수용하게 유도한다. 위와 같은 제품의 적응화 정도는 기업이 진입 시와 진입 후에 따라 다르다. 즉, 제품 진입 시에 적응화를 하는 것은 일반적으로 기업에 현지 법률 또는 기술적 규제가 의무적으로 제시되기 때문이다. 그러나 진입 후에 적응화를 시행하는 것은 기업이 시장에 대한 이해를 바탕으로 자유재량으로 시행하는 것이다.

요약하면, 제품의 적응도를 살펴보면, 진입 시에는 법률적 환경이 기업의 제품 적응화를 결정하는 데 중요한 요소이며, 다음으로는 제품의 문화적 요소와 사업의 기술적 적응력이 중요하다. 또한 진입 후에는 기업의 국제적 경험이 제품의 적응화에 가장 중요한 요소이며, 다음으로 제품의 문화적 요소와 시장의 경쟁 정도가 중요한 요소이다. 단일시장일수록, 산업재보다 소비재일수록, 제품의 적응화 정도가 증가한다.

3. 제품적응의 방법

제품적응전략은 제품의 어떤 속성을 적응시킬 것인가가 문제가 된다. 그러므로 효율적인 제품적응전략은 실행을 위해서는 앞서 언급된 바 있는 핵심요소, 포장요소, 서비스요소 등 세 가지의 제품 개념과 각각의 제품 개념을 구성하는 제반 속성별로 적응의 필요성 내지 타당성과 그 구체적 대안 등을 검토해야 한다.

이러한 관점에서 제품적응전략을 그 구체적 내용을 기준으로 제품의 외형적 적응, 품질의 적응, 포장과 표찰(label)의 적응, 상표의 적응, 서비스 및 보증의 적응 등으로 구분할 수 있다. 국제제품전략을 수행하는 국제마케팅 관리자는 이 중에서 한 가지 이상의 요소들을 시장국별로 차별화시킴으로써 각 시장국에 가장 적합한 제품을 만들어내기 위해 노력하게 된다.

[표 6-1]은 우리나라 기업의 성공한 제품 적응화의 예들을 보여 주고 있다.

표 6-1 **업체별 현지적응화 제품과 성공요인**

업체	수출지역	제품	제품적응화 특성
LG전자	러시아	노래반주기	러시아인의 선호 음감에 맞춰 개발
		전자레인지	러시아 요리 300여 가지 조리기능을 갖춤
		세탁기	폭이 좁은 러시아 주방구조에 맞춰 슬림형으로 제작
		TV	러시아 방송 환경에 맞춘 고감도 수신기능
		에어컨	추위가 심한 러시아 기후적 특성을 고려하여 냉·온풍 가능하도록 제작
	중동	에어컨	• 중동의 고온 기후 조건을 고려하여 최고 54℃의 고온에서도 작동 가능하도록 제작 • 모래 먼지가 많은 지역특성을 감안하여 기존의 가정에만 적용하던 공기정화기능을 세계 최초 시스템 에어컨에 적용 • 신선한 공기에 대한 중동인의 열망에 착안, 산소발생기능 적용
		대추야자 냉장고	중동인들이 즐겨먹는 대추야자를 보관할 수 있도록 개발
		핸드폰 (메카폰)	중동 무슬림교도를 위해, 핸드폰에 메카 방향을 알려주는 나침반 S/W 내장, 하루 5번 예배시간을 알려주는 알람기능 내장
	인도	콘덴서	인도의 불안정한 전압사정을 고려한 콘덴서를 개발, 인도 가전 전 제품에 적용
		TV	• 힌두어, 벵갈어, 타밀어 등 인도의 다양한 지방 언어 특성을 고려, 각 지방 언어로 TV를 볼 수 있도록 Language기능 추가 • 인도인들이 가장 선호하는 스포츠인 크리켓 게임 기능 내장
		냉장고	채식을 주로 즐기는 점을 감안하여 냉동실을 작게 제작

기아 자동차	중동	성지순례용 하지버스	전 세계 이슬람교도들의 가장 중요한 행사인 이슬람 성전 '메카' 방문시, 순례객(매년 100만 이상의 규모)의 운송 특성에 맞게 특별히 제작한 성지순례용 버스를 개발
한국 타이어	독일	타이어	독일의 기후 특성과 도로사정에 맞춘 여름용(빗길 주행 안전성 강화), 겨울용(빙판 제동 조향 성능 강화) 제품 생산, 특수 보강재 '실리카'를 사용한 기술을 적용
현대 자동차	인도	자동차 (상트로)	인도 자동차 연료에 맞는 엔진개발, 인도의 고온다습한 기후를 고려한 쿨링기능 및 방수기능 강화, 인도인의 가속 운행습관을 고려한 파워트레인 적용, 인도의 열악한 도로사정을 고려한 경적과 브레이크 기능 강화, 인도인들의 승차 형태를 고려한 서스펜션 강화
진로	일본	소주	일본인의 입맛에 맞춘 소주 맛의 현지화, 대용량 용기 소주 제작, 위스키 분위기를 연출한 용기 디자인을 적용
매일 유업	중동	분유	중동의 특유한 식문화로 인한 중동 아기의 비타민, 타우린 결핍 보강한 분유, 깨끗한 물이 귀해 배탈 및 설사가 자주 일어나는 특성을 고려한 설사치료용 특수 분유개발, 중동지역 유통 가능한 캔 포장 개발
동원 F&B	일본	김	김을 술안주와 간식으로 먹는 일본 소비자를 위한 일본 소비자 입맛에 맞춘 김(김치맛, 와사비맛 등) 개발, 포장 디자인 개선
두산 (주류)	일본	소주	일본인의 음용 방식에 맞춘 소주맛 개발, 철저한 라벨과 캡(역방향 겉도는 현상방지) 관리, 용량별 소주 제작(200mℓ, 375mℓ, 700mℓ, 1.8ℓ, 2.7ℓ, 4ℓ)
한국 야쿠르트	러시아	도시락 라면	러시아지역에 따라 입맛에 맞춘 닭고기맛, 버섯맛, 새우맛, 돼지고기맛, 야채맛 등을 생산
로만손	중동	시계	중동 소비자의 화려한 제품 선호 경향에 착안, 'Cutting Glass' 기술개발
	러시아	시계	러시아에서는 분홍색의 금(Pink Gold)이 일반적으로 사용되고 있는 특성을 착안, Russian Gold(Pink Gold) 도금 방법을 개발
코비스 옵틱	중동	변색렌즈	중동시장의 기후적 특성을 착안, 실내에서 외부로 나갈 경우 자동으로 렌즈 색깔이 변하여 안경과 선글라스의 두 가지 복합기능을 해줌
SWC	중동	시계	사파이어유리, Gold크라운, 슬림한 케이스 구조 적용 제품, 30m 이상의 방수, 아랍어 달력 표기 기능, 중동 문양 적용 디자인 제품 등 중동시장 특성에 맞춘 제품 생산

자료: 한국무역협회 2006년 12월 27일.

1 외형적 적응

제품의 외형적 적응이란 제품의 형태, 색채, 크기를 해외시장에 따라 차별화하는 것을 의미한다. 제품을 외형적으로 차별화하는 주된 이유는 각국 시장 간에 사용조건, 소득수준, 도량형의 차이 및 구매습관, 종교 등 문화적 차이가 존재하기 때문이다. 특히, 종교 또는 기타의 이유로 나라마다 금기로 여기는 색상과 선호하는 색상이 각양각색이기 때문에 국제제품의 색상을 결정할 때는 문화적 요인을 충분히 반영하여야 한다.

2 질적 적응

질적 적응은 크게 재료의 차별화와 기능의 차별화로 구분할 수 있다. 재료의 차별화란 분말세제 또는 비누와 같이 기후조건이나 세탁습관을 고려하여 원료배합에 약간씩 차이를 둔다든지, 법적인 규제 때문에 제품의 원재료의 함량이나 구성성분을 조정하는 것을 말한다.

이에 비해 기능의 차별화는 전압 등 기술적 규격이나 차체의 강도 등 승용차의 안전규정을 포함한 정부의 규제 또는 기술수준의 차이를 감안하여 제품의 기능에 차이를 두는 것을 말한다. 기능의 차별화는 특히 내구성 소비재나 산업재의 경우 중요한 의미를 지닌다.

3 포장과 표찰의 적응

포장과 표찰은 제품선택에 큰 영향을 미치는 제품 속성이다. 포장과 표찰은 핵심적인 제품의 가치를 제고하는 기능을 하기 때문에 현지소비자의 호감을 얻을 수 있도록 설계되어야 한다. 그런데 상당수의 국가에서는 포장이나 표찰 등을 규제하기도 하기 때문에 국제기업은 포장과 표찰에 관련된 각국의 문화적 · 법률적 환경에 관심을 가져야 한다.

4 상표의 적응

전 세계적으로 표준화된 상표를 채택할 경우에는 자사제품의 국제적 이미지의 구축, 생산과 촉진측면에서의 규모의 경제를 실현할 수 있으나, 법적인 규제나 문화적인 요인으로 인해 표준화된 국제상표의 사용이 불가능한 경우도 있으므로 세심한 주의가 요망된다. 예를 들어, 미국, 영국 등을 제외한 대부분의 나라에서는 등록우선순위로 상표의 소유권을 부여함으로써, 남의 상표를 미리 등록해 놓고 사용료(royalty)를 요구하는 악질적인 업자도 있기 때문에 표준화된 상표를 사용하려면 먼저 잠재시장국별로 상표를 등록하여 상표소유권을 보호해야 한다.

또한 문화적 요인에 의해 상표적응을 하기도 하는데, 그 주된 원인 중의 하나는 언어상의 문제에서 비롯된다. 예를 들어, 발음이 어렵다거나 본래와는 전혀 다른 나쁜 뜻으로 해석되는 경우이다. 실제로 우리나라의 대영(Dai-Young)자전거가 미국시장에서 '젊어서 죽는다(die young)'와 비슷한 발음을 지닌 상표 때문에 현지시장 침투초기단계에서 좌절을 겪은 것이 좋은 예이다.

5 보증과 서비스의 적응

이는 품질보증이나 반품, 무료수선, 기타의 애프터서비스를 현지국 여건에 맞게 적응하는 것을 말한다. 기술적으로 복잡한 제품을 전반적 기술수준이 낮은 개도국시장에서 판매하기 위해서는 사용, 유지, 보수 등과 관련된 훈련이나 기타의 기술적 지원의 약속 등이 필수적이다. 보증이나 서비스는 당해 제품을 처음 사용하게 되는 소비자가 느끼는 위험을 상당히 완화할 수 있기 때문에 자사제품의 훌륭한 촉진수단이 되기도 한다.

Section 03

상표전략

상표는 어떤 상품이 특정 기업의 제품임을 나타내는 표지이므로 특정 기업의 제품을 대표하여 차별화하는 수단이 된다. 따라서 상표 관련 의사결정은 제품전략에서 빼놓을 수 없는 분야이다.

그리고 상표는 장기간의 마케팅노력에 의해 형성된 기업의 자산으로 국제거래의 대상이 되기도 하지만 때로는 해외의 다른 사람에 의해 무단 사용될 수도 있다.

본 절에서는 상표의 개념을 간략히 정리한 후 국제기업의 상표 관련 의사결정과 해외시장에서의 상표 보호에 관해 살펴보기로 한다.

1. 상표의 개념

1 상표의 정의

상표와 관련된 개념들에 대한 정의를 간단히 설명하면 다음과 같다.

❶ 상표(brand)

특정 판매업자의 제품이나 서비스를 다른 판매업자들로부터 식별하고 차별화시킬 목적으로 사용되는 명칭, 말, 기호, 상징, 디자인 또는 이들의 결합을 말한다.

❷ 상표명(brand name)

상표 중 말로 표현될 수 있는 부분이다. 예컨대 Chevrolet, Disneyland, American Express, Excel, LG 등을 말한다.

❸ 상표마크(brand mark)

상표 중 상징, 디자인, 독특한 색상이나 문자와 같이 인식은 되지만 말로 표현될 수 없는 부분이다. 예를 들어, Play Boy의 토끼상, MGM(Metro-Goldwyn-Mayer)의 사자상 등이 있다.

④ 등록상표(trademark)

법적 보호에 의하여 독점적 사용권이 허용된 상표나 상표의 일부분을 말한다. 등록상표에 의해 상표명과 상표마크를 독점적으로 사용할 수 있다.

2 상표의 기능

상표의 본원적 기능은 어떤 상품이 특정 기업의 제품임을 나타냄으로써 사람들이 유사한 상품들을 서로 구별할 수 있도록 하는 데 있다. 기업의 상표로서 자사제품을 고객에게 알릴 뿐 아니라 자사상품을 차별화하길 원하며 고객은 상표를 통하여 특정 기업의 제품을 쉽게 식별하고 선택할 수 있게 된다.

이와 같이 상표는 기업과 고객 모두에게 유익하지만, 기업의 입장에서 상표부착의 이점을 간략히 정리하면 다음과 같다.

첫째, 상표는 타기업의 자사제품모방에 대한 법적 보호수단을 제공한다.

둘째, 상표는 자사제품에 대한 고객의 충성심을 제고하는 수단이 된다.

셋째, 상표는 시장세분화를 돕는 수단이 된다.

그러나 기업이 제품에 자사상표를 부착하는 것은 이점만 있는 것이 아니라 책임과 위험이 동반된다는 것을 알아야 한다. 상표를 부착하면 그 제품은 사회적으로 용납할 수 있는 최소한의 상품요건과 고객이 기대하는 효용을 어느 정도 충족시킬 수 있어야 한다. 또한 상표를 차별화하기 위해 지속적인 품질향상을 꾀하는 한편 광고 등의 노력을 기울여야 하므로 유명상표를 만드는 것은 기업의 막대한 투자와 노력이 필요하다. 만일 자사상품이 고객의 기대효용을 만족시킬 수 없거나 지속적인 품질향상이 이루어지지 않을 경우 상표부착은 오히려 기업에 위험요인이 될 수 있다.

2. 브랜드전략: 구조-행위-성과모형

마케터는 표준화와 적응화에 대한 논쟁과 동시에 브랜딩과 브랜드명의 중요성을 인식하고 있다. 브랜드명은 기업의 가치 있는 자산이다. 그것은 기업의 차별화, 소유권의 주요한 원천, 품질과 연관된 커뮤니케이션, 고객의 신속한 구입결정과 고객의 자아 인식을 위한 상징적인 장치로서 작용한다. 소비자는 품질의 판단을 가격과 실제적 모양보다 브랜드명에 더욱 영향을 받고 있다.

브랜드명의 표준화/적응화를 설명하기 위해서 구조-행위-성과(SCP) 패러다임을 기반으로 한 모형을 소개하고 있다. SCP패러다임은 행위(conduct)가 선행요소인 구조(structure)의 영향을 받으며,

또한 성과(performance)에 영향을 미친다는 산업조직학파의 주장이다. 이를 기업행위의 하나인 브랜드명전략에 적용한다면 시장 구조와 환경적 요인 등 선행요인이 브랜드명전략에 영향을 주며, 이것은 기업의 성과를 결정짓는다. 본 모델의 성과는 비용절감과 판매량에 의하여 나타난다.

1 선행요인

❶ 환경적 요인

환경적 요인은 기업의 통제를 넘어서는 외부적 환경들이다. 그들은 사회, 경제, 정치, 문화적 요인을 포함하며, 이들 요소가 상호작용을 통해 마케팅전략에 영향을 미친다. 기존의 마케팅연구는 브랜드명의 표준화/적응화전략에 영향을 미치는 최소한의 환경적 요인으로서 종교, 언어, 교육, 기술 그리고 경제의 다섯 가지 요인을 들고 있다.

특히, 브랜드와 관련이 높은 언어적 환경을 예로 들어보자. 세계의 다양한 언어는 브랜드명의 국제화에 있어서 그 다양성의 정도에 영향을 미친다. 발음하기 어려운 브랜드명은 기억하기 어렵다. 만일 구매자가 제품의 이름을 발음하기 어렵다면 구매자들은 브랜드명에 의해서 제품을 구입하는 성향이 적고 다른 사람들과 상품을 논의하는 경향이 적으며 제품을 구입할 가능성이 낮다.

그림 6-3 **브랜드전략의 선행요인과 결과**

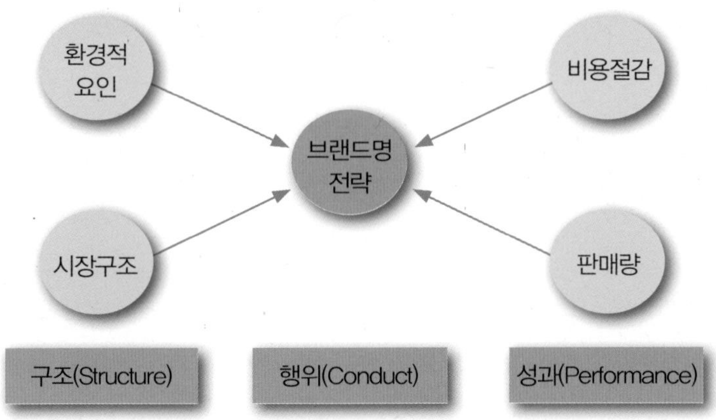

출처: A. A. Alshban, L. A. Hayes, G. M. Zinkhan, and A. L. Balazs(2002), "International Brand-Name Standardization/Adaptation: Antecedents and Consequences", Journal of International Marketing, 10(3): 22-48.

❷ 시장구조

시장구조는 기업의 경영에 영향을 미치고 경쟁의 집중도, 구매자의 집중도, 유통 채널의 집중도를 포함하고 있다.

경쟁의 집중도 측면에서 시장에서 경쟁 기업이 많을 때, 시장점유율을 얻기 위해서 기업은 서로 경쟁하기 쉽고, 수시로 그들의 전략을 바꾼다. 시장이 높은 집중도와 소수의 기업에 의해서 지배될 때, 시장에서 선도기업의 장기전략과의 일치를 통해서 그들만의 규율이 강요된다. 지역적 필요들의 적응화 압력은 지역 경쟁의 집중도에 의존된다. 만일 이러한 집중도가 높은 경우, 국제기업은 다양한 지역 시장들의 도전에 부응하는 경쟁전략들을 개발하게 된다.

구매자의 집중도란 시장에서 구매자의 수를 말한다. 산업재 시장은 전형적으로 적은 숫자의 구매자들의 필요에 의해 만들어진 시장이므로 다른 국가에서의 다양성 요구가 적기 때문에, 소비재시장보다 제품표준화에 더 적합하다.

반면에 소비재시장은 전형적으로 구매자의 숫자가 많으며, 이것은 산업재시장보다 다양성을 요구하기 때문에 보다 세분화를 해야 한다. 그러한 다양성에 부응하려면 브랜드 이미지의 적응화가 필요할 것이다. 유통의 집중도는 시장에서의 제품 유통 채널의 다양한 수준과 숫자를 말한다. 편의품들은 소위 특별품들보다 유통의 집중도가 높은 편이다. 더욱 유통이 집중될수록 시장세분화는 다양하며, 브랜드명의 표준화 수준은 낮아진다.

2 브랜드명 전략의 성과

브랜드명을 표준화할 경우 비용절감과 판매량증대에 영향을 미친다. 비용절감 측면에서 보면 표준화된 제품의 생산은 규모의 경제를 통하여 비용절감의 결과를 가져올 수 있다. 예를 들어, 펩시의 글로벌 표준화는 8백만 달러 이상의 기업 연간 생산비용을 감소시킨다고 평가하였다. 또한 브랜드명의 표준화는 생산비용의 절감뿐만 아니라 광고와 재고비용의 감소를 가져옴으로써 비용절감효과를 증대시킨다.

판매량과 브랜드명전략의 관계는 두 개의 반대되는 관점이 존재한다. 첫 번째 관점은 현지국가들에서의 경쟁과 구매자 태도 때문에 표준화된 브랜드는 현지화 브랜드보다 부정적일 것이며, 따라서 표준화된 브랜드의 시장점유율, 수익 그리고 총체적인 이익은 감소하는 결과를 가져온다. 두 번째 관점은 지역 고객은 외국 브랜드에 대한 긍정적인 인식과 해외 여행자들의 브랜드 인식과 제품의 구입 때문에 브랜드명 표준화는 수익을 증가시킬 것이라고 주장한다.

3. 상표 관련 의사결정

1 자사상표 대 타사상표

국제기업이 사용할 수 있는 상표권자(brand sponsor)에 따라 다음과 같이 나눌 수 있다.

❶ 자사의 고유상표

국제기업이 자체적으로 개발한 상표로서 기업 및 상품을 차별화할 수 있는 강력한 수단이 되며, 국제적으로 알려지기까지는 장기간의 투자와 노력이 요구된다.

❷ 도입상표

기업은 사용료를 지급하고 타사의 세계적인 유명상표를 자사제품에 부착하여 해외시장에 판매할 수 있다. 이미 세계적으로 널리 알려져 있기 때문에 촉진비용을 줄일 수 있고 시장진입이 용이하지만, 회사 이미지를 구축하기 어렵다.

❸ 주문자상표

해외의 제조업체가 특정 제품의 생산에 필요한 기술명세서(technical specification)뿐만 아니라 부착할 상표까지 하청업체에 제공하고, 하청생산업체는 명세서에 따라 생산한 제품에 주문자 해외제조업체의 상표, 즉 OEM상표(original equipment manufacturer's brand)를 부착하여 공급할 수도 있다. 이와 비슷한 유형으로 제조기업은 국내외의 유통업체의 상표(distributor's brand)를 부착하여 해외시장에 판매되기도 한다.

제조기업의 입장에서 주문자상표의 장단점은 다음과 같다. 우선 장점으로는 첫째, 판매력을 보완할 수 있다는 점이다. 즉, 비용의 추가적인 부담없이도 타사의 지명도와 서비스망을 활용할 수 있을 뿐만 아니라, 자사상표제품에 비하여 이익률이 낮긴 하지만 대량생산에 의한 생산비의 절감효과도 기대할 수 있다.

둘째, OEM을 통하여 최적생산규모에 가까워질 수 있고, 따라서 생산 코스트가 절감되며, 상대기업의 강력한 마케팅 채널을 활용함으로써 시장개척 초기에 시장탐색 수단으로 이용할 수 있다.

셋째, 외국의 현지기업에 OEM 방식으로 수출하며 외국인이 한국기업의 제품에 대하여 느끼는 거부감을 회피할 수도 있다.

넷째, 미국 등 대규모 시장국에서 대량주문을 받고 OEM 수출을 하게 되면 한국 기업체들은 단기간 내에 수출을 늘릴 수 있어서 생산시설의 가동률 제고, 매출액증가, 이익증대, 특혜적 수출금융 등의 혜택을 누릴 수도 있다.

반면에 주문자상표의 단점으로는 첫째, 브랜드 측이 철저히 낮은 가격을 요구해 채산성이 악화될 소지가 크고, 상대기업이 언제 스스로 제품을 생산하여 라이벌로 등장할지 모른다는 위험이 있으며, 시장정보의 축적이 어려워 수요량의 변동이나 소비자의 기호 변화에 적절히 대응하지 못하고 무리한 시설투자 등이 행해질 우려가 높다.

둘째, 수요변동에 따른 위험이 OEM 수출업자에게 전가되기 때문에 수출업자의 경영이 불안정해질 소지가 있다는 점이다. 따라서 수주업체는 제품 및 판매채널의 다양화 등을 통하여 수주의 안정화 확보에 특히 유의할 필요가 있다.

셋째, 수주업체는 소비자와 직접적으로 만나지 않기 때문에 시장동향의 파악이나 수요 패턴의 예상 등 마케팅능력이 약화되기 쉽다.

다음으로, 브랜드 측에서 보아 장점으로는 사업화에 따른 위험을 분산하고 낮은 가격으로 양질의 제품을 안정적으로 공급받을 수 있으며 신제품을 적기에 시장에 도입할 수 있고, 제품을 다양하게 구비할 수 있다는 점 등이다. 한편 단점으로는 기술이나 노하우의 축적이 불가능하고 언제든지 상대기업이 판매까지 담당할 위험이 상존한다는 점이다.

이처럼 OEM이란 양자 간에 서로 장단점이 있어 서로의 이해가 일치하는 선에서 계약이 체결된다.

2 개별상표 대 계열상표

제조업체가 취급하는 특정 제품계열이 하나 이상의 품목으로 구성되어 있을 경우 마케팅관리자는 모든 품목을 한 가지 계열상표로 표시할 것인지 아니면 품목별로 개별상표를 부착해야 할 것이지를 결정하여야 한다. 또한 제조업체가 복수의 제품계열을 보유하고 있다면 모든 제품을 한 가지 계열상표로 표시할 것인지 혹은 제품계열별로 별도의 계열상표를 부착할 것인지를 결정해야 한다. 이는 자체상표로 판매하는 유통업체도 마찬가지이다.

개별상표와 계열상표의 장단점은 다음과 같다.

❶ 개별상표(individual brand)

특정 기업체가 개별품목별로 개별상표를 사용하게 되면 그 기업체의 명성이 개별품목에 의해 영향을 받지 않으므로, 특정 개별시장에서 실패하더라도 다른 개별제품에 나쁜 영향을 주지 않는다. 반면에 개별품목별로 판매활동과 촉진활동을 전개해야 하기 때문에 많은 비용이 소요된다(예 Procter & Gamble).

❷ **계열상표(family brand)**

계열상표명을 사용하면, 특정 기업체의 이미지와 제품계열 이미지의 좋고 나쁨에 따라서 개별품목의 이미지가 좋게 또는 나쁘게 형성되기 마련이다. 따라서 이미 좋은 기업 이미지와 제품계열 이미지를 보유하고 있는 기업체들만이 새로이 추가하는 품목들에 대해 계열상표를 사용하는 것이 바람직하다(예 GE, IBM, Heinz).

3 복수상표전략(multibrand strategy)

복수상표전략이란 동일한 제품에 두 가지나 그 이상의 상표명을 붙여서 판매하는 것을 말한다. 이 경우 상표 간에 경쟁이 벌어지는 것이 사실이지만 다음과 같은 이점이 있다.

❶ **성과제고**

각 상표는 고유한 시장을 개척하고 확대할 수 있기 때문에 기업입장에서는 한 개의 상표만을 사용할 때보다 동일 제품의 총판매고와 전체 시장점유율을 상당히 증대시킬 수 있다.

❷ **전시효과**

소매점에서 제품을 진열할 때는 상표에 따라서 진열공간을 배분하므로 여러 가지 상표를 사용하는 기업체는 동일 제품으로도 더 넓은 진열공간을 차지할 수 있다.

❸ **고객유치**

상표충성도가 낮거나 여러 가지 상표를 골고루 사용해 보고자 하는 고객을 유치할 수 있다.

❹ **판매능력개선**

상표별로 관리자를 임명하게 되면 관리자들 간에 판매경쟁이 벌어져 단일상표를 채택할 때보다 판매효율이 개선된다.

❺ **경쟁능력강화**

기존상표의 가격을 인하하지 않고도 경쟁품을 가격인하전략으로 공격하고자 할 때는 동일 제품이지만 가격을 인하할 별도의 공격상표(fighting brand)를 개발할 수 있다.

4 범세계적 상표 대 국별 상표

기업체들이 국제상표명을 개발하고 활용할 때는 범세계적 상표(global brand)로 할 것인지 아니면 국별 상표(national brand)를 개발할 것인지를 결정해야 한다.

이와 같은 결정을 위해 다음과 같은 제반 요소를 고려해야 한다.

❶ 생산 및 마케팅 측면

특정 기업체가 세계적으로 단일상표를 사용하려면 전 세계에 걸쳐 국제제품의 생산공급원을 확보하는 것이 바람직하다(예 Coca-Cola, Pepsi-Cola 등).

❷ 법률문제

단일 국제상표 혹은 국별 상표를 개발할 것인지 결정할 때 법률적 문제를 고려해야 한다. 예를 들어, 여러 해외시장에서 상표의 소유권을 확보하기 위해서는 상표를 미리 등록하거나 사용하여야 한다.

❸ 문화환경

기업이 국제상표명을 사용하는 데 있어서 법률적 제약을 받지 않는다 하더라도 문화적 장벽 때문에 국제상표를 채택하기 어려운 경우가 있다. 국제상표명이 제대로 발음하기 힘들거나 나쁜 뜻으로 해석된다면 상표명은 그 시장에서 사용가치가 줄어들게 된다.

원칙적으로 동일제품에 대한 상표명의 수는 최소화하는 것이 바람직하지만, 현실적으로 그것이 불가능할 경우 상황에 따라서 지역별 내지 시장국별 상표를 채택할 수밖에 없다.

4. 상표의 보호

1 상표의 해적행위 및 모조품문제

상표해적행위(brand piracy)란 상표를 소유기업 모르게 특정 국가에 무단 등록한 후에 이를 원래의 소유기업에 판매함으로써 이득을 얻으려는 행위를 말한다. 기업이 해당 국가에 진출하려 할 때 어떤 사람이 이미 상표를 등록했다는 것을 안다면 이 기업은 상표해적행위자와 협상해서 상표의 법적 소유권을 살 것인가, 다른 상표를 사용할 것인가, 혹은 그 시장에 해당 상품을 진입시키지 않을 것인지 결정해야 하는 상황에 처할 수도 있다.

모조품(counterfeit)이란 세계적으로 유명한 등록상표를 무단사용한 가짜상품을 말한다. 이러한 모조품은 등록상표 소유주의 이익을 떨어뜨리고 유통질서를 어지럽히므로 모조품 무역은 오늘날 큰 문젯거리가 되고 있다. 기업이 이러한 손해를 입지 않으려면 해외시장에서 모조품을 찾아내기 위해 스스로 감시자의 기능을 수행하는 한편 정부의 협력을 구해야 할 것이다.

2 국제상표협정

외국기업의 상표를 보호하기 위한 국제상표협정은 많이 있지만 중요한 두 가지를 들면 다음과 같다.

❶ 산업자산보호협정(International Convention for the Protection of Industrial Property)

파리협약이라고도 하며, 가맹국은 국내조치를 다른 회원국의 사업에도 그대로 적용하도록 규정하고 있다. 예를 들면, 국내기업의 상표자산이 등록에 의해 보호된다면 외국기업도 국내기업과 마찬가지 방법에 의해 보호를 받을 수 있다는 뜻이다. 서유럽의 주요 국가와 미국을 포함한 대부분의 국가들이 회원국으로 되어 있다.

❷ 마드리드협정(The Madrid Agreement for the International Registration of Trademark)

이 협약에 의하면 가맹국의 어느 한 국가에 상표를 등록한 회사는 다른 회원국에도 그 상표를 등록할 수 있는 권리가 부여되어 있다. 회원국은 대부분 유럽국가들로 구성되어 있으며, 우리나라는 2003년 4월에 가입하였다.

사례 6-2 인터브랜드, 2021 글로벌 브랜드 순위

인터브랜드가 글로벌 상위 100대 기업의 브랜드 가치를 평가하는 Best Global Brands 2021 순위를 발표했다. 이번에 발표된 글로벌 베스트 브랜드는 기술 집약적 기업의 약진이 두드러졌다.

1위는 글로벌 기술 기업으로 대표되는 애플이 차지했다. 브랜드 가치는 4,082억 5,000만 달러로 한화로 약 478조 607억 원에 달한다. 2위는 아마존으로 브랜드 가치는 2,492억 5,000만 달러(한화 약 291조 8,717억 원)로 전방위 기술 팽창으로 지난해 대비 60% 매출 성장을 이루며 브랜드 가치는 24% 성장했다.

10위권 안에는 한국 기업으로는 삼성이 유일하게 746억 3,500만 달러(한화 약 87조 4,000억 원) 브랜드 가치로 글로벌 5위 자리를 지켰다. 지난해 대비 삼성의 브랜드 가치는 20% 성장했다.

01 Apple +26% 408,251 $m	02 Amazon +24% 249,249 $m	03 Microsoft +27% 210,191 $m	04 Google +19% 196,811 $m	05 Samsung +20% 74,635 $m
06 Coca-Cola +1% 57,488 $m	07 Toyota +5% 54,107 $m	08 Mercedes-Benz +3% 50,866 $m	09 McDonald's +7% 45,865 $m	10 Disney +8% 44,183 $m
11 Nike +24% 42,538 $m	12 BMW +5% 41,631 $m	13 Louis Vuitton +16% 36,766 $m	14 Tesla +184% 36,270 $m	15 Facebook +3% 36,248 $m
16 Cisco +6% 36,228 $m	17 Intel -3% 35,761 $m	18 IBM -5% 33,257 $m	19 Instagram +23% 32,007 $m	20 SAP +7% 30,090 $m

코로나 대유행이 시작된 지난해와 올해 경제 공황에도 불구하고 상위 100대 브랜드 가치 성장은 지난해 대비 1.3% 증가한 10%의 성장을 보여줬다. 이런 배경에는 코로나로 인한 비대면 일상이 클라우드 기반 기술과 인공 지능의 발전을 가속화하고 스트리밍과 구독 기반 서비스의 발전으로 이어진 것으로 분석된다.

자동차 분야에서는 벤츠와 BMW, 테슬라가 각각 6위, 12위, 14위를 차지했다. 주목할 점은 현대자동차의 브랜드 가치가 6% 성장하며 아우디와 폭스바겐을 누르고 35위 자리에 이름을 올렸다. 현대자동차의 브랜드 가치는 151억 6,800만 달러로 한화로 약 17조 7,617억 원의 브랜드 가치 평가를 받았다.

상위 브랜드 20위 안에 럭셔리 브랜드는 루이비통이 13위로 유일하다. 브랜드 가치는 367억 6,600만 달러로 한화 약 43조 530억 원의 평가를 받았다. 샤넬과 에르메스는 각각 22위와 23위에 그쳤으며, 구찌는 30위권 밖으로 밀려났다.

출처: 한국면세뉴스, 2021.10.25, 인터브랜드, 2021 글로벌 브랜드 순위 발표...애플, 아마존, 마이크로, 구글, 삼성 등 Best Global Brands 2021, (https://www.kdfnews.com/news/articleView.html?idxno=81807)

Section 04

국제제품의 포장

포장은 일차적으로 고객이 접촉하게 되는 제품의 구성요소로서 제품을 보호하는 것은 물론 판매촉진에도 영향을 미친다.

본 절에서는 포장의 개념과 국제포장에서 특별히 고려할 환경요소 그리고 표찰(label)에 관하여 살펴보기로 한다.

1. 포장의 개념

1 포장의 정의

제품을 보호하는 동시에 소비자에게 제공하는 제품의 가치를 높이는 데 목적을 둔 포장은 다음 세 가지로 구분할 수 있다.

❶ 일차적 포장(primary package)

제품이 직접 담긴 용기로서, 화장품을 담은 병, 맥주를 담은 캔, 라면을 담은 셀로판 포장 등이 해당한다.

❷ 이차적 포장(secondary package)

일차적 포장을 보호하는 동시에 제품을 사용할 때는 버리는 것이 일반적이다. 화장품 병을 넣은 종이, 고급 캔 식품을 넣는 종이상자 등이 그 예이다.

❸ 선적포장(shipping package)

이는 제품에 따라서 일차적 포장만 되거나 이차적 포장까지 된 제품을 보관 · 수송 · 식별하는 데 필요한 외부포장(outside package)을 말한다. 선적포장의 주기능은 제품보호이며 부수적 기능은 판매촉진과 식별이다.

❹ 표찰(label)

포장의 일부분인 표찰은 관련 법규에 따라 소비자에게 제공하는 포장에 표시하는 용도와 사용 방법, 내용물과 성분, 첨가물질, 부작용, 중량, 생산업체, 생산년월일, 생산국 등의 인쇄된 정보를 말한다.

2 포장의 기능

포장의 기능은 제품보호적인 측면과 판매촉진적인 측면에서 분석할 수 있다.

❶ 제품보호기능

포장의 일차적인 기능은 수송과 보관 중에 핵심제품을 안전하게 보관하는 데 있다. 따라서 이를 위해서 기업은 제품의 특성, 해외시장까지의 거리, 수송수단, 하역횟수, 취급 방법, 창고시설 등을 종합적으로 고려하여 내구성을 지닌 포장이 되도록 하여야 한다.

❷ 판매촉진기능

소비재의 경우 미려한 포장은 유통업체 또는 최종소비자의 당해 제품에 대한 구매의사결정에 직접적인 영향을 미치게 된다. 따라서 해외시장의 문화적인 특성에 맞추어 색상, 규격, 형태, 재료 등을 적당히 차별화함으로써 매출증대를 꾀할 수 있다.

예를 들어, 말보로는 제품포장전략에 있어서 기본 색상을 강렬한 레드로 설정하여 레드를 말보로의 상징으로 만들어버렸다. 이처럼 레드를 기본 색상으로 사용하는 제품포장전략을 통해 미국 담배시장을 완전히 석권하였다.

2. 국제포장의 고려요소

국제기업이 해외시장을 대상으로 국제제품의 포장을 개선하고자 할 때는 다음과 같은 사항을 인식하고 실천해야 한다.

1 자연환경 차이

기온, 습도 등과 같은 자연환경의 차이로 인하여 시장국가별 적합한 제품의 포장이 상이할 수 있다.

2 물리적 거리

생산지에서 소비지까지의 원거리 수송과 신중한 자재취급의 필요성으로 인해 포장에 주의해야 한다.

3 유통경로

국제제품의 유통경로가 길고 판매회전이 느릴 때는 포장에 각별한 조치를 취해야 한다. 복잡한 운송수단을 이용하고 자재취급의 횟수가 많고 유통경로상의 거래흐름이 느린 제품의 포장은 내구성이 특별히 중요시된다.

4 보관시설

해외시장국의 유통업체들이 보유하고 있는 창고시설, 자재처리시설 등이 미비할수록 기업체는 제품의 포장에 대해 더욱 많은 비용과 노력을 투입하여야 한다.

5 마케팅능력의 제고

포장은 판매촉진의 역할도 담당하여야 한다. 즉, 포장은 유통업체가 제품을 취급하도록 설득하는 한편 고객이 구매하도록 설득할 수 있어야 한다. 각국의 문화적 특성에 맞추어 포장의 색상, 규격, 형태, 사용한 재료 등이 적합해야만 판촉 역할을 할 수 있다.

6 포장규격

국제마케팅을 하는 데 중요한 포장변수의 하나는 포장규격이다. 대부분의 개도국에서와 같이 유통경로가 다수의 소매상으로 구성된 시장국에서는 셀프서비스시장이 발달한 선진 개발국에 비하여 소규격 포장이 적정한 포장이 될 수 있다. 또한 구매빈도와 소득수준도 포장규격에 커다란 영향을 미친다.

이와 같이 포장에 대한 요구는 소득증대, 생활 및 구매습관의 변화, 소매활동의 대규모화 및 현대화 등으로 인하여 각 시장국별로 계속 변화할 것이므로 각 기업체는 국제제품의 포장 혁신에 각별히 관심을 두고 연구개발해야 한다. 결국 좋은 국제제품포장이란 최소한의 소요비용으로 수송, 자재취급, 저장 등을 할 때 제품을 보호하고 편의를 제공하며, 판매촉진에 알맞도록 시장성을 증대시킬 수 있는 여러 가지 속성을 지닌 포장이다

주요 용어

제품의 유형	표준화전략	주문자상표
제품의 구성요소	적응화전략	상표해적
국내개발	외형적 적응	모조품 무역
순차적 개발	질적 적응	국제상표협정
국별 개발	상표	포장
다국적개발	자사상표	

연습문제

01 국제제품전략수립에 있어서 제품의 구성요소를 이해하는 것이 왜 중요한가에 대하여 논술하시오.

02 제품의 혁신 정도에 따라 국제제품을 몇 가지로 나누어 설명하시오.

03 제품의 혁신 정도와 생산입지를 고려할 때 국제제품의 개발 방식은 크게 네 가지로 구별할 수 있다. 이를 설명하시오.

04 국제기업이 제품을 표준화하려는 이유에 대하여 논술하시오.

05 제품표준화의 여러 가지 이점에도 불구하고 기업이 현지시장에 제품을 적응해야 할 필요성에 대하여 논술하시오.

06 주문자상표(OEM상표)의 장단점을 논술하시오.

07 국제기업의 상표보호에 관하여 논술하시오.

08 국제제품의 포장에 있어 고려해야 할 요소에 대하여 논술하시오.

09 한국의 종합상사 중에서 하나를 택하고 산업매력도와 경쟁위치 매트릭스를 활용하여 유망수출품목을 선택해 보시오(그룹과제).

10 가전제품, 소형승용차, 신발, 인형 등의 수출상품 중에서 한 품목을 택하여 여러 해외시장에서 왜, 어떻게 제품을 적응화하고 있는지 조사하여 발표하시오(그룹과제).

11 한국의 5대 재벌그룹의 국제상표전략을 조사하고 비교 · 분석하시오(그룹과제).

12 한국수출기업의 포장전략의 현황을 분석하고 문제점과 개선 방안을 연구하시오(그룹과제).

국제가격전략

Chapter

07

Chapter

07

국제가격전략

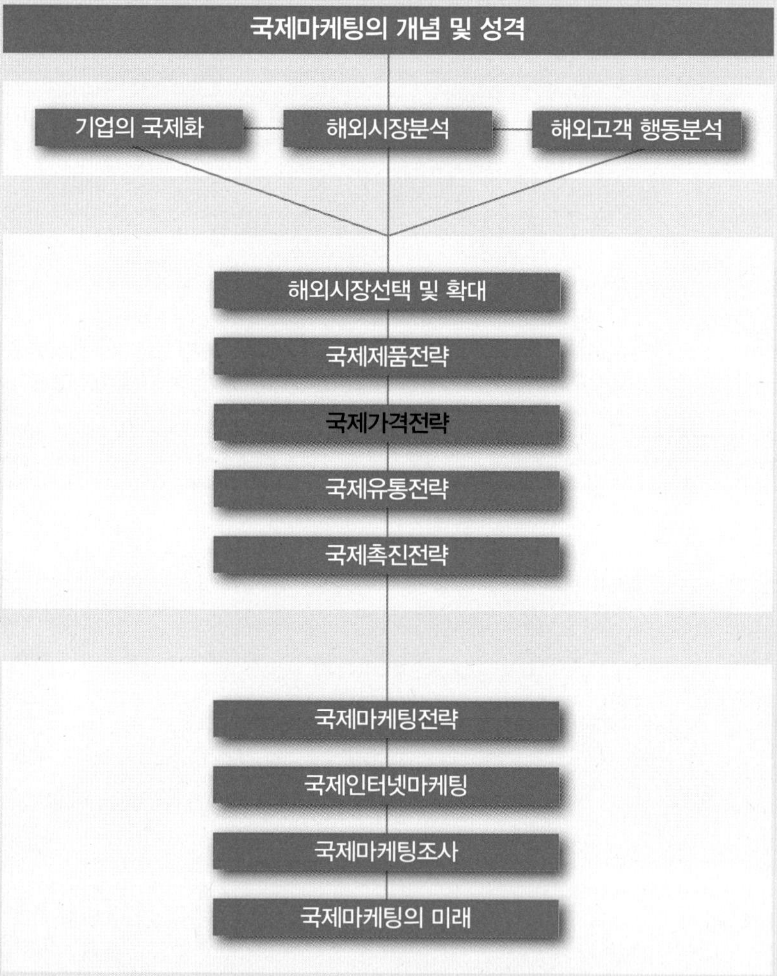

CASE STUDY '스타벅스'의 국제가격전략

우리나라 스타벅스

2019년 현대경제연구원이 발표한 '커피산업의 5가지 트렌드 변화와 전망' 보고서에 따르면 우리나라 1인 연간 커피 소비량은 세계 평균치의 3배인 353잔이며, 원두 소비량이 약 15만 톤으로 전 세계 6위를 차지하였다.

또한 2020년 관세청 수출입무역통계 자료에 따르면 그래프와 같이 시간이 지남에 따라 커피 수입량이 증가하는 것으로 보아, 점점 우리나라의 원두 소비량은 늘어날 것으로 예상할 수 있다.

우리나라는 커피에 대한 소비의 정도가 다른 국가들에 비하여 높은 수준을 보인다. 이에 따라 좋은 품질의 원두를 소비하고자 하는 사람들이 늘어났다. 2021년 기준 스타벅스 코리아의 연간 카드결제 금액이 2조 원에 달하는 것으로 보아, 이러한 프리미엄 커피 브랜드에 높은 값을 지불할 의사를 보였다.

프리미엄 커피 지불 용의 확대에 따라 우리나라에서는 저가 커피 브랜드와 고가 커피 브랜드의 가격차가 큼에도 불구하고, 소비자는 스타벅스의 커피를 구매한다.

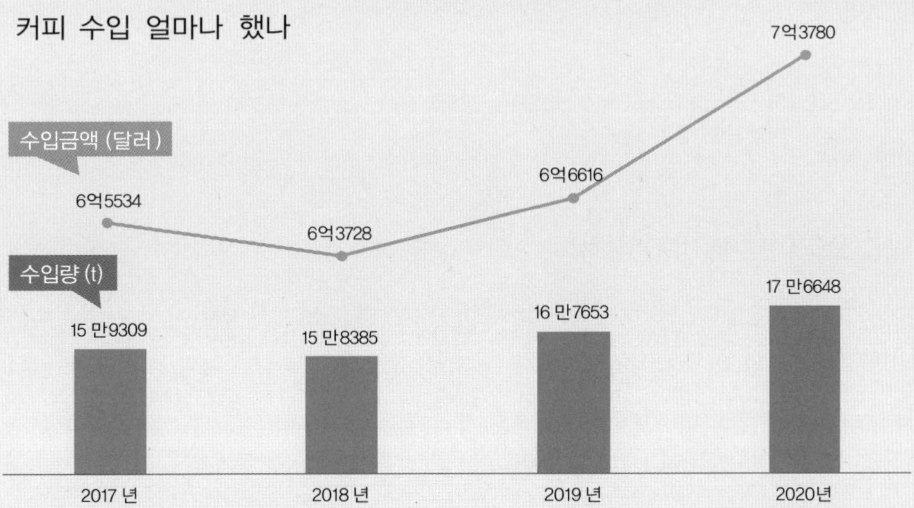

아메리카노를 기준으로 하였을 때, 스타벅스 공식 홈페이지에 따르면 2021년 기준 한 잔당 4,100원(tall 사이즈 기준)이다. 타기업인 이디야는 3,200원(20oz 사이즈 기준), 더벤티나 메가커피(24oz venti 사이즈 기준)는 1,500원으로 보아, 약 1.3 ~ 2.8배 높은 금액을 지불하더라도 우리

나라에서의 소비자는 여전히 스타벅스의 커피에 열광한다.

이러한 프리미엄 커피 지불용의 이외에도 다른 국가에 비하여 높은 건물 임대료 등의 이유로 우리나라의 스타벅스는 다른 국가에 비하여 가격이 높게 책정된다. 이를 통해 스타벅스는 각국의 다양한 시장 환경에 따라 다른 가격을 책정하고, 가격 책정 시 '분권화' 방식을 이용하는 것을 알 수 있다. 이에 따라 다른 국가에서는 어떤 기준으로 가격을 책정하고 어느 정도의 가격 차가 나는지 알아볼 필요가 있다.

미국의 스타벅스: 저가 전략

미국 스타벅스의 아메리카노는 그란데(Grande) 사이즈 한화 기준으로 약 2,840원이다. 동일 사이즈 기준 우리나라의 4,600원에 비하여 약 1.6배 저렴한 금액으로 가격이 책정된 이유는 무엇일까?

우선, 미국의 경우, 다른 국가에 비하여 건물의 임대료가 저렴하다.

기업이나 매장을 운영할 경우, 원재료의 원가, 인건비, 시설 비용 등이 드는데 이는 변동비용으로서 각 국가의 물가나 최저시급과 같은 법적 규제 등에 따라서 달라진다. 미국의 시급은 현재 약 10.95달러로, 우리나라(2021년 기준 8,720원)에 비하여 현저히 높다. 그러나, 이를 상쇄시킬 만큼, 한국의 건물 임대료는 미국에 비하여 높게 책정된다. 고정 비용으로 지출되는 건물 임대료는 그만큼 매출에 큰 타격을 주며, 이는 자연스럽게 가격 책정의 요인으로 작용한다.

또한 프리미엄 커피의 지불 용의 정도의 차이가 존재한다. 따라서 같은 브랜드의 기업이더라도 미국과 우리나라의 가격 책정이 다르게 나타난다.

중국의 스타벅스: 프리미엄 이미지 전략

코트라 중국 창사무역관에 따르면, 중국에서의 커피시장에서 스타벅스가 차지하는 시장 점유율은 59.2%로 절반이 넘는 점유율을 차지하고 있다. 중국 자회사인 '루이싱 커피'는 중국에서 나름 입지를 차지하고 있는 브랜드이며, 스타벅스보다 20% 낮은 가격에 팔고, 커피 무료 배달 서비스와 같은 용역을 제공하여 많은 인기를 차지하였다. 그러나 여전히 스타벅스는 1위를 차지하였으며, 특히 루이싱 브랜드의 부정 회계사건 등의 사회적인 문제로 스타벅스의 점유율은 더욱더 상승할 수밖에 없었다. 이에 따라 스타벅스의 수요는 증가하였고, 중국에서의 스타벅스 독주에 의하여 높은 가격이 책정되었다.

패밀리마트(Family mart)나 세븐일레븐(7-eleven)과 같은 편의점에서도 커피 사업까지 영역을 확장했으며, 한국계 커피 프랜차이즈 만 커피(MAAN coffee)나 주 커피(Zoo coffee) 등과 같은 커피 브랜드도 존재하였다. 그러나, 이와 같은 커피 사업을 진행하는 기업이 있음에도 불구하고, 중국 스타벅스의 점유율이 계속해서 1위를 차지하고 있는 것으로 보아 대체 불가능한 브랜드임을 입증하였다. 따라서 스타벅스만의 '프리미엄 커피 브랜드'라는 이미지를 내세워 높은 가격을 책정하였고, 이는 중국 시장에서 성공적인 마케팅의 결과를 가져왔다.

토의과제

01 우리나라의 스타벅스 제품 가격이 미국에 비해서 고가인 이유를 토의하시오.

02 스타벅스가 국가별 저가전략 또는 프리미엄가격전략을 사용하는 이유를 토의하시오.

참고자료

- 이장로, 문희철, 이춘수, 국제마케팅 7판(무역경영사)
- 부경대학교, 국제마케팅수업 과제 및 자료에서 편집활용, 김채현
- 스타벅스 사명 및 기업 정보, 로고, 음료 가격: 스타벅스 공식 홈페이지(https://www.starbucks.co.kr/footer/company/index.do)
- 우리나라 커피 수입 추이 관련 그래프 : 2020년 관세청 수출입무역통계 자료(https://unipass.customs.go.kr/ets/)
- 스타벅스 카드 결제금액 : 매일 경제(2021.3.24.)(https://www.mk.co.kr/news/business/view/2021/03/281770/)
- 아메리카노 가격 : 더벤티(https://www.theventi.co.kr/), 메가커피(http://www.megacoffee.me/)
- 중국 스타벅스 시장 점유율 : 식품외식경제 뉴스(https://www.foodbank.co.kr/news/articleView.html?idxno=60351)

Section 01

국제가격전략의 특성

가격(price)이란 투입된 연구개발비용, 생산비, 마케팅비용 등을 회수하고 기업의 성장에 필요한 이익을 확보하기 위한 직접적인 마케팅수단이다.

국제기업의 가격결정은 기업의 다양한 해외시장 개입 형태와 복수시장국이라는 특수한 상황하에서의 가격결정으로 국내가격결정보다 훨씬 복잡하고 어려운 과정이다. 본 절에서는 국제가격결정의 개념과 국제기업의 가격전략수립에 있어서의 특수성을 살펴보기로 한다.

1. 국제가격결정의 분야

일반적인 가격결정 문제는 최초가격의 책정, 가격조정, 가격변경 등 크게 세 가지로 나눌 수 있으나, 국제마케팅의 경우 기업의 해외시장 진입 방식 내지 국제화 단계에 따라 수출, 라이선싱, 현지생산 및 사내이전 등의 상황이 추가된다. 이와 같은 국제가격결정의 주요 분야를 매트릭스 형태로 표시한 것이 [표 7-1]이다.

가격책정이란 특정 제품의 시장 진입 시 최초가격을 결정하는 것을 말한다. 국제기업의 가격 책정 문제는 수출가격의 책정, 현지생산품의 가격책정, 라이선싱가격의 책정, 해외자회사 간의 이전가격책정 등 기업의 해외시장 개입 형태에 따라 매우 다양하다. 이 모든 경우에 있어서 국제마케팅 관리자는 해외시장별로 수요, 비용, 경쟁조건과 정부규제 등의 여러 가지 환경요소를 파악하여 이를 가격책정에 반영하여야 한다.

표 7-1 **국제가격결정의 분야**

해외시장개입 / 가격결정문제	수출	현지 생산 판매	사내이전	라이선싱
가격책정				
가격조정				
가격변경				

자료: Helmut Becker, "Pricing : An International Marketing Challenge", in Hans Thorelli and HelmutBecker(eds.), International Marketing Strategy (New York : Pergamon Press, 1980), p.209에서 적의 수정함

가격조정이란 지역 · 시간 · 사람에 따라 다양한 상황과 시장기회에 대응하기 위하여 가격을 차별화하는 것을 의미한다. 예를 들면, 수출지역 또는 시장에 따라 가격을 차별화하거나 제품수명주기에 따라 가격을 조정한다든지 혹은 고객집단에 따라 가격에 차등을 두는 것을 말한다. 또한 해외시장에서 최종소비자가격을 적정수준으로 유지하기 위한 가격조정이나 해외자회사 사이의 이전가격의 조정 등은 국제기업의 주요한 가격결정 문제라 할 수 있다.

가격변경이란 환율변화 등의 요인으로 인하여 주도적으로 기존가격을 변경하거나 혹은 경쟁자의 가격변경에 피할 수 없이 수동적으로 반응하는 것을 의미한다. 해외시장 진입 형태에 따라 여러 가지 가격변경상황이 존재하지만, 이러한 가격변경 문제들은 서로 연관되어 있음에 유의해야 한다. 예를 들어, 수출가격의 변경은 사내이전가격의 변경을 함께 고려해야 하는데, 사내이전가격의 변경은 현지생산 및 판매가격에 영향을 주기 때문이다.

이와 같이 국제기업의 가격결정 문제는 해외시장 진입 형태에 따른 특수한 상황이 추가될 뿐만 아니라 진입 형태 상호 간에 미치는 효과를 고려하여야 한다. 또한 후술하는 바와 같이 복수시장 국가에서의 가격결정이라는 또 다른 특수상황은 국제가격결정 문제를 더욱 복잡하고 어렵게 만들고 있다.

2. 국제가격전략의 특성

국제가격전략은 그 궁극적인 목표에 있어서 국내가격결정과 기본적으로 크게 다를 바가 없다. 다시 말하면 제품의 가격은 고객으로 하여금 그들이 지불한 만큼 가치가 있다고 느끼도록 책정되어야 하는 동시에 회사의 전반적인 목적과 외부상황에 따라 단기 혹은 장기이익이 확보되도록 책정되어야 한다는 점에서 국제가격전략이나 국내가격전략이나 큰 차이가 없다고 할 수 있다.

그러나 국제가격전략은 본질상 복수국가의 시장을 대상으로 하며 해외시장에서의 진출상황도 다르기 때문에 다음과 같은 특성을 갖는다.

첫째, 국제가격전략은 생산국과 소비국이 상이한 제품, 즉 수출입상품의 가격결정 문제를 다룬다. 이 경우 기업은 국경을 넘는 데 따르는 추가적인 비용과 위험을 고려하여야 하며, 본국의 고객과는 여러 면에서 다르고 수입상품에 대하여 편견이 있을지도 모르는 해외고객을 잘 알아야 한다.

둘째, 국제가격전략은 해외투자 혹은 라이선싱 등을 통하여 해외에서 생산 · 판매되는 제품의 가격결정 문제를 다룬다. 제조국의 마케팅관리자는 다른 국가에 위치한 본사로부터 여러 가지의 방침, 지시 혹은 통제를 받게 된다. 특히 본국 혹은 제3국의 관련 회사에서 원료 및 부품 등을 공급받을 경우 가격결정은 본사의 이전가격전략에 의하여 영향을 받게 된다.

셋째, 국제가격결정은 한 국가시장에서의 가격결정이 다른 국가시장에 영향을 미치므로 세계적인 관점에서 가격전략을 조정하는 문제를 다룬다. 예를 들어, 국내가격과 수출가격의 차별화, 국별 소비자가격의 차이와 재정거래(arbitrage transaction)의 문제, 특정 해외시장에서의 전략목표를 위한 국제가격의 조정 문제 등은 국제가격전략의 주요 과제라 할 수 있다.

마지막으로, 가격전략수립 시 고려해야 할 환경요소가 훨씬 복잡하고 다양하다. 국제가격결정은 해외시장의 다양한 환경요소, 예를 들면 수송비, 보험료, 관세, 수입부과금, 유통마진 등 최종소비자에게 전가되는 성질의 비용요소와 시장규모, 성장률, 수요탄력성 등의 수요조건 그리고 경쟁자, 경쟁구조, 경쟁우위와 같은 경쟁조건 등을 국별로 파악하고 이를 가격전략에 고려해야 한다는 점에서 국내가격결정보다 훨씬 복잡하고 어려운 과정이라 할 수 있다.

3. 국제기업의 가격전략 유형

가격책정은 세계적으론 통합된 전략을 구사하고 동시에 현지에 탄력적으로 반응하려는 기업의 국제화에 중요한 역할을 한다. 또한 가격책정은 소비자에게 보내는 기업과 기업의 제품에 대한 명확하고 직접적이며 즉각적인 신호를 반영하고, 현지시장에서 기업의 경쟁적 우위를 확보하게 한다. 가격책정 시 두 가지 측면을 고려해야 하는데 이는 집중화 또는 분권화된 가격책정과 유통채널에 있어서의 통제권 문제이다. 집중화(글로벌화, 규모의 경제, 브랜드 통제) 및 분권화(상이한 시장상황, 현지 비용요인) 모두 국제 가격책정에 있어 유효한 전략이라 할 수 있다. 의사결정 집중화는 국제적으로 동일한 가격-품질 포지셔닝을 유지할 수 있고 병행수입이나 회색시장의 위험을 감소시키는 반면 분권화된 의사결정은 현지시장의 차이점을 고려해서 수익을 극대화할 수 있다.

수출기업은 종종 가격의사결정의 집중화를 통해 가격-품질 관계, 더 높은 마진 유지, 여러 시장에 걸쳐 일관된 가격 유지 같은 유형적인 우위를 기대하나 유통업자는 유통업자의 목표를 충족하기 위해 더 많은 현지 통제권을 선호한다.

의사결정의 집중화 또는 분권화의 문제는 국제경험, 전략적 적극성 및 기업의 규모에 의해 영향을 받는다. 적극적인 수출자는 수동적인 수출자에 비해 전략적 가격책정을 하는 경향이 있으며, 국제가격책정 및 가격활동의 계획 및 관찰을 더 집중적으로 한다. 국가시장별 가격의 통제는 각 시장에 대한 상당한 시장지식이 필요하고 회사자원을 많이 투입해야 하는데, 이러한 점에서 규모가 크고 경험이 많은 수출기업이 상대적으로 더 유리할 수 있다.

국제기업의 가격전략은 크게 현지가격 추종기업과 글로벌가격 선도기업으로 단순화하여 설명할 수 있다.

1 현지가격 추종기업

현지가격 추종기업은 일반적으로 해외경험이 별로 없고 해외시장 상황이나 경쟁구조에 대해서 이해가 많이 부족한 기업이다. 이러한 상황에서 유통업자, 대리인 또는 심지어 수출기업의 현지판매 자회사 같은 수출기업의 현지대리인은 정보원의 역할을 한다. 현지가격 추종기업은 일반적으로 시장점유율이 낮고, 대리인에 대한 통제력이 약하므로, 대부분 시장에서 경쟁자가 이미 책정한 가격과 동일하게 가격을 책정하게 된다. 또한 비용에 민감하게 반응한다.

2 글로벌가격 선도기업

글로벌가격 선도기업은 주요 세계시장에서 확고한 입지를 가지고 있다. 이들 기업은 효율적인 마케팅 네트워크를 운영하며, 주요 시장에서 자회사, 합작투자 및 제휴를 통해 기업활동을 하고 있다. 각 주요 시장에서 제한된 수의 경쟁자와 경쟁하고 있는 글로벌 또는 지역적 독과점기업이다. 글로벌가격 선도기업의 특징은 다음과 같다. 첫째, 가격정보를 현지대리인, 내부 비용데이터 및 시장정보조사에서 얻는다. 둘째, 비용 및 시장기반의 가격전략을 혼합하여 구사한다. 셋째, 표준가격을 설정하고 현지가격의 감독을 통해 글로벌 또는 지역적 가격수준을 조율하는 글로컬(glocal) 가격전략을 사용하며 현지 시장별 가격 차를 허용한다(Solberg et al., 2006).

Section 02

수출가격결정

수출은 일반적으로 기업이 최초로 해외시장에 진출하는 형태일 뿐만 아니라 가장 보편적인 해외영업 활동이므로 수출가격의 결정은 대부분의 기업에 있어 국제가격전략의 기초라 할 수 있다.

본 절에서는 수출가격의 결정과 관련하여 그중에서도 특히 중요하다고 생각되는 문제들로서 수출가격의 결정요인, 관세 · 운송비 · 보험료 · 중간상들의 마진 등으로 인한 수출가격의 누증문제, 수출가격의 결정 방법 그리고 실무적인 측면에서의 수출가격 표시를 중심으로 살펴보기로 한다.

1. 수출가격의 결정요인

일반적으로 특정 시장에 있어서 가격은 원가, 수요, 경쟁 등 세 가지 기본적인 요소에 의하여 범위가 결정되는 것으로 받아들여지고 있다. 즉, 제품원가를 기초로 최저가격을 설정하고, 소비자의 수요에 의해 최고가격이 정해지며, 최종적인 가격은 경쟁상황 등을 고려하여 책정되는 것이 보통이다. 이와 함께 정부규제, 환율위험, 물가상승 등의 위험요소는 국제가격결정 시 특히 중요한 고려요소라 할 수 있다.

여기서는 지속적으로 수출에 종사하고자 하는 기업이 장기적인 관점에서 이익을 극대화하고 시장지위를 확고하게 다지기 위해서는 어떠한 점들을 고려하여 수출가격을 결정하는 것이 바람직한가에 대해서 논의하고자 한다.

수출가격결정 시에는 기업의 목표를 비롯하여 원가, 수요, 경쟁, 정부규제, 위험 및 기타의 비용요소 등 주요한 가격결정요인에 대한 면밀한 분석이 선행되어야 한다. 특히 이러한 요인은 각국별로 다양한 형태로 나타나므로 가격결정 시 충분히 고려해야 한다.

1 기업의 목표와 마케팅믹스

기업의 목표는 항상 모든 경영의사결정의 출발점이 된다. 기업이 해외시장에서 달성하고자 하는 목표가 무엇인지 명확히 하기 전에는 적정한 가격을 산출하기가 불가능하다. 예를 들어, 시장점유율을 확대하는 것이 최우선적인 목표인 경우와 이익을 극대화하는 것이 목표인 경우의 가격결정은 달라질 것이다.

또한 국제가격의 결정은 제품, 유통, 촉진 등의 여타 마케팅믹스의 구성요소들에 의하여 영향을 받게 된다. 예를 들면, 특정 해외시장에서의 제품의 품질, 성능, 이미지에 따라 가격결정은 달라져야 한다. 특히 해외 고객에 의해 평가되는 제품 원산지에 대한 이미지는 가격결정에 있어서 매우 중요한 고려요소라 할 수 있다.

2 원가

원가는 다른 변수들보다 측정이 상대적으로 용이하고, 손익분기점을 넘어서기 위한 가격의 하한선을 제공해 주기 때문에 많은 기업이 기본적인 가격결정도구로 활용하고 있다. 원가에는 제조비, 선적비용, 마케팅비용은 물론 연구개발비, 관리비, 조세, 감가상각비 및 기타 간접비 등 여러 가지 비용항목이 포함될 수 있다.

국제마케팅에 있어서 이러한 비용들이 가격결정에 차지하는 상대적 중요성은 해외시장 진입 방법 및 진출대상국에 따라 크게 다르다. 예를 들어, 수출의 경우에는 유통경로가 길어지므로 마케팅비용이 증대되는 반면에 본국의 생산시설을 최대로 활용함으로써 규모의 경제를 실현할 수 있다는 이점이 있다. 이에 비해 해외에서 제조활동을 수행하는 경우에는 유통비용 및 기타의 마케팅비용을 줄일 수 있지만, 환노출이나 과실송금제한 등 재무적 위험이 증대된다.

3 수요

수요는 기업이 판매하고자 하는 제품이나 서비스에 대해 소비자가 부여하는 가치 및 소비자의 지불능력과 직결된다는 의미에서 기업이 설정할 수 있는 가격의 상한선이 어느 정도인지 시사해 준다. 수요의 개념은 매우 다양하지만, 한 시장에서 특정 제품의 총구매량을 나타내는 시장수요와 특정 기업의 시장점유율을 나타내는 기업수요로 크게 나눌 수 있다.

수요예측은 현재수요와 미래수요 그리고 수요량뿐만 아니라 수요탄력성의 예측이 필요하다. 해외시장에서 수요에 영향을 미치는 기본요소로는 인구통계적 요소, 관습, 전통 및 경제적 요소 등을 들 수 있는데, 이러한 요소들은 고객의 채택 과정과 연관되어 있다. 따라서 해외고객의 외국제품 채택 과정과 이에 영향을 미치는 요소들을 분석하는 것이 필요하다. 수요예측 방법에 관해서는 제4장에서 살펴보았다.

4 경쟁

원가와 수요는 각기 가격의 하한선과 상한선을 제시하여 주는 데 비하여 해외시장의 경쟁 조건은 이러한 상한선과 하한선의 중간 어디에서 실제가격이 결정되어야 하는가를 제시한다고 볼 수 있다. 가격이론에 의하면 시장구조 및 경쟁상황에 따라 가격전략은 달라져야 한다.

완전경쟁에 가까운 상황에서는 가격이 시장에서 정해지고 기업은 가격순응자일 수밖에 없다. 이러한 경우 기업의 가격 관련 결정은 다만 현재의 시장가격에 판매할 것인지 아닌지를 결정하는 문제이다. 유명상품 등으로 제품차별화가 이루어진 독점적 시장구조하에서는 소비자의 해당 제품에 대한 주관적 가치가 가격책정에 있어 주요한 결정요인이 되며, 과점적 경쟁구조하에서는 경쟁기업의 반응이 주요한 변수가 된다.

그런데 해외시장의 경쟁조건은 시장국별로 다르고 심지어는 특정 국내에서도 세분시장별로 상당한 차이가 있을 수 있다. 또한 해외시장의 경쟁구조에 경제적인 요인은 물론 문화적 · 법적 · 정치적인 요인까지 많은 영향을 미친다. 예를 들어, 특정 국에서는 광고에 대한 엄격한 규제로 효율적으로 제품차별화를 수행하기가 불가능하기 때문에 치열한 가격 전쟁 끝에 소수의 대규모 기업만이 존속하고 있는 곳도 있다. 그런가 하면 국가에 따라서는 카르텔이나 기업의 매수 · 합병을 금지하는 강력한 법규정 및 가격통제로 인하여 상대적으로 중소기업이 가격 외의 측면에서 치열하게 경쟁하는 경우도 있다.

5 법적 규제

국제가격결정과 관련하여 각국 정부들은 기업의 지나친 가격조작을 규제하기 위한 법적 근거를 마련하여 놓고 있다. 물론 이러한 규제는 자국 소비자의 이익이나 자국산업을 보호하기 위한 것이라고는 하나, 국제기업이 국제가격을 결정하는 데 있어서 커다란 제약요인이 되고 있다.

우선 현지국 정부의 반덤핑(antidumping) 규제조치를 들 수 있는데, 실제로 우리나라 기업은 미국, EU 등 주요 시장국에 제품을 판매하면서 선진국, 특히 미국 및 유럽국가들의 반덤핑조항에 저촉되어 큰 손해를 입은 바 있다. 따라서 해외시장국의 반덤핑규제는 가격의 하한선을 결정할 때 반드시 고려되어야 한다.

또한 국가마다 정도의 차이는 있으나, 각국 정부들은 공정거래법(Fair Trade Act), 독점금지법(Anti-Trust Act)이라는 이름하에 기업의 불공정행위를 엄격히 규제하고 있다. 대체로 선진공업국일수록 효율적 경쟁을 조장하기 위해 보다 강력한 규제를 시행하고 있는 것이 보통이다.

그리고 어떤 국가에서는 외국제품의 가격을 통제하기도 한다. 예를 들면, 수입가격이 너무 높거나 혹은 낮은 경우 당해 제품의 수입허가서를 발행하지 않거나 외환사용을 불허함으로써 국내산업을 보호하고 불요불급품의 수입을 억제하려고 한다. 한편, 수입국의 관세율구조도 국제가격전략에 영향을 미친다. 관세부과는 일반적으로 수입품의 시장가격을 상승시키므로 해당 시장에서 동일한 판매량을 유지하기 위해서는 수출가격을 인하해야 할 경우가 생긴다. 완제품의 관세율이 높은 반면에 중간재의 관세율이 낮은 해외시장국에서는 원재료 및 부품을 수입하여 현지에서 조립가공하는 것이 바람직하다고 볼 수 있다.

그러므로 해외시장국에 관심을 갖고 있는 기업은 현지국 정부의 가격과 직간접으로 관련된 각종 법규정 등을 면밀히 검토한 후에 제품의 최종가격을 결정할 필요가 있다.

6 물가상승률(인플레이션율)

1970년대의 두 차례에 걸친 석유파동 이후 인플레이션은 거의 전 세계적인 현상이지만, 각국마다 인플레이션율에는 상당한 차이가 있다. 높은 인플레이션 현상은 급격한 원가상승 요인이 되기 때문에 국내마케팅에서도 가격결정 시 중요한 고려요소 중의 하나이지만, 다음과 같은 이유 때문에 국제마케팅에 있어서는 특히 중요한 의미를 지닌다.

첫째, 인플레이션을 억제하기 위하여 현지국 정부가 가격통제를 시행하게 될 가능성이 있다. 이 경우 기업의 입장에서는 가격을 적극적인 마케팅전략 수단으로 활용할 수 있는 여지가 줄어든다.

둘째, 인플레이션율이 높은 나라일수록 엄격한 외환통제를 시행하는 것이 일반적이다. 이 경우 수출자체가 불가능해질 수도 있으며, 현지국에서 아무리 많은 이익을 얻는다 하더라도 높은 인플레이션 때문에 현지국 통화가 평가절하되면 실제이익은 얼마 되지 않고 그마저도 송금이 어려운 때가 많다.

따라서 해외시장에 제품을 판매할 때는 본국은 물론 현지국의 인플레이션율까지 고려하여 적정한 수준에서 가격을 책정함으로써 어렵게 포착한 해외시장기회가 기업에 적자를 초래하는 일이 없도록 해야 한다.

7 환율

수출가격의 표시는 보통 외국화폐로 하기 때문에 수출가격의 결정은 환율, 즉 외국화폐 한 단위와 자국화폐의 교환비율을 고려해야 한다. 환율은 수출품의 해외시장가격과 특정 수출계약에서 수출대금에 영향을 미친다. 예를 들어, 달러화가 평가절하되면 우리나라 수출품의 미국시장가격은 상승하게 되고 가격경쟁력이 약화된다. 또한 환율변동 전에 체결된 달러표시 수출계약의 경우 수출대금을 나중에 원화로 환산하면 그 수출금액은 본래보다 줄어들게 되므로 기업은 큰 손해를 볼 수도 있다. 따라서 국제마케팅 관리자는 각국의 환율변화에 민감하여야 하며 환율예측능력을 갖추는 것이 필요하다.

2. 수출가격의 누증 문제

1 가격누증의 원인

해외시장에서의 수출물품의 최종 소비자가격은 관세, 운송비, 보험료, 다양한 중간상들의 마진, 기타 수출에 부대되는 비용 등이 누적되어 국내 소매가격에 비해 상당히 높은 수준에서 결정되는 것이 보통이다. 특히 유통경로에 새로운 구성원이 추가되거나 조세가 새롭게 부과될 때 수입국에서의 최종 소비자가격은 큰 폭으로 상승한다.

따라서 본국시장에서 아무리 낮은 원가로 생산된 제품이라도 수송비용, 제반 마케팅비용, 유통비용으로 인해 최종 소비지역에서는 가격이 높게 형성될 수 있다.

[표 7-2]는 수출가격의 누증현상을 일목요연하게 보여 주고 있다.

이와 같은 수출가격의 누증은 대개 기업이 통제하기 힘든 외부적 요인에 의해서 발생하기 때문에 국제기업의 마케팅활동에 상당한 애로요인으로 작용한다. 예를 들어, 최종 소비자가격을 국제적으로 일정한 수준으로 유지함으로써 재정거래(arbitrage transaction)의 가능성을 차단하려 할 때 수출가격의 누증현상은 심각한 장애요인이 된다. 해외시장별로 가격누증의 원인 및 크기가 다양하기 때문이다.

표 7-2 **수출가격의 누증현상(단위 : US$)**

수출마케팅 경로 및 비용요건	국내 도 · 소매 가격	현지 도매상에 직접 수출할 경우	외국수입업자가 추가될 경우	부가가치세가 추가될 경우	현지 수입 중간상이 추가될 경우
제조업자의 판매 원가(CIF가격)	6.00	6.00	6.00	6.00	6.00
+ 운송비, 보험료	*	2.50	2.50	2.50	2.50
= 수입항도착가격 8.50(CIF가격)	*	8.50	8.50	8.50	8.50
+ 관세(CIF가격의 20%)	*	1.70	1.70	1.70	1.70
= 수입업자의 원가(CIF가격+관세)	*	10.20	10.20	10.20	10.20
+ 수입업자의 마진(원가의 25%)	*	*	2.55	2.55	2.55
+ VAT(총원가 및 마진의 16%)	*	*	*	2.04	2.04

= 도매원가(수입업자의 판매가격)	6.00	10.20	12.75	14.79	14.79
+ 도매마진(원가의 33.3%)	2.00	3.40	4.25	4.93	4.93
+ VAT(마진의 16%)	*	*	*	0.79	0.79
= 현지 중간상의 원가 (local foreign jobber's cost)	*	*	*	*	20.51
+ 중간상의 마진(원가의 33.3%)	*	*	*	*	6.84
+ VAT(마진의 16%)	*	*	*	*	1.09
= 소매원가 (도매 또는 중간상의 판매가격)	8.00	13.60	17.00	20.51	28.44
+ 소매마진(원가의 50%)	4.00	6.80	8.50	10.26	14.22
+ VAT(마진의 16%)	*	*	*	1.64	2.28
= 소매가격(최종 소비자가격)	12.00	20.40	25.50	32.42	44.94

자료: Johny K. Johanson, Global Marketing (McGraw–Hill, 2003), p.156.

2 가격누증의 대안

수출가격의 누증 문제에 대해 국제기업이 취할 수 있는 대안적 방법으로는 다음과 같은 것들을 꼽을 수 있다.

❶ 수출가격조정

수출가격을 가능한 한 국내가격보다 낮추어 책정함으로써 관세, 운송비, 중간마진 등으로 인한 최종 소비자가격의 누적적 상승효과를 완화한다. 그러나 이때 가격인하에 따른 수출채산성의 악화와 수입국의 덤핑규제의 저촉 여부에 주의해야 한다.

❷ 유통경로조직

도매상이나 대형 소매업체와 직접 접촉함으로써 유통경로를 단축하거나 해외시장에서의 유통기능까지 수출업체가 직접 수행한다. 이러한 경우 중간 유통업체에 돌아가던 마진의 상당부분을 흡수할 수 있으나, 유통경로의 무리한 단축이나 충분한 해외시장경험이나 지식이 없이 유통기능을 직접 수행하게 된다면 오히려 비효율과 추가적인 비용이 초래될 수도 있다.

❸ 생산입지조정

관세, 운송비, 제조원가 등을 절감하기 위하여 부분품이나 반제품 형태로 수출하여 현지에서 조립하여 판매하도록 한다. 특히 이러한 경우 자유무역지대(free trade zones)의 활용가능성을 적극 검토해

볼만한 가치가 있다. 다만, 최근 많은 국가가 외국기업의 현지에서의 단순조립이나 가공을 그다지 반기지 않고 있는 실정을 고려할 때, 라이선싱 혹은 다소 위험은 높더라도 본격적인 현지생산의 필요성도 또 다른 대안으로서 생각해 볼 수 있다.

3. 수출가격의 결정 방법

1 원가가산법

원가가산법(cost-plus pricing)은 수출경력이 짧은 기업이 일반적으로 채택하는 가격결정법이다. 전통적인 원가가산법은 제조원가에 관리비, R&D 비용, 간접비, 수송비 그리고 관세 및 이윤폭을 합산하여 수출가격을 결정한다. 예를 들어 [그림 7-1]에서 보는 바와 같이 마진율이 50%이고 생산원가가 $1.0인 기업이 있다고 가정을 해 보자. 마진율이 50%이기 때문에 최종 소비자에게 판매되는 가격은 $1.5일 것이다. 여기에 운송비 $0.25와 관세로 인한 비용이 $0.15가 부가된다면 국가 B에서 최종 소비자에게 판매되는 가격은 $2.85일 것이다. $1.5의 마진폭과 $1.9의 마진폭이 다르므로 국가 B에서 갖는 가격경쟁력이 국가 A에서 갖는 가격경쟁력에 비하여 하락하게 된다.

그림 7-1 **원가가산법**

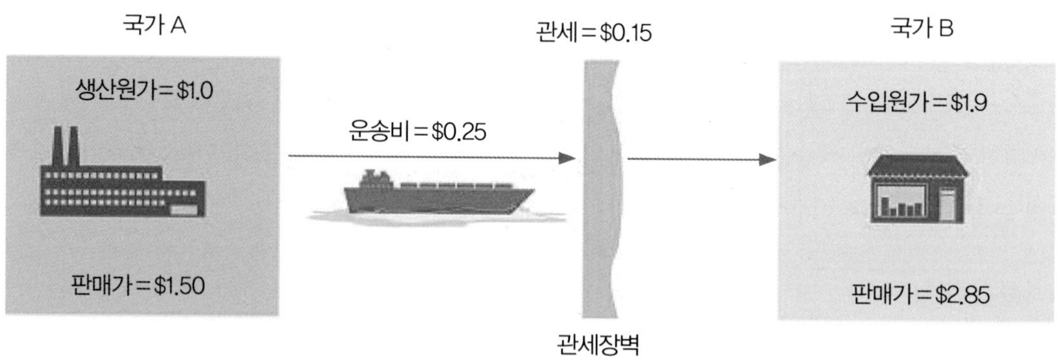

자료: Matthew B. Myers, "The Pricing of Export Products: Why Aren't Managers Satisfied with the results?" Journal of World Business 32, no.3(1997), pp.277~289.

이 방법은 비교적 가격책정이 쉽다는 장점이 있으나, 다음과 같은 단점들이 있다.

첫째, 원가를 기준으로 결정된 가격은 해외시장의 경쟁기업의 가격 및 수요구조를 무시한 경우가 많다.

둘째, 원가의 산정 및 배분이 어렵다. 즉, 원가 개념은 산업과 기업에 따라 다른데, 실제 원가(real cost), 표준원가(standard cost), 추정원가(projected cost)의 적용기준이 모호하다. 또한 고정비와 변동비를 모두 고려한 총원가(full cost)로 할 것인지 아니면 한계원가(marginal cost)로 할 것인지도 문제이다.

셋째, 이윤가산율도 산업과 기업에 따라 다르며 결정기준도 일정하지 않다.

넷째, 이 방법은 가격이라는 마케팅변수를 고정함으로써 전체적인 마케팅전략의 목표를 고려하지 않는다.

2 경험곡선 가격결정법

경험곡선 가격결정법(experience curve pricing)은 기업의 추정된 단위당 원가에 맞추어 가격을 책정하는 방법이다. [그림 7-2]에서 볼 수 있는 바와 같이 특정 제품의 단위당 원가는 시간의 경과와 함께 누적생산량이 증대됨에 따라 감소하게 된다.

이 방법에 따르면 초기에는 단위당 원가보다 낮게 가격을 책정함으로써 경쟁자들에 비해 상대적으로 시장점유율을 확대할 수 있으며, 확대된 시장점유율은 판매량과 생산효율성의 증대를 가져와 원가를 감소시킬 수 있게 된다. 결국 누적생산량이 일정한 수준에 도달하면 단위당 원가는 제품가격보다 낮아지게 되며, 이러한 방식이 계속되어 기업은 경쟁자보다 낮은 가격수준을 견지하는 가운데 적당한 이윤을 누릴 수 있게 된다.

그림 7-2 **경험곡선 가격결정법**

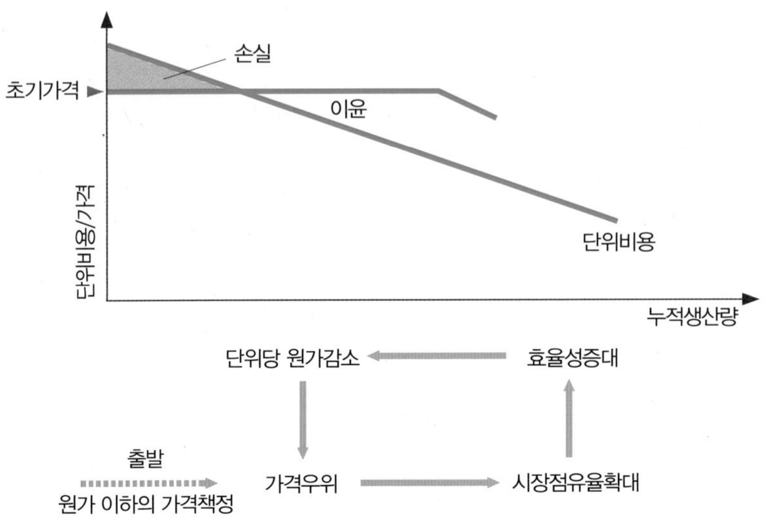

자료: J. C. Leontiades, Multinational Corporate Strategy (Lexington, Mass. : Lexington Books, 1985), p.91.

③ 목표 중심 가격결정법

목표 중심 가격결정법은 기업이 해외시장에서 추구하고자 하는 목표에 따라 가격을 결정하는 방법으로, 여기에는 다음과 같은 구체적인 유형이 있다.

❶ 침투가격전략

침투가격전략(penetration pricing)은 저가격정책을 사용하여 급속히 시장점유율을 확대하려는 방법이다. 즉, 가격을 경쟁변수로 사용하여 대규모시장에 침투하는 전략인데, 일본 기업과 대부분의 개도국기업이 국제시장에서 널리 채택하고 있다. 예를 들어, 일본의 반도체 제조기업이 미국의 반도체시장을 공략할 때, 미국 내에서의 256K DRAM의 가격이 평균 18~20달러 정도였는데, 일본 기업은 수출가격을 10달러로 책정하여 단시일 내에 미국시장을 성공적으로 공략할 수 있었다. 현대자동차의 포니 엑셀(Pony Excel)이 북미시장에 성공적으로 침투할 수 있었던 것도 바로 낮은 가격 때문이었다.

❷ 초기고가전략

초기고가전략(skimming pricing)의 기본적인 목적은 제한된 수량의 판매를 통해 단기수익을 극대화하는 것이다. 해외시장진입 시 가능한 한 최고가격을 책정하여 높은 가격에도 기꺼이 구매할 의사가 있는 고소득층의 소비자에게 우선적으로 판매하고 나중에 가격을 약간 낮추어서 다음의 소득층을 파고드는 가격책정 방법이다.

사례 7-1 "900만 원은 돼야 명품백"… 일부러 '천장가격' 맞추기도

서울 중구의 한 백화점. 미국 브랜드 '슈프림'의 의류와 액세서리를 임시 매장에서 판매하고 있었다. 이곳에서 파는 티셔츠는 한 장에 109만 원이다. 최근 국내 커뮤니티에서 계속 "너무 비싸게 받더라."라는 볼멘소리가 나오는 이유다. 한 네티즌은 "최근 품귀 현상을 빚으면서 물건 구하기가 어렵다고 하지만, 애초 출고 가격은 200달러 정도였던 것을 생각하면 너무 심하게 비싸다."라고 썼다. 왜 이렇게 계속 가격 차가 나는 것일까.

"코트는 최소 400만 원은 돼야"… '천장 가격' 맞추기도

업체들은 반면 관·부가세와 배송료, 국내 백화점 매장 입점 수수료 때문에 어쩔 수 없다는 입장이다. 여기서 마진 폭을 더 줄이면 수입해서 판매해도 이익이 거의 없다는 주장이다. 한 국내 대기업 의류 담당자는 "한국 백화점에 20~30%씩 수수료를 내는 데다, 광고비에 매장 인테리어 비용까지 감당하면 남는 게 사실 많지 않다."라고 말했다. 반면 의류 병행수입업자들은 "최근 국내 명품 소비가 크게 늘면서 국내 패션업체는 물론이고 백화점까지 앞다퉈 외국 브랜드를 모셔오려고 과도한 경쟁을 벌인 것이 가격 인상의 한 요인"이라고 말한다.

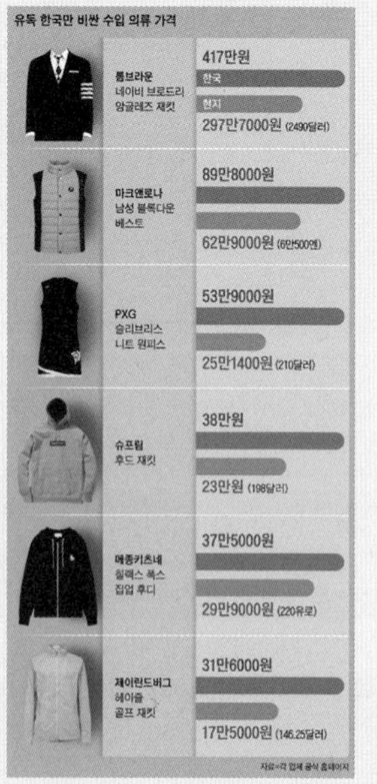

애초에 의류를 수입할 때 최소 수입 물량이나 광고 계약을 불리하게 해서라도 브랜드 확보를 위해 경쟁하다 보니, 홍콩에선 원가의 2배가량만 붙여도 이익이 남는 상품도 국내에선 원가의 3~4배는 붙여야 이익이 나는 구조로 바뀌고 있다. 명품 소비가 크게 늘면서 '천장 가격'을 맞추기 위한 경쟁을 벌이는 것도 또 다른 원인으로 지적된다. 한 외국 명품업체의 국내 법인을 운영하는 지사장은 "한국과 중국에선 요즘 비쌀수록 물건이 잘 팔리는 구조로 바뀌고 있다."라면서 "가령 이제 가방은 900만 원, 코트는 400만 원 정도는 돼야 명품 소리를 듣는다. '천장 가격'이 이렇게 형성되다 보니 아래에 있는 브랜드 가격도 오른다."라고 말했다.

출처: 조선일보, 2022.02.18., https://www.chosun.com/economy/market_trend/2022/02/18/QFLIUF3T5FC4F-CEVMWCVMILG44/?utm_source=naver&utm_medium=referral&utm_campaign=naver-news에서 발췌요약

4. 수출가격의 표시

수출업자가 해외의 수입업자 등과 계약을 체결하면서 가격결정과 관련하여 대두되는 실무적인 문제로 수출가격의 표시통화와 무역거래조건(trade terms)을 들 수 있다.

1 표시통화

국제가격결정에 있어서 기업은 국내시장에서는 결코 경험할 수 없는 문제, 즉 수출가격의 표시를 어떤 통화로 할 것인가 하는 통화의 선택 문제에 직면한다.

수·출입물품대금의 결제를 어느 나라 통화로 하느냐 하는 것은 환율변동에 따른 환위험을 회피하는 데 매우 중요하다. 수출가격은 국제적으로 널리 통용되는 안정적인 통화로 표시해야 환위험을 최소화할 수 있다.

우리나라 무역업체들의 대부분은 수출가격의 표시통화를 미국 달러로 하고 있다. 최근에는 환위험의 중요성에 대한 수출업체들의 인식이 제고되고 수출품의 대외성가가 향상되면서 강세통화로 표시하여 수출계약을 체결하려는 기업이 늘고 있다.

그러나 이때 유의해야 할 점은 수입업자 측에서도 가능하면 자기에게 유리한 통화로 계약을 체결하고자 한다는 사실이다. 수출가격 표시통화의 선택과 관련된 수출업체와 수입업체 간의 갈등은 관련 당사국 내지 당해 산업에 있어서는 거래관습과 양 당사자의 협상력에 의해서 해결될 수밖에 없다. 다만 협상력의 열세 등으로 표시통화의 선택에 있어서 불리한 입장에 처하게 된 수출업체는 그에 따라 예상되는 환위험을 선물환시장을 활용하는 등의 헤징(hedging)기법을 활용함으로써 불의의 손실을 미연에 방지하는 것이 바람직하다.

2 무역거래조건

현재 국제무역에 있어서는 언어, 관습, 법률이 다른 매매 당사자 사이의 계약조건 해석상의 차이로 인한 분쟁과 마찰을 해소하기 위하여 국제상업회의소(International Chamber of Commerce : ICC)에서 만든 국내 및 국제무역조건 사용에 관한 ICC 규칙(ICC Rules for the use of domestic and international trade terms)이 매매 당사자 간의 최소한의 의무와 권리를 밝히는 데 널리 사용되고 있다. 원래 Incoterms는 1936년에 처음 제정된 후 국제상관습 및 운송 형태의 변화 등에 따라 몇 차례 수정 및 보완을 거쳐 2010년 개정판이 활용되고 있다.

이러한 "Incoterms 2010"이 나오게 되자 이제까지 지리적 특수성으로 "개정 미국무역정의(Revised American Foreign Trade Definitions, 1941)"라는 독자적인 거래조건을 채택하던 미국 등도 자국의 무역업자에게 Incoterms를 사용하도록 권장하고 있어, 오늘날 실제적으로 모든 유형재화의 국제거래에는 "Incoterms 2010"에서 규정하고 있는 11가지 거래조건이 전 세계적으로 통용되고 있다.

Incoterms 조건은 크게 해상 및 내수로 운송에 사용되는 조건으로 FAS(Free Alongside Ship), FOB(Free On Board), CFR(Cost and Freight), CIF(Cost, Insurance and Freight)의 4가지가 있으며, 운송 방식에 관계없이 사용되는 조건으로 EXW(Ex Works), FCA(Free Carrier), CPT(Carriage Paid To), CIP(Carriage and Insurance Paid To), DAT(Delivered At Terminal), DAP(Delivered At Place), DDP(Delivered Duty Paid)의 7가지가 있다.

표 7-3 Incoterms 2010의 주요 내용

구분	A. 물품의 인도시기 (위험부담 분기점) A=Risk	B. 비용부담시기 (비용부담 분기점) B=Cost	비고
1. EWX(Ex Works) (공장인도조건)	매도인의 작업장 구내 또는 그 밖의 지정장소에서 매수인이 임의처분할 수 있도록 물품 적치 시	매도인은 A까지의 제비용 부담	• 수출통관 매수인 의무 • 수입통관 매수인 의무
2. FCA(Free Carrier) (운송인인도조건)	매도인이 매수인이 지정한 운송인에게 수출통관된 물품을 인도하였을 때	–	• 수출통관 매도인 의무 • 수입통관 매도인 의무
3. FAS(Free Alongside Ship) (선측인도조건)	수출통관을 필한 물품을 매도인이 매수인이 지정한 본선의 선측에 인도하거나 이미 인도된 물품조달 시	–	–

4. FOB(Free On Board) (본선인도조건)	수출통관을 필한 물품을 매도인이 지정 선적항에서 매수인이 지정한 본선에 인도하거나 이미 인도된 물품 조달 시	매도인은 A까지의 제비용 부담	–
5. CFR(Cost and Freight) (운임 포함 인도조건)	–	매도인은 FOB조건+목적항까지의 운임 부담	–
6. CIF(Cost, Insurance and Freight) (운임 · 보험료 포함인도조건)	–	매도인은 FOB조건+목적항까지의 운임 및 보험료 부담	–
7. CPT(Carriage Paid To) (운송비 지급 인도조건)	매도인이 합의된 장소에서 물품을 자신이 지정한 운송인이나 제3자에게 인도	매도인은 FCA조건+지정된 목적지까지의 물품 운송비(복합운송 개념에서의 운송비)	–
8. CIP(Carriage and Insurance Paid To) (운송비 보험료 지급 인도 조건)	–	매도인은 CPT조건+지정된 목적지까지의 적하 보험료 부담	–
9. DAT(Delivered At Terminal) (터미널 인도조건)	지정목적항이나 지정목적지의 지정터미널에서 도착된 운송수단으로부터 일단 양하한 물품을 수입 통관하지 않고 매수인이 임의 처분한 상태로 인도	매도인은 A까지의 제비용 부담	–
10. DAP(Delivered At Place) (도착장소 인도조건)	지정목적지에서 수입통관을 필하지 않은 계약물품을 운송수단으로부터 양하하지 않은 상태로 인도	매도인은 A까지의 제비용 부담(단, 관세 불포함)	–
11. DP(Delivered Duty Paid) (관세지급 인도조건)	매도인이 지정목적지에서 수입통관을 필한 물품을 도착된 운송수단으로부터 양하하지 않은 상태로 인도	매도인은 A까지의 제비용 부담(단, 관세 포함)	• 수출통관 매도인 의무 • 수입통관 매도인 의무

출처: 한국 무역신문 2017. 6. 23 무역실무(6) 무역거래조건 : 알고보면 너무 쉬운 인코텀즈(http://jedam15.koreafree.co.kr/news/view.html?section=137&category=138&item=&no=30145)

한국무역협회 사이트(http://www.kita.net)–무역정보 참조 http://www.kita.net/jsp/wiki/WIKI002.R02.cmd?n_index=108610&pagenum=11&charSet=Y&ckval=0&cmd_id=WIKI002.R01.cmd&n_dirid=8&eng=

Section 03

국제시장가격의 조정 및 변경

1. 국제시장가격의 조정

기업은 고객, 제품, 위치 등의 차이를 반영하기 위해서 기본가격을 자주 수정한다. 국제시장가격의 차별화란 동일한 제품 또는 서비스를 원가에서의 차이에 비례하지 않고 국제시장 간에 두 가지 이상의 가격으로 판매하는 것으로 여러 형태가 있다.

복수시장에서의 가격조정의 여러 가지 문제 중에서 국제시장 간의 가격차별화, 구체적으로 국내가격과 수출가격, 특히 덤핑 문제와 최종 소비자가격의 조정 문제를 살펴보기로 한다.

1 수출가격 대 국내가격

기업은 수출가격을 책정하는 데 있어서 수출상품의 판매원가를 국내 판매시와 비교하여 기본적으로 국내시장가격과 동일한 수준으로 할 것인지 아니면 차별을 둘 것인지를 결정해야 한다.

일반적으로 수출가격은 수출포장비용, 통관비용, 신용공여 및 대금추심 관련 비용, 수출부서의 영업비 등 수출업무에 부대되는 비용으로 인하여 국내가격보다 높아지기 마련이다. 그러나 국내에서의 시장조사 및 촉진비용 등 국내판매에만 할당되어야 할 비용까지도 반드시 수출품의 가격에 반영될 필요는 없기 때문에 반드시 수출가격이 높다고 단언을 내리기는 어렵다.

따라서 수출가격에는 해외의 수입업자에게 판매함에 따르는 직접적인 비용과 일반관리 비용의 적정비율만이 산입되어야 한다. 다만, 여기에 수출판매에 따르는 불확실성 내지 위험이 추가로 고려되어야 한다.

특정 수출시장에서의 최적가격은 당해 시장국의 특성과 기업요인을 고려하여 책정되어야 한다. 그런데 수출과 국내판매에서의 가격결정요인은 서로 판이한 양상을 띠기 때문에 수출가격이 반드시 국내가격과 같아야 할 필요는 없으며, 오히려 다른 것이 보통이다.

일반적으로 수출상품의 가격을 국내판매의 경우보다 낮게 잡는 이유는 대개 다음과 같다.

첫째, 소득수준이 낮은 나라에서 소기의 판매 성과를 거두기 위해서는 상대적으로 수출 가격을 낮게 책정할 필요가 있다.

둘째, 치열한 경쟁으로 인하여 가격을 낮추지 않고서는 수출이 불가능하다.

셋째, 운송비나 보험료, 기타 중간상의 마진 등 부가비용으로 인한 수출가격의 누증으로 수출판매원가를 국내판매의 경우와 비슷하거나 높은 수준에서 책정하게 되면 기대만큼의 시장접근을 기대할 수 없다.

넷째, 연구개발비 및 기타 간접비용이 이미 국내판매분에 충분히 반영되어 수출비용을 낮게 평가해도 무방한 경우가 있다.

그러나 이러한 한계비용접근 방법을 통해 수출가격을 국내가격보다 낮게 책정하는 것은 해외시장의 수요곡선이 매우 탄력적이어서 수출가격의 인하에 따르는 손실을 수출판매량의 증대로 인한 이익으로 충분히 상쇄할 수 있는 경우에만 타당성을 지닌다. 또한 수출가격이 국내가격보다 낮아지는 경우 수입국의 덤핑방지법에의 저촉 가능성에 대하여 특히 유의해야 한다.

2 국제덤핑규제

국제거래에서의 덤핑행위는 궁극적으로 수입국 내의 효율적인 자원배분을 저해하고 시장질서를 문란하게 한다는 점에서 이를 불공정무역으로 간주하고 있으며, 이러한 불공정성을 시정하기 위하여 수입국은 정상가격과의 차이에 해당하는 만큼의 추가관세를 부과할 수 있는데, 이처럼 추가로 부과되는 관세를 반덤핑관세(Anti-Dumping Duty)라고 한다.

반덤핑관세 부과의 직접적인 준거가 될 수 있는 GATT 제6조는 "한 나라에서 생산된 상품이 정상가격보다 저렴한 가격으로 다른 나라에 수출되는 것"을 덤핑이라고 간접적으로 정의하고 있다.

우리나라의 최대시장국인 미국의 경우를 보면 덤핑이란 "공정가격(fair value)보다 낮은 가격으로 판매하는 행위"라고 정의하고 있다.

우리나라 관세법 제51조에는 정상가격, 공정가격에 대한 정의 또는 가격이 어느 정도 저렴해야 덤핑에 해당하는 것인지에 대한 구체적인 기준이 명시되어 있지 않은데, WTO 반덤핑협정에서는 정상가격과 수출가격의 공정한 비교에 관한 강력한 규정을 마련하고 있다.

또한 반덤핑의 조사, 제소, 통보 등에 관해서도 명문화된 규정을 마련하였다. 이하에서는 WTO 반덤핑협정의 내용을 중심으로 반덤핑관세의 판정기준, 반덤핑관세 부과절차, 덤핑 규제에 대한 대응방안 등에 대해 살펴보기로 한다.

❶ 반덤핑관세의 부과기준

반덤핑관세 부과기준에 있어서 중요한 사항은 덤핑사실 여부의 확인, 피해 정도, 반덤핑 관세 부과의 기준이 되는 덤핑마진을 산정하는 것이다.

덤핑의 유무를 판정하는 가장 주요한 기준은 WTO 반덤핑협정 제2조에서 규정한 대로 덤핑혐의를 받는 상품의 내수가격과 수출가격의 차이, 즉 수출가격이 수출국 내에서의 정상가격에 비해 현저하게 저렴한가의 여부이다.

따라서 특정 상품의 덤핑 여부를 판정하는 데는 수출가격을 수출국 내에서의 정상가격과 비교하는 절차가 필요하다.

실제 덤핑마진율은 수출가격과 정상가격을 산정하고, 이에 대해 두 개의 가격결정에 영향을 미칠 수 있는 여러 가지 차이점들을 감안하여 적절한 조정을 가한 다음, 이 두 가지 가격을 상호 비교하여 계산하게 된다.

$$\text{덤핑마진율}(\%) = \frac{\text{조정된 정상가격} - \text{조정된 덤핑가격}}{\text{조정된 덤핑가격}} \times 100(\%)$$

원래 반덤핑관세를 부과하는 목적은 관세의 추가징수에 있는 것이 아니라, 불공정행위인 덤핑수출을 억제하고, 국내산업에 미친 피해를 구제하려는 것이기 때문에 그 세율은 피해를 구제하기 위해서 필요한 정도로 한정하는 것이 원칙이다.

WTO 반덤핑협정 제9조는 반덤핑관세의 세액을 결정된 덤핑률의 전액으로 할 것인가 혹은 그보다 적게 할 것인가를 수입국 당국이 임의로 결정한다고 규정한 다음 그 세율은 국내산업피해를 제거하는 데 적절한 범위 내에서 덤핑률 미만으로 결정할 것을 권고하고 있다.

상기 등식에서도 알 수 있듯이 실제로 조사 과정에서 가장 중요한 의미를 지니는 것은 정상가격의 산정 방법이다. 이에 따라 WTO 반덤핑협정에서는 정상가격을 결정하는 과정에서 기준이 되는 국내시장에서의 판매량에 관한 규정을 신설하고 있다.

그러나 반덤핑조치의 발동은 덤핑마진이 존재한다는 요건만으로 이루어지는 것은 아니며, 그러한 덤핑의 결과로 국내산업에 피해가 발생하였다는 사실을 전제로 하는 것이다.

미국의 국내법은 WTO 반덤핑협상의 동 규정을 그대로 입법화하고 있다. 즉, 미국의 관세법 771조를 보면 국내산업에 대한 피해 유무를 평가하는 데 있어서는

- 생산량, 판매량, 시장점유율, 이윤, 생산성, 투자수익률, 설비가동률의 실제적 저하 및 저하 가능성,
- 국내가격에 영향을 미치는 요인,
- 자금의 흐름, 재고, 고용, 임금, 성장률, 자본조달능력 및 투자 등에 미치는 실제적 및 잠재적인 부정적 영향 등을 평가하도록 하고 있다.

❷ 덤핑규제에 대한 대응 방안

자사제품에 대한 목표시장국의 덤핑규제를 피하기 위한 전략은 크게 사전대책과 사후대책으로 구분할 수 있다.

- **사전대책**

  일단 덤핑으로 제소당하면 판정결과가 무혐의로 나타난다 하더라도 그때까지 소요되는 시간 및 경제적 손실은 대단히 크다. 따라서 덤핑규제에 대한 최선의 대책은 사전에 철저한 대비를 하여 아예 제소당하지 않도록 노력하는 것이다. 구체적인 사전대안들로는 다음과 같은 것을 들 수 있다.

  첫째, 수출품과 국내시장에서 판매되는 제품을 차별화하여 덤핑규제의 근거를 주지 않도록 한다. 예를 들어, 수출용 자동차의 경우 액세서리를 다양화하여 국내시장에서의 가격과의 비교가 어렵도록 차별화하는 방법이다.

  둘째, 수입국의 중간유통상에 대해 비가격적 유인(non-price incentives)을 제공하여 가격이 인하된 것과 같은 효과를 올리는 것이다. 예를 들어, 수입상에게 같은 가격에 외상거래를 허용하는 방법이 좋은 예이다.

  셋째, 현지법인에서의 생산 · 판매를 통해 덤핑제소를 피하거나, 일단 제소의 움직임이 보일 경우 외국관계기관 및 제소자 측과의 적극적인 교섭으로 사전에 타협을 보는 방법도 하나의 대안이다.

- **사후대책**

  일단 덤핑제소를 당하고 나서 먼저 해야 할 일은 덤핑에 의한 피해를 최소화하는 것이다. 이를 위해 회사 내의 유능한 인력을 모아 전담반을 구성함과 동시에 덤핑업무에 경험이 많은 변호사를 선임하는 것이다. 물론 변호사를 선임하지 않고도 조사를 받을 수 있지만 이는 무리한 일이다. 특히 함께 제소당한 업체들이 공동으로 변호사를 선임하게 되면 비용절약이나 자료작성 등 여러 가지로 유리하다.

  덤핑조사 시 중요한 자료로 이용되는 질문서에 대한 답변서는 회사의 제반 자료들과 상호 모순이 없도록 철저히 비교 · 분석한 후 작성 · 제출해야 한다.

일단 답변서를 제출한 후에는 실제조사에 대비하여 변호사 · 공인회계사 등의 전문가와의 철저한 예행 연습을 통해 자료를 보완하도록 한다. 특히 실제시에는 풍부한 전문지식과 유창한 영어실력을 가진 사람을 답변자로 선정해야 하는데, 이는 조사관과 피제소자 사이의 부정확한 언어소통으로 인한 피해가 모두 피제소자에게 돌아오는 반면, 자료가 다소 불충분할 경우에도 구두답변으로 무난히 위기를 극복하는 수도 흔히 있기 때문이다.

사례 7-2 KT&G 전자담배 '릴', 한국선 11만 원 vs 해외선 '반의 반값'

해외 시장에 본격 진출하고 있는 KT&G의 궐련형 전자담배 '릴'의 해외 판매 가격이 국내 판매가보다 최대 5배까지 저렴한 것으로 드러났다. 현지 소비자들에 따르면 KT&G의 릴은 지난 8월 새롭게 진출한 우즈베키스탄과 카자흐스탄 등에서 2만 원대(릴 솔리드 2.0)에 판매되고 있다. 국내 출시 가격이 11만 원이었던 것을 감안하면 80% 가량 싼 수준이다.

우즈벡에서 판매되는 릴 솔리드 2.0 판매가는 20만 숨(약 2만 2,000원)으로 한국의 출고가 11만 원보다 5배 저렴하다. 국내에서 구매시 할인을 받으면 릴 솔리드 2.0을 8만 8,000원에 구매할 수 있는데, 이것과 비교해도 4배 차이다. 하지만 우즈벡에서도 20만 숨보다 더 저렴하게 구매가 가능하다. 현지 판매 사이트에 따르면 기존 사용 제품을 반납하고 기기를 구매하면 구매가는 15만 숨(약 1만 6,000원)까지 떨어진다. 이렇게 되면 한국과 해외의 구매가 차이는 더욱 커진다.

중앙아시아의 또 다른 릴 판매국인 카자흐에서도 릴 솔리드 2.0을 2만 원대에 구매할 수 있다. 카자흐 온라인 판매처에서는 릴 솔리드 2.0이 10,500텡게(약 2만 9,500원)에 판매되고 있다. 이외에도 릴 솔리드 1.0이 판매되고 있는 러시아에서는 기기 값이 기본가 1,190루블(약 1만 9,700원), 할인가 990루블(약 1만 6,400원)에 거래되고 있다.

이에 대해 KT&G는 관계자는 "해외 가격 전략은 필립모리스 인터내셔널(PMI)가 전담하고 있는 사항"이라며 "현지 출시 가격은 국가별 시장 상황을 고려해 책정되는 것으로 알고 있다."라고 말했다. 이어 "유통채널 등에 따라 다를 수 있어 국내 소비자 가격과 단순 비교하는 것은 무리가 있다."라고 덧붙였다.

그러나 릴 솔리드 2.0의 가격은 현지 KT&G의 해외 유통을 담당하는 필립모리스 인터내셔널(PMI)의 자체 제품인 아이코스와 비교해도 저렴하다.

출처: 에너지경제, 2021.10.12, KT&G 전자담배 '릴', 한국선 11만 원 vs 해외선 '반의 반값'(https://www.ekn.kr/web/view.php?key=20211007010001026)

2. 국제시장가격의 변경

기업은 국제가격결정전략과 구조를 수립한 후에도 가격을 인상할 것인가 또는 인하할 것인가 하는 상황에 부딪힌다.

효과적인 가격 변경은 기업이 최대이윤을 실현시킬 수 있는 강력한 수단임에도 불구하고 잘못된 가격 변경으로 경쟁사에 주 고객을 빼앗길 수 있기 때문에 중요한 논의의 대상이 되는 것이다.

특히, 가격은 기업경쟁력의 중요한 요소가 되며 제품포지셔닝에도 영향을 미치므로 가격 변경에 있어 세심한 주의를 요한다.

국제가격 변경의 시도는 환율의 변화, 원자재가격 등의 변화에 따른 원가상의 변화, 경쟁자의 가격 변경, 수요의 변화 등에 의해 초래될 수 있다. 그러나 가격 변경의 시도에 앞서 가격 변경에 대해 소비자 또는 경쟁자는 어떻게 반응할 것인가에 대해 우선적으로 고려해야 한다.

1 환율의 변화

환율 변화는 국제가격 변경의 가장 중요한 동인으로 자국통화의 평가절상은 대외적인 가격경쟁력의 하락을 의미하므로 기존의 시장점유율을 유지하기 위해서는 부득이하게 가격 인하의 시도가 요구된다. 반면, 환율이 상승(평가절하)하여 대외적인 가격경쟁력이 높아지는 경우 기업은 두 가지 선택에 직면하게 된다.

첫째, 국제가격을 인상하여 수익률을 높이는 방법이 있다.

둘째, 환율상승에도 불구하고 국제가격을 인하하여 시장지배력을 얻고자 하는 방법이 있다. 이러한 시도는 기업의 목표 및 장기적 안목에서의 기업전략과 합치되는 방향으로 선택될 것이다.

그러나 환율 변화에 따른 가격 변경의 시도가 필수적인 것은 아니다. 일본기업은 지속적인 엔고(엔화의 평가절상)현상으로 인하여 국제시장에서의 가격경쟁력이 약화되자 엔의 높은 가치를 십분활용하여 해외현지에 직접투자하는 방법으로 경쟁력의 약화를 보완할 수 있었다.

2 원가

원가에는 원자재비용, 임금, 토지사용료 등의 제조비 외에 기타 많은 간접비항목이 포함된다. 원가의 상승 또는 하락은 가격 변경의 직접적인 원인으로 특히 원가가산법(cost-plus pricing)을 적용하는 기업의 경우 원가의 변화가 실제 판매가격에 신속히 반영되게 된다. 이때 경쟁자 및 시장상황을 도외시하지 않도록 주의를 기울여야 한다. 많은 기업은 원가의 변화에 대해 수입선다변화, 수출선다변화, 생산기지다변화 등의 보다 적극적인 방법으로 대처하기도 한다.

“Scarlet”이라는 브랜드로 국내에서보다는 해외시장에서 더 유명한 가발전문업체인 보양산업의 경우, 인모의 가격상승, 임금상승 등의 원가상승요인에 대한 방안으로 인공모의 개발에 힘쓰는 한편 중국 등 저임금국으로 생산입지를 다변화하는 등의 적극적 대처로 그들의 입지를 더욱 강화해나가고 있다.

3 경쟁사의 가격 변경

시장의 세계화(globalization of market) 추세하에서 경쟁사의 가격 변경은 상당히 민감한 대응을 요구한다. 특히, 제품동질성이 매우 높은 시장에서 기업은 가격을 인하하는 경쟁사에 대처하는 것 이외에는 다른 대안이 없다. 반면에 기업이 자사의 확장제품을 차별화할 수 있는 방안을 추구해야 할 것이지만 어떤 것도 묘책이 없다면 가격인하에 대처해야만 할 것이다.

반응을 하기 전에, 기업은 다음과 같은 문제들을 검토해야 할 것이다.

- 경쟁사가 왜 가격을 변경했는가? 시장을 탈취하기 위한 것인가 혹은 잉여설비를 이용하기 위한 것인가, 아니면 원가 변화 조건에 맞추기 위해서인가 또는 산업 전반적으로 가격결정을 유도하려는 것인가?
- 경쟁사의 가격 변경이 일시적인가 또는 영구적인가?
- 가격 변경에 대응하지 않을 경우, 자사의 시장점유율과 이익은 어떻게 될 것인가? 다른 기업은 어떻게 반응할 것인가?
- 자사의 대응조치에 따라 경쟁기업과 기타기업은 어떻게 반응할 것인가? 등이 검토되어야 한다.

경쟁사의 가격 변경 시도 및 이에 대한 반응은 다분히 기업전략적인 성격을 띤다. 1980년대 초반 일본 반도체기업의 저가공세에 따라 시장상황이 혼미하게 되자 미국기업은 적극적으로 이를 제소하여 미 · 일 반도체협정을 이끌어내기도 했다.

4 수요의 변화

수요 변화는 가격 변경의 기본적인 요인으로 분명한 것은 수요변화, 특히 수요 패턴의 변화를 예측할 수 있는 기업이 그렇지 못한 기업보다 가격 변경의 시도에서도 우위를 점할 수 있다는 점이다. 또한 수요 변화에 따른 가격 변경의 시도에서 중요한 점은 소비자가 가격 변화에 어떻게 반응하는가 하는 문제이다. 이는 판매량과 수입은 구매자들의 수요가 가격에 민감한 정도에 의해 결정되기 때문이다.

가격탄력성은 가격 변화에 따른 수요 변화로 정의되며 가격탄력성이 높은 시장에서 가격 인상은 시장점유율을 크게 저하시키는 요인이 될 수 있다. 대체로 소비재가 산업재에 비해 가격탄력성이 높으며 국가별로도 인도나 중동국가보다는 독일, 프랑스 등 유럽국가들이 가격에 민감하게 반응하는 것으로 조사되고 있다. 이는 인도나 중동국가와 같이 빈부격차가 심한 국가에서 국제제품의 주 수요자가 부유층에 한정되는 데 기인하는 결과이다.

Section 04

국제이전가격전략

국제가격전략과 관련하여 국제기업이 직면하는 민감한 문제 중의 하나는 국제이전가격전략으로서, 이는 다른 나라에 위치한 관련회사들(affiliates), 예를 들어 본사와 해외자회사 혹은 라이선싱업체 사이에 거래되는 재화, 서비스, 기술, 자본 등의 가격을 어떻게 책정할 것인가의 문제이다.

1. 국제이전가격의 개념

국제이전가격은 외부시장 메커니즘을 통한 제3자 간의 거래 시 형성되는 정상적인 가격(arm's length price)과는 달리 특정 기업 또는 기업그룹의 ① 제조부서와 국제부서(수출본부), ② 본사와 해외자회사, 또는 ③ 해외자회사 간의 기업내부거래에 있어서 기업시스템 내부적으로 결정되는 가격을 의미한다.

기업이 수출활동위주에서 벗어나 해외직접투자를 통한 현지 마케팅 자회사 또는 현지 제조공장의 설립, 라이선싱 등으로 국제개입수준이 확대되고 거래가 다양화함에 따라 국제이전가격의 결정은 더욱 어려운 전략적 과제로 대두된다.

2. 국제이전가격전략의 목표

이전가격결정의 근본적인 목표는 분권화된 기업의 본사와 자회사 간의 일관된 목표의 추구, 각 부분의 영업 성과에 대한 공정한 평가, 자회사의 자율성 부여 그리고 기업 전체의 이익에 대한 공헌 등이라고 할 수 있다. 그러나 때때로 기업은 다른 목표를 희생시켜 가면서까지 기업시스템 전체의 이익을 극대화하기 위해 인위적 · 고의적으로 이전가격을 조작함으로써 문제를 빚기도 한다. 특히 총거래에서 사내국제거래(intrafirm international trade)가 차지하는 비중이 높은 다국적기업일수록 이전가격을 조작할 유인을 많이 지니게 된다. 이를 좀더 구체적으로 살펴보면 다음과 같다.

1 조세부담의 경감

각국의 소득세율 또는 법인세율은 많은 차이가 있다. 심지어 어떤 나라는 이러한 세금이 전무하여 조세피난처(tax haven)로 지칭되기도 한다. 그러므로 각국 간의 조세율 차이를 이용하여, 세율이 높은 나라에 본거지를 두고 있는 기업은 세율이 낮은 나라의 관계기업에 수출할 때는 가능한 한 이전가격을 높게 책정하고, 반대로 상대적으로 세율이 높은 나라의 관계기업에서 수입할 때는 가급적 이전가격을 낮게 책정하는 방식으로 수익률을 조정함으로써 조세부담을 줄일 수 있다. 조세율이 같은 경우에도 손실을 내는 기업과 이익을 내는 기업 간에 이전가격의 조작을 통해 과세액을 축소할 수 있다.

2 관세절감

고율의 관세가 종가세(ad valorem duty)로 부과되는 경우 수입가격을 낮게 책정함으로써 관세부담을 줄일 수 있다. 그러나 관세가 낮아지면 수익성이 증대되어 법인세 부담이 커질 수도 있다. 따라서 다국적기업은 관세비율과 법인세비율의 상대적 부담을 고려하게 된다.

3 자금배분(fund positioning)

자본이득 또는 배당금, 이자 등의 외환송금을 엄격히 통제하고 있는 나라에 진출해 있는 관계기업에 수출할 때는 이전가격을 높게 책정하고, 반대로 수입가격은 낮게 책정함으로써 외환통제를 회피하고 필요자금을 조달할 수 있다. 특히 이전가격은 정치 · 경제적으로 불안정한 나라에 있는 기업에 투자한 자금을 조기에 회수하기 위한 수단으로 빈번히 활용되기도 한다.

4 경쟁상태에 대한 고려

각 시장국에서의 경쟁상태를 현지국 기업과의 경쟁에 가장 효율적으로 대처할 수 있도록 이전가격을 책정한다.

5 개입수준에 따른 차별화

합작투자의 경우 실현된 이익은 합작선 간에 배분된다. 따라서 소유권 비율이 낮은 관계 기업에 수출하는 경우에는 가급적 이전가격을 높게 책정하는 것이 기업시스템 전체의 이익을 극대화하는 길이 된다.

3. 국제이전가격의 책정 방법

이전가격의 결정은 각 이익중심점의 영업 성과와 직결되므로, 관련 기업의 이해가 상충할 소지가 크다. 따라서 가장 바람직한 이전가격 결정 방법은 관련 기업 간의 충돌을 최소화하는 동시에 기업의 전체적 이익을 극대화할 수 있어야 한다. 이와 관련하여 국제기업은 대개 다음과 같은 접근 방법들을 대안적인 이전가격 결정기준으로 활용하고 있다.

1 직접원가 방법

직접원가 방법(transfer at direct cost pricing)은 직접적인 원가만 계산하여 자회사에 대한 이전가격을 결정하는 방법으로서, 자회사의 판매량의 증가가 모기업의 생산에 있어서 규모의 이익을 창출한다는 인식을 바탕으로 한다.

2 원가가산 방법

원가가산 방법(transfer at cost-plus pricing)은 직접원가 이외에 간접비용까지도 가산하여 이전가격을 결정하는 방법으로서, 이는 자회사의 판매가 정상적인 이익을 반드시 창출해야 한다는 입장이다. 실제로 많은 다국적기업이 활용하고 있는 접근 방법이기는 하지만, 현지의 경쟁상황이나 해외자회사의 구매능력 등에 대한 배려가 부족한 것이 문제점으로 지적되고 있다.

3 시장상황에 기초한 방법

직접원가 방법과 원가가산 방법이 해외시장의 경쟁상황을 무시하고 이전가격을 원가위주로 결정하는 데 비하여, 시장상황에 기초한 방법(market-based pricing)은 자회사가 해외 시장에서 경쟁적인 위치를 유지하기 위해서 필요한 가격으로 이전가격을 결정한다. 따라서 이 방법은 새로운 해외시장이 침투할 때 많이 사용하는 방법이다.

4 정상가격 방법

정상가격 방법(transfer at arm's length pricing)은 외부의 타기업에 의해서 공급받는 가격과 비슷하게 이전가격을 책정하는 방법이다. 그러나 외부시장에 판매된 적이 없는 반제품이나 차별화된 제품, 또는 독점적 기술인 경우에는 정상적 시장가격(arm's length price)이 어떤 것인가 자체가 문제가 된다. 이러한 문제점을 극복하기 위한 대안으로서 관련 기업의 적절한 양보와 타협을 통한 협상가격(negotiated price)이 이전가격으로 결정될 수도 있다.

4. 국제이전가격전략의 한계

국제기업은 여러 가지 방법으로 이전가격을 조작하여 본국이나 현지국의 각종 세금을 교묘하게 회피함으로써 막대한 영업외수익을 올리면서 국가의 조세수입에 커다란 영향을 미치기도 한다. 따라서 이전가격에 대해서는 본국 정부나 현지국 정부 모두가 상당한 규제와 감독을 시행하고 있다.

그러나 이전가격은 어디까지나 국제기업 내부의 가격이므로 기업 외부에 대해서는 철저하게 비밀로 되어 있다. 어쩌면 이전가격 그 자체가 국제기업의 입장에서는 일종의 노하우인 셈이다.

이러한 점을 감안하여 각국 정부는 국제기업의 이전가격 조작에 따른 세수감소와 정부 정책의 왜곡을 방지하여 여러 가지 제도적 장치를 마련하고 있다.

대표적인 예로 미국은 내국세법 482조(Section 482 of the United States Internal Revenue Code)에서 국제기업의 내부거래에 적용되어야 할 정상가격을 측정하는 방법들을 규정하고 있다. 또 영국과 독일을 비롯한 상당수의 나라들은 세법의 관련 규정을 정비하여 세무당국의 조사권과 소득수정권한을 강화하는 한편, 정상가격을 판정하기 위한 지침들을 마련하고 있다.

이상과 같은 기업 외부적인 제약과 함께 기업 내부적으로도 이전가격의 결정에는 상당한 제약이 뒤따른다. 즉, 기업 전체의 입장에서는 최적의 이전가격일지라도 이전가격의 결정 여하에 따라 영업 성과가 좌우되는 각 부문의 입장에서는 불공평하게 책정된 이전가격을 받아들이기 어렵다.

특히 해외자회사가 현지인과 합작으로 설립되었을 경우 국제기업의 본사에서 일방적으로 책정된 이전가격이 아무런 저항 없이 받아들여지기를 기대하는 것은 무리이다.

사례 7-3 국세청, '이전가격 조작' 한국도요타 250억 세금 추징

국세청이 한국도요타의 '이전가격 조작'을 적발한 후 약 250억 원의 세금을 추징했다. 관련 업계에 의하면 국세청은 지난 2016년 11월 이후 약 4개월간 한국도요타에 대해 세무조사를 시행했다.

이와 관련해 한국도요타 측은 통상적으로 받는 정기세무조사라 밝혔으나, 실제로는 법인세 축소 신고와 관련된 국세청 기획 세무조사인 것으로 전해졌다.

우리나라보다 법인세율이 낮은 일본 본사 이익을 부풀리고 한국도요타 이익을 고의 축소하는 방식으로 법인세 납부액을 줄인 것으로 알려졌다.

이에 국세청은 정상적 이전가격 기준으로 법인세 150억 원을 한국도요타에 추가 부과했다. 아울러 이전가격 정정으로 한국도요타의 이익이 늘면 일본 본사로의 배당도 증가하는 만큼, 이 증가분에 대해서도 약 100억 원을 과세했다.

이전가격이란 관련 기업 사이 원재료 · 제품 및 용역을 공급하는 경우에 적용되는 가격을 말한다. 특히 국제거래에서 발생하는 다국적기업 간의 이전가격조작에서 문제가 된다.

이때 이 같은 이전가격을 부인하고 정상가격 기준으로 소득금액을 계산하는데 이를 이전 가격과세라고 한다.

다국적기업은 법인세율이 낮은 나라에 보다 많은 이익이 발생하도록 해 당해 그룹 전체로 볼 때 법인세 부담을 최소화하고 세후 이익을 극대화하기 위해 이전가격 조작을 많이 시도한다.

이를 위해 법인세율이 낮은 나라(tax haven)의 계열기업에 상품 공급 시 낮은 가격을 책정하고 공급받을 경우 고가로 매입해 자동적으로 법인세율이 낮은 나라로 이익이 몰린다.

출처: 김필주 기자, 조세금융신문, 2017.09.29.

주요 용어

국제가격책정	원가가산법	덤핑
국제가격조정	경험곡선 가격결정법	반덤핑관세
국제가격변경	침투가격전략	덤핑마진율
국제가격전략의 특성	초기고가전략	국제이전가격
수출가격의 결정요인	표시통화	정상가격 방법
수출가격의 누증 문제	무역거래조건	

연습문제

01 국제가격전략의 특수성을 논하시오.

02 수출가격의 결정요인에 대하여 논술하시오.

03 수출가격의 누증 문제에 대하여 논술하시오.

04 수출가격의 결정 방법에 있어서 원가가산법과 경험곡선가격결정법을 비교 · 설명하시오.

05 침투가격전략과 초기고가전략을 비교 · 설명하시오.

06 종합상사 중에서 하나를 택하여 2~3개 품목을 대상으로 해외 주요 시장에서의 수출가격누증 문제의 현상을 분석하시오.

07 수출가격의 표시통화에 대하여 논술하시오.

08 수출가격과 무역거래조건의 관계에 대하여 논술하시오.

09 국제시장에서의 가격차별화와 반덤핑관세에 대하여 논술하시오.

10 국제가격의 표준화에 대하여 논술하시오.

11 국제이전가격의 목적과 가격책정 방법에 대하여 논술하시오.

12 수출기업 중에서 하나를 택하여 주요 품목에 대하여 수출가격결정 시 고려요인과 이들의 상대적 중요도, 수출가격의 결정 방법을 조사하시오(그룹과제).

13 한국 수출품에 대한 외국정부의 반덤핑관세 부과사례를 조사하시오(그룹과제).

14 한국 해외투자기업의 국제이전가격전략의 목표와 가격책정 방법 등에 관한 사례를 조사하시오(그룹 과제).

15 한국의 기술 및 상표 도입기업을 대상으로 대가지급의 형태, 가격결정 시 고려요소, 가격결정의 구체적 방법 등에 관한 사례를 조사하시오(그룹과제).

국제유통전략

CASE STUDY 베트남 유통산업 특징 및 화장품

Chapter

08

Chapter

08

국제유통전략

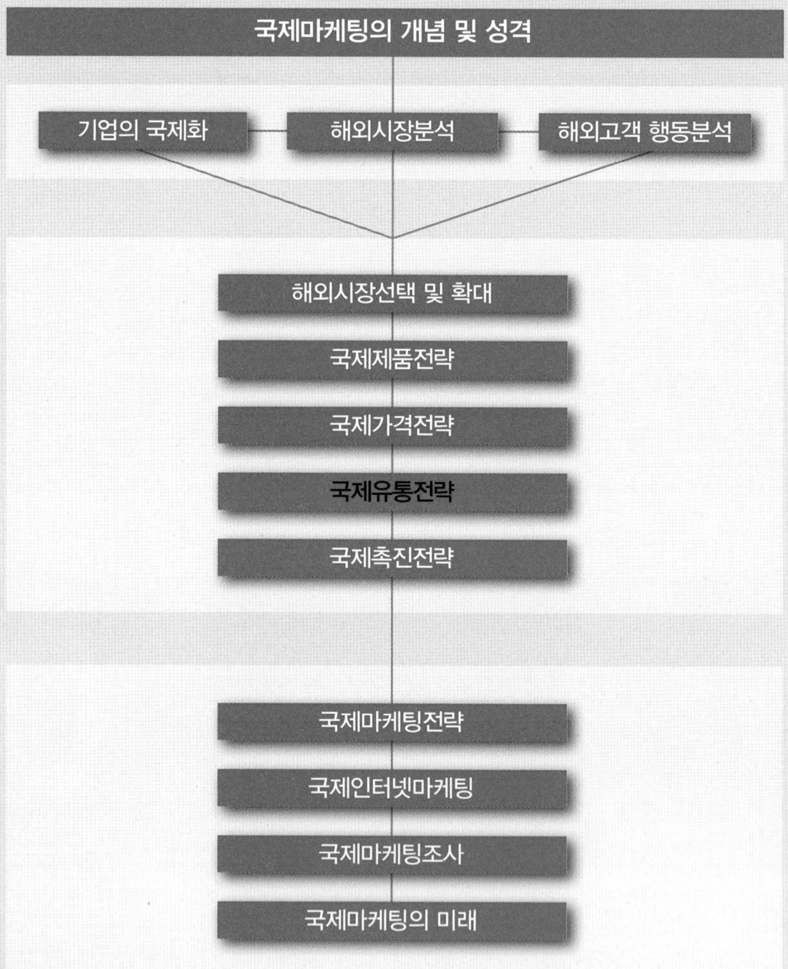

CASE STUDY 베트남 유통산업 특징 및 화장품

베트남 통계청(GSO)에 따르면 2019년 베트남 유통산업의 전체 시장규모가 약 1,611억 달러로 사상 최대를 기록하였으나, 2020년은 코로나19로 인해 하락하였다.

매장 직접구매 감소, 온라인 쇼핑 증가

코로나19로 인한 록다운 등 제한조치로 호치민 및 하노이시 소비자의 매장 직접 방문 구매 비율은 이전보다 약 50% 감소한 반면 온라인 쇼핑 등의 활성화로 도 · 소매 시장규모는 전년 동기 대비 4% 증가하였다. 여행업 및 요식업 분야의 경우 전년 동기 대비 각각 −54%, −20%를 기록하는 등 큰 폭으로 하락하였다.

2020년 상반기 베트남 유통시장규모 및 성장률(단위: US$)

	2020년 1~6월	2019년 1~6월	전년 대비 증감률
전체	1,019억	1,030억	−1%
도소매	814억	785억	4%
여행, 관광	4.4억	9.6억	−54%
요식업	99억	123억	−20%
기타	101억	117억	−9%

자료: 베트남 통계청(GSO), Q&Me Vietnam Market Research

베트남 유통산업 분야는 아직 전통적인 소형 마켓 및 소매업자에 편중된 모습을 보인다. USDA 보고에 따르면 2019년 베트남의 Food & Beverage 유통 분야 매출액은 약 510억 달러에 이르며, 이는 전년 대비 13% 성장한 수치이다.

베트남 유통산업 매출액 및 성장률 동향

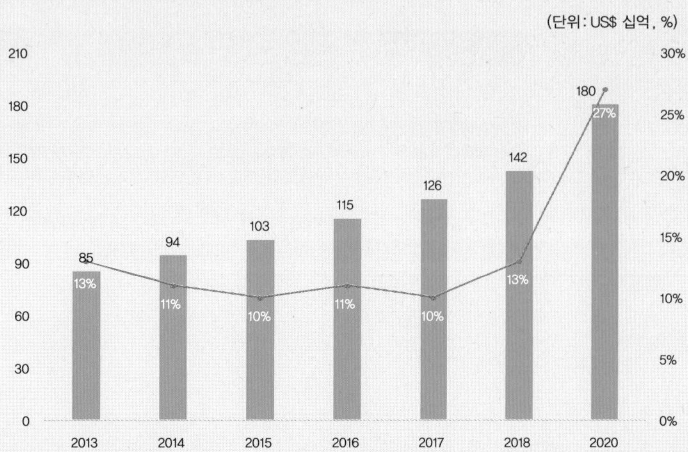

자료: 베트남 통계청(GSO), Deloitte/ 2020년 전망치

유통시장의 성장잠재력은 여러 투자자의 시장참여를 유도하고 있으며 실제 2019년과 2020년 1~6월간 베트남 투자분야 중 유통산업에 대한 투자는 제조분야에 이어 2위를 기록하였다.

베트남 유통산업 영향력 특징

베트남 유통산업은 과거 한국, 일본, 프랑스 기업의 대형마트 유통채널이 주도하였다. 그러나 점차 온라인쇼핑, 쇼핑몰, 편의점, 백화점 등 모든 분야에 있어서 Vinmart+, Vincom, Bach Hoa Xanh 등 베트남 자국 기업의 영향력이 확대되는 추세이다.

베트남은 급속한 도시화, 소득수준 상승, 젊은 소비층의 확대 등으로 재래시장이 감소하는 한편, 편의점 시장이 눈에 띄는 성장을 보인다. 2020년 6월 기준 베트남에는 총 5,228개의 편의점이 있으며, 이는 전년 대비 약 70% 이상 증가한 수치로 불경기 속에서도 주요 국내외 기업의 공격적인 투자가 이루어지고 있다(IGD Research는 베트남을 아시아에서 2021년까지 편의점 시장이 가장 빨리 성장하는 국가로 선정).

베트남 산업무역부에 따르면 전체 유통산업 중 주요 부분에서 외국인 투자자와 자국기업 간 경쟁이 가속화되고 있으며, 전통적인 유통산업인 쇼핑센터, 슈퍼마켓 등 분야는 자국기업의 점유율이 높지만, 편의점, 온라인 쇼핑몰 등 신규 유통산업에서는 외국 투자자의 점유율이 높다.

베트남 유통산업 분야별 외국 · 국내 기업 점유율

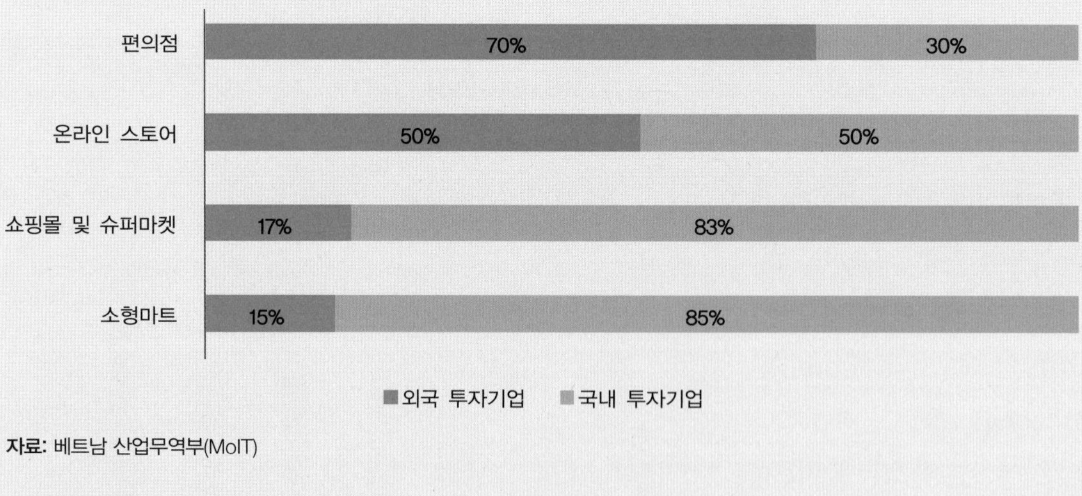

자료: 베트남 산업무역부(MoIT)

코로나 팬데믹 이후 베트남 화장품 유통시장 변화

작년 베트남 화장품 시장 규모는 21억 1,000만 달러(약 2조 4,267억 원)로, 특히 색조화장품 시장의 규모가 전체 화장품 시장의 21.8%를 차지할 정도로 상당하다(비즈니스워치뉴스, 2021.07.29.).

코로나19 이전 베트남 화장품 시장은 밀수 시장이 70%에 이를 정도였다. 따라서 베트남 시장에 진입하려던 해외 기업에는 판매업자와 원활한 협상을 통해 안정적인 유통망을 구축하는 것이 매우 중요한 관건이었다. 그러나 코로나 팬데믹 이후 비행기를 통한 물품 수입 경로에 문제가 발생하고, 정부가 밀수 제품에 대한 강력한 규제 및 단속을 시행하면서 밀수 시장은 대부분 사라지게 되었다. 특히 수도인 하노이와 최대 경제도시인 호찌민을 중심으로 제품에 바코드를 붙이고 진열하여 판매하는 드럭 스토어들이 급격하게 증가하면서 젊은 소비자는 직접 화장품을 발라보며 보장된 품질의 화장품을 구매할 수 있게 되었다. 뿐만 아니라 여러 기업이 신규 산업으로 화장품 시장에 발을 들이면서 베트남의 화장품 시장 규모는 더욱더 빠르게 성장하고 있다. 베트남 역시 자체적으로 제품 출시를 시도하고 있지만, 아직까지 제품 라인 구축 및 인지도 형성에 어려움을 겪고 있어 해외 화장품에 대한 수요가 상대적으로 더 많은 추세이다(KOTRA뉴스, 2021.05.20.).

토의과제

01 코로나19에 따른 베트남 유통산업 변화 및 특징을 주제로 토의하시오.

02 베트남에서의 한국산 화장품산업의 최신 신문기사를 찾아보고 국제유통전략에 대하여 토의하시오.

참고자료

- 이장로, 문희철, 이춘수, 국제마케팅 7판(무역경영사)
- 부경대학교, 국제마케팅수업 과제 및 자료, 최나은
- KOTRA, 2021 국가별진출전략: 베트남, KOTRA자료 21-069
- 차지현, 『커지는 베트남 화장품 시장…뷰티업계 '눈독'』, 비즈니스워치뉴스(http://news.bizwatch.co.kr/article/consumer/2021/07/29/0017), 2021.07.29
- 베트남 호치민무역관 윤보나, 『코로나19 팬데믹 속에서 움트는 베트남 화장품 시장』, KOTRA뉴스(https://news.kotra.or.kr/user/globalBbs/kotranews/8/globalBbsDataView.do?setIdx=246&dataIdx=188699), 2021.05.20.

Section 01

국제유통경로의 개념

해외시장에의 성공적 진입은 유통경로를 확보하는 데 달려있다고 해도 과언이 아니다. 그러므로 국제마케팅활동을 수행하는 기업은 각국의 유통구조를 면밀히 분석한 후에 여러 형태의 중간상들의 활용 가능성, 구체적 기능, 효과 및 비용 등을 고려하여 합리적인 유통경로전략을 수립할 필요가 있다.

본 절에서는 국제유통경로의 의의, 형태, 구성원 등에 대해 살펴보기로 한다.

1. 국제유통경로의 의의

유통경로란 쉽게 얘기해서 우리 주위에서 얼마든지 찾아볼 수 있는 가전제품 대리점, 백화점, 구멍가게, 약국, 극장 등과 같이 재화나 서비스를 팔고 살 수 있는 곳이다. 미국마케팅협회(American Marketing Association)에서는 유통경로를 '상품, 물건, 서비스 등이 판매되는 기업내부조직, 기업외부 중개기관, 도매상, 소매상들의 구조'라고 정의를 내리고 있다.

이러한 관점에서 국제유통경로란 특정 기업이 생산한 제품이나 서비스를 해외소비자에게 이전시키는 데 관여하는 개인이나 조직 또는 그 총체를 뜻한다.

국제유통경로는 실제로 해외소비자에게 제품을 전달하는 이상의 기능을 수행하는 것이 보통이다. 국제유통경로의 기능은 다음과 같이 집약될 수 있다.

첫째, 제조업자와 소비자를 연계시켜 교환을 가능하게 해 주고, 운송, 보관 등을 통해 특정 재화나 서비스의 실체를 이동시키며, 광고, 정보수집, 위험부담 등을 통하여 기업의 마케팅활동을 보조한다.

둘째, 국제유통경로는 기업이 외국에서 접하게 되는 상이한 문화나 환경에 쉽게 적응할 수 있도록 하고, 각국 소비자에게 당해 기업을 적절히 소개하는 역할도 하게 된다.

셋째, 유통경로는 궁극적으로 제품의 효용을 증대시키게 된다. 즉, 소비자에게 제품을 적시에 제공함으로써 제품의 시간효용을 증대시키고, 소비자가 쉽게 얻을 수 있는 곳에 제품을 위치하게 함으로써 제품의 공간효용을 증대시킨다.

범세계적 경쟁에 대응하기 위한 기업의 마케팅기능이 특히 강조되는 것 중의 하나가 바로 공간효용의 증대인데, 이는 국제유통경로를 어떻게 선택하고 관리 · 통제할 것인가에 의해 좌우된다.

2. 국제유통경로의 형태

제조업체가 자사제품을 해외시장의 최종 소비자에게 전달하기까지에는 다양한 형태의 유통기관 내지는 중간상들이 개입하게 되는데, 이러한 유통기구들은 누구의 명의와 계산으로 영업활동을 수행하는가를 기준으로 독립적인 중간상(merchant middlemen)과 대리상(agent middlemen)으로 구분할 수 있다.

독립적인 중간상은 자기의 명의와 계산으로 수출입활동을 하므로 구입가격과 판매가격의 차이가 곧 영업이익이 된다. 이에 비해 대리상은 수출업자 또는 수입업자의 위탁을 받아 당해 위탁자의 명의와 계산으로 거래하며, 대개는 수출입거래대금의 일정 비율을 수수료(commission)형태로 수취하게 된다. 따라서 대리상들은 거래제품에 대한 소유권을 갖지 않으며, 위험부담도 지지 않는다. 이와 같이 누구의 명의와 계산으로 영업활동을 수행하는가 하는 문제는 계약위반으로 클레임이 제기되었을 경우 손해배상의 1차적 책임소재와 관련하여 매우 중요한 의미를 지닌다.

독립적 중간상을 활용할 경우 일단 이들에게 제품을 넘겨주기만 하면 환위험, 신용위험 등 수출활동에 수반되기 마련인 제반 위험에 대해 별로 걱정하지 않아도 된다는 이점이 있다.

그러나 기업이 실제로 이들을 활용하면서 독립적 중간상들은 제조업체로부터 물품에 대한 소유권까지 넘겨받게 되므로 대리상들에 비해 통제가 어려우며, 또한 독립적인 중간상들은 취급하는 물품에 대한 모든 거래위험을 떠맡게 되므로 판매이윤에 대한 전망이 불투명할 경우에는 제조업체를 소홀히 대할 수도 있다는 점을 유의해야 한다.

다시 말해 제조업체가 강력한 상표를 보유하고 있지 않는 한, 독립적 중간상들은 언제든지 다른 공급원을 찾아나설 수 있을 만큼 상표충성도가 낮다는 점에 유의할 필요가 있다.

그러나 보다 어려운 문제는 특정한 유통경로가 독립적 중간상인지 아니면 대리상인지 일률적으로 구분하기가 불가능하다는 사실이다. 왜냐하면 각국마다 유통경로 명칭이 다양하고, 어떤 유통기구는 두 가지 기능을 동시에 수행하는 경우도 있기 때문이다. 따라서 특정 유통기구가 어떤 역할을 수행하고 있는가는 특정 제조업체와의 관계가 어떤 것인가 하는 관점에서 파악되어야 한다.

3. 해외의 유통경로 구성원

해외의 유통경로 구성원은 국별 또는 제품별로 다양하여 열거하기가 힘들 정도이다. 그러나 대표적인 중간상과 대리상으로 다음과 같은 것들이 있다.

1 해외의 중간상

❶ 수입업자

상품을 자기의 위험부담 및 계산으로 수입하여 이를 수입국 현지의 도매업자(distributor or wholesaler)나 소매상(retailer)에게 판매한다. 제품에 대한 전문지식을 요하기 때문에 주로 특정 제품계열만을 전문으로 취급하는 수입업자들이 많다.

❷ 제조업자

선진국의 제조업체들은 주문생산 방식으로 기능인력이 풍부하고 저렴한 해외에서 노동 집약적인 제품들을 제조하여 수입하는 경우가 많다. 이에 비하여 개도국의 제조업자는 완제품 생산을 위한 기술적 노하우가 부족하여 특정 제품을 부품이나 반제품 상태로 수입하여 이를 약간의 가공 또는 조립단계를 거쳐 국내에 판매하게 된다. 이러한 제조업체들은 자사의 기존 판매망이나 전문수입업자와 마찬가지의 도 · 소매 유통경로를 통하여 자사제품을 판매하게 된다.

❸ 유통업자

해외의 유통업자(distributor) 또는 분배상은 독립적인 중간상의 대표적인 예로서, 대부분의 유통업자는 특정국에서의 독점적 판매권을 향유하며, 해외의 제조업체와 긴밀한 유대관계를 맺고 있다. 따라서 이들은 공급업체에 대한 의존도가 상대적으로 높은 편이며, 계약관계도 장기적이고 지속적이다.

❹ 딜러

일반적으로 딜러(dealer)란 특정 제품의 매매에 있어서 공급업자와 지속적인 관계를 유지하면서 산업재 또는 내구성 소비재를 소비자에게 직접 판매하는 중간상이라고 할 수 있다. 특히 딜러는 공급업체와의 지속적인 관계를 바탕으로 특정 지역에 있어서 제조업체의 제품을 독점적으로 판매할 권한을 갖는 만큼 취급품목도 단일 제조업체의 것만으로 한정되는 것이 보통이다. 딜러는 대개 독립적인 중간상으로 활동하나 때로는 제조업체가 필요에 따라 딜러업체의 일정 지분을 보유하는 경우도 있다. 대표적인 예로 현대가 미국시장에 자동차를 수출하면서 이러한 딜러들을 통한 유통경로를 채택하고 있다.

⑤ 도매상 및 소매상

오늘날 크고 작은 다양한 형태의 도매상 및 소매상들은 보다 낮은 단계의 유통경로 구성원들에 대한 재유통이나 최종 소비자를 대상으로 한 유통을 위하여 직접 수입업무에 종사하는 경우가 많다. 특히 선진국의 소매상일수록 자사의 구매력 또는 자본력을 이용하여 도매업자를 통하지 않고 직접 수입업자에게서 상품을 구매하기도 하고, 때로는 자사의 수입조직을 활용하여 직접 해외에서 수입하여 제품을 판매하기도 한다. 또한 선진국의 대형 소매연쇄점들은 현지시장에서의 지명도를 십분 활용하여 해외의 제조업체에 대한 주문 생산방식을 통해 수입제품에 자사상표를 부착하여 판매하는 경우가 허다하다.

⑥ 외국의 정부 관련 기관

각국 정부는 수행하는 사회서비스에 필요한 물자들을 대부분 직접 조달하기 때문에 국제마케팅 관리자는 현지 정부 및 공공기관과 거래하게 될 수도 있다. 특히 외환사정이 어려운 개도국이나 동구권의 공산국가들은 국영무역공사(state trading corporation) 등과 같은 형태로 대외교역창구가 일원화되어 있어 일반소비재의 경우도 이러한 기관을 통하지 않고는 수출이 불가능하다. 그러나 일반적으로 외국의 정부가 공공기관을 대상으로 한 수출에 있어서는 대체로 특수상품일 경우가 많고 거래규모가 크기 때문에 국제입찰과 같은 방식을 취하게 된다.

2 해외의 대리상

❶ 중개업자

해외의 중개업자(broker)는 특히 일차상품이나 음식료품을 전문적으로 취급하며, 그 대가로 일정액의 중개수수료(brokerage)를 취득한다는 점에서 대리상과 유사한 성격을 지닌 중간상이다. 대개 이들은 현지고객에 대한 정보에 밝기 때문에 이들을 활용하면 적은 비용으로 현지시장에 신속히 침투할 수 있다는 이점이 있다.

❷ 대리점

해외대리점은 경우에 따라 특정 도시, 지역, 당해 시장국 또는 인접국에서의 제조업체의 제품에 대한 판매권을 향유하는 유통기구로서, 구체적 거래 형태에 따라 'sales agent', 'resident sales agent', 'exclusive agent', 'commission agent', 'indent agent' 등 다양한 명칭으로 불린다.

이들은 광범위한 시장을 커버할 수 있다는 이점 때문에 산업재 및 각종 소비재의 유통에 널리 활용되기도 하는데, 특히 일정한 통제권과 집약적 유통을 원하면서도 자체적인 해외 판매조직을 갖출만한 여력이 없는 수출제조업체들이 선호한다.

③ 팩터

팩터(factor)는 원래 중세의 이탈리아에서 발생하여 국제화된 조직으로서, 수출업자가 맡긴 물품의 판매알선과 함께 구매자의 지급보증업무까지 수행하게 된다. 이러한 경우 팩터는 일정액의 판매수수료(sales commission) 외에 지급보증의 대가로서 지급보증수수료(del credere commission)까지 추가로 수취하게 된다. 팩터의 주요한 기능은 수출업체와 수입업자의 중간에서 신용위험을 덜어준다는 점이다.

이상과 같은 현지의 유통기구 내지 유통경로 구성원들의 대표적인 유형과 특성을 간단히 요약한 것이 [표 8-1]이다.

표 8-1 **해외유통기구의 유형과 특성**

항목	대리상			중간상		
	중개업자	대리점	팩터	유통업자	딜러	도소매상
독립적 명의	×	×	×	○	○	○
소유권	×	×	○	○	○	○
지속적인 관계	아님	대개	지속적	지속적	지속적	지속적인 편
통제가능성	낮음	보통	보통	높음	높음	없음
가격조정권한	없음	없음	일부	일부	일부	자유재량
거래업체 수	다수	극소수	극소수	소수	소수	다수
주요 취급물품	1차산품	공산품	공산품	공산품	공산품	소비재
제품계열	다양함	관련품목	다양함	중간	제한적	중간
경쟁품목 취급	○	×	×	×	×	○
촉진노력	없음	보통	없음	보통	많음	대개 없음
시장정보 제공	없음	많음	많음	보통	많음	없음

자료: P.R. Cateora, International Marketing, 11th ed. (McGraw-Hill, 2002).

Section 02

해외시장의 유통환경분석

유통경로는 제품 및 시장에 따라 독특한 구조를 가지며 경제발전에 따라 서서히 변하기도 한다. 따라서 국제마케팅 관리자는 해외시장에서 직면하게 되는 특정 제품의 유통 패턴에 대해 면밀히 분석하여야 한다. 여기서는 제품별 유통경로, 국별 유통구조 및 유통구조의 변화에 관하여 살펴본다.

1. 제품별 유통경로조사

제품의 유형에 따라 활용될 수 있는 구체적인 유통경로는 상당히 다르다. 따라서 국제시장의 유통경로 분석을 위해서는 제품별로 특수한 유통경로를 분석하는 것이 필요하다.

1 소비재의 유통경로

소비재의 유통경로는 소비자가 흔히 접하게 되는 편의품이나 기호품을 전달하는 것으로, [그림 8-1]은 소비재의 유통경로를 보여 주고 있다. 소비재의 경우에는 다수의 소비자를 상대하게 되므로, 특히 소매점의 역할이 중요시된다.

그림 8-1 **소비재의 유통경로**

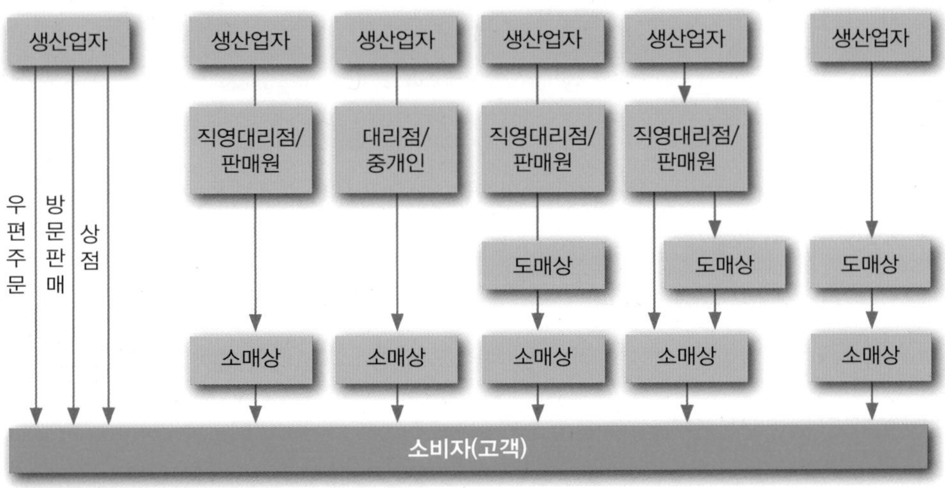

자료: W.J. Keegan, Global Marketing Management, 7th ed. (Englewood Cliffs, N.J. : Prentice-Hall, 2003), p.394 참조.

그림 8-2 **중국 자동차시장의 유통구조의 변화**

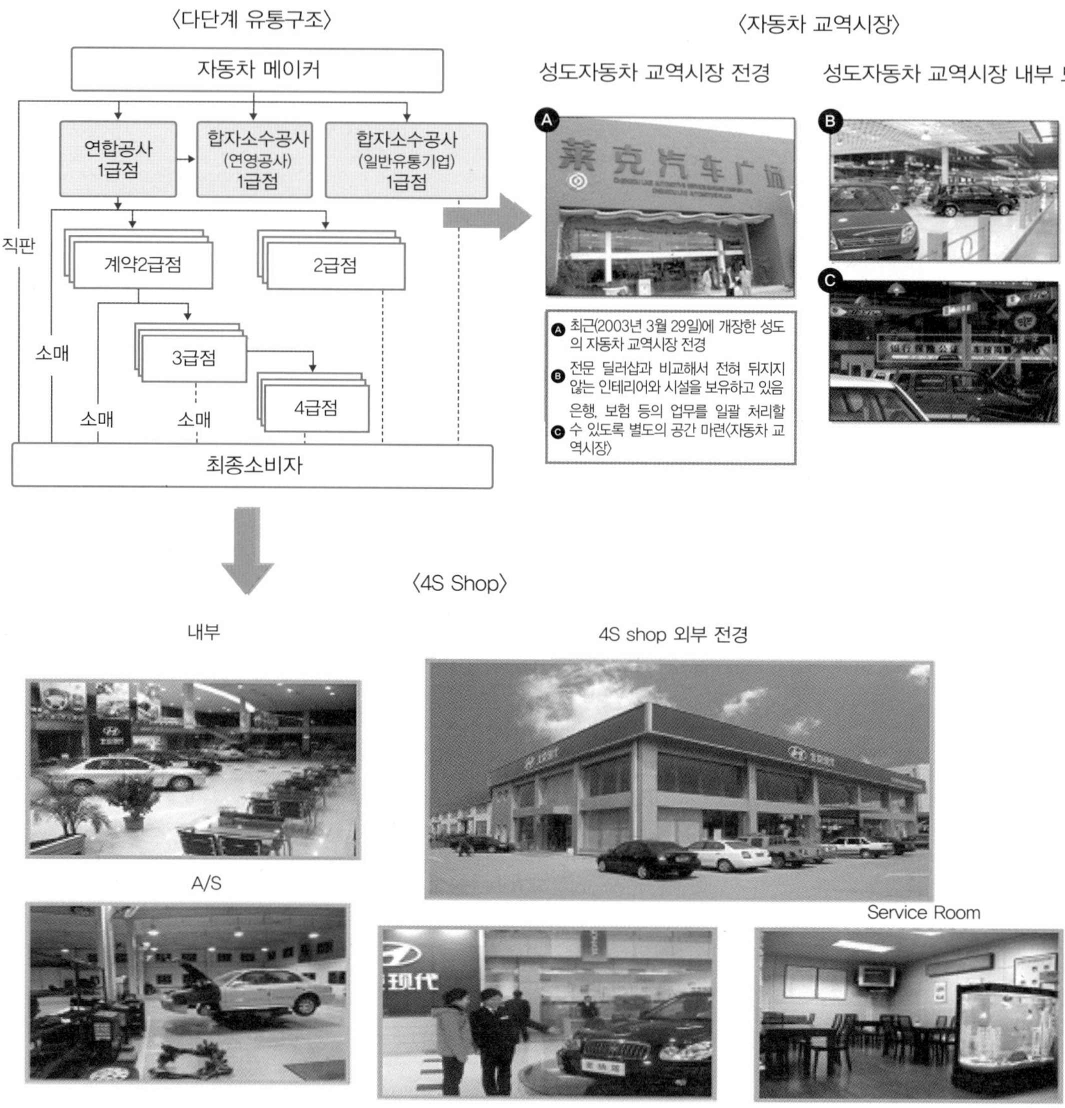

자료: 북경현대.

[그림 8-2]에서는 중국 자동차시장의 유통구조의 변화를 보여 주고 있다. [그림 8-2]에서 볼 수 있는 바와 같이 과거 중국의 자동차 유통채널구조는 1990년대 중반까지만 해도 매우 복잡한 다단계의 채널 구조가 지배적이었다. 즉, 자동차 메이커나 1급점에서 소비자로 직접 판매되는 비중이 적고 여러 단계를 거쳐 최종 소비자에게 판매되었다. 또한 하위 유통 채널 모두 소매와 도매를 겸하고 있어 통제가 어렵고, 복잡하고 비효율적인 형태를 띠고 있었다.

이러한 복잡한 다단계 형태의 유통구조는 자동차 메이커들의 판매 및 가격통제를 불가능하게 하였다. 그래서 가격이 채널별 및 지역별로 차이를 보였고, 브랜드관리 및 프로모션상의 일관성 유지를 어렵게 하였다. 또한 이러한 복잡한 유통구조 안에서 메이커들은 거의 도매 업무를 수행하므로 소비자는 직접적으로 접촉할 기회가 없어 기업 스스로가 소비자의 니즈(needs)를 명확하게 파악하고 이에 대한 신속한 대응이 매우 어려웠다. 뿐만 아니라 유통시스템의 다단계화로 인한 복잡한 유통경로로 추가적인 거래비용, 소송비용, 재고비용 등의 유통비용이 증대되었고, 판매와 A/S가 완전 분리되어 A/S를 위한 별도의 투자비를 요구하게 하였다.

이처럼 과거 복잡했던 중국의 자동차 유통구조는 점차 자동차 교역시장과 중국의 특유의 유통구조인 4S shop의 유통구조로 발전하게 되었다. 중국의 특유의 유통구조인 4S shop은 일정 규모의 전시장을 갖추고 판매(Sales), 수리(Service), 부품(Spare parts), 정보수집(Survey)의 기능을 모두 담당하는 전문 딜러샵을 말한다. 특히, 자동차 교역시장은 자동차 메이커의 전문 4S shop 및 자동차 판매권 규제에 대응하여 자동차 판매권을 공유하기 위해 판매상들이 하나의 시장으로 군집하면서 형성되었다. 자동차 교역시장은 여러 브랜드의 다양한 제품이 한 장소에 집약되어 있어, 제품을 직접 보고 비교해 보는 것을 선호하는 중국 소비자를 매료하고 있으며, 다양한 판매 지원체제와 소비자 편의시설 구축을 통해 고객을 유인하고 있다.

그 예로 중국 내륙에 위치한 성도자동차 교역시장의 경우에도 최근 새 자동차 교역시장이 문을 열었으며, 전문 4S shop에 비해 손색이 없는 인테리어와 은행, 보험업무를 위한 시설을 보유하는 추세를 보인다. 그러나 자동차 교역시장의 경우에는 모든 브랜드의 다양한 제품이 한 장소에 집약되어 있어 한정된 공간 내에 모든 브랜드의 A/S 시설을 갖추는 데 한계가 있었다. 또한 가격이 주요 경쟁인 교역시장에서의 메이커들이 통제 불가능한 가격경쟁이 발생 되고 있었고, 대부분 자동차 교역시장 단위의 판촉이 이루어지고 있어 자동차업체의 브랜드 이미지 구축이 어렵고, 소비자 편의시설 구축에 한계가 존재하였다.

이러한 교역시장의 제약사항으로 중국에 진출한 한국기업이나 대부분의 글로벌 메이커는 4S shop이라는 전문 딜러샵을 구축하여 자동차를 판매하고 있다.

특히, [그림 8-3]에서 볼 수 있듯이 중국 소비자의 자동차 구입은 모든 차종 90% 이상의 수요층이 정비가 가능한 4S shop에서 차량을 구입하는 것을 볼 수 있다. 이러한 추세는 현대화된 4S 딜러제의 고객유인과 브랜드 이미지 구축이 가능하다는 장점에 기인된다고 하겠다.

그림 8-3 **중국 소비자 자동차 구입 실태**

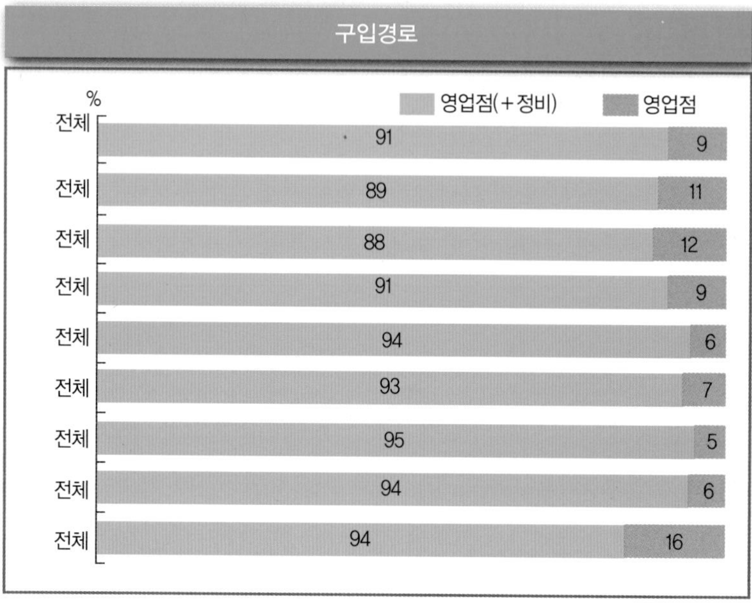

자료: 북경현대.

즉, 메이커들과 딜러 간의 엄격한 계약을 통해 직접 자동차를 공급함으로써 판매망을 효과적으로 통제 가능하고, 자동차 판매 이전부터 소비자가 구매 후 포괄적으로 소비자에게 접근할 수 있다는 점에서 브랜드의 이미지를 최대한 부각할 수 있기 때문이다. 반면, 4S shop은 높은 리스크와 많은 투자비용이 소요된다는 점 그리고 4S shop을 구축하기 위해서는 대략 3개월이라는 장기간의 시간이 소요되어 지역 진입이 지연되는 단점 역시 존재한다. 그러나 모든 메이커가 이러한 전문 4S shop을 추진하고 있으며 체계적인 판매시스템과 교육 및 관리체계로 고객충성도 증진을 위해 노력하고 있는 실정이다.

특히 2005년 10월 1일 중국 정부의 브랜드관리법 시행 이전에는 메이커에서 직접 판매권한을 부여받지 않은 딜러들도 차량 판매가 가능했지만, 브랜드관리법 시행 이후에는 일정 시설 규모를 갖춘 딜러만이 메이커에서 판매권한을 받을 수 있게 됨으로써 사실상 4S shop 중심의 유통구조로 개편될 수 있는 환경이 조성되었다.

[표 8-2]는 중국 자동차 소매 채널의 두 가지 변화 추세인 4S shop과 교역 자동차 시장에 대한 특징을 보여준다.

표 8-2 **중국 자동차 소매 채널의 변화 방향 및 특징**

	개념 및 변화 방향	장점	단점
전문 4S shop	• 메이커가 계약을 통해 직접 판매 차량을 공급 • 딜러는 판매 이외에도 A/S 서비스 제공: 4S(sales, service, spare parts, survey)를 통한 형태	• 자동차 제조업체가 딜러와의 엄격한 계약을 통해 판매망을 효과적으로 통제 가능 • 업체 브랜드 판매 이전, 판매, 판매 이후까지 포괄적인 서비스를 고객에게 제공 가능 • 신속한 A/S 및 부품 공급을 통해 고객 편의 도모 및 충성도 제고	• 전문 딜러샵만 운영 시 지역 커버리지가 낮을 수 있음 • 브랜드 인지도가 낮은 회사의 경우, 전문 딜러샵만으로 인지도 향상이 어려울 수 있음 • 높은 리스크와 투자비용 필요 • 구축 기간이 비교적 길어 진입이 늦어짐
자동차 교역 시장	• 자동차 판매권 규제에 대응하여 자동차 판매권을 공유하기 위해 판매상들이 하나의 시장을 군집하면서 자동차 교역시장 발생 • 자동차 메이커의 직판 체제에 대응하여 판매, 보수, 부품, 서비스 정보, 전시 등 다양한 판매지원시스템 구축	• 소비자에게 다양한 브랜드와 제품 선택 가능성 제공 • 상대적으로 낮은 고정비를 근간으로 가격 낮출 수 있음 • 소비자가 자발적으로 자동차 교역시장을 찾아오기 때문에 고객 노출도를 높일 수 있음	• 브랜드 이미지의 차별화 어려움 • 제조업체가 통제 불가능한 자동차 가격 경쟁 발생 심화 가능

자료: 북경현대차 판매부 내부자료.

2 산업재의 유통경로

산업재는 소비재에 비해 상대적으로 간단한 유통경로를 거치게 되며, 소매상이 개입되는 경우는 드물고 도매상 또는 중개상들이 중요한 역할을 수행하게 된다. 그러나 구체적인 유통경로 패턴은 각국마다 달라질 수밖에 없다. 따라서 [그림 8-4]와 같은 산업재 유통경로 패턴 중 어떠한 것을 선택할 것인가, 혹은 어떠한 형태의 중개상을 택할 것인가의 결정을 위해서는 해외시장의 유통구조 등에 대해 개별적으로 연구해야 한다. 일반적으로 시장이 클수록 제조업체가 선택할 수 있는 유통경로의 대안은 그만큼 더 다양해진다.

그림 8-4 **산업재의 유통경로 형태**

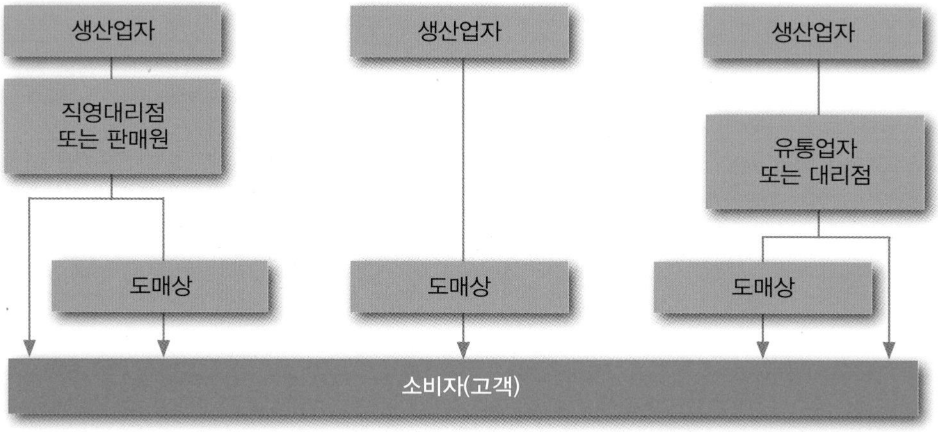

자료: W. J. Keegan, Global Marketing Management, 7th ed. (Englewood Cliffs, N.J. : Prentice-Hall, 2003), p.397 참조.

2. 해외시장의 유통구조분석

세계 각국의 유통 패턴을 일반화하기란 극히 어려운 일이다. 그럼에도 불구하고 각국의 유통 패턴의 특성에 대한 이해는 각국별로 최적의 유통경로를 선정하기 위한 선결과제라고 할 수 있다.

여기서는 유통경로상의 질적 차이를 가져오는 서비스, 취급제품계열의 폭, 유통비용 및 마진, 유통경로의 길이, 재고 및 금융서비스, 경쟁구조, 유통채널의 효율성을 중심으로 살펴보고자 한다.

1 서비스

일반적으로 제조업체들은 소매상들로부터 자사제품의 취급과 재고유지, 제품의 전시, 제품판매, 제품의 판매촉진, 고객에 대한 신용판매, 제품판매와 관련된 각종 서비스의 제공, 시장정보수집 등의 서비스를 기대한다. 그러나 실제로 각국마다 소매상들이 수행하거나 제공하는 서비스의 수준은 천차만별이다. 예를 들어, 이집트에서는 제조업체로부터 물건을 받아다가 최종소비자가 사갈 수 있도록만 하면 된다는 식으로 소비자를 중시하지 않는다. 이와는 반대로 많은 수의 중소상인들이 활동하고 있는 인도에서는 낮은 마진에도 불구하고 소비자의 관심을 끌기 위해 치열한 경쟁을 벌이고 있으며, 도매상 및 소매상을 불문하고 각종 추가적인 서비스를 제공하면서까지 손님을 유치하고 있다.

대부분의 국가에서 유통기구는 개별상품의 촉진이나 판매를 위해서 소비자가 만족할 만한 수준의 서비스를 제공할 여력이 없거나, 그러한 서비스를 제공하기 위해 별다른 노력을 기울이지 않고 있다. 그러므로 제조업체가 국제마케팅에서 소기의 성과를 거두기 위해서는 유통기구가 보다 높은 수준의 서비스를 제공하도록 적절한 유인을 마련하거나 촉진 및 판매를 위한 서비스의 상당부분을 스스로 떠맡지 않으면 안 된다.

2 취급제품계열의 폭

도매상 또는 소매상들이 취급하는 제품계열의 폭도 국가마다 많은 차이가 있다. 어떤 국가에서는 유통기구들이 모든 제품계열을 다 취급하고 있는가 하면, 유통기구들이 저마다 일부 좁은 제품계열에 전문화하고 있는 시장도 있다.

미국의 경우에는 기업의 규모가 커질수록 특정 제품계열에 전문화하고 있는 것이 특징이나, 다른 국가들의 경우에는 대부분 그와는 반대로 규모가 커짐에 따라 취급제품계열이 늘어나는 것이 일반적인 현상이다. 노르웨이나 이탈리아에서는 유통기구들이 취급할 수 있는 제품계열을 정부가 까다롭게 규제하고 있기 때문에, 이들 시장에서 국제마케팅 관리자가 적합한 제품믹스의 결정을 내리는 데 있어서 상당한 어려움을 겪는다.

3 유통비용 및 마진

유통기구들이 내세우는 유통비용 및 마진 역시 경쟁, 제공되는 서비스, 거래규모, 지리적 여건, 시장규모와 관련된 재고회전율, 구매력 등의 수준에 따라 각국마다 상이하다. 또 같은 국가라 할지라도 도시지역과 농촌지역에서의 가격과 마진폭에는 상당한 차이가 있을 수 있다.

대부분의 개발도상국에서는 제조업체들이 마케팅 부문에 많은 노력을 들이지 않고 신용, 재고, 선적, 시장개발 등의 제반 기능을 유통경로에 떠맡기고 있다.

따라서 여러 단계의 유통경로를 거치면서 유통기구들의 유통마진도 높아지게 되어 제조업체의 공장도 가격과 최종 소비자에게 판매되는 가격에는 상대적으로 많은 차이가 있다.

4 유통경로의 길이

경제발전수준과 유통경로의 길이는 상당한 상관관계가 있는 것으로 판명되고 있다. 물론 대부분의 국가에서 산업재나 고급 소비재의 유통경로의 길이가 저가의 소비재에 비해 상대적으로 짧다는 것은 잘 알려져 있다.

이와는 달리 일반적으로 거래규모와 유통경로의 길이 사이에는 역의 상관관계가 있는 것처럼 보인다. 유통경로가 긴 것으로 널리 알려진 한국과 일본에서도 시장이 발달함에 따라 유통경로가 점차 짧아지고 있다. 유통경로가 단축되어 유통기구들의 이윤이 배제되면, 결국 소비자가 그만큼 혜택을 볼 수 있게 된다.

또한 기업의 국제화가 가속화됨에 따라 상품화에 대한 아이디어와 유통시스템의 혁신이 여러 국가로 전파되고 있는바, 이러한 정보의 교환은 전 세계적으로 유통경로의 단축에 크게 기여하고 있다.

5 재고 및 금융서비스

일정 수준의 재고유지는 소매상들이 수행해야 할 필수적인 기능이다. 이는 우편주문과 같은 예외적인 경우가 아니면 현품 없이 정상적인 판매를 하기가 불가능하기 때문이다. 그러나 여러 국가의 영세소매업체들은 점포규모가 작고 자금 사정도 어려워 기존의 잘 알려진 제품계열만을 취급하려는 경향이 있기 때문에, 현지시장에 처음 침투하려는 기업은 많은 애로를 겪기 마련이다.

한편, 높은 금융비용, 인플레이션위험 및 자금부담은 유통기구들이 적정수준의 재고를 유지하기 어렵게 만들어 가끔 제품의 부족을 초래하거나 심하면 경쟁기업에 시장을 빼기고 마는 결과를 초래하게 된다. 특히 원격지의 해외시장까지의 물류에 소요되는 시간상 제약은 이러한 문제를 더욱 악화하므로, 해외유통기구들이 과감히 상당량의 재고를 유지하도록 하기 위해서는 장기신용을 제공한다거나 현재에 충분한 창고시설을 확보하는 것이 바람직하다.

6 경쟁구조

어떤 나라에는 소수의 대규모 유통기구들이 대부분의 시장을 장악하고 있는가 하면, 다수의 소규모 도매상들로 구성되어 있는 경우도 있어 커다란 대조를 보인다. 예를 들어, 말레이시아에서는 주로 화교계인 10여 개의 도매상들이 수입물품의 50% 이상을 취급하고 있으며, 수백개가 넘는 현지 무역업자들은 나머지 시장을 놓고 치열한 경쟁을 벌이고 있다. 그러나 일본의 경우에는 소규모의 도매상들이 상당히 많으며, 심지어 일부 제품은 도매상 수준에서 상호거래가 이루어지는 등 유통구조가 복잡하기로 유명하다.

이와 같이 도매상들의 수가 시장규모에 비해 상대적으로 많은 나라에서는 제조업체가 부담해야 할 거래비용이 대규모시장에 못지않게 증가하고, 그에 따라 최종 소비자가격이 상승하므로 시장침투는 그만큼 어려워진다.

7 유통 채널의 효율성

각국마다 유통기구들이 수행하는 유통기능의 효율성은 다양한 형태와 수준으로 나타나는데, 이는 유통기구들의 수와 규모 및 현지국의 경제발전 정도와 깊은 관련을 맺고 있다.

유통기구들이 소규모일수록 그들이 제공하는 서비스 역시 제한적이며 비효율적이다. 예를 들어, 일본이나 호주에서는 대부분의 주요 도매상이 전국적인 유통망을 가지고 있다. 그러나 이탈리아나 터키에서는 시장이 흩어져 있고, 교통시설이 불편하여 전국적인 도매상을 찾아보기가 어렵다. 이러한 경우 자사 제품을 현지시장 전역에 판매하기 위해서는 수많은 유통기구들과 접촉하지 않을 수 없다.

국제마케팅 관리자가 해외시장의 유통기구들을 어떻게 활용할 것인지 결정하기 위해서는 이들이 커버하는 시장범위와 수행하는 기능에 대한 분석이 필요하며, 특히 현지 유통기구들이 제공하는 서비스가 비효율적이라고 판단되면, 이들을 활용하지 않고도 현지시장에 침투할 수는 없는지도 알아보아야 한다.

사례 8-1 베트남 내 주요 점포기반 소매점의 배달앱 · 모바일 플랫폼 활용 현황

구분	소매점 (오프라인 매장)	주요 배달 앱 플랫폼					상품 구매 가능한 자체 모바일 플랫폼	
		Grab	Now	Baemin	GoFood	Loship	구글플레이 (Google Play)	앱 스토어 (App store)
편의점	Circle K	×	○	×	○	○	×	×
	Family Mart	×	○	×	×	○	×	×
	B's mart	×	×	×	×	○	×	×
	Ministop	○	○	○	×	×	×	×
	7-eleven	○	○	×	×	○	×	○
	GS25	○	○	×	○	○	×	×
슈퍼마켓	Co.opMart	○	○	○	×	×	○ (Coopmart.vn)	○ (Saigon Coop)
	Bach Hoa Xanh	×	○	×	×	○	×	○ (Bach Hoa Xanh)
	VinMart	×	×	×	×	○	○ (VinID)	
	Aeon Citimart	×	○	×	×	○	×	×
	Satrafood	×	×	×	×	×	○ (Satra Loyalty Card)	

구분	소매점 (오프라인 매장)	주요 배달 앱 플랫폼					상품 구매 가능한 자체 모바일 플랫폼	
		Grab	Now	Baemin	GoFood	Loship	구글플레이 (Google Play)	앱 스토어 (App store)
대형 마트	Big C	○	○	○	×	×	○ (Go!&Big C)	
	Lotte Mart	○	×	×	×	○	○ (Speed L)	
	Aeon	×	×	×	×	×	○ (Aeon Vietnam)	
	Co-opXtra	○	○	×	×	×	○ (CoopXtra Online)	○ (Saigon Coop)
	E-Mart	×	×	×	×	×	○ (Emart mall VN)	
백화점	Aeon	×	×	×	×	×	×	×
	Takashimaya	×	×	×	×	×	×	×
	Parkson	×	×	×	×	×	×	×
	Diamond plaza	×	×	×	×	×	×	×

출처: 한국무역협회 호치민지지부, 2021년 베트남 소매산업 현황 및 전망, *괄호 안은 해당 애플리케이션 이름을 나타냄 (2021.04.13. 기준)

3. 중국 유통시장

1 중국 유통시장의 주요 특징

❶ '공급자시장'에서 '구매자시장'으로 전환되어 경쟁이 치열해짐

1990년대 이후 중국경제의 시장화와 외자기업의 중국진출이 본격화되면서 상품 및 서비스의 공급능력 향상되고, 1990년대 기업의 빠른 성장, R&D 투자 확대, 외국기술 도입으로 중국기업의 기술 진보 및 생산성이 증대하고 있다. 그리고 WTO 가입에 따른 수입관세 인하와 수입제품이 증가하고 있다.

❷ 중산층 확대에 따라 소비능력이 상승

지속적인 경제성장으로 인한 소득계층의 분화 및 중산층이 빠르게 확대되고 있다. 1978년 343위안에 불과하던 도시주민 1인당 가처분소득은 2008년 21,033위안으로 30년간 약 61배 증가했다. 또한

2016년 중국인의 1인당 평균 가처분소득은 2만 3,821위안으로 2015년보다 8.4% 증가하였다. 국민소득의 지속적 증가는 소득계층의 분화를 가져와 중산층이 빠르게 확대되고 있다.

③ 동부 연안지역 유통시장 점차 포화

서부대개발 및 중부굴기(中部崛起) 정책의 시행에 따라 서부로 투자가 늘어나는 동시에 경제 및 도시 발전의 중심이 연안지역에서 내륙지역으로 이동함에 따라 최근 동부 연안지역의 GDP와 무역액이 조금씩 하락세를 보인다. 동부 연안지역은 까르푸, 월마트 같은 세계적인 대형 외자유통업체가 조기 진출하여 현지 내자 유통업체와 치열한 경쟁 중이다.

④ 내륙지역 신흥 내수시장으로 급부상

중국 서부 대개발 프로젝트와 내수확대정책 시행을 통해, 현재 서남부지역의 경제성장률은 동부 연안지역을 추월한 상태이며, 신흥 내수시장으로 급부상 중이다. 향후에도 중국 내륙지역의 고성장이 기대되는 가운데, 내륙지역 중소도시가 새로운 소비시장으로 급부상할 전망이다. 중국 내륙지역의 중소도시가 동부 연안의 대도시보다 고성장을 이룰 가능성에 대해 다음과 같은 이유를 들 수 있다. 첫째, 대외의존도와 글로벌 경기에 대한 민감도가 동부 연안 대도시에 비해 상대적으로 낮고, 둘째 중국 정부의 내수 확대 경기부양책이 내륙지역 중 · 저소득층 위주로 되어 있으며, 셋째 농업제도 개혁과 내륙지방의 도시화정책을 통한 소득수준 향상이 기대된다.

2 유망 유통시장 진출 노하우 및 유의점

❶ 사전조사를 통한 시장세분화와 목표시장 선정

내륙지역에서도 지역마다 발전수준의 차이가 많이 나고, 소비문화, 시민들의 성향이 상이하기 때문에 거점도시나 '평균'만 보고 판단하면 오류에 빠질 수 있다. 그리고 연안 · 내륙지역, 농촌 · 도시지역 간 품목별 소비성향 또한 상이하다. 소비규모가 크고 증가율도 높은 스타마켓의 경우, 핸드폰, 컴퓨터 등 내구소비재 외에 삶의 질 향상을 위한 식기세척기, 주방용품, 가구 등 제품에 대한 수요가 많다. 반면, 소비규모는 크나 증가율은 상대적으로 낮은 시장의 경우, 세탁기, 냉장고 등 가전제품의 수요가 상대적으로 많다.

❷ 지역과 소득에 맞는 품목·가격전략과 제품포지셔닝

중국의 소득구조가 지역별로 다르므로, 지역에 따라 각기 다른 시장진출전략, 가격정책이 요구된다. 소득이 높은 동부 연안지역의 경우 제품의 고급화를 통해 브랜드 이미지를 제고시켜야 한다. 고소득지역의 경우 중대형차, 고급시계, 귀금속 액세서리 등이 상대적으로 높은 소비 비중을 차지하고 있다. 또한 최근 소득이 늘어나고 취미, 여가, 스포츠를 즐기는 인구가 늘어나면서 스포츠 제품 등의 소비도 활성화되고 있다. 소득이 상대적으로 낮은 내륙지역과 농촌지역의 경우 저소득층을 대상으로 한 저가 보급품의 개발이 필요하다.

최근 중국정부의 내수부양책의 일환으로 시행되는 가전하향(가전제품 보조금 제도) 등 농촌 소비진작 정책으로 농촌시장을 대상으로 한 저가 보급품의 수요가 급증하고 있다.

❸ 동부지역 기반으로 내륙시장에 점진적으로 진출

시장규모가 크고 한국기업 진출이 많은 동부 연안지역을 발판으로 중서부 내륙지역으로의 점진적 진출을 시도하고 있다. 중서부 내륙지역의 경우 시장의 성장속도는 빠르나 아직은 소득수준이나 소비규모가 작아 최초 진출 시 리스크요인이 상당히 크다. 호남, 안휘, 산서, 내몽고, 청해, 신강 등 중서부지역의 경우 소비시장 규모는 작으나 성장속도는 빨라 적시에 투자할 경우 유망시장으로 성장할 수 있는 시장으로 꼽힌다. 그러나 이들 중서부지역은 소득수준 및 소비 인프라 구축이 미흡하여 가격 및 브랜드 경쟁력이 없는 기업의 경우 실패할 가능성이 매우 높다. 따라서 우리 기업이 많이 진출한 산동 및 시장규모가 큰 동부 연안지역에 우선 진출하여 중국시장에 대한 학습과 브랜드 인지도를 충분히 향상시킨 후 중서부 내륙지역으로의 진출을 꾀하여야 할 것이다.

❹ 디자인 고급화를 통한 시장확대

국제무역연구원의 연구결과 중국 소비자는 전 연령대에서 제품구매 시 품질과 디자인을 매우 중시하는 것으로 나타났으며, 특히 한국제품의 구매 이유에 '디자인'이 크게 작용하는 것으로 조사되었다.

❺ 80後 세대 대상 마케팅 강화

주요 소비세력으로 성장한 80後 세대(1980년대 이후에 태어난 세대)를 대상으로 한 전략적 마케팅이 요구되고 있다. 80後 세대는 타 연령층에 비해 한국 및 한국제품에 대한 부정적인 이미지를 갖고 있음을 염두에 두고 이들의 소비성향에 대한 지속적 관심을 가져야 한다.

❻ 온라인 마케팅 확대

중국의 인터넷 사용자 수는 세계 최대이며, 소비자의 한국상품에 대한 정보습득경로 또한 인터넷이 가장 높은 빈도를 차지하고 있다. 또한 인터넷 쇼핑이 크게 증가하고 있다. 온라인 마케팅을 통한 중국 소비시장 확대전략은 복잡한 유통망을 극복할 뿐 아니라, 비용절감, 큰 파급효과 등 장점이 있다.

⑦ **인건비 절감효과를 기대하고 진출하지 말 것**

연안 도시와의 인건비 차이가 크지 않으며, 상승률을 감안하면 지금껏 갖고 있던 비교우위 역시 사라질 것으로 보인다. 노동생산성 증가율보다 임금상승률이 더욱 두드러져 단위노동 비용은 오히려 연안 지역에 비해 높은 실정이다. 저렴한 인건비보다는 노동력의 안정적인 확보가 메리트로 작용할 것이다. 보수적이고, 위험회피자의 성향을 보인 중서부지역 노동자들의 이직률은 5%로 전국 평균인 20%를 훨씬 밑도는 수준이다.

⑧ **불리한 물류여건과 미진한 산업클러스터라는 편견을 버릴 것**

낙후된 운송망과, 물류비용 부담으로 내륙에서의 생산을 시도하지 못하는 기업이 많은 실정이다. 그러나 사업특성에 따라 지역적 이점을 적절히 활용한다면 보다 효율적인 물류 운송도 가능하다. 중경시 '철도–수로 국제 대통로'의 경우, 철도 컨테이너로 심천으로 운송 후 심천항을 통해 유럽 등지로 보내는 방법으로, 유럽까지 소요되는 시간이 27일로 단축돼, 상하이에서 해운으로 직접 가는 것보다 평균 2~3일 빠르고, 신강성을 경유해 러시아, 폴란드, 독일 등을 연결하는 국제철도가 개통된 후 유럽까지의 시간이 12일로 더욱 단축되었다. 현재 중서부의 철도 및 도로 연장이 모두 동부를 크게 앞질렀고, 9개 내륙 성시의 경우 1인당 물동량 등 여러 지표에서 전국 평균수준에 근접하거나 추월하고 있다.

⑨ **기업의 사회적 활동을 통한 브랜드 인지도 제고**

중국의 국민들은 기업의 사회적 활동에 많은 관심이 있기 때문에 기업은 도움의 손길이 필요한 곳에 도움을 줌으로써 기업의 브랜드 인지도를 제고시킬 수 있다(예 교육적 혜택을 받지 못하는 아이들에게 장학금 지원, 무료 급식 지원, 녹색 도시 건설을 위한 나무심기 운동 등).

Section 03

해외 유통경로 진입전략

유통경로 진입전략 및 관리에서는 국제기업이 현지국의 유통경로, 예를 들어 외국계 백화점, 슈퍼마켓, 대형 전문점, 쇼핑센터, 창고형 매장, 교외형 상업단지에 진입하여 자사의 제품을 유통하는 것을 다룬다. 이를 통상 제품의 입점(sell-in)이라 부른다.

본 절에서는 중국시장을 대상으로 유통시장의 발전 과정을 살펴보고, 이를 토대로 유통경로 진입전략과 유통업체관리에 대하여 설명한다.

1. 전략적 목표설정

국제유통경로관리에 있어서 가장 먼저 고려해야 할 것은 유통전략의 목표이다. 유통전략은 구체적으로 [그림 8-5]와 같은 유통경로전략목표 6C를 고려하여 집행되어야 한다.

1 비용

유통경로와 관련된 비용은 두 가지 측면에서 고려해 볼 수 있다. 하나는 유통경로를 개발하는 데 소요되는 자본투자비용이고, 다른 하나는 이를 계속적으로 유지하기 위한 유지비용이다. 유통경로의 유지비용에는 기업의 판매망을 유지하기 위한 제반 비용은 물론 기업의 제품과 서비스를 취급하는 유통기구의 중간이윤, 또는 수수료도 포함된다. 그 밖의 유통기구와 관계되는 유통비용으로는 수송 및 보관비용, 서류작성, 신용판매, 현지광고, 판매대행, 협상과 관련하여 발생하는 비용 등이 있다.

그림 8-5 **유통경로전략 6C**

2 소요자본

기업은 해외 현지시장에서 특정한 형태의 유통경로를 활용함으로써 소요자본과 현금흐름의 문제가 야기된다. 기업이 자체 판매망으로 유통경로를 내부화할 경우에는 막대한 자본투자가 요구되는 반면, 독립적인 유통업자(distributor) 또는 딜러(dealer)를 활용할 경우에는 현금투자는 줄일 수 있으나 기업은 위탁판매, 신용거래 또는 기타의 협정에 의거하여 초기재고를 제공하는 등의 방법으로 유통기구의 투자비용을 분담해야 한다. 또한 이들은 자기의 계정으로 거래를 하기 때문에 제품이 최종 소비자에게 도달하기 전이라도 구매와 즉시 제조업자에게 물품대금을 지급하게 되는 것이 보통이다.

한편, 대리상(agent middlemen) 형태를 취하는 유통기구를 활용할 경우에도 현금투자는 요하지 않지만 초기에는 얼마간의 지원이 불가피하다. 그러나 이들은 거래의 실질적인 주체가 아니므로 최종 구매자와 거래가 완료된 후에야 비로소 제조업자에게 대금을 결제하게 된다.

3 통제

기업이 자사 제품의 유통에 깊이 개입하는 이유는 무엇보다 자사의 마케팅활동을 보다 효율적으로 통제하기 위한 것으로 통제가능성과 정도는 유통경로의 형태에 따라 달라진다. 유통경로가 길어질수록 기업의 가격, 물량, 촉진 방법, 제품출하경로에 대한 통제력은 약화된다. 어떤 기업은 유통경로에 대한 통제를 완전히 포기하고 국제적인 유통을 위해 국내의 유통기구에 제품을 넘겨주는 선에서 만족하는 경우도 있다. 그러나 이러한 간접수출에만 전념하게 되면 자사제품이 어디서, 얼마나 그리고 누구에게 판매되는지 등을 전혀 파악할 수 없다는 문제점이 있다.

이와 달리, 직접수출을 통해 현지 마케팅을 자체적으로 수행하는 등의 방식으로 국제개입수준을 증대하면 현지 유통경로에 대한 이해의 폭이 넓어짐으로써 효율적인 통제가 가능하다.

4 시장 및 판매범위

국제유통경로전략에 있어서 핵심적인 목표 중의 하나는 완전한 시장 커버리지(full market coverage)를 달성하는 것이다. 시장 커버리지는 기업이 진출한 해외시장에서 적정한 판매고나 시장점유율을 올리고 만족할 만한 정도의 시장침투를 달성하는 것을 의미한다.

이러한 시장 및 판매범위는 지리적 또는 기타의 세분시장의 관점에서 측정될 수 있기 때문에 국제기업은 기업목표에 맞도록 효과적인 시장침투범위를 정하고 각국별로 시기에 맞는 유통시스템을 적응시켜야 한다. 그러나 고도로 발달한 시장이나 고객이 광범위하게 분산된 시장에서는 완전한 시장 커버리지를 달성하기 어렵기 때문에 완전한 시장침투를 추구하기보다는 주요 인구밀집지역을 대상으로 마케팅 노력을 집중하는 경우가 많다.

한편, 시장 커버리지는 특정 시장에 기업의 모든 제품계열을 선보인다는 의미 역시 내포한다. 때때로 유통기구는 제조업체가 강조하는 제품과는 상관없이 고이윤의 제품만 취급하려는 경향이 있다. 그러나 이와 같이 제품계열 커버리지에 결함이 있게 되면 수익성 있는 유통시스템을 구축하는 데 상당한 곤란을 겪을 수도 있다.

5 제품 · 기업 · 시장의 특성

국제유통경로시스템은 제품, 관련 기업 및 해외시장의 특성에 적합하도록 선정되어야 한다. 그중에서도 기업이 취급하는 제품의 특성을 우선적으로 고려해야 한다. 예를 들어, 컴퓨터나 전자장비와 같이 복잡한 제품으로서 전문적인 지식이나 애프터서비스가 중요한 제품, 부패성이 높은 제품, 대량물품(bulky product), 고가품의 경우에는 직접적인 유통경로가 선호된다.

또한 국제기업과 현지유통업체의 특성을 조화시키는 것이 중요하다. 기업의 자원 및 해외시장에 대한 경험, 기업의 국제화 정도와 조직구조, 해외시장에서의 기업 이미지, 기업이 원하는 각국시장에 있어서의 침투시기와 속도 등에 따라 유통경로 역시 달라질 수 있다.

그러나 중요한 것은 국제기업이 각국별 현지시장의 유통경로에는 많은 제약이 따른다는 점을 인식해야 한다는 점이다. 그 예로 많은 기업이 독점적 유통(exclusive distribution)을 제한하거나 유통기구의 이윤(market up)을 규정하고 있는 현지국의 법률을 무시하고 기업의 기준에 따라서만 유통경로를 결정하여 파경에 이르는 경우도 적지 않다. 또한 국제마케팅 관리자는 유통경로 패턴의 변화에도 유의해야 한다. 특정 시점에서 있어서는 최적이었던 유통경로가 시간의 흐름과 시장환경의 변화로 인해 무용지물이 될 수 있기 때문이다.

6 연속성

이상과 같은 목표 이외에도 국제마케팅 관리자는 유통경로의 연속성(continuity)을 유지하기 위해 노력해야 한다. 대부분의 유통기구는 공급업체에 대하여 충성심이 희박하여 특정 상표의 제품이 잘 팔릴 때는 앞다투어 취급하다가도, 일단 잘 팔리지 않기 시작하면 순식간에 취급을 중단하는 경우가 많은데, 특히 계절적 제품의 경우 그러한 경향은 더욱 두드러진다. 이에 반해 유통업자나 딜러는 비교적 충성심이 강한 편이지만, 이들이 경쟁업체나 기타의 유혹에 넘어가지 않도록 제조업체는 자사제품에 대한 브랜드 충성도의 제고를 위해 꾸준한 노력을 기울여야 한다.

이와 같이 유통경로가 지속적으로 본연의 기능을 수행하도록 하기 위해서는 반드시 연속성을 지녀야 하며, 때로는 이 때문에 많은 기업이 비용부담을 무릅쓰고 자체의 유통경로조직을 개발하기도 한다. 그러나 국제기업이 모든 유통경로를 내부화하는 것은 위험부담과 자금부담 등으로 불가능한 것이 보통이다. 따라서 국제마케팅 관리자는 유통경로의 연속성을 유지하기 위해 다각적인 대안을 강구할 필요가 있다.

2. 유통경로전략: 독립경로 vs 통합경로

해외시장에서 경영기능을 수행하려는 기업은 최적의 유통경로를 선택해야 하며, 유통경로 선택 시에는 어느 정도의 통제권을 보유할 것인지를 결정해야 한다. 통제수준이 높으면 기업전략 수행이나 기업활동의 조정을 용이하게 할 수 있다. 하지만 통제권을 얻기 위해선 의사결정에 따른 책임도 수반되며 통제권을 확보하기 위한 기업자원의 투입도 필요하다. 높은 통제권을 갖는 경로선택은 자원 투입이 많은 대신 수익과 위험이 높다. 그러나 계약관계를 통해 얻게 되는 낮은 통제권은 자원의 투입이 적은 대신 수익이나 위험이 낮다고 볼 수 있다.

통제는 기업활동의 수직적 통합을 통해 확보되며, 거래비용분석(TCA: Transaction Cost Analysis) 경로모델에서는 수직적 통합에서 발생할 수 있는 비용 및 편익 간의 상쇄효과를 고려하게 된다. 거래비용이론에서는 시장이 거래비용을 최소화할 수 있다고 전제하므로 거래비용분석 모델에서는 진입기업이 유통경로를 내부화하지 않고 독립경로 선택을 하는 것이 더 바람직하다(Williamson, 1981). 해외시장에서 유통경로는 통합유통경로 또는 독립유통경로를 선택할 수 있다. 통합유통경로의 경우 거래비용을 줄이기 위해 해외 유통 채널을 본사가 소유하는 것을 말한다. 또한 독립유통경로의 경우 본사의 통제권에 상관없이 독립적으로 해외에서 유통을 담당하는 타유통업체를 말한다. 기업이 독립유통경로를 선택할 경우, 유통전문업자의 전문성을 활용할 수 있으며 독립유통업자는 여러 기업의 유통업무를 수행하는 과정에서 규모의 경제 및 범위를 확보하며 통합경로에 존재할 수 있는 지배구조의 비효율성을 극복할 수 있다. 또한 기업 입장에서는 성과가 미흡한 유통업자를 언제든지 교체할 수 있으며, 이러한 교체가능성은 유통업자가 유통업무를 충실히 수행하게끔 한다. 하지만 거래되는 제품의 자산특유성이 높거나 환경의 불확실성이 높아지면 유통활동에 있어서 높은 수준의 통제와 조정이 필요하기에 시장거래의 순기능보다 내부화를 통한 편익이 커지게 되며 수출기업은 수직적 통합을 고려하게 된다. 특히, 거래특유의 자산이 높을 경우 기업은 높은 수준의 통제권을 행사할 수 있는 현지유통활동을 수직적 통합을 하게 된다. 독립적 유통경로 또는 통합유통경로 선택에 따라 기업의 지배구조도 변화하는데 이 관계를 [그림 8-6]으로 설명할 수 있다.

그림 8-6 **거래 방식과 통합의 정도**

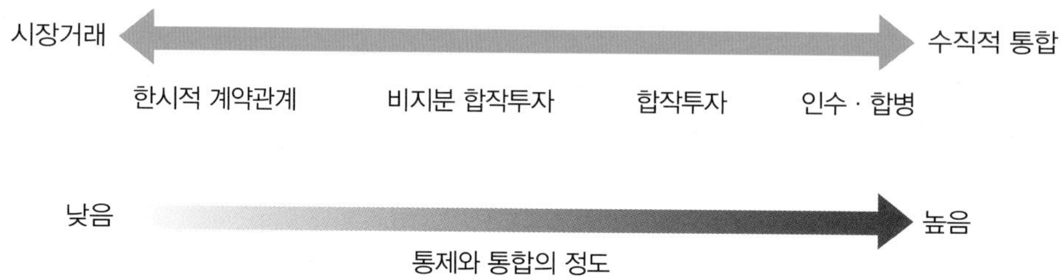

거래비용분석 모델에서는 유통경로구조는 조직상의 지배구조 문제와 제품 또는 서비스 유통 방법에 관한 의사결정을 반영하여 구성하게 된다. 경로통합의 제약은 조직 자체의 불완전성이나 기업 내 존재하는 거래비용의 존재 때문에 발생할 수 있다. 일반적으로 경로선택 시 기업은 통합의 편익과 통제권을 확보하기 위해 투입되는 자원에 대하여 비용간 상쇄효과를 고려해 결정해야 한다. 경쟁은 거래비용 최소화와 경로기능을 통합할 유인을 거의 제공하지 않는다는 점을 주장하는 이론도 있지만, 규모가 작고 지식집약적인 기업은 통합된 경로를 선호한다(McNaughton & Bell, 2001).

유통업자 또는 파트너에 대한 탐색을 통하여 양 당사자 중 한 당사자가 거래에 관련된 특유한 물리적 또는 인적자산에 대해 투자할 필요가 있는 작은 거래관계(소수거래관계) 상황에 직면할 수 있다. 이러한 소수거래관계의 경우 유통업자는 판매규모가 작은 제품 취급을 선호하지 않는다. 대부분의 유통업자는 특정 금액 이상의 매출이 보장되는 판매량을 요구하기 때문에 소규모 기업은 유통업자를 활용할 수 없게 되는 경우가 빈번하다. 왜냐하면 일단 특정 유통업자를 활용할 경우 재배치가 힘든 자원의 투입을 요구하기에 추후 새로운 유통경로로의 변경비용이 증가하게 된다. 해외시장에서 판매규모가 작은 제품과 관련 서비스를 유통하기 위해 특유한 투자를 할 필요가 있으면 업체는 유통경로를 통합할 유인이 생긴다. 유통경로를 통합함으로써 판매규모가 작은 기업은 경쟁이 치열한 시장에서의 유통경로상의 가격을 감시하는 대신 직접 통제권을 행사하게 된다. 또한 통합된 유통경로는 지식기반의 자산을 보호하기가 용이해진다. 다음은 거래비용 관점에서 자산특유성과 환경불확실성의 경로통합에 대한 의미를 설명한다.

자산특유성은 특화된 지식뿐만 아니라 오랜 기간 현지대리인과의 구축된 업무관계도 될 수 있다. 이러한 경험을 토대로 구축된 자산은 특정 브랜드를 유통하는 데 특화된 자산이며, 모기업은 이러한 자산을 새로운 대리인으로 교체하는 데 부담을 느낄 것이다. 따라서 대체가 어려운 유통대리인 경우, 외부인일 경우보다는 내부인일 경우 감독 및 동기부여가 용이하기에 유통을 내부화하려는 유인이 발생한다(Anderson & Coughlan, 1987).

환경불확실성에는 변동성과 다양성의 두 가지 차원이 있다. 만약 시장의 변동성이 크다면 미래의 결과를 예측하거나 계약을 통해 부정적 결과에 대처할 수 있는 보호장치를 사전에 마련하는 것이 어려워진다. 대신 신축적으로 의사결정을 할 수 있는 조직구조가 요구된다. 이러한 구조는 높은 거래비용을 초래하기에 경로통합에 대한 필요성이 더욱 커지게 된다. 국내에서 변동성이 높은 해외시장을 통제하기 위해서 해외판매자회사 설립이 요구된다.

환경의 다양성은 시장불확실성의 다양한 측면을 반영한다. 환경이 다양한 시장에서는 많은 고객 또는 경쟁자가 존재하며, 이러한 시장에서는 기업이 복수의 전략을 활용하여 다양하고 특화된 수요를 충족시켜야 한다. 계약에 따른 외부유통업자는 이러한 이질적 시장에 대처하는 데 필요한 정보를 수집하고 처리하는 데 도움이 될 수 있기 때문에 환경다양성이 높을수록 낮은 통제수준의 유통 방법이 바람직할 수 있다. 진입한 국가의 특성에 따라서 통합된 유통경로 또는 독립적 유통경로를 선택할 수 있다. 해외직접투자에 관한 현지국의 법 규정이 덜 엄격할수록 통합된 유통경로를 구축하게 된다. 또한 본국과 문화적으로 이질적인 국가에 진입하였을 경우 본국의 경영기법이 이질적인 환경으로의 이전이 힘들 수 있으므로 통합된 유통경로를 관리하는 데 더 어려움을 겪을 수 있다.

사례 8-2 유통업계의 고가 장난감 유통의 문제점과 소비자심리

고가제품 판매의 배경

세계적으로 출산율감소와 한자녀 가구의 증가로 인하여, 부모 입장에서는 자녀에게 최고로 좋은 것을 주고 싶은 마음에, 고가의 고급 브랜드 장난감을 사주고 싶은 심리가 국내외를 막론하고 상당히 높습니다.

유통업계에서는 고가제품에 대한 부모들의 자기만족 심리를 잘 알고 어린이날 등 이벤트성 기간에는 고가의 제품 판매를 통하여 유통마진을 극대화하는 전략을 취하고 있습니다.

이러한 양상은 대형 유통업체들이 고가제품 마케팅전략에 집중하고 부모들은 자녀들을 위해 돈을 아끼지 않는 심리 때문입니다.

그리고 백화점과 대형 유통업체들의 심리마케팅으로 인해서, 해외유명 고가제품들이 무분별하게 유행하고 인기가 높은데, 구입 시 부모의 심리적 만족감은 일시적으로 높을 수 있으나, 자녀들의 입장에서도 마음에 꼭 드는 물건인지 아니면 어려서부터 고가제품에만 무조건 길들이는 것은 아닌지 진지하게 고민해 봐야 합니다.

백화점 및 대형 유통업체의 특성

백화점 유통의 특성상 고가의 고품질 제품 제공이 기본 전략입니다. 그러나 현재는 인터넷 구매, 대형 유통업체, 해외직구 등 다양한 유통 형태가 있으므로, 백화점 업계도 수익과 함께 소비자의 만족도도 고려해서 다양한 가격대의 이성적인 품목도 많이 구비해야 할 시점입니다.

따라서 백화점과 대형 유통업체는 다양한 가격대의 제품을 제공함으로써 부모에게 선택의 폭을 제공하고 소비자만족을 위한 제품을 중심으로 공급하기 위해서 균형적인 제품 마케팅정책이 필요합니다.

합리적 소비 대안

소비자이론에 소비자 인지적 조화 또는 인지적 부조화라는 용어가 있습니다. 즉, 제품에 대한 지불한 가격과 생각하는 효용감이 같을 때 소비자의 인지적 조화가 되었다고 하고, 불일치했을 때 소비자 인지적 부조화라고 하는데, 특히 고가 제품의 경우에 생각하고 있는 것과 다른 인지적 부조화의 경우가 많습니다.

무엇보다 중요한 것은 부모가 현명하게 소비하기 위해 가격 대비 자녀들이 만족하는 장난감 또는 자녀들과 부모들이 함께 가지고 놀 수 있는 중저가 완구 중에서 자녀들의 지능과 감성발달에 좋은 제품을 구매하는 것이 중요합니다.

출처: MBC 생활경제 daily report 방송 원고, 부경대학교 경영대학 이춘수 교수

Section 04

국제유통경로관리

현지에서 핵심 유통경로를 파악하고 유통업체를 선정하는 것은 자사제품의 해외 판매실적과 직결되는 중요한 요소이다.

국제기업은 유통경로전략의 목표에 의거하여 해외유통업체를 선정하고 동기를 부여하며 갈등을 해소하기 위해 노력해야 한다.

1. 유통업체의 선정

1 핵심 유통경로 파악

현지시장에서 소비자에게까지 자사의 제품을 가장 효율적으로 유통할 수 있는 경로를 파악하여 유통 비효율성을 제거하고 소비자에게 타경쟁사에 비하여 효과적으로 접근하기 위해서는 현지유통경로에 대한 철저한 분석이 필요하다. 이러한 유통경로분석의 기본이 되는 것이 바로 유통경로별 판매점유율과 경쟁상황을 파악하는 것이다. 유통경로별 판매점유율을 파악하기 위해서는 우선 취급제품의 유통경로를 이해하고 경로별로 판매액 자료를 입수하는 것이 필요하다. 예를 들어, LG전자가 멕시코 가전제품시장에 진출할 당시 판매점유율은 전문점, 도매상, 할인점, 백화점, 방문판매의 순으로 형성되었다. 또한 중국 자동차시장에서는 특수한 4S shop이라는 유통경로를 통해 대부분의 자동차가 판매되는 것을 볼 수 있다. 여기서 멕시코의 가전제품시장에서의 핵심 유통경로는 전문점과 도매상이며, 중국 자동차시장에서는 4S shop이 핵심 유통경로에 해당한다. 다음으로, 기업은 핵심 유통경로 중에서 영향력 있는 유통업체들을 파악하여 이들과 접촉하고 협상을 추진하는 것이 시장진입에 성공하는 길이다. 예를 들어, 상기 전문점 중에서 매출액이 가장 크고 신용도가 높은 전문점과 접촉하여 판매계약을 성사하는 것이 중요하다.

2 유통업체의 선정

유통업체를 선정하는 작업은 대개 다음과 같은 절차를 밟는 것이 보통이다. 즉, 첫째 제품 관련 정보와 유통조건을 담은 서신을 잠재적 유통업체에 송부, 둘째 성실한 응답업체를 상대로 취급제품계열, 판매지역, 기업규모, 판매원의 수, 기타 배경정보에 관한 구체적인 정보를 담은 추가회신 요구, 셋째 당해 업체의 기존 거래선이나 거래은행 등을 통해 신용상태 파악, 넷째 가능하다면 가장 확실하다고 생각되는 업체에 대한 개별적인 확인 등이다.

가장 확실한 선정 방법은 직접 현지에 가서 유통업체의 책임자를 만난 후에 결정하는 것이다. 물론 현지의 최종 소비자를 대상으로 가장 믿을만한 유통업체를 설문 조사하여 결정할 수도 있다. 그러나 좀 더 체계적인 선발을 위해서는 [표 8-3]과 같이 여러 가지 기준에 적절한 가중치를 두어 높은 순서에 따라 결정하는 것이 바람직하다.

표 8-3 **유통업체의 선정기준**

특성	평점	가중치	종합 점수	순위
목표 및 전략				
기업 규모				
재무 상태				
평판				
판매 지역				
적합성				
거래선 변화 경험				
판매 조직				
시설 능력				
재고 부담 능력				
애프터서비스				
촉진 노력				
판매 성과				
대정부 관계				
의사소통				
전반적 태도				

자료: F. R. Root, Foreign Market Entry Strategies (New York : AMACOM, 1982), pp.74~75 수정.

3 유통계약의 체결

일단 강력한 후보업체가 선정되면 다음 단계에서는 유통계약을 체결하여야 한다. 계약서에는 연간 최저판매고에 관한 약정을 포함하여 국제기업과 유통업체의 권리와 의무가 명료하게 규정되어야 한다. 일반적으로 국제기업이 유통계약서에 반영시켜야 할 내용에는 [표 8-4]와 같은 것들이 있다.

표 8-4 **유통계약서의 주요 내용**

기본요소
1. 계약당사자
2. 계약기간
3. 판매지역
a. 독점판매권의 부여 여부
b. 제조업체의 현지 정부 또는 기존 고객에 대한 직접판매 권한
4. 취급품목
5. 현지정부 규정 준수 의무
제조업체의 권리
1. 분쟁해결 방법(중재 또는 소송)
2. 재판관할권(가능한 한 본국 또는 중립적 제3국)
3. 계약종료권
4. 세금부담 한계
5. 대금결제 및 할인조건
6. 제품인도조건
7. 불가항력으로 인한 선적불이행 또는 선적지연에 대한 면책조항
8. 제조업체의 정보제공의무 제한
9. 수시로 가격, 대금결제 등에 대한 조건변경 권한
10. 판매상황의 점검을 위한 방문 권한
11. 재고의 환수 권한
12. 유통업체의 주문을 거부하거나 조정할 수 있는 권한
13. 기타

자료: M. R. Czinkota and I. A. Ronkainen, International Marketing(Thomson Learning, 2001), 참조.

2. 해외유통업자와의 관계성

수출 채널에서 제조업자와 해외유통업자 간의 관계성 발달 향상과 저해요소가 무엇인지 파악하여, 이들을 연결하는 관계성(relationalism)의 핵심 역할에 대한 논의가 필요하다.

제조업자, 해외시장 그리고 제품특성의 3가지 카테고리가 관계성에 영향을 미치는 요소로 작용한다. 그리고 채널 과업의 효율적인 조정을 위한 조건으로는 업무 관계의 유연성, 결속력 그리고 정보교환이 있다(Bello et al., 2003).

그림 8-7 **제조업자와 해외유통업자와의 관계성 모형**

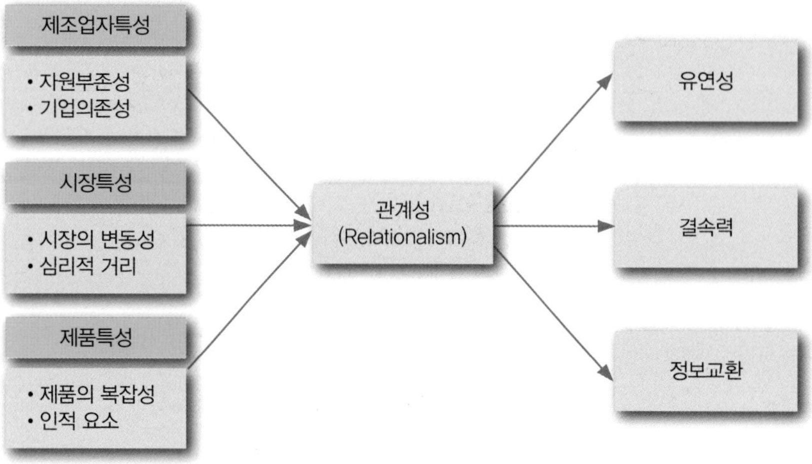

1 관계성의 결정요인

제조업자와 해외유통업자 간의 관계성에 영향을 미치는 요소로, 수출과 관련된 불확실성과 의존성을 유발하는 요소들을 3가지 카테고리로 분류할 수 있다. 즉, 제조업자특성, 시장특성 그리고 제품특성이 있다.

❶ 제조업자특성

제조업자의 공헌이 수출 채널 프로세스와 성과로 연결되었다. 그러나 기업의 자원부족과 해외 파트너에 대한 의존성은 해외수출 관계에 큰 영향을 미친다.

제조업자의 자원부족(resource inadequacy)은 해당 기업의 자급력이 부족하기 때문에 필요한 자원의 흐름과 함께 파트너에 대한 의존성이 높아지고 결과적으로 많은 불확실성을 경험하게 된다. 그러므로 자원부족 관점에서 제조업자의 자원부족은 수출시장에서 기회를 이용할 수 있는 조직의 능력이 부족하다는 것을 뜻한다. 따라서 해외파트너에게 많은 의지를 하게 된다.

제조업자의 의존성(dependance)은 원하는 목표를 달성하기 위해서 유통업자와 교환관계를 유지해야 하는 기업의 필요성을 의미한다. 그러한 의존성은 제조업자의 지식의 결핍과 관련되어 있다. 해외시장 조건에 대해 경험부족으로 인하여 해외유통업자에 대한 기업의 의존성이 높아진다. 이처럼 의존성은 제조업자가 현 해외 파트너를 대체하는 어려움을 반영하게 한다.

❷ 시장특성

국제시장의 특성 또한 제조업자와 해외유통업자 사이의 관계 발전의 질과 친밀도에 영향을 준다. 시장의 변동성과 심리적 거리는 두 가지 요소들의 "불확실성" 때문에 수출 채널에서 관계성 형성에 더욱 영향을 미친다.

높은 시장변동성으로 인해서 두 당사자를 연결하는 과업에 대한 상호의존성이 불확실해지고, 또한 과업에 대한 모호성은 기업 사이의 유연성과 결속력을 잠식시킨다. 이러한 시장조건은 그들 자신의 변화에 대한 요구사항을 예견하지 못하게 하고 또한 파트너의 필요한 자원요소를 이해하고 예상하지 못하게 한다. 이것은 시장 변동성이 "불확실성의 주요 원천은 환경에서의 자원의 변동성과 불안정성 그리고 그것의 영향"이기 때문에 수출업자에게 중요한 이슈가 된다는 것을 알 수 있다.

심리적 거리는 자국과 해외시장의 근본적인 차이 때문에 국제경영전략을 형성하고 실행하는 데 어려움을 준다. 심리적 거리는 기업과 시장 간의 정보교환을 방해하는 언어와 문화 차이로 정의할 수 있다. 수출 파트너들이 공통적으로 공유되는 참조기준을 감소시키고, 다른 문화와의 의사소통에 대한 차별적인 해석으로 인해서 장기적인 관계형성 및 유지를 어렵게 한다.

❸ 제품특성

제품의 복잡성은 기술과 차별화된 아이템의 특성을 지칭한다. 복잡하고 기술적으로 고급화된 아이템이 수출될 때, 제조업자와 해외유통업자는 해외 사용자의 요구와 구매조건을 충족시키기 위해서 서로 협력한다.

인적요소는 유통되는 수출 제품의 노동집약적인 면들을 일컫는다. 이는 효과적인 마케팅을 위한 훈련과 같이 필요한 인적투자와 연결되어 있다. 수출기능을 효율적으로 수행하기 위해서 제조업자와 유통업자의 전문화된 기술과 지식이 필요하다. 이러한 이유로 인적요소에 대한 집중적인 투자가 필요하다.

2 관계성의 개념

❶ 유연성

유연성은 "환경적 변화 적응에 대한 파트너 간의 기대"로 정의된다. 유연성은 제조업자과 해외유통업자의 활동을 적응화시키고, 그들의 상호의존성을 설명하는 미래의 변화에 반응하도록 하기 때문에 조정 메커니즘이라고 볼 수 있다. 예상하지 못한 상황은 각각의 파트너들이 그들의 파트너를 지지하고 해외 마케팅 목표를 달성하는 수출활동에 있어서 최상의 조합을 조정하게 한다. 유연성은 파트너 회사들이 다른 정치적 · 문화적 · 경제적 환경에서 경영하기 때문에 국가 간의 관계에서 더욱 강조된다. 그러므로 유연성은 상이하게 변화하는 환경적 조건을 다루는 관계 조정을 중요하게 만든다.

❷ 결속력

결속력은 "관계 유지를 향한 직접적이고 구체적인 행동들을 규정하는 당사자 간의 기대"로 정의된다. 결속력은 그들 개인의 개별적 성과보다 상호이익을 위한 노력에 초점을 둔다. 기업의 단위행위에 대한 관심은 수출 과업 사이의 시의적절하고 일관성 있는 협력을 통하여 상호의존성(결속력)으로 이끈다. 조정활동은 참여 당사자들 사이의 관계 보존에 더 헌신적일 때 높은 결속력을 가진다. 결속력은 파트너들의 요구사항에 긍정적인 반응을 조장한다. 심지어 이러한 적응이 그들 관계의 이익과 손해가 단기적으로 균형을 이루지 못할 때도 그렇다. 상호이익에 관련된 기간이 확대되면 파트너 기업이 단기이익을 장기적 관계의 이익으로 전환하여 추구한다.

❸ 정보교환

정보교환은 "기업 간 형식적 · 비형식적인 시의적절하고 의미 있는 정보의 공유"로 정의된다. 제조업자와 해외유통업자인 당사자들은 사전에 파트너에게 유용한 정보를 제공하고, 구매자가 공급업자의 운영에 영향을 미치는 예측하기 어려운 정보를 제공하기를 기대한다. 이러한 이유로 정보교환은 조정 메커니즘이라고 볼 수 있다. 시의적절한 정보는 변화된 요구사항에 따라 파트너를 변화시키고 긴밀한 상호의존성을 유도한다(Bello et al., 2003).

3. 유통업체 동기부여

1 유통경로 구성원의 훈련

유통업체와 특정 유통경로의 구성원들에 대해서도 본사의 인력과 마찬가지로 훈련 및 개발이 필요하다. 이러한 훈련프로그램에는 첫째, 기업 및 제품에 관한 지식, 둘째 특히 당해 유통경로 구성원이 취급하고 있는 제품에 대한 서비스 등의 전문적인 지식, 셋째 판매기법, 넷째 기타 일반적인 경영 개념에 대한 인식을 심어줄 수 있는 내용이 포함되어야 한다. 이를 통해 업무수행의 효율성을 증대시킬 수 있을 뿐 아니라, 충성도를 높이는 효과도 아울러 기대할 수 있다.

2 적절한 보수체계

유통기구들의 보수체계는 충분한 동기부여를 제공할 수 있는 선에서 결정되어야 한다. 이러한 보수체계는 수수료, 판촉지원금, 현금결제시 할인, 기타의 금전적 급부가 포함되는데, 지나친 보수는 기업의 전체 이윤에 부정적인 영향을 미치는 반면, 너무 적은 보수는 현지유통업체의 의욕을 저하시키게 되므로 신중히 결정되어야 한다.

보수체계와 관련하여 국제기업이 당면하게 되는 가장 어려운 문제는 여러 해외 시장국에서 다양한 형태의 유통기구를 활용하고 있을 경우 각각의 유통업체 내지 대리인들의 보수를 어떠한 선에서 결정할 것인가 하는 점이다. 다른 업체보다 낮은 수준의 보수를 받는 유통기구가 이러한 사실을 알게 될 경우 어떠한 사태가 발생할 것인가는 불문가지이다. 따라서 유통업체와의 계약서 작성에 있어서는 관련된 구체적 내용을 명시해야 하며, 보수 기준도 객관적이고 합리적이어야 할 것이다.

3 유통업체의 포상

유통업체의 충성도를 제고하기 위해서는 무엇보다도 공급업체와의 관계가 결코 일시적인 것이 아니라는 확신을 심어줄 필요가 있다. 이러한 관점에서 현지유통업체의 관계자를 초청하여 생산공장을 견학하게 한다든지 본사의 최고경영자급 인사가 현지를 방문하여 사기를 높여주는 것도 충성도를 제고하기 위한 훌륭한 방안이 될 수 있으며, 여러 유통업체 중에서 뛰어난 실적을 올린 업체를 선정하여 상을 주는 것도 한 가지 방법이다.

4. 유통경로원의 통제

국제마케팅에 있어서 유통경로의 통제는 유통경로가 길어지면 길어질수록 어려워지기 마련이다. 국제기업은 항상 자신들의 유통경로가 잘 운영되고 있는지 평가하고 갈등이나 비효율이 발생할 여지가 없는지 면밀히 분석하여야 한다. 또한 이를 바탕으로 적절한 통제수단을 활용해야 한다.

1 유통경로의 평가

유통경로의 통제를 위해서는 유통경로 구성원 개개의 효율성평가와 더불어 전체 유통경로시스템의 효율성을 판단하기 위한 적절한 실적평가기준을 마련하여야 한다. 이러한 실적 평가기준에는 일반적으로 목표판매량, 각국별 시장점유율, 재고회전율, 가격의 안정성 여부 등이 포함된다. 유통경로 구성원에 대한 효율적인 통제 및 평가를 위해서는 유통기구의 판매실적, 시장침투범위, 고객에 대한 서비스, 제품가격 및 수지상태를 정확히 파악하고 있어야 한다. 유통경로시스템 자체의 평가는 전략적인 관점에서 행해지는 것이므로 다른 부문과의 조화 정도, 기업 전체의 이익구조에 대한 기여도, 시장국에서 기업의 이미지 등도 반영되어야 한다.

2 외상판매기간과 재고물량 조정

제조업체는 초기에 제품의 인지도와 브랜드를 알리고 유통경로원에 대한 일종의 유인책으로 외상판매를 시행한다. 그러나 제품의 인지도와 소비자에 대한 호감도가 높아져서 판매율이 신장하고 재고가 부족해질 경우에는 제조업체는 외상매출금의 회수기간조정 등을 통하여 유통경로원을 통제하는 수단으로 활용할 수 있다.

현지유통경로원의 신뢰도 또는 재무상태 등의 변동으로 인하여 판매대금의 회수 등이 정상적으로 이루어지지 않을 경우 기업은 외상매출채권의 대금지급기간을 현금거래로 바꾸거나 30일 또는 그보다 회수기간을 짧게 하여 제품을 유통함으로써 현지유통경로원에 대한 통제를 수행할 수 있다. 예를 들어, LG전자 인도네시아법인의 경우 매출채권에 대한 대금지급의 기간을 개별딜러들의 신용도에 따라 달리하여 신용상태가 좋은 딜러의 경우에는 자금회수에 대한 압력을 상대적으로 적게 주었다. 그러나 신용도가 나쁜 딜러의 경우에는 현금거래 또는 매출채권에 대한 만기일에 대한 지급을 불이행할 때는 하루에 0.3%씩의 가산금을 부과하여 딜러를 통제하는 수단으로 사용하기도 하였다. 한편, 국제기업은 외부환경의 변화에 따라 재고물량을 조정하기도 한다. 특히 환위험은 기업자금의 유동성에 악영향을 미칠 경우가 많으므로 환위험 사태가 발생하였을 경우 국제기업은 환율이 안정적인 국가로 우회수출하는 방법을 모색해야 한다. 따라서 현지유통경로원에게 과다하게 누적된 재고물량을 줄여 부담을 줄일 수 있다.

3 유통업체 간의 갈등해소

국제마케팅에 있어서 유통경로의 구성원들은 대부분 독립적인 영업을 하는 경우가 많다. 따라서 이들 간에는 끊임없는 갈등이 상존하고 있다. 특히 국적이 다르고 멀리 떨어져 있는 관계로 한 번 빚어진 갈등은 좀처럼 쉽게 해소되기 어렵다.

국제마케팅에 있어서는 흔히 발생하는 갈등은 동일한 수준의 영업을 하는 도매상과 도매상, 소매상과 소매상 간의 수평적인 갈등과 제조업체와 도매상 또는 도매상과 소매상 간의 수직적인 갈등으로 구분할 수 있는데, 수직적 유통경로 간의 갈등이 보다 심각한 양상을 띠게 되는 것이 보통이다. 유통업체와 제조 · 판매업체 사이의 갈등 사례는 운송도중 파손물품에 대한 책임소재, 경쟁사에 대비한 납품가격의 차이, 재고비용의 부담, 판매원의 자질문제에 관한 것들을 들 수 있다.

이러한 갈등을 해소하기 위해서는 역시 원활한 의사소통시스템을 유지하는 것이 최선의 방법이라고 할 수 있다. 국제기업의 입장에서는 현지국에 유통관리 전담요원을 파견한다든가 유통경로를 선택할 때 본사국의 언어를 구사할 수 있는 유통기구를 고용하는 것도 한 가지 방법이다. 또한 유통에 관한 계약을 체결할 때는 나중에 문제가 생길 여지가 없도록 계약서의 작성에 완벽을 기해야 한다. 어떠한 방법으로도 갈등이 해소되지 않는 경우에는 재계약을 맺든지 계약관계를 종결짓는 수밖에 없다.

4 효율적인 의사소통시스템의 유지

공급업체와 현지유통업체 간의 원활한 의사소통은 성공적 마케팅 성과를 기약하는 선결요건이 된다. 전 세계에 흩어져 있는 유통기구들과의 효율적인 의사소통시스템이 확립되어 있지 않는 경우, 언어와 문화상의 차이로 인하여 공들여 쌓은 탑이 하루아침에 무너져 버릴 수도 있다.

효율적인 의사소통시스템의 유지는 해외시장에 처음 발을 들여놓은 소규모의 기업이거나 오랜 수출 및 현지 판매경험을 갖춘 국제기업을 불문하고 국제마케팅 관리자에게는 필수적인 과업이다.

이를 위해서는 명확하고 신속한 정보교환, 유통업체에 대한 정기적인 방문, 혹은 여러 유통업체가 한자리에 모여 서로의 성공담과 고충을 토로할 기회를 가질 수 있도록 가끔 회의를 하는 것이 바람직하다.

5. 국제유통경로관리의 특수문제 : 회색시장

세계시장에 표준화된 제품을 동시에 마케팅하고 있는 많은 국제기업은 해외시장국의 수가 늘어나게 됨에 따라 이른바 회색시장(grey market) 또는 평행시장(parallel market)이라는 국제유통경로관리상의 특수한 문제에 봉착하게 된다.

회색시장은 해외시장국들 간의 가격 차이에 편승하여 특정 기업의 제품을 저가시장에서 구입한 다음, 이를 고가시장에서 정상적인 유통경로구성원들이 내놓는 가격보다 낮은 가격에 판매함으로써 이익을 추구하는 인가되지 않은 유통업체(unauthorized channels)들로 구성된다.

이러한 행동이 항상 불법적으로 간주하는 것은 아니지만, 회색시장은 합법적인 유통경로구성원들 간의 매상을 떨어뜨리는 한편, 기업의 유통 및 가격전략에 혼란을 초래하기 때문에 국제기업은 이에 대해 깊은 관심을 기울여야 할 필요가 있다.

회색시장은 날이 갈수록 급속한 신장추세를 보인다. 1970년대 말까지만 하더라도 회색시장은 카메라 · 시계 · 향수 등의 품목에 한정되었으나, 최근에는 자동차 · 타이어 · 농산물 등을 포함한 다양한 품목에 회색시장이 형성되고 있다.

1 회색시장이 형성되는 이유

회색시장이 날로 확산하고 있는 대표적 이유는 다음의 몇 가지를 꼽을 수 있다.

❶ 세계제품의 증대

최근 시장의 세계화로 많은 기업이 표준화된 제품을 여러 개의 해외시장에서 동시에 출하하고 있다. 이와 같이 범세계적으로 판매되는 제품의 수와 종류가 늘어나면서 노련한 국제무역업자의 이익기회도 증대되고 있다. 국제기업이 매일매일의 해외시장수요와 환율변동에 대응하여 개별시장국에서의 재고와 가격정책을 조정하는 것은 사실상 불가능하기 때문에, 회색시장은 더욱 심각한 문제를 야기하고 있다.

❷ 환율변동

기업이 해외시장가격을 책정할 때는 일정수준의 환율을 염두에 두기 마련이다. 한 번 설정된 가격을 환율이 변동할 때마다 매번 바꾸기가 어렵기 때문에 회색시장 업체들은 이러한 가격불균형을 활용하는 것이다. 그들은 환율변동과 각국 시장의 재고수준을 면밀히 검토하여 충분히 승산이 있다고 판단되면 구매에 착수한다. 이러한 점에서 회색시장을 통한 거래는 외환거래자들이 환율의 시간적 · 장소적 불균형을 이용하여 재정거래를 하는 것과 마찬가지이다.

❸ 가격차별

시장동향에 예민한 국제유통업체들은 합법적으로 각국 시장 간의 가격 차이를 충분히 활용할 수 있다. 예를 들어, 일본 카메라의 홍콩에서의 도매가격은 다른 시장국들에 비해 상당히 낮은 편이다. 미국의 독립적인 소매상은 정식인가를 받은 소매상보다는 오히려 홍콩의 유통업체로부터 훨씬 싼 가격에 카메라를 구입할 수 있다. 이러한 시장 간 가격 차이는 일부는 환율변동에도 기인하지만, 제조업체의 차별적인 가격 및 유통전략에서도 비롯된다.

❹ 초과공급

수요와 공급은 시황에 따라 항상 변동하기 마련이다. 따라서 예상 밖의 초과공급상황에 놓인 시장국의 유통업체들은 투자금액의 신속한 회수를 위해 정상가격보다 낮은 가격에 초과공급분을 처분하려 할 것이다. 게다가 EU같이 재수출 시 수입관세와 현지에서의 부가가 치세를 환급해 주는 경우에는 잉여재고를 국제유통업체에 넘길만한 추가적 유인이 존재한다.

2 회색시장에 대한 대응책

회색시장 문제로 어려움을 겪고 있는 기업에는 적어도 세 가지 대응책이 있다. 즉, ① 수수방관, ② 법적 제소, ③ 마케팅전략의 수정 등이다.

❶ 수수방관

가장 편한 방법은 이를 문제 삼지 않고, 아무런 조치도 취하지 않는 것이다. 이와 같이 제조업체나 정식인가를 받은 업체들이 회색시장업체들에 대한 법적 제소 등 대응조치를 취하기를 망설이는 것은 싼 값에 구매하려는 것을 막으려 들다가 오히려 경쟁업체에 고객을 빼앗길 우려가 있고, 소송에는 막대한 시간과 비용이 소요되기 때문이다. 특히 회색시장이 일시적인 환율변동에 의해 생겨난 경우에는 가만히 내버려 두어도 저절로 문제가 해결될 수도 있다.

❷ 법적 제소

소송에 따른 시간과 비용상의 불이익에도 불구하고, 특정 기업이나 그들의 정식인가를 받은 유통업체들은 회색시장업체들에 대해 고발조치를 취할 수도 있다. 일본의 세이코(Seiko)사는 미국의 한 백화점이 회색시장에서 구한 시계들을 정상적인 유통경로를 거친 시계들과 마찬가지의 보증제도가 제공되는 것 같은 인상을 주며 판매하고 있다고 제소하여, 결국 법원의 판매금지처분을 얻어냈다. 그러나 모든 기업이 세이코와 같이 승소를 거둔 것은 아니다. 따라서 법적 제소에는 충분한 증거수집 등 신중을 기하여야 한다.

❸ 마케팅전략의 수정

회색시장 문제에 대처하는 가장 신속하고 직접적인 방법은 문제의 원천인 시장에서 해결책을 찾는 것이다. 즉, 기업은 제품 · 가격 · 광고 · 유통 등의 측면에서 마케팅전략을 적절히 수정하여 문제를 해결할 수도 있다.

제품전략으로는 특정 해외시장국에 맞추어 제품을 현지화하는 것을 들 수 있다. 물론 이는 시장이 충분히 커서 제품적응에 추가로 소요되는 생산 및 마케팅비용을 상쇄하고도 남을 경우로 한정된다.

가격전략은 시장 간의 가격차이를 최소화하는 방향으로 가격을 조정하는 것이다. 예를 들어, 원래 Canon A-1카메라는 정식으로 계약을 맺은 미국 소매상에게 396달러에 공급되고 있었는데, 회색시장에서의 가격이 370달러인 것으로 밝혀지자, 캐논사는 즉시 대소매상 가격을 362달러로 인하하였다.

광고전략은 광고예산의 축소와 같이 회색시장의 존재에 따른 손실을 비용절감을 통해 최소화하려는 것이다. 제품 및 가격전략이 적극적 전략이라면, 광고전략은 소극적 전략이라고 할 수 있다. 그러나 이는 의사결정 시점의 경쟁상황에 따라 매우 위험할 수도 있으므로 주의를 요한다.

마지막으로, 유통전략은 특히 소매상이 회색시장 제품을 취급하지 않도록 일정 수준의 강제와 유인을 적절히 구사하는 것이다. 예를 들어, 세이코는 회색시장에서 흘러들어온 세이코 시계를 취급하는 소매상들과는 절대로 거래하지 않는다는 원칙을 고수하고 있으며, 미놀타(Minolta)의 경우 정상적인 시장에서 판매되는 카메라의 보증기간은 통상 2년인 반면, 회색시장 제품은 보증기간이 1년에 불과하다고 한다.

Section 05

국제물적유통관리

적절한 유통경로의 선정이 국제마케팅 과업의 수행을 위한 필수적인 단계임은 두말할 나위도 없으나, 마케팅의 종합적 성격을 감안할 때 기업은 효율적인 국제물적유통시스템 내지는 국제로지스틱스의 계획 및 조직에 관련된 문제에도 보다 많은 관심을 기울일 필요가 있다.

본 절에서는 국제물적유통의 개념, 국제물적유통시스템 그리고 국제물류와 관련하여 실무적으로 직면하게 되는 수출절차 등에 대해 살펴보기로 한다.

1. 국제물적유통의 개념

유통경로전략에서는 '재화의 재무적 및 소유권적 흐름(financial and ownership flow of goods)'이 중시되는 데 반해 국제물적유통에서는 '재화의 물리적 이동', 즉 국제운송, 국제보관 및 재고통제에 대한 효율적 시스템의 구축 및 관리 문제가 주된 관심사항이 된다.

1 국제운송

운송 형태를 선택하는 데는 수출국과 수입국의 지리적 특성에 따라 해양, 항공, 철도, 트럭 또는 내수로운송 등 기본적으로 다섯 가지 대안이 있다. 이 밖에 매우 제한적이기는 하지만 석유나 천연가스 등의 경우에는 파이프라인이 이용되기도 한다. 이용 가능한 운송 형태 중에서 비용, 시간, 안전성 등을 복합적으로 고려하여 최종 선택하게 된다.

국제운송 형태의 중요성은 진출대상국에 따라 달라지기 마련이다. 예를 들면, 대부분의 유럽 및 북미 국가에서는 철도와 고속도로는 전국적으로 잘 발달되어 있다. 따라서 이러한 나라에서는 철도와 트럭을 이용한 육상운송이 신속하고 효율적으로 이루어질 수 있다.

그러나 중남미, 아프리카 및 아시아에서는 국가 간에 고속도로 및 철도가 제대로 연결되어 있지 않다. 따라서 이러한 나라들의 경우에는 해상운송이 훨씬 저렴하고 신속하다.

국제운송 형태에서 가장 지배적인 것은 역시 해상운송이라고 할 수 있다. 해상운송이 가장 광범위하게 이용되는 이유는 운송비용이 낮고, 한꺼번에 많은 재화를 손쉽게 운반할 수 있기 때문이다. 그러나 해상운송은 여타의 운송수단에 비해 대단히 느리고, 또한 손상 및 도난의 위험이 높다. 컨테이너선의 도입과 단위화 등 해상운송의 새로운 발전은 이러한 단점을 어느 정도 극복하였다.

최근 항공운송이 점점 중요시되고 있는 이유는 항공운송이 마일당 비용은 해상운송보다 높지만, 총물적유통비를 분석할 경우 항공운송이 훨씬 유리한 경우가 많기 때문이다.

그러나 실제로 하나의 제품이 제조업체에서 최종소비자에게 인도되기까지에는 여러 가지 운송수단이 복합적으로 이용되기 마련이다. 이에 따라 최근 대부분의 국제운송에 있어서는 복합운송이라는 새로운 운송 형태가 각광받고 있다. 복합운송이란 특정한 화물을 육상, 해상, 항공운송 중에서 두 가지 이상의 운송수단을 복합적으로 이용하여 출발지에서 목적지까지 단일 운송업자의 책임하에 일관운송(through transportation)하는 것을 말한다. 이러한 경우에 적용되는 일관운임(through rates)은 통상운송수단이 바뀌는 구간마다 별개의 운송계약을 체결할 때의 운임보다 저렴하기 때문에 유통비용을 상당히 절감시킬 수 있다.

2 보험

국제마케팅 관리자가 직면하게 되는 가장 커다란 문제점 중의 하나는 물품의 물리적 이동 과정에서의 멸실 또는 손상의 위험이다. 따라서 매매 당사자들은 계약화물이 매도인의 창고나 공장을 떠날 때부터 해외의 매수인에 의해 지정된 목적지에 도달할 때까지 보험에 부보하여 화물을 위험으로부터 보호하여야 한다.

매매 당사자들의 관점에서 누가, 언제 부보의 의무를 지니는가를 좌우하는 결정적인 요소는 피보험이익(insurable interest)이다. 피보험이익이란 보험의 목적물에 대해 특정인이 갖는 금전적인 이해관계를 말하며, 따라서 대개는 계약화물의 법적인 소유자가 부보할 의무와 권리가 있다. 그러나 반드시 계약화물의 법적인 소유자가 아니라고 할지라도 재산상의 이해관계를 가질 수도 있다.

국제무역에 있어서는 오랜 관행상 운송인의 책임이 상당히 제한되어 있다. 또한 선적된 화물의 소유자는 일종의 항해단체를 구성하게 되어 자기 화물에는 전혀 손상이 없는 경우에도 선박을 구하기 위하여 다른 사람이 입은 손실을 공동으로 배상해야 할 책임이 있다. 이러한 사유로 야기되는 불의의 손실을 피하기 위해서 국제매매계약의 당사자들은 항상 자신의 화물을 믿을만한 회사와 보험계약을 체결하여 보험에 들어두는 것이 현명하다.

3 국제보관활동

이는 단순히 제품을 보관하는 것 이상의 활동을 내포한다. 즉, 소비자 수요의 예상에 따른 제품의 보관 이외에도 여러 가지 넓은 활동영역을 포함하는데, 예를 들면 수집활동, 소비자 수요 충족을 위한 소분 활동, 또는 재선적을 위한 준비작업 같은 것들이다.

그러나 보관의 가장 중요한 역할은 역시 고객과 공급업자가 품절이라는 최악의 상황에 직면하지 않도록 판매 시점에 예비재고품을 제공하는 것이다. 국제시장에서는 소비 시점에 예비재고품을 다량으로 준비할 필요성은 적다. 그러나 수출국과 수입국 간의 거리가 멀어 오랜 운송시간이 소요되고 신뢰성이 적은 중요시장에서는 예비재고품을 대규모로 보유할 필요가 있다.

시장국에 따라서는 보관시설이 부적절하거나 불충분한 경우가 많다. 특히 열대지방과 같이 특수한 기후조건에 따라서는 제품의 열화(劣化)를 방지하기 위한 냉장설비 등의 특별한 보관시설이 필요한 경우도 있으며, 그러한 경우에는 부가적인 비용이 발생한다.

4 국제재고통제

재고통제의 궁극적인 목적은 대고객서비스를 위축시키지 않고, 재고에 대한 투자를 가능한 한 낮게 유지하고자 하는 데 있다. 국제마케팅에 있어서 재고통제가 특히 중시되고 있는 이유는 국내에 비해 시장이 멀리 떨어져 있고, 운송에 많은 시간이 소요되어 통상 국내시장보다 상대적으로 재고수준이 높게 되기 때문이다.

현지시장에서의 재고수준을 축소하기 위해서는 외국무역지역 또는 자유무역지역을 활용하는 방안이 있다. 자유무역지역은 대개 국제항에 설치되어 현지세관을 통과하지 않은 상태에서 상품의 보관, 가공처리, 환적될 수 있는 지역이다. 예를 들어, 동남아시아 제국에 제품을 판매할 경우 이러한 자유무역지역을 사용하지 않는 기업은 시장국마다 일정수준의 예비재고를 확보할 필요가 있다. 그러나 싱가포르의 자유무역지역에 단일 예비재고센터를 설치하고, 이곳에서 인접시장국에 상품을 운송한다면 재고수준을 현저히 낮출 수 있게 되어, 거의 고정비에 가까운 재고비용을 크게 절감할 수 있다.

5 국제물적유통시스템

물적유통의 다양한 측면들은 상호 밀접하게 연관되어 있다. 따라서 한 측면에 대한 결정은 다른 결정에 영향을 미친다. 예를 들어, 제조설비의 배치에 대한 결정은 창고배치와 수의 선정에 영향을 미치고, 창고에 대한 결정은 운송 형태의 선정과 선적의 최적규모 및 포장 등에 영향을 미친다. 그러므로 국제물류와 관련된 제반 활동들은 하나의 총체적인 시스템이라는 관점에서 파악할 필요가 있다.

활용 가능한 국제물류시스템의 다양한 대안 중에서 무엇을 선택할 것인지 결정하는 방법은 여러 가지가 있다. 대표적인 예가 총비용접근 방식인데 이는 개개 활동들의 비용을 분리해서 보기보다는, 물적유통의 총비용을 고려한 후 다양한 대안들의 비용 · 수익관계를 최적화하려는 시도로 집약된다.

물적유통비는 여러 가지 요소를 동시에 고려해야만 최소화될 수 있다. 예를 들면, 운송비를 절감하기 위하여 상품을 해상운송할 경우, 현지에서 그러한 상품의 재고를 유지하기 위한 보관 및 재고비용이 더 많이 요구될 수 있다. 이러한 경우에는 운송비가 좀더 들더라도 항공운송하는 것이 최적결정이 될 수 있다.

총비용접근 방식을 활용할 때에는 여러 가지 비용항목들을 충분히 검토해야 한다. 국제물류에 있어서는 운송, 창고보관, 재고, 운반, 포장, 보험 등의 직접적인 물적유통비용에 추가해서 비용 · 수익에 영향을 미치는 다른 비용들이 있다. 여기에는 보이지 않는 비용 내지는 유통 관련 비용으로 분류될 수 있는 성격의 판매기회의 상실, 유통업자 및 고객의 불만족, 재고손실 등이 포함된다.

이러한 총비용접근 방식이 일견 간단하게 보이고 실행하기 쉬운 것 같으나 반드시 그렇지만은 않다. 총비용접근 방식은 비용최소화만으로 제한되는 것이 아니며, 성과 또는 소비자서비스 또한 고려 대상에 포함되어야 한다. 만약 국제물류의 목표가 해외고객에 대한 서비스를 극대화하는 것이라고 한다면, 우선적으로 제품의 인도 과정에서 시간을 극소화하기 위한 시스템이 개발되어야 한다.

이러한 목표들이 항상 일치되지 않는 것은 분명하다. 따라서 국제물류시스템에 있어서는 어떻게 서비스를 극대화하고 동시에 비용을 극소화할 수 있는가, 또는 어떻게 비용을 줄이면서도 시스템이 정보의 피드백을 극대화할 수 있는가 등의 문제가 대두된다. 이에 대한 해답은 비용과 서비스의 상충 과정을 조정하는 데서 찾을 수 있을 것이다.

2. 국제물적유통실무: 수출절차

실무상으로 국제물류는 제조업체나 유통업체가 해외고객의 주문을 받았을 때로부터 시작되어 제품이 최종 고객에게 인도됨으로써 끝나게 된다. 이와 관련하여 국제마케팅 관리자는 수주에서 제품인도까지의 수출절차는 물론 주요 원자재를 해외에서 도입해야 할 경우에는 수입절차까지도 숙지하고 있어야 한다.

우리나라 기업이 상품을 수출하기 위해서는 수출계약체결, 수출승인, 수출용 원자재의 확보, 수출품의 제조 및 생산, 수출검사, 선적, 대금결제, 관세환급 및 사후관리 등의 절차를 거쳐야 한다.

1 수출계약의 체결

수출계약은 해외시장조사를 거쳐 선정된 거래상대방에게 거래를 제의하면 이에 대해 상대방이 수락함으로써 이루어진다.

수출계약에는 계약관계에 대한 당사자의 합의가 중요하며, 특별한 형식이 요구되는 것은 아니다. 그러나 계약관계의 확실성을 기하고 추후의 분쟁을 예방하기 위해서는 계약목적물인 상품의 종류, 품질, 수량, 가격, 인도(운동 · 보험), 대금결제 방법 등의 계약조건을 명시한 계약서를 작성해 두는 것이 바람직하다.

2 신용장의 수취

수출계약의 성립 후 수입업자는 계약조건에 따라 대금결제를 위해 수출업자 앞으로 신용장을 개설하게 된다. 신용장은 수출업자가 계약을 제대로 이행했다는 증거로서 당해 신용장에 명기된 일정한 서류를 제시하면 수입업자의 거래은행인 신용장개설은행이 대금결제를 보증하는 문서화된 약속이다.

일단 신용장을 수취한 수출업자는 수출대금의 확실한 회수를 위하여 계약내용과의 일치 여부와 함께 기타 이행이 불가능한 특수한 조건이 신용장에 포함되어 있지 않은지 주의 깊게 검토하여야 한다.

3 수출승인

우리나라에서는 무역관련법규에 의거하여 무역업의 허가를 취득한 수출업자라고 하더라도 수출거래마다 수출승인을 받아야 한다. 수출승인은 적법한 수출이행과 그에 따른 대금 회수를 정책적으로 관리하기 위한 제도이다. 원래 수출승인의 권한은 산업통상자원부장관에게 있으나, 특수한 수출거래를 제외하고는 대부분 외국환은행장에게 위임되어 있다.

4 수출물품의 확보

수출물품을 확보하기 위해서 원자재를 가지고 자체적으로 가공 · 제조하거나, 제조업체로부터 완제품을 구매 · 조달하여야 한다. 수출물품에 소요되는 원자재를 조달하는 데에는 국내에서 구매하는 방법과 외국에서 수입하는 방법이 있다.

수출용 원재료를 수입하기 위해서는 수입계약의 체결, 수입승인, 수입통관 등의 일련의 수입절차를 거쳐야 함은 물론이다. 우리나라에서는 수출진흥의 차원에서 수출용 원재료의 수입에 대해서는 내수용에 비해서 수입제한의 배제, 무역금융, 관세환급 등의 특혜를 부여하고 있다.

5 수출검사

수출검사란 무역관련법규의 하나인 수출검사법에 의거하여 수출물품의 대외적 성가 및 품질수준의 유지 · 향상을 위하여 정부기관의 각종 검사를 받아 합격판정을 받아야만 수출이 가능한 제도이다. 따라서 수출물품이 확보되었으면 이의 적용을 받는 품목에 한해서 일정한 수출검사 과정을 거쳐야 한다.

6 수출통관

수출검사가 완료되면 수출물품을 보세구역에 반입하여 세관장에게 수출신고를 하게 된다. 그러면 세관장은 구비서류 및 기재사항의 누락 여부, 수출승인조건과 수출신고 내용의 일치 여부 그리고 서류상의 신고물품과 실제물품의 일치 여부 등을 심사한 후 수출면장을 교부하여 준다. 수출면장을 받게 되면 비로소 수출물품을 보세구역에서 반출하여 수출선박에 선적할 수 있게 된다.

7 해상운송 및 해상보험

수출통관이 완료되면 선박회사와 해상운송계약을 체결하여 지정된 선박에 수출화물을 선적하고, 그 증거로 선박회사로부터 선화증권을 발급받게 된다. 수출가격조건이 CIF조건과 같이 보험료가 포함된 경우에는 운송도중 화물의 멸실이나 손상에 대비하여 해상보험계약을 체결하고 보험증권을 발급받아야 한다.

8 수출대금의 회수

수출물품의 선적을 완료한 수출업자는 신용장에서 요구하는 환어음과 선적서류, 즉 상업송장, 선화증권, 보험증권, 원산지증명서, 포장명세서 등의 서류를 구비하여 외국환은행에 환어음의 매입을 의뢰하게 된다. 이때 외국환은행은 선적서류가 신용장조건에 합치되는지를 검토한 다음 환어음에 기재된 수출대금을 수출업자에게 지급하게 된다.

9 관세환급 및 사후관리

수출이행이 완료되면 수출용 원자재를 수입할 때 납부한 관세를 세관 또는 외국환은행에서 환급받는다. 수출승인 외국환은행은 수출유효기간 이내에 수출이행 및 대금회수가 되었는지의 여부를 검토하고, 수출용 원재료가 당초 목적대로 사용되었는가 등에 대한 사후관리를 함으로써 수출절차는 끝나게 된다.

주요 용어

유통경로	딜러	복합운송
국제유통경로	중개업자	자유무역지역
중간상	팩터	총비용접근 방식
대리상	유통경로 진입전략	신용장
유통경로 구성원	회색시장	수출절차
유통업자	국제물적유통	

연습문제

01 해외의 유통경로 구성원을 중간상과 대리상으로 구분하여 상술하시오.

02 소비재와 산업재의 유통경로 차이점과 특성을 비교 · 설명하시오.

03 중국시장의 유통경로 발전방향에 대하여 논술하시오.

04 중국의 WTO 가입에 따른 유통정책의 변화를 약술하시오.

05 국제회색시장에 대하여 논술하시오.

06 국제물적유통의 개념을 논술하시오.

07 국제물적유통 실무로서의 수출절차를 약술하시오.

08 종합상사 중에서 하나를 택하여 그 회사의 주종 수출품목에 대한 해외 주요 시장의 유통구조를 비교 · 분석하고, 유통경로를 그림으로 나타내고, 유통전략의 목표, 유통업체관리에 관한 사례를 조사하시오(그룹과제).

09 위의 경우 국제운송, 보험, 보관 및 재고관리에 관한 사례를 조사하시오(그룹과제).

10 한국의 주요 수입상품 중에서 2~3개를 택하여 유통업체관리에 관한 사례를 심층 조사하시오(그룹과제).

Chapter

09

국제촉진전략

Chapter

09

국제촉진전략

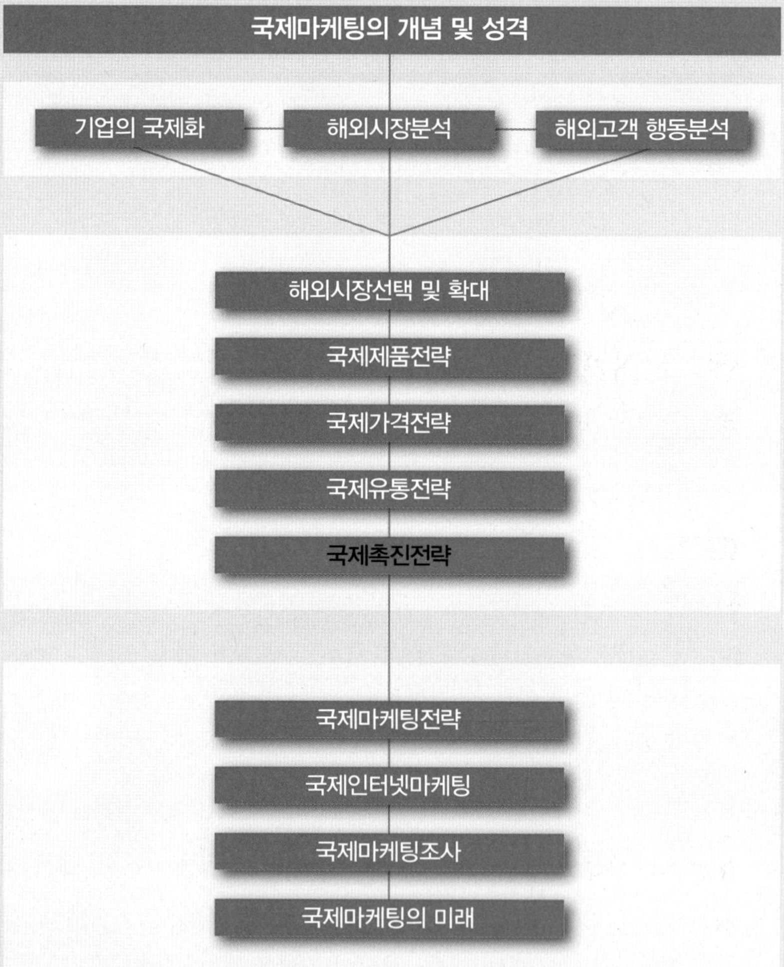

CASE STUDY 메타버스 촉진전략

랄프로렌 가상 의류

메타버스(3차원 가상 세계)로 향하는 패션업계의 발걸음이 바빠지고 있다. 제페토 · 로블록스 등 메타버스 플랫폼에 가상 매장을 내고, 패션 NFT(대체불가능 토큰)를 만들기도 한다.

메타버스 플랫폼 제페토 내의 랄프로렌 매장. [사진 랄프로렌]

입을 수도, 신을 수도 없는 가상 의류를 누가 살까 싶지만, 랄프로렌의 실험은 꽤 효과적이다. 미 CNBC에 따르면 랄프로렌의 최고경영자(CEO) 파트리스 루베는 미국소매협회(NFR) 연례 회의에서 "소비자는 가상 세계에서 랄프로렌의 디지털 의류를 사고, 가상 공간에서 커피를 마시고 있다." 라며 "제페토에서만 단 몇 주 만에 10만 개 이상의 디지털 의류를 판매했다."라고 말했다.

메타버스 플랫폼 로블록스에 낸 랄프로렌의 가상 체험 공간, 윈터 이스케이프. [사진 랄프로렌]

나이키는 가상 운동화, 월마트는 가상 화폐

나이키는 지난달 가상 운동화 회사 아티팩트(RTFKT)를 인수했다. 지난해 11월 미국 특허출원국(USPTO)에 가상 세계에서 활용할 수 있는 신발과 의류에 대한 상표권 등록을 마친 이후의 일이다. 나이키의 가상 운동화가 곧 출시된다고 해도 이상하지 않을 상황이다.

메타버스 플랫폼 로블록스 내에 자리한 나이키 가상 체험 공간, '나이키 랜드' [사진 나이키 공식 인스타그램]

NFT는 스니커즈와 닮은꼴?

NFT(Non-Fungible Token)는 블록체인 암호화 기술을 활용해 예술작품, 수집품 등에 고유한 표식을 부여하는 디지털 자산이자 디지털 정품 · 소유 인증서를 의미한다. 메타버스라는 새로운 생태계에서 소매업체들은 디지털 소유권을 주장할 수 있고 사고팔 수 있는 NFT에 특히 관심이 높다. 실제 입거나 사용할 수 없는 가상 상품을 판매하는 만큼, 사용성이 아니라 소장만으로 가치를 창출해야 하기 때문이다.

아디다스가 BAYC와 협업해 발매한 NFT. 개당 91만원에 3만 개가 팔렸다. [사진 오픈시]

이는 현재 패션 업계에서 주목하는 '한정판 스니커즈(운동화)' 시장과 유사하다. 공급은 한정되어 있는데 수요는 많고, 투자가치 또한 높다. 실제 신기 위해 스니커즈를 사는 것이 아니라, 소장해 가치를 높이려고 한다는 면에서도 그렇다. 스니커즈 시장을 가장 잘 이해하는 나이키와 아디다스가 NFT시장에 가장 먼저 발을 들이고 있는 이유다.

독일 스포츠 브랜드 아디다스는 지난달 NFT프로젝트 업체 '지루한 원숭이들의 요트 클럽(BAYC, BoredApeYachtClub)'과 협업해 NFT를 발매했다. BAYC의 원숭이 캐릭터 작품(#8774)에 아디다스 트레이닝복을 입힌 NFT 3만 개를 개당 765달러(약 91만 원)에 내놓았다. 이는 순식간에 팔려 나갔으며, 아디다스는 단 몇 시간 만에 2,300만 달러(274억 원)의 매출을 올렸다. 아디다스 원숭이 작품은 NFT마켓 플레이스인 '오픈시(OpenSea)'에서 21일 기준 원래 가격의 약 2배인 1425달러(170만 원)에 판매 중이다.

글로벌 투자은행(IB) 모건스탠리는 명품 NFT시장 규모가 2030년까지 560억 달러(66조 8,000억 원)에 이를 것으로 전망했다. 파트리스 루베 CEO는 "우리가 가상 세계에 참여하는 이유는 거기에 젊은 쇼핑객들이 있기 때문"이라며 "새로운 소비층을 공략하는 것은 우리의 중요한 전략"이라고 말했다(중앙일보, 2022.01.23.).

토의과제

01 새로운 가상 세계 메타버스에 대한 개념과 전망에 대하여 토의하시오.

02 메타버스를 통한 촉진전략을 시행하고 있는 다국적기업에 대하여 토의하시오.

참고자료

- 부경대학교, 국제마케팅수업 과제 및 자료
- 중앙일보, 2022.01.23; https://n.news.naver.com/article/025/0003168440에서 요약 발췌

Section 01

국제촉진의 개념

촉진(promotion)은 제품, 가격, 유통 등과 함께 마케팅믹스의 중요한 구성요소 중의 하나로서, 제품과 관련된 모든 형태의 정보전달 내지 설득을 뜻한다. 이러한 과정은 해외시장의 소비자를 대상으로 할 때 더 큰 어려움을 겪게 된다.

본 절에서는 국제촉진의 본질과 특성에 대하여 살펴보기로 한다.

1. 촉진의 본질

촉진은 기업과 제품에 대한 정보를 소비자에게 정확하고 신속하게 전달하고 소비자를 설득하는 과정을 의미한다. 다시 말해 마케팅에 있어서 촉진의 역할은 현재 또는 잠재고객에게 기업이 제공하는 제품이나 서비스의 편익과 가치를 알려주고 나아가 고객이 자사제품을 구매하도록 설득하는 데 있다. 이러한 의미에서 촉진의 본질은 마케팅 커뮤니케이션이라고도 볼 수 있다.

이러한 커뮤니케이션 과정은 [그림 9-1]과 같이 원천(source), 메시지(message), 목적지(destination) 등의 요소로 구성된다. 커뮤니케이션의 목적을 달성하기 위하여 메시지의 발신자(sender)인 원천은 목적지에서 무난히 해독될 수 있는 방법으로 전달하기 위해 메시지를 작성(encoding)하게 된다. 이때 전달된 메시지가 목적지에서 발신자의 의도나 목표와 다르게 해석(decoding)된다면 커뮤니케이션은 실패로 끝나게 된다.

따라서 원천, 즉 발신자로서는 목적지인 메시지의 수신자(receiver)가 어떻게 행동할 것인가와 그의 해석능력 등에 대한 명확한 정보를 가지고 있어야 한다. 이를 바탕으로 특정한 메시지에 대해 수신자가 어떠한 반응을 보이게 될 것인가에 대해서도 완벽한 이해가 요구된다.

그러면 메시지는 어떠한 경로를 거쳐 전달되는가? 광고, 인적판매, 판매촉진, 홍보 등의 촉진믹스가 바로 메시지의 주요 전달경로이다. 마케팅관리자는 이와 같이 다양한 촉진믹스의 전부를 적절히 활용하여 커뮤니케이션을 꾀할 수도 있고, 상황에 따라서는 이들 중의 일부만을 활용하여 커뮤니케이션 노력을 집중시킬 수도 있다.

그림 9-1 **국제마케팅 커뮤니케이션 과정 모델**

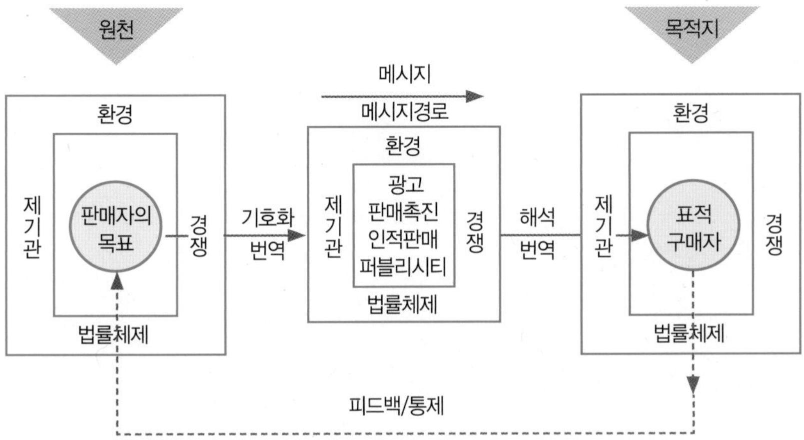

자료: S. Majaro, International Marketing (London : George Allen & Unwin, 1983), p.165.

국제마케팅에 있어서 커뮤니케이션의 원천은 통상 제품이나 서비스의 판매자가 되고, 메시지는 판매 강조점(제품의 효용이나 가치, 경쟁제품과의 차이점 등)을 포함한 제품의 특성과 관련된 명세 또는 기술(description)을 의미한다. 그리고 커뮤니케이션 노력의 대상이 되는 목적지는 상이한 문화와 언어권에 속한 다양한 해외시장국의 잠재적 구매자가 된다.

2. 국제촉진의 특성

국제촉진은 촉진의 본질적인 측면, 즉 마케팅 커뮤니케이션이라는 점에서 국내촉진과 크게 다를 바가 없겠으나, 문화적 환경이 상이한 여러 해외시장에서의 커뮤니케이션이라는 다음과 같은 특성을 갖는다.

1 커뮤니케이션 장벽

국제촉진의 경우 국내촉진에 비해 커뮤니케이션 장벽이 높고 그 종류도 더욱 다양하다. [그림 9-2]에서 보는 바와 같이 대표적인 국제커뮤니케이션 장벽으로는 언어의 차이, 비언어적 표현 방식의 차이, 정부규제, 매체의 활용가능성, 경제적 차이, 소비자의 기호 및 태도, 구매 과정의 차이 등을 들 수 있다. 이러한 장벽들은 각기 독립적인 효과를 가지면서 동시에 상호작용을 통하여 마케팅 커뮤니케이션에 막대한 지장을 초래한다. 국제커뮤니케이션 장벽에 관해서는 다음 절에서 상세히 살펴보고자 한다.

그림 9-2 **국제커뮤니케이션 장벽**

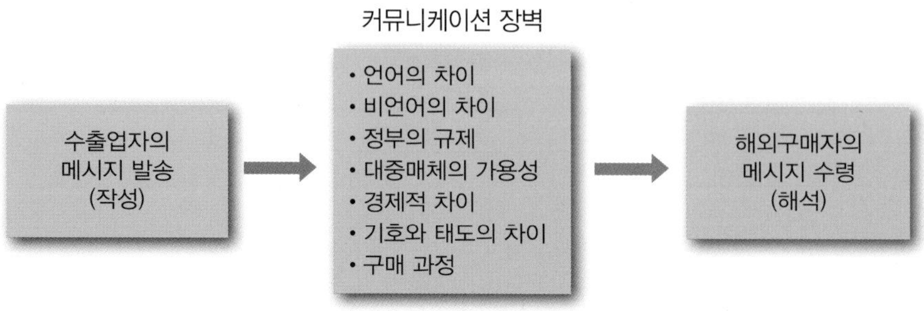

자료: G. Albaum, Strandskov, J., Duerr, E., and L. Dowd, International Marketing and Export Management (1989), p.313.

2 전략조정의 문제

전략조정의 차원에서 국제촉진이 국내촉진과 다른 점은 많이 있겠으나, 무엇보다도 촉진프로그램의 국제이전 및 표준화 문제를 들 수 있다.

국제이전이란 한 국가시장에서의 성공적인 프로그램을 다른 해외시장으로 이전하는 것을 말한다. 예를 들어, 특정 프로그램의 광고일 경우, 소구점, 내용, 매체, 배경 등의 구성요소 중에서 무엇을 어느 정도로 국가 간에 이전시킬 것인지 결정하는 것은 국제촉진전략의 주요 과제이다. 이러한 이전 가능성은 해외고객의 제품에 대한 기대효용과 제품평가기준, 매체의 가용성, 촉진 관련 규제, 문화적 차이, 비언어적 표현수단 등에 의해 영향을 받는다.

한편, 표준화의 문제는 전세계시장에 동일한 촉진프로그램을 사용하는 표준화전략과 개별 해외시장에 각기 다른 프로그램을 사용하는 적응화전략의 선택을 말한다. 완전표준화 혹은 완전적응화는 현실적으로 찾아보기 힘들며 이런 의미에서 표준화는 정도의 문제라 할 수 있다.

다시 말하면, 특정 프로그램이 소수의 해외시장에만 이전 가능하거나 혹은 프로그램의 일부만이 전세계시장에 이전 가능한 것이 일반적인 현상이라고 할 수 있다. 표준화는 촉진 전략뿐만 아니라 기타의 마케팅믹스전략에 공통적인 과제이므로 제10장에서 보다 상세히 다루고자 한다.

3 커뮤니케이션 효과

국제촉진의 경우 국내촉진보다 커뮤니케이션 효과 면에서 불확실성이 높다. 이에는 여러 가지 이유가 있겠으나, 특히 중요한 세 가지만 살펴보기로 한다.

첫째, 메시지의 전달이 불확실하다. 다시 말하면 매체가 목표로 삼고 있는 수신자에게 미치지 못하거나 혹은 메시지가 수신자에게 인지되지 않을 수도 있다. 이러한 불확실성은 해외의 목표고객에게 어떤 매체로 언제 도달하는 것이 가장 적합할 것인가에 관하여 충분한 지식을 갖추는 것이 어렵기 때문이다.

둘째, 메시지의 해석에 있어 불확실성이 높다. 촉진담당자가 해외고객이 어떻게 메시지를 해석할 것인가에 관하여 충분한 사전지식이 없을 경우, 메시지가 전달되더라도 그것은 발신자의 의도대로 해석되지 않을 가능성이 높다.

셋째, 메시지의 효과에 있어 불확실성이 높다. 비록 메시지가 올바로 전달되고 인지되었다고 하여도 소비자의 태도형성과 구매행동이 발신자가 원하는 대로 이루어지지 않을 가능성이 높다. 이는 소비자의 행동 및 이에 영향을 미치는 경제 · 사회 · 문화적 요인이 국가에 따라 매우 다양하여 이에 관한 충분한 지식을 갖추는 것이 어렵기 때문이다.

Section 02

국제촉진의 고려요소

촉진의 본질을 커뮤니케이션으로 볼 때 환경이 상이한 여러 해외시장에서의 촉진은 국내 시장에서의 촉진에 비하여 장애요인이 더욱 다양하므로, 이에 관한 충분한 지식이 없이는 효과적인 커뮤니케이션이 이루어질 수 없다.

본 절에서는 메시지의 작성 및 해석, 커뮤니케이션의 매체, 수신자의 반응, 법적 제약 등 네 가지 측면에서 국제촉진의 고려요소를 살펴본다.

1. 메시지의 작성 및 해석

국제기업은 촉진메시지를 작성할 때 그 메시지가 해외시장에서 어떻게 해석될 것인가에 관한 세밀한 조사가 필요하다. 왜냐하면 해외시장의 고객은 기업이 원래 의도한 대로 메시지를 해석하지 않을 수도 있기 때문이다. 이러한 메시지 해석의 차이는 언어, 비언어적 수단 및 상징의 국제적 차이 때문에 발생하므로 이들 요소에 관한 충분한 지식이 있어야 한다.

1 언어상의 제약

언어의 차이는 광고를 통한 효율적인 커뮤니케이션에 있어서 심각한 장애요인 중의 하나이다. 이는 나라마다 다른 언어를 사용하고 있을 뿐만 아니라, 심지어는 한 나라에도 많은 방언이 존재하기 때문이다. 이러한 언어문제를 소홀히 취급하다가는 낭패를 당하기 십상이다.

좋은 예로 우리나라의 대영(Dai-Young)자전거는 미국시장에 국내시장과 같은 상표로 진출했다가 '젊어서 죽는다(die young)'로 발음되어 시장침투에 실패한 적이 있다. 이와 마찬가지로 포드자동차는 제3세계용으로는 내놓은 트럭 이름인 피에라(Fiera)가 스페인어로는 '추하고 늙은 여자'란 엉뚱한 뜻을 지니고 있음을 뒤늦게 알고 어려움을 당한 적이 있다.

또한 개도국의 높은 문맹률 역시 의사소통에 많은 제약을 가하고 있다. 이러한 경우 효율적인 촉진을 위해서는 몇 배의 창의력이 요구되므로, 신문, 잡지 같은 문자매체보다는 라디오나 TV 같은 음성매체가 보다 바람직한 광고수단이 된다.

2 비언어적 수단

사람은 말이나 글 이외에도 손, 발, 눈, 코 등 신체의 일부 몸짓을 사용하거나 몸치장 및 자세를 통하여 서로 의사를 교환할 수 있다. 또한 시간, 공간, 사물도 의사표시의 수단이 될 수 있다. 이와 같은 비언어적 커뮤니케이션(non-verbal communication) 혹은 침묵언어(silent language)는 문화에 따라 그 사용법과 의미가 매우 다양하다. 예를 들면, 프랑스와 이탈리아 사람들은 커뮤니케이션에 있어서 미국 사람들보다 손을 더 많이 사용한다. 그리고 타인과 가까이 서거나 앉게 될 때 대부분의 사람들은 부자연스럽게 느끼지만, 남미와 그리스 사람들은 여타 문화권의 사람들보다 편안하게 생각하고 행동한다.

3 상징(symbols)

국제기업이 메시지 작성 시 색상, 동물 등을 상징적으로 사용하고자 할 경우 이들의 상징적 의미가 국가에 따라 다르게 나타날 수 있으므로, 특히 메시지 수신자들의 감정을 상하게 하는 일이 없도록 조심해야 한다. 예를 들어, 보라색은 일본에서는 고상한 색깔이지만, 미얀마와 남미의 몇 개 국가에서는 죽음을 상징한다. 중국에서는 황실을 상징하는 황색을 일반대중이 사용할 수 없었으며 지금도 종교적인 목적에만 예외적으로 허용되고 있다.

또한 사람을 동물과 비교하거나 동물을 사용한 광고 등은 윤회설을 믿는 불교도들이나, 사람은 사람이고 동물은 동물일 뿐이라고 생각하는 아랍인들을 화나게 할 수도 있다. 실제로 어느 회사는 인도에서 올빼미가 불운의 상징인 것을 모르고 촉진프로그램에 올빼미를 사용해서 실패했다고 한다.

사례 9-1 "미국인은 추신수의 불고기 광고 이해 못했다."

이 광고는 〈뉴욕타임스〉에 실린 불고기 광고다. 대부분의 한국인이 이 광고를 무리 없이 수용하는 것에 반해, 미국 현지인들은 '도대체 이 광고가 무엇을 말하려고 하는지 모르겠다'고 받아들이며 많은 논란이 있었다고 한다.

문화 DNA

아시아 페널티(Asian Penalty)란 말이 있다. 동일 품질, 동일 디자인도 아시아에서 만든 제품은 선진국 시장에서 더 낮은 가격이 책정되는 현상을 말한다. 대체로 아시아 기업이 고가상품 구매력을 가진 서구 선진국 소비자의 구매 취향을 결정짓는 문화 DNA를 제대로 파악하지 못했기 때문에 일어나는 현상이다.

사람은 아는 만큼 볼 수 있기 때문에 성장 과정에서 듣고 보고 배운 인문학 지식의 내용과 총량에 따라 마치 완전히 다른 유전자를 가지고 태어난 것처럼 성향, 사고와 행동 방식, 소비 패턴, 미적 기준 등에서 차이를 보인다. 인문학 지식은 대부분 부모 세대에서 자녀 세대로 대물림하기 때문에 일종의 '후천적 유전 요인'이 되는데 이런 현상을 문화 DNA라고 볼 수 있다.

서양의 '분류적 사고관'으로 바라본 불고기 광고

이 논리를 추신수 불고기 광고에 적용해 보면 미국인들이 광고에 혹평을 쏟은 이유가 극명해진다. 동양인인 우리의 문화 DNA로는 거의 모든 한국인이 한식을 먹기 때문에 한국인 메이저리그 유명 야구선수 추신수 선수와 한국 식문화를 대표하는 불고기를 연관 지은 광고는 한식에 대한 호감을 불러일으킬 것이라는 예측했을 것이다. 하지만 세상과 사물을 범주별로 나누어 보는 서양인 눈에 추신수 불고기 광고는 야구라는 운동과 불고기라는 음식, 두 개의 관련성 없는 카테고리가 뒤섞여 있어 혼란을 일으켰을 가능성이 높다.

출처: 미국인은 추신수의 불고기 광고 이해 못했다, 작성자 인터비즈에서 요약 발췌.
http://blog.naver.com/businessinsight/220985515992

2. 커뮤니케이션 매체

메시지가 해외의 목표고객에게 정확히 전달되기 위해서는 매체와 광고대행사를 올바로 선택하여야 하는데, 해외시장의 매체는 국가에 따라 매우 다양하며 믿을만한 광고대행사를 찾기도 쉽지 않다.

1 매체의 활용가능성

커뮤니케이션 매체는 크게 인적 매체와 비인적 매체로 나눌 수 있다. 비인적 매체란 TV, 라디오, 전화, 신문, 잡지, 간판, 유인물 등을 가리키는데, 이들의 발전단계와 활용가능성은 국가에 따라 크게 차이가 난다.

우리나라의 경우만 하더라도 TV의 광고허용시간이 밀려드는 광고주들을 소화하기에는 턱없이 부족한 실정이다. 또 어떤 나라에는 무수한 신문들이 세분시장을 분할 점령하고 있어서 광고주가 적정한 가격에 만족할 만한 수준의 시장커버리지(market coverage)를 기대하기가 어려운 경우도 있다.

2 광고대행사의 가능성

광고매체와 마찬가지로 국제기업이 활용할 수 있는 해외시장국의 광고대행사의 질과 수는 각국의 GNP만큼이나 천차만별이다. 대개 광고대행사가 제공하는 서비스의 질은 경제개발수준이나 경제규모와 비례하는 경향이 있다. 따라서 선진국시장일수록 훌륭한 서비스를 제공하고 있는 광고대행사가 많다. 그러나 예외적으로 인도의 경우에는 1인당 국민소득은 낮지만 방대한 시장 때문에 다수의 광고대행사가 수준급의 서비스를 제공하고 있다.

3. 수신자의 반응

메시지가 매체를 통하여 전달되었을 때 수신자의 반응을 예측하는 것은 촉진전략의 필수적 고려요소라 할 수 있다. 이를 위해서는 특히 해외고객의 정보탐색, 태도형성 및 구매결정에 관한 충분한 지식이 필요하다.

1 정보탐색

일반적으로 제품이 처음으로 시장에 소개되었을 때는 고객은 제품에 대한 기초적인 지식을 대중매체를 통해 획득하지만, 시간이 지나 기업광고 등을 통해 제품에 대해 흥미를 느끼게 되고 구매시점이 가까워지면 가족, 동료, 친지 등의 인적 원천으로부터 사용경험 등 주관적인 지식을 구하게 된다.

그런데 세계 각국에 제품이 소개되는 시기가 다르고 해외고객은 그 제품에 대한 정보의 양과 질에 차이가 날 뿐만 아니라 정보원천의 상대적 중요성도 국가에 따라 상이하다. 따라서 국제기업은 해외고객이 구매의사결정을 위하여 언제 어떤 종류의 정보를 탐색하며 그들의 주요 정보원천이 무엇인지 알아야 한다.

2 태도형성

해외고객이 여러 가지 제품 및 서비스를 어떻게 평가하고 특정 제품에 대한 태도를 어떻게 형성하는지 아는 것은 효과적인 촉진전략수립을 위하여 매우 중요하다. 다시 말하면 해외시장별로 제품의 평가 및 태도형성 과정에 영향을 미치는 여러 가지 요소들과 이들의 상대적 중요도를 찾아내는 것이 필요하다. 특히 각국의 외제선호도, 유명상품에 대한 태도, 원산지효과, 품질, 가격 등의 제품평가에 미치는 영향을 알아야 이를 촉진프로그램에 반영할 수 있다.

3 구매결정

국제촉진은 해외고객의 구매결정을 고려하여야 한다. 특정 제품의 구매결정에 있어 누가, 언제, 어디서, 어떻게, 왜 결정하는가에 관한 지식이 있어야 효과적인 촉진전략을 수립할 수 있다. 예를 들면, 구매결정 시 주요 의사결정자, 주부의 역할, 가족 및 동료의 영향력과 일주일에 몇 번 정도 구매하는가, 백화점에서 구매하는가, 아니면 슈퍼마켓에서 구매하는가, 신용카드를 사용하는가 또는 현금을 사용하는가 등에 관하여 알아야 한다.

4. 법적 제약

특정 시장국의 법적 제도는 촉진활동의 유형을 결정하는 중요한 요인이다. 그러므로 국제마케팅 관리자는 촉진전략수립에 있어서 이러한 법적 제도에의 저촉 여부를 알기 위해 상당한 법률지식을 갖추고 있어야 하며, 의심스러운 경우에는 변호사 또는 법률전문가에게서 법률자문을 구해야 한다.

법적 제도에 대한 이해부족으로 국제마케팅 관리자가 빠지기 쉬운 함정으로는 다음과 같은 것들이 있다.

1 매체규제

많은 나라에서 어떤 제품들은 광고가 전혀 불가능하거나 허용된다고 해도 특정 매체만으로 제한되고 있다. 주로 주류, 담배, 의약품, 산아제한용품 등이 이러한 범주에 속하는데, 우리나라의 경우 일간지, 라디오, TV 등을 통한 양담배 광고의 금지가 한 예이다.

2 내용규제

메시지 내용에 대한 규제도 나라마다 다르다. 예를 들어, 독일에서는 최상급의 광고표현이나 경쟁사의 제품과의 비교광고를 법률로 금지하고 있으며, 대부분의 개도국은 TV를 통해 저속한 의상이나 폭력 또는 충격적 장면이 방영되는 것을 엄격히 통제하고 있다. 또한 소비자를 오도할 수 있는 단어나 표현의 사용을 금지하고 있으며, 프랑스와 불어권인 캐나다의 퀘벡(Quebec)주에서는 불어 이외의 외국어를 사용한 광고가 허용되지 않고 있다.

3 촉진비용규제

어떤 나라들은 촉진비용의 허용한도까지도 법에 명시하고 있으며, 매체에 따라 부가가치세, 광고세 등의 세율을 달리 책정함으로써 주어진 여건하에서 기업의 매체선정 의사결정에까지 영향을 미치고 있는 경우도 있다.

4 판촉행사 내용규제

국가에 따라서는 과대한 판촉행사를 통한 무질서한 경쟁을 규제하기 위해 연중 판촉행사 가능기간, 판촉선물액수 등을 규제하기도 한다.

Section 03

국제광고

국제광고란 기업, 제품 및 서비스에 대한 각종 정보를 제공하고, 제품과 서비스의 수요를 촉진하는 비인적 · 유상적 커뮤니케이션 활동이다. 이와 같은 광고활동을 수행하는 과정에서 국제마케팅 관리자가 직면하게 되는 세부적인 의사결정 영역은 크게 광고대행사의 선정, 광고메시지의 선정, 광고매체의 선정, 광고예산의 결정, 광고효과의 평가 그리고 국제 협력광고의 시행 여부 등으로 구분할 수 있다.

1. 광고대행사의 선정

전반적인 마케팅기능은 기업 내의 자체 인력에 의해 수행되지만, 광고의 경우에는 대부분의 기업이 광고대행사 등의 외부전문기관에 크게 의존하고 있다. 따라서 최적의 광고대행사 선정은 광고 관련 의사결정에서 기업이 우선적으로 해결해야 할 과제이다.

국제기업이 활용할 수 있는 광고대행사에는 전 세계에 걸쳐 자회사나 사무소를 두고 있는 국제적 광고대행사, 각 시장국의 현지 광고대행기관, 본국의 광고대행사 등이 있다.

표 9-1 **국내 진출 외국계 광고회사 현황**

구분	광고회사	계열사명	업종	진출 년도	진출형태	특이점
광고 회사	그룹엠코리아	Xaxis Korea	온라인랩	2014년	단독투자	
		Dtsi	검색	2014년	단독투자	
	덴츠미디어 코리아	Dentsu Korea	종합광고대행	1999년		종합광고대행, 컨설팅
		iProspect Korea	검색광고	2008년		검색광고, SEO Full Service
		isobar Korea	디지털광고	2000년		Digital Media Full Service
		Vizeum Korea	매체대행	2013년		미디어 종합 컨설팅(바잉, 플래닝 포함)
		캐러트코리아	매체대행	2001년		미디어 종합 컨설팅(바잉, 플래닝 포함)

구분	광고회사	계열사명	업종	진출 년도	진출형태	특이점
광고 회사	레오버넷	Starcom Worldwide	매체대행	1998년		
		MediaVest	매체대행	2008년		
		Zenith Media	매체대행	2011년		
		ARC Worldwide	Holistic communication	2006년		
		133 SEL	기획/제작/이벤트/디자인	2016년		
	맥켄에릭슨& 유니버셜 맥켄코리아	Universal McCann	Media Planning	1999년	독립법인	
		McCann Healthcare	Healthcare Marketing	2003년	내부부서	
		Momentum	Sales Event	2003년	내부부서	
		MRM Worldwide	Relationship Marketing	2005년	내부부서	
		Commonwealth	Advertising	2013년	내부부서	
		McCann Healthcare Communications	Medical Marketing	2010년	독립법인	Medicomm Indix에서 McCann Health Communication으로 바뀜
		Weber Shanwick	PR	2009년	독립법인	
	웰콤퍼블리시스월드와이드	퍼블리시스모뎀	광고회사	2010년	Division	디지털광고회사
온라인 광고 회사	작시스코리아	groupM Korea	광고대행		독립법인	
		JWT	광고대행		독립법인	
		Ogilvy	광고대행		독립법인	
		Grey	광고대행		독립법인	
		Y&R	광고대행		독립법인	

출처: 광고계동향 / 2017.3.4. / vol.305, p.34.

1 광고대행사의 선정

광고대행사의 선정에 있어서 가장 중요한 기준은 특정 광고대행사들이 기업목표달성에 얼마나 도움을 줄 수 있는가의 여부가 되겠지만, 실제로는 이렇게 단순한 기준을 적용하기가 어려운 경우가 많다. 따라서 광고대행사의 선정은 대개 다음과 같은 방법으로 이루어지게 된다.

먼저, 각 시장국에 있는 광고대행사를 파악하고, 이들이 경쟁업체에 의해 선정되어 있지는 않은지 알아낸다.

다음으로는 자사가 활용 가능한 광고대행사를 상대로 아래와 같은 구체적 기준을 적용하여 평가함으로써 가장 적합한 광고대행사를 선정한다.

① 광고대행사가 제공할 수 있는 시장의 범위(market coverage)의 정도

② 광고대행사가 각 시장국에서 수행하고 있는 업무의 질

③ 시장조사, 공중관계를 비롯한 광고 외의 마케팅 서비스 수행 가능 여부

④ 기업의 광고부서와 대행사 간의 상대적 역할

⑤ 광고대행사와의 커뮤니케이션 또는 조정 · 통제 정도

⑥ 광고의 국제적 표준화 또는 현지적응화 여부

⑦ 기업의 국제경영규모

⑧ 추구하는 기업의 이미지가 현지기업인가 국제기업인가의 여부

⑨ 기업의 조직(현지 이익중심점을 두고 있는 고도로 분권화된 기업은 광고대행사의 선정까지 자회사에 맡기는 경향이 있음)

⑩ 해외사업 형태(합작투자의 경우 현지합작선이 의사결정의 주도권을 행사하고 있다면 자연히 광고를 현지의 광고대행사에 맡길 가능성이 높음)

2 국제광고대행사의 이점

오늘날 자국 내에 사무소를 두고 있는 국제적 광고대행사를 이용하는 기업이 갈수록 늘어나고 있는데, 이는 다음과 같은 이점이 있기 때문이다.

① 광고활동과 관련된 시장조사 및 제작활동의 중복을 방지함으로써 비용의 절감을 꾀할 수 있다.

② 광고의 집중적인 통제가 요구되는 경우 국제적 조직구조를 지닌 단일의 광고대행사와 거래하면 매우 편리하다.

③ 세계 어느 시장에서든지 동일한 광고대행사를 사용하면 국제광고활동의 조정이 용이하고 전세계시장에 동일한 이미지를 심어주기에 훨씬 쉽다.

특히 산업용품의 광고소구는 각국마다 상당한 공통점이 있으며, 광고예산도 비교적 적기 때문에 단일 국제광고대행사의 선정이 보편화되고 있는 현상이다. 일부 소비재의 마케팅에 있어서도 비슷한 광

고소구가 여러 시장에서 활용될 수 있음에 착안하여 국제적인 광고대행사를 선호하고 있다. 펩시콜라(Pepsi-Cola)와 코카콜라(Coca-Cola) 그리고 말보로(Marlboro)의 제조회사인 필립모리스(Philip Morris) 등은 국제적 광고대행사를 통해 세계 전역에 표준화된 이미지를 뿌리내리는 데 성공한 대표적 사례들이다.

다국적광고대행사들의 끊임없는 성장은 특정 시장국의 고객만을 위해 일하고 있는 소규모 현지광고대행사에는 커다란 위협이 되고 있다. 심지어 최근에는 전 세계적인 광고활동의 조정을 위해 국내시장에서의 광고까지 다국적광고대행사에 맡기는 기업도 적지 않다.

3 현지광고대행사의 이점

국제광고대행사의 증가 추세에도 불구하고 국제기업이 현지국의 광고대행사를 이용하는 이유는 다음과 같다.

❶ 현지대행사의 특별서비스

현지시장 및 고객정보를 기반으로 현지대행사가 차별적인 서비스를 제공함으로써 당해 시장에서 최고의 대행사인 경우 국제기업은 국제대행사의 이점에도 불구하고 현지대행사를 택할 수 있다.

❷ 현지기업 이미지

현지대행사를 이용함으로써 선량한 현지기업으로서의 이미지를 높일 수 있고 현지자회사가 촉진활동에 대해 책임을 지도록 한다.

❸ 국제대행사의 조정역할 미흡

국제기업의 촉진프로그램을 국제적으로 조정하는 역할을 국제대행사가 효과적으로 수행하지 못할 수가 있으며 때로는 이러한 조정이 필요 없는 경우가 있다.

2. 광고메시지의 선정

국제광고를 위한 의사결정에 있어서 중요한 분야 중의 하나는 각국에 적합한 소구내용을 담은 광고메시지를 개발하여 선택하는 일이다. 각국은 독특한 특성을 지니고 있으므로 시장별로 별개의 광고소구와 메시지를 개발할 필요가 있다.

그러나 진출대상국이 늘어나고 현지시장을 여러 개의 세분시장으로 나누어야 할 경우에는 이러한 과업은 많은 시간과 노력이 없이는 성공하기 어렵다.

효과적인 커뮤니케이션을 위한 광고메시지의 개발에 따른 광고제작의 원칙과 방법 등의 기술적 문제는 근본적으로 모든 국가에서 대동소이하다고 볼 수 있다.

여기서는 국제시장에서의 광고메시지 개발 시 고려해야 할 요인과 함께 국제광고메시지의 표준화 또는 현지적응화의 문제로 논의를 한정하고자 한다.

1 국제광고메시지 개발 시 고려요인

❶ 구매자의 소비시스템

제품이 나라마다 같은 욕구를 만족시키기 위한 것이라면 유사한 소구내용이 사용될 수 있다.

❷ 구매동기의 유사성

동일한 제품은 기능적인 측면, 편리성 그리고 당해 제품의 지위(status)에 의해 구매가 되지만, 각국별로 상이한 동기부여의 조합을 통해 구매가 이루어진다. 구매동기가 유사할수록 표준화된 소구의 사용이 바람직하게 된다.

❸ 언어의 다양성

영어와 같이 세계적으로 공용되는 언어는 국제광고메시지의 표준화를 가능하게 하지만, 세계 각국의 언어의 다양성은 번역상의 문제점 때문에 표준화된 광고소구의 활용에 커다란 장애가 되고 있다.

예컨대 한글이나 영어로 작성된 광고메시지를 다른 언어로 번역할 때 각별히 유의하지 않으면 치명적인 과오를 범할 수도 있다. 이를 피하기 위해서는 광고카피(copy)는 가능한 한 짧은 것이 좋으며, 그림과 같은 시각적 표현을 적절히 포함하는 것이 바람직하다. 특히 시각적인 표현 방식은 문맹률이 높은 나라에서 대단히 유용한 커뮤니케이션 방법이다.

❹ 국제시장세분화

전체적으로는 서로 판이한 시장국일지라도 특정 세분시장은 다른 나라와 상당히 유사할 수도 있다. 이 경우 국제시장을 세분화하고, 이에 따라 세분시장별로 적절한 메시지를 개발하는 것도 바람직한 접근방법의 하나이다.

2 광고표준화 동기

광고표준화에 대한 동기로, 글로벌 브랜드이미지의 창출, 비용절감, 국가 간 시장세분화 소구, 본사와 자회사 간의 조정 및 통제력 제고를 통하여 특별한 경제적 이익을 가질 수 있다.

❶ 글로벌 브랜드이미지의 창출

다수의 다국적기업은 표준화를 통하여 세계시장에서 공통된 브랜드 이미지의 창출이 비용절감효과보다 더 중요하다고 판단하였다. 특히 주요 선진국 기업은 공통된 브랜드 이미지의 창출을 광고표준화의 중요한 목표로 보았으며, 브랜드인식 및 공통된 브랜드 이미지의 동시구축을 위하여 노력하였다.

❷ 비용절감

규모의 경제를 통하여 광고표준화의 이익을 얻을 수 있다. 그러나 많은 광고실무전문가들은 비용절감 효과가 얼마나 중요한가를 의문시하였다. 예를 들어, 아시아시장에서는 표준화에 대한 변경이 자주 일어나는데 이렇게 표준화된 광고프로그램을 자주 변경해야 하는 상황이 발생하는 경우 규모의 경제는 제한적일 수밖에 없다.

❸ 국가 간 시장세분화 소구

세계적으로 고객의 유사성이 더욱 증진되고 있다. 비록 정도의 차이는 있지만, 많은 국가에서 동일한 고객층이 존재하고 있다. 많은 광고에이전시들이 국가 간 동일한 고객을 선정하기 위해 노력하고 있다. 국가 간 동질적인 세그먼트 표적을 찾는 것은 글로벌기업에 경제적 이익을 제공하는 의미 있는 활동으로 인식되고 있다.

❹ 본사와 자회사 간의 조정 및 통제력

표준화의 경제적 이익으로 글로벌전략의 실행에 있어서 조정활동이 용이하고 통제력이 증진되는 것을 들 수 있다. 글로벌기업은 중앙집권화된 통제를 강화하기 위해서 광고표준화를 고려한다. 그러나 동양기업은 본사의 의사결정을 중요시하여 더 많은 통제와 권한을 가지려고 광고표준화를 확대하려는 성향이 강하다.

3 광고메시지의 현지적응화

제품의 속성과 기능은 각국별로 구매자의 행동에 상이한 영향을 미친다. 설혹 제품의 일차적 기능은 같다고 하더라도 라이프스타일, 소득수준, 시장구조 등의 경제적 또는 사회 · 문화적 여건의 차이로 소비자가 요구하거나 인지하는 제품의 특징과 물리적 속성은 다를 수 있다.

이러한 경우 표준화된 광고메시지는 효력을 발휘할 수 없다. 예를 들어, 카메라의 가장 중요한 기능은 사진을 찍는 것이다. 그러나 카메라에 대한 소비자의 총체적인 욕구는 시장국별로 상당한 차이가 있다. 즉, 미국소비자는 사진이 잘 나오는 것 외에 조작이 간편한 것을 원하지만, 일본이나 독일에서는 뛰어난 촬영기능 외에 디자인에 대해서도 까다롭게 요구하기 마련이다.

이에 비해 소득수준이 낮아 카메라의 보급이 일부 고소득층에 한정된 개도국에서는 카메라가 어떤 용도에 쓰이는 것인지조차 잘 모를 때가 있다. 따라서 각각의 경우 광고 메시지에 포함되어야 할 소구내용이 달라져야 한다.

다른 마케팅 믹스와 마찬가지로 광고메시지 개발에서도 표준화와 현지 적응화 중에서 어떠한 접근 방법이 더 바람직한가에 대해서는 아직까지도 많은 논란이 거듭되고 있다. 이는 결국 어떠한 접근 방법도 결코 완벽할 수 없음을 시사해 주는 것이다.

사례 9-2 러쉬 코리아의 독특한 직원복지와 소셜미디어 활동 중단

1995년 영국 항구도시 풀에서 탄생한 러쉬는 전 세계 중 네 번째 진출 국가로 한국을 택했다. 그렇게 2002년 12월 첫선을 보인 러쉬 코리아는 전국에 약 70개 매장을 두고 있다. 황지연 러쉬 코리아 매니저는 전 세계 1,000여 개 매장 중 매출 1위 기록을 수차례 만들어 낸 것으로 유명하다.

그는 "(현재 근무하는 매장에) 2019년 10월에 와서 이번 달까지 전 세계 매출 1위를 여러 번 했다."라며 "서울 명동 매장에서 직원으로 근무하던 시절에도 영국 본사를 제치고 1등을 했다."라고 전했다. "매장 직원이 30명이다. 모두 성격도 자아도 개성도 다 다르기 때문에 이들을 하나로 합치는 데는 아무래도 어려움이 있다."라면서도 "저만의 슬로건이 있는데 오늘 하루도 즐겁게 일하자는 거다. 속상한 일이 생길 수 있지만 기분을 망치면서까지 일하고 집에 가는 길까지 나쁘지 않았으면 좋겠다. 저도 마인드 컨트롤을 위해 노력한다."라고 밝혔다.

비혼을 선언한 직원에게 축의금을 주고 휴가를 보내는 회사가 있다. 반려동물을 키운다면 매달 별도의 수당까지 받을 수 있다. 화장품 브랜드 러쉬(LUSH) 코리아 이야기다.

황 매니저는 tvN예능프로그램 '유 퀴즈 온 더 블록'에 출연해 다양한 사내 복지를 소개했다. 그는 먼저 비혼식 제도를 언급하며 "결혼할 때 축의금과 유급 휴가를 주는 것처럼 결혼하지 않겠다고 선언하는 직원에게도 똑같은 혜택을 준다."라고 설명했다.

러쉬 코리아 강남역점 전경. /러쉬 코리아 홈페이지

한편 러쉬 코리아는 최근 페이스북, 인스타그램, 틱톡 등 소셜미디어 활동 중단을 선언해 눈길을 끌기도 했다. 이들은 홈페이지 입장문을 통해 "초기 소셜미디어는 고객과 친밀하고 돈독한 관계를 구축하는 데 큰 도움이 됐다. 하지만 소셜미디어의 진화는 사람들이 어떤 포스팅을 볼 수 있는지 컨트롤할 수 있게 됐고 알 수 없는 알고리즘으로 누가 무엇을 볼 수 있는지 결정하는 수준까지 됐다."라며 그 배경을 설명했다.

또 "소셜미디어의 역기능인 디지털 폭력, 외모 지상주의, 불안과 우울 같은 정신 건강 문제 등이 심각해지고 있음에도 개선의 여지가 보이지 않는다."라며 "이와 같은 이유로 러쉬는 소셜미디어를 중단하기 위해 노력해 왔다. 팬데믹 상황에서 당장 멈출 수는 없었지만, 이제는 불편하더라도 꼭 필요하다고 믿는 일을 실천하고자 한다."라고 했다.

출처: 조선일보, 2021.12.15., 비혼 선언한 직원에게 축의금 준다… 복지 '끝판왕' 이 회사는?(https://www.chosun.com/economy/economy_general/2021/12/15/ERVED23HHRG6DE7NR57JMXOS7M/)에서 요약 발췌.

3. 광고매체의 선정

광고매체의 선정을 위해서는 광고매체의 활용가능성, 비용, 커버리지 등을 고려해야 한다. 바람직한 광고매체란 표적시장을 비용 · 편익 면에서 가장 효과적이고 효율적으로 커버할 수 있어야 한다.

그러나 각국별로 매체의 보급과 시청자의 특징에 관한 믿을만한 시장정보가 부족하기 때문에 적합한 광고매체를 결정하기란 어려운 과업이다. 이러한 광고매체 선정상의 불확실성을 해결하기 위해서는 시장별로 장기적인 관점에서 매체조사의 확대가 요청된다.

일반적으로 국제마케팅 관리자는 여러 가지 광고매체 대안 중에서 각 매체가 가진 메시지의 전달범위나 도달능력 그리고 각 매체활용 시 소요되는 비용을 감안하여 자사와 자사의 제품에 적합한 형태의 매체를 선정하게 된다.

국제광고 시 활용 가능한 주요 매체는 다음과 같다.

1 인쇄매체

대표적인 인쇄매체로는 신문과 잡지를 들 수 있다. 세계시장의 소비자를 대상으로 한 국제광고의 매체로서 가장 대표적인 것은 Time지나 Newsweek지 같은 시사 또는 전문잡지라 할 수 있다. 그런데 이러한 잡지들은 영어 등의 국제공용언어로만 출간되기 때문에, 대부분의 시장에서 지식인층을 제외하고는 광범위한 독자층에 파고들 수 없다는 단점이 있다.

따라서 독자층이 한정될 수밖에 없는 잡지매체의 제약점 때문에, 대량소비가 필요한 제품의 경우 다양한 직업, 소득, 연령, 성별에 걸친 여러 독자에게 소구할 수 있는 신문매체의 활용가능성을 적극 모색할 필요가 있다.

각국에서 발행되는 신문의 수와 배포 부수는 많은 차이가 있지만, 신문은 현대생활에 있어서 필수불가결한 매체로서 적은 광고비용으로 빠른 광고효과를 기대할 수 있는 광고매체이다. 물론 신문을 통한 광고는 광고수명이 짧다는 문제점이 있기도 하다. 하지만 현실적으로 전 세계적인 매체별 광고비를 비교한 결과에 의하면 인쇄매체가 가장 중시되는 것으로 나타나고 있다.

그러나 신문, 잡지들의 인쇄매체는 현지국의 언어나 주요 외국어에 대한 문맹률이 높은 후진국시장에서는 바람직한 광고매체로 활용하기 어렵다.

2 방송매체

신문, 잡지 등의 인쇄매체 다음으로 중요한 비중을 점하는 것은 라디오와 TV 등의 방송 매체이다. 전통적으로 방송매체가 인쇄매체보다 국제광고의 역할 면에서 낮은 비중을 점하고 있는 이유는 후진국의 경우 TV의 보급률이 낮으며, TV와 라디오가 국영으로 되어 있는 국가에서는 이들 매체를 이용한 상업광고를 허용하지 않는 경우가 많기 때문이다.

라디오는 세계적으로 보편화된 광고수단의 하나이다. 광고주나 광고대행기관들은 특히 라디오를 이용할 때 자신들의 창의성을 가장 잘 발휘하는 것으로 평가되고 있다. 그러나 라디오광고에 있어서 가장 큰 제약은 역시 소구대상에 따른 시장세분화와 청취자가 누구인가에 대한 적합한 정보가 부족하다는 점을 들 수 있다.

한편 오늘날 대부분의 선진국과 상당수의 후진국에서 컬러 방영까지 가능한 TV는 국제 광고에 있어서 가장 잠재력이 높은 광고매체이다. 특히 TV 방송 및 제작기술의 향상, 보유 대수의 증가 그리고 국제사업의 필요성 등으로 국제 상업TV는 날로 확대될 것으로 예상된다. 실제로 전 세계로 방송되는 동일한 프로그램이 증대되고 있고, 또한 인공위성이나 인터넷의 발달로 지구촌 어느곳에서나 올림픽, 아카데미상 시상식 등을 동시에 시청할 수 있게 된 것은 국제광고매체로서 TV의 잠재력을 보여 주는 단적인 예들이다.

3 기타의 광고매체

대부분의 나라에서는 인쇄매체와 방송매체 외에도 옥외광고(outdoor advertising), 직접우송광고(direct mail advertising), 판촉물을 활용한 특수광고(specialty advertising), 영화광고, 구매시점광고(point-of-purchase advertising) 등과 같은 다양한 광고매체가 국제광고에 활용되고 있다.

최근에는 신문이나 TV 등 종래의 미디어를 사용하지 않는 새로운 디지털광고가 잇달아 등장하고 있다. SNS의 틱톡이나 유튜브 쇼츠로 자사의 상품과 정보를 게재하는 독특한 경우도 있다. 종래의 광고기법을 이용하지 않고 광고대행사의 도움 없이 자력으로 전 세계에 정보를 발신할 수 있게 된 것이다. 따라서 멀티미디어 시대는 광고회사의 존재 의의를 묻는 시대가 될 것이다.

이러한 광고매체들은 전통적인 인쇄매체나 방송매체의 활용이 불가능하거나 특정 지역의 소비계층에 파고들 때 활용되는 것이 보통이다.

실제로 오늘날 자유진영은 물론 공산권지역을 포함한 세계 각지에서 기업이나 제품의 옥외광고를 쉽게 접할 수 있다.

4. 국제광고예산의 결정

국제적 수준에서의 광고예산 책정 문제는 여러 시장국을 대상으로 하는 만큼 국내보다 한층 어렵고 복잡성을 띤다. 이론적으로는 각국별로 광고에 소요되는 한계비용이 그에 따른 추가적인 광고효과보다 적은 한, 기업은 계속 광고비를 지출한다. 그러나 실제로는 추가적인 광고효과를 분석하기란 거의 불가능하기 때문에, 기업의 국제광고예산의 결정에는 다음의 방법들이 주로 활용되고 있다.

1 가용자금기준법

가용자금기준법(affordable method)은 현재의 자금동원능력에 비례하여 광고예산을 책정하는 것이다. 이는 단기적인 재무부담에는 무리가 없으나, 장기적인 마케팅전략 측면에서는 많은 문제점이 뒤따른다. 즉, 호황일 때는 광고비용을 과도하게 지출할 수 있지만, 불황일 때는 광고비용을 충분히 투입하기가 어려워 침체를 가속화시킬 우려가 있다.

2 매출액비율법

이는 기업의 규모나 광고에 따른 매출증대효과를 고려하여 광고예산을 책정하는 방법으로 대개는 광고예산총액을 과거 매출액 또는 미래 예상매출액의 일정 비율로 책정한다.

매출액비율법(percentage-of-sales method)은 기업규모에 맞는 광고비 책정이 가능하고, 광고비와 판매가격 간의 관계를 쉽게 파악할 수 있으며, 또한 간편하기 때문에 실무적으로 가장 널리 활용되고 있다.

그러나 이 방법은 제품 또는 지역의 특성을 고려하지 않은 데 따르는 한계를 지니고 있다. 즉, 해외시장에 최초로 진출하거나 신제품을 도입하는 경우에는 상대적으로 많은 양의 광고가 필요하며, 각국별로 경쟁상황, 매체의 활용 가능성과 비용, 개입수준, 마케팅전략이 다르기 마련이다. 그럼에도 불구하고 모든 시장에 대하여 일률적으로 매출액에 대한 동일 비율의 광고예산을 책정하는 것은 불합리하다.

3 경쟁평가법

경쟁평가법(competitive parity method)은 경쟁회사의 광고비 지출수준에 따라 기업의 광고예산을 책정하는 방법으로서, 이 방법을 활용하면 해당 산업에 있어서 평균적인 광고수준을 유지함으로써 안정성을 기할 수 있으며, 또한 치열한 광고전쟁을 예방하는 데도 도움이 된다. 그러나 여러 해외시장에서 경쟁기업의 광고비지출에 관한 자료를 구하기가 힘들고, 설령 구한다고 하여도 당해 기업의 능력과 필요한 광고수준을 무시한 광고비 책정은 비합리적이며 또한 바람직하지도 않다.

4 목표과업법

상기의 방법들이 지니는 약점들로 인하여 많은 기업에서 목표와 과업에 입각하여 광고비를 책정하려 노력하고 있다. 즉, 각 제품이나 사업 부문의 광고목표를 설정한 다음, 목표의 달성을 위하여 구체적으로 수행하여야 할 과업을 결정하고, 그에 소요되는 비용을 최종 광고예산으로 책정하는 것이다.

목표과업법(objective-and-task method)은 광고예산을 기업의 현재 해외시장 개입수준뿐만 아니라 앞으로 달성해야 할 마케팅목표와 연관지어 결정하기 때문에 합리적이고 이상적인 광고예산책정 방법이라고 할 수 있다.

그러나 이는 많은 국제기업에 의해서 시도되고 있는 방법이기는 하나, 구체적인 마케팅목표의 설정과 당해 목표의 달성을 위하여 소요되는 광고비용이 그만큼의 가치가 있는지를 객관적으로 평가할 만한 기준을 세우기가 어렵다.

Section 04

기타의 국제촉진수단

1. 국제판매촉진

1 국제판매촉진의 의의

국제판매촉진은 해외고객의 제품구매의사를 강력하게 자극하기 위한 단기적인 유인을 의미하며, 광고, 인적판매, 홍보의 범주에 포함되지 않는 제반 촉진활동을 말한다. 이러한 국제 판매촉진은 해외시장국의 유통경로에 적극적으로 개입하고 있는 국제기업의 현지 마케팅 자회사에는 특히 중요한 의미를 지닌다.

해외시장에서의 판촉활동에 있어서 주의해야 할 문제점으로는 다음과 같은 것들을 들 수 있다.

첫째, 판촉은 일반적으로 소득수준이 낮은 시장국일수록 필요성과 효과가 증대된다.

둘째, 판촉활동을 규제하는 정부정책, 법률 등은 각국마다 많은 차이가 있다. 판촉수단에 따라서는 은연중에 속임수가 많으며, 고객을 현혹시키기가 용이하기 때문에 대부분의 국가는 소비자를 보호하기 위해서 광고보다 판촉활동에 대해 더욱 강력한 규제를 시행하고 있다.

셋째, 판촉의 필요성과 강도는 현지 경쟁상황에 따라서도 달라지기 마련이다.

일반적으로 국제기업은 현지의 경쟁기업에 비해 판촉활동을 전개하면서 상대적으로 유리한 입장에 있는데, 이는 시장의 세계화로 각국 소비자의 수요구조가 유사해지면서 판촉 아이디어의 창출이나 판촉물의 구입에 규모의 경제가 작용하는 경우가 많기 때문이다.

2 국제판매촉진의 일반적 유형

판매촉진은 누구를 대상으로 하는가에 따라 크게 대거래선 판매촉진(dealer promotion)과 대소비자 판매촉진(consumer promotion)으로 구분된다.

❶ 대거래선 판매촉진

해외거래선에 대한 판매촉진은 거래선에 대한 구매의사 환기와 자극을 통해 판매망을 강화함으로써 궁극적으로는 매출액을 증대하는 데 목적이 있다. 특히 국제화의 초기단계에 있는 기업은 해외시장에서의 지명도가 낮아 현지고객으로부터의 수요풀(demand pull)을 기대하기가 어려운 관계로 유통경로를 통한 판매푸쉬전략(sales push strategy)에 역점을 두어야 하므로 대거래선 판촉이 절대적으로 요구된다.

대거래선 판촉의 구체적인 수단으로는 현금환불(rebate, kickback), 판매점 컨테스트를 통한 표창과 같은 단기적인 유인 외에도 상점의 매장이나 간판을 비롯한 판매지원, 신제품 설명회, 판촉자료제공, 정보지원 등의 거래선에 대한 장기적인 지원활동 등 다양한 형태가 있다.

국제기업이 효과적인 대거래선 판촉 내지 지원활동을 위해서는 사전에 거래선의 제반 상황을 정확하게 파악하여 항목별로 최신의 자료를 보유함으로써, 이를 바탕으로 거래선 관리자료를 작성하고, 거래선의 매출액, 신용상태 등에 관심을 기울여 다각적인 판매증진책을 강구해야 한다.

❷ 대소비자 판매촉진

대거래선 판촉전략이 탁월하더라도 제품이 최종 소비자에 의해 사용되지 않고서는 판촉을 전혀 하지 않는 것과 다를 바가 없다. 해외시장의 소비자에 대한 직접적인 촉진수단으로는 다음과 같은 것들이 있다.

- **판촉물** : 이는 제품 또는 서비스의 구입을 유인, 자극시키기 위하여 해당 제품 또는 서비스와는 별개의 제품 또는 서비스를 구입액에 상응하여 제공하는 판촉수단이다.
- **소비자 컨테스트** : 이는 불특정 다수의 응모자를 대상으로 추첨 혹은 심사 등의 방법에 의해 입상자를 결정해서 상품이나 상금을 제공하는 방법이다. 이 수단은 사전광고가 충분해야 하며, 과제는 되도록 쉬우면서 보상이 매력적이어야 만족할 만한 판매성과를 기대할 수 있다.
- **견본제공 상품** : 그 자체 또는 축소품을 증정하는 방법으로, 이는 견본에 대한 신뢰도를 바탕으로 소비자에게 확정적인 구매의사를 심어주기 위한 판촉수단이다.

이 밖에도 국내외의 소비자에 대한 판매촉진은 각종 행사의 개최, 회사 · 공장 견학을 포함한 소비자교육 등 촉진담당자의 창의적인 노력에 따라 다양한 형태로 이루어질 수 있다.

3 특수한 형태의 국제판매촉진

전항에서 살펴본 일반적인 판촉 유형들은 국내에서의 판촉활동에도 활용되고 있는 것들이다. 그러나 이와는 달리 국제마케팅의 경우에서만 찾아볼 수 있는 독특한 촉진수단으로는 국제박람회, 종합전시회, 국제견본전시회 등을 들 수 있다.

국제박람회 등은 구체적 명칭에 따라 개최목적, 참가대상 및 규모, 관람대상, 행사기간 등이 조금씩 다르긴 하지만, 통틀어 1년에 1,000회 이상의 행사가 세계 각처에서 개최되고 있으며 이는 다음과 같은 장점들이 있다.

첫째, 국제박람회 등에는 세계 각지에서 많은 판매자와 구매자가 모여들기 때문에, 다른 방법으로는 몇 년이 걸려도 어려울 정도의 고객과의 접촉 및 상담이 단기간에 가능하다.

둘째, 본격적인 출하에 앞서 제품의 판매가능성과 잠재적인 유통업자의 반응을 측정할 수 있기 때문에 시장실험의 기회로 삼을 수 있다.

셋째, 행사에 참여하는 기업은 저마다 홍보효과 또는 고객의 관심을 얻기 위해 최고의 제품과 새로운 기술을 선보이기 때문에 경쟁업체에 대한 시장조사의 기회를 포착할 수 있다.

이러한 전략적 가치를 감안할 때, 국제마케팅 관리자는 촉진전략을 수립할 때 국제박람회 등의 참가 여부를 여타 촉진믹스와의 조화를 고려하여 신중하게 결정할 필요가 있다. 특히 무분별한 국제전시회의 참가는 쓸데없는 비용의 낭비만 초래하기 쉬우므로 참가대상 전시회는 비용과 효과를 엄밀히 분석하여 필요한 수준으로 제한하는 것이 바람직하다.

2. 국제인적판매

국제인적판매(personal selling)란 광고를 비롯한 여타의 대중적 또는 비인적 커뮤니케이션 수단과는 달리 기업의 판매원에 의하여 수행되는 인적 커뮤니케이션을 통한 촉진활동이다. 이러한 국제인적판매는 고객의 욕구나 구매동기에 맞추어 제품과 관련된 정보를 제공할 수 있을 뿐만 아니라 고객의 반응을 살펴가며 구매결심을 촉구할 수 있다는 장점이 있다.

그러나 국제인적판매는 고객당 소요되는 촉진비용이 많이 소요되므로 일반적으로 대량 구매를 할 수 있는 고객 혹은 해외시장에서 생산이나 재판매를 위해 제품을 구입하는 산업 구매자를 상대로 하는 것이 바람직하다. 특히 제품단가가 높거나 기술적으로 복잡한 산업용품은 구매자에게 정확하고 구체적인 정보를 제공해야 최종적인 구매의사를 끌어낼 수 있기 때문에 인적판매가 중요한 촉진수단으로 활용된다.

여기서는 해외판매 인력의 유형에 대해 간단히 검토하고자 한다.

국제마케팅에 있어서 어려운 과제 중의 하나는 시장의 확대에 따른 국제마케팅 인력의 부족을 어떻게 해결할 것인가 하는 문제이다. 이러한 국제마케팅 인력 중 기업이 현지에서 가장 필요한 것이 판매인력으로, 여기에는 본사에서 파견된 판매인력, 현지채용 판매인력, 국적을 불문하고 여러 시장국에서 근무할 범세계적 판매인력 등의 유형이 있다.

1 파견 판매인력

세계교역량이 늘어나고 현지 마케팅업무를 담당할 현지인력을 쉽게 확보할 수 있게 되면서 본사에서 파견되는 판매인력의 수는 점차 줄어들고 있는 것이 오늘날의 추세이다. 그러나 첨단기술제품이나 판매를 위해서 상당한 정보가 필요한 경우에는 역시 파견 판매인력이 가장 적합하다.

파견 판매인력(expatriate sales personnel)은 기술적으로 훈련이 잘되어 있고 기업 및 제품 계열에 대한 뛰어난 지식을 가지고 있을 뿐만 아니라 신뢰도와 효율성이 높다. 또한 현지인이 아니기 때문에, 경제발전수준이 뒤떨어진 해외고객에게는 제품계열의 품위를 높게 받아들이도록 유도할 수도 있다는 장점이 있다.

반면 파견 판매인력의 단점으로는 상대적으로 비용이 많이 들며, 현지인 고용의무 등의 법적 제약이나 문화적 장벽을 감안해야 하고, 해외에서 장기간 거주하기를 좋아하는 본사 인력을 구하기가 그다지 쉽지 않다는 점 등을 꼽을 수 있다.

2 현지채용 판매인력

최근 많은 기업에서 파견 판매인력보다는 현지채용 판매인력(foreign sales personnel)을 선호하는 경향이 두드러지고 있는데, 특히 일선 판매업무에는 현지인을 활용하는 경우가 많다. 이는 현지인은 문화적 · 법적 장벽을 느끼지 않을 뿐만 아니라, 파견 판매인력에 비교해 상대적 보수나 판매비용을 감안할 때 촉진효과 면에서 결코 뒤떨어지지 않는다는 것이 판명되고 있기 때문이다.

특히 대부분의 개도국에서는 현지인으로도 충분히 감당할 수 있는 인력을 본사 파견인으로 충당하는 것을 법으로 금지하고 있는 경우가 많다. 이러한 경우 현지인을 판매인력으로 채용하는 것은 기업의 선택이 아니라 의무가 된다.

한편 현지채용 판매인력은 아무래도 일에 대한 숙련도에 있어서 본사 파견인력에 비하여 뒤떨어지는 것이 보통이며, 원활한 사내의 의사소통을 위해 필수적으로 요구되는 언어나 문화에 대한 이해가 부족하다는 단점이 있다.

특히, 진출국가가 개도국시장일 때는 인건비는 저렴하지만, 이에 반하여 판매기술이나 노하우가 부족한 것이 사실이다. 따라서 다국적기업은 현지에서 판매인력을 채용하고 교육훈련을 시킨 다음에 파견하여 근무토록 함으로써 기업 이미지 제고와 제품의 판매를 증가시키고 있다. 이 방법은 실제로 LG전자가 중국시장에서 채택하여 많은 성과를 거둔 바 있다.

3 범세계적 판매인력

최근에는 국제마케팅 인력의 국적에 있어서 주목할 만한 변화가 나타나고 있다. 즉, A국 사람이 B국 기업을 위해, A국이나 B국 이외의 다른 국가에서 다각적인 마케팅활동을 전개하고 있는 경우도 쉽게 찾아볼 수 있다. 이러한 현상은 특히 관리층에서 두드러지는데, 근자에 들어서는 일선 판매인력의 경우까지 확대되고 있다.

이와 같이 제3국인 또는 범세계적 판매인력(cosmopolitan sales personnel)의 활용도가 늘어나고 있는 이유는 기업의 국제화와 함께 개인적 능력이나 동기부여는 반드시 특정국의 소산이 아니라는 인식이 확대되고 있기 때문이다.

그러나 궁극적으로 어떤 유형의 판매원을 활용할 것인지 결정하는 데는 언어 및 문화의 국제적 차이, 법적 제약 등과 함께 판매인력의 인건비 차이도 고려할 필요가 있다.

Section 05 비대중매체 촉진 방법

광고 등 대중매체를 이용하는 대신에 비대중매체(non-mass media)를 이용한 촉진 방법에는 스포츠 및 각종 행사에 대한 스폰서십(sponsorship)이 대표적이다. 이하에서는 스폰서십의 개념, 스포츠 행사 지원 그리고 각종 문화행사 지원에 관하여 설명한다.

1. 스폰서십(Sponsorship)의 개념

1 스폰서십의 역할

스폰서십의 주요 역할이라 함은 두 가지의 기능, 즉 매체(medium)로서의 기능과 메시지(message)로서의 기능을 통해서 브랜드 이미지를 형성한다는 데에 있다.

스폰서십의 매체로서의 기능이라 함은 스포츠 및 각종 행사를 후원함으로써 보다 쉽게 청중(audience)에게 접근할 수 있다는 것을 말한다. 스폰서십은 전통적인 커뮤니케이션 매체들을 가지고는 이용할 수 없는 특이한 속성, 즉 효율적 의사전달, 표적화, 차별화라는 점을 가지고 있다. 전통적 광고매체는 혼잡스러움으로 인해 메시지 전달이 어려울 수 있지만, 스폰서십은 그들의 메시지를 분리 적용하는 것이 가능하다. 따라서 스폰서십은 표적집단에 대한 주목성을 높이고 커뮤니케이션 과정에서의 비효율성을 최소화함으로써 메시지의 가시성을 증폭하며 정확한 타깃을 겨냥할 수 있다는 장점이 있다. 한편, 스폰서십에서의 메시지로서의 기능이라 함은 다양한 종류의 스폰서 활동에 따라 개별 스폰서 활동이 담고 있는 메시지가 브랜드 이미지 가치로 이전되는 기능이라 할 수 있다. 즉, 스폰서십은 개별적인 후원 행사가 담고 있는 메시지가 각각 상이하기 때문에 후원행사 그 자체에서 후원하는 회사의 브랜드 이미지가 형성된다. 따라서 어떠한 이벤트를 후원하는지에 따라, 또는 어떠한 스폰서 활동을 하는지에 따라 그 브랜드 이미지가 다르게 생성된다. [표 9-2]는 스폰서십 행사의 종류에 따라서 이전되는 가치가 다르다는 것을 보여 주고 있다.

표 9-2 **스폰서십의 다양한 종류에 따라 생성되는 이미지 가치**

행사 종류	이전되는 가치
스포츠	건강함, 젊음, 에너지, 빠름, 활기, 남성성
고급 문화예술	정교함, 엘리트, 상위시장, 경건함, 차별화, 자부심
대중예술	젊음, 친근함, 혁신, 상업성, 현재성, 이해용이성
사회활동	존경, 지적임, 개척, 봉사
환경프로그램	개척, 관심사, 봉사

자료: Tony Meenaghan, David Shipley, "Media Effect in Commercial Sponsorship", European Journal of Marketing, Vol. 33, 1999, p.342.

2 스폰서십의 허용범위

스폰서십이 브랜드 이미지를 형성하면서 모든 스폰서십 활동이 청중에게 호의적인 브랜드 이미지를 심어주는 것은 아니다. 대체로 스포츠나 대중예술에 스폰서를 할 때보다 사회운동이나 환경프로그램에 스폰서를 할 때 청중들은 좀더 높은 수준의 호의적인 이미지를 만들어 낸다. 스포츠나 대중예술에 스폰서를 하는 것은 투자자들이 보다 광고적인 동기를 가지고 있다고 생각하기 때문이다.

스폰서십의 종류에 따라서 소비자의 민감성 정도가 다르다. 여기서 민감성이라고 하는 것은 스폰서십의 활동을 통하여 광고활동을 하는 데 있어서 소비자가 허용하거나, 저항하려는 정도를 말한다. 즉, 스포츠나 대중예술 같은 활동은 소비자가 인지하기에 스폰서십 활동을 통하여 좀 더 저항 없이 광고를 하기 쉽고, 사회활동이나 환경프로그램 같은 경우는 이보다는 스폰서십을 통하여 광고를 하는 것에 저항이 크다는 것이다.

표 9-3 **스폰서십 종류에 따른 허용범위**

종류	판촉허용범위
방송	높다
스포츠	
대중예술	
고급 문화예술	
환경	
교육	
사회활동	낮다

자료: Tony Meenaghan, David Shipley, "Media Effect in Commercial Sponsorship", European Journal of Marketing, Vol. 33, 1999, p.343.

2. 스포츠 행사 지원

스포츠 스폰서십이란 기업이 스포츠활동을 후원하여 주고 기업의 제품과 이미지를 홍보하는 데 목적이 있는 촉진활동이다.

1 스포츠 스폰서십의 분류

스포츠 스폰서십은 기업의 참여 형태에 따라 분류할 수 있다. 첫째, 기업주도형으로 스포츠 이벤트 경비의 전부 혹은 대부분을 부담하여 타이틀 스폰서십과 비타이틀 스폰서십으로 구분된다. 둘째, 매체주도형으로 매체사가 주최하는 대회에 기업이 협찬하는 방식이다. 기타 방법으로는 공동협찬형식과 제품기증형식, 경기장 내 광고물 설치협찬 등이 있다. 이러한 스포츠마케팅 활동을 지원하는 스폰서십의 종류에는 첫째, 공식후원사로 일정금액을 지불하고 휘장을 광고, 판촉에 이용할 수 있는 권리를 획득하여 경쟁기업 참여를 제한하는 독점 스폰서가 대부분이다. 둘째, 공식공급업체로 물자나 용역 등을 지원하고 휘장을 광고, 판촉에 이용할 수 있는 권리를 갖는 것이다. 셋째, 공식 상품화권자(official licensee)로서 일정액을 지급하고 휘장을 이용하여 상품을 제조 및 판매할 수 있는 권리를 갖는 것이다.

그림 9-3 LG전자의 스포츠 마케팅 활동지도

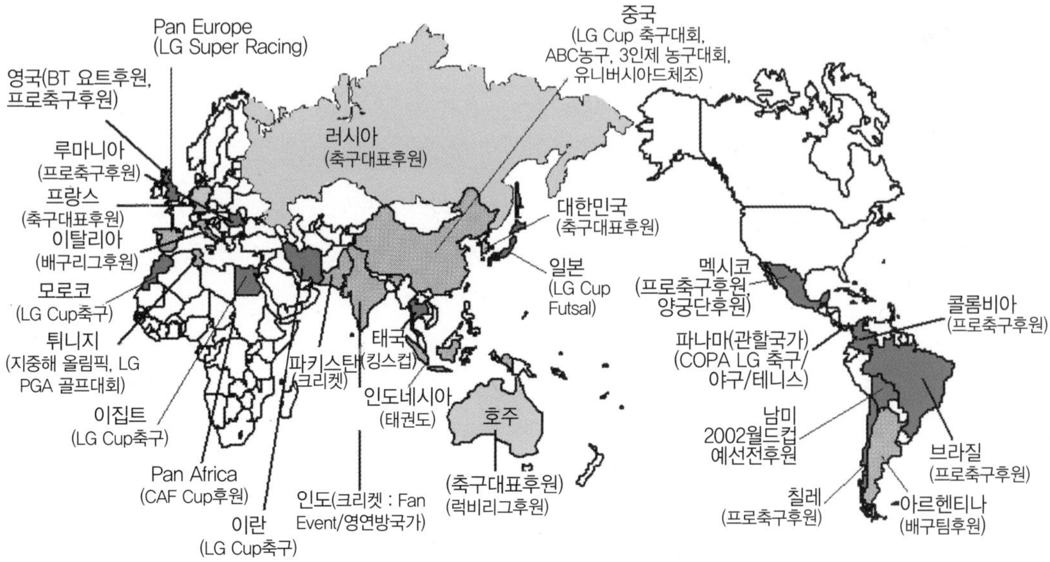

2 스포츠 스폰서십의 목적

스포츠 스폰서십은 기업의 목적과 그 목표집단에 적합한 형태를 띠어야만 하며, 광고, PR, 판매촉진 등 기업이 행하는 커뮤니케이션의 통합적인 한 부분이 되어야 한다. 기업이 마케팅 도구를 활용하는 목적은 궁극적으로 판매신장 및 이를 통해 이윤을 증가하는 데 있다. 점점 여가생활을 중시하는 현대 사회에서 스포츠가 여가생활의 중심역할을 하게 되는 현상은 스포츠 스폰서십을 이용하는 것이 더욱 효과적인 방향이 될 것이라는 것을 예견해 준다. 스포츠가 삶의 중요한 행위이며 커뮤니케이션 도구가 되고 있음은 이러한 주장을 충분히 뒷받침해 주고 있다. 기업이 스포츠 스폰서십에 참여하는 목적은 궁극적으로 판매신장에 있지만, 중 · 단기적인 입장에서 다른 이유를 살펴보면 다음과 같다.

첫째, 기업의 인지도를 상승시키거나 지속시키는 것은 스포츠 스폰서십에서 가장 중요한 목적이다. 이 목적은 무엇보다도 시청자와 미디어효과에 적합한 스포츠 종류와 스포츠행사를 통해 이루어질 수 있다. 전 세계인이 동시에 볼 수 있는 올림픽과 월드컵에 세계 일류기업이 앞다투어 후원에 참여하는 이유도 여기에 있다.

둘째, 기업 및 제품 이미지를 개선하거나 공고히 하는 것은 스폰서십이 추구하는 또 다른 목적이다. 스포츠의 이미지가 기업의 이미지로 전달될 때 스포츠 스폰서십은 성공한 것이며, 이러한 이미지 변화는 중 · 장기적으로 스폰서십을 행할 때 효과적으로 이루질 수 있다는 인식이 중요하다.

셋째, 특정한 국민집단에게 그 기업에 대한 신뢰와 이해를 구하며 사회적인 책임성을 표현하는 것으로 이해할 수 있다. 이처럼 스포츠 스폰서십은 다양한 형태로 기업을 효과적으로 뒷받침하는 데 기여할 수 있다. 기업은 스포츠 스폰서십에 참여할 때 기업이 추구하는 커뮤니케이션의 목적에 부합하는지 유의해야 한다. 스포츠 스폰서십은 기업의 여타 다른 커뮤니케이션 수단들과 통합되어 실행될 때 스폰서십의 긍정적인 효과가 나타나기 때문이다.

사례 9-3 수퍼스타 '나달' 일찍이 알아본 기아, 20년 후원의 결과는?

전 세계인의 이목이 집중되는 빅매치와 스타 선수는 수많은 기업의 마케팅 전쟁 같은 곳이다. 그 가운데 기아는 일찍이 나달의 재능을 알아보고 후원했다. 나달은 15세 때 ATP투어 우승 경험이 있을 정도의 유망주였지만, 18세 때 피로골절로 인한 부상 후 슬럼프가 찾아왔다. 하지만 당시 기아 마케팅팀에서 나달의 가능성을 알아보고 베팅했고, 이후 나달은 성공적으로 재활해 수퍼스타가 됐다.

나달은 기아와의 스폰서십을 2차례 연장하며 18년 동안 관계를 이어오고 있다. 기아의 주요 신차 유럽 출시 행사에 나달이 홍보 모델로 나서고, 나달도 소셜미디어를 통해 기아차와 관련된 영상과 사진을 꾸준히 올린다.

기아의 신형 전기차 EV6와 라파엘 나달 /기아 홈페이지

2015년 메르세데스 벤츠가 후원한 대회에서도 우승 상품으로 벤츠 최고급 모델을 받았으나 차를 타고 나온 다음 "제 스폰서 회사 기아만큼 좋진 않네요."라고 말해 화제가 된 적도 있었다. 실제 파파라치 사진과 영상을 찾아보면 나달이 훈련장 출퇴근 길에 기아 스팅어 등 협찬받은 차량을 모는 모습이 포착되기도 했다.

나달에 대한 기아의 후원은 실제 효과를 봤을까? 2021년 발표된 스페인 내 자동차 브랜드 판매량 순위를 보면 기아는 스페인 시장에서 4만 6,000대 이상을 팔아 스페인 시장 6위 브랜드다.

대회에서 나달을 통해 마케팅 효과를 본 또 다른 브랜드는 나이키, 고급 시계 브랜드 리차드밀이다. 나이키는 나달의 13세 시절부터 그를 후원했다. 페더러와 나이키의 계약은 만료됐지만, 나달과 나이키의 관계는 아직까지 이어지고 있다. 스위스 시계브랜드 리차드밀은 2010년부터 나달을 후원했다. 경기 중 시계를 차고 서브를 넣는 나달을 보면서 '무겁게 왜 시계를 찰까'라는 생각을 할 수도 있지만, 리차드밀은 특수제작 시계를 만드는 브랜드다. 나달이 차는 시계는 무게가 20g이 채 나가지 않고, 가격은 10억 원을 훌쩍 넘는 고가 제품이다.

출처: 조선일보, 2022.01.31.; https://n.news.naver.com/article/023/0003669832

3. 문화행사 지원

기업은 기업 이미지를 제고하기 위해서 각종 행사를 지원하는데, 실제로 한국기업의 매스미디어에 비하여 적은 비용으로 많은 효과를 거두고 있는 것으로 보인다.

예를 들면, LG전자는 한때 한국에서 크게 유행한 '장학퀴즈'를 이용하여 베트남, 태국, 필리핀 등에서 현지방송사를 후원함으로써 브랜드 인지도를 빠른 시간에 높이는 데 성공하였다.

이외에도 현지국의 형편에 맞는 다양한 행사들, 예를 들어 어린이 미술대회, 자선음악회, 노래자랑, 길거리 농구대회 등의 문화행사를 지원하기도 한다. [표 9-4]는 LG전자 해외법인들이 사용한 활용 사례를 보여 주고 있다.

표 9-4 LG전자 8개 해외법인의 비대중매체 활용 수단

해외법인명	활용 수단
LGESY(중국심양)	LG촌 건설, 어린이 미술대회, 신혼판촉활동, 3 · 15판촉활동, 춘절 활동지원
LGEIL(인도)	크리켓게임 후원, 로드쇼, 유통업자 및 부녀사원 초청
LGEMT(태국)	장학퀴즈, 킹스컵축구 후원
LGEES(스페인)	열기구 후원, 아이스쇼 후원, 음악회 후원, F1 자동차경주 후원, 유통업자 한국초청
러시아, 카자흐스탄	한국드라마 상영, 노래자랑대회, 바둑대회, 문화 페스티발 개최
LGEFS(프랑스)	프랑스 축구대표팀 후원
LGEIS(이탈리아)	기타 여행제공

주요 용어

촉진
마케팅 커뮤니케이션
커뮤니케이션 장벽
커뮤니케이션 효과
커뮤니케이션 메시지
비언어적 커뮤니케이션
상징
커뮤니케이션 매체
정보탐색
광고대행사
광고메시지의 적응화
광고매체
가용자금기준법
매출액비율법
경쟁평가법
목표과업법
국제판매촉진
인적판매
국제홍보
스폰서십
스포츠행사지원
문화행사지원

연습문제

01 국내촉진과 구별되는 국제촉진의 독특한 성격에 대하여 논술하시오.

02 기업의 국제촉진활동에 대한 현지정부의 법적 규제에 대하여 논술하시오.

03 국제광고대행사 및 현지광고대행사를 이용한 경우의 이점을 각각 논술하시오.

04 광고메시지의 표준화와 적응화에 대하여 논술하시오.

05 해외시장에서의 광고매체선정에 대하여 논술하시오.

06 국제광고예산의 책정 방법에 대하여 논술하시오.

07 국제판매촉진에 대하여 논술하시오.

08 국제인적판매에서 판매인력의 유형에 대하여 논술하시오.

09 한국의 자동차 또는 전자회사 중에서 하나를 택하여 국제촉진전략사례, 특히 국제광고 시 주요 고려요소 또는 장애요인, 광고대행사의 선정, 광고메시지, 광고매체, 광고예산책정, 국제협력광고, 기타 국제촉진수단 등을 조사하시오(그룹과제).

10 한국시장에서 판매되고 있는 외국제품 중 하나를 택하여 판매기업의 촉진전략과 동종품목의 국산제품 판매기업의 촉진사례를 비교 · 분석하시오(그룹과제).

11 정부부처 혹은 관련 기관에서 '한국의 이미지'를 어떻게 해외에 홍보하고 있는지 조사하시오(그룹과제).

12 스폰서십의 역할과 종류 및 효과에 대해 논술하시오.

PART

04 국제마케팅전략의 실행

Chapter

10

국제마케팅전략

CASE STUDY 한국 대표라면 '신라면'의 국제마케팅전략

Chapter

10

국제마케팅전략

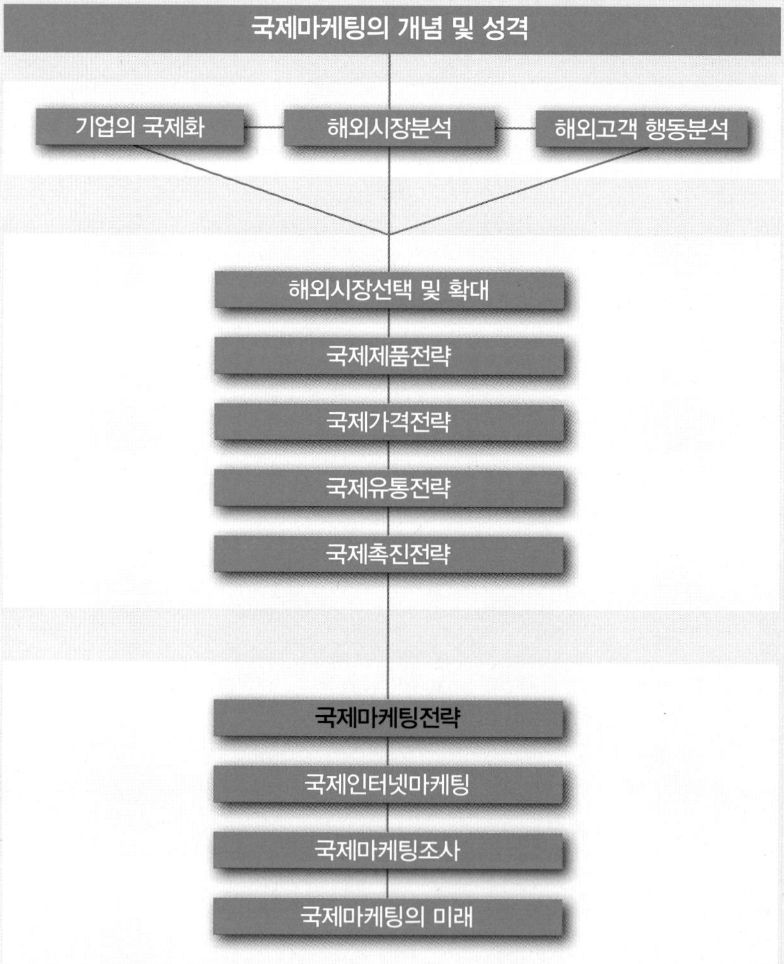

CASE STUDY 한국 대표라면 '신라면'의 국제마케팅전략

신라면의 역사와 매출

식품업계에 따르면 농심 신라면의 3분기 누적 국내외 매출액은 총 6,900억 원으로 이 중 해외 매출액은 3,700억 원으로 집계됐다. 해외 매출액 비중이 총매출액 대비 53.6%를 기록했다. 신라면의 국내외 매출액은 2019년 국내 4,300억 원, 해외 3,300억 원을 기록했지만, 이후 해외 비중이 크게 늘어나면서 2020년 국내 4,400억 원, 해외 4,200억 원으로 격차가 좁혀졌다.

1971년부터 미국 LA지역에 라면을 수출하며 해외시장에서 발을 넓혀오던 농심은 '한국적인 맛이 가장 세계적인 맛'이라는 글로벌 시장 진출 전략으로 1986년 출시된 신라면은 이듬해인 1987년 수출을 시작하며 세계무대로 나섰다.

농심 해외 시장 진출 주요 역사

1971	미국 LA 지역에 라면 수출 시작
1981	일본 동경사무소 개설
1984	미국 샌프란시스코 사무소 개설
1994	미국 법인 '농심 아메리카' 설립
1996	중국 법인 '상해 농심' 설립, 상해 공장 가동
1998	중국 청도 공장 가동
2000	중국 심양 공장 가동
2002	일본 법인 '농심 재팬' 설립
2005	미국 LA 공장 가동
2014	호주 법인 '농심 호주' 설립
2017	한국 식품 최초 미국 월마트 전 점포 신라면 입점
2018	베트남 법인 '농심 베트남' 설립
2020	캐나다 법인 '농심 캐나다' 설립
2021	미국 제2공장 가동(예정)

출처: https://blog.naver.com/newsnanumy/222527461000

출처: http://www.thinkfood.co.kr/news/articleView.html?idxno=92463

신라면의 세계지도

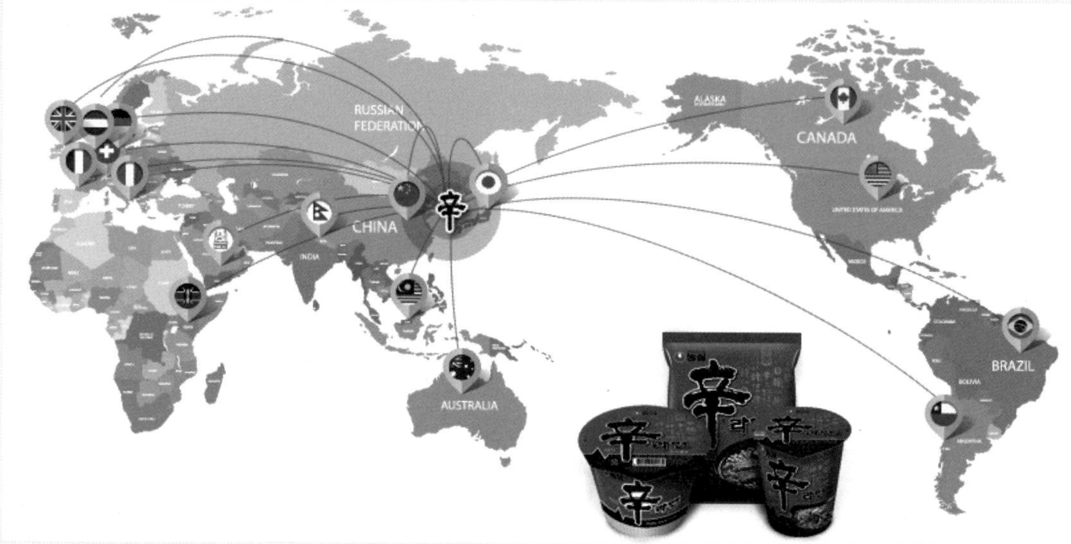

출처: http://www.shinramyun.com/story/brand_history

미국	중국
• 국내 식품업계 최초 월마트 직거래 계약 • 세계 최대 항공사 아메리칸 항공 기내식 제공	• 세계 최대 전자상거래 '타오바오'에 판매 계약 • 상해 와이탄 오로라 빌딩 신라면 광고
아랍에미리트	**일본**
무슬림도 먹을 수 있는 할랄(Halal) 辛라면 출시	• 辛라면 Day (4월 10일) 지정 • 신라면 팬클럽 운영
영국	**말레이시아**
• 모리슨(Morrisons)과 판매 계약 • 프로축구 'AFC윔블던(AFC Wimbledon)' 공식 후원	• 2014년 식음료 부문 베스트 브랜드상 수상 • JAKIM에서 신라면 할랄 인증
호주	**네팔**
2014년 1월 호주법인 설립	히말라야 안나푸르나 트래킹객에게 辛라면컵 인기
캐나다	**프랑스**
면 시장 점유율 15%, 2위 차지	알프스 최고봉 몽블랑 매점에 辛라면 판매
이탈리아	**네덜란드**
UN식량농업기구 본부 면세점 辛라면 판매	암스테르담 공항 매점 辛라면컵 판매
케냐	**브라질**
현지 식품류 최초 홈쇼핑에 신라면 판매	辛라면 등 50종 제품 판매
스위스	**칠레**
융프라우 전망대 매점에서 辛라면 판매	지구 최남단 칠레 '푼타 아레나스' 辛라면 가게 인기

출처: http://www.shinramyun.com/story/world_taste

미국 시장

• 교포시장에서 미국 현지 주류시장으로

1971년 미국 시장 첫 수출을 기점으로 80년대 LA중심 교포시장, 90년대 이후부터 아시아계와 히스패닉계 등 한인 이외의 소비층으로 35% 이상 확대되면서, 2005년 LA공장을 준공하게 되었다.

특히 매운 음식을 좋아하는 중남미계 미국인이 얼큰한 맛에 끌리고 있어, 히스패닉을 대상으로 한 푸드쇼, 각종행사 등에 참가 및 지원을 하며 회사 및 제품 홍보를 했다. 히스패닉을 통해 축구경기장 보드판 광고를 하고 있으며, 축구경기장 안에는 시식회 및 샘플링 등을 지속적으로 실시하고 있다.

농심 미국법인 매출

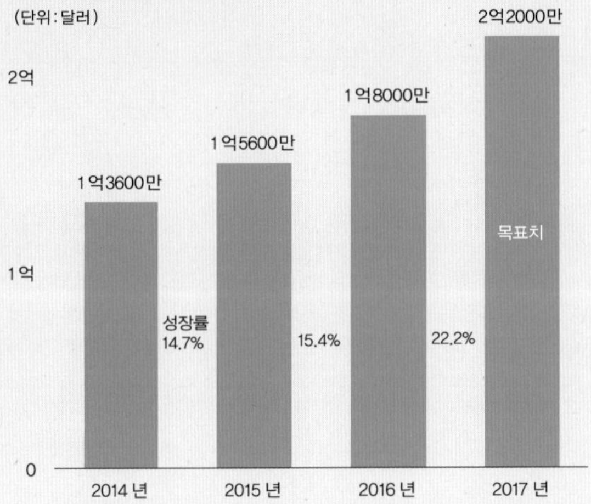

• 스포츠 마케팅으로 다가서다

2010년 LA인근 골프대회 협찬을 시작으로 2011년 LPGA KIA CLASSIC에 스폰서십을 맺고, 같은해 LA다저스 협찬사로 계약, 경기장내 광고 보드 및 라면시식부스를 운영하여 교포시장을 넘어 좀 더 미국대중에게 다가서기 위해 노력하고 있다.

2017년에는 한국 식품 최초로 미국 전역 4,692개의 월마트(Wal-Mart) 전 점포에 입점하여, 미국 전체 유통시장을 아우르는 판매망을 갖추게 됐다. 신라면의 월마트 전점 입점은 그만큼 브랜드 파워가 글로벌 무대에서 통하고 있다는 방증이다.

실제로 월마트가 미국 전역에서 판매 중인 식품은 코카콜라, 네슬레, 펩시, 켈로그, 하인즈 등 글로벌 브랜드뿐이다. 농심의 월마트 전 점포 입점은 '1대 1 직거래' 방식이 비결이다. 월마트의 판매 데이터를 분석, 맞춤영업을 추구한 것이다. 매장 바이어와의 협업으로 신라면 진열과 판촉행사 등도 효과적으로 활용했다.

농심은 신라면을 앞세워 미국 심장부인 핵심 정부기관에까지 입점하는 등 미국시장 공략에 박차를 가했다. 현재 미국 국방부(Pentagon), 국회의사당(US Capitol) 등에 공급되는 라면류로는 신라면이 처음이자 유일하다. 농심은 이를 위해 라면종주국인 일본의 라면도 입점하지 않은 상황에서, 저가 일본제품과 차별화하는 신라면의 '고급 브랜드' 이미지를 내세웠다. 이런 프리미엄 이미지는 미 정부기관의 오피니언 리더십과 적절히 부합해 입점이 성사됐다. 현재 미국 국회의사당과 국방부를 비롯해 국립보건원(NIH), 특허청(USPTO) 등 7개 정부기관에 신라면, 신라면블랙, 너구리, 김치사발면 등이 판매되고 있다.

출처: http://www.shinramyun.com/story/global_marketing_usa: https://www.ajunews.com/view/20170816113258964

중국 시장

중국은 1990년부터 본격적인 라면류의 시장이 형성되기 시작하여 라면소비량이 연간 500억 개 정도에 달한다. 수량 기준으로 볼 때는 2007년 세계 라면시장의 절반 정도를 차지하는 등 세계 최대의 라면 소비 국가로 부상하였고, 인구 1인당 라면 소비가 39개일 정도로 그 성장가능성이 높다. 중국인은 대부분 매운 것을 잘 못 먹기 때문에 초장기 광고내용도 "매운 걸 못 먹으면 사나이 대장부가 아니다."라고 강조한 TV광고를 했다. 농심은 신라면이라는 브랜드를 알리기 위해 주요도시에 버스 광고를 하는 등 광고를 강화하고 있다.

- **농심 辛라면배 세계바둑 최강전**

1999년에는 바둑에 열광하는 중국 소비자를 겨냥해 '농심 신라면배 세계 바둑 최강전'을 창설하는 등 세계 각국에서 현지의 문화와 정서를 고려한 마케팅활동을 펼치며 현지 시장에 깊숙이 침투했다. 그 결과 2014년 이후 여러 차례 중국 인민일보 인민망이 선정한 '중국인이 사랑하는 한국 명품'으로 선정됐다.

- **지역 선택 집중형 마케팅 전략**

농심은 중국라면시장에 대해 대대적인 물량공세보다는 지역마다 차등을 두고 천천히 공략하는 지역 선택 집중형 마케팅전략을 바탕으로 3가지 원칙을 세웠는데, 辛라면을 위주로 한 한국의 맛으로 승부를 겨룰 것과 반드시 현금 거래로 할 것 그리고 대도시의 대형마트 위주의 판매 전략을 세울 것 등이다.

• **중국 현지에 일괄생산체제를 갖추다**

1996년 농심 상해공장을 준공하였고 1998년 청도농심 식품유한 공사를 설립하였다. 또한 2000년 농심 심양공장을 설립하였다.

출처: http://www.shinramyun.com/story/global_marketing_china

일본시장

일청식품, 동양수산, 명성식품, 산요식품, 에스콕쿠등 대형 메이커들이 52억 봉지의 라면시장을 두고 치열한 경쟁을 벌이고 있는 라면의 종주국 일본. 1년간 약 350종의 신제품이 쏟아져 나오는 이곳 일본의 치열한 라면시장에 외국산 라면이 정착하기란 결코 쉬운 일이 아니다. 하지만 농심 라면은 현재 외국산 라면 가운데 90% 이상을 차지하고 있다. 한국 본고장의 매운맛이라는 캐치프레이즈로 88년 서울 올림픽 이후로 10여 년 이상 신라면과 너구리가 꾸준히 판매되고 있으며, 일본인 대부분은 "한국라면은 신라면", "농심하면 신라면"으로 농심 라면의 인지도가 높다.

• **옥외광고로 辛브랜드 인지도를 높이다.**

2002년 일본 도쿄 전철 광고를 기점으로 스포츠 빌보드 광고, 2003년 하네다 공항내 카트광고, 2009년 도호쿠 라쿠텐 야구장 광고 등 단기간에 신라면 브랜드를 널리 알렸다.

• **편의점까지 번져가는 辛라면의 인기**

품질관리가 엄격하기로 소문난 일본 편의점 시장, 그것도 가장 까다롭다는 일본 최대의 편의점인 '세븐일레븐'이 辛라면의 취급을 적극 검토하기 시작한 것은 1996년부터였다. 세븐일레븐은 약 1년간의 검토와 1997년 8월 테스트 판매를 거쳐 1998년 전 점포로 판매를 확대하였다. 이어 동년 중순부터 여러 편의점이 속속 辛라면 취급을 희망하여 일본 전역으로 공급을 넓히게 되었다.

출처: http://www.shinramyun.com/story/global_marketing_japan

토의과제

01 신라면의 국가별 국제마케팅전략의 특징에 대하여 토의하시오.

02 신라면의 국제마케팅전략의 성공요소를 최근 추세를 반영하여 토의하시오.

참고자료

- 부경대학교, 국제마케팅수업 과제 및 자료, 이은혜
- http://www.t92hinkfood.co.kr/news/articleView.html?idxno=92463, 농심 신라면 해외 판매량(식품 음료 신문)
- https://blog.naver.com/newsnanumy/222527461000, 농심 해외 시장 진출 주요 역사
- http://www.shinramyun.com/story/brand_history, 신라면 브랜드 역사
- http://www.shinramyun.com/story/world_taste, 세계속의 신라면(세계인의 입맛)
- http://www.shinramyun.com/story/global_marketing_usa, 세계속의 신라면(미국)
- https://www.ajunews.com/view/20170816113258964, 농심 미국 법인 매출
- http://www.shinramyun.com/story/global_marketing_china, 세계속의 신라면(중국)
- http://www.shinramyun.com/story/global_marketing_japan, 세계속의 신라면(일본)
- https://blog.naver.com/knodagy/222254468215, 라면의 세계 수출량
- https://blog.naver.com/weaverline/221815046300, 국내 라면시장은 하락세 왜?
- https://newsis.com/view/?id=NISX20211006_0001603800, 뉴시스, 2021.10.06, 잘 나가는 韓 라면…농심 · 삼양, 역대 최대 수출액

Section 01

글로벌배치, 소싱 및 제휴전략

1. 글로벌 배치전략

1 배치우위의 개념

기업이 가치활동과 자원을 어느 시장에 어떻게 배치할 것인지 그리고 그것을 어떻게 효과적으로 관리하고 사용할 것인지의 문제는 글로벌전략의 핵심요소이다. 글로벌 배치우위란 기업이 자산, 능력 및 자원을 세계적으로 배치하고 이를 효과적으로 관리하고 사용하는 능력이다. 따라서 기업은 배치우위를 확보하기 위하여 가치활동의 장소적 배치와 그에 대한 관리시스템을 구축하는 것이 중요하다.

❶ 가치활동의 장소적 배치결정

기업은 가치창출활동의 배치에서 두 가지 전략대안 중 하나를 선택해야 한다. 즉, 집중화를 통한 효율성의 증대인가 아니면 유연성을 높이는 수직적 · 수평적 연계를 통한 분산인가에 대한 의사결정이다. 집중화는 규모의 경제를 통하여 비용을 절감함으로써 기업 특유의 기술과 경험 및 지식을 창출하기 쉽게 한다. 그러나 가치창출활동의 지리적 분산은 기업의 유연성을 증대시키고 소비자와의 접촉을 용이하게 한다. 따라서 상품이나 서비스에 대한 소비자 반응을 즉각 알 수 있고, 신속하게 고객의 욕구를 충족시킬 수 있는 장점이 있다.

❷ 장소적 배치의 관리시스템

기업은 여러 국가에 배치된 가치활동을 효과적으로 관리하고 사용함으로써 경쟁우위를 확보할 수 있다. 따라서 기업은 배치관리시스템을 구축하는 것이 중요하다. 기업은 관리시스템을 통하여 여러 국가의 상이한 시장포지션을 조정함으로써 전략상 불일치를 제거하고 기업활동을 연계시켜 효율성을 창출할 수 있다.

각국별 지식의 이전 메커니즘도 장소적 배치관리에 중요한 역할을 한다. 즉, 지역적으로 분산된 자회사들이 서로 지식을 공유하게 되면 전 세계적인 마케팅계획과 경영컨설팅이 가능해져서 기업은 시장지배력을 얻게 된다. 자회사들을 통합관리하는 공통프로그램을 사용하는 것은 더 많은 지식의 우위를 확보하는 데 필수적이다. 예를 들어, LG전자의 해외법인들은 "Best Practice"와 지식시스템을 활용하여 자회사들 상호 간에 지식과 기술 그리고 조직문화에 대하여 공유하고 있다. 특히 해외의 자회사에서의 "Best Practice"가 본사의 문화와 조직에도 적합하면 본국으로 역수입하여 이를 활용하고 있다. 따라서 이를 통하여 해외 자회사뿐만 아니라 본국의 모기업에도 생산성향상과 조직활성화에 크게 기여하고 있다.

2 배치우위 결정요인

글로벌배치우위를 확보하기 위해서는 [그림 10-1]과 같이 시장포지셔닝 구축, 전략적 유연성, 자원배치속도가 중요하다.

❶ 시장포지셔닝 구축

시장포지셔닝 구축을 위해서는 지리적 범위와 시장지배력이 중요한 요소가 된다. 기업자원의 최적배치를 위해서는 핵심시장의 확보도 중요하지만 성장하는 시장의 포착도 중요하다. 또한 기업은 범위의 경제(economies of scope)를 달성할 수 있는 수준의 지리적 범위를 확보하는 것이 필요하므로, 가능한 한 많은 국가에서 활동할 수 있도록 자원을 배치해야 한다. 그리고 기업이 시장지배력을 갖기 위해서는 시장점유율을 높이고 제품 및 브랜드능력을 향상하는 것이 핵심이다.

그림 10-1 **글로벌시장 배치우위요인**

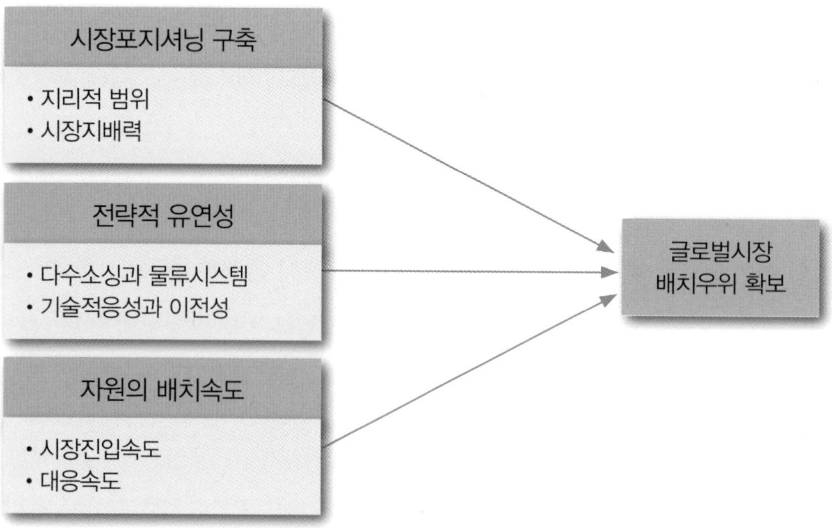

자료: C. S. Craig and Susan P.Douglas,"Configural Advantage in Global Markets", Journal of International Marketing, Vol. 18, No. 1, 2000, pp.8~21.

❷ 전략적 유연성

시장과 경쟁조건이 각기 다른 세계 여러 시장에서 기업이 이런 상이한 조건에 적응하고 자원을 재배치하기 위해서는 전략적 유연성을 개발하는 것이 매우 중요하다. 다수소싱은 전략적 유연성 측면에서 중요하다. 왜냐하면 다수소싱은 정치적 · 경제적 환경의 변화에 따른 비용의 증가나 환율의 변화 등과 같은 위험을 회피할 기회를 제공하기 때문이다. 또한 글로벌물류시스템은 배달시간을 단축하고 비용절감 및 표준화된 부품의 소싱기회를 제공하므로 배치우위확보에 중요하다. 기술적응성과 이전가능성도 배치우위에 중요한 역할을 한다. 왜냐하면 기술적응성이 있어야 기업특유의 기술과 능력을 특정한 시장이나 현지에 맞게 적응시킬 수 있기 때문이다. 또한 정형적 · 비정형적 지식의 이전 메커니즘도 중요한데 여기에는 정보와 경험, 노하우 등이 포함된다.

❸ 자원의 배치속도

기업에 기존시장이나 성장시장에서 시장침투시간을 줄이는 것은 매우 중요하다. 왜냐하면 기업의 신제품을 경쟁사보다 빠르게 시장에 출시해야 선점의 우위를 확보할 수 있기 때문이다. 선점전략을 통한 강력한 유통네트워크를 구축한 기업은 시장에서 우위를 가지는 데 비하여, 제한적인 유통네트워크를 가진 기업은 시장에서의 열위를 만회하기 위하여 라이선싱이나 전략적 제휴를 적절히 활용해야 한다. 그러나 라이선싱이나 전략적 제휴 방법은 기업 내에 있는 네트워크를 이용하는 것보다 통제권이 분산된다는 점에서 의사결정 시 시간이 오래 걸리는 단점을 지니고 있다. 뿐만 아니라 새로운 시장에 진입하는 경쟁자나 경쟁자의 움직임에 대한 빠른 대응에도 문제의 소지가 있다. 따라서 경쟁자가 새로운 시장에 먼저 진입하여 입지구축과 브랜드 이미지를 통한 진입장벽을 구축하기 전에 신속하게 시장에 자원을 개발하고 배치하는 선점전략이 중요하다.

[그림 10-2]에서는 기업의 가치활동이 각기 다른 나라에서 일어나는 극단적인 글로벌배치 형태를 보여 주고 있다. 실제로는 글로벌기업의 경우 한 국가에 여러 가지 가치활동을 중복배치하는 것이 일반적이다. 여러 가지 활동을 한 국가에 집중적으로 배치할 경우 규모의 경제효과로 인해 비용을 절감할 수 있고 활동부서 사이에 협력이 증대되는 장점이 있다. 그러나 가치활동의 집중적 배치는 그 나라의 국가위험에 지나치게 노출되어 글로벌공급에서 위험이 커진다는 단점이 있다.

그림 10-2 **극단적인 글로벌배치**

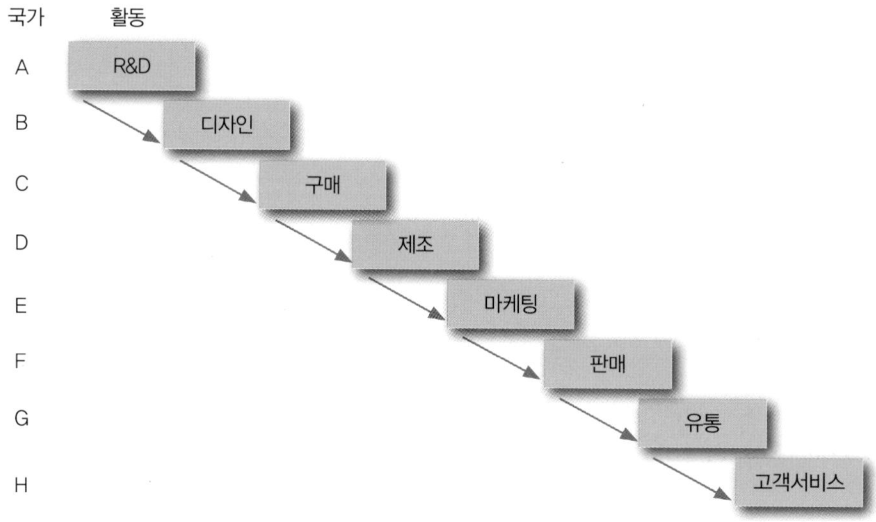

2. 글로벌 소싱전략

1 소싱의 개념

글로벌소싱(global sourcing)이란 기업이 부가가치를 창출하는 단계에서 투입물을 조달하는 활동을 의미한다. 소싱의 대상이 되는 투입물은 생산요소, 원자재, 부품 및 완제품에 이르기까지 매우 다양하며, 이런 투입물은 본국에서 조달할 수도 있고, 현지국 또는 제3국에서도 조달할 수 있다. 글로벌소싱 추진동기로는 값비싼 임금, 지대, 시설비용, 높은 규제 등으로 유발되는 비용 감소, 품질개선, 세계 기술의 혁신과 증대, 운송 및 신뢰도 개선, 공급기업으로서의 신뢰성 강화, 해외에서만 얻을 수 있는 원재료에 대한 접근, 해외시장으로의 진출, 경쟁자에 대한 대응전략 등을 들 수 있다.

한편, 기업의 글로벌소싱의 주요한 전략적 고려사항은 공장입지의 문제, 제조업에서 수직적 통합의 정도, 자사생산 혹은 타사구입에 대한 결정, 범세계적인 자원조달의 범위, 재고지점(inventory point)의 결정, 범세계적인 생산과 공급의 통합문제 등이 포함된다.

2 글로벌소싱의 전략적 선택

글로벌소싱의 전략적 선택은 현지국의 수요, 입지상의 요인, 수송비, 규모의 경제, 정부의 규제 및 기타 요인에 따라 현지공장의 생산을 결정할 필요가 있다. 이때 해외 현지의 제조 자회사가 직면하고 있는 구매상의 주요한 전략적 이슈로서 자체생산 혹은 타사구입의 결정 문제(make or buy decision), 현지소싱 대 해외소싱의 문제(local sourcing versus overseas sourcing) 및 단일소싱 혹은 복수소싱의 문제(single sourcing versus multiple sourcing) 등 세 가지 차원에서의 기본적인 의사결정이 있다. 그리고 임차 대 매입(leasing versus buying), 소싱시기(sourcing timing) 등의 제반영역에 걸쳐서 원재료, 부품 및 완제품의 범세계적 조달에 전략적 선택이 필요하다.

다국적기업의 소싱전략은 여러 가지 요인의 복합적 작용에 따라서 다음과 같은 선택대안을 제시할 수 있다.

그림 10-3 **글로벌소싱 추진동기**

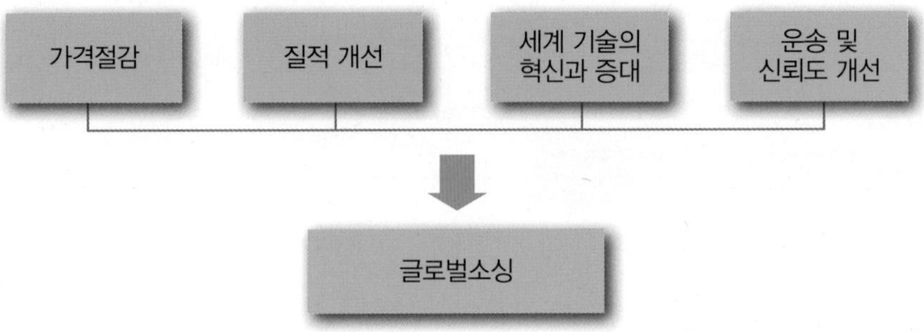

자료: J. D. Daniels and L. H. Radebaugh, International Business : Environments and Operations, 11th ed. (Pearson Education, 2007), p.575.

❶ 내부소싱과 외부소싱 선택문제

내부소싱(in-house sourcing)은 원재료, 부품 및 중간재를 다국적기업의 공장에서 직접 제조하는 것이고, 외부소싱(out-sourcing)은 기업외부의 공급원에서 구매하는 것을 말한다.

이와 같은 내부소싱과 외부소싱, 즉 부품이나 완제품의 자사제작 혹은 타사구매의 문제는 경쟁적 원가, 공급의 신뢰성, 품질의 균일성, 경험곡선과 규모의 경제, 장기적 기대수준, 고용문제, 잠재적 경쟁가능성, 생산설비의 전용성, 투자규모, 현지정부와 노동자 및 일반대중의 태도 등과 같은 제반요인에 따라 결정된다.

❷ 해외소싱과 현지소싱 선택문제

해외소싱(foreign sourcing)은 원재료 부품 및 중간재를 본사를 비롯한 해외공급원에서 구매하는 것이다. 이와 관련하여 다국적기업과 현지국 정부 간에는 이해상충에 따른 분쟁과 갈등이 일어나고 있다. 특히 국산화율의 문제를 둘러싼 양자 간의 상반된 태도는 여러 가지 장애요인이 될 수도 있다. 현지생산 자회사는 품질향상과 코스트절감 등을 위하여 주요 원재료, 부품 및 기계류 등을 본국에서 수입하려고 할 것이다. 본국의 모회사 역시 그 자신의 수출증대를 위하여 이들 제품의 수출을 도모할 것이다. 반면에 현지국 정부는 자국의 부품산업육성과 국제수지개선을 위해서 다국적기업이 소요원자재

조달액의 일정 비율 이상을 현지공급원에서 조달해 주도록 요구하게 될 것이다.

그림 10-4 **글로벌소싱의 대상**

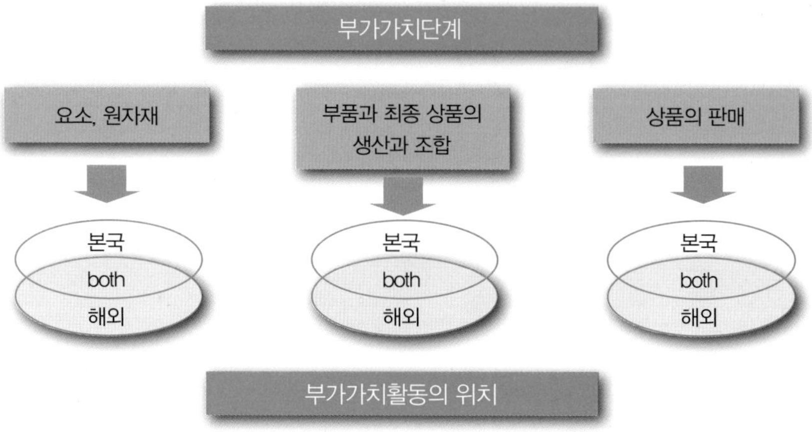

자료: J. D. Daniels and L. H. Radebaugh, International Business : Environments and Operations, 11th ed. (Pearson Education, 2007), p.575.

❸ 단일소싱과 복수소싱의 선택문제

단일소싱(single sourcing)이란 하나의 공급업체에서 구매하는 것이고, 복수소싱(multiple sourcing)은 여러 공급업체에서 구매하는 것을 말한다. 이와 같은 영역의 결정문제는 산업구매자의 목표, 공급자의 목표, 양자 간의 관계, 가격요건, 계약범위 및 기간, 구매자의 협상력, 구매자의 내부 및 외부소싱구조 등에 따라서 전략적으로 결정되어야 할 것이다.

3. 전략적 제휴

오늘날 급속한 변화를 겪으며 확장되고 있는 국제경쟁환경에서 기업가치활동의 모든 부문에 투자할 수 있는 기술 및 재원을 보유하기란 쉬운 일이 아니다. 특히 효율적인 글로벌 네트워크전략을 위한 세계적 지역범위를 통합하는 것은 이상적인 글로벌기업의 전형으로 인식될 뿐 그 실현에는 재원이나 전략상에 여러 가지 장애가 존재한다.

이렇듯 진정한 네트워크구성과 기업의 현위치 간의 괴리를 메우기 위한 전략적 시도로 전략적 제휴(strategic alliance)가 각광받고 있다. 특히 전략적 제휴는 기존의 경쟁기업과의 공동목적을 위해 제휴하게 되는데, 이를 "적과의 동침"으로 비유되기도 한다.

좁은 의미에서의 전략적 제휴는 선진기업에서 글로벌전략의 일환으로 행해지는 "비지분적 협력관계"

를 지칭하였으며, 특히 R&D 분야에서의 협력관계에 초점을 둔다.

그러나 협력의 폭과 깊이가 점차 확대인식되어 R&D 협력을 포함한 가치활동상의 생산, 마케팅으로 그 영역이 확대되고 있다. 또한 모든 지리적 범위를 통합하여 삼각체제(Triad system : 미국, 유럽, 일본) 내의 선진기업뿐만 아니라 아시아 및 제3세계 기업까지 협력관계의 범위가 확대되고 있다. 산업측면에서도 기존의 항공우주, 자동차, 전자 등 글로벌산업에서 일반소비재로까지 제휴범위가 확대되는 상황이다.

1 제휴의 이점과 한계

전략적 제휴가 활발히 진행되어 현상적 연구의 한 대상으로까지 발전되어 온 것은 제휴의 다음과 같은 매력에 기인한다.

첫째, 가장 중요한 이점은 R&D, 생산, 마케팅에서의 투자비용 및 재무적 위험을 분산할 수 있다는 점이다. 특히 항공우주, 정보통신, 의약 부문과 같이 개발비용이 막대하고 기술의 진보가 급격한 산업에서는 전략적 제휴의 매력은 상당한 것이다.

둘째, 제휴는 자사의 기술과 경쟁 면에서 보완관계에 있는 기업으로부터 특정 부문의 기술 및 노하우를 획득하기 위해 행해진다. 특히 이러한 제휴관계는 기술진보로 산업간 기술의 공유가 가능해짐으로써 맺어지고 있다. 예를 들어, 장난감 제조업체가 전자업체와 협력관계를 맺음으로써 최첨단전자기술을 장난감제조에 이용할 수 있다.

셋째, 타국시장 특히 폐쇄적인 시장으로의 진입은 유통채널 구축 및 이해관계자와의 친밀한 관계유지가 성공의 중요한 관건이 되므로 현지시장 진입목적으로 현지기업과 제휴하게 된다.

이외에도 선진 다국적기업과의 전략적 제휴를 통해 개도국의 기업은 국제적 기술표준의 공유 등 경쟁상 이점을 누릴 수 있다. 한편 전략적 제휴는 관리 및 조정비용을 수반하게 된다. 특히 기업문화나 관리스타일, 의사소통시스템 등이 확연히 다른 기업 간의 제휴관계는 갈등을 유발할 소지가 있다. 갈등의 표출은 비지분적 제휴관계에서 더욱 빈번한데 이는 지분적 관계에 비해 유대가 약하기 때문이다.

[그림 10-5]는 전략적 제휴의 주요 형태를 나타낸 것이다.

그림 10-5 **전략적 제휴의 형태**

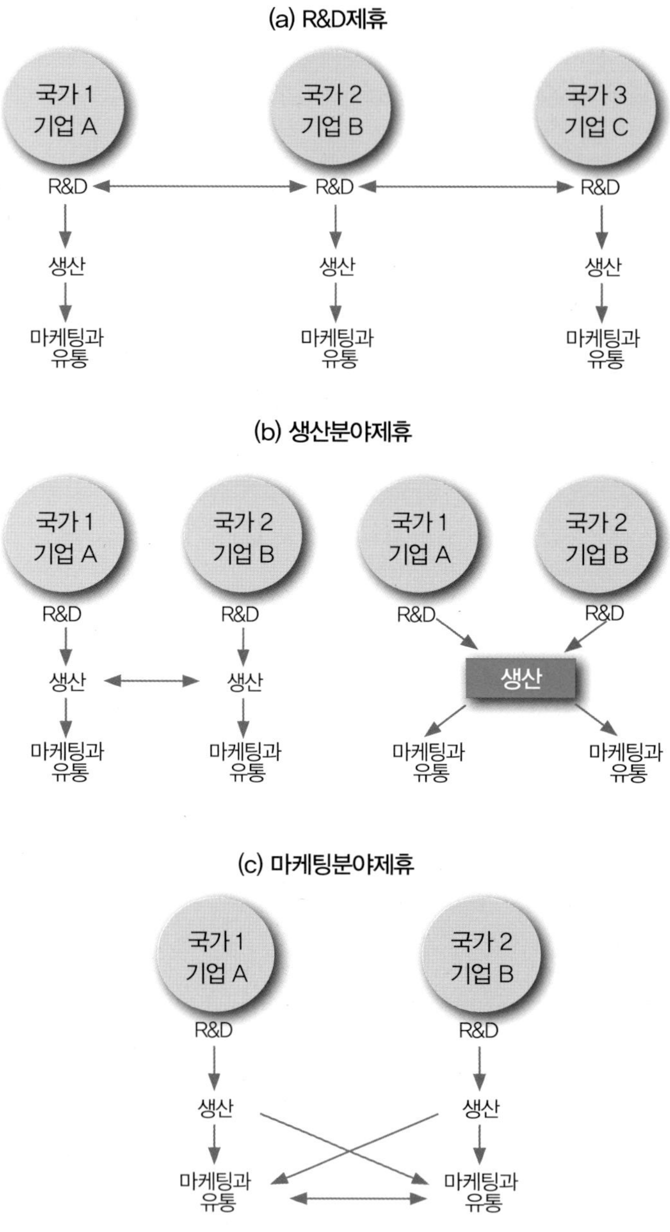

자료: Susan P.Douglas and C. S. Craig, op.cit., p.360.

2 제휴의 주요 형태

제휴는 기술제휴, 조달 및 생산제휴, 마케팅제휴로 분류할 수 있으며, 각각의 제휴에 따른 목적과 특성은 아래 [표 10-1]과 같다.

표 10-1 **제휴의 형태**

구분	목적	특성
기술제휴	기술의 공동개발과 상호 교환	• 자사의 부족한 기술에 대해 타기업의 기술, 특허, 노하우를 도입 · 공유하여 기술격차 해소 • 신기술, 제품의 공동개발추진–생산, 판매제휴로 발전하기도 함
조달제휴	범세계적 조달활동으로 비용절감 및 조달원활화	• 전 세계적 차원에서 공동부품조달제휴 • 동일 물류네트워크 공유
생산제휴	생산비절감	• 각사의 경영자원 등 상호공급, 공동생산, OEM 및 생산위탁, 수탁을 통해 생산비절감 • 생산에서 판매까지 지속되는 경우가 많음(합작기업)
마케팅제휴	상대국시장 접근 및 판매 강화	• 판매능력을 활용, 자사품목의 상호공동판매 • 위탁판매 또는 공동규격 설정 • 판매지역이나 제품에 대한 Cross Marketing
복합제휴	협력을 다각적으로 가속화	기술, 조달 및 생산, 마케팅 등 분야 중 2개 이상의 부분에 동시 제휴를 하는 경우

❶ 기술제휴

기술제휴는 대개 기술개발비용이 막대하고 기술변화속도가 큰 반도체, 자동차, 항공우주, 통신 IT산업, 컴퓨터 등의 분야에서 많이 이루어지고 있다. 한 예로 삼성전자와 일본의 도시바회사가 2002년부터 7년간 반도체 관련 기술 일체를 공유하는 교차라이선싱(world-wide cross licensing) 계약을 체결하였다. 반도체 전문가들은 비메모리 반도체와 플래시, 그래픽 메모리 등에서 강점을 가진 도시바와 세계 최고 수준의 생산 · 제조기술을 보유한 삼성전자의 기술교환이 양사 모두 경쟁력을 크게 높일 것으로 전망하고 있다. 또 소니컴퓨터 엔터테인먼트(Sony Computer Entertainment)사는 도시바(Toshiba), IBM과 함께 음악, 영화 등과 같은 대용량의 데이터를 전송하는 데 적합한 지름 0.10 마이크론 미만의 슈퍼칩을 공동개발하고 있다.

자동차산업의 경우에는 본사와 업무적으로 관련이 많은 부품공급업체나 하청업자를 기술개발 과정부터 참여시키는 소위 게스트 엔지니어링 방법이 사용되기도 한다. 이러한 과정을 통해 신제품 컨셉 개발 과정부터 협력업체의 기술진을 참여시킴으로써 부품설계 및 개발을 보다 신속하게 수행시킬 수 있게 된다.

❷ 조달 및 생산제휴

조달 및 생산에서도 제휴가 점차 증가하고 있다. 특히 생산 및 공급 로지스틱스가 가치활동에서 중요한 부분을 차지하는 항공, 자동차산업 등에서 활발히 이루어지고 있다. 시장선도자인 보잉사에 대응하여 1970년에 설립된 Airbus사는 유럽기업 간 생산제휴 컨소시엄 형태였다. 오늘날 많은 기업이 비용절감을 위해 공동생산, 부품공동사용 등 생산제휴 활동을 강화하고 있다. [그림 10-6]과 같이 LG전자와 마쓰시타는 중국시장에서의 에어컨 생산에 상호협력하고 있다. 마쓰시타는 에어컨 핵심부품을 LG전자에 공급해 주는 대신 LG전자는 에어컨 완제품을 공급해 주고 있다. 이렇게 함으로써 상호 규모의 경제효과를 누릴 수 있었다. 또한 LG전자는 한국과 중국시장에서 삼성전자와 교환생산하고 있다.

그림 10-6 **LG전자 판매 · 제휴현황**

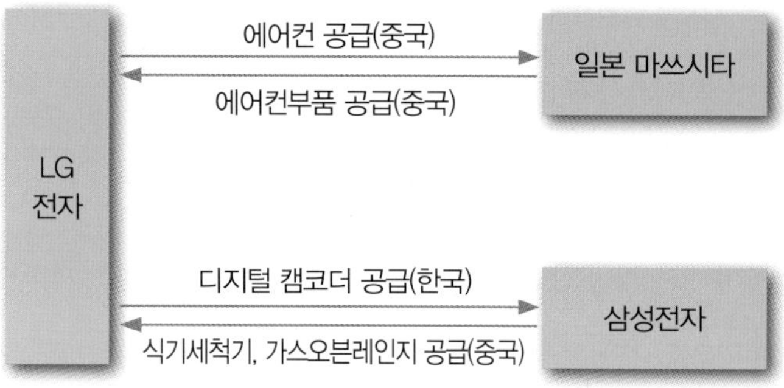

❸ 마케팅제휴

제휴의 또 다른 형태는 마케팅, 특히 유통 분야에서의 제휴이며, 한 기업이 생산된 제품을 다른 기업의 유통채널을 이용하여 판매하는 형태이다. 대부분 글로벌기업이 상호 자사의 유통망을 허용함으로써 두 기업 모두 손쉽게 시장확대를 꾀하는 경우에 일어난다. 이러한 경우는 유통망 구축에 고정비가 많이 드는 자동차생산업에서 쉽게 볼 수 있다. 예를 들면, 일본의 닛산자동차가 자사유통망을 활용하여 일본 내에서 독일의 폭스바겐(Volkswagen)자동차를 판매해 주고, 반면 폭스바겐사는 자사유통망을 이용하여 유럽시장에 닛산의 자동차를 판매해 주는 형태이다.

한 단계 더 나아가서 일부 기업은 공동브랜드나 공동광고 또는 공동판매촉진을 하는 경우도 빈번해졌다. 항공산업에서 기업 간 제휴는 보편화되고 있다. 예를 들어, 대한항공의 경우 스카이팀(SkyTeam)이라는 제휴네트워크에 가입하였다. 대한항공은 본 제휴로 운항범위가 과거 29개국 78개 도시에서 98개국 451개 도시로 확대되었고 승객들이 해외 중간지점에서 연결편을 과거보다 더 편하게 선택할 수 있고 요금도 하향조정되었다.

마이크로소프트와 온라인 경매업체 이베이는 전자상거래 관련 전략적 제휴를 체결하였다. 이들은 우선 전 세계적으로 마이크로소프트사의 웹사이트에 이베이의 온라인 마켓플레이스를 통합하여 소비자는 다수의 마이크로소프트 웹사이트를 통해 이베이의 경매서비스에 접근할 수 있게 되었다. 또 경우에 따라서는 유통경로뿐만 아니라 제품라인까지도 상호 교환판매하는 경우도 있다. 예를 들어, 동양매직과 만도공조가 1996년부터 주력상품인 에어컨과 가스오븐레인지를 상호 교환판매해 왔다. 동양매직과 만도공조는 각각 생산품목이 다양하지 않은 데다 제품의 계절성이 강해 비수기 대처가 어려운 점을 극복하기 위해 이같은 교환판매를 진행해 왔다.

사례 10-1 매출 2조 '메가 브랜드' 된 비비고…10년 초고속 성장 비결

비비고의 '선택과 집중'도 중요한 국제마케팅전략이 되었다. 글로벌 시장 공략을 위한 주력 상품을 정한 것이다. 여러 한식 제품 중에서 CJ제일제당이 선택한 상품은 '만두'였다. 이유는 간단했다. 만두가 다양한 국가에서 거부감 없이 받아들여질 수 있는 품목이었다고 판단했기 때문이다.

전략은 맞아떨어졌다. 현재 비비고 만두는 해외 시장 성공의 일등 공신으로 꼽힌다. CJ제일제당에 따르면 지난해 비비고 만두의 해외 매출은 약 6,700억 원을 기록했다. 비비고의 해외 매출 대부분이 현재 만두에서 나오고 있다는 설명이다. 무턱대고 만두를 판매했다면 이런 결과가 나타나지 않았을 수도 있다. 국가별로 가진 식문화와 소비 트렌드를 고려해 시장에 진입하는 '현지화 전략'을 세운 것도 주효했다.

마케팅에도 각별한 노력을 쏟았다. 뉴욕에서 '비비고 팝업 레스토랑'을 운영하고 세계 유명 선수들이 참여하는 골프 대회 '더CJ컵', 초대형 케이팝 콘서트 행사인 'KCON' 등에 비비고 제품을 꾸준히 후원하고 광고하며 인지도를 높여갔다.

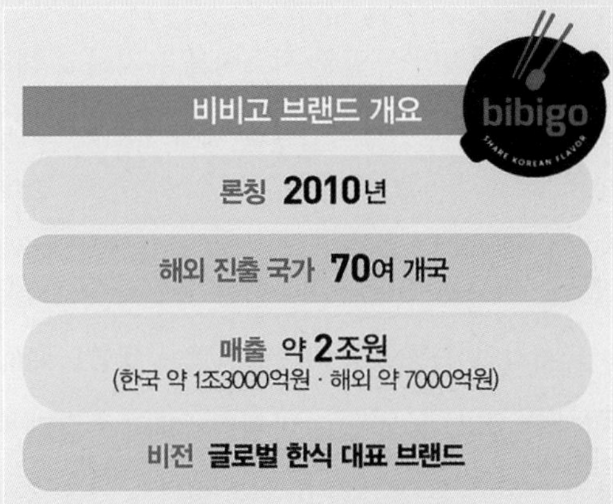

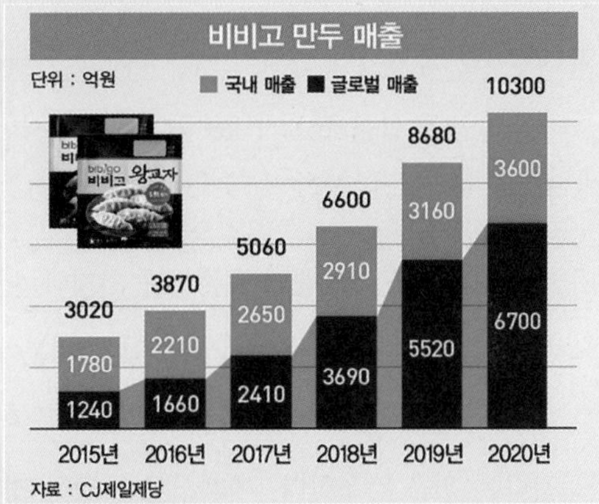

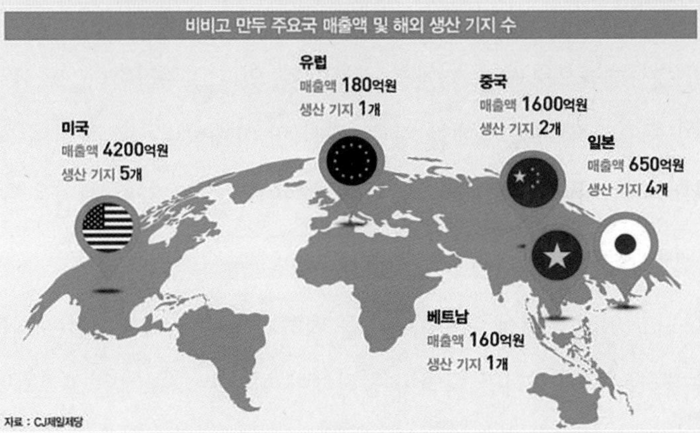

출처: 매거진한경, 2021.06.30, 매출 2조 '메가 브랜드' 된 비비고…10년 초고속 성장 비결(https://magazine.hankyung.com/business/article/202106239632b)에서 요약 발췌.

Section 02

표준화와 적응화전략

국제마케팅전략의 기본적인 특성은 여러 해외시장에서의 마케팅활동을 범세계적인 관점에서 통합 · 조정해야 한다는 점이다. 여러 가지의 전략조정 문제 중에서 본 절에서는 우선 마케팅전략의 표준화와 적응화 문제를 다루기로 한다.

1. 개념

1 표준화전략

표준화전략이란 국제기업 전체의 이익증대를 위해서는 범세계적인 통일된 시스템을 유지하고 해외자회사들의 활동을 통합할 필요가 있기 때문에 본사국시장에서 택한 마케팅전략을 해외시장에서도 변경없이 사용하는 것을 말한다.

국제기업의 마케팅 프로그램의 표준화를 지지하는 연구는 대부분 기술혁신에 따른 통신과 교통수단의 발전으로 세계시장이 점점 동질화되고 있기 때문에, 국제기업이 통일된 마케팅전략을 택함으로써 비용절감, 규모의 경제와 시너지효과, 기업 및 제품 이미지의 제고, 질서 있는 마케팅계획의 수립과 통제가 가능하다는 점을 강조한다. 세계시장 동질화 경향에 근거를 둔 표준화의 옹호 연구는 각국 소비자가 아무리 근본적으로 정신적 · 육체적인 차이가 존재한다 하더라도 이는 기술혁신에 의해 전 세계적으로 사고방식, 문화, 생활수준 등이 유사해짐으로써 그 격차를 극복할 수 있다고 주장한다. 또 표준화 이익을 근거로 한 연구는 국제기업이 동일한 전략을 수행할 경우, 생산 및 마케팅비용을 줄일 수 있고 소비자와의 일체감을 조성할 수 있으며 더 나아가서 국제기업이 체계적이고 질서 있는 계획을 수립, 실시할 수 있는 장점이 있음을 강조하고 있다.

레비트(Levitt, T.)는 세계가 동질화되고 있기 때문에 표준화전략을 택하지 못하는 국제기업은 사라지고 전 세계적으로 동일한 전략을 수행하는 범세계적인 기업이 등장해야 한다는 극단적인 표준화전략론을 주장하고, 기술혁신으로 인해 교통과 통신수단이 발달함으로써 각국에서 발생하는 사건들이 단시간에 전 세계로 전파되어 지역 간 차이가 해소되고 세계의 욕구와 희망이 동질화되면서 소위 시장의 범세계화(globalization of markets)현상이 나타나고 있다고 강조했다.

2 적응화전략

적응화전략이란 현지국 시장여건이 본사국과 상이할 경우, 국제기업은 성장과 발전을 도모하기 위해 외부 환경조건에 적응해 나가야 하기 때문에 현지국시장에서의 경영전략을 모국시장과 차별화하는 것을 말한다.

국제마케팅전략의 적응화를 지지하는 연구를 종합해 보면 각국 시장 사이에는 극복할 수 없는 물리적 환경과 조건 그리고 소비자 태도나 행동의 차이가 존재하기 때문에 국제기업은 지속적인 해외경영활동을 위해 현지시장에 적합한 차별화된 전략을 수행해야 한다는 것이다.

인류학자인 홀(Hall)은 상이한 문화권에 속해 있는 사람들은 사고방식과 가치관이 다르기 때문에 한 국가에서 성공한 전략을 다른 문화권의 시장으로 효과적으로 이전하는 데는 많은 장애요인이 존재한다고 주장했다. 또한 그린(Green)과 커닝햄(Cunningham)은 미국과 베네주엘라에서 가족의 구매결정이 이루어지는 방식이 상당한 차이가 나고 있음을 알아냈는데, 이는 결국 국제기업이 두 시장에서 목표고객을 달리 선정해야 한다는 것을 암시해 주고 있다.

대부분의 국제기업은 표준화된 마케팅전략이 경제성과 효율성을 지니고 있다는 사실을 알고 있음에도 불구하고 각국 시장조건의 차이 때문에 극단적인 표준화전략의 실행을 꺼린다. 또한 국제기업이 현지시장 적응화전략을 수행하면 각 시장의 소비자 욕구를 충족시킬 수는 있지만, 국제기업 전체의 질서 있고 일관성 있는 경영 형태를 저해하고 비용을 증대시킴에 따라 극단적인 현지적응화전략 역시 실시하기 어렵다.

더글라스(Douglas, S.P.)와 윈드(Wind, Y.)는 마케팅활동을 전세계시장에 표준화하는 것은 국제기업이 택할 수 있는 수백 가지 전략조합 중의 하나일 뿐이며, 표준화가 실효를 거두기 위해서는 다음의 전제조건이 충족되어야 한다고 주장했다. 첫째 세계욕구의 동질화, 둘째 소비자행동의 유사성, 셋째 표준화에 따른 규모의 경제실현가능, 넷째 세계시장의 공통적인 특성을 가진 목표시장의 존재, 다섯째 내외적 규제조치 철폐, 여섯째 다수국에서의 운영에 따른 시너지효과의 발생가능성이 있을 경우에만 비로소 표준화가 이루어진다. 그러나 실제로 이러한 전제조건이 모두 충족되기는 어렵기 때문에, 국제기업은 국제경영활동을 수행하면서 세계적으로 생각하되 행동은 현지중심적이어야 할 것이다.

결국 국제기업이 해외 마케팅 프로그램을 결정할 때는 완전적응화 혹은 완전표준화라는 극단적인 접근이 아닌 기업 내 · 외적 환경에 따라 표준화 · 적응화 정도를 조절하는 것이 바람직하다.

2. 표준화전략의 유인

제품의 표준화란 해외시장의 환경 차이에도 불구하고 여러 해외시장에 표준화된 동일 제품을 판매하는 전략을 의미한다. 이에는 국내에서 판매하던 기존제품을 그대로 해외시장에까지 확대하는 방안과 세계시장에 알맞은 표준화된 신제품을 개발하여 판매하는 방안이 포함된다.

국제기업이 여러 가지 한계가 있음에도 불구하고 국제제품을 표준화하려는 데에는 다음과 같은 전략적 유인이 존재하기 때문이다.

1 규모의 경제

특정 제품의 생산입지가 한 곳에 있을 경우에는 장기간에 걸친 대량생산의 경제성을 활용하기 위해 제품을 표준화하는 것이 유리하다. 물론 이는 세계수요를 충족하기 위해 총생산량을 증대시킴에 있어서 총체적인 생산비는 증가하더라도 단위당 생산원가는 감소한다는 것을 전제로 한다. 그러나 생산비의 합리화를 위해 세계 각지에 생산시설을 갖추게 되고 특정국에서의 생산규모가 줄어들어 규모의 경제효과를 달성하기 어렵다면 제품표준화의 이점은 크게 줄어든다.

2 연구개발의 경제성

표준화제품의 세계적인 도입으로 제품 단위당 연구개발비가 낮아지게 된다. 또한, 표준화제품의 신제품개발 활동에 더 많은 자원을 투입하여 집중적으로 수행할 수 있다.

3 마케팅의 효율성

제품표준화는 마케팅활동 측면에서도 규모의 경제효과를 가져온다. 예를 들어, 비록 사용언어가 각국마다 다를지라도 판매책자, 판매원훈련, 광고, 판매촉진 등은 제품을 현지시장에 적응시킬 경우에 비해 훨씬 표준화된 양상을 띠게 되므로 보다 경제적으로 현지 마케팅활동을 수행할 수 있다. 이 밖에도 고객서비스, 부품의 재고관리 등도 표준화제품이 훨씬 쉬워진다. 특히 동일한 언어 및 광고매체의 활용으로 인해 특정 시장에서 다른 시장으로 촉진의 파급효과가 존재할 경우 제품 판매단위당 광고비의 절감과 함께 부수적인 광고효과도 기대할 수 있다.

4 소비자의 상표충성도

해외여행이 빈번한 소비자가 구입하는 제품의 경우에 제품표준화는 소비자의 상표충성도(brand loyalty)를 최대한 활용할 수 있다. 질레트(Gillette)면도날, 후지필름(Fuji Film), 힐튼호텔(Hilton

Hotel)의 서비스 등이 표준화제품의 좋은 예이다.

5 생산국 및 기업체의 이미지

일본의 가전제품, 프랑스의 향수 등은 특정 생산국 내지 기업체가 가진 좋은 이미지 내지 원산지효과로 인하여 해외시장에서 많은 혜택을 얻고 있다.

따라서 특정 기업이 생산국의 좋은 이미지를 활용할 수 있는 위치에 있다면 포장, 상표명 등을 포함한 제품을 표준화하는 것이 바람직하다. 이러한 제품의 구체적인 예로서는 미국 담배와 리바이스(Levis) 청바지 등을 꼽을 수 있다.

6 기술의 영향

첨단기술 제품이나 기술적 규격이 중요시되는 제품일수록 국제적으로 표준화되는 경향이 있다. 국제마케팅환경에서 중요한 의미를 지니는 각국 시장의 환경차이는 사실상 문화적 차이에서 비롯되는 것이며, 물리적 또는 화학적 공정은 국경을 넘어서라도 별로 변화하지 않는 것이 보통이다.

따라서 일반적으로 산업재는 소비재에 비해 전 세계적으로 표준화된 제품을 많이 찾아볼 수 있다. 더욱이 산업재의 경우 약간의 적응이 불가피하다고 하더라도 전압의 조정이나 계량단위의 변경 등과 같이 경미한 작업만 하면 된다.

7 해외 진입 방법

만일 특정 기업체가 수출을 통해 해외시장에 진출할 경우, 당해 기업체는 표준화제품을 세계시장에 내놓게 될 가능성이 높다. 왜냐하면 이러한 기업체는 비록 해외시장의 특성에 대해 잘 알고 있다 하더라도, 해외시장에 제품을 공급하기 위해 필요한 제품적응비용이나 노력의 부담을 꺼리기 때문이다. 실제로 인도의 수출업체를 대상으로 분석한 한 연구에 따르면 이들은 주로 제품적응의 필요성이 거의 없는 시장국을 수출대상국으로 선정해 왔다고 한다.

3. 적응화와 현지시장확대

표준화의 유인이 있음에도 불구하고 기업은 현지에서의 계속적인 성장과 발전을 도모하기 위해서 현지수요, 현지정부규제, 경쟁자 등 현지경영환경에 맞게 현지시장에서의 마케팅 프로그램을 적응화해 나가야 한다.

이때 기업은 표준화를 통한 세계적 효율성 제고와 적응화노력을 통한 현지시장침투 간의 균형을 이루는 수준에서 그들의 마케팅 프로그램을 변화시키는 것이 중요한 과제라 할 것이다. 결국 국제기업이 현지에서의 마케팅 프로그램을 결정할 때는 완전적응화라는 극단적인 접근이 아닌 기업 내 · 외적 환경에 따라 적응화 정도를 조절하는 것이 바람직하다.

또한 국제 마케팅믹스의 적응화전략 대안은 제품 · 가격 · 유통 · 촉진 등의 마케팅수단을 어떻게 배합시킬 것인가에 따라 매우 다양하게 나타날 수 있다. [그림 10-7]에서 A회사는 가격 및 판촉 측면에서 현지시장에의 적응화노력이 요구되며, B회사는 포지셔닝, 브랜드네임, 포장, 가격, 광고, 판촉 등 많은 부분에서의 현지 적응화노력이 요구된다.

그림 10-7 **국제 마케팅믹스의 적응화**

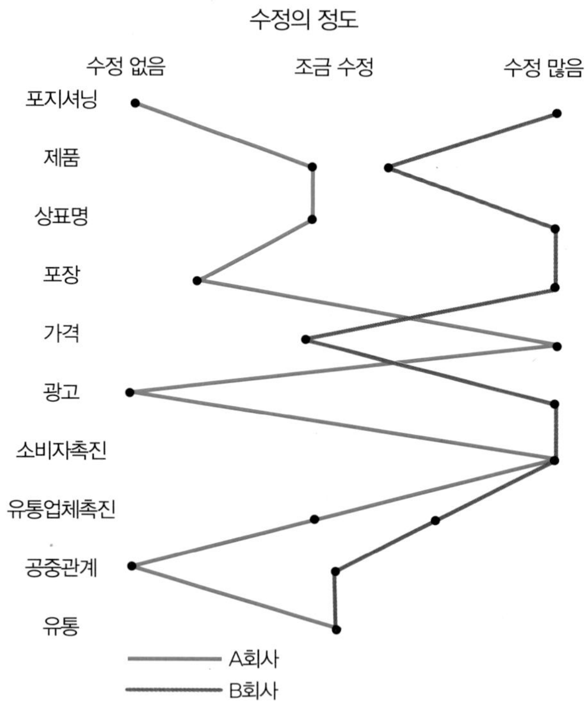

1 제품(product)

현지시장 확장 시의 가장 중요한 의사결정 중의 하나는 현지의 다른 사용조건 또는 사용환경에 따라 제품을 어느 정도 변화시켜야 하느냐 하는 점이다.

이때 제품의 개선 · 개발은 현지소비자의 욕구에서부터 출발하여야 하며, 창조가 어려우면 디자인 및 기능의 변형을 통해서라도 제품의 특성을 창출하는 데 노력을 기울여야 한다. 예를 들어, 진로는 국내에서 시판되는 소주와는 다르게 성분을 변화시켜 일본 소주시장에 진출하였다. 일본의 애주가는 단맛이 나는 소주는 싫어하기 때문에 당분을 빼고 주조하여 일본소비자의 기호에 맞게 제품을 차별화하였다. 국내소주와 맛을 차별화한 또 다른 이유는 우리나라에서는 대부분의 소주를 스트레이트로 마시는 경향이 있으나, 일본에서는 소주를 다른 음료나 물에 탄 칵테일을 만들어 마시기 때문이다.

때때로 각종 규제 때문에 적응화노력이 강요받기도 한다. 특히, 선진국시장에서 의약, 식품, 가전, 자동차 등의 제품은 소비자보호의 차원에서 안정성 등에 대한 엄격한 규제에 직면하게 된다. 대표적인 예로, 미국 FDA(식품의약국)의 규제기준, 국제품질기준인 ISO 9000 등을 들 수 있다. 이외에도 기후 및 기술수준 등 현지에서의 사용조건에 따라 제품을 변화시켜야 할 경우가 있다. 예를 들어, 네슬레는 말레이시아에 초콜릿을 판매하면서 열대지방의 더운 날씨에도 초콜릿이 쉽게 녹지 않도록 지방함유율을 낮추는 신공법을 개발하였다. 그리고 현지정부의 규제, 도량형의 차이, 언어의 차이, 사용조건의 차이 등은 제품의 변화를 요구하나, 제품을 현지시장에 맞게 변화시키는 데는 상당한 비용이 소요된다는 점 또한 고려되어야 한다. 또한 제품의 적응화노력이 가격, 유통 등 다른 마케팅믹스에 미치는 영향도 함께 고려하여야 한다.

진로의 일본시장 침투 시, 초기고가전략 및 유통구성원에게 고수익을 보장해 주는 전략 등은 진로소주의 고품질을 통해 가능했다.

2 촉진(promotion)

커뮤니케이션전략, 판촉기법 등은 현지소비자의 반응 패턴, 정부규제, 매스미디어에 대한 하부구조의 발달 정도 등에 따라 변화되어야 한다. 특히, 유럽에서 TV는 교육용으로서의 효용이 강조됨에 따라 TV 광고 규제가 심한 편이다. 또한 중국과 같이 지역에 따라 개방화 정도가 다른 국가에서는 지역별로 규제내용이 다르므로 특히 주의를 요하는데, 중국의 다른 모든 지역에서 허용되는 "비교광고"가 유독 북경지역에서만은 허용되지 않는다.

매스미디어 하부구조의 발달 정도에 따라서도 특정한 촉진 방법이 제한되기도 하며 또한 그 효율성이 감소하기도 한다. 코카콜라는 인도의 TV 보유율이 낮기 때문에 TV 광고보다는 옥외광고에 치중하고 있다. 최근 각광받고 있는 인터넷광고도 선진국시장에서는 효율적인 광고 방법이 될 수 있으나, 컴퓨터가 일반화되어 있지 않은 여타 국가에서의 이용은 그 효율성이 의문시된다.

가치관의 차이도 판촉수단의 활용에 영향을 미친다. 매스미디어 하부구조가 미발달된 국가에서 효율적인 판촉수단인 판매원 방문전략이 유럽에서는 성공을 거두지 못하였는데, 유럽의 여성은 가정방문을 프라이버시의 침해로 간주하기 때문이다.

이와 같이 현지환경에 따라 촉진노력에서의 변화가 요구되는 것이 사실이나, 현지시장 확장에서 촉진전략적응화의 궁극적인 목적은 현지시장에서의 브랜드 인지도를 높이는 것이라 할 수 있다. 물론 제품, 애프터서비스 등의 개선노력이 함께 이루어져야 한다.

3 가격(price)

현지시장 확장을 위한 가격전략은 원가가산 방법(cost-plus pricing)보다는 현지 소비자의 가격민감성(price sensitivity), 경쟁자가격 등에 초점을 맞추어 이루어져야 한다. 예를 들어, 유럽의 프랑스, 독일 등 선진국 국민일수록 제품평가 시 가격에 민감한 경향을 보이는 반면 인도, 사우디아라비아 등은 비싸고 화려한 쪽을 선호하는 경향이 있는 것으로 세계조사협회(IRA)의 조사결과 나타났다.

일반적으로 기업의 가격정책은 현지시장 침투를 목적으로 이루어지는데, 1980년대 삼성반도체가 발매한 반도체 제품은 초기 해외시장침투 시 브랜드 인지도가 낮았을 뿐 아니라 이미 기존의 세계 유명반도체 공급업체들이 시장을 점유하고 있었기 때문에 타사의 제품보다 싼 가격으로 가격을 책정하여 시장을 침투하였다. 이후 각 PC 생산업체에 그 품질과 기술력을 인정받고 1990년대 들어와서 PC 업계의 호황과 더불어 불어닥친 반도체부문의 초과수요현상은 삼성전자의 저가공급정책을 고가가격정책으로 변화시키기도 하였다.

가격은 특히, 기업경쟁력의 중요한 요소가 되며 또한 제품 포지셔닝에도 큰 영향을 미친다. 맥도날드의 경우, 현지시장에서의 기반구축을 목적으로 시장별로 가격을 차별화하는 정책을 쓰고 있다. 1994년 시점에서 맥도날드 빅맥(Big Mac)의 가격은 중국시장에서 1.03달러로 가장 싸고 스위스에서 3.96달러로 가장 비싼 것으로 나타났다. 이러한 가격차별화정책을 통해, 맥도날드는 빅맥을 모든 시장에서 저렴한 가격의 대중 먹거리로 포지셔닝하고자 노력하고 있다.

4 유통(distribution)

유통구조 또는 유통채널의 이용가능성 등에 대한 국가 간 차이는 유통전략의 변화를 요구한다. 특히, 신흥공업국에서 경로구성원의 효율적 관리는 시장확장의 성공에 중요한 변수가 된다.

동유럽, 중국 등 이전 사회주의국가는 유통구조가 발달되어 있지 못하고 비효율적이므로 많은 진출기업이 어려움을 겪고 있다. 예를 들면, 유니레버사는 동유럽에 진출하여 아이스크림공장을 인수하였으나, 이에 대한 경로의 비효율성으로 인해 반쯤 녹은 아이스크림을 최종소비자에게 제공해야만 했다.

이에 따라 유니레버사는 새로운 유통시스템을 구축하는 데 상당한 시간과 비용을 투자해야만 했다.

각국 소비자의 쇼핑 패턴 또한 국가마다 다르며 이에 따라 유통 채널도 달리 설계되어야 한다. 한 번에 대량구매하는 미국 등에서는 대형할인점이 일반화되어 있는 반면, 개도국 등에서는 소규모상점에서 빈번한 구매가 이루어진다. 특히, 일본과 같이 식생활이 채소, 생선 위주로 이루어지는 경우, 신선도가 중요시되므로 일회 대량구매가 불가능하다.

현지시장 확장이라는 측면에서 특히, 일반소비재의 경우 유통채널의 선점이 중요한데 그 특성상 유통 채널의 개발에는 많은 시간과 비용이 소요되므로 보통 현지 유통 채널에 점진적으로 접근한다. 일본기업은 미국시장 진출 시 초기 OEM 방식에서 점차 자체 딜러망을 확보하고 브랜드 인지도를 확고히 하는 데 성공한 경우이다.

이와 같이 기업이 현지시장에서의 시장위치를 확고히 하고 시장점유율을 높이기 위해서는 자의건 타의건 간에 마케팅믹스 프로그램의 변화가 요구된다. 이러한 마케팅믹스의 현지적응화는 이에 수반되는 경영기능의 변화를 요구하게 된다. 예를 들어, 과거의 현지시장에의 제품판매만을 목적으로 본국 경영자의 현지파견뿐 아니라 현지의 생산 및 소비 패턴을 피부로 느낄 수 있는 현지인의 활용이라는 새로운 제도가 도입된다.

[그림 10-8]은 마케팅믹스 프로그램 요인을 종합한 것이다.

그림 10-8 **마케팅믹스 프로그램 요인**

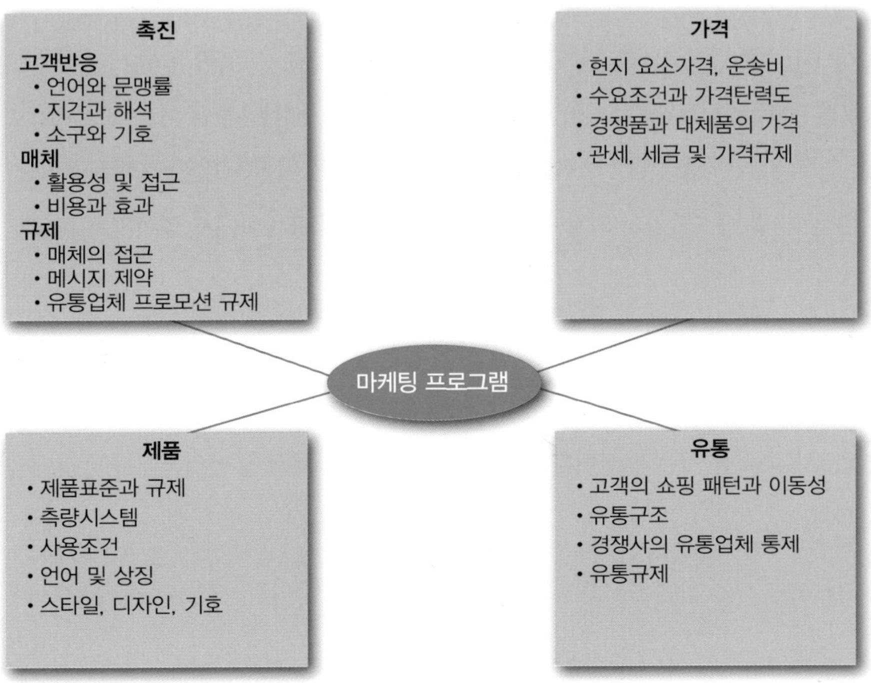

4. 전략대안의 개발

국제기업이 해외시장개입 시 활용할 수 있는 국제 마케팅믹스의 표준화전략의 구체적 대안은 제품 · 가격 · 유통 · 촉진 등의 마케팅수단을 어떻게 배합시킬 것인가에 따라 매우 다양하게 나타날 수 있다. 제품과 커뮤니케이션의 믹스만을 고려하여 특정한 제품시장에 기반한 기업이 이를 여타의 지역시장으로 확대하는 데 활용될 수 있는 표준화 · 적응화의 전략적 대안을 살펴보면 기본적으로 다음과 같은 다섯 가지를 들 수 있다.

1 제품 및 커뮤니케이션 연장전략

이 전략은 모든 시장국에서 동일한 제품을 국내시장과 동일한 커뮤니케이션 메시지를 활용하여 판매하는 것이다. 많은 다국적기업이 이러한 전략을 채택하고 있는데, 이는 이 전략이 실시하기에 가장 용이하면서도 경제성이 높기 때문이다.

이러한 전략이 사용된 대표적인 예로는 펩시콜라(Pepsi-Cola)를 들 수 있다. 펩시콜라사는 100여 개 시장에서 미국시장과 거의 동일한 제품 및 커뮤니케이션 믹스를 활용하여 마케팅함으로써 국제적으로 탁월한 성과를 거두었다.

그러나 이러한 전략이 모든 경우에 유효한 것은 아니다. 미국의 유명한 식료품업체인 캠벨수프(Campbell Soup)사는 미국에서 판매하던 것과 동일한 성분의 토마토수프를 영국에 출시했다가 상당한 손실을 본 후에야 비로소 영국인은 좀더 쓴맛을 더 좋아한다는 사실을 알게 되었다.

그런데도 제품 및 커뮤니케이션 연장전략은 범세계적 기업에는 이러한 접근방법과 연관된 비용절감 때문에 상당히 매력 있게 받아들여지고 있다. 즉, 제품연장의 경우 대량생산을 통한 생산비에서의 규모의 경제를 실현시킬 수 있고, 연구개발비의 중복을 피할 수 있다는 점은 이미 널리 알려진 사실이다. 또한 범세계적인 영업활동을 벌이는 기업의 입장에서는 커뮤니케이션의 표준화에서 얻어지는 비용절감도 상당하다.

그러나 제품 및 커뮤니케이션의 단순한 연장전략은 개별시장의 욕구에 적절히 반응하지 못하기 때문에 잠재적인 수요확대의 기회를 놓치기 쉽다. 따라서 이 전략을 채택할 경우 국제마케팅 관리자가 유의해야 할 점은 비용절감도 중요한 것은 사실이나, 이것이 보다 중요한 목표인 이익극대화에 장애가 되어서는 안 된다는 점이다.

2 제품연장 · 커뮤니케이션 적응전략

이 전략은 한 제품의 사용조건은 국내시장과 거의 같거나 유사하지만, 제품의 기능 또는 사용목적이 국내시장과는 다른 경우 제품은 그대로 두고 마케팅 커뮤니케이션만 현지에 적응하면 된다는 취지에 바탕을 두고 있다. 예를 들면, 선진국의 소비자가 자전거를 구매하는 동기는 주로 여가선용이나 스포츠에 있지만, 개발도상국에서 자전거는 기본적인 운송수단이 된다.

동일한 제품이 국내시장과는 다른 용도로 사용되거나, 다른 기능에 적용되는 또 다른 예로는 농기구제작회사에서 찾아볼 수 있다. 즉, 미국에서 교외의 잔디나 정원을 손질하는 데 사용되는 기계제품계열이 후진국에서는 농사일에 쓰이는 제품으로 마케팅되고 있다.

제품연장 · 커뮤니케이션 적응전략의 매력도 역시 전략실행에 소요되는 비용이 상대적으로 적다는 점에 있다. 이는 제품의 변경이 없으므로 연구개발, 제조 및 재고비용의 절감이 가능하기 때문이다. 다만 해외시장에서의 상이한 기능을 식별해 내고, 이에 따른 광고 및 판촉 등의 마케팅 커뮤니케이션수단을 재편성하기 위한 어느 정도의 추가적인 비용은 감수하여야 한다.

3 제품적응 · 커뮤니케이션 연장전략

이는 자국시장을 위해 개발된 기본적인 커뮤니케이션전략은 변경 없이 그대로 연장적용하지만, 제품은 현지의 사용조건에 맞게 적응시키는 전략이다. 이 전략은 제품이 상이한 사용조건하에서 동일한 기능을 수행하게 되는 경우를 전제로 한다. 예를 들어, 한때 Exxon(당시에는 Esso)사는 세계시장에 가솔린을 마케팅할 때 제품 자체는 현지시장의 일반적인 기후조건에 적합하도록 적응시켰지만, 'Put a Tiger in Your Tank'라는 기본적인 커뮤니케이션 소구(communication appeal)는 변경 없이 그대로 사용하였다. 이와 마찬가지로 세계적인 비누와 세제 제조업체가 현지시장의 수질조건이나 세탁기계의 특성에 부합되도록 제품은 적응시켰으나, 커뮤니케이션 메시지는 거의 수정을 가하지 않았다.

4 제품 및 커뮤니케이션 적응전략

제품과 시장에 따라서는 제품 및 커뮤니케이션 양자를 모두 적응시켜야 할 필요가 있다. 이러한 이중적응전략(dual adaptation strategy)은 제품이 사용되는 환경적 여건과 제품이 갖추어야 할 기능이 시장국마다 다를 경우에 사용되는 전략이다.

한 가지 예로 네스카페(Nescafe)사는 스위스에서 제조하여 유럽대륙에서 널리 판매되던 인스턴트커피가 영국시장에서는 판매가 부진하여 그 원인을 규명해 본 결과 대부분의 영국인은 연하고 밝은 빛깔의 커피를 보다 선호함을 알게 되었다. 또한 영국인은 대개 홍차를 마시는 반면 커피를 마시는 집단은 무엇인가 색다른 것을 추구하는 계층이라는 사실도 알게 되었다. 따라서 네스카페사에서는 이러한 점을 고려하여 광고메시지에 좀더 공격적인 내용을 담도록 하고, 커피도 원료의 배합을 달리하여 시장에 공급하는 이중적응전략을 채택하였다.

5 신제품개발전략

마지막으로, 신제품개발전략은 이상의 네 가지 전략으로는 새로운 시장의 욕구를 충족시킬 수 없을 때, 제품을 새로이 개발하여 시장에 진입하는 것이다.

전 세계 인구의 3/4에 달하는 개도국시장의 고객에게는 선진국시장을 목표로 만들어진 제품을 구매할 능력이 결여되어 있다. 이러한 경우에는 이들 잠재고객이 지불 가능한 범위의 가격에 이들의 욕구를 충족시킬 수 있도록 고안된 전혀 새로운 제품의 개발이 요구된다. 이러한 신제품개발에 소요되는 비용이 그다지 과도하지 않다면, 이 전략을 통해 중진국이나 개도국의 대중시장(mass market)에서 충분한 보상을 얻어내기란 그리 어려운 일이 아니다.

국제시장에서 신제품개발전략을 활용할 수 있는 잠재적 기회는 풍부하나, 실제로 기업이 이러한 전략을 따르는 예는 그다지 많지 않을 것이다. 한 가지 예로 전 세계적으로 6억 이상의 여성들이 아직도 손빨래하는 것으로 추정되고 있다. 이러한 여성들을 위해 값이 비싸지 않은 수동세탁기를 개발한다면 충분한 시장성이 있을 것으로 예상됨에도 불구하고 이에 관심을 기울이는 기업은 아직 찾아볼 수 없다.

사례 10-2 캄보디아의 수많은 생명을 구한 '철 물고기'

국민의 절반 이상이 하루 2달러로 살아가는 가난한 나라 캄보디아. 때문에 제대로 끼니를 해결하지 못해, 철분 부족으로 빈혈을 앓는 사람이 많습니다. 이러한 철분 부족을, 캄보디아 사람들은 독특한 방법으로 해결하고 있는데요.

바로 음식에 '철로 만든 물고기'를 넣어 조리하는 것! 이 방법은 캐나다인인 크리스토퍼 찰스 교수가 고안해 내었다고 해요.

약 7년 전 캄보디아의 칸달 지방을 방문한 찰스 교수는 이 지역 주민들이 철분 부족으로 고통받는 것을 목격했는데요. 아이들은 허약하고 지능이 떨어졌으며, 임산부들은 심각한 합병증을 앓고 있었죠. 하지만 어려운 형편에 철분 보조제를 섭취하는 것은 꿈도 꾸지 못할 일이었습니다.

이를 본 찰스 교수는 캄보디아 사람들의 철분 부족을 해결할 방법을 고민하게 되었고, 그 결과 탄생한 것이 바로 철 물고기였습니다. 요리할 때 철 덩어리를 넣고 10분 정도 끓이면 철분이 요리에 녹아들어, 음식을 먹을 때 철분을 함께 섭취할 수 있게 되는 것인데요. 이 방법으로 성인이 하루에 필요한 철분의 75%를 섭취할 수 있게 된다고 합니다.

이미지 출처 – Lucky Iron Fish 공식 홈페이지

실제로 이 철 물고기를 요리에 이용한 사람들을 대상으로 조사한 결과, 절반이 넘는 사람들에게서 빈혈 증상이 없어졌다고 합니다. 현재 캄보디아 칸달 지역에서는 2,500여 가구에서 철 물고기를 사용하고 있으며, 병원과 비영리단체 등을 통해 9,000마리의 철 물고기가 캄보디아 전역에 보급되어 캄보디아인들에게 철분을 공급하는 역할을 하고 있죠.

▷ Lucky Iron Fish 공식 홈페이지 : http://www.luckyironfish.com

http://m.post.naver.com/viewer/postView.nhn?volumeNo=10710639&memberNo=4060430에서 수정 편집함.

Section 03

글로벌 경쟁전략

기업이 해외시장에 진입하고 세계시장을 확대해 가는 과정에서 현지기업 혹은 다국적기업과의 경쟁은 불가피하다. 본 절에서는 세계시장에서의 경쟁에 어떻게 대응할 것인가에 관하여 살펴보려고 한다.

1. 본원적 경쟁전략

전세계시장을 대상으로 사업활동을 영위하는 기업은 격화되는 세계경쟁 속에서 자사만의 독특한 경쟁력 확보를 통한 경쟁우위를 확보하는 데 중점을 둔다. 포터의 경우는 기업의 경쟁전략을 제품의 사업영역과 경쟁우위의 원천에 따라서 크게 세 가지로 구분할 수 있다고 하였다.

1 사업영역의 결정

기업이 시장경쟁에서 가장 유리한 위치를 차지할 수 있고 장기적으로 이익잠재력이 큰 유망한 사업 또는 업종을 선택하는 문제로서 참가대상 시장을 광범위하게 잡느냐 혹은 특정 세분시장에만 집중하느냐로 구분하고 있다. 이러한 참여 시장범위의 결정은 자사의 내부적 대응능력과 현지국 고객이나 시장환경에 따라서 확정될 수 있다.

2 경쟁우위의 원천

기업의 경쟁우위원천은 크게 차별화요인과 원가우위요인으로 구별할 수 있다. 먼저 차별화요인은 경쟁기업이 쉽게 대응할 수 없는 차별화된 제품이나 서비스 제공을 통하여 고객에게 독특한 이미지를 심어 줄 수 있는 기업의 원천을 말한다. 이의 원천으로는 뛰어난 품질, 유명한 상표명, 독자적 유통경로, 제품의 신뢰성과 혁신적인 제품 등이 해당한다.

그리고 원가우위요인은 타사보다 저가격에 제품을 공급하는 전략으로서 규모의 경제나 경험곡선에 근거한 가격차별을 피할 수 있는 기업능력을 말한다. 유리한 생산입지의 확보, 디자인이 간단하거나 장식이 없는 제품의 제공, 낮은 노무비 등을 바탕으로 원가우위요인을 확보할 수 있다.

3 구체적인 전략개발

자사의 구체적인 참여 시장범위와 경쟁우위를 확인한 후 기업은 다음과 같은 전략을 실행할 수 있다.

구분		경쟁우위	
		저원가	차별화
경쟁범위	넓은 범위	1. 원가우위전략	2. 차별화전략
	세분화된 범위	3. 원가집중화전략	4. 차별적 집중화전략

❶ 원가우위전략

해당 산업 내에서 가장 낮은 원가를 실현하는 기업체가 되기를 바라는 전략이다. 주로 규모의 경제나, 독특한 기술, 유리한 원자재 확보 등을 통해 실현 가능하다. 이와 같은 원가우위전략의 문제는 한 산업 내에서 다수의 기업이 원가우위전략을 실행 시 과다경쟁을 통한 장기적인 수익성 약화를 가져올 수 있기에 이들 기업 간의 조정이 필요하다는 것이다.

그리고 원가우위전략이라 하더라도 차별화를 무시할 수는 없다는 것이다. 이는 구매자가 자사의 제품을 다른 제품들과 동일하게 취급할 때 가격인하 자체가 차별화의 한 전략이라고 인식할 수 있기 때문이다.

❷ 차별화전략

주로 소비자의 인식에 근거를 두는 전략으로서 구매자가 중요하다고 여기는 제품 속성을 선택해서 그 요구에 맞추어 스스로를 독특하게 차별화하는 전략을 실행할 수 있으며, 이를 통하여 가격할증의 형태로 보상받는 것이라 할 수 있다. 그리고 차별화의 방법은 산업별로 다소의 차이가 있으며, 제품과 운송 시스템, 마케팅 접근 방법과 그 밖의 다른 요소 등 광범위한 영역에서 소비자에게 차별성을 심어주면 된다.

그리고 차별화 기업이라 하더라도 원가를 무시할 수는 없는 것이며, 차별화를 추구하더라도 차별화에 영향을 미치지 않는 범위 내에서 원가를 절감하려는 노력이 필요하다.

❸ 집중화전략

집중화전략은 특정 산업 내의 좁은 영역 내에서 자신만의 차별화전략과 원가우위전략을 유지하는 전략을 말한다. 이는 전체산업이 아닌 목표산업 및 시장범위 내에서만 집중적인 노력을 추구하는 전략을 지칭한다. 이러한 집중전략은 기업의 내부자원이 부족한 기업이 자신의 우위 부문에 집중투자를 통한 효율성을 추구하는 전략이라 할 수 있다.

- **원가집중화전략**: 목표시장에서 원가우위를 추구하는 것으로, 세분시장 내에서 원가행동의 차이를 이용한다.
- **차별적 집중화전략**: 목표시장 내에서 자신만의 차별성을 추구하는 것으로, 세분시장 내의 구매자의 특별한 욕구를 이용하는 전략을 말한다.

지금까지의 경쟁우위 원천과 각 전략 유형의 내용을 간단히 표로 정리하면 다음과 같다.

전략 유형	경쟁우위 원천
차별화전략	뛰어난 품질, 유명한 상표명, 독자적 유통경로, 제품의 신뢰성, 제품혁신, 특허권, 제품의 특이성, 추가적 서비스
원가우위전략	규모의 경제, 유리한 생산입지, 간단한 디자인, 원자재 통제, 낮은 노무비, 간접비의 절감, 경험곡선, 장식 없는 제품
집중화전략	특정 제품계열에 집중, 특정 세분시장에 집중, 제한된 지리적 영역에 집중

2. 경쟁범위에 따른 전략대안

경쟁범위는 기업이 경쟁할 때의 활동폭을 의미하는데, 아래와 같이 세분시장 · 수직 · 지역 · 산업이라는 네 가지 차원이 있다.

① 세분시장범위 : 생산제품의 다양화 및 목표고객의 종류

② 수직적 범위 : 가치활동을 얼마만큼 기업 내부에서 수행할 것인지 결정하는 범위

③ 지역적 범위 : 기업이 경쟁하고자 하는 국가 또는 지역의 범위

④ 산업범위 : 기업이 경쟁하고자 하는 관련산업의 범위

경쟁범위가 광범위하게 되면 관련 활동을 공유함으로써 이득을 볼 수 있기 때문에 보다 많은 활동이 내부화된다. 브랜드나 판매요원을 각 세분시장이나 각 지역시장에서 공동으로 활용함으로써 범위의 경제 또는 연결의 경제효과를 누릴 수 있다. 이에 비해 경쟁범위가 좁을 경우에는 특정 세분시장 또는 지역에 전문화하여 특유의 이득을 얻을 수 있기 때문에 저원가 또는 차별화를 기할 수 있다.

기업은 이미 사업이 진행 중인 세분시장에서 기업의 확장전략을 실행할 것인지 아니면 전혀 새로운 시장으로 사업의 영역을 넓혀갈 것인지에 대하여 결정해야만 한다. [그림 10-9]는 이와 같은 고민에 빠진 기업에 국가와 시장이라는 두 개의 차원을 통해 4가지 전략적 대안을 제시하고 있다.

그림 10-9 **경쟁범위에 따른 세계경쟁전략**

		세분시장: 집중화	세분시장: 다각화
국가	집중화	1. 세분시장 집중화전략	2. 국가집중전략
국가	다각화	3. 국가다각화전략	4. 글로벌 다각화전략

자료: W. J. Keegan, Global Marketing Management, 7th ed.(Prentice-Hall, 2002), p.254.

첫째, 세분시장 집중화전략은 소수국가와 소수세분시장에 집중하는 전략이다. 이와 같은 전략은 전형적으로 기업이 시장확대전략을 수행하는 출발점이 될 것이다. 특히, 기업이 규모와 자원이 작을 경우 이러한 전략은 사업을 시작하는 초기단계에 효과적인 방법이 될 것이다.

둘째, 국가집중전략은 소수국가에 집중하며 세분시장의 다각화를 모색하는 전략이다. 이러한 전략은 미국과 유럽지역에 근거를 두며, 지역 내에서 경영활동을 하는 기업에서 흔히 볼 수 있다. 즉, 다수의 국가에 자사의 제품을 수출하거나 새로운 글로벌제품을 고안해 내기보다는 소수의 국가에 다양한 세분시장에서 기업을 운영하는 것을 의미한다. 실제로 미국 상무부는 미국기업의 80% 이상이 5개국 이내의 소수국가에만 자사의 제품을 수출하는 기업이라고 발표하였을 정도로 대부분의 미국과 유럽기업이 국가집중전략을 수행하고 있다.

셋째, 국가다각화전략은 국가다각화와 세분시장에 집중하는 전략이다. 기업이 자사의 제품에 적합한 다수의 국가를 찾아냄으로써 이익을 창출하는 고전적 글로벌전략이다. 이러한 전략의 특징은 전 세계 고객을 겨냥하며 다른 경쟁기업보다 많은 생산량과 낮은 비용을 달성할 때 경쟁적 우위를 확보할 수 있게 된다.

넷째, 글로벌 다각화전략은 국가와 세분시장 모두를 다각화하는 전략으로 다국적기업에서 볼 수 있는 전략이다. 예를 들어, 마쓰시타와 같은 다국적기업은 전 세계의 다수국가에 다양한 사업을 다수 세분시장에 운영함으로써 글로벌 다각화전략을 기업의 핵심 전략과제로 삼고 있다. 그러나 이러한 다국적 기업의 경영진이 간과해서는 안 되는 점은 글로벌시장의 세계고객욕구에 대해서도 지속적인 관심을 가져야 한다는 것이다. 즉, 다국적기업의 경영진은 국가집중전략과의 상호균형적 안배를 통한 글로벌 다각화전략을 수행해야 할 것이다.

3. 국제마케팅전략에 대한 다양한 관점

국제마케팅전략의 다양한 관점과 확고한 성과 제고에 대한 실증적 근거가 부족하고, 국제마케팅전략에 대한 개념적 정리도 아직은 부족한 실정이지만, 다음과 같이 국제마케팅전략의 주요한 관점을 파악하고 이를 통하여 개념을 정립하도록 한다.

1 표준화 관점의 국제마케팅전략

표준화를 지지하는 관점은 커뮤니케이션과 교통기술의 발전으로 인해 세계시장이 동질화되고 있다고 본다. 세계 중심지역(선진국)의 고객과 중심에서 떨어진 지역(신흥개발국 및 후진국)의 고객 간에도 제품 선호도와 수요가 점차 비슷해지고 있다.

글로벌시장에서의 경쟁우위의 주요한 원천은 높은 질의 제품을 낮은 가격에 생산할 수 있는 능력에 달려 있다. 저비용 우위를 얻기 위해서, 최적의 국제마케팅전략은 표준화된 마케팅 프로그램을 이용해 표준화된 제품을 판매하는 것이다. 그러나 표준화전략이 대중화되고 있긴 하지만, 일부에서는 표준화 전략의 무조건적인 채택에 대해 우려를 표하고 있다. 일반적으로 제품의 경쟁이 글로벌 범위로 이루어지는 산업에 한정하여 표준화전략을 택할 때 그 성과가 증가한다고 본다.

2 배치-조정 관점의 국제마케팅전략

배치-조정 관점에서의 국제마케팅전략은 여러 국가에 걸쳐 창출되는 시너지를 개발하는 수단이며 또한 다양한 해당 국가와 관련하여 비교우위를 갖게 하는 전략이라고 간주한다. 글로벌 경쟁에서 효율적이기 위해서는, 기업은 그것의 가치사슬활동을 특정 틀에 맞게 배치하여야만 하고 여러 시장에 걸쳐 조정하여야 한다.

적절한 가치활동의 배치는 기업이 특화를 통한 지역특유의 비교우위 개발을 가능하게 해 준다. 반면에, 국가 간 조정활동은 규모의 경제, 범위의 경제, 학습에서 파생되는 시너지를 포착할 수 있게 한다. 배치의 중요한 측면은 마케팅활동의 집중화의 정도이다. 국가마다 독특한 비교우위를 갖고 있기 때문에, 기업이 가장 효율적으로 활동할 수 있는 다수의 국가지역에서의 가치사슬활동의 집중화를 높임으로써 그 효율성을 극대화할 수 있도록 해야 한다.

3 통합 관점의 국제마케팅전략

통합 관점에서의 국제마케팅전략은 기업의 경쟁이 어떻게 계획되고 타 국가 시장을 넘어 실행되는지에 관해 다룬다. 글로벌 마케팅 성공의 주요 열쇠는 기업이 경쟁우위를 얻기 위해 모든 주요 세계시장에 진입하여 활동하고 주요 시장을 넘어 기업의 경쟁적인 캠페인의 효과적 통합을 하는 데 있다. 글로벌산업에서, 기업은 다른 국가에서 상호 의존하여 활동하고 또한 다른 지역에서 생산되는 자원으로 일부 시장에서는 기업 운영의 도움을 받을 수 있는 능력을 갖추어야만 한다. 또한 다른 경쟁업체에 대해 대응함으로써 한 시장에서의 경쟁적인 공격에 대해 반응할 수 있어야 한다. 따라서, 통합적인 관점에서는, 국제마케팅전략의 필수요소는 세계 주요 시장에서 기업의 활동을 통합하는 것이다.

국제마케팅전략의 3가지 주요한 관점에 대하여 [표 10-2]는 주요 기본, 논리, 핵심 변수, 선행요인(변수) 그리고 이러한 관점과 관련된 효과를 요약하였다.

표 10-2 **주요 국제마케팅전략 관점**

관점	기본 논리	핵심 변수	선행요인(변수)	효과
표준화	• 규모의 경제 • 저비용 • 단순화	• 제품표준화 • 촉진표준화 • 유통구조표준화 • 가격표준화	• 문화수렴 • 수요의 동질성 • 무역장벽제거 • 기술적 진보/추구	• 효율성 • 일관성 • 지식이전
배치-조정	• 경쟁우위 • 상호의존성 • 전문화	• 가치사슬활동의 집중화	• 가치사슬제거 • 기술적 진보/추구 • 국제화경험	• 효율성 • 시너지효과
통합	• 경쟁우위지역으로의 통합 • 지역적 합리화	• 경쟁우위활동의 통합 • 글로벌시장참여	• 무역장벽제거 • 기술적 진보/추구 • 국제화경험 • 통합된 시장	• 경쟁에서의 효과성 • 경쟁적 레버리지효과

국제마케팅전략(GMS)이란 위에서 살펴본 글로벌 마케팅의 표준화, 배치-조정 및 통합 관점을 통합한 개념이다. 즉, 국제마케팅전략(GMS)이란, 기업이 마케팅 행동을 마케팅믹스 변수의 표준화와 마케팅활동의 집중화와 동질화 그리고 시장을 넘은 경쟁적인 활동의 통합을 통해 다양한 국가에서 세계화하는 정도로 정의할 수 있다. 글로벌 마케팅의 표준화, 배치-조정 및 통합 관점은 기업의 상이한 글로벌 마케팅행동 양상에 치중하였으나, 궁극적으로는 글로벌시장에서 기업의 성과를 세계적으로 최대화하려는 공통된 목표를 가지고 있다. 또한 위의 3가지 관점에서 기업의 글로벌 시장 성과를 향상하기 위한 이론적 논리는 상호배타적이지 않다. 3가지 관점은 외부시장환경 및 기업내부특성에 맞게 동시에 반영될 수도 있기에 표준화, 배치-조정 및 통합 관점을 국제마케팅전략(GMS)으로 통합할 수 있다. 국제마케팅전략 차원(GMS dimension)은 기업의 다양한 국가에 기초하여 마케팅전략 간의 관계에 다양한 관점과 개념을 제공한다.

[그림 10-10]은 글로벌 마케팅의 표준화, 배치-조정활동, 통합의 세 가지 관점에서 파생된 8개의 하위 차원을 도식화하였다. 각각의 하위 차원에 대한 개념을 세 가지 관점에 따라 글로벌 마케터는 적절히 활용하는 것이 중요하다. 여기서 제품표준화는 국제시장 간 제품의 표준화 정도를 나타낸다. 촉진의 표준화란 국경을 넘어선 시장 간 동일한 촉진믹스의 실행 정도를 나타낸다. 유통구조의 표준화란 기업이 동일한 유통 채널을 국경을 넘어 시장에서 사용하는 정도를 나타낸다. 가격의 표준화란 기업이 동일한 가격을 국경을 넘어 시장에서 사용하는 정도를 나타낸다. 마케팅활동의 집중화란 단일국가 또는 소수의 시장에서 촉진캠페인의 개발, 가격결정, 유통활동, 사후관리를 헌신적으로 기업이 수행하는 정도를 나타낸다.

마케팅활동의 조정이란 글로벌활동의 관점에서 시장에 대한 촉진캠페인의 개발, 가격결정, 유통활동, 사후관리를 기업이 상호의존적으로 계획하고 수행하는 정도를 나타낸다. 글로벌시장참여란 전 세계 중요한 시장에서 마케팅활동을 운영하고 추구하는 정도를 나타낸다. 마지막으로, 경쟁활동의 통합이란 전략적 제휴나 합작 등을 통해 기업의 경쟁활동이 다른 국가들 사이에서 상호의존적인 정도를 나타낸다(Zou and Cavusgil, 2002).

그림 10-10 **국제마케팅전략 하위 차원**

주요 용어

글로벌 배치전략	표준화전략	집중화전략
글로벌 소싱전략	적응화전략	차별화전략
내부소싱	글로벌 경쟁전략	범세계적 차별화전략/저원가전략
외부소싱	본원적 경쟁전략	
전략적 제휴	원가우위전략	

연습문제

01 국제마케팅에 있어 글로벌 배치전략의 필요성을 논술하시오.

02 국제마케팅에 있어 글로벌소싱의 필요성을 논술하시오.

03 한국 가전 3사 또는 자동차 3사의 글로벌 소싱전략을 조사하여 비교하시오(그룹과제).

04 국제마케팅에 있어 전략적 제휴의 필요성을 논술하시오.

05 표준화전략과 적응화전략의 장단점을 논하시오.

06 표준화 정도의 결정요인에 대하여 논술하시오.

07 국제마케팅 프로그램의 표준화에 있어 제품과 커뮤니케이션이라는 두 개의 믹스를 고려할 때 표준화전략의 대안을 논술하시오.

08 시장점유율 목표에 따른 국제경쟁전략의 유형에 대하여 논술하시오.

09 한국기업 중에서 하나를 택하여 주요 품목에 대한 세계경쟁전략의 추진현황 및 계획을 조사하시오(그룹과제).

Chapter

11

국제인터넷마케팅

Chapter

11

국제인터넷마케팅

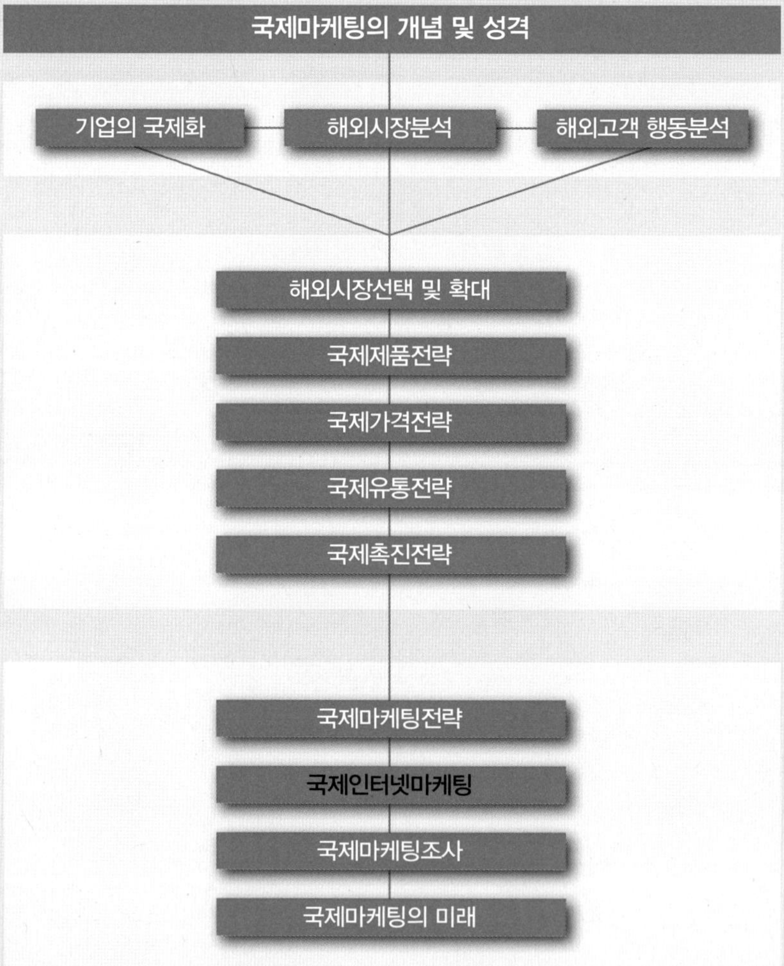

CASE STUDY 온라인 여행사 프라이스라인의 새로운 온라인 상거래 발상

온라인 여행사(Online Travel Agency) 개요

e-비즈니스 환경에서는 온라인 고객에 대한 특징 파악 및 세부집단별 분석과 포지셔닝 전략 수립이 필요하다. 이러한 전략을 수립하기 위해서는 고객경험이 중요하다. 온라인 고객 경험을 관리하려면, 상품이나 서비스의 온라인상 고객접촉수단을 통해 관리하는 e-CRM으로 고객경험을 DB화하고 마케팅에 이용하기 위해 고객을 세분화하는 것이 중요하다. e-CRM의 활용은 온라인 여행사(Online Travel Agency)에서 특히 중요하다. OTA 업계는 온라인 매체를 이용하여 고객과의 친밀한 1대1 관계를 형성할 수 있고, 고객 이탈방지를 위한 적극적인 마케팅을 할 수 있으며, e-고객정보 통합솔루션을 통해 개별 고객에게 알맞은 마케팅을 전개할 수 있다. 또한, OTA 업계의 경우, 발달한 인터넷 환경을 기반으로 활발한 e-프로모션이 가능하다. 인터넷 배너 광고는 물론, 웹사이트를 통한 구체적인 정보를 제공하는 인터넷 인포머셜이나, 1대 1 마케팅의 특성을 가장 잘 살린 이메일 광고를 통해 프로모션할 수도 있다.

OTA와 관련해 e-마켓플레이스에 대한 개념도 중요하다. 이는 시공간 제약을 넘어선 새로운 형태이자 다수의 공급자&수요자 사이에서 비즈니스 거래를 촉진하는 가상의 시장으로, 여행자와 여행상품 판매자의 연결이 핵심 비즈니스인 OTA 업계에서 매우 중요한 개념이다. 또한, OTA 시장은 구매자나 판매자가 아닌 기업이 플랫폼을 구축하고 다수의 공급자&판매자가 참여하는 중립적인 형태를 띠며, 온라인 기반 거래이기 때문에 인터넷 기업 주도형으로 볼 수 있다.

오늘날, 인터넷 기술은 고도화되고, OTA 시장은 점점 성장하고 있다. 따라서, OTA 업계에서 인터넷 마케팅의 중요성이 매우 커졌음을 알 수 있다.

OTA 업계의 프라이스라인 소개

OTA는 온라인 시스템을 바탕으로 가격 비교, 호텔 및 항공권 예약과 같은 여행 관련된 서비스를 제공하는 온라인 여행업체로, 최근 여행업계 판도를 흔들고 있다. OTA 업계의 대표적인 기업 중 하나로 '프라이스라인'이 있다. 이들은 인터넷 마케팅을 활용해 성공적인 기업 운영을 이끌었다(한겨레신문, 2019.10.09.). 프라이스라인 그룹은 부킹닷컴, 아고다, 카약 등의 6가지 주요 브랜드를 통해 200개국 이상의 소비자 · 지역 파트너에게 온라인 여행 관련 서비스를 제공하는 세계적인 OTA 업체이다(세계여행신문, 2021.10.03.).

프라이스라인의 전략: 역경매 방식의 도입 및 게임화 전략

프라이스라인의 비즈니스 모델

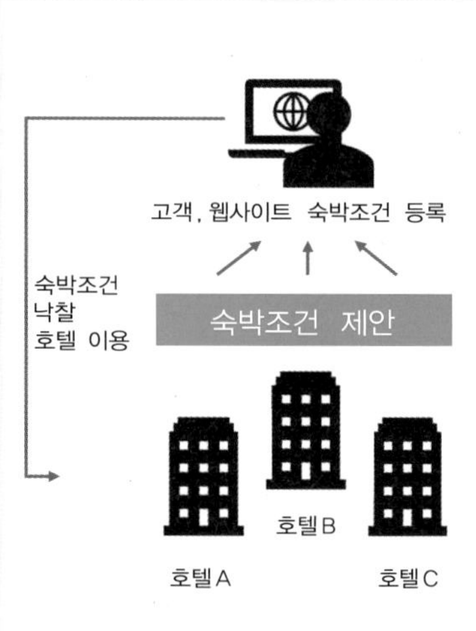

출처: 세계여행신문(http://www.gtn.co.kr/mobile/news_view.asp?news_seq=68167)

프라이스라인의 서비스 모델은 'Name Your Own Price'로 소비자가 먼저 가격을 제시하면 판매자가 조건에 맞는 것을 고르는 역경매 방식이다. e-마켓플레이스는 상거래 기능에 따라서 카탈로그형, 경매&역경매형, 공동구매형 등으로 나뉘는데, 여기서 역경매형은 판매자가 경쟁하면 가격이 떨어진다는 점에서 착안한 것이다. 블라인드형식으로 가격이 어떻게 형성되었는지 알 수 없고 이름도 공개하지 않는다. 따라서, 항공사나 호텔 측은 브랜드에 부정적인 인식 없이 재고처리를 할 수 있고 소비자는 저렴한 가격에 살 수 있다(신재욱, 2004). 하지만, 교환이나 환불, 취소가 어렵고 날짜 이외의 자세한 사항은 안내되지 않는다. 판매자 측에서도 기업브랜드 구축이 어렵고 항공기 내 좌석 가격의 차별화가 어렵다는 단점이 있다. 이러한 단점에도 불구하고 프라이스라인은 인터넷 마케팅 시장에서 독보적인 서비스 모델을 제시했다는 점에서 큰 의의가 있다(이장로,문희철, 이춘수, 2018).

프라이스 라인의 또 다른 전략으로는 게임화(Gamification)가 있다. 호텔 예약 방법이 게임적인 요소를 갖추고 있는데, 호텔 예약을 만족스럽게 끝내면 게임에서 승리한 듯한 쾌감을 느낀 고객이 계속해서 기업에 대한 긍정적인 입소문을 내는 것이다. 이러한 게임화는 첫 번째로, 마케팅 효과를 높여준다는 장점이 있고, 두 번째로, 사용자를 원하는 방향으로 유도해 고객의 행동을 바꾸어 주기도 하며, 세 번째로, 직원 훈련을 위해서도 활용이 가능하다는 장점이 있다(매경프리미엄, 2013.11.12.).

프라이스 라인, 즉 부킹홀딩스는 이러한 방법으로 회사를 운영해, 매출액 기준 세계 1위 OTA가 될 수 있었고 코로나19로 여행 산업이 어려움을 겪던 2020년도에도 업계 내 1위를 차지할 수 있었다(뉴스핌, 2020.11.05.).

국내 OTA 플랫폼 현황

2020년 하반기는 국내적으로 사회적 거리두기와 관련하여 엄격한 제재를 하던 상반기와 달리 조금씩 완화되는 모습을 보였다. 이에 따라, 해외를 나가지 못하는 사람들의 국내 관광에 대한 수요가 늘어났다. 아웃바운드 마케팅을 주로 하는 해외 OTA 기업이 국내에서 주춤하자 자연스럽게 국내 OTA 기업이 반사 이익을 볼 수 있었다. 국내 OTA 기업의 경우, 국내 여행객을 주 타겟으로 삼아 디지털 마케팅 확대를 하는 것이 주요한 전략이었다. 국내 숙박업계는 세계 주요 항공 판매 · 예약 시스템을 통칭하는 Global Distribution System(GDS)을 도입하여 디지털 전환의 속도를 높임으로써 객실 예약률을 높였다. 특히, 야놀자의 경우 코로나19로 OTA 업계가 고통받는 가운데 국내 숙박 앱 점유율 부문 1위를 차지했다. 이들은 빠른 디지털 전환으로 국내시장에서의 매출을 늘리고 '클라우드 솔루션'을 확대 공급함으로써 해외시장에서까지 영업이익을 높일 수 있었다. 최근 코로나19로 인하여 많은 숙박업소가 고객과 온라인에서 소통하려는 D2C 수요가 증가하고 있다. 이에 따라, GDS를 도입해 다양한 국내 OTA와 객실정보 동기화로 예약률을 높이려는 숙박업소가 증가할 것이라고 언급했다(월간호텔&레스토랑, 2021.06.10.).

토의과제

01 프라이스라인의 인터넷마케팅 사업운영에 관하여 토의하시오.

02 프라이스라인의 독특한 차별적인 경매방식은 타기업의 경매방식과 어떤 차이점 있는지 토의하시오.

참고자료

- 한겨레신문 ['내 손안의 여행사'…OTA 질주에 여행업계 지형 바뀐다], 2019.10.09., (https://www.hani.co.kr/arti/economy/marketing/912614.html)
- 세계여행신문 [창간 18주년 글로벌 OTA 소개] '기업가치 80조 원' 온라인 여행기업 프라이스라인그룹, 2021.10.03(http://www.gtn.co.kr/mobile/news_view.asp?news_seq=68167)
- 신재욱, "특허 활용의 성공사례." Patent 21 .54 (2004): 31-36.
- 매경프리미엄 [호텔도 게임하듯 예약? 프라이스라인의 노림수], 2013.11.12 (https://www.mk.co.kr/premium/special-report/view/2013/11/3161/).
- 뉴스핌 [부킹홀딩스, 코로나19에도 부동의 1위 OTA] 2020.11.05 (https://www.newspim.com/news/view/20201104001224)
- 월간호텔&레스토랑, [호텔-OTA의 공생 위한 동반성장, 최저가 아닌 콘텐츠에서 찾아야], 2021.06.10 (http://www.hotelrestaurant.co.kr/news/article.html?no=9096)
- 이장로, 문희철, 이춘수, 국제마케팅 7판(무역경영사)
- 부경대학교, 국제마케팅수업 과제 및 자료, 김민지.

Section 01

인터넷과 국제마케팅

본 절에서는 인터넷을 활용한 국제마케팅적 관점에서 B2B 거래를 대상으로 온라인고객(e-Customer), e-STP, e-Promotion, e-Marketplace, e-SCM에 대하여 설명한다.

1. e-Customer

e-Business 환경 아래에서 기업이 경쟁우위를 확보하려면, 온라인 고객(e-Customer)에 대한 공통점과 특징을 파악해야 한다. 또한 이를 통하여 세분 집단별 차이점분석과 효과적인 포지셔닝전략을 수립해야 한다. 최근 Forrester Research는 온라인고객 분석틀인 기술통계(techno-graphics) 모델을 이용해서 전 세계의 온라인 고객의 특징을 분석하여 세분화하였다. 이러한 분석틀은 온라인고객의 의사결정 과정에서 고객경험(customer experience)을 강조하고 있다.[1)] 여기서는 고객경험관리의 중요성과 e-CRM 활용에 대하여 설명한다.

1 고객경험관리의 중요성

온라인고객에게 경험이란 어떤 의미가 있고 왜 중요한 것일까? 경험이라는 요소는 매우 개인적인 차원의 현상이다. 이러한 경험에는 사람들이 공통적으로 추구하려는 욕망이 있고, 국제기업은 이러한 공통된 욕망을 다양한 제품과 서비스로 바꾸어서 고객에게 전달한다.

고객이 느끼는 궁극적인 경험은 기업이 고객에게 전달하기로 한 가치와 약속이며, 그것이 제대로 전달되는 것을 의미하는 것이다. 그렇다면 국제기업은 고객경험을 어떻게 온라인상에서 구현하고 전달할 것인가? 고객경험을 전달하기 위해서는 먼저 기업과 고객에 대한 관계의 정의가 필요하다. 즉, 기업의 온라인고객은 누구이고, 그들에게 어떠한 가치를 전달할 것인지 정의해야 한다. 그리고 이러한 가치를 전달할 수 있는 최적의 제품과 서비스를 개발해야 한다. 이를 위해서 기업은 고객에게 어떠한 가치를 전달할 것인가에 대한 체계적인 고객경험 프로세스를 개발해야 한다. 고객경험 프로세스를 성공적으로 개발한 Amazon.com을 예로 들 수 있다.

---

1) LG 주간경제, 2000.11. 참조

온라인고객이 거래의 편리성과 고객경험을 중요하게 생각한다는 공통적인 특징이 있다고 해서 그들을 완전한 동일집단으로 인식하는 오류를 범해서는 안 된다. 따라서 e-CRM과 같은 기법을 활용하여 고객의 경험을 DB로 정보화하여 고객을 세분할 수 있는 수단을 적극 활용해야 한다. 또한 데이터베이스 마케팅을 위하여 고객의 데이터를 확보하고 가공하여 분류 · 정리하는 것이 중요하다. 이를 위한 수단으로 e-Mail, 회원정보관리 등의 마케팅활동을 전개하여 고객분류와 고객서열관리 그리고 로열티 체크와 애프터 마케팅 등을 한다. 특히 데이터베이스 마케팅을 응용한 고객관리 방법을 구체화하고 전략적으로 활용하기 위해서는 e-CRM 경영을 적극적으로 도입하지 않을 수 없다.

2 e-CRM 활용

CRM(Customer Relationship Management)은 고객이 보유하고 있는 구매 관련 기록들을 마케팅, 제품선택, 구매, 반품, 사후 서비스 등의 측면에서 활용함으로써 기업의 제한된 자원을 고객의 욕구에 맞도록 효율적으로 사용하는 것이다. 이에 비해 e-CRM은 상품과 서비스, 콘텐츠를 온라인상의 고객 접촉수단(인터넷, e-Mail, 이동통신, PDA, 전자카탈로그 등)을 통하여 고객관계관리를 하는 것이다. 이렇게 함으로써 수시 또는 즉시 쌓이는 기업 내 · 외부의 고객 관련 정보를 통합하고 가공하여 재정리 및 분류한다. 그리고 이것을 전략적으로 분석함으로써 고객과의 관계 개선을 통해 고객만족도를 향상시키고 고정고객화할 수 있다. 따라서 고객로열티를 증진시켜 궁극적으로는 수익구조를 개선하는 경영관리활동 내지는 솔루션 운용활동을 할 수 있다. 이러한 e-CRM 활용에는 다음과 같은 것들이 있다.[2)]

❶ 목표고객에 대한 고객관계 집중화

e-CRM 경영이 추구하는 것은 규모의 확장이 아니라 고객관계 개선을 통하여 장기적이고 안정적인 수익구조를 개선하는 것이다. 이를 위해서는 경영자원 중 고객자원의 로열티화와 자산화를 강화해야 하는데, 고객과의 관계개선 전략수립과 실행이 중요하다.

❷ 고객과의 1 대 1 관계를 중시

e-CRM은 고객과 1 대 1로 이루어지는 상품거래나 서비스 이용 과정에서 커뮤니케이션이 형성된다. 이 같은 다양한 고객접점과 커뮤니케이션 상황에서 고객이 원하는 가치와 행동을 바탕으로 우호적이고 친밀한 관계를 설정하고 유지함은 물론 고객의 로열티와 고객 평생가치를 극대화할 수 있다.

---

2) 안광호 외, 인터넷마케팅원론, 법문사, 2001, p.58.

❸ 고객이탈방지를 위한 적극적인 고객마케팅

e-CRM의 목적은 신규고객확보는 물론 기존고객 유지를 통한 고객화와 고객이탈방지에 있다. 고객이탈방지를 위해서는 무엇보다 이탈의 원인을 정확하게 파악해야 한다. 예를 들어, 고객의 무관심, 제품이나 서비스의 변경에 따른 교체, 관련 업체의 추천, 폐점 등과 같은 이유가 있을 수 있다. 대표적인 고객이탈방지 프로그램으로 1 대 1 마케팅이 있는데, 이는 고객이탈의 요인을 사전에 감지하여 고객을 설득하는 것이다.

❹ e-고객정보 통합솔루션

e-CRM은 고객과 관련된 기업의 내·외부자료인 데이터나 정보를 분석하여 통합함으로써 개별고객 특성에 알맞은 마케팅활동을 계획하여 전개하고 평가하는 솔루션이다. 또한 고객별로 차별화된 맞춤형 서비스를 제공할 수 있다. e-CRM의 통합솔루션은 다양한 고객 접점경로의 통합관리는 물론 정보의 형태인 데이터, 음성, 화상, 영상, 멀티미디어의 정보 통신서비스와 매체(media, channel) 사이의 연계를 고려하여 구축해야 한다.

2. e-STP

점차 경쟁이 심화하고 있는 B2B 시장에서 경쟁우위를 확보하고 높은 수익을 얻기 위해서는 효과적인 e-STP가 필수적이다. e-STP는 온라인고객의 세분화(segmentation), 타깃화(targeting), 포지셔닝(positioning)하는 과정의 약자로, e-Marketing 전략수립의 기본단계이다. 이러한 e-STP의 가장 첫 단계가 바로 온라인 고객의 세분화이다.[3)]

1 e-Segmentation

Bain & Company와 McKinsey & Media Metrix는 인터넷 B2B 상거래를 하는 목적, 구매효익과 특징을 결합해서 온라인고객을 세분화하였다. 그에 비해 Sony는 라이프스타일 관점에서 고객시장을 세분화하였다는 차이가 있다. 좀더 자세히 살펴보면 Bain & Company는 온라인고객이 인터넷 구매의사결정에서 중요하게 생각하는 요소가 가격, 거래의 편리성, 브랜드, 판촉과 유통업체와의 관계 중 어느 쪽인가에 따라서 다섯 집단으로 세분화될 수 있다고 발표하였다. 이에 따라 첫째, 거래의 편리성에 따라 움직이는 거래편의 추구자, 둘째 브랜드의 인지도와 가치에 따라 움직이는 브랜드애호가, 셋째 일반구매자, 넷째 대량구매 또는 중간상의 개입이 매우 중요한 품목을 위주로 하는 유통업자와의

3) LG 주간경제, 2000.11. 참조

관계중시자, 다섯째 가격의 미세한 변화에 따라 움직이는 가격민감자로 세분화하여 e-marketing전략을 수립하였다.

한편 McKinsey & Media Metrix는 온라인고객을 다음과 같이 여섯 개 집단으로 세분화하였다. 첫째, 거래의 편리성과 가격 때문에 인터넷 상거래를 이용하는 단순 이용자집단(simplifiers), 둘째 인터넷을 이용해서 새롭고 흥미로운 정보를 얻으려는 탐색자집단(surfers), 셋째 상대적으로 초보 사용자로서 인터넷을 커뮤니케이션수단으로 인식하는 접속추구자집단(connectors), 넷째 인터넷 상거래에 관심이 높아서 인터넷 경매와 온라인 커뮤니티에 적극 참여하는 거래교섭자집단(bargainers), 다섯째 인터넷에서 다양한 구매정보를 찾으려고 노력하지만 실제 구매는 좋아하는 몇 개 사이트에서만 하는 콘텐츠 마니아 집단(routiners), 여섯째 스포츠나 엔터테인먼트 사이트에 열중하는 엔터테인먼트 마니아집단(sportsters)으로 나누고 있다.

[표 11-1]은 Bain & Company와 McKinsey & Media Metrix 그리고 Sony사의 온라인 고객 세분화 사례를 비교 · 정리한 것이다.

위와 같은 세분화 방법 이외에도 향후에는 온라인고객에 대한 보다 다양한 세분화기준과 방법이 글로벌 관점에서 더욱 발전되어야 할 것이다. 국제기업의 마케팅관리자는 고객 특성에 맞는 세분화기준과 결과를 참조하면서 일정한 국제 트렌드를 분석하여야 한다. 또한 인터넷 세분시장 간 차이가 과연 국제마케팅전략을 수립할 때 어떻게 응용될 수 있을 것인지 생각해야 할 것이다.

표 11-1 **온라인고객 세분화 사례 비교**

Bain & Company	McKinsey & Media Metrix	Sony
거래 편의 추구자 (Convenience Seekers)	거래 편의 추구자 (Simplifiers)	예술전문가 (Connoisseurs)
브랜드애호가 (Brand Buyers)	탐색자 (Surfers)	여행애호가 (Tour mania)
일반구매자 (Casual Buyers)	접속추구자 (Connectors)	가정적인 사람 (Homelanders)
유통업자와의 관계중시자 (Relationship Seekers)	거래교섭자 (Bargainers)	혼자 있기 좋아하는 사람 (Free Agents)
가격민감자 (Bargain Hunters)	콘텐츠 마니아 (Routiners)	형식 타파주의자 (Code Breakers)
–	엔터테인먼트 마니아 (Sportsters)	전문 프로페셔널 (Virtual Professionals)

자료: Bain/Mainspring 온라인 구매자 서베이(n=2,116), 1999년 12월: McKinsey & Media Metrix 온라인 소비자 서베이(n=50,000), 2000년 4월.

2 e-Targeting

e-Targeting이란 회사의 전략목표와 제품의 특성을 고려하여 그에 가장 적합한 목표세분시장을 선택하고 거기에 마케팅노력을 집중하는 것을 말한다. 예를 들어, Bain & Company가 제시한 e-시장세분화를 활용하여 제품유형별로 목표세분시장을 제시하여 보면 다음과 같다. 저가의 부담이 없고 제품이 복잡하지 않은 일상용품들은 거래의 편리성에 따라 움직이는 '거래편의 추구자집단'이 목표시장으로서 적합하다.

세계적으로 높은 지명도와 인지도를 바탕으로 한 지구촌 제품들, 예를 들어 패션제품, 귀금속류제품, 유명 디자이너 의상제품들의 경우 브랜드의 인지도와 가치에 따라 움직이는 '브랜드애호가집단'이 목표 시장으로서 적합할 것이다. 대량구매 또는 중간상의 개입이 매우 중요한 품목의 경우에는 '유통업자와의 관계중시집단'이 목표시장으로서 적합할 것이다. 전형적으로 B2B 거래 대상 제품들 예를 들어 화학원료, 식품원료, 철강원료, 원목재료 등의 원료에 해당하는 제품들이 여기에 속한다. 마지막으로, 경쟁사의 가격변동을 즉각적으로 반영할 수 있는 제품, 예를 들어 음료, 채소류, 음식품들의 경우 가격의 미세한 변화에 따라 움직이는 '가격민감자집단'이 목표시장으로서 적당할 것으로 생각된다.

3 e-Positioning

국제기업은 세분시장에 대해서 어떻게 포지셔닝할 것인가? 앞에서 언급한 McKinsey & Media Metrix의 여섯 개의 세분집단을 통하여 다음과 같이 적절한 포지셔닝전략을 제시하여 볼 수 있다.

첫째, 거래 편의 추구자집단(simplifiers)에 대한 포지셔닝은 사이트 이용 목적이 확실한 집단이기 때문에 제공되는 서비스와 편익을 명확히 인식시켜야 한다. 이들에게 불필요한 광고 메일들은 오히려 역효과를 나타낼 수 있다.

둘째, 탐색자집단(surfers)에 대한 포지셔닝으로, 새로운 콘텐츠를 추구하는 이들을 고객화하기 위해서는 독창적인 사이트 구조를 만들어야 한다. 또한 강력한 브랜드를 구축하여, 지속적인 콘텐츠 업그레이드 등의 노력을 강화해야 한다.

셋째, 접속추구자집단(connectors)에 대한 포지셔닝은 상대적으로 인터넷 초보자인 이들에게 사이트환경을 오프라인환경과 비슷하게 하여 친근함을 느끼게 한다. 그리고 재방문의 필요성을 느낄 확실한 편익을 제공해야 한다.

넷째, 거래교섭자집단(bargainers)에 대한 포지셔닝으로, 이들은 상대적으로 인터넷 상거래에 대한 정보와 관심이 많기 때문에, 이성적이고 감성적인 편익을 동시에 제공해야 한다. 가격경쟁력을 확보하고, 이들 간의 커뮤니티활동을 적극 지원해야 한다. 나머지 콘텐츠 마니아 집단(routiners)과 엔터테인먼트 마니아 집단(sportsters)들은 상대적으로 온라인구매보다는 정보나 엔터테인먼트 콘텐츠에 열중하기 때문에 우수한 콘텐츠확보와 오프라인 업체와의 제휴를 통한 브랜드 이미지 강화를 강화하는 포지셔닝이 중요하다.

3. e-Promotion

e-Promotion은 인터넷을 통하여 고객에게 광고, 판매촉진, 이벤트 등 모든 마케팅 커뮤니케이션활동을 가능하게 한다. 특히 인터넷은 대중매체에 결여된 1 대 1 마케팅을 수행할 수 있어 대중매체의 보완적 매체로서 그 역할이 증대되고 있다. 여기서는 글로벌 인터넷 마케팅 커뮤니케이션의 대표적인 유형인 인터넷 배너광고, 인터넷 인포머셜, 웹 스폰서십, 이메일광고를 설명한다.[4)]

1 인터넷 배너광고

인터넷 배너광고는 인터넷이 등장한 이후 가장 활발하게 사용되어온 마케팅 커뮤니케이션 수단 가운데 하나다. 배너광고는 홈페이지에 사각형의 띠 모양으로 만들어 부착하는 인터넷상의 광고 형태로, 처음에는 직사각형의 모양에 도메인과 사업 내용을 알리는 단순한 형태로 시작하였다. 그러나 점차 동영상을 넣는 형태나 홈페이지에 화면이동에 관계없이 화면의 특정 위치에 고정적으로 배치되는 형태 등으로 다양화되었다. 인터넷 배너광고가 대중매체광고와 다른 점은 수용자와의 상호작용성이다. 대중매체광고가 노출된 후부터 인지적 과정과 태도변화를 거쳐 구매의도에 이르기까지 일방적이고 단선적으로 진행되는 반면에 배너광고는 일단 노출 후 클릭하면, 웹사이트광고 혹은 기업 홈페이지로 넘어가면서 본격적으로 수용자와의 상호작용이 발생한다. 즉, 수용자가 1단계로 웹광고에 노출되게 되면 2단계로 인지하게 되며, 3단계로 흥미를 느끼고, 4단계로 웹사이트에 클릭하면서 내용을 자세히 살펴보고, 5단계로 특정 콘텐츠를 선호하게 되어 즐겨찾기 추가 및 시험구매 등 최초의 상호작용을 하게 된다. 이러한 5단계의 과정을 통하여 수용자가 만족을 느끼면 지속적으로 상호작용을 반복하게 된다.

인터넷 배너광고는 광범위한 도달력, 대중매체에 비해 상대적으로 저렴한 광고비, 이용자와 1 대 1 커뮤니케이션할 수 있는 쌍방향적인 특성으로 인하여 통합적 마케팅 커뮤니케이션의 수단으로 많이 활용되고 있다. 특히 퀴즈, 조사, 게임, 이벤트 등 관계마케팅의 새로운 도구로서 국제마케팅 활용도가 매우 높다.

---

4) 한은경 외, 글로벌 마케팅 커뮤니케이션, 커뮤니케이션북스, 2002, pp.104~109 요약 참조.

2 인터넷 인포머셜

인터넷 인포머셜(Internet Infomercial)은 제품 혹은 서비스에 대하여 상세하고 구체적인 정보를 제공하는 상업광고의 한 형태를 지칭한다. 인터넷 인포머셜은 웹사이트를 통한 구체적인 정보제공을 통하여 이루어진다. 인포머셜은 기업이 판매하려는 제품에 대하여 고관여적인 마케팅 커뮤니케이션 접근을 할 수 있다는 장점이 있다. 예를 들어, 제품에 대해 상세한 정보를 얻고자 원하는 표적시장에 제품에 관한 상세한 설명뿐 아니라 업데이트된 최신 정보를 제공함으로써 마케팅 커뮤니케이션효과를 극대화할 수 있는 장점이 있다. 특히 인포머셜은 구매하려고 하는 제품에 대하여 적극적으로 정보를 찾고자 하는 고객에게 효과적인 마케팅 커뮤니케이션수단이 된다.

인터넷 인포머셜은 인터넷상에서 웹사이트를 구축하고 유지하는 데 드는 비용이 적고, 전 세계에 산재한 표적시장에 쉽게 도달할 수 있다. 또한, 상품에 관한 사양이나 내용을 쉽게 업데이트할 수 있다는 장점으로 인하여 인터넷의 인기 있는 마케팅 커뮤니케이션으로 주목받고 있다.

3 웹 스폰서십

웹 스폰서십(Web Sponsorship)은 인터넷상에서 기업 혹은 브랜드에 대한 대중들의 인식증대, 이미지형성 및 태도강화를 목적으로 특정 사이트를 후원하는 커뮤니케이션활동을 하는 것이다. 웹 스폰서십의 장점은 인터넷 이용자가 서핑이나 검색하는 동안 이용자에게 인기 있는 웹사이트의 후원자가 됨으로써 간접적으로 기업이나 브랜드를 알릴 수 있는 엠부시(Ambush, 매복)효과를 거둘 수 있다는 점을 들 수 있다. 특히 웹 스폰서십은 인터넷 웹상에서 특정 이벤트 혹은 프로그램들을 후원함으로써 기업 혹은 브랜드의 이미지를 제고할 수 있는 기업 커뮤니케이션의 수단으로 효과적이다. 예를 들어, 기업 혹은 브랜드명 및 로고와 같은 기업과 브랜드의 외적 상징물들을 사람들에게 노출, 각인시킴으로써 기업 혹은 브랜드 아이덴티티를 높일 수 있다.

전 세계적으로 인터넷상에서 다양한 유형의 웹 스폰서십 프로그램들이 사용되고 있다. 예를 들어, 축구, 야구, 농구와 같은 스포츠 경기의 온라인 스케줄을 고지하는 프로그램을 후원하거나, 스포츠 경기 결과에 대한 정보제공을 후원하거나, 최신 뉴스정보 제공 등을 후원할 수도 있다. 영국의 맥주회사인 칼링 라거(Carling Lager)사는 칼링 넷 풋볼(Carling Net Football) 사이트를 방문하는 많은 사람에게 기업 인지도를 높일 수 있었다.

4 이메일광고

이메일광고(E-mail Advertising)는 송신자와 수신자가 시공간의 제약 없이 24시간 1 대 1로 편지나 정보를 주고받을 수 있는 전자우편서비스를 이용하여 광고메시지를 수신자에게 전달하는 광고 형태를 말한다. 이메일 광고는 불특정 다수에게 획일적인 메시지를 전달하는 대중매체광고와 달리 고객 개개인의 욕구에 대한 맞춤형 정보를 제공할 수 있다는 장점으로 인하여 1 대 1 마케팅의 수단으로 급부상하고 있다. 특히, 인터넷 배너광고의 효과가 감소함으로 인해 점차 외면받고 있어 그 대안으로 이메일광고가 급부상하고 있다. 그리고 전체 인터넷광고비 규모에서 차지하는 비중도 점점 증가하고 있다.

이메일광고는 고객의 이메일주소로 메시지를 직접 전달하기 때문에 도달률이 높고 타매체와 비교해 상대적으로 비용이 저렴하다는 장점을 갖고 있다. 그리고 개개인의 표적시장에 맞는 맞춤형 광고와 정보들을 전달할 수 있고, 이용자 또한 부담 없이 편리하게 정보를 받을 수 있으므로 거부감이 적다.

많은 글로벌기업은 외국시장에서 현지고객들의 욕구에 맞춘 맞춤형 마케팅의 필요성을 느끼고 있으며, 이에 따라 전체 인터넷매체에 책정한 마케팅 및 광고예산 가운데 이메일을 이용한 마케팅 및 광고예산의 비중을 점차 증대시키고 있다. 예를 들어, 은행과 같은 금융서비스 업종의 다국적기업은 현지 고객에게 고객맞춤형 상품을 판매하기 위하여 적극적으로 고객 데이터베이스를 활용한 이메일마케팅을 시도하는 추세이다.

아직까지는 많은 글로벌기업이 전 세계에 산재한 현지시장에서 필요한 완벽한 고객 데이터베이스를 구축하지 못하여 보다 더 정교한 이메일 마케팅을 구사하고 있지는 못한 실정이다.

사례 11-1 베트남 전자상거래

전자상거래(E-commerce) 시장 역시 빠른 속도로 성장 중이다. 2025년에 이르면 베트남 전자상거래 시장규모는 동남아시아 지역에서 인도네이시아에 이어 2위 규모가 될 것으로 전망하고 있다.

CIA(The World Factbook)에 따르면 베트남 인구의 약 40%인 24세 이하의 젊은 세대로 디지털 테크놀로지에 대한 접근성이 좋다. 따라서 향후 온라인 쇼핑과 같은 전자상거래 시장의 비약적 성장 가능성이 높다. 2020년 5월 18일에 발표한 베트남 전자상거래 개발계획에 따르면 전자상거래 매출은 2025년 350억 달러에 이를 것으로 예상한다. 전국 소매 및 서비스 매출의 10%가 전자상거래 형태로 결제될 것이라 주장하고 있다.

베트남 온라인 B2C 판매시장 동향

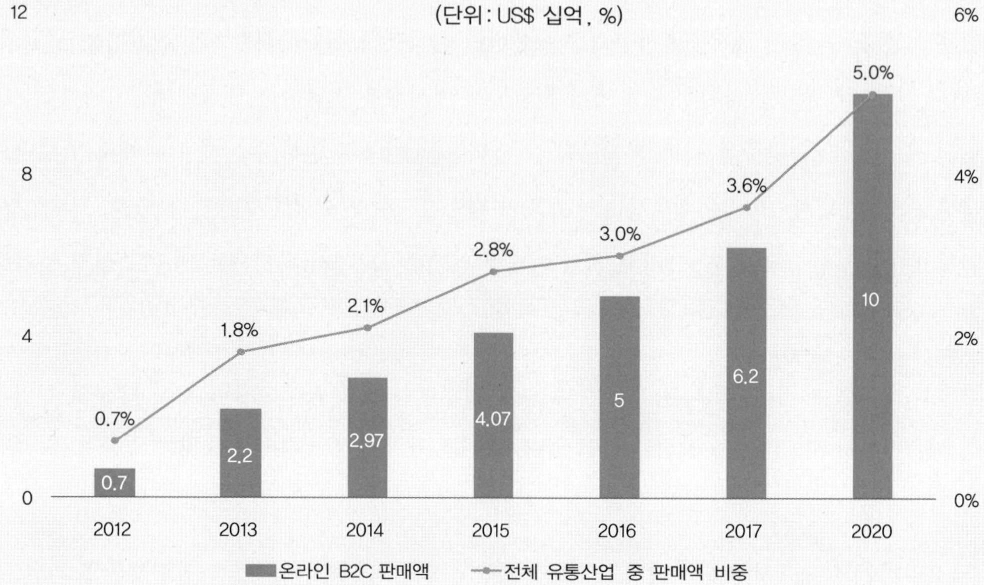

자료: 베트남 산업무역부(MOIT), E-commerce Vietnam White Book

코로나19 이후 소비자의 구매 방식 변화로 전자상거래 이용량이 급증하면서 온라인 쇼핑몰 솔루션 관련 기업들이 성행하고 있다. 동남아시아 전자상거래 시장 진출을 준비 중인 페이스북은 베트남에서 고비엣(Go-Viet)이라는 이름으로 승차공유배달서비스 및 핀테크 업체로 활동하는 인도네시아 기반의 고젯(Gojek)에 투자 했다고 최근 발표하였다. 2020년 1분기 월평균 트래픽의 품목별 변화를 살펴보면 코로나19로 인한 비대면 특수를 누린 식료품에서 45%가량 대폭 증가하였다. 그 외에는 화장품이 10%, 전자제품이 5% 증가하였으며, 패션 분야는 38% 감소한 것으로 나타났다.

출처: KOTRA, 2021 국가별진출전략: 베트남, KOTRA자료 21-069에서 발췌

4. e-Marketplace

e-Marketplace는 기존 1:1 혹은 1:N의 거래관계를 N:N의 복잡한 거래관계로 바꾸어 놓고 있으며, 기존의 시장이나 장터가 판매자와 구매자가 같은 시간에 동일 장소에 모여 거래하는 개념인 데 반해 시간과 공간의 제약을 넘어선 새로운 형태의 시장으로서 그 범위를 확대하고 있다.

여기서는 e-Marketplace의 개념과 분류 그리고 발전방향에 대하여 설명한다.

1 e–Marketplace 개념

e–Marketplace는 B2B거래의 한 종류로서 인터넷상에서 불특정 다수의 공급자와 수요자 간의 비즈니스 거래를 유발하는 가상의 시장 또는 매개공간으로 정의되고 있다. e–Marketplace는 시장조사기관, 컨설팅업체, 투자기관 등의 주체에 따라서 온라인시장(online marketplace), 전자시장(electronic marketplace), 웹 마켓플레이스(web marketplace), 넷 마켓플레이스(net marketplace), 마켓메이커(market maker) 등 다양한 명칭으로 불리고 있다.[5)]

2 e–Marketplace 분류

e–Marketplace를 운영주체, 통합방향, 상거래기능 및 구조, 주도자 등에 따라 다양하게 분류하고 있다. 그러나 어떤 기준을 따르더라도 급격하게 증가하며 변화하고 있는 e–Marketplace를 포괄적으로 분류하기는 어려운 실정이다.

우선 e–Marketplace는 운영 주체가 누군가에 따라 판매자주도(seller–driven), 구매자주도(buyer–driven), 중립적(neutral) e–Marketplace 등으로 분류할 수 있다. 판매자주도의 e–Marketplace는 하나의 판매기업이 e–Marketplace를 구축하고, 이 기업에서 물품을 구매하는 다수의 구매자가 참여하는 형태이다. 구매자주도의 e–Marketplace는 구매력이 강한 하나의 구매기업이 e–Marketplace를 구축하고, 이 회사에 납품하고자 하는 다수의 공급자가 참여하는 형태로 대기업이 e–Procurement를 위해 구축하는 사이트가 여기에 해당한다. 마지막으로, 중립적 e–Marketplace는 주로 솔루션공급업체 등 구매자나 판매자가 아닌 기업이 e–Marketplace를 구축하고, 다수의 공급자와 다수의 구매자가 참여하는 형태이다.

e–Marketplace의 통합방향에 따라서 산업별 수직적 통합을 지향하는 보털(vortal; vertical portal)과 수평적 통합을 지향하는 호털(hortal; horizontal portal) 그리고 이들을 결합한 형태의 거대한 e–Marketplace인 메가마켓(mega–market)으로 분류할 수 있다. 또한 제공하는 상거래기능에 따라서는 카탈로그형, 경매 · 역경매형, 공동구매형, 거래소형, 기타 정보제공형 e–Marketplace 등으로 구분할 수 있고, 구조에 따라서는 피라미드형과 나비형으로 구분할 수 있다. 마지막으로 e–Marketplace를 구축할 때 주도적인 역할을 하는 기업의 특성에 따라서는 오프라인업체 주도형, 솔루션업체 주도형, 인터넷기업 주도형 e–Marketplace 등으로 분류할 수 있다.

---

5) 안중호, e–마켓플레이스, 서울대 ECRC, 2002. 8. 참조

그림 11-1 e-Marketplace의 발전방향

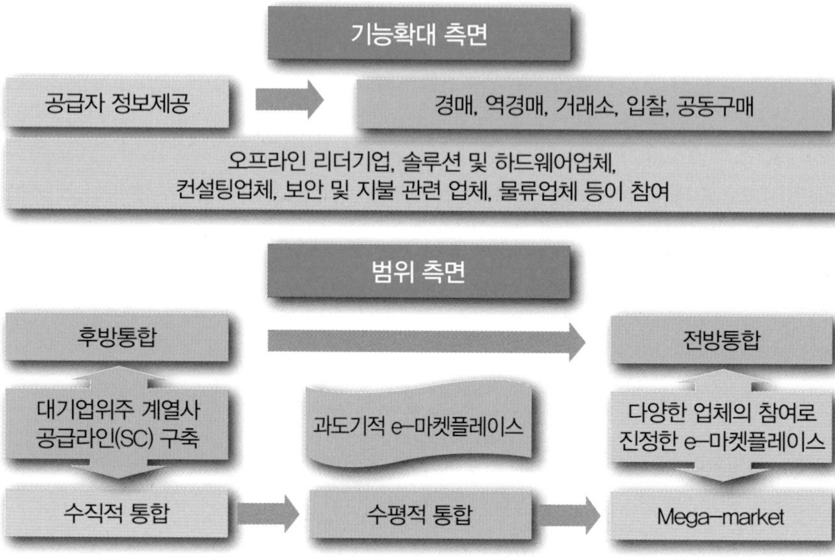

자료: 김성홍, "e-Marketplace의 현황과 전망", 정보화저널, 한국전산원, 2000. 6.

3 e-Marketplace 발전방향

최근 업계의 e-Marketplace 구축동향을 보면 특정 산업에 기반을 둔 업종별 e-Marketplace인 보털(vortal: vertical portal)이 가장 두각을 나타내고 있다. 다양한 e-Marketplace의 유형과 업계의 움직임에 비추어볼 때 향후 e-Marketplace는 제공하는 기능의 확대 측면과 e-Marketplace가 포괄하는 범위의 확대 측면으로 구분할 수 있다. [그림 11-1]에서는 e-Marketplace의 발전방향에 대하여 도식화하여 요약하고 있다.[6]

5. e-SCM

e-SCM(e-Supply Chain Management)은 거래 · 투자비용의 최소화, 재고감축, 보다 개별화된 고객서비스 제공, 사이클 타임의 단축 등을 할 수 있는 직접적인 기능을 수행하는 것이다. 나아가서 국제기업은 전체 공급사슬에 걸친 예측 및 주문 등의 효과적인 정보공유가 가능해짐으로써 공급선 및 고객과 함께 공급사슬계획을 할 수 있게 된다. 여기서는 e-SCM의 개념 및 목표 그리고 발전방향에 대하여 설명한다.[7]

---

6) 김성홍, "e-Marketplace의 현황과 전망", 정보화저널, 한국전산원, 2000. 6.

7) 문희철, Global e-SCM : 동향과 과제, 한국통상정보학회 세미나 자료, 2000. 11.

1 e-SCM의 개념 및 목표

e-SCM이란 디지털기술을 활용하여 공급자에서 고객까지의 공급사슬상의 물자, 정보, 자금 등을 총체적인 관점에서 통합관리함으로써 e-business 수행과 관련된 공급자, 고객 그리고 기업 내부의 다양한 욕구를 만족시키고 업무의 효율성을 극대화하려는 전략적 기법이라 할 수 있다. 이를 달리 표현하면 상품의 구매, 제조, 분배, 유통, 배송을 거쳐 소비자에게 이르는 공급사슬상에서 물류의 흐름(inventory)을 Internet/WEB 기술을 활용하여 가치의 흐름을 통합하고 연계하여 전체적인 관점에서 이해하고 분석하려는 개념 및 기술이라고 할 수 있다.

e-SCM을 통해 기업이 추진하는 구체적인 목표는 다음과 같다. 첫째, 디지털 환경으로 인해 등장한 새로운 패러다임에 부합할 수 있도록 원재료, 제품, 정보흐름을 리엔지니어링한다. 둘째, 디지털기술을 활용하여 판매, 원재료, 구매, 제조, 물류 등을 동기화한다. 마지막으로, 이를 바탕으로 고객에 대한 대응능력 제고 및 새로운 서비스 제공을 통해 고객만족도를 향상시킨다.

또한 인터넷기술을 사용하여 고객 및 공급자와 연결이 가능한 B2B e-Marketplace를 포함한 가상네트워크(virtual network)의 형성을 통해 현 사업수행의 인프라 영역 또는 타산업으로도 쉽게 진출할 수 있게 된다.

사례 11-2 첫 해외 공략 나선 쿠팡, '70조 시장' 싱가포르 진출

국내 대표 e커머스(전자상거래)업체인 쿠팡이 싱가포르에 진출한다. 미국 뉴욕증권거래소 상장으로 약 5조 원의 실탄을 확보한 쿠팡이 창업 11년 만에 처음으로 해외 시장 공략에 나서는 것이다. 620억 달러(약 70조 원, 작년 기준) 규모의 동남아시아 온라인 쇼핑 시장의 교두보 마련을 위한 첫 단추여서 행보가 주목된다.

쿠팡의 싱가포르 진출 이유

싱가포르는 인구 590만 명의 작은 나라지만 동남아 시장 진출을 위한 교두보로 꼽힌다. 2016년 싱가포르에 거점을 마련한 알리바바는 현지 업체인 쇼피에 이어 2위다. 쿠팡이 싱가포르를 첫 해외 거점으로 결정한 데는 밀집형 도시에 특화된 쿠팡의 디지털 물류를 적용할 최적지라는 판단이 작용했다. 쿠팡은 2020년 7월 싱가포르 온라인동영상서비스(OTT)업체인 훅을 인수하며 현지 진출을 모색해 왔다.

쿠팡이 첫 번째 해외 공략지로 싱가포르를 택한 건 인구 6억 5,000만 명에 달하는 동남아 시장에 진입할 거점을 마련하기 위해서다. 베인&컴퍼니 등이 펴낸 'e코노미 2020 보고서'에 따르면 2020년 동남아 e커머스 거래액은 총 620억 달러(약 70조 원)로 전년 대비 63% 성장했다. 2025년엔 1,720억 달러(약 193조 원)로 급증할 전망이다.

싱가포르 e커머스 경쟁기업

싱가포르 e커머스업계 '빅3'인 쇼피, 라자다, 큐텐도 싱가포르에 지역본부를 두고 동남아 전역에서 판매 중이다. 알리바바그룹은 2016년 동남아 최대 전자상거래업체 라자다를 인수하며 한발 먼저 진출해 있다. 2030년까지 이용자를 3억 명으로 확대하겠다는 게 알리바바의 목표다. 동남아 시장에서 쿠팡과 알리바바의 대결은 불가피한 상황이다. '곳간' 여유로워진 쿠팡쿠팡은 도심 근처에 물류 거점을 마련해 빠른 배송으로 승부를 겨루는 유통 전략이 동남아 시장에서도 통할 것으로 판단하고 있다. 싱가포르만 해도 1위 온라인 쇼핑몰인 쇼피가 고지한 배송기간은 식품 기준 1~3영업일. 중국 등 해외에서 배송하는 공산품은 최소 1주일, 길게는 한 달을 기다려야 한다. 빠른 배송에 익숙한 현지 한인들 사이에선 "주문한 뒤 한동안 잊고 살아야 한다."라는 혹평이 나올 정도다.

싱가포르 e커머스의 미래

글로벌 투자은행(IB)업계 관계자는 "미국 등 글로벌 투자자들이 쿠팡에 대규모 투자를 단행한 건 아시아 등 밀집형 도시에 특화된 물류 시스템을 쿠팡이 자체적으로 개발했기 때문"이라며 "자율주행 배송 등 쿠팡이 실현하려는 종착점이 미래형 모빌리티 구현이라는 것을 감안하면 싱가포르는 이를 실험하기 위한 최적지"라고 말했다.

출처: investing.com, 2021.4.12, 첫 해외 공략 나선 쿠팡, '70조 시장' 싱가포르 진출(https://kr.investing.com/news/economy/article-618593)에서 요약 발췌.

2 글로벌 e-SCM 발전방향

글로벌 e-SCM은 동태적인 개념으로 전통적인 SCM에서 통합화, 협력화, 동시화 순으로 핵심 내용이 끊임없이 발전되어 왔고, 또 앞으로도 다양한 형태로 발전될 것이다.

[그림 11-2]에서는 영향의 범위와 공급사슬관계에 따라 e-SCM의 발전방향에 대하여 제시하고 있다.[8)]

그림 11-2 e-SCM의 발전 과정

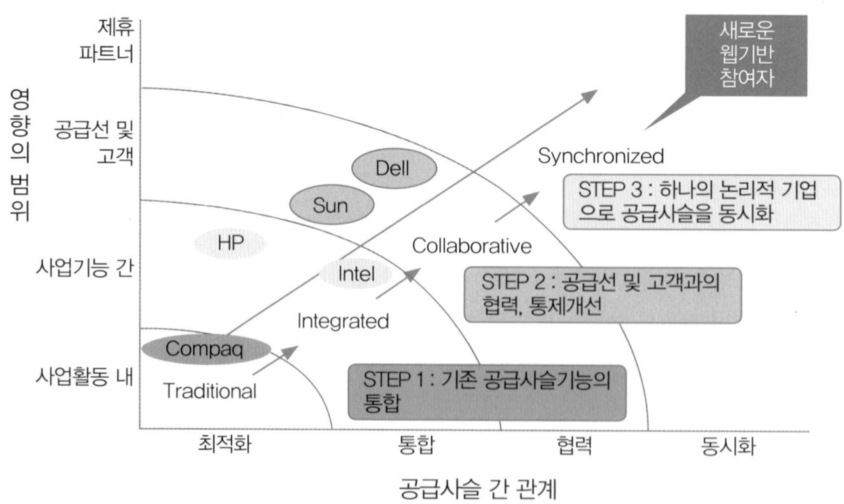

8) 문희철, 상게서.

❶ 전통적인 SCM에서 e-SCM 초기단계

전통적인 SCM에서 e-SCM 초기단계는 우선 고객접점확대와 마케팅혁신을 위해 기업은 회사의 미션, 제공하는 제품 및 서비스내용, 기타 유용한 정보를 제공하는 웹사이트를 개설하면서 시작된다. 이때 기업은 인터넷을 활용함으로써 공급업체와 고객에 대한 보다 다양하고 심층적인 정보획득이 가능하게 된다. 그러나 이 단계에서는 정보시스템 및 공급사슬이 완벽하게 통합되지 않았기 때문에 전자조달(e-Procurement)의 실시 또는 배송서비스에 대한 혁신은 부족하다.

❷ 통합단계

통합(integration)단계는 고객가치 제공을 위해 공급사슬상에서 고객 및 공급업체와 관련된 사업기능 간의 통합가능성부터 모색하게 된다. 이 단계에서는 중간유통단계를 거치지 않고 고객 · 공급업체와 직접 거래를 수행하고, 개별고객의 욕구를 충족시킬 수 있는 서비스도 제공하지만, 아직 완벽한 정보공유는 이루어지지 못한 상태이다.

❸ 협력단계

협력(collaboration)단계는 고객 및 공급선과 실시간 정보교환이 가능해짐으로써 구매 · 공급업체 간의 상호 커뮤니케이션 및 협력이 보다 활성화되고 프로세스 효율화가 가능해진다. 예를 들어, 월마트의 경우에는 공급선과 네트워크로 연결되어 대부분의 온라인 고객정보가 공급선에 바로 전달되며, 이를 위해 공급선의 종업원이 아예 월마트 본부에서 근무할 정도로 협력하고 있다.

❹ 동시화단계

동시화(synchronization)단계에서는 공급선과 고객은 물론 기업 내 · 외부의 모든 기능 및 프로세스에서 실시간 정보교환이 이루어진다. 따라서 수요와 공급의 동기화 및 이를 통한 공급사슬 흐름의 신속화를 통해 고객서비스가 향상되며, 대응체제도 사전제조(Buildto-Stock) 방식에서 주문생산(Build-to-Order) 방식으로 쉽게 이동할 수 있다. 이 단계에서 국제기업은 글로벌 아웃소싱의 강화 및 전략적 제휴 등을 통해 공급사슬을 더 효율적으로 관리하고, 핵심 경쟁우위를 확보한 분야에 더 주력하게 된다. 이때 국제기업은 브랜드, 마케팅 등 기업의 핵심 역량을 활용하여 제휴업체에 대한 전략적 통제를 실시하며, 투하자본의 절감과 신속한 프로세스 진행을 통해 고객서비스제고와 이익극대화를 추구하게 된다.

요약컨대 인터넷 기반의 e-Marketplace와 e-SCM은 마치 동전의 앞 뒷면처럼 매우 밀접한 관계가 있음을 알 수 있다. 이러한 e-Marketplace 및 e-SCM의 적용범위가 국경을 넘어 해외의 공급선, 고객으로까지 확대되면서 글로벌 전자상거래시대의 새로운 경영혁신기법으로 등장하는 것이 진정한 글로벌 e-SCM이라 할 수 있다.

이와 관련하여 최근 국내의 업계와 학계에서는 이러한 글로벌 e-SCM의 또 다른 이름으로 인터넷무역, 사이버무역, 전자무역 등에 대한 연구와 논의가 활발히 이루어지고 있다. 전자무역에 대해서는 2절에서 보다 자세히 설명한다.

Section 02

전자무역의 이해

본 절에서는 앞 절에서 설명한 글로벌 e-marketing 영역의 실제적인 활용분야인 전자무역에 대한 개념 및 특징, 기대효과, 전자무역 관련 동향, 무역거래절차별 전자무역활용, 디지털 무역물류 플랫폼 구축 및 TradePro에 대하여 설명한다.

1. 전자무역의 개념과 특징

1 전자무역의 개념

전자무역이란 마케팅 · 상담 · 계약 · 원자재조달 · 운송 · 대금결제 등 제반 무역업무를 가상공간(cyber space)에서 시간과 공간의 제약 없이 처리하는 새로운 무역거래 형태를 말한다. 우리나라에서는 전자무역이라는 용어가 한때 사이버무역, 인터넷무역 등과 혼용되기도 하였다. 그러나 2000년 말 대외무역법의 개정과 함께 법률적 용어로 전자무역이 사용되고 있다. 대외무역법에서는 전자무역을 "무역의 전부 또는 일부가 컴퓨터 등 정보처리능력을 가진 장치와 정보통신망을 통해 이루어지는 거래"라고 정의하고 있다.

한국의 경우 해외시장정보와 영업망이 취약한 중소기업이 이러한 전자무역의 활용에 적극적인 관심을 기울이고 있다. 또한 정부유관부처와 지방정부 그리고 대한무역투자진흥공사(KOTRA), 한국무역협회(KITA), 한국무역정보통신(KTNET) 등의 관련 기간들도 이들의 수출활동을 지원하기 위해 다양한 정책적 노력을 기울이고 있다.

2 전자무역의 특징

기존의 무역과 비교할 때 전자무역은 무역거래의 진행순서에는 큰 차이가 없다. 그러나 무역거래의 구체적 수단과 방법에는 [그림 11-3]과 같이 상당한 차이를 보인다.

구체적으로 살펴보면 첫째, 전자무역의 가장 큰 특징은 글로벌 마케팅과 정보수집이다. 기존 무역에서 거래선에 대한 정보수집과 마케팅을 위해서는 직접 해외출장을 가거나 카탈로그나 홍보매체 등을 이용하였다. 그러나 전자무역에서는 중소기업도 인터넷 홈페이지 개설, 외국 웹사이트 검색, 배너광고 등을 통해 손쉽게 글로벌 마케팅을 할 수 있다. 이는 해외정보의 수집이나 마케팅능력이 없어 무역할 수 없었던 중소기업에는 획기적인 무역기회의 확대이며, 사실상 내수기업과 수출기업 간의 장벽이 무너져 가고 있음을 의미한다.

둘째, 효율적인 커뮤니케이션 수단으로서 인터넷을 이용한 사이버 협상(cyber negotiation)이 전자무역에서 점차 큰 비중을 차지하게 될 것이다. 지금도 전화, 팩스 등을 통해 무역협상을 하기도 하지만, 가장 일반적인 방법은 역시 해외출장이었다. 그러나 인터넷의 발달로 무료국제전화와 인터넷팩스 서비스는 물론 거래 관련 자료를 전자우편으로 전송하거나 채팅 방식으로 사이버공간에서 직접 얼굴을 맞대고 무역 상담을 하는 것도 가능해졌다.

셋째, 대금결제 분야에도 커다란 변화가 일어나고 있다. 즉, 전자화폐와 무역카드(trade card), BOLERO, Identrus 등을 이용한 새로운 대금결제 방식과 물류 관련 서류처리 방식의 출현으로 앞으로 은행을 통한 신용장(L/C)이나 D/P, D/A 방식의 거래 비중은 점차 감소할 것이다.

넷째, 물류운송 분야에서도 물류 e-Marketplace의 개설로 온라인 선복수배와 함께 경매 또는 역경매 방식의 운임협상이 가능해졌다. 또한 전 세계적인 종합물류정보 네트워크의 구성을 통해 화물의 이동을 항상 확인할 수 있게 되면서 기업은 효율적인 재고관리는 물론 물류비용을 대폭 절감할 수 있게 되었다.

마지막으로, 고객서비스와 분쟁해결 측면에서도 전통적인 클레임서한 대신 온라인 콜센터 또는 온라인 고객지원서비스가 보편화되고 있다. 또한 기본 무역계약 외에 전자무역에 따른 새로운 분쟁에 대비하여 전자거래 약정을 추가로 체결하는 것이 보편화되고 있으며, 신속한 분쟁해결을 위하여 인터넷을 이용한 상사중재 및 화상회의시스템을 이용한 사이버알선과 원격중재제도도 활용되고 있다.

그림 11-3 **전자무역의 특징**

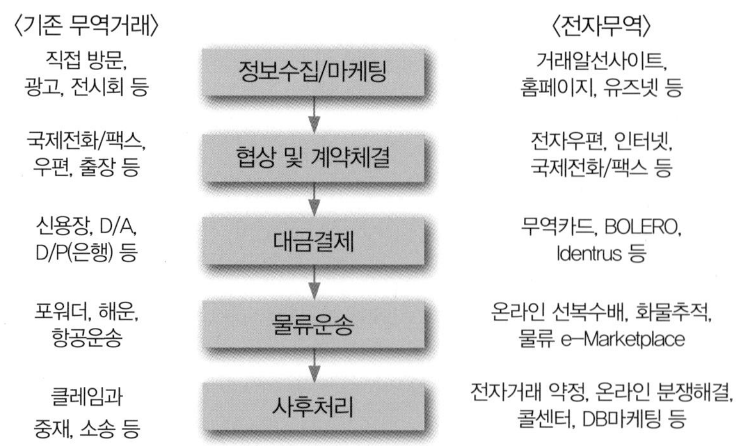

2. 전자무역의 기대효과

전자무역은 우리 경제가 성장하기 위한 핵심 성장 동력인 무역의 구조적 혁신을 통하여 비용의 절감 및 수출기반 확대 등 국가경쟁력을 획기적으로 증대시킬 수 있을 것으로 기대된다.

그림 11-4 **전자무역의 비용절감효과: 총절감액 = 이익(A) - 비용(B)**

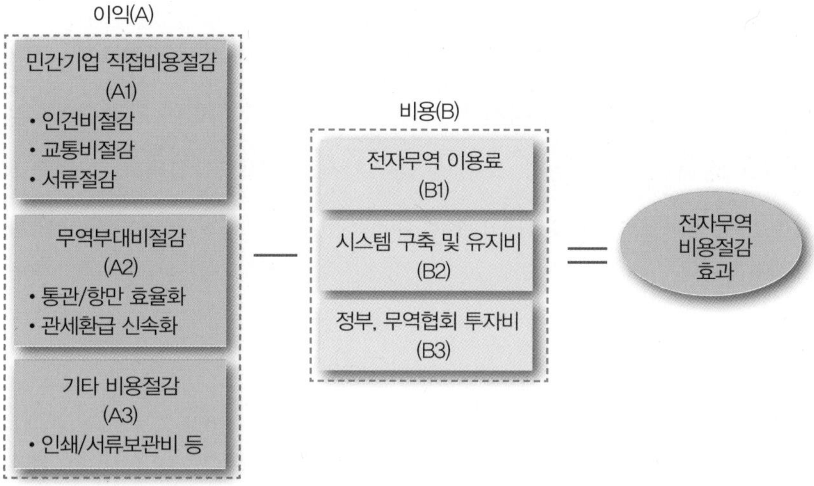

1 비용절감효과

한국무역협회의 보고서에 따르면, 전자무역 활용에 따른 비용절감효과는 총 5조 9,641억 원에 달하는 것으로 나타났다. 즉, 비용절감효과는 민간기업의 직접비용절감액, 부대비용 절감액, 기타비용절감액의 총액인 6조 1,289억 원(이익)에서 전자무역이용료, 시스템구축 및 유지비 그리고 정부, 무역협회의 투자비의 총액인 1,648억 원(비용)을 차감한 5조 9,641억 원으로 계산되었다.

2 수출 기반 확대 제공

전자무역은 기존 전통무역과는 다른 새로운 수출상품과 시장창출을 통해 우리의 수출경쟁력을 제고하고 수출 기반 확대를 제공할 수 있다. 즉, 전자무역은 21세기 핵심 수출산업으로 주목받는 디지털 재화를 포함한 지식서비스 등의 수출증대에 핵심적 역할을 수행할 것이며, 전자장터(e-Marketplace) 등을 통해 세계의 모든 바이어를 대상으로 24시간 무역거래를 할 수 있는 기반을 제공한다. 결국 전자무역을 통해 창출되는 새로운 사업 모델과 신시장 개척은 우리 무역이 제2의 도약을 이루는 전기를 마련해 줄 수 있을 것이다.

3 국가경쟁력 제고

수출중심형 경제구조인 우리나라의 특성을 감안할 때, 개별기업과 산업의 IT, e-비즈니스 시스템은 전자무역과 연계될 때 비로소 전체 IT화, e-비즈니스화가 달성될 수 있다. 즉, 기업과 산업의 e-비즈니스화 노력이 전자무역이라는 연결고리를 통해 수출의 양적 증대와 고부가가치화로 이어지고 이로 인해 실질적인 국가경쟁력 제고로 직결된다.

국가경쟁력을 높이기 위한 전자무역이 지속적으로 발전하여 추진될 경우, 기업생산성 강화효과, 무역부대비용 절감, 기업 IT투자비용 절감 등의 총체적 경제효과가 발생한다. 이를 통하여 가격경쟁력의 제고와 세계적 GDP의 증대에 따른 수출이 증대된다. 또한 수입품 가격경쟁력이 향상되고, 수출증대에 따른 수입유발효과가 발생한다. 따라서 총수출증대효과와 신규고용창출 그리고 총수입의 증대를 전자무역을 통하여 달성할 수 있다.

3. 전자무역 관련 동향[9)]

인터넷과 스마트폰 이용이 폭발적으로 증가함에 따라 지식 · 정보기반 시대의 새로운 패러다임을 전자상거래(electronic commerce)가 세계 경제와 사회 변혁을 주도하는 수단으로 부각되면서 전자무역에 관한 관심이 고조되고 있다. 이는 전자상거래의 발전이 국경을 넘어 국제무역에도 빠르게 확산하고 있기 때문이다.

그림 11-5 **세계 전자상거래 매출 전망(2019-2025, 단위: 억 달러)**

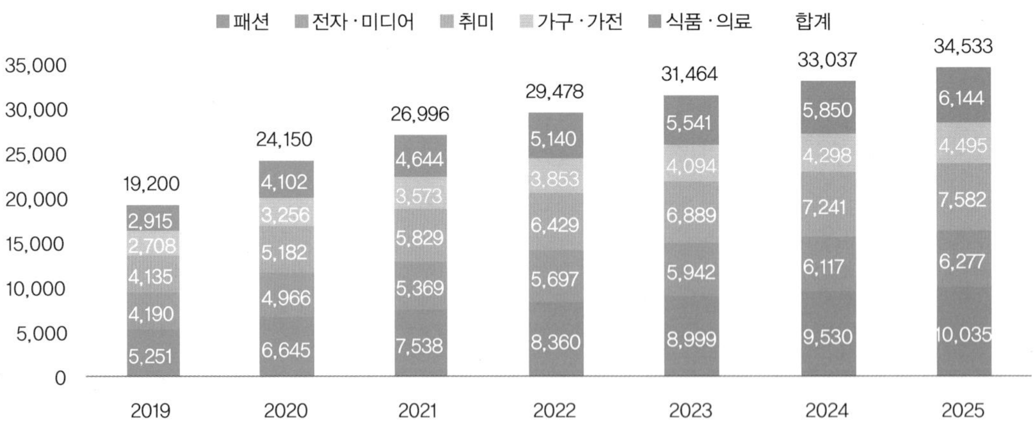

출처: 테크월드뉴스(http://www.epnc.co.kr); 스태티스타 재인용

---

9) 테크월드뉴스, 2021.02.08, [마켓리포트] 2025년 세계 전자상거래(E-Commerce) 매출 전망(https://www.epnc.co.kr/news/articleView.html?idxno=200764).

전자상거래(E-Commerce) 시장은 단순한 거래처에서 여러 기기(컴퓨터, 스마트폰, 태블릿 등)와 상점 개념을 포함하는 쇼핑 생태계로 발전해 왔다.

2021년 전 세계 전자상거래 시장의 매출은 약 2조 6,996억 달러에 이를 것으로 예상된다. 2025년에는 약 3조 4,533억 달러를 돌파할 전망이다. 전 세계 전자상거래 보급률은 지난해(46.60%)보다 4% 넘게 오른 50.8%에 이를 것이다. 전자상거래가 빠르게 성장한 이유에는 크로스보더 전자상거래(Cross-border E-Commerce)와 동남아시아 전자상거래 시장이 급성장한 것을 꼽을 수 있다. 크로스보더 전자상거래란 중간단계를 생략해 해외 소비자에게 직접 수출하는 것으로 직구를 예로 들 수 있다. 동남아시아 전자상거래 시장은 경제성장에 따른 소득 증가와 인터넷, 스마트폰 보급률이 높아지면서 빠르게 성장했다. 알리바바는 2025년 매출액이 1조 2,310억 달러에 이를 것으로 예측된다. 아마존이 7,950억 달러로 그 뒤를 이으며, 월마트가 6,440억 달러의 매출을 올리며 3위에 오를 것으로 전망된다.

그림 11-6 **2025년 전자상거래 기업별 매출액 전망(단위: 억 달러)**

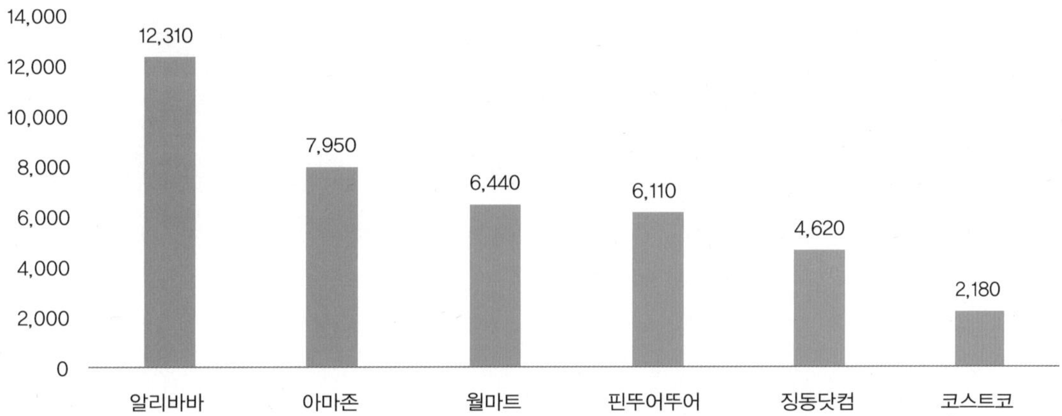

출처: 테크월드뉴스(http://www.epnc.co.kr); 스태티스타 재인용

4. 전자무역 활용

무역거래절차별로 전자무역을 활용하는 것은 다음과 같이 해외시장조사 및 거래선발굴, 거래제의 및 신용조사, 매도계약서 발송, 전자신용장 개설, 수출물품 확보, 수출통관, 선적과 보험 등과 같이 제8장에서의 국제물적유통실무인 수출절차와 비슷하다. 그러나 인터넷을 이용한 전자적 기술을 활용한다는 큰 차이가 있다.[10]

---

10) http://www.kita.net/trade_guide/index.jsp 참조

1 해외시장조사 및 거래선발굴

해외시장조사 및 거래선발굴은 무역거래를 할 때 가장 처음에 해야 하는 작업이다. 자체 홈페이지를 구축하고 거래알선사이트 또는 검색엔진 등록이 필수적이다. 왜냐하면 전자무역은 인터넷을 통해 해외의 거래선을 발굴하고 해외시장정보를 입수하여, 수출물품에 대한 홍보가 가능하기 때문이다.

2 거래제의 및 신용조사

거래제의의 수단으로는 전자메일, 전화, 팩스가 있고, 전자메일의 내용으로는 거래선을 알게 된 경위와 회사의 소개, 제품 소개가 있다. 인터넷상으로 거래제의를 받은 수입업자는 수출업자와 오퍼교환을 한다. 그리고 오퍼의 내용으로는 가격, 수량, 인도시기, 보험, 품질, 대금결제조건, 운송 방법이 있다.

거래제의의 종류에는 수출오퍼(selling offer, 매도인→매수인)와 수입오퍼(buying offer, 매수인→매도인)가 있다. 거래제의에 따라 신용조사를 하기 위해 신용조사기관인 수출보험공사(www.keic.or.kr), 신용보증기금(www.shinbo.co.kr), 대한무역투자진흥공사(www.kotra.or.kr) 혹은 개별 거래은행을 활용할 수 있다.

3 매도계약서 발송

매도오퍼와 카운터오퍼를 통한 협상 후에, 수출업자는 거래조건 및 내용에 대해서 오퍼보다 자세한 내용을 포함하는 계약서를 작성해야 한다. 매도계약서의 내용에는 품질, 양, 가격, 포장, 선적조건, 지급방법, 보험조건 등이 포함된다.

4 전자신용장 개설

전자신용장 거래조건의 매매계약을 한 경우, 수입업자 거래은행에 신용장 개설을 의뢰하면 개설은행은 신용장을 발행하여 수출업자에게 통지해 준다. 수출업자는 수입업자에게 받은 신용장을 검토한 후 매도계약서의 계약조건과 다른 경우 수입업자에게 수정을 요구할 수 있다. 신용장의 내용이 매도계약서의 조건과 완전히 일치하면 수출품을 확보하면 된다. 인터넷상에서 신용장 관련 업무는 요즘 논의가 활발히 이루어지고 있는 전자신용장을 거래 은행을 통하여 활용할 수 있다.

5 수출물품 확보

제조업자가 직접 수출하는 경우에는 수출물품의 인도일에 맞추어 수출물품의 생산기간과 물량을 확인하고, 무역업자인 경우에는 수출물품을 생산하는 제조업자를 찾아 수출물품을 확보하면 된다. 참고로 수출물품을 확보 시에 자금이 부족하면 무역금융을 이용하여, 수출물품을 제조할 제조업자를 위한 내국신용장을 개설하면 된다. 좀더 많은 정보를 얻고 싶으면 무역유관기관(KITA, KTNET, KOTRA, SMIPC 등) 및 Inno-Net의 중소기업사이트(중소기업체 데이터베이스에서 관련 업자 검색)를 검색해 보면 된다.

6 수출통관

통관이란 수출업자가 수출물품을 해외의 수입업자에게 보내기 위한 수출신고 및 세관검사 등의 일련의 절차를 말한다. 수출업자가 수출물품을 보세창고에 반입하면 통관의뢰를 받은 관세사는 EDI를 이용하여 수출물품에 대하여 수출신고서, 포장명세서, 상업송장 등을 세관에 제출한다. 그러면 세관은 제출된 서류의 심사 및 수출물품에 대한 품명, 가격, 수량 등을 검토한다.

7 선적과 보험

선적은 수출물품을 지정된 선박에 선적한 후 전자선화증권(B/L)을 선박회사에서 받아 수출대금 회수 시 신용장과 함께 거래은행에 제출한다. 참고로 선복수배 및 운송업체를 확인하고 싶을 때는 소량화물인 경우에는 www.pacifictrade.com 또는 KCIS의 복합운송업체의 보험에 부보하면 된다. 해상보험에는 www.global-marineinsurance.com, 적하보험은 www.ecplaza.co.kr, 전자선화증권은 www. bolero.net 사이트를 이용할 수 있다.

5. 디지털 무역물류 플랫폼 구축 및 TradePro

한국무역정보통신은 디지털 무역환경 변화에 따라 다양한 무역거래 방식의 지원, 즉 전자상거래수출, D2C(Direct to Customer), DeTrade(Decentralized Trade), 플랫폼 기반 무역거래를 지원할 필요성을 인식하고 있다. 또한 무역거래 대상에 대한 지원으로 물품+서비스(용역, 데이터, 콘텐츠 스트리밍), 디지털자산 결제(디지털 화폐, 토큰, 암호화폐)를 제시하고 있다.

한국무역정보통신은 첫째, 단절 없는 무역 물류업무를 제공하기 위하여 무역과 물류 커뮤니티를 데이터기반으로 연계하여 무역물류가 융합된 신규서비슬 제공한다. 둘째, 인공지능, RPA(Robotic Process Automation), 빅데이터, 블록체인과 같은 혁신기술을 적용한다. 셋째, 모바일 기반의 신규 개방형 디지털 플랫폼을 제공하고자 한다. [그림 11-7]은 한국무역정보통신 디지털 무역 기반 구축사업에 대한 개요도를 보여 주고 있다.

그림 11-7 **한국무역정보통신 디지털 무역 기반 구축사업**

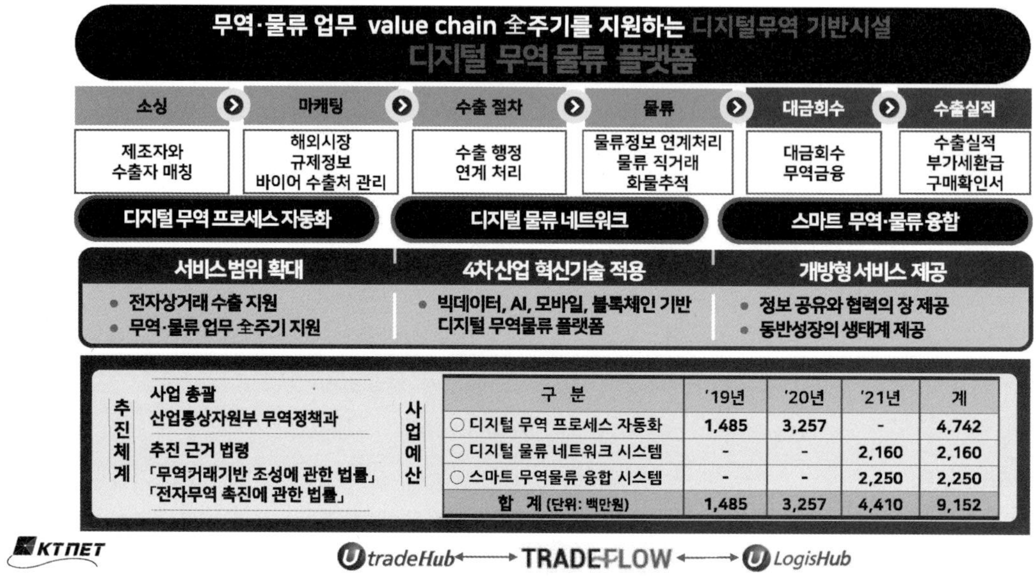

출처: 한국통상정보학회, TRADEFLOW 디지털 무역물류 플랫폼, 온라인디지털무역포럼 자료

한국무역협회는 'TradePro' 사이트를 운영하고 있다. 무역에 관한 상담질의를 AI가 답변해 주고 있다. 상담분야로는 무역실무, 관세/FTA/HS코드, 국제계약/클레임, 세무/회계, 상표/특허, 해외인증, 외환/환리스크, 온라인마케팅, 창업컨설팅, 지역전문가, 물류전문가, 기타분야이며, AI와 전문가가 함께 질의에 응답하는 서비스를 하고 있다.

그림 11-8 **한국무역협회의 'TradePro' 사이트**

출처: https://www.kita.net/experthub/main.do에서 2022년 3월 29일 캡처.

주요 용어

B2B 전자상거래	온라인고객 세분화(e-customer segmentation)	e-Marketplace
온라인고객(e-Customer)	e-Promotion	vertical portal(vortal)
고객경험(e-Customer experience)	인터넷 배너광고	horizontal portal(hortal)
e-CRM	웹스폰서십	e-SCM
e-STP	e-mail 광고	전자무역
		인터넷 거래알선

연습문제

01 온라인고객(e-customer)의 경험이 국제마케팅 관점에서 중요한 이유를 논하시오.

02 e-STP의 개념을 정의하시오.

03 온라인고객 세분화의 필요성과 기준 및 방법을 논술하시오.

04 e-promotion의 유형과 특징을 논하고 각각의 장단점을 설명하시오.

05 e-marketplace를 분류하고 각각의 특징들을 논하시오.

06 e-SCM의 정의와 구축전략들을 논하시오.

07 우리나라 기업의 e-SCM 구축 사례를 조사하여 분석하시오(그룹과제).

08 전자무역의 특징과 기존무역의 특징을 비교하여 장단점을 논하시오.

09 우리나라 인터넷 거래알선사이트를 조사하여 그 주요 기능들을 비교 · 분석하시오(그룹과제).

Chapter

12

국제마케팅조사

Chapter

12

국제마케팅조사

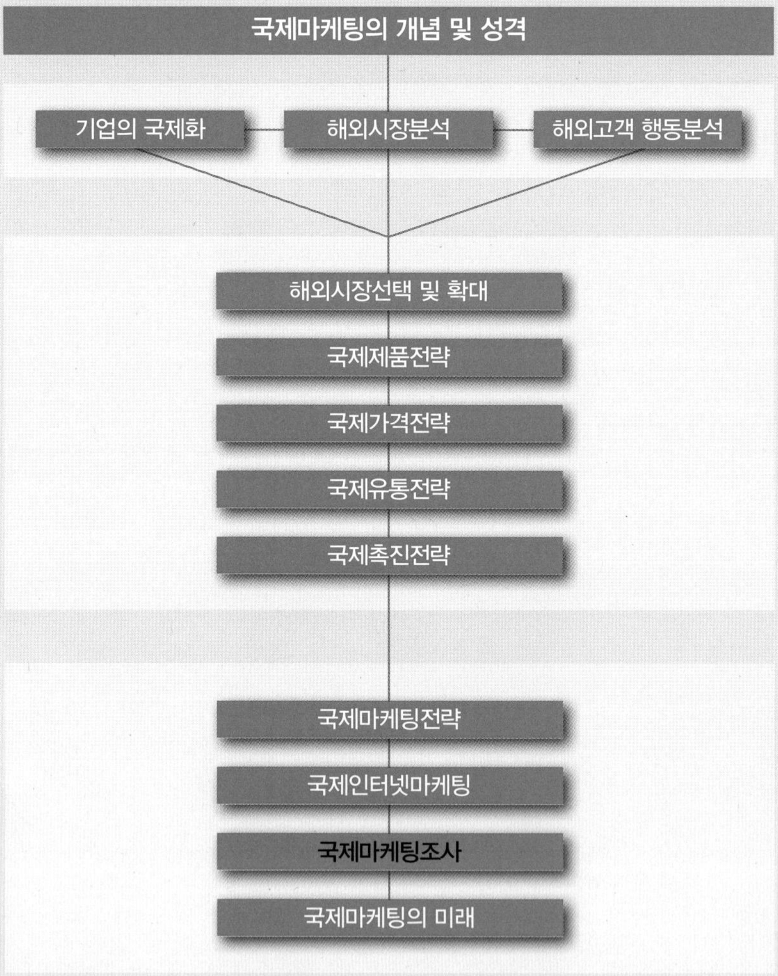

CASE STUDY 전문시장조사기관 한국갤럽

다국적기업이 해외진출 시 사업활동 형태뿐 아니라 사업환경도 각국마다 상이하기 때문에 국제마케팅조사는 국내마케팅조사와는 조사영역이 다르다. 또한 조사가 훨씬 복잡하고 많은 어려움을 지니고 있다. 본 사례에서는 한국갤럽(Gallup Korea)이 한국시장에서 어떠한 조사영역을 다루고 있고 그들이 세계시장, 동시에 한국시장에서 조사기업의 강자로 군림할 수 있는 표준업무절차, 조사영역, 표본추출 방법에 대하여 살펴보도록 한다.

한국갤럽이란?

1974년 6월 17일, 순수 국내자본으로, 법인 형태로 설립된 최초의 조사전문회사로서, 1979년 세계 최대의 조사 네트워크인 Gallup International에 가입하여 구미선진국의 최신 조사기법을 도입해 왔으며, 1980년 전국 실사 네트워크 구축, 1987년 국내 최초의 대통령선거 예측 등 지난 40년간 한국갤럽은 우리나라 조사역사를 만들어 왔다.

1980년부터 전국 6대도시(서울, 부산, 대구, 대전, 광주, 전주)에 실사 네트워크를 구축하고 정식 직원이 상근하는 실사 지사를 운영하고 있다. 실사는 Gallup International의 표준조사 방법에 따라 엄격한 통제하에 진행되며, 특히 시기별 변화를 추적하는 추적조사(Tracking Study)에서 진가를 발휘한다.

그동안 많은 일류 기업과 기관들이 한국갤럽과 함께 조사 프로젝트를 진행해 왔다. 삼성, LG, 현대, SK 등 국내 굴지의 대기업뿐만 아니라 해외의 다국적기업, 조선일보, MBC 등의 국내 언론기관에서 마이니치신문 등 해외 언론까지 그리고 한국정부를 비롯하여 미국, 일본 정부에 이르는 다양한 고객들이 모두 25년 이상 한국갤럽과 함께하고 있다.

또한 CATI(Computer Aided Telephone Interview) 시스템을 운영하고 있으며, 전화조사용 전화회선 300개의 라인을 사내에 보유함으로써 완벽한 긴급조사(Quick Poll) 시스템을 갖추고 있는 특징이 있다. 한편 1996년부터 Report식 경영/마케팅/여론조사 데이터베이스를 제공하고 있다. 최근까지 한국갤럽은 소비자조사, 광고조사, 상품개발조사, 산업경제조사, 판매유통조사, 고객만족도조사를 수행하고 있다.

한국갤럽 표준 업무절차

01 조사의뢰 조사상담/조사의뢰	의뢰자가 문제해결 방안 탐색 또는 의사결정 방향 설정을 위한 조사가 필요할 때 당장 조사용역을 의뢰하지 않더라도, 조사에 대해 한국갤럽의 조사전문가들이 상담해 주는 단계이다.
02 조사협의 조사기획/견적서, 제안서 제출/ 계약체결	그 이후 고객지원팀은 이를 효율적으로 해결하기 위한 방안에 관해 내부적으로 검토하여, 조사의 기본설계, 분석계획 등의 내용이 포함된 조사제안서(Research Proposal)을 고객에게 제출한다.
03 조사준비 조사설계/질문지개발/ 사전조사/표본추출	자료를 검토하여 보다 구체적인 조사설계와 질문지개발에 착수한다. 모든 과정은 고객과의 충분한 협의를 통해 진행되며, 사전조사(Pretest)를 거쳐 질문지를 보완 · 수정한다. 또한 조사에 필요한 표본추출(Sampling)과 기타 필요한 조사도구를 준비한다.
04 자료수집 조사원선발교육/ 실사진행/실사일정관리/ 검증조사	실제 자료수집을 담당하는 실사팀은 해당 조사에 적합한 조사원(Interviewer)을 선발하고 조사내용에 대한 교육(Orientation)을 실시하며, 실사진행 과정 도중 오류가 발생하지 않도록 철저한 일정관리 및 감독을 한다. 응답완료되어 수집된 질문지는 1차적인 검토 · 보완 과정(Editing)과 검증조사를 통해 자료수집단계에서 발생 가능한 오류를 최소화한다.
05 자료처리 서술형자료정리/자료입력/교차집계표작성/빈도분석	수집된 자료 중 서술형자료는 개별 내용 검토 후 재분류되며, 이후 부호화, 전산입력과정을 거친 모든 자료는 통계자료처리팀이 다시 한번 논리적인 오류 및 비체계적 오류를 제거(Data Cleaning)한 뒤 분석에 적합한 데이터로 가공한다. 이를 이용하여 빈도분석 · 기초통계분석 · 질문항목별 교차분석표를 작성한다.
06 조사결과분석 조사상담/조사자료입력	프로젝트 담당연구팀은 1차적인 자료처리결과를 바탕으로 조사목적과 질문지개발단계에서 계획한 분석 방법을 이용하여 조사결과를 분석하고, 추가적인 고급통계분석 및 모델 적용을 통해 고객의 당면 과제에 대한 최적의 해결 방향을 찾는다.
07 보고서제출	조사 프로젝트의 마지막 단계로, 프로젝트 담당연구팀은 고객에게 조사개요 · 주요 조사결과 · 결론 · 제언으로 구성된 조사보고서와 질문항목별 교차집계표 등의 자료편을 제출한다. 보고서제출 후, 고객이 원하는 경우 조사결과 보고회를 제공한다.

한국갤럽의 조사영역

마케팅조사	사회여론조사	특수조사
헬스케어	행정서비스	옴니버스조사
고객만족도	매체조사	온라인조사
직원만족도	엔터테인먼트	해외조사
기업 이미지	선거캠페인	
Brand 관리		
광고		
신상품개발		
부동산		
유통		
Mystery Shopper		

한국갤럽의 조사영역은 크게 마케팅조사, 사회여론조사 그리고 특수조사로 구분된다.

먼저, 마케팅조사는 헬스케어, 고객만족도, 직원만족도, 기업 이미지, 브랜드관리, 신상품 및 광고 호감도조사, 부동산 분야, 유통, Mystery Shopper로 구분되어 수행되고 있다. 반면, 사회여론조사는 행정조사나 TV, 라디오 등 매체조사 그리고 선거 때의 예상 득취율 조사가 수행된다.

또한 특수조사영역에는 옴니버스조사, 온라인조사 그리고 해외조사로 나뉘어 사업활동을 수행하고 있다. 최근 한국갤럽이 실제로 행하고 있는 조사영역은 기업의 의뢰로 진행하는 경영/마케팅조사가 80%를 차지하는 실정이다.

특히, 한국갤럽은 조사업계에서는 최초로 사내 전문인력을 통해 인트라넷을 기반으로 한 Gallup BBS 개발, 인사관리 · 근태관리 · 프로젝트관리 시스템 등을 구축하여 운영하고 있다. 이를 바탕으로 한국갤럽은 대기업과 공공기관에서 시스템 구축을 용역 받아 진행하고 있다. 한국갤럽에서 제공하는 시스템 구축 서비스는 아래와 같다.

① Homepage 구축 – Web Server 설치, HTML, 인트라넷 구축

② DBMS를 이용한 Application 개발 – C/S, 3 Tier, Web 연동

③ Oracle, Sybase 등의 RDBMS 및 IRS 시스템의 연동 구축

한국갤럽의 표본추출 방법

한국갤럽의 조사가 정확도와 신뢰도를 유지하는 이유 중의 하나는 갤럽 특유의 표본추출 방법

(Gallup Sampling System)을 통해 표본추출이 이루어지기 때문이다. 한국갤럽이 전국조사를 수행하기 위해 활용하는 표본설계는 갤럽국제조사기구(Gallup International)의 표준 조사 방법에 따르고 있다.

한국갤럽 샘플링의 기본원리는 인구비례 확률추출법(PPS: Proportionate Probability Sampling)으로, 구체적으로는 3단층화 체계적 무작위추출법(3-Staged Stratified Systematic Random Sampling)이다.

가구 방문 개별면접조사의 표본추출 방법

① 먼저, 전국규모조사를 위한 표본추출 과정은 전국을 광역행정단위별로 16개 단위, 곧 7대 도시(특별시, 광역시)와 9개 도로 나누고, 도는 다시 행정단위별로 시, 읍, 면으로 구분한다.

② 지역별, 지역 크기별 모집단 구성비에 따라 표본지점의 수를 계산해, 가구 수 비례 할당한다. 모집단 구성비는 최근의 〈인구 및 주택센서스〉 보고서를 준거로 하며, 표본지점 수는 표본 수와 표본 1지점당 조사가구 수를 계산해 정한다.

가구 수 비례할당 : 표본추출을 하기 전에 지역별, 지역크기별 모집단의 구성비에 따라 표본 지점 수를 계산한다. 모집단 비율은 2003년 12월 31일자 주민등록통계자료를 준거로 하며, 표본지점 수는 시지역의 경우 지점당 5~7가구, 읍 · 면지역은 지점당 10~12가구씩 조사하는 것을 원칙으로 한다. 단, 조사지점당 조사대상 가구 수는 조사의 성격에 따라 조정된다.

③ 최종 표본지점에 해당하는 실제 조사지점(반/리 단위)을 3단계에 걸쳐 뽑아 내려간다.

다단계무작위추출 : 최종 표본 지점에 해당하는 실제 조사 지점(반/리 단위)을 다단계로 추출한다.

1단계 추출

도/시	특별/광역시 또는 해당 도 중 추출된 시에서 할당된 지점 수만큼 동을 무작위로 추출한다.
읍	해당 도에서 할당된 지점 수만큼 읍을 무작위 추출한다.
면	해당 도에서 할당된 지점 수만큼 면을 무작위 추출한다.

2단계 추출

도/시	추출된 동의 통, 반 리스트를 정리한 후 무작위로 통을 뽑는다.
읍	추출된 읍 내에서 리를 무작위 추출한다.
면	추출된 면 내에서 리를 무작위 추출한다.

3단계 추출

도/시	추출된 통 내에서 무작위로 반을 뽑는다.
읍	추출된 리 내에서 무작위로 자연부락을 뽑는다.
면	추출된 리 내에서 무작위로 한 개의 자연부락을 뽑는다.

④ 면접원들은 각자 할당된 지역 내에서 자기재량권 없이 미리 정해진 진행경로와 리스트를 가지고 응답자를 찾게 된다. 무작위추출된 한 가구를 방문한 면접원은 그 집안에서 만 18세 이상의 남녀 가운데 생일이 가장 빠른 사람을 조사대상자로 선정해 면접을 진행하며, 할당된 수를 다 채울 때까지 개별 가구방문을 계속한다.

전화조사의 표본추출 방법

① 전국규모 조사를 위한 표본추출 과정의 1단계는 개별면접조사와 마찬가지로 전국을 광역 행정단위별로 16개 단위로 나누고, 도는 다시 시, 읍, 면으로 구분한다.

② 지역별, 지역크기별 모집단 구성비에 따라 표본 수를 계산해 할당한다.

③ 지역별 최신의 전화번호부 데이터베이스를 구축, 이를 이용해 체계적 무작위추출법에 따라 조사대상가구를 추출하고, 응답률을 고려하여 100% 정도의 예비표본을 추출한다.

④ 전화 면접원들은 표본으로 추출된 가구에 전화를 걸어 그 집안에서 해당하는 조사대상자 가운데 생일원칙에 따라 응답자를 선정해 면접을 진행한다.

토의과제

01 한국갤럽의 표준 업무절차에 대해 개선점과 장단점을 토의하시오.

02 한국갤럽의 표본추출 방법에 대하여 사회과학조사 관점에서 토의하시오.

03 한국갤럽과 닐슨코리아와 비교하여 해외사장조사 기업에 대하여 토의하시오.

참고자료

- 한국갤럽 홈페이지
- 닐슨코리아 홈페이지
- 부경대학교, 국제마케팅 수업 과제 및 자료

Section 01

국제마케팅조사의 성격

국제기업의 사업활동 형태가 단순수출에서부터 해외직접투자 및 범세계적 전략적 제휴에 이르기까지 다양할 뿐만 아니라 사업환경도 각국마다 상이하므로 국제마케팅조사국은 국내마케팅조사와는 다른 조사영역을 가지며 조사가 훨씬 복잡하고 많은 문제점을 지니고 있다.

1. 조사영역

국제마케팅조사는 국제화 여부, 해외시장진출 및 방법의 선택, 국제 마케팅믹스 등과 관련된 정보를 주로 수집 · 분석하는 것으로, 이 중에서도 특히 해외시장 및 진입 방법의 결정을 위한 조사업무는 국내마케팅조사와는 다른 특징을 지닌다.

1 국제화에 대한 결정

내수시장의 포화 개선과 해외시장확대를 위해 적극적으로 국제화를 도모할 경우에 필요한 정보를 수집 · 분석하는 것으로, 산업 및 기업의 국제경쟁력, 해외시장진입기회 및 위협 등을 평가하여 해외시장 개입 여부와 개입수준을 결정하기 위한 조사가 이루어진다.

표 12-1 **국제마케팅조사의 주요 업무**

마케팅 의사결정	필요한 정보
1. 국제화할 것인가? (아니면 국내기업으로 계속 남을 것인가?)	현지 및 국제경쟁과 자국시장 기회의 비교를 통한 세계적인 시장수요 및 기업의 잠재적인 시장점유율의 평가에 대한 정보
2. 진입할 시장은?	잠재적 시장, 현재경쟁 및 정치적 상황에 따른 세계시장의 등급에 대한 정보
3. (표적시장에) 진입할 방법은?	표적시장의 규모, 국제무역의 장애요소, 운송비, 현지경쟁, 현지국 정부의 요구조건 및 그 나라의 정치적 안정 등에 대한 정보
4. (진입할 표적시장에서의) 마케팅방법은?	각 표적시장에 대한 소비자행동, 경쟁실태, 유통경로, 촉진매체와 실태, 그곳과 다른 시장에서의 회사 경험에 대한 정보

2 진입시장의 선택

현지시장 진입 및 시장확대를 도모하기 위해 필요한 조사를 행하는 것으로, 주로 진출 가능한 국가의 잠재수요, 현지시장에서의 경쟁구조 및 상태, 현지국의 정치 · 경제상황 등에 대한 정보를 조사하게 된다. 즉, 대상제품의 수출입자료, 현지국의 생산과 소비에 대한 분석, 현지국의 공급자와 경쟁자, 대체재의 유무, 현지국의 정치안정도 등과 같은 자료를 수집 · 분석하여 최적진출시장 선택을 위한 정보를 수집한다.

3 진입 방법의 선정

수출, 라이선싱, 합작투자, 단독투자, 전략적 제휴 등의 진입 방법을 선정하기 위해 필요한 표적시장의 규모, 관세 및 비관세 장벽의 유무, 해외투자에 대한 현지정부의 장려 및 규제조건, 정치적 성숙도 등을 조사하는 것을 의미한다.

4 국제 마케팅믹스 조사

국제 마케팅믹스 전략을 수립 시행하기 위해 요구되는 제품, 가격, 유통, 촉진 등 4P에 대한 조사를 말하는 것으로, 제품별로 특정 시장국을 대상으로 조사가 실시된다.

2. 조사에 따르는 문제점

매우 복잡다양한 국제경영환경으로 인하여 국제마케팅조사 역시 조사설계의 복잡성, 2차 자료의 부족, 자료수집과 분석에 따른 어려움 등과 같은 문제점에 봉착하게 된다.

1 조사설계의 복잡성

국제마케팅조사는 한 국가를 초월하여 다른 국가, 다른 문화, 다른 언어환경 속에서 조사를 수행하여야 하므로 조사설계가 매우 복잡해지는 어려움이 있다. 따라서 분석단위, 분석 수준, 응답자선정 등에 있어 많은 주의를 요한다.

우선 분석단위의 경우 일반적으로 국가가 사용될 수 있으나 국제마케팅의 입장에서 볼 때는 항상 적절한 분석단위라고는 볼 수 없다. 오히려 청소년, 대학생 등이 전 세계의 시장분석단위로서 적절한 때가 많다. 또한 응답자 선정에서도 국별 문화적 배경이 상이하기 때문에 조사대상의 선정이 국내조사에 비해 훨씬 어렵다. 예를 들면, 보험이나 자동차 구입의 경우 미국에서는 부인이 중요한 역할을 하는 반면, 중동지역에서는 남편이 절대적으로 영향력을 행사하기 때문에 응답자를 잘 선정해야 한다.

2 2차자료의 부족과 낮은 신뢰성

국내시장조사에 익숙한 조사담당자가 국제마케팅조사를 수행할 때 해외시장과 외국에 대한 2차자료가 많이 부족하여 어려움을 겪을 때가 많다. 또한 2차자료를 어느 정도 이용할 수 있더라도 동 자료의 신뢰성과 정확성에서 종종 문제가 발생한다. 이것은 국제마케팅 의사결정이 국내마케팅 의사결정보다는 신뢰성과 정확성이 떨어지는 자료로 수행된다는 것이므로 담당자는 이러한 문제에 매우 신중을 기해야 할 것이다.

3 1차자료 수집비용의 증대

일반적으로 국내시장조사에 비해 국제시장조사의 비용이 더 많이 든다는 사실은 직관적으로 쉽게 알 수 있다. 특히 시장조사를 위한 기초자료 제공원이 없고 조사 경험이 축적되어 있지 않은 개발도상국에서 심각한 문제가 야기될 수 있다.

1차자료의 비용이 너무 많이 들 때는 정확성과 신뢰성에 문제가 생기더라도 일단은 2차자료에 높은 비중을 두고 조사를 수행하면서 꼭 필요한 부분에 한해서만 1차자료를 수집하는 것이 효율적일 때가 많다.

4 국별 조사와 자료수집의 조정 문제

국제마케팅조사의 수행은 조사의 설계와 자료수집의 복잡성을 수반할 뿐만 아니라 언어를 비롯한 그 밖의 여러 제약요인으로 인해 조사를 관리 · 운영하는 데에도 문제가 많이 야기된다.

국제적 조사의 설계 및 실행은 조사목적과 일치되어야 할 뿐만 아니라 조사수단 및 자료수집절차와도 조화를 이루어야 한다. 결국 이러한 문제들을 조정하는 기구의 필요성으로 인해 국제마케팅조사의 비용은 크게 증가하게 되며 또한 조사기간도 장기화된다.

5 조사 방법의 일반화 문제

국제마케팅조사 개념과 측정도구 그리고 수집절차가 다양하게 개발 · 검증되어 왔으나, 아직은 그 적정성이 명백하지 않기 때문에 국가별로 비교 가능하도록 동등하게 조사하기가 매우 곤란하다. 따라서 이미 개발된 개념 및 측정도구를 해당 국가에 맞게 수정하고 그 적정성을 검증하는 절차가 수반되어야 한다.

6 조사관리에 관한 문제

국제마케팅조사를 기업조직 내부에서 할 것인지 외부 전문조사업체에 맡길 것인지와 같은 조사수행주체의 문제와 모기업 본사에서 할 것인지 현지자회사에서 할 것인지와 같은 조사분권화 문제가 나타나므로 이를 잘 조정 · 관리해야 한다.

7 비용과 기간 문제

일반적으로 국제적 의사결정을 위해서는 국내의사결정의 경우보다 긴 시간이 필요하고 또한 조사비용도 많이 소요되므로 국제마케팅 의사결정과 조사비용 간의 경제성을 고려해야 한다.

한편 해외환경 및 활동을 잘 알지 못할 때는 초기진입단계의 조사를 비용보다는 투자로 간주하여야 한다. 이는 국제마케팅조사가 초기진입 시의 실패를 방지해 주며 아울러 효과적인 국제마케팅 확장전략의 개발을 가능하게 해 주기 때문이다.

Section 02

조사계획의 수립

국제마케팅조사는 주로 해외시장 진입 방법과 국제 마케팅믹스와 관련된 문제를 해결하기 위해 필요한 정보를 수집 · 분석하는 것으로, 조사계획의 수립 → 1 · 2차자료수집 → 수집된 자료의 통계적 분석 절차를 거쳐 이루어진다. [그림 12-1]은 이와 같은 국제마케팅조사 과정을 나타내고 있다.

조사계획은 일반적으로 다음과 같은 사항을 고려하여 수집된다.

① 국제마케팅 의사결정을 위해 필요한 정보는 무엇인가?

② 조사분석은 어느 수준에서 할 것인가?

③ 필요정보는 어디서, 어떻게 구할 것인가?

④ 국제마케팅조사 실행상에 있어서 주의할 점은 무엇인가?

이하에서는 이러한 문제에 대하여 차례로 살펴보기로 한다.

그림 12-1 **국제마케팅조사 과정**

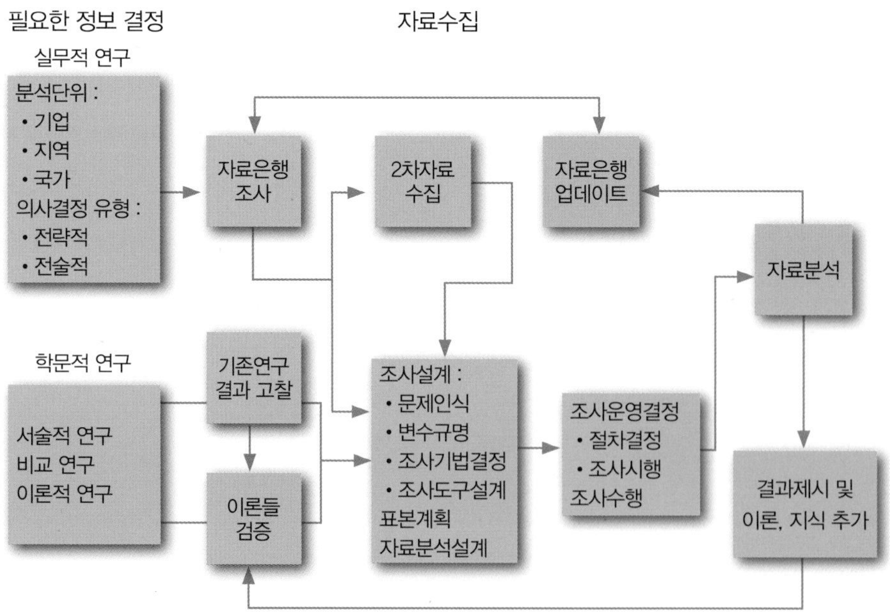

자료: C. S. Craig & Douglas, S. P., International Marketing Research, 3rd. ed. (Wiley, 2005), p.28.

1. 문제의 규명에 의한 필요정보의 확정

국제마케팅조사의 전체적인 방향을 설정하기 위한 것으로서 현재 기업이 처해 있는 문제점을 해결하기 위해서는 어떠한 정보가 필요한지 확정하는 단계이다. 일반적으로 해결해야 할 문제를 정확히 파악하면 그 문제를 반 이상 해결한 것이나 다름 없다는 말이 있듯이 올바른 문제의 규명은 모든 조사나 연구의 출발점인 동시에 핵심 과정이라고 볼 수 있다.

이처럼 국제마케팅상의 문제가 무엇인지 명확하게 파악하면 그다음으로는 동 문제를 해결하기 위해 어떠한 정보를 수집해야 할 것인지 알 수 있다. 이때 해결해야 할 문제는 기업 전체의 전략적 수준 또는 현장 경영단위의 전술적 수준으로 구분될 수 있으며 이에 따라 필요한 자료의 성격도 규정된다.

1 전략적 의사결정에 필요한 정보

전략적 의사결정은 기업 전체의 관점에서 이루어지는 것으로서 국제마케팅상에서는 주로 해외시장 진입 및 확대와 관련된 것이다. 따라서 해외시장 진입과 같은 전략적 의사결정을 내리고자 할 때는 [표 12-2]에서 보는 바와 같이 정치적 위험, 재무적 위험, 거시시장 잠재력, 제품시장규모 등과 같은 정보가 요구된다.

표 12-2 **전략적 의사결정요소**

	지표의 유형	표본지표
국가진입 의사결정	정치적 위험	수용 또는 몰수 가능성, 안정성에 대한 전문가의 평가
위험	• 재무적 위험 • 법적 위험	• 인플레이션율, 환위험, 자본흐름의 제한 • 수입 · 수출제한, 소유권제한
사업기회	거시시장 잠재력	1인당 GNP, GNP 성장률, GNP 대비 투자비율, 인구규모, 도시화수준, 교육수준
진입형태결정	생산과 마케팅 비용	전기, 에너지비용, 인력기술과 비용, 관리자훈련, 자본이나 기술의 가용성과 비용, 이자율
제품시장결정	제품시장규모	제품판매량, 제품소유권, 보완 · 대체재의 판매량, 경쟁기업의 수와 규모

자료: C. S. Craig & Douglas, S. P., International Marketing Research, 3rd. ed. (Wiley, 2005), p.33.

2 전술적 의사결정에 필요한 정보

전술적 의사결정은 마케팅믹스에 대한 문제로서 이를 해결하기 위해서는 [표 12-3]에서 보는 바와 같이 4P를 결정하기 위한 제품편익과 태도, 가격민감도, 유통업자 태도 등과 같은 정보가 요구된다. 예를 들면, 목표시장전략이 정해지고 이를 달성하기 위해 광고전술을 확정하고자 할 경우 어떤 광고문안을 사용할 것인가, 얼마나 표준화된 주제를 사용할 것인가 등과 같은 문제를 해결하기 위해 필요한 정보를 결정하는 것이다.

표 12-3 **전술적 의사결정요소**

마케팅믹스결정	조사의 유형
제품정책결정	• 신제품의 아이디어를 창출해 내기 위한 핵심그룹(focus groups)과 정성적 조사기법 사용 • 신제품의 아이디어를 평가하기 위한 설문조사 • 제품편익과 태도조사 • 제품형성과 특성검증
가격정책결정	가격민감도조사
유통정책결정	• 쇼핑 패턴과 행동의 조사 • 상이한 판매점 유형에 대한 소비자 태도조사 • 유통업자 태도와 정책조사
광고정책결정	광고 사전검증, 광고 사후조사, 매체습관조사
촉진정책결정	대체적인 촉진 방법들에 대한 반응조사
판매인력결정	대체적 판매능력조사

자료: 위와 동일, 2005, p.35.

2. 정보분석단위의 결정

일단 필요정보가 결정되면 다음 단계는 적절한 분석단위를 결정하여야 한다. 즉 지역, 국가, 목표시장 또는 세분시장 등을 대상으로 기업이 목표로 하는 분석단위를 결정하는 단계이다.

1 지역단위

국제적인 정보분석을 행하여야 할 가장 기본적인 단위가 지리적인 지역단위 또는 국가그룹이다. 2차 자료가 이러한 분석단위에 입각해서 많이 얻어질 수 있는데, EU, OPEC, 베네룩스 3국, 동남아시아 등이 좋은 예이다. 그러나 이런 자료는 거시경제적 성격을 띠고 있기 때문에 국제마케팅 의사결정에는 큰 도움을 주지 못하는 단점이 있다.

2 개별국가단위

개별국가단위는 국제마케팅조사에서 가장 일반적으로 사용되는 분석단위로서 GNP, 인구, 에너지소비량, 도 · 소매가격 등과 같은 2차자료가 국가단위에서 손쉽게 수집될 수 있다. 1차자료수집에서도 조사조직과 통신망이 국가별로 구성된다.

국가를 분석단위로 사용하는 이점은 기존의 많은 자료가 이미 이러한 기준에 입각하여 작성되었다는 것이며, 또한 국가는 국제적인 사업의 운용에서 중요단위이기 때문이다. 그러나 미국과 러시아 등 연방국가의 경우 국가를 분석단위로 사용하게 되면 국가 내 지방들 간의 특성이 무시되는 위험이 있다. 그러므로 국가가 국제마케팅에서 전통적인 분석단위이기는 하지만 그것이 항상 타당한 것은 아니다. 왜냐하면 동일한 국가 내에서도 종교, 문화, 사회집단의 차이에 따라 다양한 시장 형태가 나타나기 때문이다.

3 국가 내 하부집단

어떤 경우에는 국가 내의 하부집단이나 부문조직이 국제마케팅조사에서 적절한 분석단위가 된다. 이러한 것들은 지리적 단위(지역, 도시, 지역사회)와 조직적 · 문화적 · 사회적 하부집단(예를 들면, 특정규모의 기업, 10대, 취업주부)들을 포함한다. 이러한 세분화된 시장을 분석단위로 할 때 나타날 수 있는 주된 약점은 그러한 자료와 관련된 2차자료가 과연 수집 가능한가 하는 문제와 1차자료의 수집비용이 많이 든다는 점이다.

3. 정보원천의 선택

분석단위 결정의 다음 단계는 필요한 정보를 제공해 줄 수 있는 대체적인 정보원천을 검토하는 것이다. 국내조사와 마찬가지로 1 · 2차자료의 존재 여부를 확인하는 한편, 필요 자료를 외부원천에서 얻을 것인지 내부원천에서 얻을 것인지를 결정하게 된다.

1 2차자료와 1차자료

2차자료란 해당 조사목적을 위해서 정리된 자료가 아니라 해당 조사에 활용될 수 있으나 다른 연구목적으로 이미 정리된 자료를 말한다. 주로 기존의 정부 또는 조사기관의 간행물이나 기업에서 수집한 자료, 학술지에 발표된 논문 및 기타 등을 말한다.

2차자료의 이점은 저렴한 수집비용과 취득의 편의성으로, 예를 들면, UN통계연감이나 정부통계연감 등은 대부분이 도서관에서 손쉽게 그리고 저렴하게 취득할 수 있다. 반면 2차자료의 주된 약점은 각기 상이한 국가적 환경에 기초하여 수집된 자료이므로 자료 간 비교가 용이하지 않다는 점이다.

한편 2차자료가 경영의사결정에 적절한 정보를 제공하지 못할 경우에는 1차자료의 수집이 요구된다. 1차자료란 조사자가 현재 수행 중인 조사목적을 달성하기 위하여 직접 수집한 자료로서 설문조사 또는 비설문조사 방법을 통하여 수집된다. 1차자료의 수집은 어렵고 비용이 높은 단점은 있으나, 전략 및 전술적 의사결정에 꼭 필요한 정보를 얻기 위한 필수적인 과정이다.

2 외부자료와 내부자료

외부자료는 기업 외부에서 수집된 자료로서 주로 환경의 변화추세, 수요 유형, 경쟁, 유통망 등에 관한 정보를 제공한다. 즉, 현재의 정치 · 경제 및 사회적 상황과 이들이 기업과 산업 전반에 미치는 영향에 대한 판단을 제공해 준다. 내부자료란 기업 내부에서 수집된 자료로서 판매와 원가자료에서 얻을 수 있으며, 특정 상품, 제품계열, 지역 및 마케팅 도구 등의 효율성에 관한 정보를 제공하는 점에서 매우 유용하다.

4. 1차자료수집을 위한 조사설계

일단 2차자료원천이 검토되고 나면 다음 단계로서 1차자료수집을 위한 계획을 수립하여야 한다. 1차자료수집을 위한 조사계획은 다음과 같은 사항을 고려해야 한다.

1 문제인식, 변수의 구체화 및 범주화

사회경제적 조건, 문화적 요소, 경쟁구조 등이 차이나기 때문에 조사가 요구되는 각종 문제점은 국가 간 또는 문화권 간에 동일한 형태로 나타나지 않고 다르게 나타난다. 예를 들면, 아세안국가에서는 미국과 달리 소형 자동차가 대형차와 경합하는 것이 아니라 스쿠터와 경쟁한다. 따라서 마케팅조사의 대상과 범위가 효율적인 조사를 위해 정확하게 규정되어야 하며, 이를 위해서는 소비와 구매행위의 동질성이 확보되어야 하고, 그것들에 영향을 미치는 변수들이 고려되어야 한다.

2 조사기법의 선택

국제마케팅조사는 상이한 환경에서 실시되기 때문에 적절한 조사기법의 선택은 조사자료의 비교가능성과 특정 문제해결을 위한 효율성과 관련해서 볼 때 매우 중요하다. 이것은 근본적으로 설문조사를 할 것인가 아니면 비설문조사를 할 것인가 등의 의사결정과 관련된다.

3 조사도구의 설계

사회문화적 배경이 상이하기 때문에 조사도구 설계시 세심한 배려가 요구된다. 조사자와 응답자 간의 의사소통문제가 제거될 정도로 또는 조사대상국가 간에 전달하는 의미체계가 같도록 조사도구가 설계되어야 한다. 예를 들면, 조사대상국 간에 언어가 상이할 경우 각 국가 간에 설문내용과 응답 형태가 동일한 의미를 전달할 수 있도록 조사도구가 설계되거나 아니면 비언어적인 조사도구를 사용하여 문화적인 편차를 최소화해야 한다.

4 샘플링과 조사실시기법

여러 국가에서 비교 가능한 샘플과 대표성 있는 샘플을 추출하기가 불가능하고 또한 우편, 전화 및 인터뷰와 같은 조사기법도 같은 맥락에서 실시되기가 어렵다. 따라서 적절한 모집단목록이 없을 때는 가능하면 무작위추출기법을 사용하고, 문맹률이 높은 나라를 조사할 때는 우편보다는 개인면담에 의존하는 등 조사계획수립에 만전을 기해야 한다.

5 자료분석

자료분석 시에도 문제점들이 많이 발생하므로 수집된 자료의 특성에 맞는 분석기법을 조사계획 수립 단계부터 고려해야 한다.

5. 조사실행상의 고려요인

일단 조사계획이 수립되면 계획을 실행하기 위한 조직 및 관리적 고려요인이 있다. 이러한 고려요인들은 단순한 절차적인 경향을 띠기는 하지만, 성공적인 국제마케팅조사를 위해서는 매우 중요하며 대표적으로 다음의 두 가지 측면에서 살펴볼 수가 있다.

1 조사권한의 분산 여부

조사권한이 본사에 집중되거나 혹은 현지자회사에 분산되거나 모두 장단점이 있으므로 기업내부사정과 조사목적에 맞게 조사조직이 구성되어야 한다

❶ 집중화된 조직

본사가 조사의 주체로서 조사설계와 자료분석의 세부적인 내용이 본사에서 이루어지고 또한 각국에서 행해져야 할 조사의 내용과 방법도 결정한다. 이러한 조사조직은 최대한의 통제가능성, 국가 간 자료의 비교가능성, 비용절감 등의 이점이 있는 반면, 본사조사요원의 능력한계와 본국문화중심적인 편견개입 등의 위험이 있다.

❷ 위임된 조직

본사는 조사되어야 할 문제만을 확정하고 세부적인 조사계획, 외국에서의 현장조사, 자료분석 등은 외부전문조사기관에 위임한다. 동 조직은 현지관리자의 의견을 수렴할 수 있는 장점이 있으나 조사절차에 변경이 가해질 경우 자료 간 비교가능성이 낮아진다.

❸ 분권화된 조직

본사는 넓은 의미에서 조사목적을 수립하고 조사설계나 조사운용에 관한 사항은 현지자회사가 맡는 것으로서 전술적 의사결정에 필요한 정보획득에 유리하다. 여러 나라의 상이한 조건에 맞게 조사가 수행되는 장점은 있으나 국가 간 자료의 비교가능성을 확보하지 못하는 단점이 있다.

[그림 12–2]는 위에서 설명한 조직 형태상의 특징을 보여 주고 있다.

그림 12–2 **다국 간 조사를 위한 조직 형태**

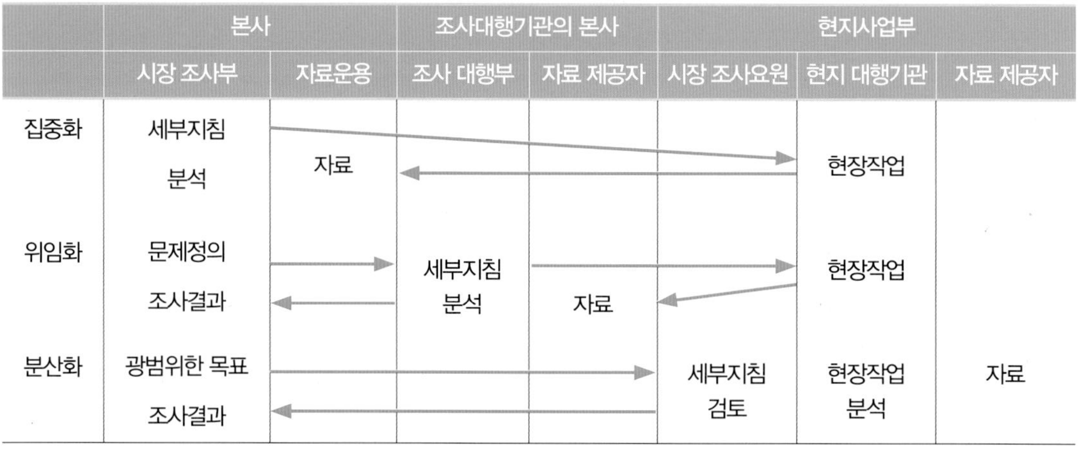

자료: J. W. Ewen, "Industrial Research in International Markets", American Marketing Association/Market Research Society Conference (N.Y. : October 20, 1981).

2 조사비용

국제시장에서의 조사비용은 마케팅조사 하부구조, 조사기관의 가용성과 효율성 및 조사의 까다로움 등으로 국내시장에서의 조사비용보다도 많이 소요된다. 이처럼 시장규모에 비해 상대적으로 조사비용이 많이 소요되기 때문에 특히 해외시장경험이 없는 중소기업은 심리적으로 국제마케팅조사를 꺼리게 된다.

따라서 조사비용에 결정적인 영향을 미치는 잠재시장규모, 예상되는 시장점유율, 환율의 변동 등을 면밀히 고려하여 최적의 조사예산을 책정해야 할 것이다.

사례 12-1 학술지 검색 및 자료 유사도 검사 사이트 소개

한국 학술지인용색인 사이트(www.kci.go.kr)에서는 국내의 학술지를 검색할 수 있다. 최신 학술정보를 통하여 국제마케팅 연구의 흐름과 주제 그리고 연구자 등 핵심 키워드와 연구자명으로 검색이 가능하여 학문적 자료나 실무적 자료를 찾아 활용하기 좋은 사이트이다. 또한 자료의 유사도 정도를 회원가입을 하면 무료로 검사할 수 있다.

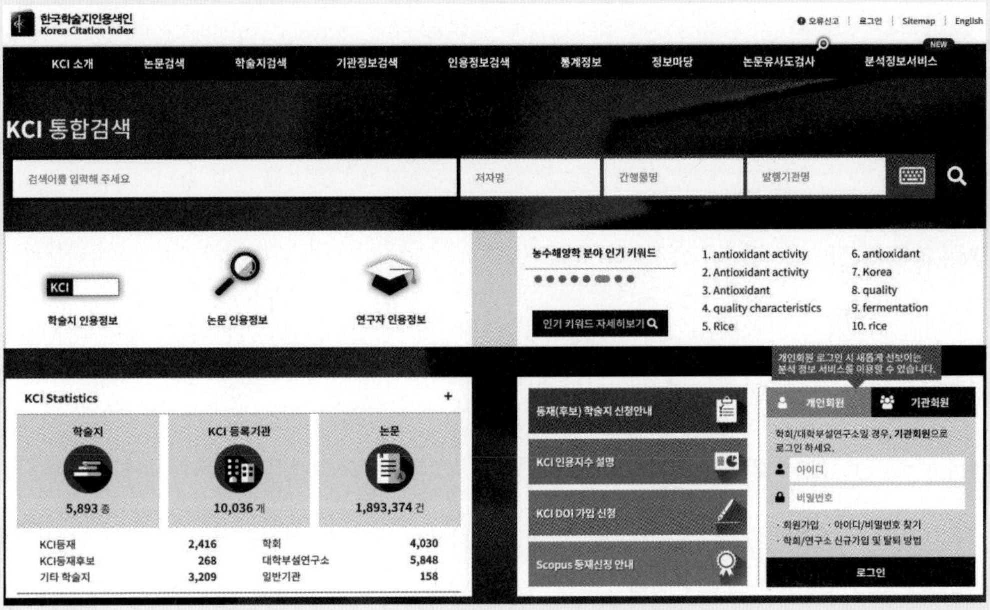

출처: www.kci.go.kr 사이트에서 2022년 3월 25일 캡처.

Section 03

자료수집

조사계획이 수립되면 1차 및 2차자료를 수집하게 되는데, 이때 수집의 용이성과 저렴성 때문에 2차자료를 먼저 수집하고 그 후 부족한 정보를 모으기 위해 1차자료를 수집한다.

1. 2차자료수집

2차자료의 수집원천은 다음과 같이 다양하므로 조사목적과 계획에 적합한 기관에서 정보를 얻도록 최선을 다해야 할 것이다.

1 국제기구

UN, IBRD, IMF, OECD 등과 같은 국제기구는 연간통계, 일반경제환경분석, 시장규모 등의 거시경제적 자료를 전문적으로 발행하고 있다.

2 정부 관련 기관

한국은행 등의 정부부처뿐만 아니라 한국개발연구원, 산업연구원, 대외경제정책연구원 등의 정부출연연구기관 그리고 한국무역협회와 대한무역투자진흥공사 등의 정부 산하기관에서는 정기 또는 부정기적으로 각종 연감, 백서, 편람, 정책보고서 및 자료집 등을 발간하고 있다. 대표적인 것으로 대한무역투자진흥공사의 「국별 시장시리즈」, 「제품별 시장보고시리즈」, 산업연구원의 「산업별 연구보고서」, 「국별 보고서」 등을 예로 들 수 있다.

3 각종 협회

협회, 조합, 진흥회 등과 같은 동종 기업체들의 연합체에서는 해당 산업에 대한 연감, 편람, 기업체 명부, 통계자료, 산업동향, 세미나 자료 등을 발간하고 있으므로, 특정 산업을 대상으로 조사할 때 이들 협회 자료가 매우 긴요하다. 예를 들면, 한국전자공업진흥회의 「한국전자공업연감」, 「전자 · 전기공업통계」 등이 있다.

4 국제조사기관

포춘, 비즈니스위크, 노무라연구소, 브리태니커, 이코노미스트, 매킨지 등과 같은 세계적인 사적 조사기관도 매우 중요하고 시사적인 자료와 정보를 제공하고 있다.

2. 1차자료수집의 기본방향

2차자료가 수집되면 1차자료수집을 위한 조사설계가 이루어지는데, 이때 가장 중요한 고려사항 중의 하나가 상이한 문화환경 속에서 수집된 자료 간의 비교가능성을 확보하는 것이다.

비교가능성이란 어느 국가와 문화 속에서도 될 수 있는 한 동일한 의미를 갖고 동일한 수준의 정확성과 신뢰성을 갖도록 자료를 수집하는 것을 의미한다. 자료의 비교가능성을 확보하기 위해서는 올바른 자료수집방향, 자료의 동질성 추구, 조사분석의 문화적 편견 제거 등과 같은 사항들이 보다 세심하게 고려되어야 한다.

1 올바른 자료수집방향의 정립

국제적으로 이루어지는 사회과학조사의 경우 자료수집방향은 일반적으로 국가중심학파와 세계중심학파로 나누어져 있다.

국가중심학파는 인간의 형태라는 것은 문화에 고유한 것이므로 해당 문화의 틀 속에서 이해되어야 한다고 주장하고 각 문화의 독특한 특성의 탐색과 상호 비교를 위해 국제조사를 행한다. 반면에 세계중심학파는 범문화적이고 일반적인 형태를 찾는 데 중점을 두고 이들을 측정하기 위한 수단을 개발하고자 노력하고 있다.

국제마케팅조사의 경우에는 기업의 국제화단계를 고려하여 국별 비교가 가능하도록 하는 동시에 유사한 문화권으로 나눌 수 있는 일반적 기준을 세울 수 있어야 한다.

2 자료의 동질성 확보

자료의 국제간 비교가능성을 확보하기 위해서는 구성, 측정, 샘플링의 세 가지 측면에서 동질성을 얻어야 한다.

❶ 구성동질성

구성동질성은 다음과 같이 기능, 개념, 범주 면에서 동질적인가를 뜻한다.

첫째, 기능동질성은 주어진 개념 또는 행위가 국가 간에 같은 기능을 수행하는 것을 의미하는 것으로, 예를 들어 자전거가 미국에서는 여가용인 데 비해 개도국에서는 교통수단용으로 사용되기 때문에 양국 간에는 기능동질성이 없다고 할 수 있다.

둘째, 개념동질성은 같은 개념 또는 행위가 상이한 국가 내에 존재하는지 그리고 유사하게 표현되는지 나타내는 것으로, 예를 들어 약혼이 영국에서는 결혼하겠다는 공적 구속을 의미하지만, 이탈리아에서는 단지 남자친구가 생겼다는 뜻이다.

셋째, 범주동일성은 상이한 국가 간에 동일분류기준이 적용될 수 있는지 나타내는 것으로, 예를 들어 케익이 디저트로 사용되는 국가가 있는 반면 중국과 같이 식사와 관계없는 나라도 있다.

❷ 측정동질성

측정동질성은 구성동질성에 대한 검토가 끝난 후 고려되는 것으로, 국별 문화적 배경 차이를 고려하여 측정도구의 동질성이 확보되어야 한다.

❸ 샘플링동질성

샘플링동질성은 상이한 국가 내에 있는 모집단의 성격을 제대로 대표하도록 표본집단이 추출되는 것을 뜻한다.

3 조사분석에 있어서의 문화적 편견제거

조사설계, 조사자와 응답자 간의 의사소통, 자료해석 등의 면에서 문화적 편견이 가능한 한 개입되지 않도록 주의함으로써 국별 자료 간 비교가능성을 높이는 것을 말한다.

3. 비설문조사 방법에 의한 1차자료수집

비설문조사에 의한 1차자료수집 방법은 다음 네 가지로 구분할 수 있으며, 현지의 문화 및 시장의 특성을 잘 이해할 수 없는 초기조사단계에서는 특히 큰 의의가 있다.

첫째, 관찰법은 조사자가 일상생활 패턴과 같은 응답자의 행동을 직접 관찰하여 필요한 자료를 직접 수집하는 방법이다.

둘째, 프로토콜(protocol)은 현장 또는 모의현장에서 응답자가 구매행위와 같은 특정 행위를 하면서 구매동기 및 구매의사결정에 대해서 거리낌 없이 자유자재로 구술하도록 하고 이것을 기록하여 필요한 자료를 얻는 방법이다.

셋째, 투사법은 응답자에게 구매행위와 같은 특정 상황을 그림이나 문자를 통해 보여 주면서 응답자 스스로 그 상황의 구매자인 것처럼 생각하게 함으로써 나타나는 반응을 관찰하여 필요정보를 찾는 방법이다.

넷째, 심층인터뷰는 특정 주제에 대한 개인이나 그룹의 태도를 깊이 이해하기 위하여 심층적으로 인터뷰하는 방법이다.

이상에서 본 바와 같이 비설문조사 방법은 비교적 단기간 내에 조사분석이 완료되고 탐색조사로서 활용가치가 크다는 장점이 있지만, 자료수집과 분석에 주관적인 요소가 개입될 가능성이 높다는 단점이 있다.

4. 설문조사에 의한 1차자료수집

질적 자료수집 방법이 조사대상의 개괄적 성격과 개념을 이해하는 데에 도움을 주는 반면, 설문조사 방법은 조사 개념을 수량화하고 개념 간의 상관관계를 심층적으로 분석하는 데 필요한 수단이 된다.

설문조사의 절차는 일반적으로 조사도구설계 → 샘플링 → 자료수집으로 진행된다.

1 조사도구설계

조사도구설계는 조사자와 응답자 간의 의사소통 과정을 고안하는 단계로서 주로 설문지 작성과 관계된다. 즉, 설문내용, 질문형태, 응답척도의 설계를 의미하는 것으로서 문화적 편견이 개입되지 않도록 디자인되어야 한다.

❶ 설문내용

설문내용은 주로 응답자 특성, 사실적인 변수, 심리적인 변수 등으로 구성되어 있다. 이 중에서도 나이, 성별, 학력, 가족사항 등과 같은 응답자의 특성과 기존의 시장상황을 나타내주는 사실적 변수는 수월하게 측정할 수 있다. 반면에 구매동기와 제품에 대한 욕구 등과 같은 심리적 변수는 측정하기가 매우 까다롭다.

❷ 질문형태

질문형태는 크게 양자택일형, 자유응답형, 다지선다형의 세 가지로 구분할 수 있으며, 국제조사의 경우 다음 두 가지 측면을 고려해야 한다.

첫째, 일반적으로 아프리카와 같이 문맹률이 높은 나라를 대상으로 조사할 경우에는 쇼카드(show

card)와 같은 비언어적 자극의 사용이 바람직하다.

둘째, 언어적 또는 비언어적 자극 모두 다른 언어권이나 문화권에서 사용되기 위해서는 변경이 요구되는데, 이때 특히 설문지의 번역이 현지문화 여건에 알맞도록 정확하게 이루어져야 한다.

❸ 응답척도

응답척도를 조사대상국가 모두에게 일률적으로 통일시킬 것인가 아니면 각 국가 특성에 맞게 수정할 것인가에 대한 문제로서 국제조사의 경우 개별적 척도보다는 포괄적 척도가 유용하다고 할 수 있다.

2 샘플링

설문지작성이 끝나면 모집단의 특성에 맞게 설문할 대상을 선정하게 되는데, 그 절차는 일반적으로 모집단의 확정 → 표본프레임의 선정 → 표본추출 방법의 확정 → 최종표본의 선정 순서로 이루어진다. 국제조사의 경우에는 표본프레임을 얻기가 매우 어렵다는 특징이 있다.

3 자료수집

자료수집단계는 완성된 설문지를 갖고 선정된 최종표본집단에 접근하는 단계로서 우편이용, 전화이용, 인터뷰 등의 세 가지 방법이 있다.

첫째, 우편이용법은 비용이 저렴하고 용이하다는 이점이 있지만 회수율이 매우 낮다는 단점이 있다. 특히 개도국 소비자를 대상으로 할 경우에는 높은 문맹률, 무성의한 응답, 조사기피 등으로 어려운 점이 많다.

둘째, 전화이용법은 응답자의 파악이 용이하고 시간과 비용이 절약되는 이외에 우편이용과 달리 어느 정도 응답자에 대한 통제가 가능하다. 반면 전화시간이 길어질 경우 응답자가 조사에 관심이 없거나 거부하는 등 응답의 질이 저하되는 단점이 있다. 개도국에 대한 조사의 경우 전화보급률이 낮아 잘못하면 표본대상이 고소득계층에 치우칠 우려도 있다.

셋째, 직접 인터뷰는 비용이 많이 들고 인터뷰상의 어려움이 크지만, 응답률이 높고 심층적으로 조사할 수 있는 장점이 있어 가장 많이 사용되는 방법이다.

Section 04

자료분석

1·2차자료수집이 완료되면 자료의 편집 및 분류 → 자료의 신뢰도 검토 → 통계적 분석 및 해석의 순서에 따라 자료분석이 이루어지게 되며, 마지막으로 분석된 내용이 정보시스템을 통해 국제마케팅 의사결정에 활용된다.

1. 자료의 누락검토와 분류

수집된 자료의 누락, 인터뷰 에러, 애매모호성, 불일치, 쓸모 없는 응답 등을 일일이 검토하고 통계적 분석을 위한 코딩작업을 한다.

자료코딩 시 중요한 것은 국별 비교를 위해 샘플 간에 상호비교가 가능하도록 코딩해야 한다는 점이다. 특히 코딩이 어려운 자유응답형의 경우에는 현지 시장상황을 잘 알고 있는 분석자에게 코딩작업을 일임하여 샘플 간 비교가능성을 제고시켜야 한다.

2. 자료의 신뢰도 검토

자료의 편집 및 코딩이 끝나면 자료의 신뢰성을 검토해야 한다. 즉, 동일한 측정이 반복될 때 동일한 결과가 나오는지 테스트해야 하는데, 특히 거의 조사되지 않은 국가를 조사했을 경우나 또는 조사경험이 얼마 되지 않은 경우에는 반드시 이와 같은 신뢰성 검토를 해야 한다.

3. 통계분석

자료의 편집 및 분류가 끝나고 신뢰성이 확인되면 조사목적에 맞게 각종 통계적 분석기법을 정해 자료를 분석한다.

국제마케팅조사에 사용되는 통계분석기법은 일반적인 마케팅조사기법과 동일하므로 본서에서는 [표 12-4]와 같이 종류만을 제시하고자 한다.

통계분석기법에 대한 보다 자세한 내용은 마케팅조사론이나 사회과학조사론 등과 같은 전문서적을 참고하기 바란다.

[척도의 종류]

- **명목척도:** 응답대안들을 상호배타적으로 분류하기 위해 각각의 응답대안에 임의적으로 숫자를 부여한 척도(예 : 성별 분류 등)
- **서열척도:** 조사 대상들의 특성을 서열로써 나타낸 척도(예 : 상품선호 순위 등)
- **등간척도:** 대상들 간의 순서와 거리의 정보를 제공하며 척도상의 인접한 값들 간에 동등한 간격의 특성을 갖는 척도(예 : 태도, 의견 등)
- **비율척도:** 범주, 서열, 거리의 정보에 추가로 절대적인 "0"을 포함하며 비율의 정보를 갖는 척도(예 : 키, 몸무게 등)

표 12-4 **주요 통계분석기법의 종류**

독립-종속관계

종속변수의 수	분석기법	자료(척도)		비고
		독립변수	종속변수	
한 개	회귀분석	간격, 비율, 명목	간격, 비율	모수통계
	로지스틱 회귀분석	간격, 비율, 명목	명목	모수통계
	판별분석	간격, 비율	명목	종속변수는 비모수통계
	분산분석	명목	간격, 비율	모수통계
	ANCOVA	명목	간격, 비율	모수통계
두 개 이상	MANOVA	명목	간격, 비율	모수통계

상호의존관계

분석기법	자료(척도)	비고
독립성검증	명목	비모수통계
상관분석	간격, 비율, 서열, 명목	모수통계, 비모수통계
요인분석	간격, 비율	기술통계
군집분석	간격, 비율, 명목, 서열	기술통계
다차원척도법(MDS)	서열, 간격	기술통계

기타 분석기법

분석기법	자료(척도)	비고
신뢰성분석	간격, 비율	기술통계
평균(차이)검증	간격, 비율	모수통계
비율(차이)검증	명목	모수통계
적합도검증	명목	비모수통계
컨조인트분석	서열, 간격	기술통계
Run 검증	명목	비모수통계
Kolmogorov–Smirnov 검증	간격, 비율	비모수통계
Mann–Whitney U 검증	서열	비모수통계
Kruskal–Wallis H 검증	서열	비모수통계
Wilcoxon 부호–서열검증	명목, 서열	비모수통계
Friedman 검증	서열	비모수통계
Kendall W 검증	서열	비모수통계

주 기술통계 : 주어진 자료의 특성을 그대로 기술하는 것
모수통계 : 추계통계학의 하나로 통계량(표본의 특성을 나타내는 값)으로부터 모수(모집단의 특성을 나타내는 값)를 추정하는 통계기법
비모수통계 : 모집단의 특성을 추정하기는 하나 모수와 통계량의 관계를 다루지 않으며 명목척도와 서열척도로 측정된 자료를 분석

출처: SPSS 24 매뉴얼(2017), 이학식 · 임지훈.

Section 05

정보시스템의 구축

1. 마케팅정보시스템의 개념

국제마케팅조사를 통하여 자료수집과 분석이 완료되면 여기서 도출된 정보가 의사결정에 활용될 수 있도록 정보시스템을 구축해야 한다. 조사를 거쳐 획득된 귀중한 정보가 국제마케팅의 전략적 및 전술적 의사결정에 제대로 이용되기 위해서는 동 정보가 필요한 관련 임직원에게 즉각적이고도 손쉽게 전달될 수 있어야 한다.

세계적인 정보망을 통하여 입수되는 국가와 제품에 대한 방대한 자료는 경영진이 수시로 이용할 수 있는 형태로 수집 · 구성 · 통합되어야 하며 이는 국제마케팅정보시스템의 필요성을 의미한다.

국제마케팅정보시스템의 개념을 파악하기 위해서는 우선 마케팅정보시스템이란 개념에 대해 이해할 필요가 있다.

마케팅정보시스템이란 기업 내 · 외로부터 적절한 정보를 수집하여 특정한 마케팅의사결정의 기초를 위해 사용될 수 있도록 설계된 사람, 기계, 절차들이 상호작용하여 체계화된 복합체를 의미한다.

국제마케팅정보시스템도 역시 이와 같이 정의될 수 있으며, 다만 마케팅활동이 한 국가에서 여러 나라로 확산되는 차원에서 정보수집의 중요성이 더욱 증대되고 수집되어야 할 정보량이 더욱 방대해지면서 수집된 자료간 상호 비교가능성을 유지해야 하기 때문에 국내마케팅정보시스템보다는 시간과 비용이 많이 들고 복잡하다는 특징을 갖게 된다.

국제마케팅정보시스템을 보다 명확하게 이해하기 위해서는 그 개념뿐만 아니라 구성에 대해서도 알아야 한다. 일반적으로 마케팅정보시스템은 [그림 12-3]과 같이 구성되어 있다.

그림 12-3 **마케팅정보시스템**

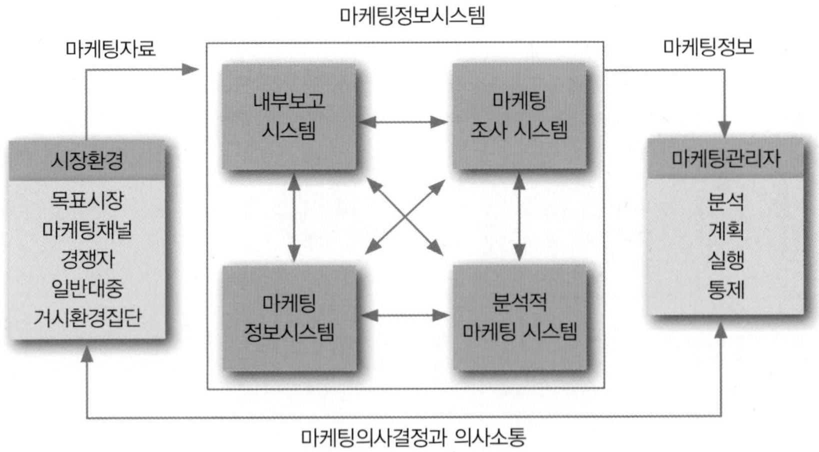

자료: P.Kotler, Marketing Management, 11th ed. (Prentice-Hall, 2003).

이와 같이 마케팅정보시스템은 내부보고시스템, 마케팅정보시스템, 마케팅조사시스템 및 분석적 마케팅 시스템 등으로 구성되어 있는데, 이들 각 요소를 보다 자세하게 설명하면 다음과 같다.

첫째, 내부보고시스템은 기업 내에서 다른 목적을 위해 작성되는 보고서 또는 사내기록을 이용하여 마케팅정보를 획득하는 시스템이다. 예를 들면, 원가계산서, 외상매출금 현황, 생산 및 재고량, 판매원 방문보고서 등의 제반 내부자료를 통해 중요한 마케팅정보를 얻을 수 있도록 시스템을 구축하게 된다.

둘째, 마케팅정보시스템은 기업활동에 영향을 미칠 수 있는 새로운 법률, 기술혁신, 새로운 시대적 풍조, 인구통계학적 변화, 국제정치 · 경제체제의 변화 등에 대한 정보를 수집 · 분석하여 마케팅관리자에게 제공하는 시스템이다. 일반적으로 수집되는 정보는 매우 광범위하고 방대하므로 이를 마케팅활동에 적합하게 분류하여 마케팅관리자가 용이하게 이용할 수 있도록 체계화하는 과정이 요구된다.

셋째, 마케팅조사시스템은 국제마케팅조사에서 설명한 일련의 과정을 의미하는 것으로서 내부보고 또는 정보자료를 통해 얻을 수 없는 정보를 획득하기 위해 운용되는 시스템이다. 여기서 우리는 마케팅조사는 마케팅정보시스템의 하위시스템이라는 것을 쉽게 알 수 있다.

넷째, 분석적 마케팅 시스템은 내부보고, 정보, 조사시스템을 통해 입수된 자료 및 정보를 통계기법이나 모형으로 분석 · 가공하여 제공하는 시스템으로서 [그림 12-4]와 같이 통계뱅크와 모형뱅크의 두 가지로 구성되어 있다.

그림 12-4 **분석적 마케팅 시스템**

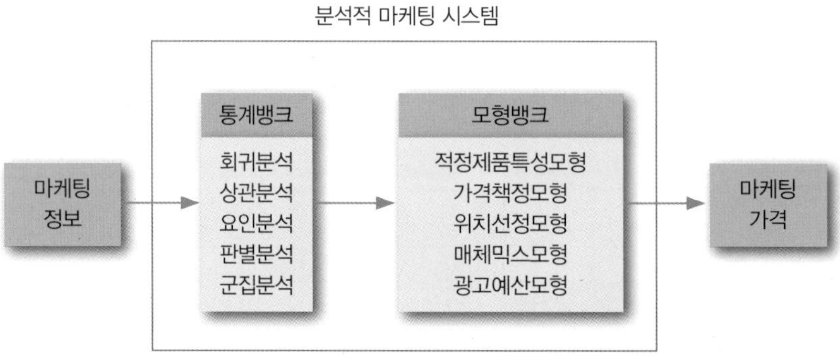

자료: P.Kotler, op.cit., 2003.

2. 정보시스템의 활용

국제마케팅정보시스템은 해외시장 확장기회의 포착, 경영 성과의 평가, 국제환경의 이해 및 전망, 국제전략 통합 및 자원의 재배치 등과 같은 중요한 의사결정에 유용하게 활용될 수가 있는데, 이를 자세히 살펴보면 다음과 같다.

1 해외시장 확장기회의 포착

국제마케팅정보시스템은 국제적 사업확장을 위한 의사결정뿐만 아니라 심층적으로 조사해야 할 필요가 있는 국가를 선정하는 데도 활용될 수 있다.

국제적인 마케팅조사기관 EIU(The Economist Intelligence Unit)는 시장크기와 시장집중도 그리고 시장성장률을 중심으로 국별 시장기회를 파악하고 있다.

여기서 시장크기(market size)는 인구, 소비지출액, 철강 소비를 기초로 산출한 각국의 세계시장에서의 점유율(%)로 표현한 그 나라의 상대적 중요도를 말한다.

시장집중도(market intensity)는 각국의 자동차, 전화, TV의 사용과 철강 소비 등의 지표를 기준으로 측정한 그 국가시장의 중요성 내지는 구매력의 집중도를 나타낸다. 또한 시장성장률(market growth)은 인구, 전기생산량, 차량소유율 등 주요 지표들의 5년간 누적성장률로 파악한다.

2 해외경영 성과의 평가

국제마케팅정보시스템은 상이한 환경과 시장조건하에서 활동하고 있는 현지자회사의 경영 성과를 평가하는 데 활용될 수 있다.

일반적으로 국내시장에서의 경영 성과는 주로 시장점유율이나 투자수익률(ROI)로 평가되는데, 동 지표를 국제시장에서의 경영 성과를 평가하는 지표로 사용할 경우에는 다음과 같은 문제점이 야기된다.

첫째, 해외시장에서는 시장점유율과 경영 성과 간의 관계에 영향을 미칠 수 있는 요소가 다양하기 때문에 무분별하게 동 평가지표에 의존해서는 안 된다. 예를 들면, 품질과 신제품에 대한 인식차이, 보다 세분화된 시장수요, 경쟁구조와 마케팅 인프라스트럭처상의 차이 등으로 인해 한 국가시장에서 높은 시장점유율을 초래한 마케팅믹스전략이 다른 나라에서도 높은 시장점유율을 낳는다는 보장이 없는 것이다.

둘째, 투자수익률과 같은 재무 성과지표를 사용할 경우에도 시장성장잠재력을 제대로 평가하지 못할 뿐만 아니라 단기적 이익을 지나치게 고려하게 된다는 문제점이 나타난다. 특히 투자수익률은 과거 경영실적을 반영한 것으로서 정치적 불안정과 경기침체와 같은 상황요인에 따라 커다란 영향을 받고 또한 이전가격조작으로 왜곡될 가능성도 높으므로 동 지표를 국제경영 성과의 측정수단으로 삼는 것은 위험하다.

따라서, 국제경영 성과를 보다 효과적으로 평가하기 위해서는 시장점유율이나 투자수익률 등의 단순 지표뿐만 아니라 시장성장률과 생산성을 나타낼 수 있는 판매원 1인당 매출액, 매출액 대비 광고비비율, 이직률 등의 지표를 사용해야 된다. 이렇게 다양한 지표들을 조사 · 수집하기 위해서는 국제마케팅정보시스템의 활용이 절대적으로 필요하다.

3 국제환경의 파악

국제마케팅정보시스템의 또 다른 활용 방안은 세계 각국의 환경 변화와 추세를 조망하는 데 있다. 특히 요즈음과 같이 정치적 · 사회적 · 문화적 · 기술적 환경이 급격히 변화하는 상황에서는 이를 주시하여 적응하고자 노력하는 것이 기업의 입장에서 볼 때는 무엇보다도 중요하다. 이는 환경 변화가 기업의 능력과 목표이익 수준 유지에 직접적으로 영향을 미치기 때문이다.

일반적으로 환경을 파악하기 위해서는 사회적 · 정치적 · 경제적 · 생태학적 · 기술적 변화를 총체적으로 망라할 수 있도록 광범위하게 환경요인들을 조사하고 동시에 시간과 비용을 고려해 특정 제품시장에 직접적으로 영향을 미치는 요인들을 선별 · 파악하는 것 역시 중요하다. 이를 위해서는 국제마케팅정보시스템을 활용하는 것이 무엇보다도 효과적이라고 할 수 있다.

국제환경 변화가 기업의 전략 및 전술적 의사결정에 절대적으로 영향을 미침에도 불구하고 환경을 어떻게 체계적으로 조사하고 환경이 기업경영에 주는 영향을 어떻게 평가할 것인가에 대해서는 커다란 어려움을 겪고 있다. 이러한 어려운 문제점들은 마케팅정보시스템과 분석적 마케팅 시스템을 통해 대부분 해결될 수 있다.

참고로 환경파악시스템을 효과적으로 운용하고 있는 다국적기업은 이 업무에만 전적으로 종사하는 환경조사 전문가를 고용하고 있다. 예를 들면, 삼성그룹은 미국의 유수 경영대학원을 졸업한 MBA 소지자 10여 명을 특별채용해서 해외시장의 환경을 분석하고 있다.

4 국제전략의 통합과 자원의 재배치

해외시장에 이미 진출해 있는 기업의 경우 각기 상이한 국가, 제품시장, 세분된 목표시장에 어떻게 기업의 자원을 효과적으로 배분할 것인지 결정하는 것이 유망 진출 대상국 선정 이상으로 중요한 문제이다. 즉, 국가나 제품시장별로 새로운 투자결정을 해야 할 뿐만 아니라, 이익잠재력이 없는 곳에서는 철수하는 한편, 높은 기대이익률이 예상되는 사업으로 전환하기 위해서는 방대한 시장정보가 필요하다. 예를 들면, 진입이 가능한 모든 국가의 투자환경과 잠재적 목표시장에 관한 정보가 필요하며, 또한 현지기업이 참가하고 있는 시장에서의 경영 성과에 관한 정보도 있어야 한다.

국제마케팅정보시스템은 이와 같은 해외시장에서의 진입, 유지, 확대, 철수의 의사결정을 행하는 데 유용한 정보를 제공해 줄 수 있기 때문에 국제전략의 통합과 기업자원의 재배치에 활용될 수 있다.

한편, 해외시장 확대전략을 분석하는 데 매우 유용한 국제제품포트폴리오 접근 방법을 사용할 때도 국제마케팅정보시스템은 활용된다. 국제제품포트폴리오 접근 방법을 사용하기 위해서는 시장점유율과 성장률에 대한 자료뿐만 아니라 국가, 경영 형태, 세분된 목표시장, 마케팅전략의 차원에서 제기되는 자료가 요구되는데, 이처럼 방대한 자료를 체계적으로 조사분석하기 위해서는 국제마케팅시스템의 활용이 필수불가결하다.

사례 12-2 SPSS 통계 및 국제마케팅 유튜브 채널 소개

국제마케팅 조사를 위해서 통계프로그램에 대한 기초 지식과 통계 도구를 다룰 수 있는 기술이 있어야 한다. 또한 각종 국제마케팅 정보를 신속히 체계적으로 학문적으로나 실무적으로 활용할 수 있는 정보 원천을 가지는 것이 중요하다.

SPSS통계 프로그램 및 통계작성 강의 정보 제공 유튜브 채널

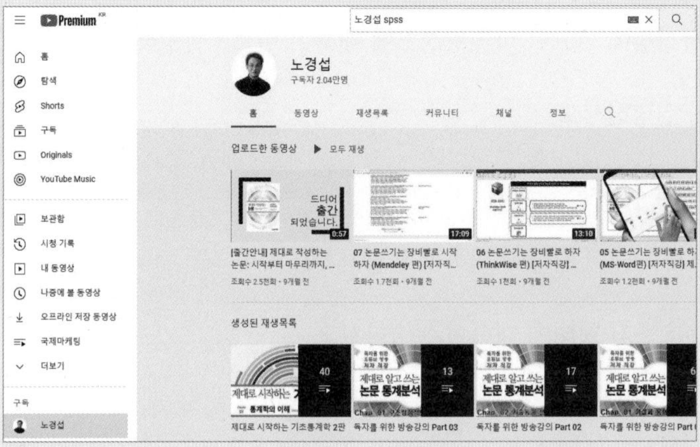

국제마케팅, 국제경영, 글로벌 경쟁론, 국제기업과경영환경 등 관련 강의 정보 제공 유튜브 채널

주요 용어

국제마케팅조사영역	2차자료	구성동질성
전략적 의사결정	외부자료	비설문조사 방법
전술적 의사결정	내부자료	자료분석
정보분석단위	자료수집	통계적 분석기법
1차자료	자료의 동질성	국제마케팅 정보시스템

연습문제

01 국제마케팅조사의 독특한 조사영역을 논술하시오.

02 국제마케팅조사에 따르는 독특한 문제점에 대하여 논술하시오.

03 전략적 의사결정과 전술적 의사결정에 필요한 마케팅정보에 대하여 비교 · 설명하시오.

04 정보분석단위의 결정에 대하여 설명하시오.

05 국제기업의 정보원천에 대하여 설명하시오.

06 1차자료수집을 위한 조사설계 시 고려할 사항에 대하여 논술하시오.

07 국제마케팅조사를 집행하기 위한 조직 형태에 대하여 논술하시오.

08 해외소비자의 쇼핑 패턴(또는 매체이용)을 조사하기 위한 설문서를 작성하여 제출하시오.

09 외국제품에 대한 소비자의 태도 및 구매행동을 조사하기 위한 계획을 수립하고 자료를 분석하여 제출하시오.

10 전략적 의사결정, 예를 들어 해외시장진입 여부, 사업기회, 진입 형태의 결정을 위하여 유럽지역의 각국에 대한 2차자료를 수집 · 분석하여 발표하시오(그룹과제).

11 한국기업의 국제마케팅정보시스템 사례를 조사하시오(그룹과제).

국제마케팅의 미래

CASE STUDY 글로벌 퍼스널 브랜딩 혁신사례

Section 01 I 국제마케팅 혁신 이슈

Section 02 I 국제마케팅의 미래

연습문제

Chapter

13

Chapter

13

국제마케팅의 미래[11)]

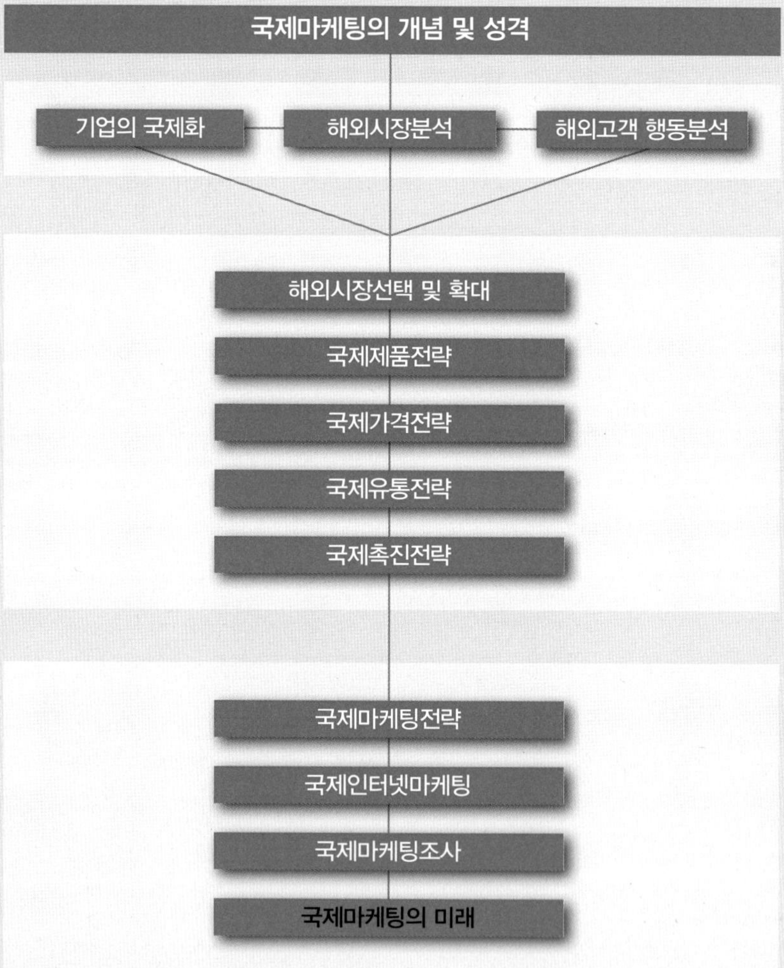

11) 본 장의 내용은 부산대학교 윤리전략경영센터의 혁신교재 지원 사업의 내용 일부분을 활용했음을 밝힌다.

CASE STUDY 글로벌 퍼스널 브랜딩 혁신사례

퍼스널 브랜딩 개요와 수단

현재와 미래는 퍼스널 브랜딩의 시대가 될 것이다. 과거 기업의 밀어내기식 푸쉬 마케팅 전략에 따른 기업브랜드 이미지제고와 상품판매촉진 활동은 이제 SNS 인플루언서들의 퍼스널 브랜드라는 새로운 키워드로 바뀌어 가고 있다. 또한 '자신을 상품화하라! 퍼스널 브랜드로 자신의 인생을 리드하라!'라고 퍼스널 브랜드의 구축과 활용을 강조하는 시대가 되었다.

퍼스널 브랜드의 라이프 사이클(실버런교육센터 자료)

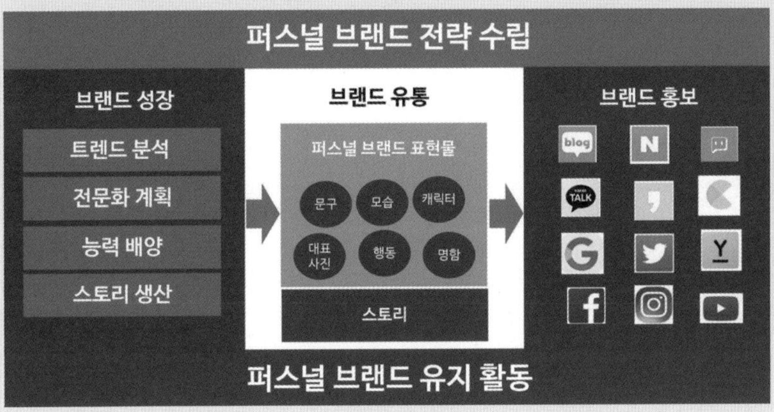

퍼스널 브랜드를 구축하기 위한 홍보 수단으로 SNS의 대표적인 것들에는 페이스북(특징: 최대 가입자 수를 자랑하며 다른 SNS와의 연결 및 확장성 유리), 유튜브(특징: 다양한 연령층 활용 특징), 트위터(특징: 140자 짧은 글 속에 엄청난 전파력), 애플 팟캐스트(특징: 개인의 콘텐츠 유로화 및 광고수익 기대), 인스타그램(특징: 많은 유명인 배출), 틱톡(특징: 15초 동영상 공유사이트) 등이 있다.

SNS 수단들은 대부분 미국에서 개발되어 흥행한 것으로 국내에서도 소비자가 퍼스널 브랜드를 구축하는 데 크게 일조하였다. 과거에는 우리나라에도 싸이월드나 동창찾기(과거 아이러브스쿨), 친구찾기 사이트가 있었다. 또한 네이버 블로거는 기업에 엄청난 영향을 미치는 파워 블로거로서의 명성과 부를 창출하였으나, 이제는 유튜브나 팟캐스트 등을 통하여 그 영향력을 세계적으로 확장하고 있다. 네이버의 라인과 카카오톡 등이 세계적인 SNS와 경쟁하고 있으나 이미 유튜브나 팟캐스트 등이 확고한 자리를 잡고 있어서 이들의 아성에 도전하기 위해서 참신한 아이디어와 세계적인 표준을 선도해 나갈 필요가 있다. 또한 2005년 동영상 공유 사이트 유튜브가 활성화되면서 브이로그(V-log)가 대세를 이루었다. 브이로그는 '비디오(Video)와 블로그(Blog)'의 합성어이다. 개인 SNS에 글을 쓰듯 영상으로 기록을 남기는 것으로 퍼스널 브랜드 SNS의 폭발적 성장을 의미한다. 이전까지 텍스트와 이미지 중심이었던 것을 편리하고 이해하기 쉽고 지루하지 않게 동영상으로 제작해 대표적인 브이로그 플랫폼인 유튜브, 아프리카TV를 이용할 수 있다.

크리에이터 사례

SNS 스타 크리에이터, 브이로거 왕홍 마케팅이 글로벌 마케팅에 중요한 플랫폼에서 화두이다. 플랫폼을 이용한 인플루언서의 대표적인 예가 중국의 왕홍이다. 이제 왕홍 마케팅은 한류 스타를 활용한 마케팅만큼이나 중요한 위치를 차지하고 있다. 화장품의 경우 왕홍의 추천과 영향력을 활용하지 않고서는 중국의 소비시장에서 호평을 받기 힘든 상황이 되었다. 이에 따라 우리나라도 한류 스타마케팅과 더불어 SNS 스타 크리에이터, 브이로거인 왕홍에 대하여 적극적인 마케팅 비용지출을 하고 있다. 왕홍 마케팅의 대표적인 예로, 타오바오 1대 왕홍, 웨이야, 립스틱 남자 리자치, 전자상거래의 여신 장다이, 힐링영상의 왕홍 리즈치 등은 한류스타를 능가하는 영향력을 가진 왕홍들로 중국에서 대활약하고 있다(KOTRA 뉴스).

퍼스널 브랜드를 구축하고 글로벌 SNS에서 성공하기 위해서 게리 바이너척은 8가지의 성공키워드를 제시하고 있다. 의도, 진정성, 열정, 인내, 속도, 일, 관심, 콘텐츠이고 이러한 키워드들은 진정으로 SNS에서 성공할 수 있도록 개인의 SNS 활동을 폭발적으로 확대할 수 있는 요소가 된다.

〈What's Inside〉 유튜브 채널

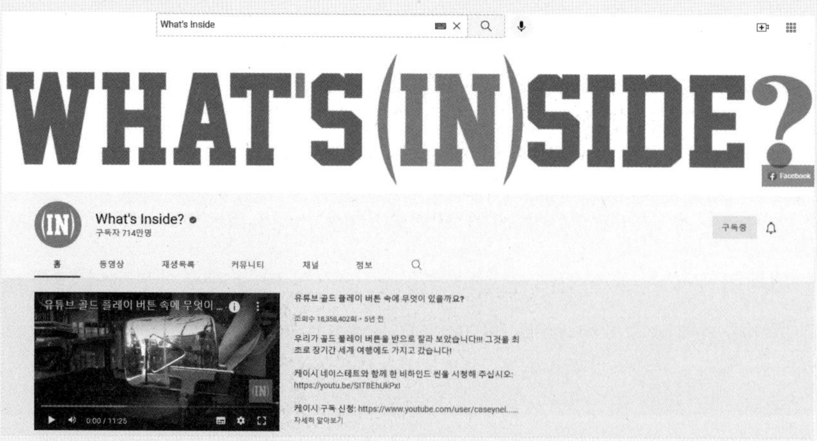

출처: https://www.youtube.com/c/WhatsInside 2022.03.15. 방문

외국 유튜버의 사례를 보면 독특한 아이디어들로 유튜브 동영상을 만들어서 많은 구독자를 보유하는 것을 알 수 있다. 하나의 예로 게리 바이너척의 저서『SNS로 부자가 된 사람들』에서 다니엘 마크햄이라는 유튜버는 처음에 구글애드센스(Google Adsense)를 통하여 4달러 수익을 올렸다고 통지를 받았다. 본인도 이유를 잘 몰라 하던 차에 스포츠 공 안에 무엇이 있는가?라는 주제로 공을 반으로 잘라 보는 동영상을 업로드했는데, 이것을 의외로 많은 시청자가 구독하고 의견을 주면서 상업성을 보였다. 본격적으로 공뿐만 아니라 큐브퍼즐, 침대 메트릭스, 자동차엔진, 방울뱀꼬리 등 다양한 사물들을 하나씩 반으로 잘라서 그 안에 무엇이 들어 있나 동영상을 만들면서 대히트를 하였다. 이 유튜브 채널이 참신한 생각 하나로 전 세계 714만명(2022년 3월 15일 기준)의 구독자를 거느린 〈What's Inside〉이다(게리 바이너척, 237-239).

더 많은 구독자와 SNS 수익을 올리기 위해서는 유튜브든 팟캐스트든 SNS 시장을 한국 시장만으로 한정해서는 안 된다는 것이다. 글로벌하게 외국인들도 언어상의 제약만 넘으면 얼마든지 끌어들여서 구독자 수를 몇십만 명 또는 몇백만 명으로 늘릴 수도 있고 억대의 뷰를 실현할 수도 있다. 따라서 국내 SNS 개발자는 국제마케팅관점에서 접근할 필요가 있다고 다시 한번 강조하고 싶다.

토의과제

01 퍼스널 브랜딩의 종류와 미래 성장에 대하여 토의하시오.

01 SNS플랫폼 인플루언서의 영향력에 대하여 토의하시오.

참고자료

- 부산대학교, 윤리전략경영센터, 자료.
- 게리 바이너척, SNS로 부자가 된 사람들, 천그루숲, 2019
- https://news.kotra.or.kr/user/globalBbs/kotranews/7/globalBbsDataView.do?setIdx=245&dataIdx=166027 2022.03.25. 방문
- 실버런교육센터, https://silverrun.academy-cloud.net/courses/17 2020.05.25.
- https://www.youtube.com/c/WhatsInside 2022.03.15. 방문

Section 01

국제마케팅 혁신 이슈

1. 블랙 스완과 새로운 소비자집단

1 블랙 스완

블랙 스완은 2007년에 미국 월스트리트의 투자전문가인 나심 니콜라스 탈레브(Nassim Nicholas Taleb)가 그의 저서『블랙 스완(The black swan)』을 통해 서브프라임 모기지 사태를 예언하면서 널리 쓰이게 됐다. 블랙 스완은 도저히 일어나지 않을 것 같은 경제상황이 발생하는 것이다. 이는 과거의 예측과는 판이한 특이점을 만들기 때문에 더욱 예측하기가 어렵다.

나심 니콜라스 탈레브가 주장한 것처럼 코로나19와 같은 블랙 스완이 발생하면 전 세계가 공포와 혼란에 빠지며 일반적인 기댓값의 영역을 벗어난다. 이전에 경험한 대공황, 오일쇼크, 아시아 외환위기, 9 · 11 테러, 서브프라임 모기지 사태 등과 비교해 보면 그 파급효과는 이전의 양상을 뛰어넘을 것처럼 보인다. 경제적 파급효과 또한 상상할 수 없을 정도로 극심한 실업과 수출입활동 타격, GDP 손실이 발생할 것으로 예상된다. 한때 바이럴 마케팅(viral marketing)과 같은 SNS기법이 마치 바이러스처럼 소비자가 자발적으로 광고 판촉 효과를 전파한다는 데서 바이럴 마케팅으로 주목받은 적이 있다. 코로나19와 같은 블랙 스완 상황에서 바이럴 마케팅 용어가 다시금 주목받고 있다.

2 새로운 소비자집단

4차 산업혁명에 따라 소비자 개인의 취향과 기호가 SNS 소통 혁명, 신인류의 등장으로 세대 간 · 세대 내 엄청난 변화를 겪고 있다. 현재 국제마케팅 차별화는 전후세대, X, Y, Z세대를 관통하여 소비의 주체이며 유행에 민감한 90년대 세대의 소비자가 인터넷 전자상거래와 모바일 스마트폰으로 소비의 혁신을 주도하고 있다. 또한 2000년대 이후 출생한 연령층은 아이패드, 스마트 모바일폰 등을 출생하면서부터 접하고 생활의 일부로 자연스럽게 거부감 없이 받아들인 세대이다. 이런 점에서 2000년 이후 출생자는 소비에 있어서 모바일폰으로 차별화된 소비집단이라고 할 수 있다.

모바일폰으로 모든 생활을 자유롭게 영유할 수 있는 세대, 모바일 스마트폰이 없으면 생활할 수 없는 세대, 이런 세대를 포노 사피엔스[Phono Sapiens; '스마트폰(smartphone)'과 '호모 사피엔스(homo sapiens: 인류)'의 합성어]라고 한다.

과거에는 기업이 제품, 브랜드, 가격, 유통, 촉진, 커뮤니케이션, 모든 경영활동 자체를 차별화하기 위해서 다양한 과학적 방법과 이론을 동원하였다. 이제는 소비자가 스스로 차별화를 통해서 소비를 진화, 변화시키고 있는 실정이다. 예를 들어 방탄소년단의 아미 팬그룹, 소셜 네트워크를 이용한 중국의 황홍 인플루언서 마케팅 등의 유튜버, 팟캐스트, 트위터, 인스타그램, 네이버 라인, 카카오톡 등 다양한 메신저와 커뮤니케이션 활동은 전통적인 기업의 마케팅 차별화 노력을 무색하게 했다.

이제는 포노 사피엔스와 같은 자발적인 스마트폰 활용 소비자의 바이럴 마케팅 및 트렌드 세터, 인플루언서, 유튜버, 블로거, 브이로거 등 핵심 영향력을 가진 개인에게 소셜 네트워크를 통하여 마케팅비용을 제공하고 홍보를 요청하는 실정이다.

트렌드코리아 2020에서는 팬슈머(Fansumer)라는 용어를 사용하고 있다. 팬슈머는 주어진 대안 중에서 선택하는 것만으로는 성에 차지 않고 본인이 직접 투자와 제조과정에 참여해 상품, 브랜드, 스타를 키워내고 싶어 한다. 이들은 내가 키웠다는 생각으로 상품의 생애주기 전반에 걸쳐 적극적으로 지지하고 구매하는 동시에 간섭과 견제도 하는 신종 소비생활을 하며, 특히 SNS의 영향력을 극대로 활용하며 영역 또한 크라우드펀딩, 서포터 활동, 인플루언서에 대한 지지와 비판 등 다양한 활동을 한다. 대표적인 예로 방탄소년단(BTS)의 아미(A.R.M.Y.)를 들 수 있다.

포노 사피엔스들의 특징은 국제마케팅관점에서 다양한 시사점을 준다. 이들은 게임을 하듯 구매하고, 멀티 페르소나(다양한 가면 연출)를 통해 자신에게 변화를 주고 있으며, 호기심이 많고, 전자기기의 활용에 매우 능숙하다. 또한 불편하거나 재미없거나 하면 바로 탈퇴하는 등 불평과 불만을 곧바로 표출하는 능력이 탁월한 존재이다. 포노 사피엔스들의 이러한 다양한 특징들에 대하여 전통적인 마케팅의 소비자에 대한 세그먼테이션, 타겟팅, 포지셔닝에 있어서 기업의 글로벌 마케팅적 변화와 적응이 필요한 상황이다.

2. 국제마케팅의 경쟁 양상

이전에는 경쟁의 종말이라고 해서 세계 경제와 글로벌 기업이 하나의 유기체처럼 각자의 분업에 맞게 자신의 업무에 충실하면서 서로 맞물린 상태에서 경쟁의 종말이 오고 상생과 협력의 시대가 올 것이라는 미래학자의 주장이 많았다. 현재는 경쟁의 양상이 자신의 사업 범위에 그치는 것이 아닌 전혀 새로운 경쟁상대가 출현하는 4차 산업혁명 시대가 되었다. 전통적인 항공회사들은 이제 비즈니스 승객을 유치하기 위해서 다른 항공사와 경쟁하는 것보다는 화상회의로 출장을 줄이는 통신기업과 경쟁해야 하는 상황이다. 또한 GE같은 다국적 회사는 제조업체라는 전통적 비즈니스 영역에서 과감하게 벗어나 이제는 서비스기업이라고 비즈니스 비전을 바꾸었다. 왜냐하면 IoT와 고가의 의료장비들이 인터넷으로 원격으로 연결되어 자사가 공급한 제품의 AS 및 기기의 정상적인 작동여부(작동시간 및 휴무시간 등 실시간 파악), 부품의 고장유무, 중요 부품의 교체주기 파악 등이 원격으로 가능하게 되었다. 따라서 GE는 제품을 제조하여 판매할 때보다 유지보수 및 서비스에서 더욱 많은 수익을 낼 수 있기 때문이다.

또한 나이키와 같은 신발 제조회사들은 이제 더 이상 같은 신발제조 회사만을 경쟁사로 보지 않는다. 왜냐하면 게임산업의 VR(가상현실), AR(증강현실) 발달은 사람들이 야외에서 뛰면서 하는 운동이나 이런 유형의 활동을 대폭 줄이고 실내활동을 많이 하게 하여 운동화의 사용을 줄이게 하는 강력한 라이벌 산업으로 등장하고 있기 때문이다. 그렇기 때문에 4차 산업혁명 시대에는 새로운 소비자의 등장과 기존 비즈니스 역영의 경계가 모호해지는 무한 경쟁 상태로 접어들어 글로벌 기업도 국제마케팅의 경쟁 영역에 대해 한층 더 많이 고민할 수밖에 없다.

3. 글로벌 마켓 4.0

불과 30년 만에 세상은 엄청난 변화를 겪고 있다. 1세대 기간 동안에 일어난 기술 변화를 보면 30년 전에 컴퓨터의 보급 확산, 20년 전 인터넷의 보급 확산, 10년 전 스마트폰의 보급 확산으로 대별할 수 있다. 다가올 10년은 인공지능(AI)의 시대라고 할 수 있다. 컴퓨터, 인터넷, 스마트폰에 이어 인공지능의 초연결, 초융합, 초지능 사회로 진입을 촉진할 것이다. 이러한 세상에서 국제마케팅을 성공하려면 인간에 집중해서 인간만이 할 수 있는 영역에 초점을 맞출 필요가 있다.

특히 인간의 오랜 강점인 공감능력과 창의적 상상력을 활용한다면 호모사피엔스가 네안데르탈인보다 육체와 뇌가 작았지만 네안데르탈인을 몰아낼 수 있었던 것처럼 인간이 디지털 4.0 시대에 경쟁력을 가질 수 있을 것이다.

특히, 전통적으로 인간의 불편함을 해소하기 위한 것에서 소비자의 제품 혁신은 시작된다. 예를 들어 그래함의 글자 수정액, 지트슨의 지퍼, 토머스 버버리의 트렌치코트 등이 이러한 예이다. 또한 물건마다의 쓰임새를 새롭게 확장하는 방법이 있다. 예를 들어 매직테이프가 있는 끈끈이 공 던지기 장난감, 물뿌리개로 개량한 주전자, 소파 겸용 침대, 종이 일회용 그릇 등이다. 기존의 물건에 더하고 빼는 기능을 추가해서 새로운 혁신 제품을 만들 수 있다. 예를 들어 지우개 달린 연필, 가시철조망, 재생기와 녹음기를 합한 워크맨, 원피스 옷, 카메라폰 등이 그러한 예이다. 또한 불필요한 기능을 제거한 추 없는 시계, 연통 없는 난로, 구멍 뚫린 주전자 뚜껑, 다이어트 콜라, 무가당 주스 등이 예이다. 크기를 작게 해서 성공한 대표적인 제품으로는 컴퓨터가 있으며, 크기를 크게 해서 성공한 제품으로 TV 화면 등을 들 수 있다. 새로운 제품에 대한 차용방법으로 우표의 자름 선을 응용한 커터 칼이 있고 이스트의 빵 발효에 영감을 얻은 더 부드러운 고무의 생산 등을 예로 들 수 있다(홍인영, 2009).

국제마케팅에서 창조적 파괴 또는 혁신적 파괴를 하는 바탕에는 다음과 같은 인간 고유의 능력을 최대한 활용할 수 있다. 예를 들어 전통적으로 기존 제품을 조합하는 능력, 기존 제품을 더하기 빼기 능력, 상상하는 능력 등을 국제마케팅에 활용해서 4차 산업에 활용할 필요가 있다.

필립 코틀러의 마켓 4.0에서는 4차 산업이 뒤바꾼 글로벌 시장을 선점하라고 주장하고 있다. 마켓별 특징을 살펴보면 마켓 1.0에서는 제품 위주의 변화, 마켓 2.0에서는 소비자 위주의 변화, 마켓 3.0에서는 인간 중심으로의 변화 그리고 마켓 4.0에서는 연결성을 중시한 디지털 산업으로의 진화를 들 수 있다. 이들이 주장하는 핵심 사항은 다음과 같다. 4차 산업혁명이 변화시킨 새로운 시장 트렌드는 연결된 고객집단으로 힘이 이동하고 있다. 과거 배타적, 수직적, 개인적 시장에서 포용적, 수평적, 사회적 시장으로 세상이 변화하였으며, 특히 젊은이, 여성, 네티즌의 영향력 있는 하위문화들이 시장을 선도해 나갈 것이라고 말하고 있다.

전통적인 글로벌 마케팅은 이제 디지털 마케팅으로 통합 · 연결된다고 할 수 있다. 필립 코틀러는 4차 산업혁명의 시대지만 다시 한번 인간 중심의 마케팅을 강조하고 있고, 기업은 인간에 대하여 잘 파악하고 이해해야 새로운 4차 산업혁명 시대에 뒤처지지 않고 글로벌 마케팅을 할 수 있다고 주장한다.

사례 13-1 음성인식으로 맞이할 미래의 소비 편리미엄

퍼스널 브랜드를 구축하기 위한 SNS의 대표적인 미디어 플랫폼들은 손으로 스마트폰을 터치하고 눈으로 보아야 하며 오타의 가능성 등 손이 좀 불편할 때가 있다. 이러한 문제점을 극복하기 위해서 사람이 음성으로 명령하여 SNS 활동을 할 수 있게 하는 수단이 있다. 보이스퍼스트(Voice–first)는 음성명령으로 인식이 이루어지고 SNS를 제어할 수 있는 수단과 기술이다.

특히, 음성인식 혁명은 사람들의 편리함을 추구하는 경향에 프리미엄을 주는 편리미엄 추세와 맞물려서 향후 폭발적인 성장세가 있을 것으로 예견하고 있다. 웅진씽크빅 서영택 전 대표는 월정액 무제한 독서플랫폼인 밀리의 서재로 침체된 서적시장에서 혜성같이 등장하였다.

이 서비스는 눈으로만 보던 책을 오디오형식으로 인기 연예인들이 요약해서 30분 이내로 읽어 주는 밀리 리딩북 서비스를 제공하여 폭발적인 소비자 반응을 보인다. 기존 e-북의 단점을 크게 극복한 참신한 아이디어이다. 음성인식 선두기업 및 프로그램인 애플의 시리, 구글의 어시스턴스, 아마존의 알렉사, 삼성 빅스비, 마이크로소프트 코타나 등이 치열하게 음성인식 혁명 시장을 선점하기 위해서 분주히 노력하고 있다.

음성인식에 따른 음성검색의 시대로 발전함에 따라 우리나라 기업도 국제마케팅 측면에서 기업명과 브랜드명을 좀 더 세계인이 발음하기 쉽고 알아듣기 편하게 만들 필요가 있다. 예를 들어 현대(Hyundai) 자동차의 발음이 휸대, 현다이 등 외국인이 직관적으로 발음하기 힘든 경우가 종종 있다. 그러나 Sony, Nissan의 일본기업처럼 발음과 쉬운 네임 각인이 되도록 음성인식검색 시대를 대비할 기업명과 브랜드명으로 세계화를 추구해야 할 것으로 생각된다. 음성인식 시대에는 음성쇼핑 플랫폼에 제조기업이 종속될 수 있다. 면도기, 건전지, 스마트폰 등 다양한 물건들은 발음하기 쉽고 소비자가 기억할 수 있는 브랜드 네임이 중요한 역할을 차지할 것이다. 또한 음성인식 쇼핑에서 검색 상위 3위 안에 들어야 소비자의 선택받을 수 있을 것이다.

출처: 자명, 부의 숨겨진 설계도, 지식공감, 2019; 김장섭, 내일의 부 1편, 2편, 트러스트북스, 2020에서 필요한 일부분 발췌.

Section 02

국제마케팅의 미래

글로벌 마켓 4.0과 디지털 4.0 시대의 마케팅 화두는 확실히 이전의 마케팅과는 다른 글로벌 차별화 등 새로운 진화양상을 보여 줄 것이다. 이 절에서는 이러한 변화를 5G와 인공지능과 더불어 차별화해 나가는 특징적인 내용을 위주로 다룰 것이다. 또한 글로벌 소비자를 위한 차별화 혁신 방안으로 디자인 씽킹과 미래시장 예측 방법 그리고 문화의 중요성을 중심으로 설명한다.

1. 국제마케팅 패러다임의 변화

제임스와트의 증기기관, 토마스 에디슨의 전구, 라이트형제의 비행기, 새뮤얼 모스의 전신기, 엘리 휘트니의 목화를 다듬는 조면기, 빌게이츠의 MS-DOS보다 먼저 원래의 혁신적 생각과 아이디어를 가진 사람들은 그 이전에도 많이 존재해 왔다. 그러나 앞에 열거된 사람들은 상업적으로 크게 성공하여 더욱 이름이 알려져 있다. 또한 이들은 세상을 더욱 융복합적으로 발전할 수 있는 계기를 만들어 주었다는 데서 큰 의미를 찾을 수 있다. 우리나라는 유튜브나 페이스북, 인스타그램, 인터넷, 스마트폰, 컴퓨터를 최초로 개발하여 확산시키지는 못했지만, 이러한 것들을 이용하여 얼마든지 새로운 국제마케팅 수단으로 확장해 갈 수 있다. 이러한 연유에는 세계가 초연결, 초지능, 초경쟁사회로 이미 진화 발전하였기 때문이다.

4차 산업혁명 시대의 혁신 기술은 로봇, 사물인터넷, 빅데이터, 인공지능 등을 통하여 플랫폼 경제로 소비행태와 물류 및 유통에 대혁신을 초래하였다(최장우, 2020, p.36). 또한 글로벌 소비자와 시장 측면에서 국제마케팅의 패러다임은 변화하고 있다. 특히 공해문제로 인한 친환경시장과 친환경제품의 발전, 17억 무슬림 시장의 확대에 따른 할랄 시장의 급성장, 역발상과 차별화 글로벌 마케팅을 통한 수출 틈새시장 다변화, 1인 가정의 급속한 확산과 글로벌 소비행태의 변화, 아시아 및 중동시장의 신흥 중산층의 소비력 급증, 고령화에 따른 실버산업의 발전, 아시아 고급소비재 시장과 틈새시장의 발전, 아프리카 시장의 중요성 증대, 4차 산업혁명과 소비행태 및 모바일상거래의 변화가 패러다임 변환점에서 중요한 이슈이다. 따라서 미래 기술 패러다임은 인공지능(AI), 원격의료, 빅데이터, 클라우드

서비스, 자율주행자동차, 사물인터넷(IoT) 등에서는 5G 기술이 핵심기술로 떠올랐다. 이전에는 보지 못한 초연결 인공지능 사회로 빠르게 발전하면서 국제마케팅 패러다임과 양상이 크게 변화할 것이다.

1 5G 시대의 국제마케팅

5G가 이제 앞으로 10년간 변화를 주도할 4차 산업들에 날개를 달아 주었다. 미국의 버라이즌이 2019년 4월 11일에 세계 첫 5G 서비스를 개시할 예정이었으나, 우리나라가 세계 1등으로 각인되기 위해 며칠 먼저 빠르게 상용화를 실시하여 1등으로 5G 서비스를 출시하였다. 5G 이전의 4세대 이동통신 LTE가 사람과 기기의 연결에 중점을 둔 휴대전화 무선 기술이면, 5G는 사람과 기기 그리고 사물과 기기 간의 연결고리를 갖게 하는 통신 기술이다.

5G 신기술은 초고속, 초저지연, 초연결성이라는 큰 특징이 있다. 초고속성 특징으로 LTE보다 100배 정도의 데이터 전송속도와 데이터양을 가지고 있어서 초고용량의 데이터를 통해서 VR, AR, 홀로그램 등의 선명한 영상을 가능하게 하는 것이 5G이다. 초저지연 특성은 자율주행 자동차에서 중요한 기술적 과제인데, LTE에서는 단말기에서 기지국까지 0.2초 걸리는 것이 5G는 0.004초 걸린다. 자동차의 급제동 거리를 줄여주는 데 필수적인 요소라 할 수 있다. 초연결성의 특징으로 10km 내에 100만 명이 동시에 접속할 수 있고 모든 IT기기와 사물 그리고 스마트폰이 동시에 연결되어 소통할 수 있게 하는 것이 5G의 중요한 특징이라고 할 수 있다(자명, 지식공감, 2019, pp.145~149).

따라서 인공지능(AI), 원격의료, 빅데이터, 클라우드서비스, 자율주행자동차, 사물인터넷(IoT) 등에서는 5G 기술이 핵심기술이고, 몇 년 후 5G가 안정화되는 성장과도기를 맞이하면 글로벌 기업과 소비자의 소비 성향이 크게 바뀔 것으로 예상된다. 여기에 양자컴퓨터(퀀텀 컴퓨터)는 초당 100경(10의 18승)의 연산이 가능하다. 앞으로의 국제마케팅 혁신 기술인 양자컴퓨터는 슈퍼컴퓨터가 1억 년 걸리는 것을 단 10초 만에 처리할 수 있는 능력이 있다. 양자컴퓨터의 상용화는 4차 산업을 더욱 빠르게 혁신하는 가속기 역할을 할 것이다.

5G 시대를 맞이하여 넷플릭스와 같은 영화 스트리밍 서비스기업 및 게임기업은 이제 데이터센터를 클라우드로 옮기고 있다. 이제는 더이상 자체 데이터센터에 큰돈을 들이기보다는 클라우드 기업에서 언제 어디서나 쉽게 저비용으로 스트리밍 서비스를 이용할 수 있는 세상이다. 이에 MS와 아마존은 클라우드 시장에서 독점적 우위를 가지기 위해서 많은 관련 기업을 M&A 하고 있다(김장섭, pp.156~165). 글로벌 트렌드 세터 기업은 클라우드를 통해서 인공지능, 빅데이터, 보안, 스트리밍서비스에 대해 독점적 우위를 갖고자 심혈을 기울이고 있다.

2 인공지능과 국제마케팅 차별화

차별화 요소는 여러 가지가 있지만 현대사회 이전부터 진부한 단어처럼 들리는 '신뢰'라는 중요한 자산이 있다. 신뢰는 하루아침에 만들어지는 것이 아니라 신용이 쌓이고 쌓여서 이루어진다. 근래에는 신뢰를 신뢰자본이라고 하여 하나의 중요 자산으로 보고 있다. 신뢰는 기업의 대차대조표, 현금흐름표, 재무제표 어디에도 표기하기 힘든 요소이다. 그러나 명품을 예로 들면 오랜 기간 브랜드와 제품에 신뢰가 쌓여서 기꺼이 소비자는 명품에 프리미엄 가격을 지불한다. 풀무원은 가공식품에 있어서 안전한 먹거리를 중요한 신뢰자산으로 명성을 얻고 있는 제품들이 많다. 또한 유한킴벌리의 예를 들면 사회적 기업으로 지구환경을 생각하고 건강한 사회를 만드는 데 일조하는 기업의 이미지가 소비자의 신뢰를 구축하게 하는 중요 요소로 작용하였다.

알파고 바둑 실력의 비밀, '딥 러닝(Deep Learning)'

출처: https://news.unist.ac.kr/kor/column_202/ 디자인: 박혜지 2022.03.15. 방문

4차 산업혁명 시대에 많은 사람들이 인공지능(AI)에 대한 막연한 두려움과 환상 그리고 기대를 가지고 있다. 그러나 인공지능은 현재 소비자의 생활에 깊숙이 자리 잡고 있다. 인공지능이 어떻게 소비자에게 신뢰를 쌓아가고 있는지 살펴보면, 미국의 5대 대형병원에서 이제 약사가 제조하는 것이 아니라 인공지능 약사가 40만 건의 약을 단 한건의 실수도 없이 제조하고 있다. 또한 약사는 사람이기에 개인의 위생과 컨디션 그리고 친절성에 대한 편차가 존재함으로 인해 환자는 더욱 인공지능 제조 약사를 더 신뢰하고 선호한다. 이뿐만 아니라 다양한 예를 살펴보면 인공지능으로 사고 없는 자율주행 자동차, 인간 의사보다 뛰어난 인공지능 진단 의료분석(IBM의 왓슨), 그동안의 모든 판례와 판결을 입력하고 몇 초 만에 변론을 준비하는 인공지능 변호사(IBM의 최초 인공지능 변호사인 로스), 중요기

사와 내용을 요약해서 핵심을 오류 없이 방송하는 인공지능 아나운서, 월스트리트에서 전 세계 이슈와 사건 그리고 경제지표에 대한 수십년치 데이터를 축적하고 분석하는 인공지능 금융투자분석가 및 인공지능 트레이더(월스트리트를 장악한 인공지능 켄쇼), 선생님의 역할을 대신해서 학생들에게 어떠한 편견과 귀찮음 없이 교육을 제공하는 인공지능 교사(이지성, 2019) 등 많은 부분에서 인공지능은 더욱 신뢰를 구축할 것으로 예견된다.

신뢰의 크기는 인간의 불안과 불신의 크기에 비례해서 증가한다. 여기에는 인공지능이 인간보다 실수가 적다는 신뢰가 전제되어 있다. 따라서 4차 산업과 신뢰의 문제는 국제마케팅에서 또 하나의 지속적인 중요한 위치를 차지할 분야이다. 특히 금융 4차 산업인 핀테크 산업의 경우 신뢰 자산이 무엇보다 중요한 국제마케팅 이슈이다.

국제마케팅에서 신뢰자산을 구축하기 위해서는 소비자의 건강 불안, 재산상 불안, 명예 및 자존심에 대한 불안의 해소(마케팅 어벤저스, 2019, pp.174~176)를 위해 인공지능을 적극적으로 활용하면 신뢰를 구축할 수 있다.

2. 글로벌 소비자를 위한 차별화 혁신

1 디자인 씽킹과 시장에 대한 미래 예측 방법

❶ 디자인 씽킹

글로벌 마켓 4.0의 차별화를 위해서 디자인 씽킹을 통하여 인간의 창의적인 공감능력을 보여 줄 수 있다. 디자인 씽킹에서는 인간에 대한 공감능력이 글로벌 소비자 마케팅에서 혁신과 진화를 이끄는 키워드이다. 디자인 씽킹에 대한 유명한 예를 보자면 페트리샤 무어는 사람들에 대한 공감하는 능력을 높이고 사람에게 이롭고 편리한 디자인을 위하여 3년간이나 할머니로 분장하고 노인들의 문제와 고민 그리고 불편사항을 해결하기 위해 몸소 노인 체험을 했다. 이러한 공감능력을 통하여 감자 깎는 칼, 바퀴 달린 가방, 소리 나는 주전자, 저상버스, 고무가 달린 조리용품, 양손잡이용 칼과 가위를 개발하였다(이지성, p.137). 디자인 씽킹은 인간 경험을 바탕으로 현 상황을 더욱 좋게 변화시키는 인간의 모든 생각이라고 할 수 있다. 이러한 디자인 씽킹을 통해 국제마케팅에서 소비자의 불편한 것들을 없앤 혁신 제품을 만들 수 있다. 디자인 씽킹은 우선 문제점을 공감하고 문제를 새롭게 정의하고 문제해결을 위한 아이디어를 만들고 이후 시제품을 만들어 시험하고 검증하기를 반복한다. 이렇게 디자인 씽킹을 4차 산업혁명 시대에 국제마케팅에서 핵심경쟁력의 원천으로 사용할 수 있다.

❷ 시장에 대한 미래 예측 방법

미래를 예측하는 것은 단순히 보는 것과는 다른 차원이고 새로운 통찰력이 필요한 분야이다. 많은 통계적 자료는 과거의 기록을 바탕으로 향후 변화수준과 크기를 알아내는 통계기법들을 활용했다. 그러나 현실은 다양한 통제변수들과 너무나 많은 외생변수들로 인하여 쉽게 예측하기 곤란할 때가 있다. 전통적 방식의 시장 조사 및 예측방법은 12장 국제마케팅조사에서 자세히 다루고 있다.

4차 산업혁명 시대에서의 마켓 4.0에서는 미래를 예측하기 위해 구매행동률과 브랜드옹호율이 기업의 미래에 대한 투자가치를 비교적 정확히 반영하는 지수라고 할 수 있다. 특히 구매행동률(PAR; Purchase Action Ratio)은 기업이 브랜드 인지를 브랜드 구매로 얼마나 잘 전환하는지 평가한다. 그리고 브랜드옹호율(BAR; Brand Advocacy Ratio)은 기업이 브랜드 인지를 브랜드 옹호로 얼마나 잘 전환하는지 평가한다. 이 두 가지 지표가 마케팅 투자이익률을 알아보는 데 적합한 평가방법이라고 제시하고 있다(PAR과 BAR의 자세한 분석 사례는 필립 코틀러 마켓 4.0의 pp.136~143을 참고).

2 문화 차별화 혁신

리처드 도킨슨(1976)은 "인간 사회에서는 문화의 전달 단위인 밈(meme)이 진화"했다고 주장하였다. 즉, 인간의 세포 DNA뿐만 아니라 집단적인 문화DNA도 소비자에게 밈으로 가치와 이념에 밈 유전자로 영향을 미치고 있다고 할 수 있다. 이러한 밈현상이 오늘날에는 K-pop의 핵심인 방탄소년단(BTS)의 팬그룹 아미(A.R.M.Y.)와 같이 팬덤문화를 형성하는 데 기여하고 있다. 방탄소년단(BTS)은 2019 빌보드 뮤직 어워드 2관왕이고 신보 [Map Of The Soul: PERSONA]가 미국 '빌보드 200' 챠트의 1위였다. 또한 영국 오피셜 차트 1위, 일본 오리콘차트 1위를 했고 글로벌 센세이션을 일으킨 방탄소년단(BTS)의 팬덤은 갈수록 높아져 힙('핫한', '트렌디한')한 아이템이 되고 있다.

SNS 플랫폼이야말로 국제마케팅을 수행할 때 밈의 영향으로 강력하게 소비자에게 각인시킬 수 있는 중요한 요소라고 할 수 있다. 문화를 포함한 통섭의 학문과 기술은 다양한 요소에 의해서 소비자의 가치를 형성하는 데 일조한다. 특히 글로벌 스타 방탄소년단의 팬그룹인 아미(A.R.M.Y.)는 전 세계적으로 100만명이 넘고 자발적 조직적으로 SNS 1500만 팬들이 방탄소년단(BTS)의 영상을 올려서 세계적으로 홍보 및 판촉 그리고 소비를 동시에 해 주고 있으며, 그룹의 활동에 영향을 크게 미치고 있다. 빅히트엔터테인먼트 연예기획사(대표 방시혁)에서는 방탄소년단 초기에 SNS을 중점적으로 관리하고 활용하여 글로벌 홍보 및 팬층을 적극적으로 수용하고 소통했다는 데서 플랫폼 국제마케팅의 선두 한류 문화 구루라고 할 수 있다.

방탄소년단 A.R.M.Y 팬클럽

출처: https://www.facebook.com/pages/category/Musician-Band/BTS-%EC%95%84%EB%AF%B8-224055598116283/ 2020.04.15. 방문

이 장을 마치면서 수확가속의 법칙에 따라 기술은 앞으로 소비자의 상상을 뛰어넘어 발전하는 속도가 엄청나게 빠르게 실현될 것이다. 예를 들어 1965년의 반도체칩의 용량은 그 당시와 비교해서 현재는 270억 배 향상되었다(이지성, p.121). 이러한 속도로 세상이 변한다면 앞으로의 국제마케팅 이슈와 관점 그리고 패러다임 또한 시대에 맞게 빠르게 변해야 될 것이다.

마켓 4.0 전환의 시대에서는 구시대의 마케팅핵심가치인 경쟁, 이익, 집중, 표준, 단일, 설득의 가치가 공개, 개성, 연결, 진심, 배려, 다양, 탄력, 분산, 공감으로 바뀌고 있다(이무열, 2019).

그러나 인간 본연의 소비에 대한 감정인 탐욕, 공포, 호기심의 본성은 앞으로도 4차 산업혁명 시대에도 변함이 없을 것이다. 그러므로 미래의 국제마케팅 또한 과거의 모든 이론과 효과를 무시하는 방법보다는 소비자의 특성을 이해하고 철학, 역사, 윤리, 도덕, 문학 등 인문학적 소양을 바탕으로 인본주의적인 국제마케팅의 미래를 구상해야 한다. 왜냐하면 인공지능, 로봇, 빅데이터, 5G, 자율주행자동차는 인간만이 가진 감성과 공감능력 특히 창조적 상상력을 통해서만 진정한 문명의 이기로 자리 잡을 수 있기 때문이다.

사례 13-2 안면인식, AI 스타트업 쾅스커지(旷视科技)

중국은 안면인식 기술의 최강의 선두 국가라고 할 수 있다. 20여 년 전에 일어난 살인사건의 수배자도 체포할 정도의 안면인식 기술을 보유하고 있으니, 과히 세계 최강이라고 할 수 있다. 안면인식 기술에서 중국의 3대 회사가 이투 테크놀로지, 센스타임, 쾅스커지이다(김만기, 박보현, 2019, p.57). 쾅스커지가 주목받는 이유는 최초로 안면인식 금융결제를 개발하여 얼굴만으로 결제가 이루어지게 할 수 있는 인공지능 회사를 운영하고 있기 때문이다. 혁신을 위해서 인공지능 회사로 변신하여 인공지능(AI) 기반의 미래사회에 안면인식기술과 더불어 많은 창의적 혁신을 주도한다고 할 수 있다.

쾅스커지(旷视科技) 홈페이지

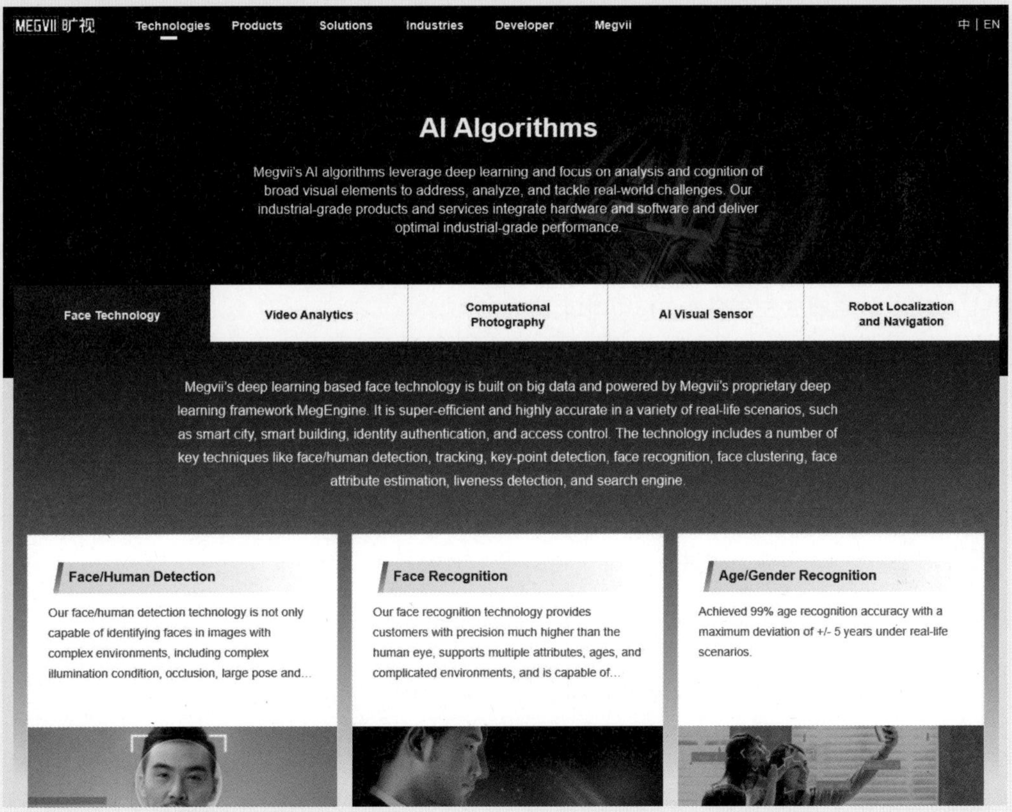

출처: https://megvii.com/en/ 2022.03.29. 방문

주요 용어

블랙 스완	글로벌 마켓 4.0	시장 미래 예측 방법
포노 사피엔스	5G	밈(meme)
팬슈머	인공지능	SNS 플랫폼
국제마케팅 경쟁	디자인 씽킹	

연습문제

01 코로나19 팬데믹에 따른 블랙 스완의 출현과 세계경제 영향에 대하여 설명하시오.

02 새로운 소비자집단의 등장에 대하여 글로벌 마켓 4.0 관점에서 설명하시오.

03 변화하는 국제마케팅 경쟁 양상에 대하여 설명하시오.

04 5G에 따른 기술파급과 국제마케팅의 영향에 대하여 설명하시오.

05 인공지능의 미래 시장 변화에 대하여 설명하시오.

참고자료

- 게리 바이너척, SNS로 부자가 된 사람들, 천그루숲, 2019
- 김난도 외 8인, 트렌드 코리아2020, 미래의 창, 2019
- 김도윤, 유튜브 젊은 부자들, 다산북스, 2019
- 김만기, 박보현, 중국의 젊은 부자들, 앳워크, 2019
- 김장섭, 내일의 부 1편, 2편, 트러스트북스, 2020
- 마케팅 어벤저스, 마케팅 차별화의 법칙, 천그루숲, 2019
- 서재현, 박미현, 플랫폼 비즈니스 판을 바꾸는 한국의 SNS부자들, 더블북, 2019
- 이무열, 전환의 시대 마케팅을 혁신하다, 착한책가게, 2019
- 이지성, 에이트, 차이정원, 2019
- 임홍택, 90년생이 온다, ㈜웨일북, 2018
- 자명, 부의 숨겨진 설계도, 지식공감, 2019
- 잭 트라우스, 스티븐 리브킨, 차별화마케팅, 더난출판, 2011
- 정병익, 4차 산업혁명시대, 디자인 씽킹이 답이다, 학현사, 2019
- 최장우, 글로벌 전자상거래시대의 해외마케팅, 두남, 2020
- 최재붕, 포노 사피엔스, 샘앤파커스, 2019
- 천영록, 제갈현열, 부의 확장, 다산북스, 2020

- 홍인영, 부자가 된 발명가들, 사이시옷, 2009
- 필립 코틀러, 어마원 카타자야, 이완 세티아완, 이진원 옮김, 마케팅 4.0, 더퀘스트, 2017

사진 및 자료 URL 출처

- https://megvii.com/en/ 2022.03.29. 방문
- https://www.facebook.com/pages/category/Musician-Band/BTS-%EC%95%84%EB%AF%B8-224055598116283/ 2020.04.15. 방문
- https://news.unist.ac.kr/kor/column_202/ 디자인: 박혜지 2022.03.15. 방문